AF474706

CAMPAGNES

TRIOMPHES, REVERS, DÉSASTRES

DES FRANÇAIS

Paris. — Imprimerie WALDER, rue Bonaparte, 44.

CAMPAGNES

TRIOMPHES, REVERS, DÉSASTRES

ET

GUERRES CIVILES DES FRANCAIS

DE 1792 A LA PAIX DE 1856

PAR

F. LADIMIR ET E. MOREAU

D'APRÈS LES BULLETINS DES ARMÉES, LE MONITEUR, DES DOCUMENTS, NOTES, MÉMOIRES ET RAPPORTS OFFICIELS.

ouvrage enrichi

DE CARTES DRESSÉES POUR L'INTELLIGENCE DU RÉCIT

ORNÉ DES PORTRAITS DES PRINCIPAUX GÉNÉRAUX

QUI ONT COMMANDÉ LES ARMÉES FRANÇAISES

Et accompagné d'un Recueil des plus célèbres Batailles, Faits militaires, Tableaux, Statues, Médailles, etc.,

GRAVÉS PAR LES MEILLEURS ARTISTES

ET CONSACRÉS A CÉLÉBRER LES VICTOIRES DES FRANÇAIS JUSQU'A NOS JOURS

Ici tout est merveille et tout est vérité.

TOME DEUXIÈME

PARIS

LIBRAIRIE POPULAIRE DES VILLES ET DES CAMPAGNES,

8, RUE LARREY, 8.

—

1856

CAMPAGNES

TRIOMPHES, REVERS, DÉSASTRES ET GUERRES CIVILES

DES FRANÇAIS.

CHAPITRE I.

Expédition d'Égypte. — Motifs de l'expédition. — Prise de Malte, d'Alexandrie. — Combats de Ramanieh et de Chebreis. — Bataille des Pyramides. — Occupation du Caire. — Combat de Salahieh. — Bataille navale d'Aboukir. — Expédition dans le Fayoum. — Bataille de Sédiman. — Révolte au Caire. — Expédition dans le Saïd. — Bataille de Samanhout. — Conquête du Saïd. — Prise de Goseïr.

Depuis le 9 thermidor (1), l'ardeur de la liberté s'était calmée peu à peu chez les Français. A cette première période de l'enthousiasme républicain avait succédé l'ère de la gloire et des triomphes militaires. Dès le 18 fructidor (2), le nom de Bonaparte était dans toutes les bouches, et la curiosité parisienne ne vivait que de ses conquêtes. On lui prodiguait les titres de vainqueur de l'Italie, de pacificateur du continent. On demandait avec inquiétude et intérêt des détails sur sa personne, sur son intérieur, sur ses mœurs privées. On lisait avec admiration ses proclamations, où régnait un ton de grandeur et de dignité dont l'emphase et le niveau révolutionnaire avaient également fait perdre l'habitude. Bonaparte occupait déjà les Français autant que la République : ainsi que nous l'avons dit, après avoir signé avec l'Autriche le traité de Campo-Formio, le vainqueur était revenu à Paris, d'où, deux ans auparavant, il était parti encore obscur. Le peuple l'accueillit avec des transports d'allégresses; les directeurs, quels que fussent d'ailleurs leurs sentiments secrets, lui firent au Luxembourg une réception pompeuse. Déjà, depuis son retour, le gouverne-

(1) Chute de Robespierre et fin du régime de la Terreur.

(2) Coup d'Etat de la majorité du Directoire, composée de Barras, Larévellière-Lépaux et Rewbell contre les deux autres directeurs Barthélemy et Carnot, et contre ceux des membres des conseils qu'on accusait d'être favorables à la royauté.

ment lui avait offert plusieurs armées; Bonaparte avait refusé. Dès lors, le Directoire et Bonaparte parurent convenir tacitement qu'ils ne pouvaient pas rester en présence l'un de l'autre. On chercha pour le général une expédition grande et hasardeuse : une descente en Angleterre lui fut proposée; il alla visiter les ports et la jugea déraisonnable. Cependant nos colonies restaient toujours aux mains de cette puissance, à la prospérité de laquelle le traité de Campo-Formio, en pacifiant le continent, ne portait aucune atteinte, et à qui sa marine lui assurait sans partage le commerce du monde. Bonaparte pensa qu'en s'emparant de l'Egypte, la France porterait un dommage immense aux intérêts britanniques. Quelle belle moisson de gloire d'ailleurs n'offrait pas au jeune général cette guerre d'Egypte! quelles actions héroïques ne devaient pas se changer en prodiges par l'éloignement et l'enchantement d'une terre presque fabuleuse! quelle impression ne devaient pas faire sur les Français des bulletins datés des ruines de Thèbes ou de Memphis! D'autres considérations vinrent encore se joindre à ces brillantes perspectives.

La Turquie, vieille et fidèle alliée de la France, marchait à grands pas vers sa ruine. Les Russes lui avaient enlevé récemment le littoral nord de la mer Noire; l'Egypte, asservie à la milice des mamelouks, était dans un état constant d'insubordination. En Syrie, un de ces empires éphémères qui s'élèvent et disparaissent en Orient, venait de braver sa puissance. Il n'existait plus; mais les populations hostiles n'attendaient qu'un étendard pour se rallier contre la Turquie.

Il s'agissait ou de la régénérer ou de lui donner assez de nerf pour tourner la coalition, de manière à tenir en échec les cours de Vienne et de Saint-Pétersbourg, ou compléter sa ruine et la remplacer par un gouvernement nouveau dévoué à la République; il s'agissait enfin de prendre pied en Orient, de menacer les établissements anglais de l'Inde, et de rappeler à la vie le commerce de la Méditerranée.

Ces grandes conceptions, que les plus hardis ministres du temps passé eussent rejetées comme chimériques, trouvèrent à peine quelques contradicteurs. Le secret étant la condition première du succès de l'entreprise, on ne pouvait la concerter avec le divan; aussi résolut-on de n'envoyer un négociateur à Constantinople qu'après que la flotte aurait mis à la voile pour l'Egypte, pour demander au sultan le renouvellement des anciens traités avec la France, en lui offrant comme gage de cette alliance l'Egypte et l'Orient soumis, et l'appui de légions partout victorieuses. L'ancien évêque d'Autun, Talleyrand, fut choisi pour remplir cette mission.

Les troupes, sous le nom d'aile gauche de l'armée d'Angleterre, s'approchaient des côtes. On nolisa des transports à Toulon, à Gênes, à Civita-Vecchia, à Bastia. L'Europe voyait avec surprise la marine française, après les désastres qu'elle avait éprouvés, se déployer si menaçante. La destination de cet armement était soigneusement cachée, ce qui n'empêchait pas qu'il fût poussé avec la plus grande activité : en moins de deux mois tous les préparatifs furent terminés.

Tout étant préparé, Bonaparte quitta Paris le 4 mai; il arriva à Toulon le 9, et ce jour-là même il adressa aux soldats de terre et de mer cette remarquable proclamation :

« Soldats, vous êtes une des ailes de l'armée d'Angleterre.

« Vous avez fait la guerre des montagnes, des plaines et des siéges; il vous reste à faire la guerre maritime.

« Les légions romaines que vous avez quelquefois imitées, mais pas encore égalées, combattaient Carthage tour à tour sur cette même mer et aux plaines de Zama. La victoire ne les abandonna jamais, parce que constamment elles furent braves, patientes à supporter la fatigue, disciplinées et unies entre elles.

« Soldats, l'Europe a les yeux sur vous. Vous avez de grandes destinées à remplir, des batailles à livrer, des fatigues à vaincre; vous ferez plus que vous n'avez fait pour la prospérité de la patrie, le bonheur des hommes et et votre propre gloire.

« Soldats, matelots, fantassins, canonniers, soyez unis. Souvenez-vous que le jour d'une bataille vous avez tous besoin les uns des autres.

« Soldats, matelots, vous avez été jusqu'ici négligés. Aujourd'hui la plus grande sollicitude de la République est pour vous; vous serez dignes de l'armée dont vous faites partie.

« Le génie de la liberté qui a rendu, dès sa naissance, la République l'arbitre de l'Europe, veut qu'elle le soit des mers et des nations les plus lointaines. »

Un tel langage, dans la bouche d'un homme déjà environné de tout le prestige de la gloire, électrisa toutes les âmes. Officiers et soldats, tous ne virent que des lauriers à cueillir, et un cri général d'enthousiasme et d'impatience hâta le moment du départ.

Il avait été fixé d'abord au 15 mai, mais un très-violent vent d'est retint l'escadre jusqu'au 18. Cependant, le 16, trois frégates, sorties pour éclairer la marche, signalèrent quatre voiles qu'elles crurent d'abord anglaises, et qu'elles reconnurent ensuite pour espagnoles et amies.

Enfin, le 20 mai 1798, l'escadre entière et les bâtiments de transport mirent à la voile ; elle longea la côte de Provence. A la hauteur de Gênes, le signe de ralliement fut sonné. La flotte se réunit alors, et bientôt elle offrit l'aspect d'une ville suspendue sur les flots : elle se composait de 13 vaisseaux de ligne, 8 frégates, 78 autres bâtiments de guerre, tels que corvettes, bricks, etc., et 400 bâtiments de transport. Les équipages de tous ces navires étaient de 10,000 hommes effectifs. Le vice-amiral Brueys commandait la flotte; il avait sous ses ordres les contre-amiraux Villeneuve, de Crès, Blanquet de Chayla, et le chef de division Gantheaume, chef de l'état-major naval.

L'armée de terre, composée de toutes armes, s'élevait à 36,000 hommes. Parmi les généraux, tous subordonnés à Bonaparte, on distinguait Berthier, Desaix, Kléber, Menou, Bon, Regnier, Dumas, Lannes, Murat, Damas, Rampon, Leclerc, Davoust; Caffarelli du Falga commandait le génie; l'artillerie était sous le commandement de Dammartin.

Plusieurs membres de l'Institut national et autres savants distingués accompagnaient l'expédition; c'étaient, entre autres, Monge, Berthollet, Denon, Costaz, Fourrier, Geoffroy, Dolomieu; ils devaient explorer tout ce que l'Egypte offre d'intéressant en astronomie, physique, chimie, histoire naturelle, antiquités, beaux-arts.

Bonaparte seul avait eu jusqu'alors l'idée généreuse de faire porter le flambeau du savoir à la suite d'une armée conquérante.

Cependant les Anglais qui, à cette époque, avaient déjà conçu le projet de s'emparer de l'Egypte, ne tardèrent pas à soupçonner que l'intention de la France était de les devancer dans l'exécution de ce dessein. Aussitôt une forte escadre, sous les ordres de l'amiral Nelson, eut ordre de se rendre dans la Méditerranée, et d'attaquer la flotte française partout où elle la rencontrerait. Par un rare bonheur, les recherches de Nelson furent infructueuses; on avait tout à craindre de sa rencontre; un combat naval livré en pleine mer pouvait faire échouer l'expédition.

Après vingt-un jours de navigation, on découvrit les rivages de Malte; cette île offrant une forte position entre l'Egypte et les côtes méridionales de la France, Bonaparte forma la résolution de s'en emparer de gré ou de force. Il eut d'abord recours au premier moyen; en conséquence, il fit demander au grand-maître l'admission de la flotte dans les ports de l'île. Sur la réponse que les statuts de l'ordre ne permettaient pas de recevoir plus de quatre vaisseaux étrangers, il se décida à faire usage de la force, alléguant pour motif la conduite répréhensible que les chevaliers avaient tenue à l'égard de la République, en fournissant des matelots aux Anglais, en leur vendant des vivres, et autres raisons dignes de l'apologue du loup et de l'agneau.

Quoique environné d'une populace séditieuse, soutenu par 4,000 hommes seulement de troupes non aguerries, ne comptant qu'un petit nombre de chevaliers présents, l'ordre se souvint de son antique gloire, des siéges mémorables de Rhodes et de Malte; après une séance orageuse, on prit la résolution d'opposer la résistance aux attaques injustes des Français; mais ceux-ci avaient un parti dans la ville; l'ordre devait succomber.

Le 10 juin, l'île entière fut inondée de nos troupes; dans la nuit suivante, le conseil, cédant aux menaces de la populace mutinée, fut obligé de capituler le 12. Les conditions du traité étaient que les chevaliers renonceraient à tous leurs droits sur Malte et les autres îles de sa dépendance; qu'en dédommagement, le grand-maître aurait une principauté en Allemagne, et 300,000 fr. de pension, en attendant l'exécution de cette promesse; il fut permis aux chevaliers français reçus avant 1792 de rentrer dans leur patrie avec 700 francs de pension.

Le général en chef trouva dans la ville 1,200 pièces de canon, 40,000 fusils, 1,500 milliers de poudre, quelques bâtiments de guerre et 3 millions de francs dans le trésor. Il s'étonnait lui-même de la facilité avec laquelle une place entourée de fortifications et de fossés taillés dans le roc avait cédé à ses attaques. « Vous avez bien raison, général, lui dit Cafarelli; nous sommes bien heureux qu'il se soit trouvé du monde dans cette ville pour nous en ouvrir les portes. » L'île adopta les couleurs françaises.

Le 19 juin, la flotte remit à la voile; treize jours après, on aperçut vers le midi, au milieu d'une plaine de sable, un amas confus de constructions étranges, des monceaux de ruines, des tombeaux, des tours grêles, soutenant des galeries dans les airs, et, parmi tout cela, quelques palmiers se déployant en parasol pour tout indice de végétation : c'était Alexandrie.

Déjà, depuis plusieurs jours, le général en chef avait fait imprimer, à bord du vaisseau amiral *l'Orient*, qu'il montait, la proclamation suivante :

« Soldats ! vous allez entreprendre une conquête dont les effets sur la civilisation et le commerce du monde sont incalculables. Vous porterez à l'Angleterre le coup le plus sûr et le plus sensible, en attendant que vous puissiez lui donner le coup de mort.

« Nous ferons quelques marches fatigantes; nous livrerons plusieurs combats; nous réussirons dans toutes nos entreprises : les destins sont pour nous. Les beys mamelouks qui favorisent exclusivement le commerce anglais, qui ont couvert d'avanies nos négociants, et qui tyrannisent les malheureux habitants du Nil, quelques jours après notre arrivée n'existeront plus.

« Les peuples avec lesquels nous allons vivre sont mahométans; leur premier article de foi est celui-ci : il n'y a d'autre dieu que Dieu, et Mahomet est son prophète. Ne les contredisez pas; agissez avec eux comme nous avons agi avec les Juifs et les Italiens. Ayez des égards pour leurs muphtis et leurs imans, comme vous en avez eu pour les rabbins et les évêques; ayez pour les cérémonies que prescrit l'Alcoran, pour les mosquées, la même tolérance que vous avez eue pour les couvents, pour les synagogues et les religions de Moïse et de Jésus-Christ.

« Les légions romaines protégeaient toutes les religions.

« Vous trouverez ici des usages différents de ceux de l'Europe. Il faut vous y accoutumer.

« Les peuples chez lesquels nous allons entrer traitent les femmes différemment que nous; mais, dans tous les pays, celui qui viole est un monstre.

« Le pillage n'enrichit qu'un petit nombre d'hommes ; il nous déshonore ; il détruit nos ressources ; il nous rend ennemis des peuples, qu'il est de notre intérêt d'avoir pour amis.

« La première ville que nous allons rencontrer a été bâtie par Alexandre : nous trouverons à chaque pas de grands souvenirs dignes d'exciter l'émulation des Français. »

Dès le 29 juin, les ordres avaient étés donnés à tous les bâtiments, et on avait assigné à chacun le poste qu'il devait occuper auprès des frégates chargées de diriger les mouvements.

Déjà le général en chef avait appris l'apparition de l'escadre anglaise, et son départ de la veille ; craignant à tout instant de la voir reparaître, il ordonna le débarquement qui s'effectua, malgré une mer très-houleuse, le 2 juillet, vers les dix heures du matin, sur la plage, à l'entrée du Port-Vieux, à l'est du Marabou, à environ une lieue et demie de la ville : il descendit lui-même sur une galère. Au moment même où le canot le portait à terre, on signala comme ennemi un bâtiment qui paraissait à l'ouest ; il s'écria, dans un moment d'inquiétude : « Fortune, m'abandonnerais-tu ? encore quatre jours, et tout est sauvé. » Sa prière fut exaucée : on reconnut bientôt que ce bâtiment était la frégate *la Justice*, qui arrivait de Malte.

Trois divisions rassemblées dans la journée combinèrent leur marche sous les ordres des généraux Kléber, Menou et Bon ; elles ne furent inquiétées que par quelques bédouins qui, rôdant autour des pelotons, pillaient et massacraient tout ce qui s'écartait du corps d'armée.

La ville d'Alexandrie était alors gouvernée par Seïd Mohammad Coraïm, schérif de la famille du Prophète. Cet homme, dévoué au gouvernement ottoman, s'était maintenu dans cette place par sa souplesse et sa fidélité aux principes qui dirigent les Turcs dans leur conduite politique. Il était en même temps recommandable aux beys, dont il avait su s'attacher la bienveillance, en les servant dans leurs extorsions et leur tyrannie : mais cet homme, quoique brave, n'était nullement propre à la guerre, dont il ne connaissait pas les premiers éléments.

Le 3 juillet au matin, les trois divisions s'avancèrent : celle dirigée par le général Menou assaillit le château triangulaire, situé sur le bord du Port-Vieux.

Marmont, créé général de brigade à Malte, attaqua, avec une partie de la division Bon, la porte de Rosette, par où il entra, après l'avoir enfoncée à coups de hache. Le général Menou reçut un coup de feu à la cuisse.

La division, conduite par le général Kléber, monta à l'assaut presque en face de la colonne de Pompée. Le général fut blessé à la tête.

Ces deux attaques n'étaient défendues que par quelques janissaires de différentes nations qui, errant, sans ordre et isolés, sur les vieux remparts et sur les places publiques, furent ainsi poussés jusque dans les rues, où les gens du pays, renfermés dans les maisons, tiraient sur les Français à travers leurs fenêtres grillées, ce qui causa la perte de beaucoup de soldats. Le général en chef lui-même faillit être atteint dans une rue étroite, où il passait avec ses guides, longtemps après qu'on se fut rendu maître de ces parties de la ville. Une proclamation calma les esprits.

Les troupes turques s'étaient retirées dans le fort du Phare, sur le bord de la mer; mais elles y furent bientôt forcées, et Coraïm se rendit à discrétion. Il promit d'aider les Français de tout son pouvoir, et prêta, en conséquence, entre les mains du général en chef et devant toute l'armée, serment de fidélité à la République française. Il fut continué dans l'exercice de ses fonctions, à Alexandrie, sous les ordres du général Kléber, resté, à cause de sa blessure, commandant de cette place.

Pendant ce temps, le reste de l'armée avait continué son débarquement; Bonaparte, après s'être ainsi assuré la possession d'Alexandrie, reçut les soumissions de la tribu des Arabes ouladalis, établie dans la vallée de Mariont, et fixa le départ de l'armée pour le 8 juillet. Alors chacun se munit, dans la ville, du peu de provisions qu'il put se procurer, et on se mit en marche à travers les déserts pour se rendre au Caire. Un détachement, sous les ordres du général de division Dugua, se dirigea par Aboukir sur Rosette, pour s'en emparer.

Une flottille d'avisos, chebeks, bombardes, galères, chaloupes canonnières, commandée par le chef de division Perrée, se rendit par mer à Rosette, et remonta le Nil pour porter les provisions et munitions nécessaires.

Dès le 1er juillet, Bonaparte avait fait remettre au commandant de la caravelle turque, stationnée à Alexandrie, la lettre suivante pour le pacha du Caire.

A bord de *l'Orient*, 12 messidor an 6.

« Le Directoire exécutif de la République française s'est adressé plusieurs fois à la Sublime-Porte pour demander le châtiment des beys d'Egypte, qui accablaient d'avanies les commerçants français.

« Mais la Sublime-Porte a déclaré que les beys, gens capricieux et avides, n'écoutaient pas les principes de la justice, et que non seulement elle n'autorisait pas les outrages qu'ils faisaient à ses bons et anciens amis les Français, mais que même elle leur ôtait sa protection.

« La République française s'est décidée à envoyer une puissante armée pour mettre fin aux brigandages des beys d'Egypte, ainsi qu'elle a été obligée de le faire plusieurs fois dans ce siècle contre les beys de Tunis e d'Alger.

« Toi, qui devrais être le maître des beys, et que cependant ils tiennent au Caire, sans autorité et sans pouvoir, tu dois voir mon arrivée avec plaisir.

« Tu es sans doute déjà instruit que je ne viens point pour rien faire contre l'Alcoran, ni contre le sultan; tu sais que la nation française est la seule et unique alliée que le sultan ait en Europe.

« Viens donc à ma rencontre, et maudis avec moi la race impie des beys. »

Il avait eu soin, en même temps, de faire répandre, par des Arabes qu'il s'était déjà attachés et par des agents du peuple, la proclamation suivante :

« Depuis trop longtemps les beys qui gouvernent l'Egypte insultent à la nation française, et couvrent les négociants d'avanies ; l'heure de leur châtiment est arrivée.

« Depuis trop longtemps ce ramassis d'esclaves, achetés dans le Caucase et la Géorgie, tyrannise la plus belle partie du monde ; mais Dieu de qui tout dépend a ordonné que leur empire finît.

« Peuples de l'Egypte, on vous dira que je viens pour détruire votre religion, ne le croyez pas; répondez : que je viens vous restituer vos droits, punir les usurpateurs, et que je respecte, plus que les mamelouks, Dieu, son prophète et le Coran.

« Dites-leur que tous les hommes sont égaux devant Dieu : la sagesse, les talents et les vertus mettent seuls de la différence entre eux.

« Or, quelle sagesse, quels talents, quelles vertus distinguent les mamelouks pour qu'ils aient exclusivement tout ce qui rend la vie aimable et douce ?

« Y a-t-il une belle terre? elle appartient aux mamelouks. Y a-t-il une belle esclave, un beau cheval, une belle maison ? tout cela appartient aux mamelouks.

« Si l'Egypte est leur ferme, qu'ils montrent le bail que Dieu leur en a fait. Mais Dieu est juste et miséricordieux pour le peuple ; tous les Egyptiens sont appelés à gérer toutes les places. Que les sages les plus instruits, les plus vertueux gouvernent, et le peuple sera heureux.

« Il y avait jadis parmi vous de grandes villes, de grands canaux, un grand commerce. Qui a tout détruit, si ce n'est l'avarice, les injustices et la tyrannie des mamelouks?

« Qaadhys, cheikhs, imans, chorbadgys, dites au peuple que nous sommes aussi de vrais musulmans. N'est-ce pas nous qui avons détruit le pape, qui disait qu'il fallait faire la guerre aux musulmans? N'est-ce pas nous qui avons été, dans tous les temps, les amis du Grand-Seigneur (que Dieu accomplisse ses desseins !) et l'ennemi de ses ennemis? Les mamelouks, au contraire, ne sont-ils pas toujours révoltés contre l'autorité du Grand-Seigneur, qu'ils méconnaissent encore ? Ils ne font que leurs caprices.

« Trois fois heureux ceux qui seront avec nous ! ils prospéreront dans leur fortune et leur rang ! Heureux ceux qui seront neutres ! ils auront le temps de nous connaître, et ils se rangeront avec nous.

« Mais malheur, trois fois malheur à ceux qui s'armeront pour les mamelouks, et combattront contre nous : il n'y aura pas d'espérance pour eux ; ils périront. »

A la suite de cette proclamation était une ordonnance qui prescrivait des mesures pour s'assurer de l'obéissance des villages et se terminait ainsi :

« Chacun restera chez lui, et les prières continueront comme à l'ordinaire. Chacun remerciera Dieu de la destruction des mamelouks et s'écriera : Gloire au sultan, gloire à l'armée française son amie. Malédiction aux mamelouks et bonheur au peuple d'Egypte. »

Cependant le général Dugua, à la tête d'une division, s'avançait sur Rosette. Dès qu'on eut connaissance de sa marche, un Français, nommé Varsy, depuis longtemps établi dans cette ville, usant de l'influence qu'il avait acquise, assembla la plus grande partie de la population, à la tête de laquelle il alla au-devant du général pour lui offrir les clefs de la ville, et s'offrit pour otage. Cet exemple fut suivi par les principaux fonctionnaires ; et les Français entrèrent dans Rosette sans coup férir. Quelques jours après, le général Menou y arriva avec le titre de gouverneur de la province.

Dès le premier moment de l'apparition de l'escadre française devant Alexandrie, Coraïm avait envoyé un exprès à Mourad-Bey, gouverneur du Caire, pour lui faire part de cet événement. Mourad, incapable de comprendre l'immensité du danger qui le menaçait, répondit qu'il n'avait rien à craindre, et qu'il saurait bien chasser de l'Egypte tous les étrangers qui osaient s'y montrer. Il avait en effet une si grande idée de ses forces, qu'il dédaigna d'abord d'employer toute son armée pour combattre les Français, et qu'il n'en envoya qu'une partie à Rahmanieh.

Partie d'Alexandrie le 8 juillet, l'armée française s'était portée, par le désert, suivant les bords du canal d'Alexandrie à Rahmanieh. La division du général Desaix formait l'avant-garde ; celle du général Reynier la suivait. Cette dernière mit deux jours pour se rendre d'Alexandrie à El-ouah, distant seulement de sept lieues. Elle avait déjà souffert toutes les horreurs de la soif, au milieu des sables brûlants, sans guide, et incertaine de la route qu'elle devait suivre, n'ayant ni bu, ni mangé pendant ces quarante-huit heures, quoique les soldats se fussent, à leur départ, munis de biscuit pour quatre jours ; mais, accablés du poids et de la chaleur, ils avaient tout jeté, convaincus qu'au premier village, ils trouveraient quelque aliment plus commode.

Arrivés enfin à El-ouah, on ne trouva qu'un puits qui ne contenait même qu'une boue fétide, c'était le temps de la plus grande baisse du Nil, et il n'y avait plus d'eau dans ce puits.

Quelques paysans qui habitaient une douzaine de huttes composant ce hameau, cachaient avec le plus grand soin celle destinée à la subsistance de leurs familles. Le soldat au désespoir respecta néanmoins leur asile. On lui offrait, mais au poids de l'or, cette eau qui seule pouvait l'arracher à la mort, et il donnait tranquillement six francs pour une petite bouteille. Ceux qui ne pouvaient faire cette dépense continuaient à souffrir ; ils n'avaient plus qu'un souffle de vie, et ils tombaient morts, désséchés. Quelques-uns parlèrent de retourner à Alexandrie, sans réfléchir qu'ils avaient mis deux jours pour venir, qu'il leur en faudrait autant pour le retour et que la mort leur laissait à peine un jour.

Les chefs tâchaient de ranimer leur courage, en donnant une espérance qu'ils n'avaient pas eux-mêmes. Ils prétendaient voir dans le lointain une habitation où ils disaient savoir qu'il y avait de l'eau. Une illusion que fait naître le sol, accréditait cet espoir. Une immense plage d'eau se présentait à la vue, c'était un lac dans lequel on voyait se réfléchir les nuages et les monticules de sable, ou les inégalités de la plaine qui l'environnait; on courait, mais, chose surprenante, malgré une marche forcée, assez longtemps soutenue, les objets desquels on croyait s'approcher, paraissaient fuir et conserver toujours la même distance. Le supplice de Tantale était renouvelé, et aux tourments de la faim et de la soif, se joignait celui d'un espoir toujours trompé et toujours renaissant. Ce phénomène d'optique particulier aux grandes plaines, lorsque le sol acquiert un haut degré de chaleur, est connu sous le nom de *mirage*.

Les soldats marchèrent encore le troisième jour, non sans laisser en route de nouveaux malheureux, que leurs forces abandonnaient.

Ils arrivèrent vers la fin de ce troisième jour à Birket, qui n'est qu'un ramassis de huttes de terre, servant de repaire à quelques Arabes fellahs. Ces huttes étaient en ce moment des palais pour les soldats qui croyaient y trouver de l'eau ; ils coururent à la citerne, la seule qui existât ; un homme y descendit, et du fond de ce trou, qui était près de devenir un tombeau commun, il fit entendre ce cri de mort : *Il n'y a point d'eau !*

A l'instant la terreur se peignit sur tous les visages ; chacun crut toucher à son heure dernière. Ce nouvel accident exalta les souffrances des soldats, et le supplice s'accrut par l'imagination.

Enfin, après avoir lutté contre ce terrible fléau, presque inconnu en Europe, l'armée arriva à Damanhour. Elle ne s'y rafraîchit point, elle y trouva seulement à peine de quoi s'empêcher de mourir de faim ; car, après le premier besoin satisfait, c'est-à-dire la soif éteinte, la faim commença à se faire ressentir ; les soldats, comme on l'a dit, avaient jeté leur biscuit, et on ne trouvait pas une once de pain, ni des moyens de fabrication. Les blés ne manquaient pas ; l'armée entière couchait sur des tas de cette denrée ; mais on n'avait point de moulins et le grain grillé remplaçait mal le pain.

Le 11 juillet, à la pointe du jour, la division Desaix, formant toujours l'avant-garde, se trouva, pour la première fois, devant un corps de 800 mamelouks à cheval qui l'investirent entièrement et venaient caracoler intrépidement sur son front, en resserrant le cercle considérable qu'ils formaient et dans lequel ils l'avaient enfermée, lorsque la division Reynier, qui suivait, arriva à temps pour rompre leur ligne, se rejoindre au général Desaix et les poursuivre ensemble, après leur avoir tué beaucoup de monde.

Cette même troupe de mamelouks et Arabes, ainsi mise en fuite, s'étendit dans le désert et chercha à inquiéter l'arrière-garde de l'armée qui escortait les bagages, les vivres et les malades.

C'est dans ces harcèlements que l'adjudant-général Muireur, officier distingué, s'étant écarté, fut assassiné à cent pas des avant-postes.

L'adjudant-général Gallois fut tué en portant un ordre du général en chef.

L'adjudant Delanau fut fait prisonnier à quelques pas de l'armée; il offrit une rançon. Les Arabes s'en disputaient le partage et étaient sur le point d'en venir aux mains, lorsque l'un d'eux, pour terminer le différend, brûla la cervelle au malheureux Français.

La division Desaix, retenue en arrière par l'affaire qu'elle avait eue, s'étant aperçue du mouvement de l'ennemi, en fit un à son tour par lequel elle imposa tellement aux mamelouks, qu'ils abandonnèrent l'espoir de se maintenir ainsi isolément et allèrent rejoindre leur corps d'armée qui était à Chebreis.

L'armée française s'avança plus tranquillement, quoique souffrant encore de la soif, de Damanhour à Rahmanieh, où elle arriva le 11 juillet; elle fit même cette traversée en un demi-jour, bien qu'elle soit de cinq grandes lieues. Mais Rahmanieh était un village où l'on devait trouver des vivres et plus que tout cela, Rahmanieh était sur le bord du Nil. Quel attrait et que de forces cette idée était capable de donner! Que de bénédictions et de saluts reçut ce fleuve bienfaisant lorsqu'il se présenta aux regards des Français! Les premiers qui arrivèrent sur ses bords, voulant y puiser une nouvelle vie, s'y jetaient sans pouvoir se donner le temps d'ôter leurs vêtements; les autres, plus prudents, se contentaient de savourer ses eaux.

L'armée se reposa quatre jours à Rahmanieh, où la division Dugua la rejoignit, après avoir assuré la possession de Rosette, comme il a été dit plus haut. La flottille arriva aussi dans le même temps.

Le général en chef, qui avait appris que les mamelouks étaient réunis à Chebreis, donna ordre d'embarquer les administrations et de remonter le fleuve pendant qu'il irait combattre les ennemis par terre. La flottille continua donc sa marche en remontant le Nil; mais elle n'observait aucun ordre: les bâtiments étaient isolés les uns des autres et naviguaient sans aucune connaissance des fonds dangereux. Le Nil n'avait recommencé sa croissance que depuis très-peu de jours, et l'eau ne suffisait pas pour des bâtiments aussi forts. C'est dans ce désordre qu'ils arrivèrent avant l'armée au camp des mamelouks, qui avaient aussi leur flottille. Les Français furent arrêtés dans un endroit où le fleuve est très-étroit et les bords très-resserrés. Cette position était dangereuse pour eux, car ils étaient plongés sous le feu du canon ennemi, sans pouvoir diriger le leur sur les batteries. Ils furent donc très-maltraités : plusieurs Français furent blessés, entre autres le commissaire ordonnateur en chef Sucy, qui eut le bras droit cassé. Quelques Djerms furent coulées, les autres se firent échouer sur la rive du Delta et tout eût été indubitablement pris si l'armée ne fût arrrivée pour les dégager.

Aussitôt les mamelouks, au nombre de 2,000, abandonnèrent les bâtiments pour se porter contre l'armée de terre, à laquelle ils présentèrent le combat. En un instant, les Français furent ralliés : il semblait qu'ils n'avaient essuyé aucune fatigue ; ils ne voyaient plus que les mamelouks et ne demandaient qu'à marcher sur eux.

Le général en chef disposa son armée en cinq divisions par échelons, flanquées sur les ailes par deux villages qu'elles occupaient. Chaque division formait un bataillon carré ayant les bagages au centre et l'artillerie dans les intervalles des bataillons.

La cavalerie des mamelouks déborda d'abord les ailes pour chercher un point faible; mais, trouvant partout une ligne formidable, ils se rallièrent et vinrent fondre dessus au galoup. Les Français les laissèrent approcher jusqu'à une demi-portée de fusil et les reçurent alors par une terrible décharge d'artillerie et de mousqueterie qui en fit tomber une grande partie.

Ces hommes, remplis de courage, mais ignorants, ne formèrent plus une masse; les uns continuèrent leur charge et furent reçus par la baïonnette des soldats, qui démontèrent tous ceux assez hardis pour pénétrer jusqu'à eux. Quelques-uns parvinrent à tourner les autres côtés du bataillon, qui en firent un horrible massacre. Enfin ils furent mis dans une déroute complète et poursuivis jusqu'au-delà du village de Chebreis, auprès duquel fut donnée cette première bataille.

Le sang-froid des Français, la précision de leurs mouvements avaient causé tant de surprise aux Egyptiens, que les prisonniers demandaient sérieusement si nos soldats n'étaient pas liés ensemble.

L'armée continua sa marche vers le Caire, à travers un pays stérile, éprouvant toutes sortes de privations. Le 23 juillet, au moment où le soleil montait sur l'horizon, une des sept merveilles du monde, les pyramides, s'offrirent, du côté du midi, aux regards avides des soldats. Les souvenirs que ces monuments éternels de la puissance des Pharaons rappellent à l'esprit, les remplirent d'admiration et d'une sorte de respect religieux; ils s'arrêtèrent spontanément. Le général en chef, environné d'un groupe nombreux, fit aussi éclater son enthousiasme : « Soldats, s'écria-t-il, vous allez combattre les dominateurs de l'Egypte; souvenez-vous que, du haut de ces monuments, quarante siècles vous contemplent! »

Cependant Mourad-Bey s'était posté, avec 6,000 cavaliers, sur la rive gauche du Nil, en avant du Caire, avec la ferme résolution de livrer bataille aux Français; sa gauche était appuyée sur le village de Gizeh, et sa droite sur celui d'Embabeh; son artillerie comptait 40 pièces de canon.

Bonaparte, persuadé que le mode de combattre ces ennemis serait le même qu'à l'affaire de Chebreis, distribua son armée par carrés disposés de façon qu'ils se servaient mutuellement d'appui. Les divisions Desaix et Regnier eurent ordre de se porter sur le village de Gizeh, pour couper la retraite à l'ennemi vers la Haute-Egypte. Redoutant les conséquences de ce mouvement, Mourad lança sur les deux divisions un corps de cavaliers d'élite; nos soldats les attendirent en silence jusqu'à ce qu'ils fussent à la portée de la balle; alors ils firent sur eux une décharge si meurtrière, que la terre fut jonchée de morts et de blessés; loin d'abattre leur courage, cet échec ne fit qu'accroître la fureur opiniâtre des mameloucks; ils abandonnent la division Reynier, et se réunissent tous contre le carré Desaix; transportés par la rage du désespoir, ils tourbillonnent autour de cette citadelle mouvante, dont les flancs ne s'ouvrent que pour vomir la mort. Désespérant de l'entamer, ils tournent leurs efforts contre le corps de Reynier. Ce mouvement acheva de les perdre; pris entre les feux des deux carrés, dans un instant la terre fut couverte de leurs morts.

Mourad, voyant ce qui se passait, envoie un nouveau détachement pour soutenir le premier. Bonaparte jugea que le moment d'attaquer l'ennemi dans sa position était favorable. En conséquence, il ordonna au général Bon de s'y porter par le village d'Embabeh; pendant ce temps-là, le général Vial (qui commandait la division Menou) fit ses dispositions pour couper la retraite aux mameloucks vers leurs retranchements.

Bon fut accueilli par les Egyptiens avec tant de furie et par un feu d'artillerie si bien nourri, que sa division, qui s'avançait en trois colonnes, eut de la peine à se former en bataillon carré; mais, sitôt que cette manœuvre fut exécutée, la valeur et l'impétuosité de nos adversaires furent impuissantes, leur déroute devint forcée, elle fut générale; Mourad s'évada vers la Haute-Egypte avec les restes de ses braves cavaliers; toute son infanterie avait été détruite par le fer, ou s'était noyée dans le Nil.

Cette mémorable journée est connue dans les fastes de la gloire de nos armées sous la dénomination de *bataille des Pyramides*. L'ennemi laissa sur la place 3,000 cavaliers d'élite, 40 pièces de canon; 400 chameaux chargés, sans compter l'or et l'argent, et autres objets précieux, furent la récompense des vainqueurs. Cette victoire leur ouvrit les portes du Caire.

Bonaparte, apprenant que la population de cette ville, prévenue par les fuyards de la défaite des mamelouks, se livrait à toutes sortes d'excès, fit partir le général Dupuy à la tête de deux compagnies de grenadiers, avec ordre d'en prendre possession. Le lendemain, l'armée fit son entrée solennelle dans la capitale de l'Egypte : l'administration civile fut confiée à un divan; la bonne intelligence s'établit promptement entre les Français et les

Egyptiens, grâce à la politique du général en chef, et surtout sans doute à la haute opinion de valeur que les Français s'étaient acquise par leurs victoires.

Après quelques jours de repos, l'armée se mit en marche, suivant diverses directions, pour atteindre la Haute-Egypte. Desaix poursuivait Mourad-Bey, et Bonaparte se dirigeait vers Belbeïs, où Ibrahim, collègue de Mourad, avait son quartier-général. Partout, dans ces expéditions partielles, nos soldats eurent l'avantage. Ibrahim se vit forcé de se retirer en Syrie. Bonaparte, ne voyant plus rien à faire d'important dans la Haute-Egypte, se préparait à revenir au Caire ; mais, avant d'y arriver, il devait apprendre des nouvelles bien capables de tempérer l'ivresse que pouvaient lui causer tant de brillants succès.

Le contre-amiral Brueys, n'ayant point de nouvelles de l'armée de terre, ne pouvait se décider à quitter les parages de l'Egypte avant d'être certain qu'elle n'avait plus besoin de son secours. En attendant, il se tenait embossé le long du rivage d'Aboukir, lorsque le 1er août, à deux heures après-midi, on signala la flotte anglaise ; à six heures, les 15 vaisseaux qui la composaient furent en présence ; le combat commença à l'instant de part et d'autre.

La flotte française était rangée sur une seule ligne beaucoup trop longue, sans doute, puisqu'il régnait une distance de 250 mètres entre ses vaisseaux. Voici l'ordre suivant lequel ceux-ci étaient distribués, à commencer par la tête de l'avant-garde.

Le Guerrier,	de 74, capit.	Trullet.
Le Conquérant,	74,	Dalbarade.
Le Spartiate,	74,	Emeriau.
L'Aquilon,	74,	Thevenard.
Le Peuple souverain,	74,	Raccord.
Le Franklin,	80,	Gillet. Blanquet du Chayla, contre-am., comm. l'avant-garde.
L'Orient,	120,	Casa-Bianca. Brueys, vice-amiral, comm. en chef.
Le Tonnant,	80,	Du Petit-Thouars.
L'Heureux,	74,	Etienne.
Le Mercure,	74,	Cambon.
Le Guillaume Tell,	80,	Saulnier.

Arrière-garde, commandée par le contre-amiral Villeneuve.

Le Généreux,	de 74, capit.	Le Joëlle.
Le Timoléon,	74,	Trullet cadet.

Les frégates :

		capit.
La Diane,	de 40,	Solen. Decrès, contre-amiral, commandant l'escadre légère.
La Justice,	40,	Villeneuve.
L'Arthémise,	36,	Standelet.
La Sérieuse,	36,	Martin.

Cette dernière se trouvait parmi les 9 premiers vaisseaux de l'avant-garde.

Les Anglais, au moyen d'une manœuvre aussi hardie qu'elle fut heureuse, parvinrent, du premier abord, à couper notre flotte. Le vaisseau le *Magesty* alla se placer entre *le Tonnant* et *l'Orient*; en même temps, d'autres vaisseaux ennemis filèrent entre les nôtres et le rivage, malgré les bas-fonds. Dès lors, il fallut s'attendre à être attaqué de deux côtés opposés; en effet, tous les vaisseaux de l'avant-garde essuyèrent successivement le feu d'une double rangée de vaisseaux anglais; le reste de la flotte ne prit aucune part au combat, tant les dispositions de notre amiral étaient vicieuses.

Le Guerrier, placé en tête de la ligne, reçut les décharges de presque tous les vaisseaux ennemis, à mesure qu'ils passaient à sa droite ou à sa gauche pour aller attaquer *le Conquérant* et de ceux qui venaient ensuite. Au bout d'une heure de résistance, ayant perdu la moitié de son équipage, ses mâts étant brisés et son artillerie démontée, il succomba le premier. *Le Conquérant*, attaqué de la même manière, subit le même sort. La frégate *la Sérieuse* se défendit vaillamment contre *le Goliath*; criblée par l'artillerie formidable de son adversaire, elle coula bas, ou plutôt elle échoua; sa poupe ayant rencontré un haut fond, resta en partie au-dessus des eaux; c'est là que l'équipage continua à se défendre jusqu'à ce qu'il eût obtenu une capitulation honorable.

La nuit, qui survint sur ces entrefaites, ne mit point fin au combat, il ne devint que plus affreux; qu'on se représente 1,200 pièces de canon vomissant à l'envi la flamme et les boulets, dont l'explosion entretenait une commotion telle, que la mer était agitée comme lorsqu'elle éprouve une tempête.

Le vice-amiral Brueys avait reçu une blessure légère dès le commencement de l'action; à huit heures, un boulet le coupa en deux; on allait le porter dans sa chambre pour lui administrer des secours, mais il s'y opposa, disant qu'un amiral français doit mourir sur son banc de quart; vingt minutes après, il avait cessé de vivre; au même instant, le capitaine Casa-Bianca fut mis hors de combat. *L'Orient*, après la perte de ses commandants, fut encore plus terrible qu'auparavant; tout ce qui s'approchait était foudroyé par son artillerie; *le Bellérophon*, ayant voulu se mesurer avec lui, vit ses mâts abattus en peu d'instants; incapable dès lors de manœuvrer, il fut entraîné par le vent sous les feux de notre arrière-garde; il allait se rendre, mais on ne sut pas profiter de sa détresse. Poussé toujours dans le même sens, il arriva hors de portée de nos batteries et se sauva. C'est ce même vaisseau qui, en 1815, reçut Bonaparte, lorsqu'il se livra aux Anglais. A neuf heures du soir, le feu prit à *l'Orient*. On était si près de l'ennemi, que ce furent, dit-on, les bourres des canons qui l'embrasèrent. Tous les efforts que l'on fit pour éteindre l'incendie furent inutiles; ce beau vaisseau sauta en l'air à dix heures et demie, avec un fracas épouvantable. L'impression que produisit la détonation parmi les équipages des deux nations fut si profonde, que, malgré l'ardeur dont ils étaient animés, ils cessèrent de tirer pendant quelques minutes. Dès ce moment, le désordre se mit dans notre flotte; *le Franklin* se rendit au moment où les Anglais l'attaquaient à l'abordage; *le Spartiate* et *l'Aquilon* étaient déjà tombés au pouvoir des ennemis; *le Tonnant* alla s'échouer à la côte; ce navire se couvrit de gloire : il se battit pendant trente-six heures, et ne cessa de faire feu que lorsqu'un boulet eut emporté Du Petit-Thouars, son capitaine.

Dès que le jour parut, les deux flottes offrirent le spectacle le plus déplorable; la mer était couverte de débris et de cadavres. Ces navires magnifiques qui, la veille, pressaient ou sillonnaient avec orgueil les flots de la mer, et semblaient défier ses fureurs, n'étaient, pour la plupart, que des carcasses informes, sans mâts, criblées et mutilées par les boulets.

Le Guillaume Tell, le Glorieux, la Diane et *la Justice* parvinrent à s'échapper. L'escadre ennemie était si maltraitée, qu'aucun de ses vaisseaux n'osa se mettre à leur poursuite. Le drapeau tricolore flottait encore le 3 août sur *le Tonnant* et *le Timoléon;* ce dernier vaisseau, plutôt que de se rendre, se brûla lui-même, après que son équipage eut été mis dans une chaloupe.

Dans ce combat, nous eûmes 9 vaisseaux de pris, 2 de brûlés, 1 frégate brûlée et une autre coulée bas. Les prisonniers faits par l'ennemi furent envoyés à Alexandrie, parce que les Anglais manquaient de vivres.

Parmi les traits de bravoure dont cette mémorable journée fut témoin, il ne faut pas oublier l'intrépidité du capitaine Standelet qui, sommé d'amener, mit lui-même le feu à la frégate *l'Arthémise*, qu'il commandait. Quand tout l'équipage fut en sûreté, voyant que l'incendie se développait trop lentement, il retourna seul sur son bord pour activer l'embrasement, et ne s'éloigna que lorsqu'il eut la conviction que le bâtiment allait sauter dans quelques instants.

Le jeune Casa-Bianca, âgé seulement de dix ans, avait fait des prodiges de valeur depuis le commencement de l'action; son père, blessé grièvement, employa en vain les prières et même l'autorité paternelle pour le contraindre à se sauver; cet héroïque enfant voulut mourir avec lui. Le malheureux capitaine réunit alors toutes ses forces pour lier son fils à un mât qu'il jeta à la mer, et sur lequel il se plaça lui-même avec l'intendant de l'escadre. Quelques moments après eut lieu l'explosion de *l'Orient,* et ces trois malheureux furent engloutis dans les flots.

Bonaparte revenait tranquillement vers le Caire, lorsqu'un aide-de-camp du général Kléber le rencontra à quelque distance de cette ville, et lui remit les dépêches qui l'instruisaient des événements de la fatale journée d'Aboukir. Il en fit lecture sans que la moindre altération se manifestât sur son visage. Après quelques moments de réflexion, il dit froidement à ceux qui l'entouraient : « Nous n'avons plus de flotte. Eh bien ! il faut rester dans cette contrée, ou en sortir comme les anciens. » Il n'ignorait point que cette fâcheuse nouvelle se répandrait incessamment, et qu'en passant de bouche en bouche elle ne ferait qu'accroître le mal; il fit donc sur-le-champ connaître à l'armée l'anéantissement de la flotte, en employant toute l'adresse et tout l'art dont il était capable, pour atténuer l'impression qu'éprouveraient ses soldats en apprenant un tel désastre.

Au milieu de ces tristes circonstances, Bonaparte ne cessa de montrer le même courage et la même fermeté. Les Arabes de la Basse-Egypte, profitant de l'absence de l'armée, se livraient à toutes sortes de désordres, massacraient les courriers, s'emparaient des convois, interceptaient les communications, attaquaient et surprenaient nos postes. Ils poussèrent leurs courses jusque sous les murs d'Alexandrie. Le général en chef s'entendit avec ses lieutenants pour faire rentrer ces barbares dans le devoir. Peu de temps et quelques combats partiels suffirent pour rétablir la sûreté des chemins; mais cette tranquillité n'était que momentanée : les Arabes, repoussés, revenaient sans cesse et soulevaient les villages contre l'armée française; nos soldats n'étaient véritablement les maîtres que du sol qu'ils avaient sous les pieds.

Arrivé au Caire, le général en chef n'oublia rien de ce qui pouvait ranimer le courage des Français, un peu stupéfaits par la nouvelle du désastre d'Aboukir, ou pour dissimuler aux yeux des Egyptiens les sentiments dont son âme était nécessairement agitée. Il formait des projets d'établissements durables et les faisait mettre à exécution. Le fâcheux état des affaires ne l'empêcha point de donner ou de célébrer des fêtes ; d'abord il commença par celle du Nil.

Le 18 août, vêtu richement à la turque, environné des officiers de son état-major et des autorités turques et d'une foule immense d'Egyptiens, il fit faire en sa présence la rupture de la digue qui retient les eaux du Nil, cérémonie qui se pratique tous les ans lorsqu'on juge que les eaux de ce fleuve sont en assez grande quantité pour se répandre dans la campagne. La fortune de Bonaparte voulut que cette fois les eaux du Nil s'élevassent à la hauteur la plus favorable. Soit flatterie ou superstition, les habitants du Caire témoignèrent, par leurs bruyantes acclamations, qu'ils ne le croyaient pas étranger à cet heureux événement. « Nous voyons bien, disaient-ils dans leurs chansons, que vous êtes l'envoyé de Dieu, car la victoire est à vos ordres, et vous nous avez donné le plus beau Nil qu'il y ait eu depuis un siècle. » La fête se termina par des distributions d'argent au peuple et des présents aux principaux chefs.

Deux jours après arriva la fête de Mahomet. Les Français s'attendaient que les Egyptiens feraient dès la veille des préparatifs pour la célébrer; ils furent bien surpris de voir qu'on ne faisait aucune disposition qui tendît à ce but : ils ne tardèrent pas à en connaître la cause. Le muphti, cachant sous des dehors hypocrites la haine la plus violente contre les nouveaux conquérants de l'Egypte, s'efforçait de faire croire à ses coreligionnaires que le prophète verrait de mauvais œil qu'on célébrât sa fête au milieu d'une armée d'infidèles. Il inventa toutes sortes de prétextes pour se dispenser d'assister à la cérémonie; il n'y eut que la crainte de la mort qui l'y détermina. Dès qu'il eut forcément donné son consentement, le peuple mit tout le zèle dont il était capable pour célébrer dignement la fête de l'auteur du Coran.

La ville fut illuminée; Bonaparte, escorté de ses officiers supérieurs, alla complimenter le vénérable scheik El-Bekri, que l'on regardait comme un des descendants de Mahomet. Ce vieillard lui offrit un repas, qu'il accepta, et dans lequel tout le luxe oriental fut déployé. La confiance et la cordialité la plus parfaite régnèrent, du moins en apparence, parmi les convives des deux nations.

Le lendemain de cette fête, Bonaparte forma un Institut des sciences et des arts à l'instar de l'Institut national de France. Cet établissement fut divisé en quatre classes, savoir : mathématiques, physique, économie polique, littérature et beaux-arts. Monge en fut nommé président.

Le général en chef fit célébrer ensuite l'anniversaire de la fondation de la République française. Par ses ordres, on éleva sur la place d'Esbekiech une pyramide à sept faces, sur lesquelles furent gravés les noms des braves tués dans les combats précédents. La pyramide était en outre ceinte d'un péristyle composé d'autant de colonnes que la République comptait alors de départements.

Les troupes, dès les sept heures du matin, se rangèrent en bataille. Boparte, entouré de ses officiers et des autorités notables de la ville, se rendit au pied de la pyramide, et là, d'une voix solennelle, il rappela à ses troupes ce qu'elles avaient fait de glorieux en Allemagne, sur les Alpes et en Italie, et depuis leur arrivée en Egypte. « Soldats, dit-il en terminant, votre destinée est belle, parce que vous êtes dignes de ce que vous avez fait et de l'opinion que l'on a de vous. Vous mourrez avec honneur comme les braves dont les noms sont inscrits sur cette pyramide, ou vous retournerez dans votre patrie couverts de lauriers et de l'admiration de tous les peuples. »

Ce discours fut accueilli par de grandes acclamations, dans lesquelles le nom de Bonaparte se mêlait aux cris de *vive la République!* Il y eut ensuite des évolutions et des exercices à feu, tandis qu'un détachement allait planter le drapeau tricolore au sommet de la grande pyramide.

Pour terminer la fête, le chef suprême de l'armée fit dresser dans son palais une table de deux cents couverts, où s'assirent mêlés ensemble les officiers et les principaux magistrats du Caire. Le soir, la ville fut illuminée.

Tous ces ressorts d'une adroite politique ne paraissaient pas néanmoins faire une grande impression. Les émissaires de Mourad et d'Ibrahim soufflaient toujours le feu de l'insurrection sur tous les points de l'Egypte, et les Egyptiens, sourds à la voix de leurs intérêts, mettaient mal à propos en pratique ce fameux principe proclamé en France : la résistance à l'oppression est, pour un peuple, le plus saint des devoirs.

Déjà, après le départ de l'armée d'Alexandrie, les Arabes, au mépris des promesses qu'ils avaient faites au général en chef, harcelaient la garnison. Le chef d'escadron Rabasse, à la tête de 50 hommes du 14e régiment de dragons, surprit une de leurs tribus le 24 juillet 1798 et leur tua plusieurs hommes ; mais il ne put les empêcher de retourner à la charge toutes les fois que l'occasion leur paraissait favorable.

Les Anglais eux-mêmes tentaient des coups de main sur Aboukir, mais ils étaient toujours vigoureusement repoussés.

Aidés de quelques Arabes et des habitants du hameau de Birket, ils firent une coupure au canal d'Alexandrie pour empêcher l'arrivée des eaux dans cette place et des vivres destinés à son approvisionnement. Le malheureux village paya cher cette déférence pour les Anglais. Le chef de brigade Barthélemi, à la tête de 600 hommes de la 69e demi-brigade, vint le cerner et le piller ; le canal fut rétabli.

Pour éviter à l'avenir de pareils accidents, on résolut de mettre des postes le long de ce canal, et, à cet effet, on organisa tous les marins échappés de la flotte, ainsi que ceux du convoi, en une légion qui fut appelée *nautique*, et dont on établit des détachements à Damanhour, à Birket et à Aboukir.

On découvrit que Coraïm, commandant d'Alexandrie, qui avait promis à Bonaparte de servir fidèlement l'armée française, entretenait avec les Anglais et les Arabes des intelligences qui tendaient à rendre les premiers maîtres de la place. Il fut arrêté par ordre de Kléber et amené sous bonne escorte au Caire, où il fut fusillé, le 22 août, sur la place de la citadelle.

Mourad-Bey, qui avait eu un mois de répit après la bataille des Pyramides, ne l'avait pas passé dans l'inaction. Il avait rallié à lui une grande quantité de mamelouks et d'Arabes et en avait formé un grand rassemblement autour du village de Behnessé, sur le canal de ce nom, qui porte les eaux dans la province du Fayoum.

Desaix partit, le 26 août, pour dissiper ce rassemblement, avec sa division, secondée par une flottille de deux demi-galères et six avisos; il arriva à Bénissoüéf le 1er septembre, et, se portant, non sans de grandes difficultés, sur le canal de Behnessé, à travers des champs encore couverts par les eaux de l'inondation, il enleva plusieurs barques chargées de bagages et de tentes, et 4 pièces de canon. Mourad, à son approche, s'était enfui dans le Fayoum. Les mamelouks d'Hassan-Bey, qui occupaient la Haute-Egypte, étaient venus pour protéger les mouvements de Mourad et sauver sa flottille. Desaix vint sur le Nil pour combattre ce nouvel ennemi; mais Hassan ayant fait forcer la marche de la flottille vers Syenne, fit un ricochet à Syout et alla rejoindre Mourad dans le Fayoum.

Desaix descendit alors et s'établit à Tarout-el-Chérif, origine du canal de Behnessé, pour concentrer tous ses moyens et fondre sur les mamelouks réunis. Il arriva, par le canal, jusqu'à Manzoura, sur le bord du désert. Mourad était à deux lieues. Desaix courut à sa recontre; le fier mamelouk faisait bonne contenance; mais, pressé par le feu de deux pièces de canon, et voulant d'ailleurs isoler les Français de leurs barques et combattre en plein désert, il s'éloigna jusqu'à Elbelamoun. La nuit s'approchait; on n'avait rien mangé de la journée; Desaix, prévoyant qu'il ne pourrait engager une affaire ce jour-là, prit le parti de retourner vers les barques. Ce mouvement de retraite ayant paru aux mamelouks un symptôme de fuite, ils attaquèrent avec furie, harcelèrent, inquiétèrent les troupes jusqu'à la nuit close, et firent quelques prisonniers.

Deux jours après, c'est-à-dire le 8 octobre, Desaix, ayant appris que Mourad était à Sédiman, village sur la lisière du désert, près Illahon, à l'entrée du Fayoum, et qu'il se disposait à lui livrer bataille, résolut de l'attaquer lui-même. Les mamelouks étaient au nombre de 5,000, soutenus sur leurs flancs par huit ou dix mille Arabes et 8 pièces de canon.

Les Français n'avaient que deux demi-brigades, la 21e et la 88e : ce qui les rendait réellement cette fois en nombre de beaucoup inférieur aux ennemis. Desaix les disposa en un seul grand bataillon carré; mais il flanqua les deux angles de face de deux autres petits bataillons de 200 hommes.

Pour arriver aux mamelouks, il fallait traverser un bas-fond; à peine les Français furent-ils descendus dans cette position désavantageuse, que Mourad saisit habilement le moment favorable et vint tomber de toute sa masse sur le petit carré de droite, que commandait le capitaine Valette, de la 21e demi-brigade, qui fut écrasé; mais rien ne masquant plus alors le feu du grand carré, l'ennemi, foudroyé et arrêté un instant, fut forcé de se replier. Quelques moments après, les mamelouks revinrent à la charge, mais ils ne furent pas aussi heureux dans cette seconde tentative: leurs chevaux effrayés reculaient à la vue des baïonnettes; alors ils les retournèrent, dans l'espoir d'ouvrir les rangs par des ruades : tous leurs efforts furent vains. Transportés de rage, ils jetèrent leurs armes à la tête des Français ; ceux qui avaient eu leurs chevaux tués se glissaient, le ventre contre terre, pour passer sous les baïonnettes et couper les jambes des soldats. Ils se retirèrent enfin ; mais le vide qu'ils formèrent laissa à découvert une batterie qui fit un feu très-meurtrier. Pour comble de malheur, le soldat, qui se battait depuis cinq heures du matin, n'avait plus de munitions, tout était épuisé; ce moment devint terrible, le courage en fut un instant ébranlé; heureusement, l'intrépide Desaix, qui voyait tout avec calme et sang-froid, ordonna une charge des grenadiers à la baïonnette sur la batterie des mamelouks. Cet ordre exalta les têtes, la batterie fut emportée; les mamelouks, épouvantés à leur tour de la hardiesse de ce coup de main, s'ébranlent, plient, s'éloignent et disparaissent.

Jamais bataille ne fut plus terrible, et jamais victoire n'a fait plus d'honneur, à la fois, à une armée et à son chef. Les résultats furent la séparation des Arabes d'avec les mamelouks, et la prise de possession du Fayoum, où Desaix alla s'établir et faire reposer ses troupes.

Cependant, la Basse-Egypte offrait le spectacle d'nn vaste champ de bataille, où il fallait soutenir des combats partiels et journaliers.

Le général en chef avait chargé le général Menou de parcourir la province de Rosette et de s'assurer de la soumission des villages de l'intérieur. Plusieurs membres de la Commission des arts, restés à Rosette, voulurent profiter de cette circonstance pour visiter un pays où, depuis bien des siècles, aucun Européen n'avait pénétré. Le général Marmont, qui était descendu du Caire, se joignit au général Menou, et, le 11 septembre, on se mit en marche. On avait cru ne faire qu'une promenade agréable : en effet, tant qu'on resta sur les bords du Nil, on fut très-bien traité par les habitants ; ceux de Berimbal, Metoubis et Fouâ rivalisèrent à qui recevrait le mieux les Français; mais lorsqu'on voulut s'enfoncer dans l'intérieur des terres, à la hauteur du village de Daissouk, on fut tout autrement accueilli.

Les généraux et les membres de la Commission des arts précédaient à cheval une escorte de 200 hommes d'infanterie, de laquelle se trouvant bientôt séparés d'environ une lieue, ils atteignirent le village de Chabas-Emmer. Un premier groupe, en avant, composé d'un guide du pays, du capitaine Montessuy, aide-de-camp du général Marmont, et de plusieurs autres personnes, arriva jusqu'aux portes de Chabas-Emmer. Le guide, voyant un grand rassemblement de paysans, en avant du village, se mit à leur crier à haute voix : *Ammam, mafich dourour*, la paix, n'ayez aucune inquiétude ; eux, ne répondirent que par ce mot *erga*, va-t'en ; et aussitôt ils font, sur ce premier groupe de Français, une décharge de coups de fusil, qui les força de revenir sur leurs pas. Personne n'étant armé, on tourna bride pour se replier sur l'escorte qui suivait; mais, par une fatalité qu'il est impossible d'expliquer, un des dessinateurs de la Commission, craignant de ne pouvoir se soutenir à cheval en suivant au grand galop et en franchissant les fossés, avait pris le parti d'en descendre pour suivre à pied; s'étant bientôt laissé gagner de vitesse par les Arabes, qui poursuivaient les Français, il fut massacré.

L'escorte entendant les coups de fusil que les Arabes tiraient, força sa marche et les repoussa bientôt sur le village; ils s'enfermèrent alors dans une espèce de château fort qui était auprès et qu'on appelait Kafr-Chabas-Emmer; ils s'y maintinrent le reste du jour, non sans causer beaucoup de pertes aux Français, qui enfin les débusquèrent dans la nuit.

Le général Menou avait eu un cheval tué sous lui à cette affaire : effrayé du nombre de soldats qui avait été mis hors de combat, il vit qu'il ne pouvait continuer sa tournée sans artillerie, et il revint le lendemain à Rosette.

Une scène à peu près semblable se répéta peu de jours après, au village de Djemyleh, sur le canal d'Achmoun.

Le général Dugua, commandant la province de Damiette, avait envoyé le général Damas avec un bataillon de la 75e demi-brigade pour reconnaître ce canal, et soumettre les villages qui refusaient obéissance : un parti d'Arabes réuni aux paysans attaqua les Français; mais ils furent repoussés.

A Myt-Kamar, à Mansourah, des barques avaient été arrêtées, et des dragons massacrés; c'était l'hydre aux mille têtes qui renaissaient aussitôt qu'on les avait coupées, et on ne pouvait suffire aux marches qu'exigeaient les soulèvements qui paraissaient à la fois presque sur tous les points.

Cependant, il faut le dire, le peuple d'Egypte est bon, et il ne se serait pas porté de lui-même à ces excès, s'il n'y avait été poussé par une influence étrangère. C'est que l'Egypte était depuis le commencement de la campagne remplie d'exemplaires d'un firman du grand-visir qui démentait tout ce qu'avait dit Bonaparte de son accord prétendu avec la Porte. On lisait ce firman dans les mosquées, et on excitait le peuple au massacre des étrangers.

Le Grand-Seigneur lui-même et le divan de Constantinople n'eussent peut-être pas usé de ces terribles représailles, s'ils n'y avaient été entraînés par les Anglais.

On avait promis à Bonaparte, lors de son départ de France, d'envoyer, comme nous l'avons dit, un négociateur à Constantinople pour déterminer le gouvernement ottoman à rester au moins neutre dans cette guerre, en lui persuadant que son intérêt n'y était nullement compromis; on aurait été jusqu'à lui offrir ou lui promettre une compensation. Mais le négociateur, qui devait être M. de Talleyrand-Périgord, n'arriva point, et le Directoire, après le combat naval d'Aboukir, abandonna les Turcs à l'influence de la politique anglaise, et les Français d'Egypte à leur fortune.

Les Anglais, vainqueurs, parurent à Constantinople, et, par leurs promesses ou par leurs menaces, déterminèrent le divan à déclarer la guerre à la France, à préparer une armée pour agir en Egypte et à lui ouvrir les voies par une proclamation qu'ils se chargèrent de faire répandre.

Les Français, dans cette espèce de manifeste, étaient représentés comme des brigands sans foi ni loi, ne respirant que le carnage, et n'ayant d'autre but que la destruction des enfants du Prophète et l'anéantissement de toutes les religions : « Leur conscience, y était-il dit, n'est jamais troublée par les remords et la crainte de mal faire. Aucun dogme, aucune opinion religieuse ne les réunit ; ils regardent le vol et le pillage comme choses légales, la calomnie comme la plus belle éloquence, et ils ont détruit tous les habitants de la France qui n'ont pas voulu adopter leurs nouveaux et pernicieux principes. Toutes les nations européennes ont été alarmées de leur audace et de leurs forfaits ; et alors ils se sont mis à aboyer comme des chiens, à hurler comme des loups, et, dans leur rage, ils se sont jetés sur tous les royaumes et sur toutes les républiques pour détruire leurs gouvernements et leurs religions, pour enlever leurs femmes et leurs enfants. Des rivières de sang ont abreuvé la terre, et les Français ont enfin réussi dans leurs criminels desseins, vis-à-vis de quelques nations qui ont été forcées de se soumettre. . . . .

« O vous donc, défenseurs de l'islamisme, ô vous, héros protecteurs de la foi, ô vous, adorateurs d'un seul Dieu, qui croyez à la mission de Mahomet, fils d'Abd-Allah, réunissez-vous, et marchez au combat, sous la protection du Très-Haut ! Ces chiens enragés s'imaginent sans doute que le peuple vrai croyant ressemble à ces infidèles qu'ils ont combattus, qu'ils ont trompés, et à qui ils ont fait adopter leurs faux principes. Mais ils ignorent, les maudits, que l'islamisme est gravé dans nos cœurs, et qu'il circule dans nos veines avec notre sang. Nous serait-il possible d'abandonner notre sainte religion après avoir été éclairés de la divine lumière ? Non, non, Dieu ne permettra pas que nos soyons un instant ébranlés . . . .

« Des ordres sont donnés pour rassembler les troupes de toutes les provinces de l'empire, et dans peu, des armées aussi nombreuses que redoutables s'avanceront par terre, en même temps que des vaisseaux aussi hauts que des montagnes couvriront la surface des mers ; des canons qui lancent l'éclair et la foudre, des héros qui méprisent la mort pour le triomphe de la cause de Dieu, des guerriers qui, par zèle pour leur religion, savent affronter et le fer et le feu, vont se mettre à leur poursuite ; et il nous est, s'il plaît à Dieu, réservé de présider à leur entière destruction, comme la poussière que les vents dispersent et dissipent. Il ne restera plus aucun vestige de ces infidèles : car la promesse de Dieu est formelle ; l'espoir du méchant sera trompé, et les méchants périront. »

Animés par une telle proclamation, les Egyptiens employaient tous les moyens pour coopérer à l'anéantissement des Français ; les habitants du Caire paraissaient seuls encore étrangers à ces sentiments. Comprimés par l'appareil militaire que le séjour du général en chef y déployait, ils craignaient de s'abandonner à des mouvements qui eussent compromis infructueusement leur sécurité. Bonaparte d'ailleurs ne cessait de flatter les chefs ; toutes les demandes que lui faisait le divan étaient promptement accordées ; il avait un soin particulier de respecter et de faire respecter tout ce qui touchait à la religion ; mais les imans, plus sévères sur cet article que les autres musulmans, ne regardaient cette protection que comme une profanation et un avilissement. En conséquence ils entretenaiant en secret le feu qui couvait sous la cendre. Une occasion se présenta bientôt de faire éclater l'incendie, et ils la saisirent.

Les propriétés en Egypte ne sont que des concessions temporaires du gouvernement, susceptibles d'être renouvelées ou retirées à la mort du titulaire. Dans le besoin d'argent qu'il éprouvait, le général en chef avait imaginé de soumettre toutes ces concessions à une révision, ou du moins à un enregistrement, et leur confirmation devait être assujettie à un droit proportionnel déterminé. Après la religion, c'était la corde la plus délicate que l'on pût toucher : aussi cette décision excita un mécontentement général. Le Caire était la résidence habituelle de presque tous les grands concessionnaires ; la masse de la population tenait d'eux son existence, et par conséquent son opinion dans les circonstances difficiles. Tant que ces propriétaires n'avaient pas été atteints, ils étaient restés tranquilles, attendant les événements ; mais, dès qu'ils se sentirent froissés, ils se plaignirent et le peuple les imita. Alors les imans, jugeant l'occasion favorable, firent parler Dieu et le prophète, et tous se rangèrent sous leurs drapeaux sacrés.

Le 22 octobre 1798, à la pointe du jour, des rassemblements se formèrent dans divers quartiers de la ville, et obligèrent le divan à aller demander au général en chef le rapport de son arrêté sur l'enregistrement des concessions. Mais bientôt, perdant de vue cette demande, les musulmans réunis se crurent un instant assez forts pour chasser les Français du Caire ; ils se portèrent dans les différents quartiers qui étaient habités par eux, et les prenant au dépourvu, parvinrent à en massacrer un grand nombre. La maison du chef du génie, Cafarelli, fut investie et pillée. Ce général était sorti dès le matin avec le général en chef pour ordonner quelques dispositions militaires relatives aux fortifications de Gizeh. Deux ingénieurs des ponts et chaussées, Duval et Thevenot, se trouvaient en ce moment seuls chez lui ; ils voulurent arrêter ce torrent, ils se défendirent avec le plus grand courage, et succombèrent victimes de leur dévouement.

La maison de Kassim-Bey, isolée de tous les corps des Français, avait été donnée pour habitation aux membres de la Commission des arts. Elle fut bientôt assaillie; mais, grâces au courage et à l'activité des membres de cette commission, aidés seulement de leurs domestiques, elle fut mise à l'abri d'un coup de main ; les assiégés se défendirent jusqu'au moment où on leur envoya des troupes pour les dégager.

Le commandant de la place, Dupuy, averti de ces mouvements, s'était contenté d'abord, par un excès de confiance dans les moyens qu'il pouvait déployer, d'ordonner des patrouilles ; mais, l'insurrection prenant un caractère sérieux, il sortit accompagné de son aide-de-camp Maury, de son interprète, et de 15 dragons. Quoique toutes les rues fussent obstruées de monde, il était parvenu de la place de Birket-el-Fil jusqu'au Mousky, près le quartier des Francs, et avait même dissipé quelques attroupements; mais, arrivé dans la rue des Vénitiens, un flot immense de peuple voulut s'opposer à son passage. Il fit entendre quelques paroles de paix par son interprète, mais on n'écouta rien. Impatienté et peu accoutumé à cette résistance, il donna à ses dragons l'ordre de le suivre, et il chargea. En un instant il fut couvert de blessures, un coup de lance l'atteignit au-dessous de l'aisselle gauche, et lui rompit l'artère. Son aide-de-camp fut jeté à bas de son cheval ; le commandant, blessé à mort, lui tendit la main pour le faire remonter, mais ce mouvement ouvrant un vaste passage au sang, il perdit connaissance. On le transporta dans la maison de l'aide-de-camp Junot, son ami, où il mourut un quart d'heure après.

Dès ce moment la terreur se répandit, le canon d'alarme se fit entendre, la fussillade s'engagea dans toutes les rues, les insurgés, au nombre de 15,000, se retranchèrent dans la mosquée d'El-Hazar, pour rallier à eux ceux des habitants qui, par timidité, n'avaient pris aucun parti; ils en barricadèrent les avenues; d'un autre côté, les Arabes, prévenus sans doute du mouvement projeté, parurent et cherchèrent à entrer dans la ville pour se réunir aux insurgés.

Le général en chef, qu'on avait envoyé chercher à Gizeh, arriva; mais, toutes les communications se trouvant interrompues entre les divers quartiers de la ville, il se tint sur la défensive. Le général Bon prit provisoirement le commandement de la place, dans lequel il fut remplacé par le général Destaing. Vers midi, il arriva un convoi de Salehieh, conduisant une vingtaine de malades. Le convoi fut assailli par les Arabes, les conducteurs dispersés, et les malades, à peine entrés dans la ville, furent tous massacrés.

La nuit ramena le calme, ou, pour mieux dire, la suspension des hostilités ; mais les insurgés en profitèrent pour se renforcer.

Dès la pointe du jour, 23 octobre, les généraux Lannes, Vaux et Dumas sortirent pour battre la campagne. Ils mirent en fuite quelques paysans qui faisaient mine de vouloir entrer ; le chef d'escadron Sulkowsky, aide-de-camp du général en chef, envoyé sur le chemin de Belbeïs avec quelques guides, fut assailli à son retour par la populace du quartier de Bab-el-Nasr ; son cheval tomba, et le malheureux officier fut assommé.

Depuis minuit, le général Dommartin, commandant l'artillerie, avait établi sur un des revers du Mokattam, entre la citadelle et le Coubbé, des batteries qui dominaient la grande mosquée. En attendant qu'il fût prêt, le général en chef envoya, à plusieurs reprises, offrir le pardon aux insurgés ; mais ceux-ci prenant cette démarche pour de la faiblesse, repoussèrent toute espèce de proposition. Alors il fit cerner la grande mosquée et le quartier qui l'entoure, afin qu'aucun homme ne pût s'échapper, et il envoya à la citadelle et aux batteries du général Dommartin l'ordre de bombarder. Il était quatre heures après-midi ; le bombardement continua jusqu'à huit heures du soir. On remarqua, comme un phénomène extraordinaire, que le tonnerre se fit entendre dans cet intervalle, et cet incident qui épouvanta les habitants, ne contribua pas peu à maintenir la tranquillité dans les autres quartiers de la ville.

Après deux heures de bombardement, les insurgés avaient envoyé demander grâce en promettant soumission ; mais le général leur répondit qu'il n'était plus temps. « Vous avez, leur dit-il, laissé passer l'heure de la clémence ; puisque vous avez commencé, c'est à moi de finir. » Ils cherchèrent alors à s'échapper, mais ils tombèrent sous les baïonnettes des soldats. Enfin, à huit heures, Bonaparte fit cesser le feu et le carnage, ce qui mit fin à cette malheureuse insurrection, qui coûta tant de sang aux deux partis, mais qui imprima dans l'esprit des musulmans une grande idée des forces des Français.

Les jours suivants, les principaux chefs furent arrêtés ; quatorze cheiks avaient été désignés comme les moteurs, cinq seulement avaient été saisis et furent fusillés ; le divan fut supprimé.

Cette tentative infructueuse de la capitale contint quelque temps les provinces, et l'on crut pouvoir s'abandonner à la sécurité. Le gouvernement prit plus de nerf, et les institutions se développèrent avec plus de confiance. Quelques particuliers, qui avaient suivi l'armée, formèrent des établissements publics : on vit s'élever des cafés européens et des restaurants. Voulant même avoir un simulacre des plaisirs de Paris, on transforma le palais d'un bey en Tivoli, dans lequel on trouvait réunis tous les agréments qui pouvaient flatter le goût des Français : billards, salles de jeu, cabinets de lecture, etc. On tenta même d'y organiser des bals, mais ce fut infructueusement. Ce qui eût fait l'ornement de ces réunions manquait : les femmes avaient été exclues de l'expédition, l'on n'avait au Caire que les femmes du pays et celles des Francs, toutes étrangères aux mœurs des Européens.

Le général en chef voyant la tranquillité parfaitement rétablie, et espérant s'attacher les musulmans par la reconnaissance, résolut de rétablir le grand divan du Caire, et à cet effet il fit publier, dans les derniers jours de frimaire, la proclamation suivante :

« Habitants du Caire,

« Des hommes pervers avaient égaré une partie d'entre vous ; ils ont péri. Dieu m'a ordonné d'être clément et miséricordieux pour le peuple ; j'ai été clément et miséricordieux envers vous.

« J'ai été fâché contre vous de votre révolte ; je vous ai privés pendant deux mois de votre divan, mais aujourd'hui je vous le restitue : votre bonne conduite efface la tache de votre révolte.

« Scherif, ulémas, orateurs des mosquées, faites bien connaître au peuple que ceux qui, de gaieté de cœur, se déclareraient mes ennemis, n'auront de refuge ni dans ce monde ni dans l'autre. Y aurait-il un homme assez aveugle pour ne pas voir que le destin lui-même dirige toutes mes opérations? Y aurait-il quelqu'un assez incrédule pour révoquer en doute que tout dans ce vaste univers est soumis à l'empire du destin?

« Faites connaître au peuple que, depuis que le monde est monde, il était écrit qu'après avoir détruit les ennemis de l'islamisme, fait abattre les croix, je viendrais du fond de l'Occident remplir la tâche qui m'a été imposée. Faites voir au peuple que, dans le saint livre du Coran, dans plus de vingt passages, ce qui arrive a été prévu, et ce qui arrivera est également expliqué.

« Que ceux que la crainte seule de nos armes empêche de nous maudire changent ; car, en faisant au ciel des vœux contre nous, ils sollicitent leur condamnation : que les vrais croyants fassent des vœux pour la prospérité de nos armes.

« Je pourrais demander à chacun de vous compte des sentiments les plus secrets de son cœur ; car je sais tout, même ce que vous n'avez dit à personne ; mais un jour viendra que tout le monde verra avec évidence que je suis conduit par des ordres supérieurs, et que tous le efforts humains ne peuvent rien contre moi. Heureux ceux qui de bonne foi sont les premiers à se mettre avec moi ! »

A la suite de cette proclamation, étaient les noms de soixante personnes qui devaient composer le grand divan, dont il ordonna la réunion pour le 26 décembre ; et il le chargea de choisir dans son sein quatorze membres pour former le petit divan permanent, qui devait s'occuper de tous les objets relatifs à la justice et aux intérêts des habitants.

Bonaparte s'occupa aussi de quelques perfectionnements dans l'art militaire qui lui furent suggérés par la nécessité locale et par la tactique des hommes qu'il avait à combattre.

Pour garantir ses lignes de bataille du premier choc de la cavalerie, il arma chaque soldat d'un pieu d'environ 30 centimètres de tour, et 1 mètre 60 centimètres de hauteur, ferré par les deux bouts, et garni au tiers de la hauteur de deux petits chaînons. La première opération du soldat en ligne, était de planter ce pieu incliné en avant, à un pas devant lui, et de le lier avec celui de ses voisins; de cette manière, la ligne était défendue par une palissade qui arrêtait l'impétuosité du cheval assaillant, et donnait aux Français le temps de faire leurs feux avec succès.

La seconde institution que Bonaparte conçut et exécuta, fut l'établissement d'un corps de dromadaires.

L'armée, dès son entrée en Egypte, avait toujours été harcelée par les Arabes; la cavalerie qu'on mettait à leurs trousses ne pouvait jamais les atteindre. Ils venaient jusque dans le centre du Caire piller les habitants et s'enfuyaient aussitôt. Le général en chef choisit des hommes d'élite dans tous les régiments et en fit un corps de cavalerie, avec des dromadaires équipés à cet effet, et dont la docilité se prêta bientôt à toutes les manœuvres auxquelles on voulut les soumettre; ces animaux finirent même par les exécuter avec une précision étonnante. Ils portaient deux hommes adossés et regardant l'un devant, l'autre derrière, ainsi que les vivres et munitions pour plusieurs jours.

Lorsqu'une tribu arabe avait échappé à la poursuite de la cavalerie, on mettait à ses trousses le corps des dromadaires, et comme ces animaux peuvent aisément fournir une course de vingt-quatre heures sans s'arrêter, boire ni manger, le corps atteignait toujours les Arabes, et les enveloppait. Au signal de halte, le dromadaire, fléchissant les jambes, se reposait sur le ventre, et ne bougeait plus. Les soldats descendaient, et formant alors un bataillon d'infanterie, faisaient prisonnière toute la tribu, avec les femmes, les enfants et les bestiaux. Ce moyen infaillible força bientôt presque toutes les tribus à cesser leurs brigandages, et à venir se soumettre aux Français.

La facilité qu'avaient ces dromadaires de traverser le désert avec vitesse, sans vivres, les rendit encore plus utiles pour l'armée, en assurant les communications accélérées entre le quartier général et les différents corps.

L'institut tenait régulièrement ses séances les premier et sixième jours de chaque décade.

Parmi les travaux dont il avait à s'occuper, l'examen de la question du canal de jonction de la mer Rouge à la Méditerranée tenait le premier rang. Pour commencer les opérations, il fallait être entièrement maître de l'isthme. Déjà, le général Reynier avait soumis toute la province de la Charkié, mais on n'avait pas encore vu la mer Rouge. Séparée du Caire par un désert de trente lieues habité par des tribus arabes assez nombreuses, qui y exercent une souveraineté absolue, puisque la caravane de la Mecque est obligée de leur payer un droit de passage, il fallait, pour occuper Suez, une expédition particulière. Le 5 septembre 1798, on y envoya la 32e demi-brigade avec le général Bon, et Eugène Beauharnais, aide-de-camp du général en chef.

Bonaparte lui-même voulut aller visiter ce point important de la géographie. Il se fit accompagner de plusieurs savants. Partis du Caire le 25 septembre 1798, on n'arriva à Suez que le soir du surlendemain 27. Après avoir vu et ordonné, pendant la journée du 27, tout ce que pouvaient exiger les besoins de la place, sous les rapports de la défense, du commerce et de la marine, Bonaparte alla, le 28, visiter les sources de Moïse, situées de l'autre côté de la mer Rouge, à trois lieues de Suez. A son retour dans cette ville, il courut un très-grand danger et se vit sur le point de renouveler le miracle du passage de cette mer par Pharaon, qui, poursuivant les Israélites, fut englouti avec toute son armée. La caravane l'avait passée à pied sec, comme les Israélites; mais au retour, le flux remontait, et comme la côte est extrêmement basse dans le fond du golfe, le flot allait gagner le général en chef, lorsqu'un guide, le voyant en danger, le prit sur ses épaules et l'emporta avec vitesse.

Le 31 décembre, on repartit de Suez, et le général en chef, laissant la caravane se diriger sur Aggeroud, courut au Nord pour découvrir les vestiges de l'ancien canal, qu'il reconnut en effet, et suivit pendant environ cinq lieues, jusqu'à l'entrée du bassin des lacs Amers où il se termine. Il rejoignit la caravane à Aggeroud, et se porta le 4 janvier 1799, à Belbéis, d'où il pénétra à dix lieues dans l'Ouadi-Toumilat pour reconnaître la partie du canal qui avait été dérivée du Nil.

Aussitôt après son retour au Caire, il fit fournir aux ingénieurs tous les moyens nécessaires pour un long séjour dans le désert, afin de pouvoir y faire avec facilité les opérations de levée de plan et de nivellement; ceux-ci repartirent pour Suez le 16 janvier, avec le général de brigade Junot, commandant de la place.

La paix dont on jouissait en Egypte depuis trois mois n'était cependant que l'avant-coureur des grands événements dont cette contrée allait être le théâtre.

La proclamation du grand-visir, répandue avec profusion dans tous les Etats musulmans, y avait produit l'effet qu'on s'en était promis. Dans l'Arabie, les habitants de la Mecque et de Yambo avaient marché à la défense de leur religion, et s'étaient portés dans la Haute-Egypte par Cosseir, pour se ranger sous les drapeaux de Mourad.

Les Anglais, après de vaines tentatives sur Aboukir et Alexandrie, avaient soulevé les Arabes de Derne et du désert de Barca, qui menaçaient de fondre sur la Basse-Egypte, dont les habitants, bien disposés à les seconder, étaient à peine contenus par le général Marmont, commandant à Alexandrie, et par le général Lanusse, commandant à Menouf. Cette situation était critique, et rien ne devait être négligé pour la faire cesser.

Bonaparte n'entendant plus parler des négociations que le Directoire avait promis d'entamer avec le Sultan, comprit qu'il n'avait rien à attendre que de lui-même; il pensa que s'il réussissait à arriver jusqu'à Saint Jean-d'Acre, il pourrait facilement, de ce point, correspondre avec le divan de Constantinople; en conséquence il avait écrit dès le 23 août 1798, à Achmet-Djezzar, pacha d'Acre, pour l'assurer de son amitié et lui demander de favoriser le commerce entre l'Egypte et la Syrie.

D'un autre côté, il avait renvoyé la caravelle turque qu'il avait trouvée à Alexandrie, et il avait chargé un astronome français nommé Beauchamp de se rendre garant près du grand-visir de l'intention qu'il disait avoir de reconnaître et conserver la souveraineté de la Sublime-Porte en Egypte; mais l'astronome avait été arrêté par les Anglais, et traité par eux comme un espion.

En même temps, Ibrahim, forcé de quitter l'Egypte, s'était retiré à Acre, où il avait trouvé asile et protection près du pacha Djezzar, et d'où il entretenait sur les frontières des intelligences inquiétantes pour l'armée.

Bonaparte n'ayant aucune nouvelle de son envoyé à Constantinople, et ne recevant point de réponse de Djezzar, écrivit de nouveau à ce dernier une lettre ainsi conçue : « Je ne veux pas te faire la guerre, si tu n'es pas mon ennemi; mais il est temps que tu t'expliques : si tu continues à donner refuge sur les frontières de l'Egypte à Ibrahim-Bey, je regarderai cela comme une marque d'hostilités, et j'irai à Acre. »

« Si tu veux vivre en paix avec moi, tu éloigneras Ibrahim-Bey à quarante lieues des frontières de l'Égypte, et tu laisseras libre le commerce entre Damiette et la Syrie.

« Alors, je te promets de respecter tes États, de laisser la liberté entière au commerce entre l'Égypte et la Syrie, soit par terre, soit par mer. »

Cette lettre mit Djezzar en fureur; lui dont le nom faisait trembler toute la Syrie, on osait le menacer d'aller à Acre qui était sa résidence. Pour toute réponse, il fit trancher la tête au malheureux porteur du message. Dès ce moment, il renforça les garnisons des places, et, soit dans l'intention d'attaquer, soit dans l'intention de se défendre, il fit occuper le fort d'El-Arisch, situé sur le bord de la mer, dans le désert, à quarante lieues de Salehieh. A sa voix, les pachas de Damas et d'Alep levèrent des troupes pour se rallier à lui. Ces préparatifs donnaient de la confiance, même de l'audace aux Égyptiens. Bonaparte, voyant qu'il allait être attaqué à la fois de tous les côtés, prit la résolution d'aller porter lui-même la guerre dans la Syrie, pour détruire les ressources que les armées ottomanes pouvaient trouver dans ce pays, et de revenir ensuite affermir sa puissance en Égypte.

A dix-sept lieues de Salehieh se trouve dans le désert, et sur la route d'El-Arisch, une station pour les caravanes que l'on nomme Katieh. Ce fut là le premier rendez-vous indiqué à l'armée. Déjà le général Reynier, commandant la province de Charkié, y avait envoyé son avant-garde. Le 5 février 1799, le général Kléber, commandant la province de Damiette, ayant embarqué sa division sur le lac Meuzaleh, arriva à Katieh le 7 février. Les deux divisions réunies marchèrent à l'instant sur El-Arisch, et mirent le blocus devant le fort. Ibrahim-Bey, à la tête de ses mamelouks et de quelques cavaliers de Djezzar renforcés d'un corps d'infanterie, s'avança pour prendre à dos le peu de troupes françaises qui entouraient le fort, et pour les placer entre deux feux. Les généraux Kléber et Reynier, voyant cette manœuvre, tombèrent à minuit sur le camp ennemi qui fut à l'instant cerné, attaqué et pris.

Bonaparte envoyait les divisions successivement, et allait suivre lui-même, lorsqu'il reçut des nouvelles d'Europe dont il était privé depuis plus de six mois, que les Anglais bloquaient rigoureusement Alexandrie et les côtes. Le 5 février, un courrier, expédié par le général Marmont, apporta l'avis de l'arrivée d'un bâtiment parti de Trieste, et chargé de vins par deux négociants qui étaient au nombre des passagers. Le général en chef suspendit son départ de quelques jours, attendit ces négociants pour conférer avec eux ; mais comme ils ne portaient ni lettres, ni journaux, ni dépêches, le général continua l'exécution de ses projets.

Son armée d'expédition était composée de quatre divisions :

La division Kléber, ayant sous ses ordres les généraux de brigade Verdier et Junot ; la division Reynier avec le général de brigade Lagrange.

La division Lannes avec les généraux de brigade Vaux, Robin et Rambaux ; la division Bon composée des brigades sous les ordres des généraux Vial et Rampon. La cavalerie était commandée par le général Murat, l'artillerie par le général Dommartin, et le génie par le général Caffarelli. La force totale de l'armée était de 12 à 13,000 hommes.

Enfin, le 11 février au matin, après avoir donné au général de division Dugua le commandement de toute la Basse-Égypte pendant son absence, Bonaparte partit de chez le fonctionnaire Poussielgue, à qui il avait conféré l'autorité dans la partie administrative.

Comme on n'avait pas compté sur une grande résistance de la part du fort d'El-Arisch, l'armée se trouva arrêtée et encombrée à Katieh, où la disette commença bientôt à se faire sentir d'une manière fâcheuse ; car on ne faisait qu'entrer dans un désert qui se prolongeait jusqu'à Gazah sur environ soixante lieues de longueur.

Les Français eurent beaucoup à souffrir dans cette traversée, plus longue que celle d'Alexandrie à Rahmanieh ; on se trouva obligé, à Katieh, de partager les aliments destinés aux animaux de transport, et même de manger ces animaux.

Le 18 février, toute l'armée était réunie devant El-Arisch, dont le siége durait depuis douze jours, et si elle y fût restée quelques jours de plus, le manque absolu de vivres l'eût forcée de retourner sur ses pas ; le général en chef, à son arrivée, fit sommer les Turcs de se rendre, les menaçant de les passer au fil de l'épée, s'ils laissaient prendre le fort d'assaut : ceux-ci, effrayés sans doute, et ne connaissant pas la vraie position de l'armée française, offrirent, le 22 février, une capitulation d'après laquelle ils consentaient à remettre le fort avec tous les approvisionnements qui s'y trouvaient, et promettaient de ne point servir dans l'armée de Djezzar, sous la condition seulement qu'on les laissât retourner à Bagdad par le désert, avec armes et bagages. Cette capitulation fut acceptée avec empressement, et la prise de possession du fort fit voir avec quelle facilité les Turcs eussent pu prolonger une résistance qui aurait peut-être compromis le salut de l'armée. En effet, la garnison était encore composée de 30 mamelouks, 6 kachefs, 400 mogrebins et 800 hommes venus de Bagdad et des bords de l'Euphrate. Leurs magasins contenaient une grande quantité de biscuit, de riz et de munitions de guerre. Les mamelouks furent renvoyés au Kaire, les mogrebins incorporés dans les cadres de l'armée, et on fit marcher les paysans de Bagdad jusqu'à Jaffa.

L'armée partit d'El-Arisch le 24 février, et n'arriva que le 25 au matin devant Gazah, où elle rencontra la cavalerie ennemie qui, en trop petit nombre, ne put hasarder le combat et abandonna cette ville avec une grande quantité de munitions de guerre et de bouche.

On se hâta de quitter ces plages désertes, et, côtoyant toujours la mer, l'armée arriva le 1er mars à Ramlé, où de nouvelles provisions, abandonnées précipitamment, ramenèrent l'abondance.

L'espérance renaissait, le désert était passé et tous les maux oubliés. Depuis Gazah, de grandes vicissitudes dans l'atmosphère avaient fait éprouver un changement sensible dans le climat, et, pour la première fois depuis le départ de France, on vit la pluie et on entendit gronder le tonnerre. Ces intempéries charmèrent le soldat par leur nouveauté et leur ressemblance avec le climat d'Europe. A la vérité, les chameaux ne s'en accommodaient pas aussi bien ; l'humidité et le froid en firent périr un grand nombre, et les transports devinrent très-difficiles ; néanmoins, on arriva devant Jaffa.

Cette misérable ville n'était défendue que par un mur sans fossés et par une garnison composée de soldats de plusieurs nations : c'étaient des Mogrebins, des Albanais, des Kurdes, des Natoliens, des Caramaniens, des Dasmasquins, des Alepins et des Noirs. Des hommes aussi divers, sans connaissance de l'art de la guerre, ne pouvaient résister à une armée comme celle des Français : cependant, ils firent une vigoureuse sortie, mais ils furent repoussés et obligés de se tenir sur la défensive derrière leurs murs.

La division Kléber, arrivée la première, avait d'abord investi la ville ; mais comme on apprit que les Naplouzains, qui habitent le revers de la montagne du côté du Jourdain, se réunissaient pour s'opposer à la marche de l'armée, Kléber se porta en avant avec sa division pour couvrir le siége. Alors la division Bon investit la droite de la ville, et la division Lannes cerna la gauche, ensuite l'attaque commença.

Le 7 mars au matin, le général Berthier envoya un parlementaire pour sommer le commandant de se rendre. Sur son refus, on continua les dispositions du siége. Pendant ce temps, plusieurs soldats, rôdant autour de la place, trouvèrent une grande brèche sur le bord de la mer, par laquelle ils entrèrent dans la ville. Les habitants coururent aux armes, et plusieurs Français furent massacrés. Les troupes, ne pouvant être contenues, entrèrent alors en foule et mirent tout à feu et à sang. Garnison et habitants, tout, sans distinction d'âge ni de sexe, fut passé au fil de l'épée ; mais le carnage et le sac de cette ville, qui durèrent deux jours, devinrent bientôt aussi funestes aux Français qu'ils l'avaient été aux habitants. Dès le lendemain, la peste, ce terrible fléau de l'Orient, exerça parmi eux ses affreux ravages. Le pillage fit développer en un instant les miasmes pestilentiels que contenaient les fourrures et les vêtements qui excitaient l'avidité du soldat. L'aspect de ce fléau fit quelque impression sur les Français. L'adjudant-général Grézieu, sous-chef de l'état-major, en fut tellement frappé de terreur, qu'il ne sortit de sa tente que pour s'enfermer dans une maison, d'où il ne communiquait à l'extérieur que par un trou pratiqué à la porte. Toutes ces précautions furent inutiles. Le coup était porté ; le moral, violemment affecté, avait porté la désorganisation dans le physique. Il mourut le lendemain. Cette mort enleva au soldat ses terreurs. Voyant que les précautions ne garantissaient de rien, et que même elles tendaient à aggraver le mal, il adopta le fatalisme des Turcs, et en rappelant son courage, il fortifia son corps contre la maladie, qui eut dès lors beaucoup moins de prise sur lui.

La nouvelle du massacre de Jaffa, répandue promptement dans la Syrie, fit de tous ses habitants autant d'ennemis irréconciliables des Français, et inspira à la garnison d'Acre un courage surnaturel en lui interdisant tout espoir de capitulation. Aussi, dès ce moment, les opérations de l'armée devinrent difficiles ; et, tiraillée dans tous les sens, son existence dans ce pays ne fut plus marquée que par des désastres, jusqu'au moment où elle fut forcée de l'abandonner et de rentrer précipitamment en Égypte.

Après la prise de cette ville, Bonaparte croyant n'avoir plus de difficultés à vaincre en Syrie, adressa, le 9 mars, plusieurs proclamations aux cheiks, ulémas et habitants des provinces de Gazah, Ramlé, Jaffa, Naplouze et particulièrement de Jérusalem. Il attachait un grand prix à la possession de cette ville si fameuse, et il envoya la lettre suivante au commandant :

Jaffa, 19 ventôse, an 7.

« Je vous fais connaître par la présente que j'ai chassé les mamelouks et les troupes de Djezzar-Pacha des provinces de Gazah, Ramlé et Jaffa ; que mon intention n'est point de faire la guerre au peuple ; que je suis ami des musulmans ; que les habitants de Jérusalem peuvent choisir la paix ou la guerre. S'ils choisissent la première, qu'ils envoient au camp de Jaffa des députés pour promettre de ne jamais rien faire contre moi. S'ils étaient assez insensés pour préférer la guerre, je la leur porterai moi-même. Ils doivent savoir que je suis terrible comme le feu du ciel contre mes ennemis, clément et miséricordieux envers le peuple et ceux qui veulent être mes amis. »

Les habitants de Jérusalem lui répondirent fort adroitement qu'ils dépendaient du pachalic d'Acre, et qu'aussitôt qu'il aurait pris cette ville, ils iraient lui porter les clefs de la cité sainte.

Il envoya, le même jour, une lettre à Djezzar pour l'engager à la soumission. « Je marcherai sous peu de jours sur Saint-Jean-d'Acre, disait-il; mais quelles raisons ai-je d'ôter quelques années de vie à un vieillard que je ne connais pas? Que sont quelques lieues de plus à côté du pays que j'ai conquis? Et puisque Dieu me donne la victoire, je veux, à son exemple, être clément et miséricordieux, non seulement envers le peuple, mais encore envers les grands. »

Le féroce Djezzar fit jeter à la mer le porteur du message.

Enfin, le 14 mars, l'armée quitta Jaffa et fut dirigée sur Saint-Jean-d'Acre. Sa droite étant toujours inquiétée par les habitants des montagnes qui avoisinent les pays de Naplouze et de Jérusalem, le général Kléber, qui formait l'avant-garde, envoya le général Damas pousser une reconnaissance dans ces montagnes; mais, assailli par une immense population cachée derrière des arbres ou des rochers, il fut obligé d'abandonner cette poursuite et de ramener sa troupe au camp.

Avant d'arriver à Zéta, on fut informé qu'un corps considérable de Naplouzains et de mamelouks se réunissait sur les hauteurs de Korzoum ; alors l'armée quitta le bord de la mer pour se porter sur l'ennemi qui, connaissant parfaitement les défilés, tâcha d'y attirer les Français pour les combattre avec plus d'avantages. La division du général Lannes, s'abandonnant à son impétuosité, eut l'imprudence de les suivre et fut très-maltraitée. Voyant l'impossibilité de les atteindre, le général en chef rallia toutes les divisions, et, à travers les difficultés de toute espèce que faisaient naître les pluies abondantes, on arriva enfin le 16 mars au soir en vue de la ville d'Acre.

Cette ville, bâtie dans une péninsule, laisse à sa gauche une anse ou grande rade, qui s'étend jusqu'à Caïffa, au pied du mont Carmel. Ce hameau, défendu par un petit fort, avait été abandonné par les Turcs à l'approche des Français qui y établirent des magasins pour l'armée. Le commandement de ce fort fut donné à un chef d'escadron des dromadaires, Lambert, qui, le 22 mars suivant, eut occasion de se signaler dans un débarquement que les Anglais tentèrent pour surprendre ce point important. Avec ses 80 hommes de garnison, il s'empara d'une chaloupe canonnière portant une caronade de 36, et fit l'équipage prisonnier.

Le 17 mars, toutes les divisions manœuvrèrent pour asseoir le camp devant la ville ; mais la reconnaissance de la place ne fut faite par les généraux du génie et de l'artillerie que le 19. Cette reconnaissance ne se fit même que pour la forme ; on était tellement confiant dans le succès de ce siége, qu'on négligea les opérations d'attaque les plus simples.

La ville était défendue sur son flanc gauche par les deux vaisseaux anglais *le Thésée* et *le Tigre*, commandés par le commodore sir Sydney Smith, qui, après avoir bombardé Alexandrie depuis le 6 jusqu'au 22 février, en avait abandonné le blocus pour venir au secours d'Acre. Ces deux vaisseaux s'étaient embossés dans la rade, et faisaient tous les soirs un feu terrible sur la gauche de l'armée française. La partie de la ville qui faisait face au camp présentait un angle saillant; à son sommet s'élevait une grande tour, contre laquelle furent dirigées presque toutes les attaques; mais, pour les rendre fructueuses, il fallait une artillerie de siége, et l'on était arrivé là avec 3 pièces de douze.

Les équipages de siége suivaient par mer le mouvement général ; malheureusement ils furent enlevés par la croisière du commodore Sidney Smith, et Bonaparte eut la douleur de voir ses canons augmenter l'armement de la place. Malgré cet échec, il se hâta de faire ouvrir la tranchée en couvrant ses opérations par des détachements postés à Safed et Nazareth, pour éclairer les débouchés du Liban et les routes de Damas.

Les assiégés tentèrent, le 26 mars, une sortie pour détruire ces travaux préparatoires. Ils furent vigoureusement repoussés.

Le cinquième jour de la tranchée, les pièces de campagne, dont on fit usage à défaut de grosse artillerie, firent brèche, en peu d'heures, dans la tour carrée qui dominait le rempart, et Bonaparte, plein d'espoir, ordonna l'assaut. L'infanterie prit les armes, et 15 sapeurs, pour reconnaître la brèche, se glissèrent hors de la tranchée. A peine avaient-ils fait quelques pas, qu'un large fossé à revêtement en pierres les arrêta tout court. L'attaque fut suspendue ; il fallut faire jouer la mine pour démolir la contrescarpe et s'avancer jusqu'à la brèche au milieu des débris. Malgré le feu de la place, on se mit à creuser un puits de mine que l'on crut achevé le troisième jour : l'explosion renversa en effet un pan du mur extérieur ; mais il en restait encore huit pieds. Néanmoins, une trentaine d'hommes se précipitèrent dans le fossé, le traversèrent, plantèrent des échelles au pied de la tour et montèrent à l'assaut, tandis que 2 bataillons s'ébranlèrent pour les soutenir.

Il y eut alors une de ces complications fatales qui décident souvent du résultat. A la vue des échelles, on crut dans la ville que tout était perdu; les Turcs s'enfuirent vers le port; Djezzar lui-même, au milieu du tumulte, s'embarqua. De leur côté, les assaillants perdirent l'officier qui les commandait; ils s'effrayèrent, revinrent sur leurs pas et firent rebrousser chemin à l'infanterie comme elle allait descendre la contrescarpe. Un moment encore et la colonne engagée dans le fossé eût continué à se porter en avant; on se fût aperçu de la stupeur dont les ennemis étaient frappés, et l'on eût saisi l'occasion qui ne devait plus se retrouver. Telles sont les chances de la guerre : la mort d'un seul officier suffit pour sauver Acre et pour donner un autre cours à la fortune de Bonaparte.

On avait regardé jusque-là le siége d'Acre comme une entreprise facile à mener à bonne fin; les Anglais et les Turcs eux-mêmes n'avaient aucune confiance dans la défense de Djezzar. Le résultat de ce premier assaut changea toutes les idées, et, dès ce moment, Smith songea sérieusement aux moyens d'empêcher la prise de cette ville. Il fit diriger la défense par un émigré français, ancien officier du génie, nommé Philipeaux, et fit servir les batteries des Turcs par des canonniers anglais.

Djezzar, pour éviter les surprises de nuit, avait placé un cordon de lanternes autour des remparts, et c'était surtout pendant la nuit que les vaisseaux anglais lançaient leurs bordées sur le camp.

On s'occupa à rétablir les sapes, et, le surlendemain 30 mars, les assiégés firent une seconde sortie pour détruire les nouveaux ouvrages des Français, qui les forcèrent de rentrer précipitamment. Un second assaut fut tenté le 1er avril; mais le soldat put à peine parvenir au sommet de la contrescarpe, et fut obligé de se retirer. Les Turcs voulurent saisir cette circonstance pour faire une troisième sortie; mais les Français, bientôt ralliés, les reçurent avec résolution et ne furent point entamés.

On vit alors que ce siége allait devenir long et meurtrier. Après les deux essais malheureux qu'on venait de faire, il était bien démontré qu'une nouvelle attaque de la tour ne pouvait être tentée qu'avec de la grosse artillerie, et on n'en avait pas. D'un autre côté, les munitions commençaient à manquer; on n'avait plus de boulets, les attaques n'étaient plus ni aussi vives ni aussi rapprochées; on avait été obligé d'intéresser les soldats à rechercher les projectiles que les vaisseaux anglais lançaient, et on leur donnait une prime pour tous ceux qu'ils apportaient au quartier-général. Les assiégés profitèrent de cette stagnation pour élever des ouvrages entre la ville et le camp, et même pour détruire, par des contre-attaques, ceux des Français.

Outre la pénurie des munitions de guerre, celle des vivres commençait à se faire sentir. Dans les premiers jours, les succès des Français avaient attiré les paysans des environs, qui s'empressaient d'apporter des vivres au camp, et l'abondance y régnait; mais, après les deux premiers assauts manqués, les approvisionnements devinrent plus rares, et les magasins de Caïffa s'épuisèrent. Néanmoins l'armée recevait encore des subsistances des Druses et d'une tribu d'Arabes de Saffet, petite ville dans les montagnes, au nord-ouest du lac Tabarié. Cette tribu avait pour chef le fils de l'Arabe Daher, ancien pacha d'Acre, et Bonaparte lui avait promis de lui rendre toute l'influence dont son père avait joui. Cet espoir attachait Daher au parti des Français, et il leur donna, pendant tout le siége, les plus grandes preuves de dévouement.

Depuis longtemps on était informé, par les bruits populaires, qu'il se formait dans les montagnes à l'est, des rassemblements de troupes venues de Damas, qui cherchaient à se réunir aux Naplouzains.

En conséquence, le général en chef, dans la vue de diminuer le nombre des bouches au camp, et pour s'assurer de ce qui se passait derrière lui, envoya le général Vial au nord pour prendre possession de Sour (l'ancienne Tyr); le général Murat au nord-est, pour garder la ville de Saffet (l'ancienne Béthulie); et enfin, au sud, le général Junot pour s'emparer de Nazareth; mais on n'avait pu laisser que très-peu de forces sur ces deux derniers points; elles ne purent empêcher l'ennemi de passer le Jourdain, le 6 avril, aux deux ponts de Iacoub et de Djez-el-Makanié, et d'établir ses magasins dans la ville de Tabarié. Le général Junot, ne réglant point son courage sur ses moyens, voulut aller le combattre; il atteignit son avant-garde le 8 avril à Loubi; mais, accablé par le nombre, n'ayant que 500 hommes avec lui, il fut obligé d'effectuer sa retraite après un combat des plus opiniâtres, dans lequel les Français développèrent un grand courage et beaucoup de sang-froid.

Les assiégés d'Acre, dans la vue de faire coïncider leurs mouvements avec ceux de l'armée des pachas, firent, le 7 avril, une sortie générale sur trois colonnes, renforcées de troupes anglaises; mais ils furent de nouveau convaincus qu'il leur était plus facile de se défendre que d'attaquer les Français. Ils perdirent beaucoup de monde, et le capitaine anglais Thomas Aldfield fut trouvé au nombre des morts.

Bonaparte vit cependant qu'il était temps de faire cesser les inquiétudes que causait cette armée des pachas. Ne pouvant point d'ailleurs agir contre Acre avant l'arrivée de l'artillerie de siége, il envoya Kléber, avec le reste de sa division, au secours du général Junot, et le chargea de tenir en échec cette armée qu'on annonçait comme étant aussi nombreuse que les étoiles du ciel et les sables de la mer.

Kléber rencontra l'ennemi déjà avancé jusqu'au village de Cana; le avant-postes s'étaient portés dans la plaine d'Esdrelon pour se joindre aux Naplouzains, pendant que l'arrière-garde, commandée par le fils du pacha de Damas, bloquait le fort de Saffet, tenait toute la plaine du pont de Iacoub et occupait la petite ville de Tabarié.

Kléber, après avoir tourné le Mont-Thabor, s'était porté dans la plaine, entre cette montagne et le Jourdain; son corps, composé seulement de 2,000 hommes formés en bataillon carré, repoussa constamment plusieurs charges de l'immense cavalerie qui couvrait la plaine et qui l'investissait de toutes parts.

Bonaparte lui-même, parti d'Acre le 14 avril, avec la division Bon, suivit bientôt les pas du général Kléber, et arriva, le 16 avril au matin, sur les hauteurs du Mont-Thabor. Aussitôt, les troupes aux ordres des généraux Vial et Rampon, formées aussi en bataillon carré, furent disposées de telle manière, qu'avec le général Kléber, les trois corps formaient les sommets des trois angles d'un triangle au centre duquel l'ennemi était placé.

A peine cet ordre de bataille fut-il exécuté, que l'artillerie démasqua ses batteries et jeta le désordre et l'épouvante dans les rangs ennemis, à un tel point qu'en un clin-d'œil toute la cavalerie regagna le Jourdain, et que l'infanterie se sauva sans ordre et disséminée dans tous les sens.

Déjà, la veille, l'arrière-garde avait éprouvé le même sort dans la plaine du pont d'Iacoub. Le général Murat, avec 1,000 hommes d'infanterie, une pièce de campagne et une seule compagnie de dragons, avait été chargé de débloquer le fort de Saffet et de se poster sur le pont d'Iacoub pour couper la retraite aux troupes que Kléber devait combattre. Arrivé dans cette plaine le 15 avril au matin, il fit former son corps en deux bataillons carrés et dirigea sa marche sur ce pont. Cette petite troupe, animée par l'espoir de s'emparer du camp que l'on voyait sur la rive gauche du Jourdain, courut et culbuta en un instant toute cette partie de la grande armée de Damas, qui n'eut pas le courage de soutenir le choc, et fut totalement dispersée, abandonnant toutes ses tentes, ses munitions et ses provisions.

L'armée passa la nuit au pied du Mont-Thabor, qui donna son nom à cette mémorable journée, dont les résultats furent immenses pour les Français. Des magasins de vivres et la dispersion des alliés de Djezzar, qui ne reparurent plus, furent les principaux.

Il restait encore la petite forteresse de Tabarié entre le Mont-Thabor et le Jourdain. Le 17 avril, le général Murat s'y porta; cette ville était entourée de bonnes murailles, quoique sans fossés : il eût fallu de l'artillerie pour s'en emparer, et le général n'en avait point; il avait même été obligé d'abandonner, à cause de la difficulté des chemins, la petite pièce de campagne qu'il avait amenée d'Acre : heureusement la garnison de Tabarié, épouvantée de la destruction de l'armée à laquelle elle appartenait, s'était enfuie et avait abandonné les immenses magasins qu'elle était chargée de garder.

Ces deux combats, qui sont les seules actions brillantes de l'expédition de Syrie, ranimèrent le courage et l'espoir de l'armée, que les assauts infructueux d'Acre avaient cruellement abattus. Les déroutes du Mont-Thabor et de la plaine du pont de Iacoub avaient enrichi le soldat des dépouille de l'ennemi; les magasins de Tabarié assurèrent la subsistance de l'armée pour le reste de la campagne.

Ce grand résultat faisait d'ailleurs évanouir toute crainte d'une attaque sur les derrières, et, libre sous tous les rapports, l'armée rentra triomphante au camp d'Acre le 19 avril.

Ce même jour fut signalé par un événement heureux qui semblait annoncer que rien désormais ne pouvait plus s'opposer à la prise de la ville. Le contre-amiral Perrée, dégagé de la croisière d'Alexandrie, était sorti de ce port avec les trois frégates *la Courageuse, l'Alceste* et *la Junon,* et était arrivé à Jaffa, où il avait débarqué plusieurs gros canons de siége avec les munitions nécessaires : ils furent aussitôt transportés au camp.

Cependant, sans attendre que cette nouvelle artillerie fût mise en batterie, on voulut tenter, le 24 avril, un assaut pour se loger dans la tour. Le général Caffarelli, parcourant ce jour-là les boyaux de sape, et se tenant courbé, ne laissait paraître que le coude de son bras droit. Ce point seul suffit à l'ennemi, et le général reçut une balle qui lui perça le coude de part en part. L'assaut ne réussit point, le général fut porté dans sa tente, où on lui fit l'amputation du bras, et il mourut le 27 avril suivant.

Les Turcs, bien dirigés, faisaient souvent des sorties qui tenaient toujours les Français en haleine. D'un autre côté, une recrudescence de la peste exerçait des ravages dans le camp d'une manière horrible. Cependant on attendait tout du jeu de la grosse artillerie qui ne put être mise en batterie que le 1er mai. On fit la faute de ne battre toujours que la tour, où on avait déjà fait tant de vains efforts pour se loger : elle finit par être démolie en entier; mais comme elle n'offrait aucun débouché, on fut forcé de diriger l'attaque sur un autre point, et on tenta de faire une nouvelle brèche dans la courtine à gauche. Cette attaque fut poussée avec une telle vigueur, que la poudre et les boulets vinrent à manquer, et il arriva un instant où l'on ne lançait plus sur la ville que les boulets qu'envoyaient les deux vaisseaux anglais pour seconder les sorties des assiégés.

Sur ces entrefaites, on vit, le 7 mai, vers midi, paraître à l'horizon une escadre et un convoi. Aussitôt les deux vaisseaux anglais levèrent l'ancre et prirent le large. Le bruit se répandit dans l'armée que c'étaient des bâtiments français, et chacun, croyant avec empressement ce qu'il désirait avec tant d'ardeur, s'abandonna à une joie immodérée, mais qui fut de bien courte durée.

Les Anglais étaient allés reconnaître ces bâtiments, et bientôt on les vit revenir faisant flotter le pavillon ottoman sur le convoi qui entra dans le port d'Acre. Il était composé de 30 bâtiments de transport, chargés de troupes turques, de munitions et de vivres expédiés de Rhodes au secours de la ville.

Bonaparte, ne voulant pas laisser à ces troupes le temps de se réunir à la garnison, ordonna, pour le soir même, une nouvelle attaque. L'assaut fut général ; officiers et soldats y firent des prodiges de valeur; la tour fut emportée et les Français s'y établirent. Le jour naissant trouva encore les combattants aux prises, et vit se renouveler l'attaque avec un acharnement peut-être plus grand encore. Les poudres qu'on avait envoyé chercher à Gaza venaient d'arriver; alors les batteries recommencèrent leurs feux avec violence contre la courtine à gauche, et quelques moments après on vit trois énormes brèches praticables. Aussitôt un nouvel assaut fut ordonné, les divisions s'approchèrent; les soldats, logés sur l'emplacement de la tour, fusillèrent et balayèrent les remparts et la brèche, pour empêcher la garnison de se porter à sa défense ou de faire une sortie. On battit la charge, on se jeta dans les boyaux, les fossés furent escaladés, et 200 grenadiers de la division Lannes pénétrèrent dans la ville : mais, après avoir dépassé la première enceinte, ils en trouvèrent une seconde que les Turcs avaient construite à la hâte dans les rues. Pendant qu'ils se précipitaient avec ardeur sur ce nouvel obstacle, malgré une grêle de balles qui arrivaient du haut des maisons, ils entendirent tout à coup ces mots funestes : *Sauve qui peut ! nous sommes tournés*. On dit que ce fut Smith lui-même qui, connaissant l'effet de ce cri d'épouvante dans une armée française, s'était porté dans une rue avoisinant la brèche, et avait ainsi glacé le courage des soldats. A ce cri, ceux qui se trouvaient au mur s'arrêtèrent, et communiquèrent leur effroi à ceux qui étaient derrière. Chacun fit volte-face, et revint précipitamment au camp.

Les malheureux 200 grenadiers, restés dans la ville, avaient déjà emporté le retranchement intérieur, et la ville eût été prise s'ils eussent été secondés. Ils pénétrèrent jusque dans la place, vis-à-vis du palais de Djezzar; mais, s'apercevant qu'ils étaient seuls, et qu'ils n'étaient plus suivis de leurs camarades, ils reconnurent qu'ils étaient perdus, et prirent à l'instant la résolution de vendre chèrement leur vie. Ils s'emparèrent d'une mosquée où ils se défendirent comme des lions ; cependant Smith parvint jusqu'à eux, et leur ayant fait voir toute l'inutilité de leur défense, il obtint d'eux qu'ils se rendissent prisonniers des Anglais.

Les pertes que les Français éprouvaient tous les jours dans des assauts infructueux, ou par les effets de la peste qui s'était déclarée dans le camp, les secours arrivés aux assiégés, ou qui pouvaient leur arriver encore, forcèrent le général en chef, malgré son vif regret, à s'éloigner d'une place qui pouvait devenir le tombeau de son armée; il annonça, le 17 mai, la fin des attaques par un ordre du jour, dans lequel il cherchait à atténuer l'impression fâcheuse qu'une telle retraite devait faire sur des hommes si peu accoutumés aux rigueurs de la fortune.

Les souffrances de l'armée, qui avaient été si grandes lors de la marche sur la Syrie, le furent bien plus encore pendant le retour en Egypte. L'armée avait perdu 3,000 hommes; elle traînait à sa suite un grand nombre de blessés et de malades, la plupart atteints de la peste. Bonaparte ordonna que tous les chevaux, même ceux des généraux et les siens, fussent employés au transport de ces malheureux, et dès lors, afin de donner l'exemple, il marcha à pied à la tête des colonnes, ce qui faillit lui être fatal : un Arabe, caché dans un buisson, lui tira un coup de fusil presque à bout portant; par un hasard providentiel, il ne l'atteignit pas, et il parvint à s'enfuir et à gagner un rocher au milieu de la mer; mais il y était à peine arrivé, qu'il tombait criblé des balles de nos soldats.

Après cinq jours de marches et fatigues inouïes, l'armée arriva à Jaffa où un repos de quatre jours lui fut accordé. Beaucoup de malades étaient morts dans le trajet, et la peste ne cessait pas de sévir. Bonaparte visita, à deux reprises, l'hôpital; il donna l'ordre de faire avancer sur l'Egypte ceux qui pourraient supporter le trajet, et cet ordre fut exécuté. Cela n'empêcha pas, depuis, des calomniateurs de dire et d'imprimer que le général, ne sachant comment pourvoir au transport de ses malades, avait donné l'ordre de les empoisonner. Aujourd'hui que les faits ont été scrupuleusement examinés, que de nombreux et authentiques témoignages ont été recueillis, la vérité a triomphé : il est maintenant constant que tous les malades ont été évacués, à l'exception de cinquante dont l'état était désespéré, et qui étaient absolument hors d'état d'être transportés. De ces cinquante infortunés, la plupart moururent pendant les quatre jours que l'armée passa à Jaffa; plusieurs recouvrèrent assez de forces pour suivre la retraite; sept seulement restèrent dans l'hôpital où ils moururent le lendemain du départ de l'armée.

Le 30 mai, on arriva à Gazah, dont on fit sauter le fort, et on commença à entrer dans le désert qui sépare la Syrie de l'Egypte. Cette traversée, quoique pénible, le fut cependant bien moins que la première fois, parce qu'on n'avait plus à s'arrêter et que les magasins étaient approvisionnés; cependant les soldats élevèrent leurs murmures plus haut que jamais, et Bonaparte courut quelques dangers dans cette traversée. Pour se délivrer de ces inquiétudes, il quitta l'armée avec Monge et le général Menou, qui venait d'arriver pour se rendre à son gouvernement de la Palestine, et ils allèrent ensemble visiter les ruines de Péluse.

Enfin, le 5 juin, on apprit, au Caire, que l'avant-garde, commandée par l'adjudant-général Boyer, était à Saléhieh, ramenant quelques prisonniers turcs de distinction.

Le 7 juin, cette avant-garde arriva à la Coubbé; mais, par motif de précaution sanitaire, elle n'entra au Caire que le 12 juin : elle apportait les drapeaux pris jusqu'à Acre. Les généraux Dugua et Destaing, le divan et l'aga des janissaires allèrent recevoir ce corps de troupes, qui, conduit ainsi avec pompe jusqu'à la place Ezbekiéh, alla déposer ses prisonniers à la citadelle.

La ville du Caire était restée parfaitement calme pendant la longue absence de Bonaparte. Une police active et le soin qu'elle prit d'agir sans cesse sur l'imagination mobile de ses habitants la tinrent en respect. Tantôt on suspendait solennellement au minaret des mosquées les drapeaux enlevés à El-Arisch, à Gozah; tantôt on publiait, en style oriental, les bulletins de l'armée d'expédition. Voici dans quels termes la prise de Jaffa fut annoncée :

« Au nom de Dieu, miséricordieux, clément, très-saint, maître du monde, qui fait de sa propriété ce qu'il veut, qui dispose de la victoire. Voici le récit des grâces que Dieu Très-Haut a accordées à la République française; aussi nous nous sommes emparés de Jaffa, en Syrie.

« Djezzar avait l'intention de se rendre en Egypte, la demeure des pauvres, avec les brigands arabes. Mais les décrets de Dieu détruisent les ruses des hommes. Il voulait faire couler le sang, selon son usage barbare, à cause de son orgueil et des mauvais principes qu'il a reçus des mamelouks et de son peu d'esprit; il n'a pas pensé que tout vient de Dieu.

« Le 26 de ramazan, l'armée française cerna Jaffa. Le 27, le général en chef fit faire des fossés, parce qu'il vit que la ville était remplie de canons et renfermait beaucoup de monde. Le 29, les fossés étaient d'environ cent pieds de longueur. Le général en chef fit placer les canons, les mortiers et des batteries du côté de la mer, pour arrêter ceux qui voudraient sortir.

« Le jeudi, dernier de ramazan, le général en chef eut pitié des habitants de Jaffa; il fit sommer le gouverneur. Pour toute réponse, on arrêta l'envoyé, contre toutes les lois de la guerre et de Mahomet.

« A l'instant la colère de Bonaparte éclata; il fit tirer le canon et les bombes. En peu d'instants, le canon de Jaffa fut démonté. A midi, la muraille avait une brèche. On donna l'assaut, et en moins d'une heure les Français eurent pris la ville et les forts. Les deux armées commencèrent à se battre. Les Français furent vainqueurs; le pillage dura toute la nuit. Le vendredi, le général eut compassion des Egyptiens qui se trouvaient à Jaffa. Pauvres et riches, il leur accorda le pardon et les fit retourner avec honneur dans leur pays. Il en agit de même à l'égard de ceux de Damas et d'Alep.

« Dans le combat, plus de 4,000 hommes de Djezzar furent tués par la fusillade et l'arme blanche. Les Français perdirent peu de monde. Il y eut peu de blessés; ils pénétrèrent par le chemin du pont sans être vus. O adorateurs de Dieu ! soumettez-vous à ses décrets, ne vous opposez pas à sa volonté, observez ses commandements. Sachez que le monde est sa propriété, et qu'il la donne à qui il veut. Sur ce, le salut et la miséricorde de Dieu. »

La population du Caire était frappée d'admiration par ces fêtes, ces récits pompeux ; le Grand des Français, comme ils appelaient Bonaparte, était regardé par le plus grand nombre comme l'envoyé de Dieu, et ils lui donnaient déjà le nom de sultan *El-Kébir* ou du feu.

Cependant la tranquillité n'était pas générale, et la Basse-Egypte était encore le théâtre de séditions et de scènes de désordres qui, depuis trois mois, désolaient les bords du Nil. Au moment de son départ pour la Syrie, le général en chef avait ordonné à l'émir Hadjy, lieutenant de l'ancien pacha, de l'accompagner. Celui-ci, sous divers prétextes, avait retardé son voyage, et enfin il s'était arrêté dans la province de Charkyeh, d'où il déclara que, tant que la Porte avait paru, par son silence, ne pas désapprouver les opérations des Français, il avait cru pouvoir les servir; mais qu'ayant appris d'une manière certaine que le Grand-Seigneur leur avait déclaré la guerre, son devoir l'obligeait à se ranger contre eux.

En conséquence, il rallia à lui un parti nombreux d'Arabes, de paysans et de mamelouks, et, à la tête de cette petite armée, il parcourut tout le pays entre la branche orientale du Nil et le désert, arrêta à Mit-Kamar deux barques, dans lesquelles il massacra 20 Français et enleva 6 pièces de canon qu'on envoyait à l'armée de Syrie. Enfin, il souleva entièrement la province de la Charkyeh, et il fut impossible désormais de descendre le Nil avec sécurité, même avec de l'artillerie.

Le général Lanusse, commandant dans le Delta avec le général Fugières, pouvait à peine suffire à la défense de la branche occidentale qui était attaquée par un ennemi encore plus redoutable. Il se porta néanmoins dans la Charkyeh avec 500 hommes ; mais l'émir Hadjy ne l'attendit point, et s'enfuit vers l'armée des pachas de Syrie. Les hommes qu'il avait rassemblés se dispersèrent en petits corps sur le Nil, et, se trouvant ainsi à la fois sur presque tous les points, ils rendirent les communications extrêmement difficiles. Le général Lanusse vengea les Français massacrés, et la perte des canons enlevés à Mit-Kamar, en détruisant ce village de fond en comble.

Le redoutable ennemi maître de la branche occidentale était un homme fanatisé, qui, venu du fond de l'Afrique, annonçait aux peuples qu'il était l'ange El-Mohdhy, promis aux hommes dans le Coran, et envoyé de Dieu pour délivrer les vrais croyants et exterminer la race des infidèles qui souillaient leur territoire. A sa voix, tous les Arabes de la Libye s'étaient ralliés sous ses étendards, et se croyant invulnérables sous son égide sacrée, brûlaient de coopérer à l'anéantissement des Français. Cet imposteur avait déjà confirmé sa mission divine par des miracles, et disait que son corps n'étant point matière, il n'avait besoin pour toute nourriture que de passer sur ses lèvres ses doigts trempés dans du lait; il marchait nu à la tête de ses prosélytes, et assurait qu'au lieu de toucher leurs corps, les balles des infidèles retourneraient sur ceux qui les auraient lancées. En jetant de la poussière sur les canons ennemis, la poudre, disait-il, ne pourra plus prendre feu. Il ne possédait rien, mais Dieu lui envoyait l'or qu'il prodiguait. Telles étaient les armes dont cet insensé usait contre les Français. Il arriva dans la province de la Bahyreh, suivi d'une immense population; on avait négligé de replier les postes de la légion nautique préposés à la garde du canal d'Alexandrie; 60 hommes de cette légion étaient encore à Damanhour; l'ange furibond entra dans cette ville. Ces malheureux marins firent bonne contenance, on ne put les entamer; ils s'emparèrent d'une mosquée et en barricadèrent les avenues; mais les Arabes l'entourèrent, y mirent le feu, et firent ainsi périr, d'une manière horrible, les 60 Français qui y étaient rassemblés.

Fiers de ce premier succès, ils marchèrent sur le Nil. Le chef de brigade Lefèvre, commandant la redoute de Ramanieh, voulut, avec 400 hommes seulement, aller affronter et disperser ce ramas de fanatiques; mais leur nombre était si grand, et la confiance qu'ils avaient dans l'invulnérabilité qu'on leur avait promise était si entière, qu'ils ne voyaient pas les morts ou les blessés que leur faisaient les Français. D'ailleurs l'ange les assurait que ceux qui tombaient sous les coups des infidèles étaient seulement ceux dont la foi n'était pas exempte de reproches. Ces paroles redoublaient leur courage, et le chef de brigade se vit obligé par le manque de munitions de rentrer à Rahmanieh.

Enfin le général Lanusse, après son expédition à Mit-Kamar, arriva à Damanhour, dont l'ange avait fait sa principale place d'armes. Culbutant tout ce qui lui fit obstacle, il entra dans la ville; ses soldats, la rage dans le cœur, ne pouvaient plus être retenus. Enflammés par le désir de venger les soixante braves dont les dépouilles étaient encore sous leurs yeux, ils massacrèrent impitoyablement tout ce qu'ils rencontrèrent. En un instant Damanhour ne fut plus qu'un mélange de pierres et de cendres.

L'ange ne fut point effrayé de ce revers. Il remonta dans la partie supérieure de la Bahyreh, mais il y fut poursuivi par l'infatigable Lanusse, finit par être atteint d'une balle, et succomba. Cette circonstance était bien propre à dessiller les esprits les plus aveuglés; car si, d'après ses propres paroles, les armes des Français n'atteignaient que ceux dont la foi était faible, nul ne devait prétendre l'avoir plus forte que la sienne, et dès lors, tombait tout l'échafaudage de sa mission divine; mais que peut l'évidence devant le fanatisme? Les sectateurs les plus fervents prétendirent que l'ange était remonté au ciel, d'où il allait diriger, avec plus d'efficacité, les coups des vrais croyants ; ces hommes prêts à se disperser, furent donc encore ralliés, et se maintinrent sur le Nil, par pelotons isolés, comme sur la rive de Damiette.

Tous ces mouvements se trouvaient liés aux efforts que les Anglais faisaient faire aux Turcs. Ceux-ci préparaient un armement considérable dans l'île de Rhodes, et voulaient donner la main aux mamelouks de la Haute-Egypte, par l'entremise des habitants de la Bahyreh. Les mamelouks, battus sans cesse, et fuyant devant le général Desaix, étaient déjà descendus à la hauteur des Pyramides, lorsque ce concert fut détruit par le général Lanusse, qui dispersa le rassemblement de l'ange, et par le général Davoust, qui rejeta dans le désert le bey El-Elfi avec ses mamelouks.

Le 4 mars 1799 fut au Caire un jour d'allégresse pour les Français. Depuis le commencement de juillet 1798, on n'avait aucunes nouvelles directes de France. On apprit le matin qu'il venait d'arriver un courrier parti de Gênes le 14 février et débarqué à Aboukir le 27 février. Aussitôt on se porta en foule au quartier-général ; on assaillit le général Dugua et l'état-major ; chacun espérait et attendait des lettres de sa famille : mais cette espérance fut trompée, le courrier n'était porteur que de dépêches du gouvernement, de journaux français et italiens, d'un grand nombre de lettres pour Bonaparte, et d'un très-petit nombre pour les particuliers.

Les journaux furent mis sous les yeux de tous les Français du Caire dans les salons de Tivoli ; des extraits furent insérés dans le Courrier d'Egypte pour les Français disséminés sur tous les points, et on se crut dans un nouveau monde ; on ressuscitait en quelque sorte après sept mois, et on se trouvait en présence de nouveaux événements qui avaient changé la face politique de l'Europe.

L'Italie était envahie, et l'armée voyait avec douleur la perte des plus beaux fruits de ses victoires dans cette contrée. Cette circonstance modéra la joie que donnait l'idée d'une communication rétablie avec la patrie. Mais comme, finalement, ces regrets ne pouvaient rien changer aux choses, et qu'on n'était pas en Europe, l'influence que les intérêts de cette partie du monde pouvait exercer sur l'esprit des soldats s'affaiblit bientôt, et chacun, empressé de jouir du présent, n'étant pas sûr de jouir du lendemain, partagea avec les habitants la joie des fêtes musulmanes qui survinrent quelques jours après.

La clôture du ramâdhan, ou bien la fête du beïram, tombait cette année au 8 mars. Comme au premier jour de l'an en Europe, ce jour est celui des visites et des cadeaux, les Français ne furent point en reste sur cet article envers les principaux du Caire : des salves d'artillerie de tous les forts firent voir aux habitants combien on prenait part à la fête. On éleva sur les minarets de la mosquée d'El-Azar les drapeaux pris à El-Arisch, et des détachements protégèrent, pendant trois jours, contre les Arabes, les pèlerinages que les habitants allaient faire à la ville des Tombeaux.

Telle était la situation du Caire; ce calme, cette confiance étaient dus au zèle, à l'habileté de l'administrateur Poussielgue. Malheureusement il s'en fallait de beaucoup que cet esprit de soumission fût général en Egypte, et la pacification semblait devenir de plus en plus difficile.

Battus dans toutes les rencontres, les mamelouks continuaient cependant à soutenir la lutte, dans la Haute-Egypte, contre le général Desaix, qui se couvrit de gloire dans cette campagne.

Bonaparte avait bien senti que les firmans du Grand-Seigneur, répandus avec profusion dans tous les pays de l'islamisme, et surtout la connaissance des armements qui se préparaient dans les Etats de la Turquie, feraient voler les musulmans à la défense de leur religion. Si, au dixième siècle, l'Europe chrétienne s'était ébranlée, et avait franchi des distances immenses pour chasser les sectateurs de Mahomet de la Terre-Sainte, quels efforts ne devaient pas faire aujourd'hui les mahométans pour chasser à leur tour des chrétiens si voisins de leur domaine, et qui, sans motif, venaient s'établir au milieu d'eux, et toucher de si près les lieux sanctifiés par la naissance et par le tombeau du prophète?

Instruit en effet que la fermentation religieuse commençait à exalter les têtes dans les villes de Yambo, Djedda, la Mecque et Médine, Bonaparte jugea qu'il ne tarderait pas à être attaqué par la mer Rouge. Deux seuls points établissaient la communication avec les côtes de l'Arabie. Par Suez, les Arabes devaient chercher à donner la main aux armées ottomanes destinées à s'avancer par la Syrie. Cosseïr devait être le point de contact avec les mamelouks; en occupant Suez, au mois de janvier, Bonaparte avait détruit tout projet d'invasion par l'Isthme. Il avait fait armer une flottille de quatre grandes barques, à qui il avait donné la mission de s'emparer de Cosseïr, mais il était trop tard : les Yambaouis et les Mekains y étaient déjà arrivés depuis longtemps, et avaient même opéré leur réunion avec Mourad-Bey.

La flottille, partie de Suez le 2 février 1799, arriva devant Cosseïr le 7. Voyant le rivage couvert d'un grand nombre d'hommes armés et de cavaliers, elle s'avança à demi-portée de fusil, et reçut une décharge d'artillerie, à laquelle elle riposta. Les courants la portant violemment à terre, et ne pouvant tenir sous voile, elle s'embossa. Malheureusement, au troisième coup de canon, la barque *le Tagliamento*, commandant la flottille, prit feu, et sauta presque aussitôt. Un chef de bataillon de la 25e demi-brigade, 1 capitaine de la 32e, 1 sergent, 1 caporal, 14 soldats, 8 canonniers, l'officier commandant l'expédition, 1 aspirant de marine, et 29 matelots, périrent dans cette explosion. Quelques-uns s'étaient sauvés sur le rivage; mais ils y furent impitoyablement massacrés. Les trois autres barques coupèrent alors leurs câbles, et retournèrent à Suez.

Cependant Desaix, après la bataille de Sédidman, s'était empressé d'organiser la province de Fayoum, dans la capitale de laquelle il plaça 350 hommes attaqués d'ophthalmie; il alla ensuite dans la province de Bénissoüéf, tant pour y prélever de l'argent et des chevaux, dont il avait un pressant besoin, que pour réduire les villages soulevés par Mourad.

Pendant cette expédition, les mamelouks et les Arabes Sammalous arrivèrent sur la ville de Fayoum, et tentèrent d'enlever les 350 hommes qui s'y trouvaient; mais ceux-ci, quoiqu'à moitié aveugles, déployèrent toutes les ressources d'une valeur éprouvée et réfléchie. Leurs chefs, le général Robin et le colonel Eppler, atteints aussi de l'ophthalmie, après être restés quelque temps sur la défensive, finirent par faire un horrible massacre des assaillants, les repoussèrent de rue en rue, et enfin les chassèrent de la ville.

Le général Desaix, reconnaissant alors la nécessité de déployer de plus grands moyens pour contenir les ennemis, et ne voulant plus tenter les chances d'une seconde bataille de Sédiman, fit rentrer la garnison du Fayoum à Bénissoüéf, qui devint sa principale place d'armes. Il fit construire une redoute pour mettre ce point à l'abri d'un coup de main, et alla au Caire chercher des secours dont il avait besoin pour combattre les mamelouks et l'immense population au milieu de laquelle il était lancé.

De retour de cette capitale le 10 décembre 1798, avec 1,200 hommes de cavalerie, 6 pièces d'artillerie, 6 djermes ou bateaux armés et bastingués, et 300 hommes d'infanterie, il se voyait à la tête d'une petite armée, non seulement capable de résister à toutes les attaques des mamelouks et des Arabes réunis, mais même déterminée à aller les chercher, et les combattre partout où on pourrait les trouver Ce fut aussi la tâche que Desaix s'imposa, et dès ce moment ni lui ni son armée n'eurent plus de repos.

Mourad, de son côté, n'avait pas perdu de temps. Voulant renforcer son parti par tous les moyens que lui donnaient son influence et son ancienne autorité, il était parvenu à rallier à lui toutes les tribus arabes; il était assuré des dispositions des habitants. Ses émissaires, répandus jusqu'au-delà des cataractes, faisaient craindre aux Nubiens une irruption en Ethiopie, et entraînaient les paisibles habitants du tropique, qui vinrent en foule se ranger autour de lui. Enfin les Arabes d'Yambo et de la Mecque déjà excités par les firmans de la Porte, arrivaient en hâte sur le Nil par Cosseïr.

Mourad néanmoins n'osait pas encore se tenir trop rapproché des Français. Il était campé dans le désert sur la rive gauche du canal Joseph; mais ses éclaireurs se répandaient dans le pays et y levaient des contributions et des vivres.

Lorsqu'il apprit l'arrivée du renfort des Français, il se porta sur les bords du Nil pour fuir, suivant les circonstances, et vivre avec plus de facilité.

Desaix, partit de Bénissoüéf avec son armée, le 17 décembre 1798, et alla coucher à El-Béranqah. Apprenant là que les postes avancés des mamelouks étaient à Fechné, il y courut. Ceux-ci ne l'attendirent pas et disparurent. Le gros corps était, disait-on, à Saste-el-Sayené; mais il n'avait fait qu'y passer, et s'était reporté sur la rive gauche du canal Joseph, d'où il chercha à gagner Syout.

Poursuivi sans relâche, Mourad fut bientôt obligé de quitter cette ville, et même celle de Girgé, où l'armée française arriva le 30 décembre 1798.

L'espoir d'atteindre les mamelouks et de les forcer à une bataille avait, comme l'on voit, hâté la marche de l'armée française, puisqu'en treize jours elle avait fait environ soixante-quinze lieues; mais elle était suivie par une flottille dont les mouvements ne s'accordaient pas avec l'impatience du soldat. On était dans la saison où la baisse des eaux, déjà fortement prononcée, rend la navigation très-difficile et très-lente. Les vents de la région du nord, indispensables pour remonter le Nil, étaient tombés. La mousson était finie. Cependant l'armée ne pouvait se passer de la flottille, elle portait ses vivres, ses munitions, et tous les objets de campagne et d'habillement. Le soldat manquait surtout de souliers, et quoique au mois de janvier, il ne pouvait supporter pendant le jour la chaleur du sable qui lui brûlait la plante des pieds.

Le retard de la flottille se prolongea plus que les calculs ordinaires ne pouvaient le faire présumer. On n'en avait même aucune nouvelle. On savait qu'aussitôt que l'armée avait dépassé un lieu, les habitants cachés reparaissaient en armes, et formaient des rassemblements qui interceptaient les communications. Ils cherchaient à attaquer et à détruire la flottille. Desaix inquiet envoya le 1er janvier 1799 le général Davoust, avec sa cavalerie, au-devant du convoi.

Le général Davoust, après avoir dissipé un rassemblement à Souaqy, avait rencontré à Tahta 2,000 Arabes à cheval et 5 à 6,000 paysans à pied, à qui les agents de Mourad avaient persuadé que le corps de l'armée française avait été détruit, et qu'il n'en restait plus que quelques partis isolés, dont ils viendraient aisément à bout. La cavalerie française fut obligée d'en venir avec eux à un engagement sérieux; mais les Arabes effrayés s'enfuirent au premier choc, et abandonnèrent les pauvres paysans, qui furent hachés.

Le général Davoust trouva la flottille à la hauteur de Syout; il la fit avancer, et elle arriva enfin le 19 janvier à Girgé. Ce retard avait donné quelque confiance à Mourad. Réuni à ses anciens rivaux, Osman-Bey-Hassan et Hassan-Bey-el-Djeddaoui, il avait pris position au village de

How, situé à environ dix lieues au-dessus de Girgé. La population entière, depuis cette ville jusqu'aux cataractes, était en armes, et Desaix n'avait que 4,000 hommes. Mourad pensa qu'avec des forces aussi considérables que celles dont il se voyait le maître, il pouvait aisément braver les Français, qu'il croyait sans doute dans une position difficile, puisqu'ils ne le poursuivaient plus. En conséquence il se détermina à prendre à son tour l'offensive et à marcher sur Girgé.

On eût dit que ce retard était une ruse de guerre du général français, car une bataille était le plus ardent de ses vœux, et il s'empressa de relever le gant que Mourad paraissait lui jeter.

Il partit de Girgé le 22 janvier, et le 23 au matin, les deux armées étaient en présence auprès du village de Samhoud. Se voir et se charger furent à la fois la pensée et l'action des deux avant-gardes. Pendant ce temps Desaix disposa ses troupes en trois carrés. La cavalerie, au centre, commandée par le général Davoust, était flanquée aux deux angles par 8 pièces d'artillerie à chacun. A droite et à gauche étaient les carrés d'infanterie : le premier, commandé par le général Friant, et le second par le général Belliard.

Déjà la cavalerie ennemie s'était développée dans un espace immense, et avait cerné totalement les Français. A gauche, entre le carré du général Belliard et le village, se trouvait un canal large, profond et à sec dans ce moment. Une colonne nombreuse de Mekains se jeta dans ce canal, d'où, comme d'un chemin couvert, elle faisait un feu terrible sur le carré de gauche. Déjà même ce feu y portait quelque inquiétude, lorsque Desaix, pour s'en débarrasser, envoya son aide-de-camp Clément attaquer les Mekains avec les carabiniers de la 21e, et dans le même moment il les fit tourner par deux autres de ses aides-de-camp, Savary et Rapp, qui, à la tête d'un escadron de hussards, allèrent se placer entre le canal et le village, pour leur couper la retraite. Les Mekains furent délogés, ce qui rendit les Français maîtres de ce village, autour duquel Desaix fit alors pivoter sa ligne de bataille. Ces intrépides Mekains ne se tenaient cependant pas pour battus ; le premier moment d'épouvante passé, ils revinrent à la charge, et y mirent une telle ardeur, qu'ils furent sur le point de reprendre le village ; mais les carabiniers tinrent ferme, repoussèrent toutes les attaques, et forcèrent leurs opiniâtres ennemis à se retirer.

Pendant que cet incident avait lieu, pour ainsi dire hors du plan et de la ligne de bataille, les deux carrés d'infanterie étaient attaqués à la fois, celui de droite par les mamelouks, et celui de gauche par la nombreuse infanterie de l'ennemi. L'artillerie légère, se joignant alors à la mousqueterie des carrés, développa ses feux sur les deux corps assaillants, avec une activité telle, qu'ils furent forcés de s'arrêter et de rétrograder. Desaix, attentif, saisit ce moment, et lâcha toute sa cavalerie sur les mamelouks, qui, n'osant soutenir cette terrible charge, prirent la fuite, et entraînèrent le reste de cette armée si nombreuse et si menaçante. Ils furent poursuivis pendant quatre heures jusqu'à Farshiout, où la lassitude força le vainqueur à s'arrêter.

Il n'y avait plus dès ce moment d'armée à combattre, mais Mourad ne pouvait se déterminer à consacrer l'usurpation des Français en reconnaissant leur puissance. Il n'avait plus de moyens, plus de ressources; cependant le courage, la grandeur d'âme et l'espoir étaient encore au fond de son cœur. Il ne se dissimula point tous les maux, toutes les privations, auxquels il allait se condamner; il osa les affronter, et, chose plus prodigieuse encore! il sut conserver toute son autorité sur des hommes qui lui avaient longtemps disputé le pouvoir, et qui dans le malheur devaient au moins se regarder comme ses égaux. Il leur fit comprendre que sa cause leur était commune, il les anima des mêmes sentiments, et tous lui furent fidèles et dévoués jusqu'au dernier moment.

Les mamelouks, réduits à la guerre de partisans, s'enfuirent vers les cataractes; les Mekains repassèrent le Nil et se dispersèrent. Quelques-uns retournèrent à Cosseïr, d'autres se répandirent dans le pays, où ils n'eurent d'autres ressources que d'exercer le brigandage contre les habitants.

Desaix, acharné à la poursuite des mamelouks, ne les laissa pas respirer un instant; il arriva le 29 janvier à Esneh, où il laissa le général Friant avec sa brigade; et le 2 février il arriva à Syenne, poussant toujours son ennemi devant lui.

Ces malheureux mamelouks n'étaient pas accoutumés à une aussi grande opiniâtreté dans la poursuite; ils avaient cru, après la bataille des Pyramides, qu'il en serait de l'armée française comme des armées turques dans les expéditions des capitans-pachas; qu'elle les laisserait vivre tranquillement dans le Saïd, et qu'après avoir pressuré la capitale et la Basse-Egypte, les Français partiraient, laissant les mamelouks reprendre une autorité qu'ils regardaient comme le patrimoine du plus fort. Aussi furent-ils fort surpris de se voir poursuivis dans la Moyenne-Egypte; et de ce que, après la bataille de Samhoud, on ne leur laissa pas même le pauvre pays à moitié désert, entre Kené et Syenne. La terre d'Egypte ne leur offrant donc plus d'asile, ils durent chercher leur sûreté dans l'affreux pays des Barabras, connu sous le nom de Bribe; ils s'y enfoncèrent.

Le 3 février, Desaix envoya le général Belliard toucher le tropique, et reconnaître à Philæ la limite que les Romains avaient jadis posée à leur empire, fier, sans doute, d'avoir, le premier, donné la même latitude aux conquêtes des Français. Il redescendit ensuite vers Esneh, ordonnant à Belliard de tenir Mourad en échec, sans lui permettre de poser le pied sur le sol égyptien.

Tous les mamelouks n'avaient cependant pas dépassé les cataractes.

Osman-Bey-Hassan, l'un des anciens rivaux de Mourad, exilé depuis longtemps au Saïd, avait été chargé par lui de rester dans cette partie de sa domination, tant pour y entretenir des intelligences que pour ne pas affamer par le nombre les pays dans lesquels ils étaient forcés d'aller vivre au-delà de Philæ.

Desaix envoya à sa poursuite le général Davoust, avec deux régiments de cavalerie, qui parvinrent à l'atteindre à Thèbes sur la rive droite, au pied du désert. Cet intrépide chef de mamelouks avait avec lui un immense convoi, et ses efforts, dans cette rencontre, devaient tendre à le sauver des mains des Français. Dès qu'il les aperçut, il fit enfoncer les chameaux dans le désert, et regardant comme une faveur de la fortune de n'avoir point affaire dans cette circonstance à la redoutable infanterie, il vint présenter le combat. Il faut l'avouer, la cavalerie française n'a jamais pu, seule, soutenir la lutte contre celle des mamelouks ; à nombre égal, même inférieur, ces derniers montraient une supériorité incontestable, qui a été reconnue et avouée par les premiers officiers de cette arme. Cette supériorité n'était due, sans contredit, qu'à l'éducation militaire que le mamelouk reçoit dès l'enfance. Le courage était bien égal de part et d'autre, et dans cette occasion les deux partis en donnèrent les plus fortes preuves. Mêlés dans leur charge, ce fut corps à corps un combat, ou plutôt un carnage affreux ; plusieurs chefs y perdirent la vie, et l'avantage ne resta à personne. Mais Osman, ayant atteint son but, abandonna le champ de bataille, et courut rejoindre les chameaux, qu'il conduisit à la citerne de la Kuita, sur la route de Kené à Cosseïr.

D'un autre côté, les Mekains, que nous avons vus dispersés après la bataille de Samhoud, s'étaient réunis dans la même vallée de Kené à Cosseïr, et avaient conçu le projet de s'emparer de la ville de Kené. Desaix, instruit de leur dessein, envoya d'Esneh le général Friant pour les prévenir, et occuper la ville avec sa brigade. Il arriva à temps, car, dès le 13 février, tous ses postes furent attaqués de nuit, circonstance assez extraordinaire chez des musulmans. L'ennemi fut reçu avec une fermeté qui le déconcerta ; mais il ne fut pas poursuivi à cause de l'obscurité. Prenant cette circonspection pour de la faiblesse, il revint à la charge aussitôt que la lune fut levée ; alors on le reçut avec une vive fusillade, et marchant sur lui en colonne serrée, la baïonnette au bout du fusil, on le mit dans une déroute complète. Environ 300 Mekains se jetèrent dans un bois de palmiers, où ils furent tous tués.

On dut les croire alors entièrement bloqués dans la vallée de Kené à Cosseïr, et Desaix s'attacha à les y confiner, en s'emparant de tous les points par où l'on pouvait déboucher de cette vallée sur le Nil ; mais les Mekains, ralliés par leur chérif Hassan, trompèrent la surveillance active des Français, en franchissant le désert à la hauteur du village d'Abou-Manah, où cet homme exalté et entreprenant parvint à se former un corps d'Arabes, de paysans et de mamelouks perdus ou sans asile. Pour relever leur courage, il promettait la destruction entière des Français, au moyen d'un renfort dont il annonça l'arrivée prochaine.

Desaix envoya Friant sur ce nouveau rassemblement. A l'arrivée de ce général devant Abou-Manah, toute la troupe ennemie se trouvait en bataille. Les grenadiers français fondirent sur elle avec impétuosité; les paysans et la cavalerie arabe prirent l'épouvante et s'enfuirent; les gens d'Yambo seuls tinrent bon; mais le choc des grenadiers fut si terrible qu'ils ne purent le soutenir : ils se cachèrent dans le village, où ils furent assaillis et mis en pièces. Le chérif Hassan parvint néanmoins à se sauver, et retourna vers la Kuita.

Le général Friant ayant, après cette expédition, balayé toute cette rive droite du Nil, descendit jusqu'à Girgé, qu'il mit en état de défense respectable.

Pendant ce temps, on apprit que les mamelouks réfugiés dans le pays des Barabras, après avoir levé un grand nombre de Nubiens et de chevaux, avaient trompé la vigilance du général Belliard à Syenne, en évitant cette ville par le désert de droite, qu'ils quittèrent à la hauteur d'Esneh, dans l'intention d'y passer le Nil pour se porter sur la rive gauche; mais ce poste était bien gardé, et n'osant l'attaquer, ils allèrent effectuer leur passage à Erment; le général Belliard se mit à leur poursuite.

On ne pouvait concevoir quel était le but de cette marche hardie de Mourad; les nouvelles que l'on eut de ce qui se passait au-dessous de Girgé donnèrent bientôt le mot de l'énigme.

Lors de la déroute de Samhoud, le bey Mohammad-el-Elfi, séparé de son patron Mourad, s'était retiré dans la petite oasis d'Akmim, avec ses mamelouks; mais, instruit par ses agents qu'il ne paraissait plus de Français au-dessous de Kené, il était venu s'établir à Syout, où les habitants soulevés lui fournissaient vivres, chevaux et argent en abondance. A sa voix, tous les paysans étaient accourus, et l'Elfi se croyait à la tête d'une puissante armée, capable de tenter la fortune. Il avait informé aussitôt Mourad de l'état des choses, et celui-ci s'était empressé de se réunir à son fils chéri; mais le prévoyant Desaix, depuis quelques jours à Kous, observait, avait l'œil à tout; jugeant bien à la marche de Mourad que Syout était le rendez-vous général, il marcha lui-même avec la plus grande rapidité, afin d'empêcher la réunion; il arriva à temps : la première rencontre qu'il fit fut celle des paysans au village de Souhama. Les attaquer et les mettre en pièces fut l'affaire d'un instant, pendant lequel le général Friant alla occuper toute la plaine qui sépare le Nil du désert, afin de couper cette retraite aux mamelouks de l'Elfi, et d'empêcher leur réunion avec Mourad. Ce plan, judicieusement conçu, réussit à souhait; l'Elfi fut obligé de repasser sur la rive droite du Nil et de retourner dans sa chétive oasis d'Akmim, et Mourad, que l'on rencontra le lendemain, n'eut plus d'autre asile que la grande oasis, où il se réfugia seulement avec 150 mamelouks.

Cette victoire, si éclatante par ses résultats, était due tout entière à la sagesse des combinaisons de Desaix, et à la rapidité avec laquelle il s'était transporté de Kous à Syout, mais elle lui coûta cher. Les marches forcées qu'il avait été obligé de faire lui avaient fait abandonner sa flottille entre Kous et Kené ; elle portait presque toute ses munitions, beaucoup d'objets d'artillerie, les blessés, les malades et quelques hommes armés. Elle luttait avec peine contre un violent vent du nord, et ne put descendre plus bas que le village de Benouthah.

Cependant le terrible chérif Hassan, que nous avons laissé fuyant seul vers la Kuita, avait reçu d'Yambo un nouveau renfort de 1,500 hommes, auxquels se joignirent tous les échappés au massacre d'Abou-Manah ; il se porta sur le Nil, où il apprit la position fâcheuse de la flottille. Il envoya aussitôt chercher Osman-Bey à la Kuita, arriva au village de Benouthah, et commença le combat par une forte fusillade. Une bordée de *l'Italie*, bateau commandant, fit tomber toute la première ligne des Arabes ; mais, loin d'être intimidés, ceux qui étaient derrière avancèrent avec fureur, et s'emparèrent de tous les petits bateaux, en enlevèrent les munitions de guerre, et se précipitèrent dedans, pour parvenir à l'abordage de *l'Italie*.

L'intrépide commandant Morand redoubla son feu. La mitraille volait, et lançait la mort parmi les ennemis ; mais rien ne pouvait les arrêter. Ils s'avancèrent pour entourer le bâtiment français. Le commandant conçut un instant l'espoir de se sauver par la fuite ; mais, privé de ses matelots, presque tous blessés, ses voiles furent mal manœuvrées, le vent très-fort jeta le bâtiment sur un banc de sable ; il échoua. Morand, se voyant alors sans ressource, mit le feu aux poudres, et le bâtiment sauta en l'air.

Ainsi, le mauvais génie qui semblait acharné depuis longtemps sur la marine française, ne lui épargna, en Egypte, aucune circonstance où il pouvait lui faire ressentir sa malheureuse influence.

A Chebreis, à Aboukir, à Cosseïr, à Benouthah, toujours mêmes efforts de la part des marins, et toujours même fatalité dans les résultats.

Le chérif, enflé de ce succès, crut qu'il était appelé à détruire tous les Français, et il annonça, dans son ton prophétique, qu'il allait commencer par le corps qui descendait le Nil, et qui, dans ce moment, n'était pas loin de lui.

C'était le général Belliard, à qui Desaix, lors de sa marche sur Syout, avait ordonné d'observer les Arabes d'Yambo, de les chercher et de les combattre partout où il les trouverait.

Quoique malheureusement trop tard pour sauver la flottille, il arrivait néanmoins à propos pour venger d'une manière éclatante les braves qui venaient de périr.

Il apprit, le 7 mars 1799, entre Thèbes et Kous, les malheurs de nos marins et la position de l'ennemi; il passa le fleuve à El-Kamouteh pour voler au-devant de lui. Il arriva à Kous, dont les habitants, presque tous cophtes, et par conséquent chrétiens, portaient un intérêt vrai aux Français, et faisaient des vœux pour le succès de leurs armes. Ces sentiments n'étaient pas dus seulement à la conformité de religion, mais au caractère de douceur et de bonté que Desaix avait développé au milieu d'eux, et qui lui avait valu le surnom de Juste.

Les détails affreux, l'exagération des forces, et surtout le ton peiné avec lesquels ces bons habitants, qui croyaient voir les Français marcher à une mort certaine, peignaient leur propre terreur, eussent pu ébranler une âme moins ferme et moins courageuse que celle du général Belliard; mais il n'en fut que plus animé à la vengeance, et il quitta Kous avec empressement pour aller chercher cet ennemi que l'on annonçait si redoutable.

Impatient sans doute de ne pas voir arriver les Français, le chérif Hassan avait déjà marché à leur rencontre; il les trouva un peu au-dessous de Kous. Le général Belliard forma promptement son bataillon carré, flanqué seulement d'une pièce de trois et de 15 hommes de cavalerie.

Les Arabes d'Yambo s'approchèrent, et on envoya sur eux des tirailleurs qui les obligèrent de se replier. Le carré continua sa marche, et les repoussa toujours battant jusque devant le village de Benouthah, où était réunie toute l'armée ennemie.

Ici le général Belliard eut à surmonter des difficultés d'un genre nouveau : ce n'était plus seulement une nombreuse population mal armée, et une cavalerie sans tactique, mais une artillerie bien servie, bien approvisionnée. C'était enfin avec les canons et les munitions pris sur la flottille que les Arabes combattaient les Français. Ils avaient établi sur la berge d'un canal large et profond une batterie dont le feu causa quelque désordre. Belliard ordonna aux carabiniers d'enlever cette batterie, et cet ordre fut aussitôt exécuté avec une promptitude et une valeur inouïes; des mamelouks qui étaient venus charger ces carabiniers furent mis en fuite, et les Arabes tous massacrés sur leurs pièces. L'ennemi, effrayé de ce coup hardi, se réfugia ou plutôt se précipita dans les maisons du village, dans une mosquée, et enfin dans une grande maison de mamelouk fortifiée.

Pendant l'attaque de cette batterie, le grand carré avait passé le canal, et s'était aussitôt partagé en deux colonnes, l'une marchant contre la mosquée et le village, l'autre contre la maison fortifiée; dès lors le combat devint affreux. Les Arabes se défendirent dans chaque maison, et firent feu de toutes parts. Aucun ne voulait fuir, ni se rendre; il fallut tout brûler, tout détruire, tout massacrer pour en venir à bout. En un instant le village ne fut plus qu'un monceau de ruines, et les rues furent encombrées de morts. Mais la grande maison semblait braver les Français; le chef de brigade de la 21e, Eppler, réunit les colonnes sur la grande porte, qui fut abattue à coups de hache; d'un autre côté, on faisait écrouler le mur à gauche, et on était parvenu à mettre le feu à une petite mosquée attenante, où était le dépôt des munitions. Le feu gagna bientôt les poudres, et la mosquée sauta en l'air avec tous les Arabes qui s'y trouvaient renfermés. Ceux de la grande maison, quoique réduits à la dernière extrémité, venaient encore le fusil dans la main, le sabre dans les dents, et totalement nus, disputer le terrain dans la grande cour à Eppler qui s'y était établi. Ils furent repoussés, et coururent enfin se cacher dans les réduits où ils furent tous tués. Le chérif Hassan fut trouvé au nombre des morts.

Cette victoire sanglante paraissait avoir anéanti les dernières espérances de l'ennemi; mais on va le voir bientôt chercher encore à tenter de nouveau la fortune.

Belliard reprit tout ce qui pouvait rester de la malheureuse flottille; mais il n'y avait plus de munitions, lui-même avait épuisé toutes les siennes au siége de Benouthah, et cependant il avait tout lieu de croire que les Mekains n'étaient pas entièrement détruits. Il n'avait depuis longtemps aucune nouvelle du général Desaix. Dans cette incertitude, il résolut de battre la campagne jusqu'à Kené, dont les habitants s'empressèrent de venir au-devant de lui, et le reçurent avec amitié. Il apprit, dans cette course, que les mamelouks qui s'étaient enfuis presque au commencement du siége de Benouthah, avaient rallié encore une fois les Mekains dispersés, et qu'un nouveau rassemblement allait partir de la Kuita pour venir sur le Nil au débouché de Bir-el-Bahr.

Desaix, avec qui il s'était remis en communication, informé de tous ces événements, vint aussitôt le rejoindre à Kené, où il arriva le 30 mars avec un nouveau convoi de munitions de guerre.

Les Mekains dispersés au combat de Benouthah s'étaient jetés, sous la conduite d'un neveu du chérif Hassan, dans le pays entre Kené et Girgé. Ils avaient rejoint Osman-Bey et El-Cherqaouy vers Abou-Manah. Les beys Hassan et Osman étaient à la Kuita. Les Mekains, sans les mamelouks, n'étaient qu'une troupe de vagabonds, qui ne pouvaient causer aucune inquiétude, et il suffisait d'un petit nombre d'hommes pour en venir aisément à bout. Mais les mamelouks, cavalerie active, et connaissant parfaitement les localités, échappaient à toutes les poursuites, et reparaissaient à la fois sur tous les points, suscitant constamment de nouveaux ennemis qui harcelaient l'armée en interceptant tous les convois. Desaix reconnaissait que cette guerre de détail lui était mille fois plus pernicieuse que des batailles; mais il ne pouvait jamais parvenir à en faire accepter une.

La circonstance était favorable, les mamelouks étaient presque tous réunis à la Kuita; il résolut de les y bloquer. La Kuita, quoique inhabitée, peut être considérée comme une petite oasis. C'est la relâche la plus importante de la vallée déserte qui communique du Nil à Cosseïr. De cette ville à la Kuita on ne trouve, pendant trois journées et demie de marche, que deux mauvaises sources d'eau saumâtre; l'une appelée Lambageh, et l'autre El-Ahmar. Il était donc impossible qu'une troupe armée pût se sauver sur Cosseïr sans approvisionnements. Mais les débouchés sur l'Egypte offrent des avantages réels. La Kuita, grande citerne avec un caravansérail à environ dix lieues du Nil, est le point de réunion de plusieurs vallées. La première, se dirigeant au sud-ouest, arrive au village de Redizy; la seconde, à l'ouest, au village de Nagadi, et la troisième, au nord-ouest, conduit à Bir-el-Bahr, ou puits du fleuve, situé sur la limite du désert et des terres cultivées près de Keft, à deux lieues du Nil. A Bir-el-Bahr, on trouve trois routes, dont l'une va à Kous, l'autre à Keft, et la troisième à Kené. Il ne s'agissait plus que d'occuper tous ces points, et de marcher sur la Kuita. Ce fut le plan que Desaix adopta. Il alla, de sa personne, occuper le poste de Bir-el-Bahr, et il envoya le général Belliard à celui de Nagadi, d'où il devait aller à la Kuita. Faute de monde il n'envoya point à Redizy; mais on ne pouvait croire à l'importance de ce débouché, parce que les mamelouks, en le prenant, se seraient séparés des Mekains, et seraient tombés dans les postes d'Esneh et d'Edfou. Ce calcul était juste; mais on verra bientôt que, par la tournure des affaires, les mamelouks trouvèrent leur salut dans cette négligence. Hassan et Osman, informés de toutes ces mesures, quittèrent leur asile, et arrivèrent, le 1er avril, du côté de Bir-el-Bahr, laissant néanmoins cette position sur leur gauche, dans l'intention de rejoindre et de rallier de nouveau les Mekains.

Desaix courut à leur poursuite le 2 avril au matin, et les rencontra à une lieue de Byr-el-Bahr. La cavalerie, qui était en avant à cause de la difficulté qu'éprouvaient l'infanterie et l'artillerie, eut tous les honneurs de cette journée. Emportée par son ardeur, et un peu par le dépit que lui donnait son infériorité reconnue, elle ne voulut pas attendre ses deux auxiliaires, malgré les ordres précis du général Desaix. Duplessis, à la tête du 7e de hussards, fit sonner la charge, se précipita sur l'ennemi, et tomba victime de sa valeur. Sa mort fit un instant hésiter les hussards; mais bientôt, soutenus par le 18e de dragons, ils chargèrent si impétueusement les mamelouks, que ceux-ci se retirèrent en désordre; et abandonnant leur projet, dont ils reconnurent l'exécution impossible, ils retournèrent encore une fois à la Kuita.

Lorsque l'infanterie et l'artillerie arrivèrent, tout était terminé. Ainsi Desaix voyait son plan couronné du succès. De retour à Kené, il chargea Davoust de l'expédition sur Abou-Manah, et, pour empêcher de nouvelles émigrations des habitants de Yambo et de la Mecque, il résolut de se rendre entièrement maître de la vallée, en prenant possession de Cosseïr, et en construisant un fort à Kené.

Malheureusement, Osman et Hassan échappèrent encore au général Belliard. Ils ne firent que passer à la Kuita, et prirent la vallée de Rédizy, d'où, en évitant les postes français placés le long du fleuve, ils se retirèrent à Syenne, où ils purent quelque temps se refaire de leurs longues fatigues. Le général Belliard les avait suivis jusqu'à Koum-Ombos; mais comme ils avaient trop d'avance sur lui, et qu'il ne pouvait rester longtemps séparé de Desaix, il les laissa pour retourner vers Kené.

La coalition des mamelouks et des Mekains étant ainsi totalement rompue, ceux-ci, effrayés de leur isolement, et surtout de la marche du général Davoust, conçurent d'abord le projet de se sauver au Caire, où, cachés dans l'immense population de cette ville, ils pourraient saisir les occasions favorables, et surtout le départ prochain de la caravane de la Mecque pour retourner dans leur pays ; mais ce n'était pas le compte de ceux qui s'étaient faits leurs chefs. Le neveu du schérif Hassan, voulant se conserver un simulacre d'armée, ranima le courage de ses compagnons, et les conduisit à Bardys, pendant que Desaix conduisait son expédition sur Cosseïr, et que Belliard courait sur Rédizy.

Le chef de brigade Morand était alors à Girgé ; dès qu'il apprit l'incursion des Arabes il courut à Bardys, mais sans artillerie ni cavalerie : il avait trop peu d'infanterie pour repousser la population qu'ils avaient soulevée, et il fut obligé de se replier sur Girgé. L'ennemi le suivit, et un parti pénétra dans la ville, pendant que l'autre la cerna. Morand avait heureusement ici plus de ressources qu'à Bardys, et il les mit en usage. Ayant formé deux colonnes d'attaque, il en dirigea une dans la ville, et l'autre dehors. Tout ce qui était entré fut tué sans pitié, et l'armée fut dispersée en un instant. Mais elle se rallia bientôt, et courut sur le village de Tahta, abandonné un instant par le chef de brigade Lassalle qui était allé seconder le commandant de Syout (Pinon) dans une expédition contre les Arabes indigènes à Mélaoui.

Ces deux commandants réunis apprirent le 8 avril l'occupation de Tahta et le soulèvement entier de la province. Lassalle partit aussitôt, et arriva le 10 avril à Themeh, grand village au-dessous de Tahta, où il rencontra les Arabes d'Yambo. Il fit cerner le village, et au bout de quelques heures ils furent hachés dans un enclos crénelé où ils s'étaient réfugiés. Le neveu du schérif Hassan fut trouvé au nombre des morts.

On croyait, à bon droit, que c'en était fait enfin, et qu'on était délivré pour toujours de ces cruels Mekains, devenus un fléau plus redoutable pour les habitants que pour les Français. Mais deux cents environ de ces malheureux avaient encore trouvé moyen de s'échapper, et s'étaient portés sur le village de Benyhady, où se formait un immense rassemblement d'Arabes et de nègres de la caravane de Darfour, que Mourad avait organisés lors de leur passage dans l'oasis, et à la tête desquels il allait se mettre.

Le général Davoust, qui depuis Abou-Mana poursuivait les Arabes d'Yambo, et n'arrivait jamais qu'après leur défaite et leur dispersion, eut néanmoins cette fois la satisfaction de se mesurer avec eux. Il les joignit à Benyhady le 18 avril, et partagea son infanterie en deux colonnes. L'une fut destinée à forcer le village, et l'autre, aidée de la cavalerie, eut ordre de le cerner pour couper toute retraite. Dans ce moment, Mourad arrivait de l'oasis, et son avant-garde parut dans le désert; aussitôt la cavalerie et la colonne d'infanterie qui cernait le village coururent à sa rencontre. Les mamelouks, ne pouvant tenir tête, tournèrent bride, et Mourad rentra encore une fois dans l'oasis.

De retour à Benyhady, le village fut de nouveau investi; l'infanterie y entra, mais elle y trouva autant de forteresses que de maisons. On croyait voir se renouveler le siége de Benouthah; le feu que l'on mit partout rendit cependant les Français maîtres du village, et dans la fureur que cette folle résistance avait inspirée, le soldat ne connut plus de frein : tout ce qui tomba sous sa main fut tué, et le village démoli de fond en comble.

La diversion des mamelouks, dont l'apparition avait appelé les Français dans le désert, avait laissé à quelques Arabes la facilité de s'échapper, et ils en avaient profité pour aller faire soulever toute la province de Miniet; mais, ayant été mal reçus par le chef de brigade Destrées, qui la commandait, il s'étaient rabattus sur Bénissoüéf, dont les habitants étaient très-disposés à les seconder.

Le général Davoust, après l'expédition de Benyhady, les suivit, et allait les atteindre lorsqu'il fut arrêté dans sa marche par les habitants du village d'Abou-Girgé, qui lui refusèrent des vivres : le soldat furieux entra aussitôt dans le village, qui fut en un instant mis à feu et à sang. Ce retard avait donné aux Arabes le temps de s'échapper : ils avaient passé sur la rive droite, d'où se voyant alors en trop petit nombre, et découragés, ils abandonnèrent tout projet de rassemblement, se dispersèrent, et on n'entendit plus parler d'eux.

C'était le moment où l'ange El-Mohdy, qui dévastait la Basse-Egypte, avait envoyé une tribu d'Arabes vers les Pyramides. Dugua, qui commandait au Caire, envoya au général Davoust l'ordre de venir couvrir cette ville.

Pendant que ce général avait ainsi délivré la Moyenne-Egypte de ce ramas de Mekains, Yambaouis, Mogrebins, Darfouriens, etc., qui, sous prétexte de la défense de la religion, étaient venus exercer dans ce pays le plus affreux brigandage, une dernière affaire achevait d'en expulser les mamelouks, que nous avons laissés se reposant à Syenne après leur rentrée en Egypte par la vallée de Rédizy. Le général Belliard, qui les avait suivis jusqu'à Koum-Ombos, avait laissé à Esneh le chef de brigade Eppler avec 500 hommes de la 21e pour surveiller ces mamelouks, et les empêcher de redescendre.

Eppler, tourmenté de les savoir à Syenne, chargea le capitaine Renaud d'aller avec 200 hommes les chasser de cette ville et les rejeter au-delà du Tropique.

Renaud marcha et arriva à Syenne le 16 mai. A une demi-lieue de la ville, il apprit que les mamelouks venaient à sa rencontre. Il se disposa à les recevoir; en effet, à peine fut-il en ligne, qu'il eut à soutenir une charge des plus vigoureuses; mais, opposant à cette fougue un sang-froid et un calme impassibles, il fit exécuter sur eux à bout portant une fusillade qui les mit presque tous hors de combat. Aussitôt il fit marcher en avant avec la baïonnette au bout du fusil; les mamelouks qui purent s'échapper s'enfuirent vers Philæ, et quelque temps après, ils vinrent l'un après l'autre se rendre à la discrétion du vainqueur.

La conquête de la Haute-Egypte était donc terminée et assurée; le chef des mamelouks, Mourad-Bey, restait seul indompté. Desaix ne comptant se reposer qu'après avoir soumis ce fier ennemi, résolut d'aller le forcer dans son dernier asile (la grande oasis), pendant que le général Belliard irait à Cosseïr s'opposer à l'introduction de tout étranger par ce port. Il faisait à la fois les préparatifs des deux expéditions, lorsqu'un nouvel incident, certes bien inattendu, le força d'appliquer tous ses moyens à la seule expédition de Cosseïr. Les Anglais s'étaient présentés devant ce port le 9 mai 1799, mais ils n'avaient pas osé en prendre possession. Il était important et même de la plus grande urgence de les empêcher d'entretenir des intelligences avec le pays, et il fallait pour cela aller promptement s'emparer de la ville de Cosseïr.

La caravane, composée de 360 hommes de la 21e, commandés par les généraux Belliard et Donzelot, partit de Kené le 25 mai, et arriva à Cosseïr le 29.

Dès ce moment, toutes les tribus arabes qui habitent le désert entre le Nil et la mer Rouge, et qui jusque-là avaient épousé la cause des mamelouks, reportèrent toute leur affection sur les Français, et les servirent avec le même zèle qu'ils avaient servi les anciens maîtres de l'Egypte. Le grand schérif de la Mecque lui-même, désavouant toutes les incursions des gens de son pays, entra en communication avec Desaix, et lui demanda amitié et protection pour le commerce.

On vit les caravanes reprendre leurs cours accoutumés, et les cafés de Moka arrivèrent à Cosseïr, comme les blés d'Egypte purent arriver en Arabie.

Desaix donnait à l'administration de la Haute-Egypte tous les soins que réclamait ce malheureux pays, et il eut le bonheur de voir son nom béni par tous les habitants, qui surent bientôt apprécier sa bonté et sa droiture; mais il ne perdait pas de vue son projet favori d'une expédition dans l'oasis; il était sur le point de le réaliser, lorsque les événements de la Basse-Egypte la rendirent inutile.

Mourad, d'intelligence avec l'ange El-Mohdy, était descendu vers Miniet, et de là avait traversé le Fayoum pour rejoindre les Arabes, que l'ange avait envoyés à la hauteur des Pyramides, et contre lesquels le général Davoust avait marché. Ainsi, Mourad laissait la Haute-Egypte au général Desaix, qui put dès ce moment jouir des fruits de sa conquête.

La position de Bonaparte, depuis son retour au Caire, devenait de plus en plus difficile. La Haute-Egypte était pacifiée, il est vrai, grâce aux sages dispositions de Desaix, mais la Basse-Egypte était en feu.

On publiait déjà partout que le capitan-pacha allait amener de Rodhes quinze à dix-huit mille hommes formant l'aile gauche d'une armée innombrable, conduite par le grand-visir lui-même, qui s'avançait par la Syrie.

On avait laissé 600 hommes au fort d'El-Arisch, commandés par l'adjudant-général Cambise; 600 hommes gardaient le poste de Catieh sous les ordres du général Junot.

Kléber fut chargé de la défense de toute la côte depuis El-Arisch jusqu'à Alexandrie, dont Marmont était commandant depuis que Kléber avait quitté cette ville en janvier précédent. Reynier reprit le commandement de la Charkié depuis le Caire et Suez jusqu'à Catieh. Enfin, le général Destaing, ayant laissé le commandement de la place du Caire au général Dugua, fut envoyé dans la province de Bahyreh à la poursuite des restes du rassemblement de l'ange El-Mohdy, qui conservait encore un caractère inquiétant, tandis que celui que l'émir Hadjy avait laissé sur la branche de Damiette était dissipé depuis longtemps.

Les Arabes ainsi que les mamelouks savaient exactement quel était le premier point qui allait être attaqué, et ils avaient pour instruction spéciale de s'attacher à la branche de Rosette pour arrêter et détruire tous les convois et munitions destinés à la défense de cette partie de la côte. De son côté, Bonaparte, qui prévoyait que le débarquement des troupes du capitan-pacha aurait lieu entre Rosette et Alexandrie, envoya, le 19 juin 1799, le général de division d'artillerie Dammartin pour armer les forts en toute hâte. Ce général descendit le fleuve sur la felouque *le Nil*, armée de canons et escortée de 65 hommes. La navigation était alors très-difficile à cause de la baisse des eaux, et les marins ne pouvaient maîtriser la manœuvre. Rencontré le 20 par un parti de quatre à cinq mille Arabes, le général eut à soutenir contre eux, pendant plusieurs heures, le combat le plus acharné; 10 hommes tués, 45 blessés, et seulement 10 hommes en état de se battre, lui faisaient prévoir l'issue malheureuse du combat. Lui-même avait reçu quatre blessures, et les Arabes, qui s'étaient jetés dans l'eau, l'entouraient et menaçaient de prendre le bâtiment à l'abordage. L'intrépide général, réunissant ses forces et ne voulant point tomber vivant entre les mains de l'ennemi, tenait un pistolet armé sur la soute aux poudres, dans l'intention de faire sauter la felouque au moment où les Arabes s'en rendraient maîtres; mais les dix braves qui lui restaient soutinrent le combat, et parvinrent à le prolonger jusqu'à la nuit. Les musulmans ne se battent ou du moins n'attaquent que de jour; ainsi, par leur courage opiniâtre, les Français furent dégagés et délivrés de ces terribles assaillants. Ils descendirent à Rosette; mais quelques jours après, le général y mourut de ses blessures.

Le 11 juillet au matin, on vit paraître à Alexandrie ce fameux armement que les Egyptiens attendaient avec une si grande impatience : 76 bâtiments, dont 12 de guerre, vinrent arborer pavillon ottoman et firent route à l'est. Le général Marmont expédia aussitôt plusieurs courriers au Caire pour annoncer cette apparition au général en chef. Il ordonna en même temps au commandant de Ramanieh de lui envoyer toutes les troupes disponibles, et il renforça de 200 hommes le poste d'Aboukir. Le chef de bataillon Godard, commandant de ce poste, lui écrivit à quatre heures du soir que la flotte turque était mouillée dans la rade, et que, s'il était attaqué, on pouvait compter qu'il se défendrait à outrance. A cinq heures, 15 nouveaux bâtiments venant de l'ouest passèrent encore devant Alexandrie, et allèrent rejoindre la flotte.

Les 12 et 13 juillet furent encore employés à attendre quelques bâtiments en retard, et le 13 au soir ils étaient réunis au nombre de 113, dont 13 vaisseaux de 74, 9 frégates, 17 chaloupes canonnières, et le reste formant le convoi des transports.

Dans la journée du 14 juillet, le général Destaing, après avoir dispersé les Arabes de la Bahireh et empêché leur réunion avec Mourad, arriva à Alexandrie avec 600 hommes. Aussitôt le général Marmont prit la résolution d'aller s'opposer au débarquement des Turcs. Il partit en effet à dix heures du soir, avec 1,200 hommes et 5 pièces de canon; mais à peine eut-il fait deux lieues, qu'un exprès du commandant d'Aboukir lui annonça que le débarquement avait été effectué dans la journée. A cette nouvelle Marmont rentra dans Alexandrie.

Le lendemain 15 juillet, à la pointe du jour, on entendit de cette ville une vive canonnade entre le fort et les chaloupes canonnières. Attaqués à la fois par mer, et investis du côté de la terre par les troupes débarquées la veille, les 300 hommes qui composaient toute la garnison avaient juré de se défendre et de s'ensevelir sous les ruines plutôt que de se rendre.

Le fort d'Aboukir, situé à l'extrémité d'une presqu'île, sur un rocher d'un accès difficile par mer, était défendu vers la terre par une redoute placée à l'origine de la presqu'île. Le commandant Godard laissa 35 hommes dans le fort, sous le commandement du chef de bataillon du génie Vinache, et alla s'établir dans la redoute avec 265 hommes. Depuis le matin il se battit avec un acharnement inouï, et peut-être eût-il fait renoncer les Turcs à cette attaque, sans un événement imprévu qui fut la cause de sa perte. Vers quatre heures du soir, le caisson qui contenait ses poudres prit feu et le priva de toutes ses munitions. Les Turcs profitèrent aussitôt de cette circonstance et montèrent à l'assaut; les Français ne pouvant plus se défendre, la redoute fut prise, et tout ce qui s'y trouva, égorgé.

Le fort n'avait plus de ressources ; cependant il soutint un siége de deux jours, au bout desquels le commandant Vinache, voyant qu'il n'était point secouru et que les chaloupes commençaient à le bombarder, capitula, et fut fait prisonnier avec sa petite garnison de 35 hommes. Les Turcs étaient si altérés de vengeance, que, lorsqu'ils prirent possession du fort, ils voulaient, malgré la capitulation, massacrer les 35 Français, sous prétexte de représailles. Heureusement, l'activité et la fermeté d'un émigré français au service des Anglais les sauvèrent.

Dès ce moment on s'attendait à voir l'armée turque paraître et camper sous les murs d'Alexandrie, si toutefois elle n'y était pas entrée sur-le-champ, car on n'avait encore commencé aucune des fortifications projetées pour sa défense, et sa garnison offrait alors une bien faible ressource. Dix-huit cents hommes de troupes de ligne, et 1,200 marins qu'on avait armés à la hâte, auraient eu à combattre à la fois une population dès longtemps reconnue turbulente et vindicative, et une armée nombreuse. Avec un général entreprenant, c'en était fait d'Alexandrie ; mais heureusement les ennemis qui la menaçaient n'étaient que des Turcs, et leur chef un homme peu expérimenté dans l'art de la guerre.

Leur armée de terre, loin de chercher à attaquer, ne pensait encore qu'à se défendre. Elle avait tracé, à gauche de la redoute, une grande ligne de retranchements appuyée sur la gauche au lac Mahaddie, et elle ne voulait tenter aucune opération avant de s'être assuré de cet établissement.

Enfin, le 20 juillet, on reçut à Alexandrie trois courriers du général en chef. Sorti du Kaire pour couper la retraite à Mourad, alors chassé de la Bahireh, où il avait été attiré par le rassemblement des Arabes et par l'expectative du débarquement des Turcs, Bonaparte était aux Pyramides lorsqu'il reçut les premiers courriers du général Marmont. A l'instant, et sans rentrer au Kaire, il expédia des ordres à toutes les divisions de l'armée. Il chargea Kléber de venir sur-le-champ occuper Rosette, où se trouvait un grand parc d'artillerie. Il partit lui-même le 15 juillet des Pyramides avec toutes les troupes disponibles au Kaire, et arriva à Rahmanieh le 19 juillet. Le 20, le mouvement était déjà déterminé, et partant de Béda, village sur le canal, chaque corps alla occuper le poste qui lui était assigné.

Le général Bonaparte arriva à Alexandrie le 23 à dix heures et demie du soir, et fit aussitôt la visite des forts. Rentré chez lui, il eut une vive conférence avec le commandant Marmont, à qui il reprocha d'une manière assez dure de ne s'être point opposé au débarquement et d'avoir laissé sacrifier une brave garnison. Il se promenait à grands pas dans sa chambre, à demi-vêtu, pendant que Marmont, suivant tous ses pas, essayait de se justifier. Il lui représentait que les Turcs étaient débarqués au nombre de 15,000, tandis que lui n'avait que 1,200 hommes. « Eh ! avec vos 1,200 hommes, lui dit-il, je serais allé jusqu'à Constantinople ! »

Le lendemain, 24 juillet, après avoir fait toutes ses dispositions, Bonaparte sortit d'Alexandrie vers les trois heures après midi, et alla camper près une petite ruine sur le bord de la mer, connue sous le nom de Château de César.

Enfin, le 25 juillet, à sept heures du matin, l'ordre pour l'attaque fut donné. Les 2 demi-brigades, la 18e et la 32e, composaient l'aile gauche, commandée par les généraux Lanusse, Destaing et Fugières. Le général Lannes avec sa division formait l'aile droite, et marchait le long du lac de Mahaddié. La cavalerie, commandée par le général Murat, était au centre et en avant.

L'action s'engagea par la gauche, le long de la mer, et la première ligne de retranchement en avant de la redoute fut emportée avec une ardeur irrésistible. Les Turcs poursuivis se réfugièrent alors dans cette redoute, qui attira toute l'attention. Les soldats de la 18e voulurent à l'envi la prendre d'assaut ; mais ils éprouvèrent une résistance qui les obligea de se replier pour mieux combiner leur attaque. Les Turcs prirent ce mouvement pour le signal de la défaite des Français, et sortirent à l'instant de la redoute pour les poursuivre. Les 2 demi-brigades étonnées perdirent leur avantage, et furent repoussées jusque sur le quartier-général. Bonaparte eut un moment d'inquiétude ; il voyait la ligne rompue, et il fut sur le point d'ordonner la retraite sur Alexandrie. Il courut même dans ce désordre un très-grand danger : un caisson de gargousses prit feu à côté de lui, son habit fut brûlé, mais il n'eut aucun mal. Heureusement la présence d'esprit d'un homme sauva l'armée et ramena la victoire.

Les Turcs, sortis tous de la redoute à la poursuite de l'aile gauche des Français, s'amusaient à couper les têtes des morts et des blessés qu'ils rencontraient. L'adjudant général Roize, chef d'état-major de la cavalerie, aperçut le premier cette faute des Turcs, et proposa aussitôt au général Murat de se précipiter dans la redoute et de s'en emparer. Murat saisit cette idée avec empressement, et à l'instant la cavalerie française se porta avec rapidité entre la redoute et la mer, pendant qu'une partie entra dans les retranchements. Elle fut bientôt secondée par l'aile droite, qui s'ébranla et attaqua la gauche de l'ennemi.

Les Turcs se voyant coupés, abandonnèrent la poursuite de l'aile gauche des Français, mais ils se trouvèrent entre deux feux. La 18e et la 32e se rallièrent et reprirent à leur tour l'offensive ; elles les pressèrent et les acculèrent entre la mer et la cavalerie. Le carnage fut horrible, et ces malheureux, qui ignoraient jusqu'aux lois les plus sacrées de la guerre, ne pensèrent pas même à se constituer prisonniers. On fut obligé de les massacrer et de les jeter dans la mer, où la cavalerie les poursuivit jusqu'à ce qu'elle les vit tous noyés.

Aussitôt Murat attaqua et força le village situé entre la redoute et le fort.

Le général Lannes avança sur la seconde ligne, qui fut emportée avec plus de facilité encore que la première ; tout fut culbuté, tout fut pris ; le camp entier des Turcs devint la proie du soldat. Murat pénétra lui-même jusqu'à la tente de Séïd-Mustapha, pacha de Romélie, commandant cette expédition, et courut à lui pour en faire son prisonnier ; celui-ci alla à sa rencontre, et à l'instant où le général français venait pour l'arrêter, Mustapha lui tira un coup de pistolet dont la balle l'atteignit au-dessous de la mâchoire inférieure, mais ne le blessa que légèrement. Murat, d'un coup de sabre, lui abattit deux doigts de la main droite, et, le faisant saisir par deux soldats, l'envoya au quartier-général.

Cependant le fort d'Aboukir, où 6,000 hommes du camp s'étaient réfugiés, résistait, et, malgré la sommation qui lui fut faite le 26 juillet, la garnison refusa absolument de se rendre. La terreur et le désespoir lui firent prendre la résolution de pousser sa défense jusqu'à la dernière extrémité. On fut donc obligé d'établir des batteries pour commencer le bombardement. Le général Lannes fut chargé du siége ; mais, ayant été blessé le 10, ce commandement fut remis au général Menou.

Sans eau, sans vivres ni munitions, les assiégés avaient avec eux des femmes et des chevaux. Ils renvoyèrent d'abord les premières, dont les soldats français s'emparèrent à leur sortie du fort, malgré la fusillade qu'ils essuyaient des Turcs ; ceux-ci lâchèrent bientôt après leurs chevaux, qu'ils ne pouvaient plus nourrir assez longtemps pour pouvoir les manger. Leur escadre tenta quelques efforts pour les secourir, mais ce fut inutilement. Des chaloupes étaient parvenues à débarquer du canon de gros calibre ; mais, à peine ces pièces furent-elles à terre, qu'elles tombèrent entre les mains des Français. On en remarqua deux de bronze doré que le roi d'Angleterre avait données au Grand-Seigneur ; le général en chef en fit présent à Murat, et voulut que l'on y gravât le nom de ce général.

L'établissement des batteries de bombardement fut quelque temps contrarié par un feu croisé de quinze chaloupes canonnières qui étaient venues manœuvrer des deux côtés de la presqu'île ; mais ces chaloupes, et une frégate turque mouillée près du fort, ayant éprouvé les premiers effets des batteries, se virent obligées de reprendre le large et d'abandonner les Turcs.

Ceux-ci, se voyant alors sans espérance de secours, tentèrent des sorties dans lesquelles, se battant en désespérés, ils ne perdaient jamais moins de deux à trois cents hommes ; ils furent même tellement poussés dans une de ces sorties, qu'ils furent jetés dans la mer et noyés au nombre de 1,500.

Enfin le fort, endommagé par les bombes, s'écroulait de toutes parts ; 1,500 hommes, déjà ensevelis sous ses ruines, faisaient de ce lieu un horrible charnier. Les 3,000 hommes restant éprouvaient toutes les souffrances de la faim et de la soif, lorsqu'ils se déterminèrent à implorer la clémence du vainqueur. Le 2 août, le fils du pacha sortit à la tête de cette bande de spectres effroyables, qui, jetant leurs armes çà et là, tombèrent aux genoux des Français. Ainsi finit cette menaçante expédition, dont le résultat ne dut pas inspirer au visir une grande confiance dans son habileté, mais qui lui fit redoubler d'activité pour réparer son échec.

Bonaparte était rentré à Alexandrie le 27 juillet avec le pacha prisonnier, qu'il envoya sur-le-champ au Caire, afin que les Egyptiens ne pussent pas révoquer en doute l'anéantissement total de l'armée ottomane, et il fit partir, le 16 août, l'aviso *l'Osiris* pour porter ces nouvelles en France.

Le pacha lui avait donné des détails sur ce qui se passait en Europe; mais cet homme, peu versé dans la connaissance des affaires, ne pouvait entièrement satisfaire sa curiosité.

Il résultait de ces rapports que les succès des armées alliées contre la France avaient toujours continué depuis les dernières nouvelles que Bonaparte avait reçues devant Acre. Impatient d'acquérir de nouvelles lumières sur ce point, le général en chef saisit l'occasion de l'échange des prisonniers faits au fort d'Aboukir, et il chargea son aide-de-camp Merlin et le jeune Descorches, officier de marine, d'aller porter ses propositions à l'ennemi. Dans le même moment, on vit arriver l'officier de génie Vinache, que les Anglais envoyaient sur sa parole avec la même mission, ce qui amena de fréquentes communications, dans lesquelles le secrétaire Smith se rendit auprès de Bonaparte avec les journaux anglais jusqu'au 10 juin.

Le 5 août, la croisière anglaise, composée des vaisseaux *le Tigre* et *le Thésée*, la frégate *l'Alliance* et deux chébecks, se sépara de l'escadre turque, qui abandonna les parages de l'Egypte et alla mouiller dans le port de Jaffa.

De retour à Alexandrie depuis le 31 juillet, Bonaparte adressa à toute l'armée un ordre du jour dont l'étendue ne nous permet que de donner un extrait rapide; il produisit sur elle une impression d'autant plus profonde, qu'il lui présageait comme prochain le retour dans la patrie.

« Soldats! y disait le général, la journée du 7 thermidor a rendu le nom d'Aboukir glorieux à tous les Français; la victoire que l'armée vient de remporter accélère son retour en France, etc., etc. »

Les vainqueurs, en effet, s'épuisaient à travers tant de combats et de triomphes, et Bonaparte, averti par les résultats de la campagne de Syrie, comme par les soulèvements populaires de l'Egypte, des difficultés qu'il aurait à surmonter pour établir aux rives du Nil une domination durable, et y accomplir les hautes destinées auxquelles il se sentait appelé, tourna sérieusement ses regards vers la France.

Bonaparte connaît son affreuse position; il a reçu de son frère Joseph l'avis de la mésintelligence du Directoire avec les deux conseils, et, en outre, la lettre suivante :

Paris, le 7 prairial an 7 (26 mai 1799).

« Au général Bonaparte, commandant en chef l'armée d'Orient.

« Les efforts extraordinaires, citoyen général, que l'Autriche et la Russie viennent de déployer, la tournure sérieuse et presque alarmante que la guerre a prise, exigent que la République concentre ses forces. Le Directoire vient, en conséquence, d'ordonner à l'amiral Bruix d'employer tous les moyens qui sont en son pouvoir pour se rendre maître de la Méditerranée et pour se porter en Egypte, à l'effet de ramener l'armée que vous commandez. Il est chargé de se concerter avec vous sur les moyens à prendre pour l'embarquement et le transport. Vous jugerez, citoyen général, si vous pouvez avec sécurité laisser en Egypte une partie de vos forces; et le Directoire vous autorise, dans ce cas, à en confier le commandement à qui vous jugerez convenable.

« Le Directoire vous verrait avec plaisir ramené à la tête des armées de la République, que vous avez, jusqu'à présent, si glorieusement commandées.

« *Signé* : TREILHARD, LA RÉVEILLÈRE LÉPAUX et BARRAS. »

Dès lors, Bonaparte se décida à retourner en Europe et à braver les périls d'une traversée hasardeuse. Prétextant une tournée qu'il voulait faire dans le Delta, afin d'y examiner les canaux et de faire procéder aux réparations dont ils avaient besoin, il partit du Caire le 18 août, accompagné des généraux Berthier, Lannes, Murat, Marmont et Andréossi, des savants Monge, Berthollet et Denon, et de 250 guides commandés par le général Bessières. Arrivé à Alexandrie le 21, il écrivit au général Kléber pour lui remettre le commandement de l'armée et lui donner toutes les instructions nécessaires.

En même temps, il écrivit en ces termes au divan d'Egypte :

« Ayant été instruit que mon escadre était prête et qu'une armée formidable était embarquée dessus; convaincu, comme je l'ai dit plusieurs fois, que tant que je ne frapperai pas un coup qui écrase à la fois tous mes ennemis, je ne pourrai pas jouir tranquillement et paisiblement de la possession de l'Egypte, la plus belle contrée du monde, j'ai pris le parti d'aller me mettre moi-même à la tête de mes vaisseaux, en laissant, pendant mon absence, le commandement au général Kléber, homme d'un mérite distingué, et auquel j'ai recommandé d'avoir pour les ulémas et les scheicks la même amitié que moi. Faites ce qui vous sera possible pour que le peuple d'Egypte ait en lui la même confiance qu'il avait en moi, et qu'à mon retour, qui sera dans deux ou trois mois, je sois content du peuple d'Egypte, et que je n'aie que des louanges et des récompenses à donner aux scheicks. »

Enfin, il chargea Kléber de faire publier la proclamation suivante, qu'il adressait à l'armée pour lui apprendre son départ :

« Soldats ! des nouvelles de l'Europe m'ont décidé à partir pour la France. Je laisse le commandement de l'armée au général Kléber ; l'armée aura bientôt de mes nouvelles : je ne puis en dire davantage. Il me coûte de quitter des soldats auxquels je suis le plus attaché, mais ce ne sera que momentanément ; et le général que je leur laisse a la confiance du gouvernement et la mienne. »

Deux frégates, *le Muiron* et *la Carrère*, échappées au désastre d'Aboukir, ayant été secrètement préparées pour recevoir Bonaparte et sa suite, il s'embarqua, sur le premier, presque en vue d'une corvette anglaise, le 23 août, au point du jour, accompagné de son secrétaire Bourienne, de son aide-de-camp Lavalette, du contre-amiral Gauteaume, des généraux Berthier et Andréossi, et des savants Monge et Bertholet ; sur l'autre frégate se trouvaient le chef de division Dumanoir, les généraux Lannes, Murat et Marmont.

L'apparition d'un bâtiment anglais inspira de vives inquiétudes à ses compagnons de voyage. On tremblait d'être surpris ; on voulait rentrer à Alexandrie. « Ne craignez rien, dit Bonaparte, nous passerons ; la fortune ne nous trahira pas ; nous arriverons en dépit des Anglais. » En effet, le 8 septembre, après trente-six jours de navigation, les deux frégates arrivèrent en vue de l'île de Corse ; elles mouillèrent au 1er octobre dans le port d'Ajaccio et en partirent le 7 du même mois. Bonaparte avait fait prendre à la remorque du *Muiron* une felouque portant de vigoureux rameurs, à l'aide de laquelle, en cas de rencontre d'une croisière anglaise, il espérait pouvoir gagner les côtes de France. Le 8, au soir, on fut en vue de ces côtes ; mais, en même temps, on signalait au large plusieurs voiles que l'on croyait ennemies. Ganteaume proposa de retourner en Corse : « Non ! s'écria Bonaparte ; cette manœuvre nous conduirait en Angleterre, et c'est en France que je veux arriver. » Ce n'était qu'une fausse alarme : on ne fut point attaqué, et le lendemain, 9 octobre, Bonaparte et tous ceux qui l'accompagnaient débarquaient à Fréjus.

CHAPITRE II.

Guerre avec Naples. — Invasion des États romains par les Napolitains. — Reprise de Rome. — Attaque de Capoue. — Insurrection des lazaroni. — Prise de Naples. — Deuxième coalition. — Opérations sur le Rhin et le Danube. — Opérations en Italie, en Helvétie, en Hollande. — Batailles de Stockach, de Magnano, de Cassano, de la Trebia, de Novi, de Fassano, de Bergen, d'Alkmaar et de Zurich. — Fin de la campagne. — Assassinat des plénipotentiaires français à Rastadt.

L'Angleterre, depuis le traité de Campo-Formio, était la seule des puissances européennes qui n'eût point cessé de rester armée contre la République française. Toute l'Italie, jusqu'aux rives de l'Adige, reconnaissait nos lois. Mais, à la nouvelle du désastre d'Aboukir, on nous crut perdus et l'on vit aussitôt se réveiller les espérances et les complots des ennemis de la République. Les petites passions, qui décident si souvent des plus grands intérêts, se plaisaient à exagérer un succès, en le rendant plus brillant encore par l'importance qu'on y mettait. « L'élite de l'armée française était séparée sans retour du continent, son chef relégué dans un exil dont rien ne pouvait le retirer. La cour de Naples combla Nelson d'honneurs et de présents; l'Autriche s'était préparée à la guerre; la Russie faisait marcher en Italie 150,000 hommes aux ordres du fameux Souvarof, dont le nom devait être la terreur des révolutions, d'après l'exemple qu'il avait fait des Polonais de Varsovie; une seconde coalition était liée, et le Directoire n'y voyait que les embarras d'une guerre et les dangers éloignés, qu'il craignait moins pour son autorité que les dangers prochains d'une paix générale; Rastadt était devenu le centre de toutes les intrigues diplomatiques, et il était d'autant plus aisé d'y prolonger les négociations, que tel était le vœu secret des partis opposés; les conclusum de la diète s'y faisaient attendre, et le Directoire français n'était pas impatient de les voir publier; tous les gouvernements feignaient de vouloir la paix pour apaiser leurs peuples, et tous les gouvernements voulaient la guerre pour les dominer plus sûrement. Chacun attendait l'occasion d'une rupture, et le plus désireux de la rendre inévitable l'effectua.

Toutes les cours de l'Europe étaient jeunes à cette époque, et l'on n'a peut-être pas assez remarqué combien, dans le système du pouvoir héréditaire, les conseils d'état participent de l'âge des souverains. La légèreté, la présomption, l'exaltation incalculée, la précipitation dans les entreprises, et l'abattement dans les revers, tous ces défauts de l'enfance sont contagieux du maître aux conseillers-courtisans qui le flattent au lieu de le servir. On se hâta de croire que les destinées de la France allaient changer, et que la fortune était lasse de lui être favorable; que le temps était venu de se venger, et que la victoire de Nelson en était le signal. La cour de Naples, dirigée par les passions d'une jeune princesse, releva la première ses étendards abattus, fit venir un général autrichien, Mack, qui se rendit garant des victoires que l'on célébrait déjà. L'Autriche redoubla d'efforts pour une nouvelle guerre; la Russie pressa l'envoi de ses bataillons; la Toscane, sans se déclarer hautement, accéléra des préparatifs qui motivèrent la déclaration de guerre que lui fit bientôt le Directoire français; et le roi de Sardaigne, oubliant qu'il n'avait plus que son titre à perdre, se pressa de se ranger dans la nouvelle coalition. La Prusse seule conservait sa neutralité; Sieyes y était ambassadeur, et sut y maintenir l'état des choses conforme aux intérêts de son pays. Sa simplicité républicaine y contrastait avec le faste de l'ambassadeur russe Repnin. « Qu'auriez-vous fait, disait un ministre prussien à Sieyes, si nous fussions entrés dans la nouvelle coalition? » Il répondit : « Nous eussions donné quelques congés de moins dans nos armées. » Le Directoire, de son côté, crut, après un échec, devoir hausser ses prétentions. Chaque concession des plénipotentiaires impériaux à Rastadt était le motif d'une nouvelle demande. On voulut la rive gauche du Rhin, puis des postes militaires sur la rive droite; on s'efforçait de couvrir ainsi la détresse intérieure d'un gouvernement qui, voulant être absolu, s'isolait de ses appuis et se réduisait à se faire craindre. L'ambassadeur français avait été insulté à Vienne dans une émeute populaire, et des conférences s'étaient ouvertes à Seltz à ce sujet; le Directoire les rompit. Après de longs délais, les Etats-Unis de l'Amérique furent obligés d'interdire toute relation commerciale avec la France, et le général Washington reprit le commandement de leur armée. D'autorité on changeait les membres élus dans les nouvelles républiques italiennes. Le mécontentement y provoqua des insurrections partielles, qu'il fallut ensuite réprimer par des actes de rigueur; et en même temps l'Angleterre déclarait la guerre à *tous les Etats d'Italie, ouvertement influencés dans leur gouvernement par les Français*. Le Divan de Constantinople déclarait la guerre à la France, et les escadres turques étaient étonnées de voguer de conserve avec la flotte russe, qu'on avait saluée de cris de joie au passage des Dardanelles. Cet armement était destiné contre l'Egypte, car toute l'éloquence diplomatique des ministres républicains n'avait pu persuader aux Ottomans que c'était pour leur intérêt qu'on conquérait l'Egypte sur les mamelouks, et que si le commerce de l'Inde reprenait son ancienne route par l'isthme de Suez, les premiers avantages seraient pour eux. A tous ces ennemis coalisés, le Directoire opposait une levée de 200,000 *jeunes gens;* et cette mesure occasionna des troubles et des émeutes dans les départements nouvellement réunis sur le Rhin, et dans les Pays-

Bas, à Malines et à Louvain(1). Le congrès de Rastadt retentissait des réclamations officielles contre la marche et la réunion des armées républicaines; l'Autriche en prenait acte pour faire avancer aussi ses armées; et bientôt le lieu des séances du congrès pacificateur fut le seul point de neutralité qui sépara les nations ennemies. Cet état violent pouvait d'autant moins durer, que les gouvernements n'y voyaient et n'y désiraient qu'un moyen de recommencer la guerre. Les généraux étaient déjà à la tête de leurs armées, Jourdan sur le Rhin, Brune en Hollande, et en Italie le jeune Joubert, dont une politique secrète préparait les destinées, et que les chances de la guerre enlevèrent à la politique.

Le roi de Naples se déclara le premier, par une sommation que son capitaine-général Mack fit à Championnet, qui commandait la République romaine. Cette injonction, assez hautaine, lui prescrivait d'évacuer le territoire de Rome; 70,000 Napolitains soutenaient cette démarche. Championnet répondit en rassemblant ses troupes. Deux attaques des Napolitains contre les généraux Lemoine et Rusca furent repoussées, malgré l'inégalité du nombre, les Français n'ayant ni cavalerie ni canon. Ce premier échec découragea beaucoup l'armée napolitaine et commença à altérer la confiance qu'on avait en son nouveau général. Cependant Championnet, qui n'avait à sa disposition que quinze à dix-huit mille hommes, et qui ne connaissait pas encore assez la disproportion entre le nombre de ses ennemis et leurs moyens d'en faire usage, résolut de se rapprocher des frontières de

(1) Le Directoire, connaissant les dispositions de l'Europe, et voyant les nouveaux dangers auxquels la République allait être exposée, s'empressa de réclamer un mode de recrutement pour remplir les cadres des régiments qui étaient fort diminués par les congés accordés et par les désertions. Sur le rapport de Jourdan, devenu membre du Corps législatif aux élections de l'an 5, une loi sur la conscription militaire fut décrétée le 19 fructidor (21 août). Cette loi, qui eut des suites incalculables, comprenait tous les Français en état de porter les armes, depuis vingt ans accomplis jusqu'à vingt-cinq révolus. Les jeunes gens étaient divisés en cinq classes, mais les moins âgés dans chaque classe devaient toujours être les premiers appelés pour rejoindre leurs drapeaux. Le gouvernement pouvait délivrer des congés; mais si la patrie était déclarée en danger, tous les Français étaient appelés à sa défense, même ceux congédiés. Nul Français, ayant été ou étant sujet à la conscription, ne pouvait exercer ses droits de citoyen dans aucune assemblée politique, ni remplir aucune fonction publique, aucune place salariée des deniers de la République, ni recueillir une succession soit en ligne directe, soit en ligne collatérale, ni recevoir directement ou indirectement aucun legs, pension, donation, institution ou autre avantage de quelque nature qu'il soit, qu'en rapportant un extrait authentique de sa conscription, un certificat des administrations municipale et centrale de son département, constatant qu'il n'a pas été appelé pour être mis en activité, ou un certificat du conseil d'administration de son corps, prouvant cette activité, ou un congé absolu, ou enfin une dispense légale de service. Comme la France n'avait, à cette époque, que cent soixante-dix à cent quatre-vingt mille hommes disponibles, les conseils ordonnèrent la mise en activité de deux cent mille défenseurs conscrits.

la République cisalpine. Les différents corps de son armée exécutèrent cette retraite devant des forces presque décuples ; alors le roi de Naples et son général entrèrent dans Rome. Tout ce qui avait pris parti pour les Français les avait suivis, et toutes choses y furent rétablies selon les anciennes formes de gouvernement. L'intervalle que la retraite des Français avait mis entre eux et l'ennemi fut quelque temps une barrière qu'il n'osa entreprendre de franchir; enfin, Mack se détermina à marcher, avec une partie de son armée, pour faire une tentative sur la Toscane et sur l'aile droite de l'armée française. Cette aile n'était que de 6,000 hommes, et sur tous les points d'attaque 30,000 Napolitains furent repoussés et battus : on put calculer alors que la force d'opinion n'est pas moins puissante à la guerre que dans les discussions civiles. La terreur des armes françaises, le bruit de leurs exploits, avaient plus encore frappé les imaginations et troublé les esprits, qu'ils n'avaient glacé les courages : 6,000 Français firent, dans ces différentes actions, plus du double de prisonniers : dans leur retraite précipitée, les colonnes napolitaines se laissèrent tourner et couper par des corps très-inférieurs. Le seul général Roger-Damas, émigré français, soutint l'honneur du nom, fit sa retraite en bon ordre, et ramena ses troupes, ce que le général n'espérait plus ; il fut bientôt obligé d'évacuer Rome et son territoire. Championnet y rentra, et reprit l'offensive ; le château Saint-Ange n'avait pas capitulé au milieu de l'armée napolitaine, et la garnison avait forcé de la respecter, en menaçant de son artillerie la ville entière. Mack, dans sa retraite, essaya de prendre une position défensive derrière le Teverone ; mais, cerné de tous côtés par les colonnes françaises, conduites par les généraux Macdonald, Lemoine, Rey, il vit prendre autour de lui les villes d'Arpino, Aquila, Gaëte, et réunir devant Capoue ces colonnes victorieuses, qui venaient le poursuivre dans son camp retranché ; il demanda alors un armistice ; Championnet avait un intérêt pressant pour l'accorder : des soulèvements dans les pays qu'il avait laissés derrière lui l'inquiétaient sur le sort de deux divisions qui y restaient engagées. Les paysans attroupés avaient attaqué des postes isolés ; tout était en armes, et tous les Français trouvés loin de leur corps étaient massacrés. Les généraux Duhesme et Lemoine se dégagèrent habilement, et Championnet sut mettre cet intervalle à profit pour activer des correspondances qu'il entretenait dans la ville de Naples, où les Français avaient un parti. Par un contraste assez singulier avec ce qui se passait dans toutes les cours de l'Europe, celle de Naples offrait le spectacle d'un roi plus que démocrate, et d'une noblesse républicaine. Ferdinand IV s'était fait le chef, le patron de cette classe de prolétaires, qui sont connus à Naples sous le nom de *lazaroni*, presque tous pêcheurs nomades, peuplant les portiques des palais et les places publiques, ne connaissant de besoin que la seule nourriture, vêtus d'une chemise et d'un caleçon de toile, gagnant en deux jours la subsistance nécessaire pour une semaine, et passant le reste à vivre et à ne rien faire. Leur insouciante indépendance les rend redoutables dans les troubles civils, et souvent ils ont fait trembler l'opulence et même l'autorité. En s'associant à leurs fêtes, à leurs occupations, le roi se les était attachés, mais avait éloigné de lui toutes les classes de la société qui n'étaient pas lazaroni. La noblesse surtout rougissait d'un tel maître : les hauteurs choquantes de la reine, la légèreté de son caractère, à la fois inconsidéré et entreprenant, avaient formé un parti de mécontents qui attendait les Français, et leur assurait des auxiliaires s'ils se présentaient devant Naples. Tout était prêt pour produire une explosion. A la première étincelle elle partit du camp même de l'armée napolitaine. Une des conditions de l'armistice accepté par Championnet était que le roi de Naples paierait une somme de 10 millions; un commissaire français vint les réclamer. Les lazaroni, indignés, l'attaquent; on eut peine à le soustraire à leur fureur, et dans le débat un des lazaroni fut tué; aussitôt ils s'assemblent, s'arment, se portent au camp, reprochent aux soldats leur lâcheté. Mack, obligé de fuir, cherche un asile dans le camp des Français. Une partie de ses soldats se disperse, l'autre se mêle aux lazaroni, et se prépare avec eux à défendre la ville.

Les grands de Naples s'étaient ménagé des appuis dans la garnison; ils se rendirent maîtres ainsi des postes dominants et du fort Saint-Elme; mais les lazaroni, maîtres des rues et des places publiques, faisaient trembler les citoyens dans leurs maisons, et surtout les riches dans leurs palais; plusieurs furent pillés, et les habitants attendaient les Français comme des libérateurs désirés. Championnet s'approcha de la ville; 60,000 lazaroni en défendaient les portes : on voulut parlementer avec leur chef; ils tirèrent sur le parlementaire; alors le général ordonna l'assaut, que les soldats demandaient : il fut terrible; d'un côté, le courage féroce d'une multitude furieuse, qui s'armait des plus saints motifs, *liberté, patrie, religion;* de l'autre, la valeur disciplinée opposant partout l'ordre et le sang-froid aux masses inorganisées, mais guidées par la rage et le désespoir. L'artillerie les foudroie, et la foule pressée remplissait les vides. Du haut des combles, ils en faisaient tomber les débris sur les bataillons français. Kellermann et Duhesme avaient emporté les forts par escalade; mais trois jours entiers les lazaroni défendirent toutes les issues dans la ville; leurs masses, refoulées par le canon, s'amoncelaient dans les places, et là, pour vaincre, il fallait massacrer : plus de la moitié périt; enfin, le quatrième jour on se parla; les lazaroni entendirent proclamer par les Français un miracle de saint Janvier. Dans toutes les crises où le sang coule, il est un moment de lassitude où chaque parti désire un prétexte pour en finir. Le plus habile donne ce prétexte et saisit l'à-propos. Cette pensée profonde appartient au capitaine qui, le plus souvent, l'a mise en pratique. Au nom de saint Janvier, les lazaroni consentent à céder. Le général français fait entourer l'église de Saint-Janvier d'une garde d'honneur et de tous les signes extérieurs d'adoration, et le tumulte cesse. Dès le commencement de ce tumulte, le roi, avec sa famille, s'était embarqué sans opposition, et s'était sauvé en Sicile, emmenant une partie de sa marine et brûlant le reste. Son gouvernement fut immédiatement remplacé, et l'on proclama la *République parthénopéenne*.

La déclaration de guerre du Directoire avait précédé de peu de jours cette proclamation. Une même dénonciation avait été en même temps faite au roi de Sardaigne, et cette campagne fut encore beaucoup plus courte. Le Directoire voulut bien s'étayer d'un prétexte ; on reprocha à Charles-Emmanuel d'avoir ordonné des levées de soldats dans son pays : des hostilités avec la République ligurienne en étaient le motif, vrai ou supposé. Déjà ce prince avait remis sa citadelle aux Français ; il croyait régner encore dans son palais ; le général Joubert y entra et lui signifia l'ordre de le quitter et de renoncer au Piémont ; il se retira en Toscane. A Turin, ainsi qu'à Naples, la noblesse s'était déclarée contre le roi, et le peuple était resté neutre et spectateur indifférent de la décision de son état politique. Les troupes piémontaises furent incorporées à l'armée, et le Piémont devint bientôt un des départements de la République. Bientôt aussi la Toscane fut envahie. Malgré sa neutralité, elle avait reçu des troupes napolitaines à Livourne ; et au point où les choses étaient venues, l'impérieuse raison d'état commandait : on savait que les armées russes étaient en marche pour se réunir aux armées autrichiennes ; il importait beaucoup de tenir toute l'Italie, et surtout de ne point avoir à regarder derrière soi en y laissant un souverain de la maison d'Autriche, au moment où l'on se disposait à marcher au-devant de ses armées avant qu'elles eussent reçu les grands renforts que lui envoyait la Russie.

Ainsi, au début de cette campagne, célèbre dans les annales militaires de la République, par les revers qu'elle essuya, les Français étaient maîtres de l'Italie avant que la seconde coalition eût ébranlé ses masses.

Pour occuper la ligne d'opération qui s'étendait de Naples au Danube, et dont le centre n'était plus couvert par la Suisse, qu'il fallait à la fois garder et défendre, des forces très-grandes auraient été nécessaires. Depuis Dusseldorff jusqu'au Danube, une armée d'observation, commandée par Bernadotte, et les garnisons, formaient environ 30,000 hommes ; l'armée de Jourdan, sur le Danube, 45,000 hommes ; en Helvétie, aux ordres de Masséna, et dans le Tyrol, sous Lecourbe, 50,000 hommes, y compris les Suisses auxiliaires ; la grande armée d'Italie de Schérer, environ 50,000 hommes, depuis le départ de l'armée d'Egypte ; sous les ordres de Macdonald, depuis la démission et l'arrestation de Championnet (1), à peu près 20,000 hommes.

(1) Lors de l'entrée des Français à Naples, de nombreuses exactions furent commises par les membres d'une commission avide nommée par le Directoire, et qui s'était déjà

Les armées autrichiennes, avant la jonction des Russes, étaient déjà supérieures en nombre, et surtout en artillerie.

Jourdan passa le Rhin à Strasbourg, et traversa les montagnes Noires sans opposition. Sa ligne s'étendit du lac de Constance au Danube. L'archiduc était dans une position parallèle, très-rapprochée dès l'ouverture de la campagne. Les armées étaient presque en présence : le plan était de tourner l'aile gauche par le pays des Grisons; Masséna passa le Rhin au-dessus du lac de Constance, enleva plusieurs postes et fut arrêté à celui de Feldkirch, que des attaques réitérées plusieurs jours de suite ne purent emporter. Ce retard rendit nécessairement la position de Jourdan stationnaire; et l'archiduc se rapprochant encore de lui, une action générale devenait inévitable. Jourdan, voulant garder l'offensive, fit attaquer, après la formalité usitée de faire signifier aux avant-postes que l'armistice était rompu. Jusque-là les corps avancés des deux armées s'étaient rencontrés sans s'attaquer. Le premier jour les avant-postes autrichiens furent repoussés; le lendemain l'archiduc attaqua le premier; l'aile gauche des Français fut tournée par des forces supérieures, et obligée d'abandonner ses positions. Ce mouvement rétrograde commanda celui de toute la ligne jusqu'au lac de Constance, et Jourdan reprit à Stockach une forte position, pour y attendre le succès des efforts que Masséna renouvelait encore contre le poste de Feldkirch; il conduisit lui-même cette dernière attaque, et n'ayant pu l'emporter, il repassa le Rhin, gardant un poste à Reinek, à l'embouchure de ce fleuve, dans le lac; alors l'archiduc, resserrant de plus en plus les positions de Jourdan, celui-ci se décida à tenter le sort d'une bataille générale, qui seule pouvait maintenir l'exécution du plan général : il disposa l'armée en trois colonnes; celle de droite, conduite par Férino, dut tourner la gauche de l'ennemi; celle du centre fut conduite par Jourdan, et celle de gauche, sous les ordres de Saint-Cyr, engagea l'action et repoussa d'abord la droite des Autrichiens jusqu'à un bois, d'où ils furent encore délogés; il était quatre heures du soir, et depuis cinq heures du matin l'action se soutenait à l'avantage des Français. Alors l'archiduc arriva avec des renforts tirés de sa gauche, mit pied à terre; marchant à la tête de ses grenadiers, il fit rattaquer le bois; et, « après un des plus furieux combats d'infanterie qui jamais aient été livrés, l'emporta. » Jourdan, forcé à la retraite, la fit peu de jours après par Schaffouse jusque sur le Rhin, à Bâle et à Huningue. Ce général se plaignit qu'une charge de cavalerie qu'il avait ordonnée au moment où l'archiduc affaiblissait son aile gauche, n'eût pas été exécutée.

signalée par ses spoliations à Rome. Championnet, indigné de ces excès, prit un arrêté qui chassait de Naples cette commission et ses agents; mais le Directoire, ombrageux comme il l'était, pour punir la désobéissance du général à ses ordres, le suspendit de ses fonctions et l'envoya devant un conseil de guerre. Son procès fut commencé à Grenoble; mais la révolution du 30 prairial an 7, qui survint et eut pour effet de ramener le gouvernement à la modération, détermina l'acquittement du général et le rendit à ses fonctions.

En même temps que Jourdan et Masséna s'étaient portés en avant sur le Danube et sur le Rhin, au-dessus de son embouchure dans le lac de Constance, le système combiné sur une ligne étendue avait exigé que l'intervalle qui séparait l'armée d'Helvétie de la grande armée d'Italie fût occupé. Là, vers les sources de l'Inn et de l'Adige, sont les naissances des grandes vallées que leurs courants ont creusées, et qui, tombant des mêmes sommets sur leurs flancs opposés au nord et au sud, ouvrent les chemins de l'Allemagne et de l'Italie : c'était sur ces sommets glacés que le soldat allait chercher ou donner la mort au milieu des précipices, qui la lui présentaient à chaque pas, où le guide exercé rassurait à peine le voyageur, et où le chasseur agile et intrépide ne marchait qu'avec crainte et avec des précautions. Les Autrichiens tenaient deux postes importants, à Glurentz et à Taufers ; les généraux Lecourbe et Casabianca devaient les attaquer de front. Le général Dessoles entreprit de les tourner par une marche ou plutôt par l'escalade d'un des nœuds les plus élevés de ces Alpes que les anciens appelaient *Alpes juliennes*, et que la langue tudesque a nommés le *Wormser-Joch*. Après avoir gravi ce pic glacé, le soldat, chargé de ses armes, descendit ou plutôt se laissa tomber de ces sommités élevées sur les postes qui gardaient les défilés.

La résistance, malgré l'étonnement, fut encore opiniâtre; mais les généraux Lecourbe et Loison ayant forcé deux autres positions sur la même ligne de défense, la déroute de l'ennemi devint générale, et tout fut abandonné au vainqueur. Ce point, qui devait être celui de la jonction des armées d'Allemagne et d'Italie, était en leur pouvoir, si les revers de ces deux armées n'eussent rendu tant d'efforts inutiles. L'armée d'Italie occupait tous les postes sur la rive droite de l'Adige, et l'armée autrichienne, sur la rive opposée, tenait les places de Vérone et de Porto-Legnago. Les colonnes russes qu'amenait Souvarof étaient attendues; et le mouvement général de toutes les armées, depuis le Rhin jusqu'à l'Adige, avait eu pour objet de prévenir cette importante jonction, et d'obtenir des avantages qui du moins en retardassent les effets. Le sort des armes en décida autrement. Les efforts combinés avaient donc été simultanés sur l'immense développement de cette ligne. Schérer commandait en chef, et Moreau avait fait preuve de docilité et de patriotisme, en servant sous ses ordres; une attaque énérale fut résolue : trois divisions, aux ordres de Moreau, durent passer l'Adige, tourner Vérone, tandis que Schérer attaquait ce poste de front, et tandis qu'une autre division, conduite par le général Serrurier, devait contenir la gauche des Autrichiens à Porto-Legnago. L'attaque de Moreau enleva d'abord tous les avant-postes autrichiens ; il passa l'Adige et prit position en avant de Vérone. Cette première journée fut à l'avantage des Français. Le lendemain, leurs attaques recommencèrent; mais la gauche des Autrichiens n'ayant pu être déposté, les divisions françaises de cette aile furent forcées de se replier sur Mantoue. Le jour suivant, les divisions de gauche, quoique victorieuses, furent obligées de se rallier au mouvement général et de repasser l'Adige. Kray, général en chef de l'armée autrichienne, se porta, avec tout ce qu'il avait de troupes disponibles, à Vérone et y soutint le troisième jour les efforts réitérés des Français; mais vers le soir toutes les troupes qui avaient repoussé les Français à son aile gauche se réunirent au centre, traversèrent la ville de Vérone, se formant sur trois colonnes, commandées par les généraux allemands Frœlich, Laterman et Chasteler. Ces trois attaques simultanées eurent un égal succès. Les Français furent partout repoussés, et, par une retraite très-précipitée, furent forcés de regagner les ponts. Toutes les troupes ne purent pas repasser l'Adige; une partie fut contrainte de se rendre. L'armée d'Italie se trouva, après ces actions sanglantes, diminuée de près de 7,000 hommes, et Schérer fut obligé d'abandonner la ligne de l'Adige; il tenta de la reprendre le jour suivant. Kray, qui le prévoyait, vint au-devant, et les deux armées se rencontrèrent, chacune avec le projet d'attaquer. Dans ces combats où, de part et d'autre, on épuisait toutes les ressources de la tactique, un succès prévu, un coup bien joué, décidait la partie : dans cette journée, la droite des Français fut tournée et prise à revers; et ce mouvement décidant la retraite de l'aile, décida aussi la journée. Ces trois actions, qui eurent lieu en cinq jours, coûtèrent à l'armée française environ 11,000 hommes; et bien loin de prévenir la jonction des Russes par une action d'éclat, l'armée française se trouvait, à leur arrivée, affaiblie par la perte de deux batailles. Dès ce moment ses positions furent toujours rétrogrades et défensives; Mantoue fut investi, et une nouvelle attaque sur toute la ligne reporta les postes français jusqu'à Brescia, derrière la Chiesa. A cette époque, l'armée d'Italie passa sous le commandement du général Moreau, et l'armée du Tyrol avait rejoint celle d'Helvétie. Cette armée, réunie à celle de Jourdan, fut mise sous les ordres de Masséna, qui établit sa ligne de défense sur la rive du Rhin, depuis le poste fortifié de Reinek, à l'extrémité supérieure du lac de Constance, jusqu'à Bâle, qui reçut une forte garnison. Dans l'offensive, on avait éprouvé les avantages de ce grand système de tactique; on venait d'en reconnaître les inconvénients dans la guerre défensive. L'état actuel de la Suisse n'était plus, par sa neutralité, un point d'appui intermédiaire entre les armées d'Allemagne et d'Italie; et cette circonstance changeait, subordonnait les mouvements de l'une à ceux de l'autre. La retraite des armées du Rhin dans la campagne précédente n'avait pas nécessité la retraite de l'armée d'Italie, parce que la neutralité des cantons suisses couvrait le flanc de cette armée. Dans la campagne présente, où la défense de l'Helvétie était à la charge de la République française, la retraite de Jourdan entraîna celle de l'armée de Masséna, et la retraite de Schérer rendit inutiles et sans objet les succès des divisions que commandait le général Lecourbe.

La campagne s'ouvrait une seconde fois; on n'était qu'aux premiers jours de mai, et tout le théâtre, et tout le système de guerre étaient changés à l'arrivée des Russes. Jamais nos ennemis ne débutèrent sous des auspices plus... favorables. A deux batailles gagnées par les Autrichiens, venait se joindre le nom de Souvarof, cet homme en qui la singularité et une sorte de cynisme guerrier étaient plutôt un calcul qu'un caractère, et qui affectait de conserver à la cour les mœurs d'un Tartare et la simplicité d'un soldat à la tête des armées. L'art de la guerre semblait être en lui plutôt un instinct qu'une science étudiée; et les résultats des plus profondes combinaisons du génie paraissaient un élan subit et imprévu. Sa rudesse, son austérité plaisaient au soldat; son assurance dans le commandement, son accent bref et prononcé dominaient tous ses subordonnés. Il était ponctuellement obéi et servi, parce qu'il ne semblait jamais douter de l'obéissance. Les généraux autrichiens, vainqueurs dans deux batailles, lui cédèrent d'abord le commandement, et se rallièrent avec dévouement à ses ordres. Les peuples d'Italie virent en lui un libérateur, et s'abandonnèrent à sa conduite; il sut être avec eux politique adroit et religieux; il sut les maîtriser, les exalter et leur plaire.

Au moment où Moreau prit le commandement pour lutter contre un tel adversaire, l'armée française était réduite à 28,000 hommes; le reste tenait les places de Mantoue, Peschiera, Brescia, Pizzighetone, qui devaient nécessairement tomber, n'ayant d'appui qu'une armée qui ne pouvait plus tenir la campagne que par des mouvements rétrogrades. Cependant, malgré son infériorité, Moreau ne put se résoudre à abandonner l'armée de Naples, et toutes ses manœuvres eurent pour but de faciliter la retraite de cette armée : dans cette opération difficile, Macdonald et lui déployèrent tout ce que la science de la guerre offre de plus compliqué et de plus difficile à exécuter. L'armée de Naples était coupée, ou plutôt enveloppée par trois armées qui lui fermaient la sortie de la presqu'île d'Italie. Sur sa droite, Mantoue était assiégée par une armée, et sur son front Souvarof détacha une partie de la sienne entre Plaisance et Parme; il ne restait à Macdonald que le passage étroit qui, côtoyant le golfe de la Spezia, lui ouvrait l'entrée de l'Etat de Gènes. Moreau, après avoir défendu l'Oglio et l'Adda, s'en était rapproché et y prolongeait cette guerre défensive, que les Apennins favorisent, et qui fut toujours la dernière ressource des Français dans leurs revers en Italie. Jamais la France n'en avait essuyé de plus rapides, et jamais ses généraux ne déployèrent plus de talents, et ses soldats plus de constance et plus d'énergie; mais tout manquait au centre de l'autorité. Le Directoire, confiant et imprévoyant, en se hâtant de faire rompre l'armistice, n'avait calculé ni les forces de ses ennemis, ni la faiblesse des moyens qu'il avait à leur opposer; il avait tout entrepris et n'avait pourvu à rien.

En évacuant le royaume de Naples, Macdonald avait laissé des garnisons au fort Saint-Elme, au château Saint-Ange, à Capoue, à Gaëte, à Civita-Vecchia, à Ancône et dans quelques autres postes. Ses premières marches se dirigèrent vers la Toscane pour y rallier les troupes françaises qui y étaient restées; il avait environ 40,000 hommes. De Florence, il avança son quartier-général à Lucques et renforça sa droite, aux ordres du général Montrichard, qui devait faire face à l'armée qui se formait sous Mantoue, pour lui disputer la sortie de la presqu'île d'Italie et les passages des Apennins; il étendit sa gauche vers la mer, et put dès lors communiquer avec Gènes et avec le général Moreau, et concerter avec lui un plan d'opérations hardi, téméraire même, et qui n'échoua cependant que par un prodige de diligence et d'activité de Souvarof. Les armées opposées en Italie se trouvaient dans une situation bizarre, et tellement entremêlées, que chacune était tournée et enveloppait en même temps une armée ennemie. Après sa retraite, Moreau avait pris une position au col de Tende, et s'était réduit à 15,000 hommes, ayant détaché le général Victor avec 10,000 hommes dans la partie orientale de l'Etat de Gènes, pour aider la retraite de l'armée de Naples. Souvarof faisait le siége de la citadelle de Milan, et avait détaché un corps considérable, aux ordres du général Kray, entre Parme et Plaisance, pour s'opposer à l'armée de Naples. A ce corps s'étaient réunies d'autres divisions de l'armée russe. De Mantoue, une armée avait marché sur Bologne, que Macdonald occupait; il s'était déjà livré plusieurs combats où il avait eu l'avantage, lorsque Souvarof, averti de ses progrès, se hâta de quitter Milan et arriva, par des marches forcées, avec une forte avant-garde, au moment où celle de Macdonald était aux mains avec les avant-gardes autrichiennes. Les Français furent forcés de se retirer sur la Trébia; le jour suivant, Souvarof fit ses dispositions pour livrer une bataille décisive, et Macdonald se prépara à la recevoir. Son armée était sur la rive gauche de la Trébia; Souvarof forma quatre fortes colonnes, dont trois de ses troupes russes. Sans autre manœuvre, les armées s'abordèrent sur tout leur front, et l'engagement général ne fut plus qu'un choc furieux et opiniâtre. Les Français furent battus et repoussés. Macdonald se retira derrière la Trébia, et le lendemain rattaqua les Russes; mais le résultat fut le même. Il fut alors obligé de rentrer dans Plaisance et de l'évacuer le lendemain, y laissant ses blessés, au nombre de 3,000, entre lesquels plusieurs généraux; il feignit d'abord de se retirer dans la Toscane, et, marchant subitement par son flanc gauche, il entra dans l'Etat de Gènes et mit les défilés des Apennins devant lui. Souvarof avait d'abord entrepris de le suivre; mais il revint à Milan sur la nouvelle des progrès que faisait Moreau, qui sortait de l'Etat de Gènes avec une armée de 25,000 hommes, qu'il eut l'adresse de faire croire beaucoup plus forte; à l'aide de plusieurs mouvements simulés et de bruits répandus avec art, il grossit dans l'opinion le nombre de quelques renforts qu'il avait reçus de France par mer.

Le plan des deux généraux français avait été, après leur réunion, de reporter le théâtre de la guerre sur l'Adige et sur le Mincio, en débloquant d'abord Mantoue. Cette diversion hardie était sans doute une belle conception; mais la célérité du général russe et les deux batailles perdues contre lui sur la Trébia ne laissaient aucun espoir de réaliser ce plan. La complication de ceux que l'on suivait alors, par une défensive également savante et difficile, a éloigné le récit de ce qui se passait alors en Suisse, où Masséna disputait pied à pied tous les postes à l'archiduc Charles, qui commandait l'armée autrichienne. Dans cette guerre de montagnes, qui semblait, par le rapprochement des positions fortes, devoir resserrer le théâtre de la guerre, il sembla, au contraire, qu'on voulût de part et d'autre faire preuve de plus d'étendue de génie dans le développement des plans d'opération. Les alliés, forcés d'adopter la nouvelle grande tactique, dont les leçons leur avaient coûté si cher, y donnèrent encore un plus grand développement et surent appliquer à ce genre de guerre la supériorité de nombre et d'armes qu'ils avaient préparées pendant l'armistice que donnaient les conférences de Rastadt.

En Suisse, plus encore qu'en Italie, les lignes opposées occupaient des espaces immenses, et les différents corps qui en tenaient les postes dominants, séparés entre eux par de grands intervalles, ne communiquaient presque que par les détonations de l'artillerie, qui donnaient le signal d'une aile à l'autre. Dans les combats journaliers, les chocs simultanés sur le front de ces lignes étendues n'étaient plus des batailles durant depuis le lever jusqu'au coucher d'un soleil; le lendemain d'une attaque générale et décisive, des combats partiels se livraient sur tous les points, soit pour conserver, soit pour reprendre ses avantages. Dans les marches de retraite, dans les marches en avant, si les corps de bataille étaient hors de la portée de leurs armes, les avant-gardes et les arrière-gardes étaient aux mains pendant le mouvement, et les moments de halte étaient employés des deux côtés à prévenir ou à préparer des dispositions nouvelles, jusqu'à ce que les armées venant à se rapprocher et à s'atteindre, de nouvelles combisons ramenaient un engagement général. Ainsi, pendant neuf jours consécutifs, on vit les deux armées qui se disputaient le territoire de la Suisse, prolonger sans intervalle cet état de batailles journalières et successives. Ce système, où la politique gagne peu et où l'humanité perd beaucoup, est dû surtout au perfectionnement des cartes topographiques, qui peuvent resserrer dans un espace de quelques feuilles et mettre sous les yeux une grande étendue de pays, que la pensée même ne pourrait saisir. Dans les détails les plus minutieux, mais devenus les plus importants, où les organes physiques et les organes intellectuels ne peuvent atteindre, l'art est venu rassembler les objets de méditation, et le général en chef peut, de sa tente, combiner et commander, à quarante lieues du poste qu'il occupe, des mouvements dont les résultats seront liés au mouvement qu'il fait exécuter lui-même. Sans doute l'art s'est agrandi ; mais n'en est-il pas de cet avantage comme de toutes les machines meurtrières qui ne donnent la supériorité qu'une fois, et, bientôt copiées et adoptées par l'ennemi, rendent la destruction plus sûre et laissent les chances égales ? C'est surtout cette campagne d'Helvétie qui rappelle ces inutiles et vraies réflexions. On venait d'acquérir ces contrées par la violence, et les peuples, par une réaction facile à comprendre, avaient accepté des armes de nos ennemis et s'étaient ralliés à eux.

Masséna, fort inférieur en forces disponibles, était réduit à couvrir les frontières de la France, en prolongeant une défensive difficile ; il s'établit derrière la Limat, où il se retrancha fortement ; de l'autre côté, l'archiduc avait pris une position aussi retranchée, et, de là, séparées par la portée du canon, les deux armées s'observèrent pendant plusieurs jours. Masséna couvrait Zurich, et le but de l'archiduc était de s'en emparer. Sa gauche, appuyée par les Russes, et secondée par leurs progrès en Italie, avait aussi forcé la retraite de l'aile droite, commandée par Lecourbe, qui disputa longtemps, et souvent avec avantage, le territoire des petits cantons et ensuite les passages du mont Saint-Gothard. Bientôt l'archiduc, dont l'armée s'augmentait chaque jour, put prolonger sa ligne par des développements encore plus étendus. Masséna, se trouvant débordé par ses flancs, fut obligé de concentrer ses positions, et en prit une derrière la Glatt, puis dans son camp de Zurich, où l'archiduc l'attaqua sur tous les points. Après un combat qui, de part et d'autre, coûta beaucoup de sang, où quatre généraux autrichiens et deux français furent blessés, les postes furent conservés jusqu'à la nuit sur toute la ligne. L'archiduc se préparait à rattaquer le lendemain ; Masséna évacua Zurich pendant la nuit et prit position en arrière, la gauche au Rhin, la droite au lac de Zug. Ces mouvements rétrogrades étaient forcés par ceux de Moreau, qui, trop faible pour soutenir une ligne de défense depuis le Saint-Gothard jusqu'à la mer, s'était déterminé à concentrer ses forces dans le pays de Gènes, et à conserver les barrières des Apennins, abandonnant ainsi le Piémont et la citadelle de Turin, qui fut bientôt obligée de capituler. Les Austro-Russes avaient, dans cette campagne, une prodigieuse supériorité d'artillerie. Aux siéges des citadelles de Milan et de Turin, trois cents bouches à feu furent employées le même jour, et ces épouvantables moyens de destruction et d'incendie convergents sur des points resserrés n'y laissaient bientôt ni défenseur ni abri. L'armée austro-russe s'avançant alors en Piémont, et vers les passages des Alpes, à Fenestrelles, à Suze, au Col de l'Assiette, menaçait déjà les frontières de France, où les moyens de défense n'étaient ni préparés ni prévus. Telle était la position respective vers le milieu de cette campagne, au mois de juillet.

Au début des hostilités, les Anglais avaient jeté sur les côtes insoumises de la Calabre un ramas de Turcs, de Russes, de Siciliens, qui se rangèrent, avec les insurgés, sous le commandement du cardinal Ruffo. En même temps, les troupes régulières de la Sicile prirent terre à Castellamare, dans le golfe de Naples. Les bandes de Ruffo ne tardèrent pas à investir les châteaux de la capitale, après la retraite de Macdonald, occupés par des garnisons françaises, et dans lesquels s'étaient réfugiés tous les partisans de la révolution.

Après une défense désespérée, l'arrivée des corps réguliers rendant toute résistance impossible, on parlementa, et il fut convenu que les garnisons et les Napolitains seraient transportés en France. Déjà l'embarquement s'effectuait, lorsque Nelson refusa, au nom de l'Angleterre, de ratifier la capitulation ; puis, s'érigeant en juge des principaux fondateurs de la République, l'amiral anglais n'hésita pas à condamner les prisonniers et présida à leur exécution. On vit alors des scènes sanglantes et une foule de victimes périr sous la mitraille ou sous le poignard des soldats de Ruffo. La reine Caroline, frémissant au seul mot de pardon, assistait à ces scènes horribles, tenant en main les fatales listes où se trouvent les noms de 30,000 personnes déjà arrêtées.

Quelques années plus tard, Napoléon châtiait la cour de Naples en la précipitant d'un trône qu'elle avait inondé de sang.

L'Orient nous voyait triompher ; mais en Europe, chaque jour quelque nouveau revers semblait annoncer que Bonaparte avait emmené avec lui, sur les bords du Nil, la fortune qui nous avait donné tant de victoires. La Suisse envahie, Masséna réduit à se défendre, l'Italie perdue, la Hollande menacée d'une descente dont le succès pouvait faire cesser la neutralité de la Prusse. C'étaient des coups accablants qui mettaient en question l'existence de la République. Les conseils en furent ébranlés, et il y eut dans la direction des affaires une révolution dans le sens démocratique. On fit de nouvelles levées, on rassembla 25,000 hommes sur les côtes de la Belgique, on réorganisa autour de Mayence l'armée de réserve, sous le nom *d'armée d'Allemagne ;* on résolut de la porter à 60,000 hommes et de la confier à Moreau ; l'on envoya Championnet en Dauphiné prendre le commandement de vingt à vingt-cinq mille hommes, avec ordre de descendre en Piémont ; enfin on plaça à la tête des débris de Cassano et de la Trebia, forts de 45,000 hommes, Joubert, ce brillant lieutenant de Bonaparte, qui s'était si rapidement élevé durant la campagne d'Italie ; on lui donna la mission de faire lever les siéges de Tortone, d'Alexandrie et de Mantoue.

Il était beau d'imprimer à toutes les armées un nouvel élan ; mais il eût fallu plus d'activité qu'on n'en déploya.

En quittant Paris, où il s'était vu retenu trop longtemps par le jeu des intrigues politiques et par les soins de son mariage, Joubert avait dit à sa jeune épouse : *Tu me reverras mort ou victorieux.* Triste et bel adieu ! En arrivant au camp, le nouveau général témoignant pour Moreau la plus respectueuse déférence, le supplia de l'aider de ses conseils dans les efforts qu'il avait résolu de faire pour arrêter Souvarof. Les deux chefs résolurent de sortir des Apennins et de tenter une action qui relevât le crédit des armes républicaines, et peut-être aussi Joubert était pressé de commencer les destinées qui lui étaient annoncées. L'objet du mouvement étant de débloquer Tortone, l'armée française, forte d'environ 36,000 hommes, s'avança au-delà des débouchés, à l'entrée de la plaine : son centre était à Novi ; tous les généraux qui avaient commandé en chef se trouvaient réunis dans cette armée ; Moreau, Championnet, Grouchi, Dessoles, Pérignon conduisaient les colonnes. Souvarof, après avoir rallié ses forces, attaqua le centre : dès le commencement de l'action, Joubert, placé au milieu des tirailleurs, les excitait par sa présence, lorsqu'une balle le frappa mortellement : En avant, s'écriait-il avant de rendre le dernier soupir, *en avant, mes amis!* Du consentement unanime des généraux, le commandement fut déféré à Moreau, qui suivit nécessairement les dispositions prises. Tous les efforts des Russes se portèrent au centre sur Novi, et leurs attaques furent repoussées cinq fois, avec une perte énorme. A cinq heures du soir les Français étaient encore maîtres de tous leurs postes. Pendant ces attaques, le général autrichien Mélas (auquel Souvarof donna l'honneur de cette journée) avait tourné et dépassé la droite des Français ; il prit à revers ce poste de Novi : attaqués de trois côtés, et presque enveloppés, les Français furent obligés de l'abandonner, et Moreau ordonna la retraite. L'arrière-garde fut arrêtée à un village déjà occupé et encombré. Les généraux Pérignon et Grouchi, après des efforts de valeur pour rallier leur cavalerie, furent blessés et pris. L'histoire ne peut omettre l'action du général Grouchi. Il chargeait tenant un étendard qui lui fut enlevé dans la mêlée : déjà blessé, il éleva son chapeau au bout de son sabre, et ramena ses escadrons à la charge. Après cette bataille, qui coûta 25,000 hommes aux deux armées, et fut une des plus sanglantes de ce siècle, Moreau se retira derrière les Apennins, se maintint dans l'Etat de Gènes, remit le commandement au général Championnet, et alla prendre celui de l'armée du Rhin. Souvarof, vainqueur dans tant de journées mémorables, est comblé d'honneurs ; la reconnaissance de son souverain ne lui laisse rien à envier. Mais le cabinet de Vienne, soit par quelque jalousie, soit par esprit de domination, trace, pour la fin de cette campagne, des plans qui ne s'accordent plus avec les opérations de Souvarof. Il n'est plus maître de chercher lui-même le fruit qu'il peut tirer de ses victoires. On dispose de son armée, il faut qu'il abandonne l'Italie aux deux généraux autrichiens Kray et Mélas, qui l'ont aidé à la conquérir, et qu'il se rende en Suisse, où déjà un corps d'armée russe est venu fortifier l'archiduc Charles. Mais ce prince victorieux va-t-il servir sous les ordres du héros russe qui vient d'éclipser sa gloire ? Soit que la jalousie fût allumée entre les deux généraux, soit qu'elle n'existât qu'entre les deux cabinets, on vit avec étonnement l'archiduc Charles quitter Zurich avec l'élite de son armée pour aller à la rencontre du général français Muller, qui faisait une fausse attaque sur Philisbourg, tandis que Souvarof, désespéré de quitter l'Italie, s'avançait vers Zurich à marches forcées, à travers les montagnes, les rochers et les précipices. Ainsi, il se trouva un intervalle de près de trois semaines où les armées victorieuses des alliés n'eurent plus de centre ni de point d'appui. Ce mouvement n'échappa point à un général aussi vigilant et aussi intrépide que Masséna. L'armée battue à Stockach, et qui s'était retirée sur la Suisse, lui avait été confiée ; il avait disputé ardemment à l'archiduc Charles, vainqueur, chaque pouce de terrain sur le territoire helvétique, et après dix combats il avait à peine reculé de dix lieues. Il se garda bien de troubler les opérations discordantes de la ligue en annonçant trop tôt l'intention d'en profiter. Il a rassemblé ses forces ; il se dispose à reprendre dans un seul jour tout le terrain qu'il n'a cédé qu'en quatre mois de combats. Il a chargé le général Lecourbe de s'opposer à la marche de Souvarof. La plupart des mémoires militaires s'accordent à donner les plus grands éloges à la conduite du général russe au moment où la victoire s'apprête à abandonner ses drapeaux. On rapporte que, se disposant à attaquer un poste de Français qui défendait le Saint-Gothard, et voyant ses soldats interdits à l'aspect de ces cimes encore chargées de glaces et de neiges, il ranima leur courage par un trait qui caractérise à la fois lui et son armée. Il s'arrête, se jette ou tombe par hasard dans un fossé plein de fange, et dit en se relevant à ses soldats : « Voilà comme vous serez tous si vous laissez échapper la victoire. »

Souvarof avait déjà emporté le poste du mont Saint-Gothard et plusieurs autres non moins importants. Il n'était plus qu'à peu de distance de l'armée de son compatriote Korsakow, qui venait former une aile de l'armée de l'archiduc Charles. Souvarof devait en prendre le commandement ; déjà il se flattait, après avoir chassé les Français de la Suisse, de pénétrer en France par la Franche-Comté, et il espérait terminer la campagne à Paris, lorsque Masséna commença l'opération la plus importante et la plus heureuse de toute la campagne. Le 23 septembre 1799, il avait fait une attaque générale contre tous les postes de l'armée des alliés. Par ses habiles manœuvres, il avait entièrement séparé le corps autrichien commandé par le général Hotze, et surtout il lui avait rendu impossible toute jonction avec Souvarof. Hotze, au désespoir, imite le dévouement du général Joubert, et, comme lui, est tué au commencement de l'action, en chargeant à la tête de ses grenadiers. Toute l'aile qu'il commandait est battue, dispersée, erre dans les montagnes sans pouvoir se rejoindre au centre de l'armée. L'effort des Français se porte ensuite sur l'armée russe, commandée par le prince Korsakow; le pont de Bellickon, couvert des plus formidables batteries, est emporté. Bientôt après, on force le camp de Wettingen, où Korsakow s'était retiré, et où il avait cru arrêter l'impétuosité des Français en formant un bataillon carré de 15,000 hommes. L'artillerie renverse cette colonne. Les rangs sont éclaircis et ne peuvent se reformer. Les Russes se pressent les uns sur les autres : leur immobilité les laisse sans défense contre la baïonnette des soldats français. Enfin, on les pousse jusque dans les faubourgs de Zurich : on les y poursuit. Déjà la ville est sommée de se rendre; le commandant s'y refuse. La nuit s'avance : si elle suspend le combat, c'est pour le rendre encore plus terrible. Le lendemain, les Russes se rallient et rassemblent leurs bataillons derrière Zurich. Dès le crépuscule, l'action se rengage. Les Français ont dû le succès de la veille à leur discipline ; Masséna permet tout aujourd'hui à leur impétuosité. Le prix de la gloire entre tous les braves est à qui entrera le premier dans Zurich. Le général Oudinot l'obtient. Il fait enfoncer la porte de Bade. D'autres pénètrent d'un côté opposé. La ville est emportée, les Russes sont poursuivis de rue en rue ; leur résistance rend plus acharnés les soldats français. Au milieu des horreurs inséparables de cette multitude de combats dans une ville prise d'assaut, peu d'habitants de Zurich perdirent la vie. Mais la fatalité la plus cruelle, ou l'aveugle férocité d'un soldat, priva cette ville du pasteur le plus propre, par ses vertus, par son zèle ardent et par le feu de son imagination, à consoler la Suisse dans ces jours malheureux.

Quand chaque habitant, glacé de terreur, se tenait renfermé dans sa maison, le célèbre Lavater sortit de la sienne. Il regardait comme un devoir de son saint ministère de chercher à adoucir les vainqueurs, de sauver ou les citoyens ou les guerriers qui pouvaient être menacés. Il était au milieu d'un groupe de vainqueurs et de vaincus, lorsqu'un coup, porté par on ne sait quel barbare, priva l'humanité de cet homme vertueux.

Enfin, tous les Russes enfermés dans Zurich posèrent les armes. Cent pièces de canon, les bagages, le trésor, 5,000 prisonniers tombèrent au pouvoir des Français, qui, en outre, avaient mis 8,000 hommes hors de combat.

Quel fut le désespoir de Souvarof en apprenant un désastre qu'il était si loin de prévoir ! Au lieu de trouver une armée qui, depuis le commencement de la campagne, n'avait obtenu que des succès, et à la tête de laquelle il s'était flatté de traverser la Suisse et de marcher en conquérant sur Paris, il faut qu'il dispose sa propre retraite et qu'il fuie en vaincu. Il ne peut s'y résoudre ; il s'emporte, il menace ; il ordonne au malheureux Korsakow de tenter encore avec les débris de son armée un nouveau combat ; Korsakow obéit ; il est vaincu une seconde fois. Masséna se porte avec rapidité vers l'aile que commande le général Lecourbe, et qui va poursuivre Souvarof. Déjà l'on se flatte à Paris de voir arriver prisonnier le héros russe qui s'est rendu l'Annibal de la nouvelle République ; mais ni son courage ni ses talents militaires ne l'ont abandonné dans cette situation presque désespérée ; il combat à chaque poste, il se défend sur chaque montagne ; souvent il est obligé d'abandonner son artillerie ; quelquefois il ne peut secourir des corps qui sont assaillis par des forces supérieures. Enfin, il revoit l'Italie, le théâtre de sa gloire, où il ne ramène que 13,000 combattants indignés comme lui. Le ressentiment de Souvarof contre les inepties ou les perfidies du cabinet autrichien fut bientôt partagé par son maître et devint aussi fatal à la coalition que ces nouveaux revers.

Dans les quinze jours de combat dont le territoire de Zurich fut le théâtre, la perte totale des alliés s'éleva, suivant le rapport du général Masséna, à plus de 30,000 hommes, dont 18,000 prisonniers, et 15,000 tués ou blessés, plus de 100 pièces de canon, 13 drapeaux, 4 généraux prisonniers, 5 tués, la reprise du Saint-Gothard, de Glaris et des vallées qui y débouchent.

Presque dans le même temps la coalition éprouva dans la Hollande une défaite humiliante pour les Anglais et les Russes, qui avaient été ses principaux moteurs. Le cabinet de Londres avait préparé une grande diversion pour reconquérir la Hollande, et une armée anglo-russe de 40,000 hommes y avait débarqué, sous les ordres du duc d'York. Le général anglais Abercromby l'avait devancée, et cette avant-garde s'était déjà mesurée avec les troupes franco-bataves qu'on avait pu rassembler. La flotte anglaise avait forcé le passage du Helder, et atteint, dans le Zuyderzée, la flotte hollandaise, qui, au signal de combat donné par l'amiral, avait arboré le pavillon orange, et, après avoir refusé de combattre, s'était réunie aux Anglais. Le général hollandais Daendels ayant rassemblé ce qui se trouva de troupes françaises et hollandaises, eut un premier engagement avec Abercromby, sur les Dunes, au moment du débarquement, qu'il ne put empêcher. Le général Brune arriva peu de jours après, et trouva l'armée retranchée derrière la digue du Zip, terrain entrecoupé de canaux d'environ trois lieues d'étendue. Le général français prit position en avant d'Alkemaer. Le duc d'York n'était pas encore arrivé avec les dernières divisions de son armée ; Abercromby n'avait que 16 à 17,000 hommes. Brune résolut de profiter de sa supériorité momentanée : avec 25,000 hommes il attaque la digue du Zip ; la colonne française, à l'aile gauche, eut d'abord quelques avantages ; mais parvenue sur le revers de la digue, elle ne put tenir contre le feu de quatre bâtiments anglais. Les deux colonnes hollandaises du centre et de la droite n'eurent pas plus de succès, et, après une perte considérable, l'armée rentra dans ses premières positions.

On avait de grandes inquiétudes à Amsterdam sur l'approche de la flottille anglaise, maîtresse du Texel, et pouvant arriver sous les murs de cette capitale : on arma les batteries, on pressa la levée des soldats nationaux, les renforts arrivèrent de France, on fit passer par les canaux de l'intérieur 50 chaloupes canonnières, et Amsterdam fut mis hors d'insulte. Cette campagne dans la Hollande, cette expédition maritime des Anglo-Russes n'ayant de rapport avec les mouvements des autres armées que par la diversion qu'elle opéra, le récit peut en suivre les événements, et devancer les dates qui fixèrent l'époque de ses derniers résultats.

Le gouvernement anglais avait compté sur un parti stadhoudérien en Hollande, qui saurait au moins diviser les moyens de résistance du peuple batave, tandis que le Directoire français espérait peu des efforts de la nouvelle République pour défendre sa récente alliance et ses dernières constitutions. On vit à cette époque ce que peut le mot *patrie*, quand il n'est pas un vain nom. Le contraire de ce qu'avaient prévu les deux gouvernements ennemis arriva : l'esprit commercial qui, depuis longtemps, liait les intérêts publics et particuliers des Hollandais avec l'Angleterre, céda à la crainte d'une invasion et d'une conquête. On parla aux Bataves de leur antique liberté et de ce qu'ils avaient fait pour elle, et aussitôt l'armée anglo-russe ne fut plus qu'un ennemi qu'il fallait repousser. Les bataillons se formèrent, les gardes nationales se réunirent, et, soutenu des renforts qu'amenaient les généraux français, bientôt Brune, qui commandait en chef, se vit à la tête d'une armée franco-batave en état de tenir tête et de défendre le terrain.

Après l'affaire de Bergem, le duc d'York ayant reçu les dernières divisions russes et anglaises, marcha en avant et fit attaquer. Brune avait établi son aile droite à des canaux, et le front de cette aile était couvert par des inondations. Cette position, tenue par les troupes hollandaises, était inexpugnable. Tout l'effort se porta contre l'aile gauche, composée des bataillons français. Le duc d'York avait formé quatre colonnes : celle de droite, conduite par le général anglais Abercromby, tourna la gauche des Français, dépassa le poste d'Alkemaer, et força la retraite de toute cette aile, dont le mouvement rétrograde nécessita celui de l'aile droite; et toute l'armée franco-batave prit alors une position plus resserrée, deux lieues environ en arrière de la première position. L'avantage de cette journée restait à l'armée ennemie. Mais la nouvelle position de Brune était plus forte encore que la première, par la nature du terrain, qui, couvrant les deux ailes, ne laissait de passage qu'en avant du centre. Le duc d'York fit les mêmes dispositions que le jour précédent : son aile droite eut d'abord quelques avantages en avant d'Alkemaer; mais, vers le milieu de la journée, Brune saisit un moment favorable, et, à la tête de sa cavalerie, chargea celle des coalisés l'enfonça et la rompit; il eut deux chevaux tués sous lui dans ces charges réitérées : ce mouvement fut décisif pour cette journée, et par suite pour l'issue de la campagne. Les Français rentrèrent dans Alkemaer; le duc d'York reprit sa dernière position; et bientôt, manquant de subsistances, dans un pays coupé, où il ne pouvait pas s'étendre, et où ses communications avec sa flotte étaient coupées par des inondations et des terrains détrempés, il se décida, d'après l'avis du conseil de guerre, à reprendre sa position du Zip. Alors un parlementaire vint proposer au général français un armistice, jusqu'à l'arrivée des nouveaux ordres de la cour de Londres. Ces ordres, dans l'état des choses, ne pouvaient être que de rembarquer les troupes. La saison ne permettait ni de les laisser dans la position qu'elles occupaient, ni de tenter de nouvelles attaques, ni même de tenir la mer sur les atterrages du Texel. Par les articles du traité, le duc d'York remit aux Hollandais tous les postes que son armée tenait sur les rives du Zuyderzée. On rendit 8,000 prisonniers français, et le sort de la flotte hollandaise fut réglé par un article secret; elle resta dans les ports d'Angleterre.

Les victoires de Brune assurèrent les frontières de la République française sur le Bas-Rhin, comme les combats de Zurich les avaient garanties depuis la Méditerranée jusqu'au Rhin. Il n'y avait que la ligne de défense, depuis Strasbourg à Mayence, qui pût encore laisser quelque inquiétude au Directoire.

A cette époque l'horizon était sombre; tout semblait tendre à une dissolution prochaine dans les départements du midi, qui étaient à peine contenus par des mesures répressives partielles. La loi de la conscription avait occasionné des révoltes locales : cette loi venait d'être portée, et, par ses conséquences qu'on n'avait pas d'abord prévues, elle devait changer l'état militaire de toutes les puissances de l'Europe et l'état civil de tous ses habitants. La haine obstinée des cours étrangères rendit cette loi de circonstance nécessaire à la République française, et dès lors elle devint nécessaire à tous les autres gouvernements. L'état de guerre continuel ne permit plus d'observer le mode d'exécution prescrit par la loi. Les gouvernements, assurés du renouvellement des moyens, en décuplèrent l'emploi : la guerre ne fut plus la lutte des armées, mais celle des peuples; et ce mot de *guerre d'extermination* fit, pour la première fois, frémir l'humanité asservie. La politique prépondérante du ministère anglais avait déjà jeté des germes de haine implacable entre les familles régnantes et la France; elle put saisir ce nouveau système de guerre pour armer les haines devenues nationales, et pour épuiser les corps politiques du continent par des efforts à la fois faciles et réitérés. Les nations furent de grandes armées de réserve dont on tira à volonté des détachements pour repeupler les camps et pour remplir les vides que le canon avait faits dans la ligne de bataille. On ne combattit plus pour la gloire ou pour l'intérêt : on se battit pour l'indépendance et pour l'existence.

Le premier acte de ce système, l'exaspération, fut l'attentat commis sur les plénipotentiaires français au congrès de Rastadt.

Malgré la guerre engagée avec l'Autriche, ce congrès n'était pas encore rompu, quoique la ville de Rastadt fût tombée au pouvoir des Autrichiens. Ces conférences pouvant cependant éloigner l'empire germanique de leur cause, un commandant autrichien signifia aux trois ministres plénipotentiaires de la France, Bonnier, Roberjot et Jean Debry, l'ordre de sortir de la ville dans vingt-quatre heures.

Ils disposaient leur départ en conséquence, lorsqu'un courrier de la légation française fut arrêté sur la route de Seltz à Rastadt, par un détachement de hussards autrichiens. Cette violence n'annonçait que trop aux ministres français ce qu'ils avaient à craindre pour eux-mêmes. Néanmoins ils partirent à dix heures du soir, le 28 avril. La nuit était très-sombre; on portait des torches devant leurs voitures. Quand ils se présentèrent à la porte de la ville, on fit beaucoup de difficultés pour les laisser sortir. Une heure se passa en pourparlers. La consigne fut enfin levée. Ils demandèrent une escorte, qu'on s'obstina à leur refuser, en leur disant qu'ils seraient aussi en sûreté que dans leurs chambres. Mais ils n'étaient pas à cent pas de Rastadt, qu'un détachement de hussards de Szecklers fond sur le cortége, fait descendre de la première voiture le ministre Jean Debry. Six hommes le fouillent, lui enlèvent ses papiers. Deux coups de sabre l'étendent par terre. On le roule dans un fossé. Il a la présence d'esprit de ne donner aucun signe de vie. Bonnier est tué de la même manière que devait l'être Jean Debry; Roberjot est égorgé presque dans les bras de son épouse, qui fait de longs et vains efforts pour le défendre des coups des assassins. On ne pille dans les voitures que les papiers de la légation, et les assassins se dispersent en abandonnant leurs victimes sur la route. Cette scène d'horreur est enfin apprise à Rastadt. On frémit, on voudrait douter, on vole au secours de toutes les personnes de la légation. Le lendemain, Jean Debry, qui, pendant le tumulte de cette horrible scène, avait pu se traîner jusqu'à un bois, et qui y avait passé la nuit, arrive à Rastadt tout couvert de blessures, et se présente chez le ministre prussien comte de Goërtz.

Le lendemain de la fatale journée, les corps des ministres Bonnier et Roberjot furent inhumés au cimetière de Rastadt, avec tous les honneurs militaires. Pressé de fuir cette terre cruelle, Jean Debry, sa famille, la veuve Roberjot et leur suite partirent de Rastadt avec une escorte, mais non sans inquiétude, car ils crurent reconnaître, parmi les soldats qui les accompagnaient, les Szecklers, leurs assassins. Enfin, ils atteignirent l'autre rive du Rhin et descendirent à Seltz. Echappée à tant de dangers, de frayeurs et d'angoisses, l'épouse de Jean Debry s'agenouilla sur le sol de la patrie et l'arrosa de ses larmes.

Dès qu'il fut connu en France, cet attentat, digne des temps barbares, y causa une indignation générale; des cris de vengeance retentirent de toutes parts. Le Corps législatif n'apprit qu'avec horreur la nouvelle de ce crime inouï. Dans la cérémonie funèbre qui, le 20 prairial, fut célébrée au Champ-de-Mars à la mémoire des malheureux Bonnier et Roberjot, Chénier proposa l'érection d'une pyramide sur laquelle serait gravée cette inscription : *La maison d'Autriche fit assassiner les ministres de la République française au congrès de Rastadt : la maison d'Autriche ne pèse plus sur l'humanité.*

Le cri de *vengeance* fut reproduit dans les tribunes des deux conseils. On inscrivit ce mot dans tous les lieux publics, dans toutes les salles, dans tous les bureaux des établissements et des administrations. Le conseil des Cinq-Cents prit une résolution digne des beaux temps d'Athènes et de Rome : il arrêta que les siéges occupés dans la salle de ce conseil par les ministres assassinés, *Bonnier et Roberjot,* resteraient vacants, mais chargés de leur costume de représentants, couvert d'un crêpe; que, dans les appels nominaux, leurs noms seraient proclamés comme s'ils existaient; qu'à chacun de ces noms prononcés, tous les assistants se lèveraient avec respect, que le président répondrait : *Assassiné au congrès de Rastadt*, et que les secrétaires ajouteraient : *Que leur sang retombe sur les auteurs de l'horrible massacre.*

Quels étaient ces auteurs? Parmi toutes les versions qui ont été fournies à ce sujet, celle de M. Koch, conseiller aulique alors à Vienne, a paru la plus vraisemblable. Caroline, reine de Naples, détrônée par les conquêtes des Français, se réfugia d'abord en Sicile, puis à Vienne, à la cour de l'empereur d'Autriche.

Désirant se venger des Français, elle eut une entrevue avec le colonel autrichien Barbacry, et le chargea, au nom de l'empereur, de faire exterminer par ses hussards les plénipotentiaires de la France. Le colonel fit quelques difficultés, demanda un ordre signé de l'empeur. La reine de Naples lui dit impérieusement que l'empereur François l'avait chargée de lui transmettre ces ordres et qu'il devait obéir. Le colonel s'inclina, promit obéissance et tint sa promesse.

La cour de Vienne, parut péniblement affectée en apprenant le meurtre commis, et fut peut-être sincère dans les promesses solennelles de satisfaction éclatante qu'elle adressa aussitôt à la France; mais lorsque cette cour eut découvert de quelle bouche était sorti l'ordre d'assassiner, les recherches, les poursuites, si énergiquement recommandées, se ralentirent, puis cessèrent entièrement.

On proposa dans la suite à Bonaparte de demander réparation à l'Autriche. Mais il s'y refusa en prétextant des motifs politiques. Le jour de la vengeance arriva enfin, et la punition tomba, sinon sur les auteurs du crime, du moins sur leurs aveugles et méprisables satellites. A la bataille de Vinterthur, en Suisse, donnée en prairial an 7, les Français se trouvèrent en face des hussards de Szecklers. Ceux-ci, intimidés, leur firent demander s'il était vrai qu'en les combattant ils fussent décidés à ne faire aucun prisonnier. *Malheureux, défendez-vous!* s'écrièrent les Français, et le régiment assassin fut exterminé.

La République, malgré les deux victoires qui avaient abattu l'orgueil de ses ennemis extérieurs, menaçait ruine de toutes parts. Les grands caractères, les grands talents, la souveraine influence manquaient dans le parti des hommes fidèles aux traditions des premières années de la République, ces anciens modèles pour la confiance absolue, pour l'énergie indomptable, pour le dévouement sans bornes et les prodiges de tous les jours; et pendant que de funestes divisions régnaient dans les hommes du gouvernement, les royalistes rallumaient la guerre civile avec un ensemble de mesures que rien ne pouvait déconcerter. Elle s'organisa dans plus de vingt départements; des révoltes qui s'annonçaient dans plusieurs; le brigandage qui se répandait dans presque tous; le vol et l'assassinat commis avec impunité sur un grand nombre de routes; une vaste conspiration, qui avait son centre à Paris et comprenait toutes les frontières du midi; une espèce de Vendée prête à surgir dans le département de l'Eure contigu à la Bretagne prête elle-même à s'émouvoir comme les autres parties de l'ouest; un désordre des finances tel qu'aucune nation n'en avait jamais supporté; une succession de banqueroutes partielles qui prolongeaient l'opprobre de la banqueroute générale; le trésor public pillé sur tous les chemins, dans les maisons même des receveurs, et dont le vide ne pouvait se remplir, même par les plus violentes exactions; un Directoire manquant tout à la fois de force, de concorde et de volonté; deux Conseils divisés, dont chaque jour et chaque événement nouveau faisait et défaisait la majorité; les paisibles amis des lois réduits à garder entre les partis la honteuse neutralité de la faiblesse : tel était l'état de la France, lorsqu'on apprit que Bonaparte avait débarqué à Fréjus.

CHAPITRE III.

Révolution du 18 brumaire. — Bonaparte premier consul. — Plan de campagne. — Opérations en Allemagne. — Armistice de Parsdorf. — Opérations en Italie. — Combat de Savone. — Retraite de Masséna sur Gènes. — Combats de Voltri, de la Taggia. — Attaque du Var. — Capitulation de Gènes. —Opérations de l'armée de réserve en Italie. — Passage du Saint-Bernard. — Prise d'Ivrée. — Entrée à Milan. — Batailles de Casteggio, de Montebello et de Marengo.

Une année avait suffi à Bonaparte pour tirer de l'Egypte tout ce qu'elle pouvait lui donner de gloire et d'illustration. En y prolongeant son séjour, surtout après la bataille d'Aboukir, il ne pouvait plus que se répéter. Dès lors il dut désirer de pouvoir quitter un théâtre épuisé et dangereux. Mais lorsqu'il apprit, par l'intermédiaire du commandant de la croisière anglaise, les désastres de la République : *Eh bien!* s'écria-t-il, *mon pressentiment ne m'a pas trompé*, *l'Italie est perdue, tout le fruit de nos victoires a disparu, il faut que je parte.*

La cause déterminante de son départ fut donc dans ce cri de douleur et d'indignation.

Il avait la conscience de sa force et de sa puissance, foi dans son génie; il savait qu'il sauverait la France : la France le savait aussi, car elle l'appelait au moment même où il s'élançait vers elle.

Les pouvoirs qui s'étaient succédé depuis sept ans, se renversant, se dévorant l'un l'autre, sans rien fonder de stable, ni liberté, ni ordre, avaient amené la République française au point où était la République romaine, lorsque, fatiguée de désordres civils, sentant le besoin d'un chef unique, fort et habile, elle rencontra ce chef et se courba sous son pouvoir.

Depuis Fréjus, le voyage de Bonaparte fut partout un triomphe. L'espèce de miracle qui l'a fait passer à travers les croisières anglaises donne à l'enthousiasme la force d'une superstition. C'est à Lyon surtout que ces transports éclatent sans mesure; cette ville, déjà tant éprouvée sous le régime de la Terreur, achevait de mourir sous les coups de l'anarchie; elle comprenait qu'un grand général, d'un caractère absolu, portait du moins l'ordre avec lui.

Dès que la nouvelle se fut répandue, Paris, dégoûté des faibles gouvernants, craignant de retomber sous le joug plus ignoble et plus odieux encore de l'ancien régime, n'eut plus d'autre pensée que de chercher le repos sous l'abri de la gloire.

A peine Bonaparte était-il arrivé à Paris, que Sieyes et Roger-Ducos, membres du Directoire, s'abouchèrent avec lui pour expulser leurs collègues Barras, Gohier et Moulins. Le 18 *brumaire*, les deux conseils des Anciens et des Cinq-Cents furent assemblés à Saint-Cloud. Bonaparte obtint des Anciens l'abolition du Directoire, et dispersa les Cinq-Cents sur leur refus de sanctionner le nouvel ordre de choses. Trois consuls furent nommés pour chefs du gouvernement, Sieyes, Roger-Ducos et Bonaparte; un mois après, les deux premiers, obligés de donner leur démission, cédèrent la place à Cambacérès et à Lebrun. Une constitution parut sous le nom de *Constitution de l'an* 8, un sénat, un tribunat, un corps législatif furent organisés, et Bonaparte placé à la tête des affaires sous le nom de premier consul.

Ainsi s'acheva cette révolution. La journée du 18 brumaire fut un attentat, sans doute, mais un attentat contre les formes de la liberté bien plus que contre la liberté même. Hormis quelques jours du règne de l'Assemblée constituante, la France n'avait jamais été libre et commençait à ne pas trop se soucier de l'être.

Le gouvernement, pris en masse, voulait sincèrement le bien public; l'amour de la patrie régnait dans les Conseils; mais les élections y avaient introduit des éléments de discorde, en amenant sur la scène des hommes vendus au parti royaliste ou portés par leur opinion à le relever.

Ainsi, après onze ans d'une révolution inouïe dans les fastes du monde, nous étions revenus au pouvoir d'un seul. Mais, il faut le reconnaître, parce que la vérité l'ordonne, Bonaparte et sa dictature étaient une nécessité de l'époque. Sans Bonaparte, peut-être, cette France qui avait vaincu et soumis l'Europe, en aurait été dévorée, ou bien elle aurait acheté le triomphe par de nouveaux torrents de sang au-dehors et au-dedans, si toutefois elle eût encore trouvé dans son sein des hommes capables d'entreprendre son salut au prix terrible des services du Comité de salut public.

Bonaparte, devenu premier consul de la République française, montra bien vite qu'il n'était pas au-dessous de l'œuvre immense dont il s'était chargé. Son génie pourvut à tous les besoins de l'époque, et la France sembla renaître de ses ruines. En même temps qu'il développait d'une main habile les ressources créées par la Révolution, il chercha à pacifier la France et l'Europe, et fit des ouvertures de paix au roi d'Angleterre. Appuyées par Fox et Shéridan, elles furent rejetées par les intrigues de Pitt.

La lettre de Bonaparte au roi d'Angleterre était dégagée de toute les formules de l'étiquette et commençait en ces termes :

« Appelé par le vœu de la nation française à occuper la première magistrature de la République, je crois convenable, en entrant en charge, d'en faire directement part à Votre Majesté. La guerre, qui, depuis huit ans, ravage les quatre parties du monde, doit-elle être éternelle? N'est-il aucun moyen de s'entendre? Comment les deux nations les plus éclairées de l'Europe, puissantes et fortes plus que ne l'exigent leur sûreté et leur indépendance, peuvent-elles sacrifier à des idées de vaine grandeur le bien du commerce, la prospérité intérieure, le bonheur des familles? Comment ne sentent-elles pas que la paix est le premier des besoins, comme la première des gloires? etc. »

Cette lettre provoqua une réponse dans laquelle le ministre anglais déclarait au citoyen Talleyrand que le roi n'avait pas jugé à propos de se départir des formalités depuis si longtemps usitées. L'un des passages les plus remarquables de cette réponse était celui où l'on disait que la meilleure garantie de la réalité d'un retour du gouvernement français *à de meilleurs principes* serait le rétablissement des Bourbons. « Un événement semblable, ajoutait-on, eût levé et lèvera toujours tout obstacle aux négociations et à la paix. » C'était dire que la paix était impossible.

Le cabinet de Vienne, d'abord disposé à écouter les mêmes propositions, se laissa séduire par l'or de l'Angleterre et fut entraîné à continuer la guerre.

L'empereur de Russie se retira de la coalition; Bonaparte avait réuni tous les prisonniers faits sur cette nation en Suisse et en Hollande, et les renvoya sans rançon, habillés à neuf et équipés. Cette générosité toucha Paul Ier, qui avait perdu l'élite de son armée en Italie et en Suisse, et il ordonna à toutes ses troupes de rentrer en Russie. Ce souverain était d'ailleurs mécontent de la politique de l'Angleterre et de ses prétentions sur la navigation des neutres, sans cesse insultés dans la Baltique ou soumis à des visites. D'un autre côté, les changements survenus dans les principes du gouvernement français depuis le 18 brumaire avaient neutralisé, suspendu sa haine contre la Révolution : il estimait le caractère du premier consul, et s'il n'abandonna pas la coalition, du moins lui refusa-t-il le concours de ses forces.

Bonaparte n'avait pas négligé de s'occuper de la Vendée, de nouveau soulevée; les royalistes manquant de chefs habiles, et n'étant pas unis entre eux, furent promptement soumis par les généraux Brune et Hédouville. Délivré des inquiétudes qu'avaient données jusqu'alors les partis et la renaissance de la guerre civile, le nouveau gouvernement appliqua toutes ses ressources à la guerre extérieure.

On a vu qu'en 1799 la France, alors maîtresse de la Suisse, avait formé deux armées : l'une appelée *armée du Rhin*, l'autre *armée d'Helvétie*. La première, qui devait prendre plus tard le nom *d'armée du Danube*, sous le commandement de Jourdan, passa le Rhin, traversa les montagnes Noires, arriva à Stockach, où, ayant été battue par l'archiduc Charles, elle fut obligée de repasser le Rhin, dans le même temps que celle de l'Helvétie restait dans ses positions maîtresse de tout le pays. L'armée du Rhin fut ensuite chargée de défendre la rive gauche du fleuve, vis-à-vis de Strasbourg. Bientôt l'armée d'Helvétie, qui était devenue la principale armée de la République, perdit une partie de la Suisse ; mais Masséna qui la commandait, profitant de la faute des coalisés qui venaient aussi de diviser leurs forces en deux armées, battit les Russes à Zurich, et redevint maître de la Suisse entière.

Voici quelle était, au mois de janvier 1800, la situation des armées françaises : l'armée de Hollande, commandée par Brune, forçait le reste des troupes du duc d'York à se rembarquer ; l'armée du Bas-Rhin, sous les ordres du général Lecourbe, avait pris ses quartiers d'hiver sur la rive gauche du Rhin ; l'armée d'Helvétie, victorieuse, demeurait cantonnée en Suisse. Quant à l'armée d'Italie, récemment battue à Genola, elle occupait, en désordre, les cols des Apennins. Coni avait été pris par les Impériaux ; Gènes semblait condamnée à subir le même sort, lorsque le général Saint-Cyr dégagea cette place en repoussant un corps de l'armée autrichienne au-delà de Bocchetta.

Les armées belligérantes, en Italie, entrèrent alors dans leurs quartiers d'hiver ; mais leur position respective était bien différente l'une de l'autre : les Autrichiens occupaient les belles plaines du Piémont et du Mont-Ferrat, tandis que les Français étaient placés sur les revers de l'Apennin, de Gènes au Var, dans un pays épuisé, bloqué par mer, n'ayant point de communication avec la vallée du Pô, d'où ils auraient pu recevoir des vivres.

Cette année offrait alors le spectacle de la désorganisation la plus complète : hommes et chevaux périssaient de misère ; la disette amena des maladies contagieuses qui faisaient d'affreux ravages, et beaucoup de ceux que ces maladies épargnaient cherchaient leur salut dans la désertion. Ce dernier fléau des armées fit bientôt de tels progrès, qu'on vit des corps entiers abandonner leurs positions, et, tambour battant, drapeaux déployés, repasser le Var pour chercher sur le sol de la France un adoucissement aux maux qui les accablaient.

Ce fut alors que Napoléon, expert dans l'art de remonter le moral du soldat, adressa à l'armée d'Italie cet ordre du jour :

« Soldats, les circonstances qui me retiennent à la tête du gouvernement m'empêchent de me trouver au milieu de vous ; vos besoins sont grands ; toutes les mesures sont prises pour y pourvoir. La première qualité du soldat est la constance à supporter la fatigue et la privation ; la valeur n'est que la seconde. Plusieurs corps ont quitté leurs positions ; ils ont été sourds à la voie de leurs officiers : la 17e légère est de ce nombre. Sont-ils donc morts les braves de Castiglione, de Rivoli, de Newmarkt ? Ils eussent péri plutôt que de quitter leurs drapeaux, et ils eussent ramené leurs jeunes camarades à l'honneur et au devoir. Soldats, vos distributions ne vous sont pas régulièrement faites, dites-vous? Qu'eussiez-vous fait, si, comme les 4e et 22e légères, les 18e et 32e de ligne, vous vous fussiez trouvés au milieu du désert, sans pain ni eau, mangeant du cheval et du chameau? *La victoire nous donnera du pain,* disaient-elles; et vous, vous désertez vos drapeaux! Soldats d'Italie, un nouveau général vous commande; il fut toujours à l'avant-garde, dans les plus beaux moments de votre gloire; entourez-le de votre confiance, il ramènera la victoire dans vos rangs. Je me ferai rendre un compte journalier de la conduite de tous les corps, et spécialement de la 17e légère et de la 63e de ligne; *elles se ressouviendront de la confiance que j'avais en elles.* »

Cet appel énergique à la valeur, à la constance, à la résignation du soldat fut entendu de tous: on ne se plaignit plus; ceux qui avaient abandonné leurs rangs les reprirent; les fournisseurs infidèles tremblèrent; les vivres ne manquèrent plus, et l'armée n'eut plus d'autre désir que celui de marcher à l'ennemi. Sachant que nul mieux que Masséna ne connaissait le terrain où devait combattre l'armée d'Italie, Napoléon en donna le commandement à ce général, qui quitta la Suisse pour se rendre à son quartier-général de Gênes, où il arriva le 10 février 1800. En même temps Brune quitta l'armée de Hollande pour aller prendre le commandement de celle de l'ouest, sur la Loire, et il fut remplacé par Augereau. Ces changements étant opérés, le premier consul fit mettre à l'ordre du jour de toutes les armées cette proclamation :

« Soldats, en promettant la paix au peuple français, j'ai été votre organe; je connais votre valeur : vous êtes les mêmes hommes qui conquirent la Hollande, le Rhin, l'Italie, et donnèrent la paix sous les murs de Vienne. Soldats, ce ne sont plus vos frontières qu'il faut défendre, ce sont les Etats ennemis qu'il faut envahir. Il n'est aucun de vous qui ait fait campagne qui ne sache que la qualité la plus essentielle d'un soldat, c'est de savoir supporter les privations avec constance : plusieurs années d'une mauvaise administration ne peuvent être réparées en un jour. Premier magistrat de la République, il me sera doux de faire connaître à la nation entière les corps qui mériteront, par leur discipline et leur valeur, d'être les soutiens de la patrie. Soldats, lorsqu'il en sera temps, je serai au milieu de vous, et l'Europe se souviendra que vous êtes de la race des braves. »

L'œuvre de réparation était commencée; elle se continua avec cette activité que Bonaparte savait communiquer à toutes les branches de l'administration : les troupes furent habillées, soldées; les rangs se grossirent; l'armée d'Helvétie fut réunie à celle du Rhin, et, sous ce dernier nom, Moreau en prit le commandement. Cette armée ne comptait pas moins de 150,000 hommes; jamais la République n'en avait eu de plus belle et de plus solide.

Le génie de la guerre venait de reparaître parmi nos soldats, et les pertes de vingt défaites successives ne tardèrent pas à être promptement réparées.

L'Autriche n'avait pas paru s'effrayer beaucoup de l'abandon de la Russie; elle comptait sur ses propres forces, qui s'élevaient alors à près de 250,000 hommes, divisées en deux grandes armées, dont l'une de 140,000 hommes, sous le commandement du feld-maréchal Mélas, devait prendre l'offensive, et avait pour mission de s'emparer de Gènes, de Nice et de Toulon; sous les murs de cette dernière ville, cette armée déjà si formidable devait être rejointe par une armée anglaise de 18,000 hommes, rassemblée à Mahon, et par l'armée napolitaine, forte de 20,000. Mélas se proposait en outre d'insurger le midi de la France, où l'on croyait que les Bourbons avaient de nombreux partisans. L'autre armée autrichienne, forte de 120,000 hommes, y compris les troupes de l'empire à la solde de l'Angleterre, était destinée à couvrir l'Allemagne, et avait pour général en chef le feld-maréchal Kray. Ce dernier, dont le quartier-général était à Donau-Schingen, divisa son armée en quatre corps, un sur le Mein, commandé par le général Starray; un autre dans le Tyrol, sous les ordres du prince de Reuss. Les deux autres formaient quatre divisions, dont deux étaient sur le Danube; une troisième, sous les ordres du prince Ferdinand, occupait les villes forestières aux environs de Bâle, et la quatrième, commandée par le prince de Vaudémont, était vis-à-vis Schaffhouse.

Telle était la situation : des deux côtés on se disposait à prendre l'offensive, les Autrichiens se croyant sûrs de pénétrer aisément au milieu de la Provence, et le premier consul ne doutant pas que son armée du Rhin serait bientôt sur l'Inn. De ce côté les forces des Français étaient presque doubles de celles de l'Autriche; mais, en revanche, l'armée autrichienne d'Italie était plus que double de l'armée française.

L'armée du Rhin, commandée par Moreau, qui avait son quartier-général à Bâle, était composée de quatre corps d'infanterie, d'une réserve de grosse cavalerie et de deux divisions détachées. Le lieutenant-général Sainte-Suzanne commandait la gauche, composée des divisions Souham et Legrand; le lieutenant-général Saint-Cyr commandait le centre, formé des divisions Baraguay-d'Hilliers et Ney; la droite, composée des divisions Vandamme, Montrichard et Lorge, était commandée par le lieutenant-général Lecourbe, et la réserve, composée des divisions Delmas, Leclerc et Richepanse, était sous les ordres immédiats du général en chef. L'artillerie était commandée par le général Eblé, et la grosse cavalerie par le général d'Hautpoult; enfin, les corps détachés en Suisse étaient sous les ordres des généraux Collaud et Moncey.

Bientôt Moreau reçut du premier consul l'ordre de prendre l'offensive et d'entrer en Allemagne. Voici quel était le plan de campagne :

Toute l'armée du Rhin devait se réunir en Suisse et passer le Rhin à la hauteur de Schaffhouse; le mouvement de la gauche de l'armée sur sa droite devant se faire derrière le rideau du Rhin, et, d'ailleurs, étant préparé beaucoup à l'avance, l'ennemi n'en aurait aucune connaissance. En jetant quatre ponts à la fois à la hauteur de Schaffhouse, toute l'armée française passerait en vingt-quatre heures, arriverait sur Stockach et culbuterait la gauche de l'ennemi, prendrait par derrière tous les Autrichiens placés entre la rive droite du Rhin et les défilés de la forêt Noire. En six ou sept jours de l'ouverture de la campagne, l'armée serait devant Ulm ; ce qui pourrait s'échapper de l'armée autrichienne se rejetterait en Bohême. Ainsi, le premier mouvement de la campagne aurait eu pour résultat de séparer l'armée autrichienne de Ulm, Philisbourg et Ingolstadt, et de mettre en notre pouvoir le Wurtemberg, toute la Souabe et la Bavière. Ce plan d'opération devait donner lieu à des événements plus ou moins décisifs, selon les chances de la fortune, l'audace et la rapidité des mouvements du général français. Le général Moreau était incapable d'exécuter et même de comprendre un pareil mouvement; il envoya le général Dessoles à Paris, présenter un autre projet au ministre de la guerre, suivant la routine des campagnes de 1796 et 1797; il proposait de passer le Rhin à Mayence, Strasbourg et Bâle.

Le premier consul, fortement contrarié, pensa un moment à aller lui-même se mettre à la tête de cette armée ; il calculait qu'il serait sous les murs de Vienne avant que l'armée autrichienne d'Italie ne fût devant Nice. Mais l'agitation intérieure de la République s'opposa à ce qu'il quittât sa capitale, et s'en éloignât pour autant de temps : le projet de Moreau fut modifié, et le général fut autorisé à exécuter un projet mitoyen, qui consistait à faire passer le fleuve par sa gauche à Brisach, par son centre à Bâle, par sa droite au-dessus de Schaffhouse. Il lui était surtout prescrit de n'avoir qu'une seule ligne d'opération ; encore dans l'exécution ce dernier plan lui parut-il trop hardi, et il y fit des changements.

Le 25 avril 1800, Sainte-Suzanne, commandant la gauche, passa le Rhin à Strasbourg. Saint-Cyr, avec le centre, le passa le même jour à Brisach, et deux jours après, Moreau le passa à Bâle, à la tête de sa réserve. Un corps ennemi, composé d'environ 15,000 hommes, qui avait pris position en avant d'Offenbourg, fut d'abord culbuté par Sainte-Suzanne ; en même temps Saint-Cyr entra à Fribourg, que l'ennemi ne lui disputa pas; de là il se porta sur Saint-Blaise, où déjà la réserve, qui avait passé à Bâle, était arrivée. Richepanse resta à Saint-Blaise, les deux autres divisions, remontant la rive droite du Rhin, se portèrent à l'embouchure de l'Alb. Le 26 et le 27, les trois divisions se réunirent sur le Wuttach; le 28, elles prirent position à Neukirch; Saint-Cyr se porta de Saint-Blaise sur le Wuttach à Stühlingen.

Cependant Moreau sentit la nécessité de rappeler Sainte-Suzanne, qui dut passer à Kehl le 27, pour venir par la rive gauche du Rhin à Vieux-Brisach passer de nouveau le fleuve et se trouver en deuxième ligne du corps de

7

Saint-Cyr; il marcha sur Fribourg, y traversa le Val-d'Enfer et prit position à Neustadt.

Telle était la position de la réserve, du centre et de la gauche française, lorsque, le 1er mai, la droite, sous Lecourbe, passa le Rhin près Stein, sans presque aucun obstacle, et se porta sur le fort Hohentwœl, qui capitula. Il avait 80 bouches à feu; ainsi, ce fut cinq jours après le signal de l'ouverture de la campagne que Lecourbe put entrer en opération. Le 2 mai, l'armée resta inactive dans ses positions, où elle se trouvait en bataille sur une ligne de quinze lieues obliques au Danube, depuis le fort Hohentwœl jusqu'à Neustadt.

Il résulta de ce changement de plan que le feld-maréchal Kray eut le temps de réunir ses troupes, et que, le 2 mai, il était en position avec 45,000 hommes en avant de la petite ville d'Engen, ayant sur sa gauche, à Stockach, à six lieues, le prince de Vaudémont, avec un corps de 12,000 hommes, liant sa position d'Engen avec le lac de Constance, gardant ses magasins, et assurant sa retraite sur Mœskirch. Le 3, à la pointe du jour, Lecourbe, avec ses trois divisions, se dirigea sur Stockach; Moreau, avec les trois divisions de la réserve, sur Engen; Saint-Cyr et Sainte-Suzanne, trop éloignés du champ de bataille, ne purent y arriver à temps. Lecourbe marcha sur trois colonnes; Vandamme, à la droite, tourna Stockach; Montrichard, au centre, entra au pas de charge dans la ville; le général Lorge, à la gauche, coupa, avec une brigade, la communication de Stockach avec Engen, et seconda, avec une autre brigade, l'attaque de la réserve. Le prince de Vaudémont fut mis en déroute; il se retira en toute hâte sur Mœskirch, laissant 3,000 prisonniers, 5 pièces de canon et des drapeaux au pouvoir de Lecourbe. Pendant ce temps, les trois divisions de la réserve s'engagèrent avec les avant-gardes du feld-maréchal Kray sur un chemin d'Engen, aux approches de la rivière d'Aach. Le combat devint bientôt vif à Wetterdingen, à Mulhausen; mais Moreau ayant étendu sa ligne sur la gauche, fit attaquer par Richepanse le mamelon de Hohenhoven, celui-ci l'attaqua en vain toute la journée; les trois divisions de la réserve, avec la brigade de la division Lorge et la réserve de grosse cavalerie, formaient une force de 40,000 hommes, c'est-à-dire un peu moins que l'ennemi n'avait devant Engen. La victoire penchait en faveur des Autrichiens, lorsque Kray fut instruit de la défaite du prince de Vaudémont, des grands succès de Lecourbe et de l'arrivée de Saint-Cyr sur Hohenhoven; il battit en retraite. Saint-Cyr était parti le matin de Stühlingen; il avait remonté la rive droite du Wuttach, et il fut arrêté au défilé de Zollhaus; à la nuit, sa brigade d'avant-garde, commandée par le général Roussel, occupa le plateau de Hohenhoven. La perte fut de six à sept mille hommes de chaque côté; les Autrichiens perdirent en outre 4,000 prisonniers et quelques pièces de canon, la plupart pris par Lecourbe à Stockach.

Les résultats de cette journée suffisent pour faire comprendre combien le plan du premier consul était supérieur à celui que lui avait substitué Moreau. Si ce dernier eût débouché par le lac de Constance avec toute l'armée, il eût surpris, défait et pris la moitié de l'armée autrichienne, dont les débris n'auraient pu se rallier que sur le Necker, et il eût pu arriver à Ulm avant elle ; tandis qu'en s'engageant dans une marche de trente lieues, au milieu des ravins, des forêts et des défilés, il prévenait en quelque sorte son adversaire du but qu'il se proposait, et lui donnait le temps de réunir ses troupes, de couvrir ses magasins et de mettre Ulm à l'abri d'une surprise : il eût pu débuter par un coup de tonnerre, tandis qu'il n'obtint qu'un résultat indécis.

La journée du 4 ne fut pas plus décisive. Le feld-maréchal Kray, le prince de Vaudémont et l'archiduc Ferdinand ayant réuni leurs forces à Mœskirch, Lecourbe quitta, le 4 au matin, Stockach pour marcher sur ce point ; Saint-Cyr, qui n'avait pas donné à Engen, se porta sur Liptingen : les trois divisions de la réserve marchèrent en deuxième ligne à l'appui de Lecourbe ; celui-ci marcha sur Mœsckirch sur trois colonnes ; Vandamme à la droite sur Kloster-Wald ; Montrichard au centre, appuyé par la réserve de grosse cavalerie ; Lorge à la gauche, par Nenhausen : il couvrait ainsi un front de deux grandes lieues. La rencontre des troupes légères de l'ennemi ne tarda pas à lui indiquer la présence de l'armée : bientôt les trois divisions furent aux mains contre toute l'armée autrichienne ; elles étaient fort compromises, lorsque, dans l'après-midi, elles furent soutenues par trois divisions de la réserve. Le combat devint fort chaud, les armées se maintinrent sur leur champ de bataille. Saint-Cyr eût décidé de la victoire ; mais il n'arriva à Liptingen que la nuit, encore éloigné du champ de bataille de plusieurs lieues. Pendant la nuit Kray battit en retraite : la moitié de ses troupes avait passé le Danube à Sigmaringen ; l'autre moitié était sur la rive droite, lorsque Saint-Cyr, qui avait suivi la rive droite du Danube, arriva le 6 sur les hauteurs qui dominent ce fleuve. Si Moreau eût marché, de son côté, à la suite de l'ennemi, une partie de l'armée autrichienne aurait été détruite, mais Moreau ne connaissait pas le prix du temps ; il le passait toujours, le lendemain des batailles, dans une fâcheuse indécision.

Quelques jours après la bataille de Mœskirch, Lecourbe se porta sur Wurzach et envoya ses flanqueurs au pied des montagnes du Tyrol. Saint-Cyr se porta sur Buchau ; Moreau, avec la réserve, marcha en deuxième ligne ; Sainte-Suzanne continua son mouvement par la rive gauche du Danube, et se porta à Geissingen, séparé de l'armée par le fleuve. Kray avait fait sa retraite sans être inquiété. Se trouvant le 7 à Riedlingen, et ayant eu avis du mouvement décousu de la droite de l'armée sur le Tyrol, et de celui de Sainte-Suzanne sur la rive gauche du Danube, il passa ce fleuve au pont de Riedlingen, et se porta derrière Biberach, plaçant une avant-garde de 10,000 hommes sur la route de Buchau, et toute son armée derrière la Riess, la gauche à Ochsenhausen, la droite sur le plateau de Mettenberg. Le 9 mai, Saint-Cyr partit de Buchau, attaqua cette avant-garde, qui était séparée du corps de bataille par la Riess, la culbuta dans la rivière, lui fit 1,500 prisonniers et lui prit du canon; il la suivit sur la rive droite; deux divisions de la réserve étaient survenues sur ces entrefaites. Kray se mit en route sur l'Iller; Lecourbe l'attaqua à Memmingen, lui fit 1,200 prisonniers, et lui prit du canon; il se réfugia dans son camp d'Ulm.

Du 10 au 12 mai, l'armée française occupait les positions suivantes : la droite, sous Lecourbe, avait son quartier-général à Memmingen ; la réserve et le centre le long de l'Iller, jusqu'au Danube; le général Sainte-Suzanne, sur la gauche du Danube, à une journée d'Ulm. L'armée autrichienne était toute réunie dans le camp retranché d'Ulm, hormis le corps du prince de Reuss, de 20,000 hommes, qui était dans le Tyrol. Ulm avait une enceinte bastionnée; le mont Fellichel qui la domine était occupé par des fortifications de campagne faites avec soin, et armées d'une nombreuse artillerie : sur la rive droite, de forts retranchements protégeaient deux ponts. De grands magasins de fourrages, vivres et munitions de guerre y étaient réunis. Le général autrichien pouvait manœuvrer sur les deux rives du Danube, protégeant à la fois la Souabe et la Bavière, couvrant la Bohême comme l'Autriche ; il recevait tous les jours des recrues, des vivres, et paraissait résolu à vouloir se maintenir dans cette position centrale, malgré l'infériorité bien constatée de ses forces, et les échecs qu'il avait essuyés.

Moreau, pour le déposter, résolut de marcher en avant, la droite en tête : Lecourbe quitta Memmingen et s'approcha du Lech. Le quartier-général passa la Günz ; Saint-Cyr, avec le centre, le suivit en échelon, longeant le Danube ; Sainte-Suzanne s'approcha d'Ulm par la rive gauche. La division Legrand prit position à Erbach sur le Danube, à deux lieues de la place ; la division Souham, à la même distance sur la Blau. Les deux divisions couvraient ainsi une ligne de deux lieues. Sainte-Suzanne n'avait aucun point sur le Danube; il affrontait avec son seul corps toute l'armée de Kray, qui s'était contenté d'envoyer le général Merfeld derrière le Lech, et continua à occuper en force toute la rive gauche du Danube, depuis Ulm jusqu'à l'embouchure de cette rivière, poussant des avant-gardes jusque sur la chaussée d'Augsbourg, où elles escarmouchaient avec les flanqueurs de gauche de l'armée française.

Le 16, à la pointe du jour, l'archiduc Ferdinand déboucha sur le général Legrand, ainsi qu'une autre colonne sur le général Souham. Les avant-postes des deux divisions françaises furent bientôt reployés, leurs communications coupées, le corps des divisions rejeté deux lieues en arrière ; à mesure qu'elles reculaient, la distance qui les séparait s'augmentait.

Sainte-Suzanne était percé ; il ordonna au général Legrand d'abandonner le Danube, afin de se rapprocher de la division Souham : ce mouvement de concentration, avantageux sous ce point de vue, avait le terrible inconvénient de l'éloigner de l'armée ; mais Saint-Cyr, au bruit de la cannonade, rétrograda avec son arrière-garde, et plaça sur la rive droite du Danube des batteries, qui battaient la route d'Ulm à Erbach, et donnèrent de l'inquiétude à l'archiduc : croyant que toute l'armée allait passer ce fleuve, et le couper, il se reploya sur Ulm. La perte du corps de Sainte-Suzanne fut considérable en tués et blessés, moindre cependant qu'elle n'aurait dû l'être, vu la fausse position où on l'avait abandonné : l'intrépidité des troupes, l'habileté du général, sauvèrent ce corps d'une destruction totale.

Moreau, étonné de cet événement, contremanda la marche sur le Lech ; ordonna à Saint-Cyr et à d'Hautpoul de passer le Danube à Erbach, pour soutenir Sainte-Suzanne ; se porta lui-même sur l'Iller, et rappela Lecourbe. Sainte-Suzanne passa la Blau, de sorte que des onze divisions qui composaient son armée, cinq étaient sur la rive gauche et six étaient sur la rive droite du Danube, à cheval sur ce fleuve, occupant une ligne de quatorze lieues ; il passa plusieurs jours dans cette position.

Attaquera-t-il Kray sur la rive gauche ? repassera-t-il sur la rive droite ? Il se décida de nouveau à ce dernier parti. Lecourbe se reporta sur Landsberg, où il arriva le 27 mai ; le 28, sur Augsbourg, où il passa le Lech ; Saint-Cyr se porta sur la Günz ; Sainte-Suzanne passa sur la droite du Danube, et prit position à cheval sur l'Iller. L'armée française se trouva en bataille, la gauche au Danube, la droite au Lech, occupant une ligne de vingt lieues. Le 24 mai, le feld-maréchal Kray fit passer une avant-garde sur la rive droite, qui attaqua à la fois les deux divisions de Sainte-Suzanne : le combat fut vif, il dura toute la journée : la perte de part et d'autre fut considérable ; mais le soir, les Autrichiens repassèrent le Danube.

A cette nouvelle, le général Moreau changea encore de résolution : il arrêta son mouvement, et se rapprocha du Danube. Lecourbe abandonna pour la deuxième fois le Lech. Mais le 4 juin, le feld-maréchal Kray, ayant réuni une partie de ses forces, passa sur le pont d'Ulm, et attaqua le corps de Sainte-Suzanne, conduit par Richepanse. Sainte-Suzanne avait été prendre le commandement des troupes de Mayence, qui se trouvaient en position sur l'Iller. Richepanse, environné par des forces supérieures, se reploya toute la journée : sa position devenait des plus critiques, lorsque le général Grenier, qui avait remplacé Saint-Cyr, fit déboucher par le pont de Kellmuntz sur l'Iller la division Ney ; le combat se rétablit. Le général Moreau se concentra tout à fait sur l'Iller : c'était justement ce que voulait Kray, qui, trop faible pour faire tête à l'armée française, voulait l'empêcher de cheminer, et la consumer dans des combats de détail.

Après avoir séjourné plusieurs jours dans cette position, enhardi par l'attitude défensive de Kray, qui ne faisait aucun mouvement, et restait dans son camp retranché, Moreau reprit pour la troisième fois son projet d'attaque sur la Bavière, et fit mine de passer le Lech.

Lecourbe repassa de nouveau le Lech, et les 10, 11 et 12 juin, toute l'armée se rapprocha de cette rivière. Ainsi il y avait un mois que le combat de Biberach avait eu lieu, et l'armée était toujours dans la même position; elle avait perdu ce temps en marches et contre-marches, qui l'avaient compromise, et avaient donné lieu à des combats où les troupes françaises, en nombre inférieur, avaient perdu beaucoup de monde. L'arrière-garde de Lecourbe avait perdu 2,000 hommes, en évacuant Augsbourg, au combat de Shwamunchen. Cette hésitation avait indisposé quelques généraux de l'armée. Moreau avait renvoyé Saint-Cyr, qu'il avait remplacé par le général Grenier; il reprochait à ce général les lenteurs de sa marche à Engen, surtout à Mœskirch, et d'être mauvais camarade, de laisser écraser les divisions voisines, lorsqu'il pouvait les secourir; de son côté, Saint-Cyr critiquait amèrement la conduite de son général en chef, et manifestait hautement la désapprobation des manœuvres qui avaient été faites depuis l'ouverture de la campagne. Enfin, le général en chef se décida à se porter sur la rive gauche du Danube, en passant ce fleuve, du 19 au 20 juin, après être arrivé à la hauteur d'Ulm.

Lecourbe, avec la droite, se porta vis-à-vis Hochstet; Moreau, avec la réserve, vis-à-vis Dillingen; Grenier, avec le centre, à Gunzgbourg; Richepanse, avec la gauche, resta en observation sur l'Iller, vis-à-vis Ulm. Le 19, à la pointe du jour, Lecourbe après avoir fait raccommoder le pont du Danube à Blindheim, fit passer son corps d'armée, se porta avec une division sur Schwoningen, en descendant à deux lieues, du côté de Donawert, et environ deux autres sur Lauingen, en remontant le Danube. A peine arrivé à Schwoningen, la division fut attaquée par une brigade de 4,000 hommes que commandait le général Devaux, qui avait son quartier-général à Donawert. Le combat fut assez vif, mais ce corps fut défait, la moitié resta sur le champ de bataille et dans les mains des Français. Peu après, l'ennemi attaqua les divisions placées sur Lauingen; après un combat fort vif, il fut repoussé. Moreau, avec la réserve, passa au pont de Dillingen. Grenier voulut rétablir le pont de Günzgbourg, mais il en fut empêché par le général Giulay, ce qui l'obligea à aller passer au pont de Dillingen. Aussitot que Kray apprit que le passage était effectué, il résolut de se retirer; ce qu'il fit, sous la protection d'un corps de cavalerie qu'il plaça sur la Brentz : mais, pendant les journées des 20, 21, 22 et 23, l'armée française resta immobile et ne fit rien. C'était perdre un temps précieux, et qui, bien employé, pouvait devenir funeste à l'ennemi : le général autrichien en profita; il passa par Neresheim, Nordlingen, et arriva sur la Wernitz le 23 au soir. Le général Richepanse cerna Ulm avec son corps.

L'armée se mit trop tard à la suite de l'armée autrichienne, dont elle n'atteignit que l'arrière-garde. La division Decaen fut dirigée sur Munich ; après un léger combat contre le général Merfeld, elle entra dans cette capitale.

Lecourbe repassa sur la rive droite du Danube, se porta sur Rain et Neubourg. Kray était en position avec 2,500 hommes. En avant de cette ville, sur la rive droite du Danube, Montrichard, qui osa l'y attaquer, fut vivement repoussé et ramené pendant deux lieues. Lecourbe rétablit le combat avec la division Grandjean : la valeur des troupes et l'énergie du général remédièrent au mal qui eût pu être beaucoup plus grand. Le champ de bataille resta à l'ennemi; mais dans la nuit il sentit qu'il n'était plus à temps de gagner le Lech, et que le reste de l'armée française allait l'accabler; il repassa le Danube, se porta sur Ingolstadt, passa de nouveau le fleuve, et porta son quartier-général à Landshut, derrière l'Iser. Le général Moreau entra à Augsbourg, y plaça son quartier-général, et envoya la division Leclerc sur Freysing, qui y entra après un combat très-vif contre l'avant-garde autrichienne.

Dans ce temps, Sainte-Suzanne sortit de Mayence avec deux divisions réunies de ce côté, et il entra dans la Franconie, se rapprochant du Danube.

Cependant le prince de Reuss, occupant toujours Feldkirch, Fuessen et tous les débouchés du Tyrol, Lecourbe repassa le Lech, avec 20,000 hommes, et se porta sur trois colonnes, la gauche sur Scharnitz, le centre sur Fuessen, et la droite sur Feldkirch. Le 14 juillet, Molitor entra dans cette place; l'ennemi lui abandonna le camp retranché. Le prince de Reuss se retira derrière les défilés et les retranchements qui couvraient le Tyrol.

C'est en ce moment que l'armistice conclu le 15 juillet à Parsdorf suspendit les hostilités : les trois places d'Ingolstadt, Ulm, Philipsbourg durent rester bloquées, mais approvisionnées jour par jour, pendant le temps de la supension d'armes. Tout le Tyrol resta au pouvoir de l'Autriche, et la ligne de démarcation passa par l'Iser, au pied des montagnes du Tyrol. Dès le 24 juin, le feld-maréchal Kray avait proposé de se conformer à l'armistice conclu à Marengo, dont il venait de recevoir la nouvelle. Le reste de juillet, août, septembre, octobre, novembre, les armées restèrent en présence, et les hostilités ne recommencèrent qu'en novembre.

Cependant l'Italie entière était au pouvoir des Autrichiens. Turin, Rome, Florence étaient occupés par leurs troupes, dont le nombre s'élevait à 140,000 hommes. Fière des succès de la campagne précédente, cette armée était pleine de confiance et de force, et rien ne lui semblait au-dessus de ses destinées; elle considérait Gènes et Nice comme ses premières proies, puis de là elle devait passer le Var, se réunir à l'armée anglaise de

Mahon, dans le port de Toulon, et aller planter l'aigle autrichienne sur les murs de l'antique Marseille, après quoi elle prendrait ses quartiers d'hiver et se reposerait sur les rives de la Durance et du Rhône.

Ce fut avec la ferme résolution d'exécuter de tous points ce programme, que Mélas leva ses cantonnements dans les premiers jours de mars. Il laissa en arrière sa grosse artillerie et la plus grande partie de sa cavalerie, qu'il jugeait ne devoir lui être utiles que lorsqu'il aurait passé le Var. Il mit 30,000 hommes d'infanterie sous les ordres des généraux Wuccassowich, Laudon, Haddich et Kaim, pour garder les places et les débouchés du Splagen, du Saint-Gothard, du Simplon, du Saint-Bernard, du Mont-Cenis, du Mont-Genèvre, d'Argentière; et avec soixante-dix à quatre-vingt mille hommes il s'approcha de l'Apennin ligurien; sa droite, sous les ordres du feld-maréchal-lieutenant, se porte sur Bobbio, d'où elle poussa une avant-garde sur Sestri de Levante, pour communiquer avec l'escadre anglaise, et attirer de ce côté l'attention du général français. Avec le centre et le quartier-général, il se porta à Acqui, et il confia sa droite au feld-maréchal-lieutenant Elsnitz.

Masséna, comme on l'a vu, n'avait trouvé, en arrivant en Italie, que des soldats pâles, languissants, mourant de faim, couverts de lambeaux, des brigades affaiblies par la désertion de bataillons entiers; mais en homme de génie, il réorganisa rapidement cette armée qui conservait le feu sacré : il donna le commandement de la droite au général Soult, celui de la gauche au général Suchet, et il laissa la réserve aux généraux Victor et Lemoine.

L'armée française voyait avec confiance à sa tête Masséna, le vainqueur de Zurich; elle était appelée à combattre sur un terrain où chaque pas lui retraçait un souvenir de gloire. Il n'y avait pas encore quatre ans révolus qu'elle avait, quoique peu nombreuse et dans le plus grand dénûment, suppléant à tout par son courage et la force de sa volonté, remporté de nombreuses victoires, planté en cinquante jours ses drapeaux sur les rives de l'Adige, sur les confins du Tyrol, et porté au plus haut degré la gloire du nom français.

L'administration était complétement réorganisée; la solde était régulière, et d'immenses convois de subsistances avaient ramené l'abondance dans cette armée dont l'effectif ne se montait qu'à 40,000 hommes, mais qui avait des cadres pour 100,000. Et puis l'esprit de faction avait cessé de souffler, et 30 millions de Français réunis autour du chef de l'Etat étaient forts de la confiance réciproque qu'ils s'inspiraient.

Le quartier-général était à Gènes; le général de brigade Oudinot était chef d'état-major, le général Lamartellière commandait l'artillerie. Masséna avait confié la gauche de son armée au lieutenant-général Suchet, qui avait sous ses ordres quatre divisions : la première occupait Rocca-Barbena; la deuxième, Settepani et Mélogno; la troisième, Saint-Jacques et Notre-Dame-de-Nève; la quatrième était en réserve à Finale et sur les hauteurs de San-Pantaleone : sa force était de 12,000 hommes. Le lieutenant-général Soult commandait le centre, fort de 12,000 hommes, et partagé en trois divisions : celle du général Gardanne défendait Cadibone, Vado, Montelegino, Savone; les flanqueurs, les hauteurs de Stella; le général Gasan défendait les débouchés en avant et en arrière, et sur les flancs de la Bocchetta; le général Marbot commandait la réserve; le lieutenant-général Miollis commandait la droite, forte de 5,000 hommes : il barrait la rivière du Levant, occupait Recco par sa droite, le Mont-Cornua par son centre, et par sa gauche le col de Toriglio, situé à la naissance de la vallée de la Trébia. Une réserve de 5,000 hommes était dans la ville; l'armée entière était forte de trente-quatre à trente-six mille hommes. Les cols, depuis Argentières jusqu'aux sources du Tanaro, étaient encore obstrués de neige. Une division de 4,000 hommes, sous les ordres du général Garnier, était repartie pour les observer, et fournir aux garnisons de Saorgio, de Nice, de Montalban, de Vintimille et des batteries des côtes. L'approche de l'armée ennemie décida le général en chef à ordonner la levée des cantonnements; et, quoique la saison fût rigoureuse, qu'il y eût toujours des neiges sur les hauteurs, les troupes quittèrent leurs camps, et occupèrent des positions culminantes. Des escarmouches ne tardèrent pas à avoir lieu entre les avant-postes. La situation de l'armée française était délicate; elle exigeait beaucoup de vigilance : tous les jours elle poussait en avant de fortes reconnaissances, dans lesquelles elle avait toujours l'avantage; elle faisait des prisonniers, enlevait des magasins et des bagages. L'occupation de Sestri de Levante gênait l'arrivée des convois de blé; les paysans de la vallée de Fontana-Bona, de tout temps dévoués à l'oligarchie, profitant du voisinage de l'armée autrichienne, s'étaient mis sous les armes, et déclarés pour l'ennemi. Le lieutenant-général Miollis y marcha sur deux colonnes : l'une entra dans la vallée, désarma les insurgés, brûla cinq de leurs villages, et prit des otages; l'autre longea la mer, chassa de Sestri l'avant-garde de Ott, la poussa au-delà des Apennins, et se saisit d'un convoi de six mille quintaux de blé qu'elle fit entrer dans Gènes.

Dès les premiers jours de mars, le vice-amiral anglais Keith, commandant l'escadre anglaise de la Méditerranée, notifia aux consuls des diverses nations le blocus de tous les ports et côtes de la république de Gènes, depuis Vintimille jusqu'à Sarzane. Dans les premiers jours d'avril, il établit sa croisière devant Gènes, ce qui rendit difficile les communications avec la Provence, et l'arrivée des approvisionnements qui abondaient dans les ports de Toulon, Marseille et Antibes.

Le 6 avril les opérations commencèrent. Le feld-maréchal Mélas, avec quatre divisions, attaqua à la fois Montelegino et Stella : le lieutenant-général Soult accourut avec sa réserve au secours de la gauche. Le combat fut assez vif tout le jour : la division Palfy entra dans Cadibone et Vado; celles de Saint-Julien et de Lattermann entrèrent à Montelegino et Arbizola; Soult rallia sa gauche sur Savone, compléta la garnison de la citadelle, et se retira sur Vareggio pour couvrir Gènes; trois vaisseaux de guerre anglais mouillèrent dans la rade de Vado. Mélas porta son quartier-général à la Madona de Savone, et fit investir le fort : il trouva à Vado plusieurs pièces de 36 et de gros mortiers qui armaient les batteries des côtes. Dès cette première journée, la ligne française se trouva coupée. Suchet, avec la gauche, fut séparé du reste de l'armée : mais il conserva sa communication avec la France.

Le même jour, Ott, avec la gauche, déboucha par trois colonnes sur Miollis; celle de gauche, le long de la mer, celle du centre par Monte-Cornua, celle de droite par le col de Toriglio : il fut partout vainqueur; occupa le Monte-Faccio, le Monte-Ratti, et investit les trois forts de Quezzi, de Richelieu et de San-Tecla; il établit le feu de ses bivouacs à une portée de canon de cette ville. L'atmosphère, jusqu'au ciel, en était embrasé : les Génois, hommes, femmes, vieillards, enfants, accoururent sur les murailles pour considérer un spectacle si nouveau et si important pour eux : ils attendaient le jour avec impatience; ils allaient donc devenir la proie de ces Allemands, que leurs pères avaient repoussés, chassés de leur ville avec tant de gloire! Le parti oligarque dissimulait mal sa joie; mais le peuple tout entier était consterné. Au premier rayon du soleil, Masséna fit ouvrir les portes; il sortit avec la division Miollis et la réserve, attaqua le Monte-Faccio, le Monte-Ratti, les prit à revers, et précipita dans les ravins et les fondrières les divisions de l'imprudent Ott, qui s'était approché avec tant d'inconsidération, seul et si loin du reste de son armée. La victoire fut complète; le Monte-Cornua, Recco, le col de Toriglio, furent repris. Le soir, 1,500 prisonniers, un général, des canons et 7 drapeaux, trophées de cette journée, entrèrent dans Gènes au bruit des acclamations et des élans de joie de tout ce bon peuple.

Pendant cette même journée du 7, Elsnitz, avec la droite de Mélas, attaqua par cinq colonnes le lieutenant-général Suchet; celle qui déboucha par le Tanaro et le Saint-Bernard fut battue, rejetée au-delà du fleuve par la division française qui était à Rocca-Barbena; celles qui attaquèrent Settepani, Melogno, Notre-Dame-de-Nève, Saint-Jacques, eurent des succès variés; le général Séras se maintint à Melogno; mais Saint-Jacques fut occupé par Elsnitz, comme les hauteurs de Vado l'étaient de la veille par le général Palfy. Suchet se retira sur la Pietra et Loano; il prit la ligne de Borghetta, et renforça sa gauche pour assurer ses communications avec la France, sa seule retraite.

Le 9, le feld-maréchal-lieutenant Ott fit attaquer et occuper par le général Hohenzollern la Bocchetta. Mélas avait atteint son principal but; il avait coupé l'armée française de la France, et en avait séparé un corps : mais il fallait prévenir le retour offensif des Français, marcher sur Gènes, cerner la ville, et concentrer son armée. L'intervalle de quatorze lieues qui existait entre sa gauche et son centre était bien périlleux; il déboucha, le 10, avec son centre sur plusieurs colonnes : celle de droite, commandée par Lattermann, longea la mer par Varaggio; celle du centre, conduite par Palfy, se porta sur les hauteurs de cette ville; celle de Saint-Julien partit de Sospello pour se porter sur Monte-Fayale, dans le temps que Hohenzollern, de la Bocchetta, se portait sur Ponte-Decimo, et dirigeait ses flanqueurs de droite par Marcarolo sur les hauteurs de la Madona-dell'Aqua, près Voltri, pour effectuer sa jonction avec le centre.

Masséna, le même jour 9 avril, était à Varaggio avec la moitié de ses forces; Soult, à Voltri, avec l'autre moitié; Miollis gardait Gènes; Suchet, prévenu à temps, sortait des lignes de Borghetta, et se portait à l'attaque de Saint-Jacques. Le but du général Masséna était de rétablir, à quelque prix que ce fût, ses communications avec sa gauche et la France. Soult devait se porter de Voltri sur Sassello, Masséna sur Melta, Suchet sur Cadibone; sa jonction devait se faire sur Montenotte-Supérieure. A l'aube du jour, Soult se mit en marche; mais ses coureurs ayant eu connaissance que des flanqueurs de Hohenzollern s'approchaient de Voltri, il quitta sa route, fit un à droite, marcha sur eux, les poussa de hauteurs en hauteurs, les précipita, le soir, dans la fondrière du torrent de la Piota, tua, blessa ou prit 3,000 hommes. Le 11, il exécuta son mouvement sur Sassello, où il entra, et apprit que le général Saint-Julien en était parti le matin pour se porter sur Monte-Fayale; il marcha aussitôt à lui, le défit et le rejeta sur Montenotte, après lui avoir fait grand nombre de prisonniers; de là il se porta sur le Monte-l'Hermette, dont il s'empara après des combats fort vifs où l'audace, l'intrépidité et la nécessité de vaincre suppléèrent au nombre. Pendant ce temps, Masséna avait été moins heureux; il attendit, le 10, avec impatience, que Soult arrivât sur sa droite; ne le voyant pas venir, il partit le 11 de Varaggio et marcha sur Stella; mais Lattermann, qui longeait la mer, entra dans Varaggio et menaça Voltri dans le temps que Palfy et Bellegarde l'attaquaient de front; il craignit d'être cerné : il battit en retraite sur Cogareto. Le lendemain il détacha le général Fressinet par sa droite pour soutenir Soult : Fressinet arriva à propos; il décida de l'occupation du Monte-l'Hermette. De son côté, Suchet attaqua et prit Settepani, Melogno, San-Pantaleone; mais il fut repoussé à Saint-Jacques. Les 10, 11, 12, 13, 14 et 15 se passèrent en marches, manœuvres et combats : souvent les colonnes des deux armées se côtoyèrent en sens inverse, séparées entre elles par des torrents, des fondrières qui les empêchaient de se combattre dans leurs marches, quoique très-près l'une de l'autre. Masséna reconnut l'impossibilité de rétablir ses communications : le défaut de concert entre les attaques de Masséna et celles de Suchet empêcha qu'elles ne fussent simultanées; mais la perte de l'ennemi, dans les combats, fut double de celle des Français. Le 21, Masséna évacua Voltri pour s'approcher des remparts de Gênes, dans laquelle il fit défiler devant lui 5,000 prisonniers. Le colonel Mouton, du 3e de ligne, depuis le comte de Lobau, se couvrit de gloire dans toutes ces attaques; il sauva l'arrière-garde au passage du pont de Voltri par sa bonne contenance. Le peuple de Gênes, témoin de l'intrépidité du soldat français, du dévouement, de la résolution des généraux, se prit d'enthousiasme et d'amour pour l'armée.

L'armée de Masséna, dès ce jour, 21 avril, cessa d'avoir l'attitude d'une armée en campagne; elle n'eut plus que celle d'une forte et courageuse garnison d'une place de premier ordre. Cette situation lui offrit encore des lauriers à cueillir; peu de positions étaient plus avantageuses que celle que Masséna occupait. Maître d'un aussi grand camp retranché qui barre toute la chaîne de l'Apennin, il pouvait en peu d'heures se porter de la droite à la gauche en traversant la ville, ce que l'ennemi n'aurait pu faire en plusieurs jours de marche. Le général autrichien ne tarda pas à sentir tous les avantages que donnait à son ennemi un pareil théâtre. Le 30, par une attaque combinée, il s'approcha des murailles de Gênes, dans le temps que l'amiral Keith engageait une vive canonnade avec les batteries des môles et des quais. La fortune sourit d'abord à toutes ses combinaisons : il s'empara du plateau des Deux-Frères, cerna le fort de Diamant, surprit le fort de Quezzy, bloqua celui de Richelieu, occupa tous les revers de Monte-Ratti, de Monte-Faccio et même de la Madone-del-Monte; il voulait y mettre vingt mortiers en batterie, pendant la nuit, sur la position d'Albana, brûler la superbe Gênes et y porter l'incendie et la révolte. Mais, dans l'après-midi, Masséna ayant concentré toutes ses forces derrière les remparts, prit des mesures pour la garde de la ville, déboucha sur Monte-Faccio, qu'il cerna de tous côtés, et le reprit malgré la plus vive résistance: ses troupes rentrèrent dans le fort de Quezzi. Soult marcha alors par le plateau des Deux-Frères; il s'en rendit-maître. L'ennemi perdit toutes les positions qu'il avait prises le matin. Le soir, le général en chef rentra dans Gênes, menant à sa suite 1,200 prisonniers, des drapeaux, les échelles dont l'armée autrichienne s'était munie pour l'escalade qu'elle avait voulu tenter au point de réunion des deux enceintes, du côté de Bisogno.

Suchet se maintint longtemps maître de Saint-Pantaleone et de Melogno; mais enfin il se retira dans la position de Borghetto, n'espérant plus rien de ses efforts pour rétablir la ligne de l'armée.

Après le désastre de cette journée, les généraux autrichiens renoncèrent à toute attaque de vive force sur un théâtre qui leur était si contraire. Gênes n'avait pas de vivres et ne pouvait tarder à capituler. Conformément aux principes de la guerre de montagnes, ils occupèrent de fortes positions autour de cette place pour empêcher les vivres d'y entrer par terre, comme l'escadre anglaise les interceptait par mer : ce serait donc au général français à prendre l'offensive, à les déposter s'il voulait communiquer avec la campagne, ouvrir les routes pour se procurer les fourrages et les vivres qui lui étaient indispensables.

D'un autre côté, la cour de Vienne était alarmée de la grande supériorité de l'armée française du Rhin et des immenses préparatifs que faisait le premier consul pour porter la guerre sur le Danube ; elle pressait une diversion sur la Provence. Mélas se porta sur le Var et laissa le feld-maréchal-lieutenant Ott avec 30,000 hommes pour bloquer Gênes de concert avec l'escadre anglaise. Ott occupa plusieurs camps, déjà fortifiés par la nature, et auxquels il ajouta tous les secours de l'art, qui lui donnait le double avantage de maîtriser les débouchés, de s'opposer ainsi à l'arrivée des convois et de placer les troupes dans de fortes positions, où elles n'avaient rien à redouter de la *furie française.*

Tranquille sur le sort de Gênes, qui devait lui ouvrir ses portes sous quinze jours, Mélas, avec 30,000 hommes, marchait à Suchet; il fit tourner la ligne de Borghetta par une division qui déboucha par Ormea, Ponte-di-Nave et la Pieva. Il attaqua, le 7 mai, les hauteurs de San-Bartholomeo, espérant couper aux Français le chemin de la Corniche à port Maurice, et obliger ainsi Suchet à poser les armes. Mais le général Pujet, qui était en position à Saint-Pantaleone, donna le temps à son général de faire sa retraite, bien qu'avec quelque désordre et une assez grande perte, derrière la Taggia, où il eût pu tenir quelques jours si la brigade Gorrup, partie de Coni, ne s'était pas emparée, dès le 6, du col de Tende. Déjà ses avant-postes étaient au défilé de Saorgio. Suchet jugea, avec raison, devoir repasser la Roya et le Var en toute hâte. Il fit aussitôt travailler à retrancher la tête de pont, et fit venir de la grosse artillerie d'Antibes et des canonniers de la côte. Il avait laissé garnison dans le fort Vintimille, dans le château de Ville-Franche et au fort Montalban, qui, situé sur la hauteur qui sépare le golfe de Ville-Franche de la rade de Nice, domine ces deux villes et tout le cours du Paglione. Il y fit établir un télégraphe, et eut ainsi sur les derrières de l'ennemi une vedette qui l'instruisait de tous ses mouvements, soit sur le chemin de Gênes par le col de Turbie, soit sur la chaussée de Turin par la vallée du Paglione.

Le général de division Saint-Hilaire commandait la 8e division militaire; il accourut sur le Var ramassant à Marseille et à Toulon toutes les troupes disponibles; des compagnies de garde nationale se rangèrent aussi sous ses ordres. Les places de Colmars, Entrevaux, Antibes étaient en bon état de défense; dès le 15 mai, le corps de troupes réunies sur le Var était de 14,000 hommes.

Tous les courriers de Paris apportaient en Provence des nouvelles de la marche de l'armée de réserve; déjà l'avant-garde arrivait sur le Saint-Bernard. Le résultat de cette manœuvre était évident pour les soldats comme pour les citoyens; le moral des troupes, comme celui des habitants, était au plus haut degré d'espérance.

Le 11 mai, Mélas fit son entrée à Nice : l'ivresse des officiers autrichiens était extrême; ils arrivaient enfin sur le territoire de la République, après avoir vu les armées françaises aux portes de Vienne. Une croisière anglaise mouilla à l'embouchure du Var ; elle annonçait l'arrivée de l'armée embarquée à Mahon, qui devait investir la place de Toulon. Pour cette fois l'Angleterre voulait faire sauter les superbes bassins et détruire de fond en comble cet arsenal, d'où était sortie l'armée qui menaçait son empire des Indes.

Le Var est un torrent guéable, mais qui en peu d'heures grossit. Les gués n'y sont pas sûrs ; d'ailleurs la ligne que défendait Suchet était courte, la gauche s'appuyait à des montagnes difficiles, la droite, de la mer à six cents toises. Il avait eu le temps de couvrir de retranchements et de batteries de gros calibre la tête de pont qu'il occupait en avant du village de Saint-Laurent. Dès la première entrée des Français dans le comté de Nice, en 1792, le génie avait construit un grand nombre de batteries sur la rive droite pour protéger le pont, qui a trois cents toises de longueur; un défilé aussi considérable avait attiré toute la sollicitude des généraux français, pendant les années 1792, 1793, 1794, 1795. Le champ de bataille qu'allait défendre Suchet était préparé de longue main. Le 14, après quelques jours de repos, les divisions Elsnitz, Bellegarde et Lattermann attaquèrent la tête de pont avec opiniâtreté : la défense fut brillante; l'ennemi, écrasé par les batteries de la rive droite, reconnut l'impossibilité de réussir; il prit position; il poussa par la gauche des postes jusqu'à la croisière anglaise, et appuya sa droite aux montagnes. Mélas était résolu à passer le Var plus haut : le corps de Suchet tourné eût été obligé de se reployer sur Cagnes et les défilés de l'Esterelles, lorsque le 21 il reçut enfin les nouvelles du passage du Saint-Bernard par l'armée de réserve, et de l'arrivée de Napoléon à Aoste. Mélas partit aussitôt avec deux divisions, passa le col de Tende, entra à Coni le 23; le 24 il apprit à Savigliano la prise d'Ivrée : il s'était fait précéder depuis quelques jours par la division Palfy. Il se flattait encore que toutes ces nouvelles étaient exagérées; que cette armée, si redoutable, ne serait qu'un corps de quinze à vingt mille hommes au plus qu'il pouvait facilement contenir avec les troupes qu'il amenait avec lui et ce qu'il avait réuni dans la plaine d'Italie, sans renoncer à Gènes, ajournant seulement ses projets sur la Provence.

Aussitôt que Masséna fut instruit qu'il n'était plus bloqué que par trente à trente-cinq mille hommes, que Mélas, avec une partie de l'armée, s'était porté sur le Var, il sortit de Gènes avec l'espérance fondée de culbuter le corps d'armée du blocus, et de terminer la campagne. Quinze mille Français dans sa position valaient mieux que 30,000 Autrichiens : l'ennemi fut effectivement repoussé de tous ses postes avancés.

Le 10 mai, le lieutenant-général Soult, avec 6,000 hommes, se porta dans la rivière du Levant sur les derrières de la gauche de Ott, et rentra dans Gènes avec des vivres et des prisonniers par Monte-Faccio; les attaques furent renouvelées le 13 mai. Ott concentra ses troupes sur Monte-Creto : le combat fut opiniâtre et sanglant; Soult, après avoir fait des prodiges de valeur, tomba grièvement blessé et resta au pouvoir de l'ennemi.

Masséna rentra dans Gènes, ayant perdu l'espoir de faire lever le blocus; les vivres devenaient rares et fort chers. La population souffrait, la ration du soldat avait été diminuée; cependant, malgré la vigilance des Anglais, quelques bâtiments de Marseille, de Toulon et de Corse parvinrent à entrer dans Gènes. Ce secours eût été suffisant pour l'armée, mais il était bien faible pour une population de 50,000 âmes. On parlait de capituler, lorsque, le 26 mai, arriva le chef d'escadron Franceschi, qui, le 24 avril, avait quitté cette ville pour se rendre à Paris : témoin du passage du Saint-Bernard, il annonçait la prochaine arrivée de Napoléon sous les murs de Gènes. Cet intrépide officier s'était embarqué à Antibes sur un bâtiment léger; au moment d'entrer dans le port, sa felouque étant sur le point d'être prise, il n'eut d'autre ressource, pour sauver les dépêches, que de se jeter à la nage. Les nouvelles qu'il apportait remplirent d'allégresse l'armée et les Génois : l'idée d'une prompte délivrance fit endurer avec patience les maux présents. Les ennemis de la France furent consternés, leurs complots s'évanouirent; le peuple suivait sur les cartes exposées aux portes des boutiques le mouvement d'une armée en laquelle il avait placé sa confiance, et que conduisait un général qu'il aimait : il savait, par l'expérience des campagnes précédentes, tout ce qu'il devait en attendre.

Cependant un convoi de blé, annoncé de Marseille, était attendu avec la plus grande impatience; un des bâtiments qui en faisait partie entra le 30 mai dans le port, et annonça qu'il était suivi par le reste du convoi : la population tout entière se porta sur le quai, dès la pointe du jour, pour devancer l'arrivée de ce secours ardemment attendu. Son espérance fut trompée, rien n'arriva, et le soir on annonça qu'il était tombé au pouvoir de l'ennemi. Le découragement devint extrême, les magistrats de la ville eurent recours aux magasins de cacao, dont il existait une grande quantité chez les négociants. Cette ville est l'entrepôt qui en fournit à toute l'Italie. Il s'y trouvait aussi des magasins de millet, d'orge, de fèves. Dès le 24 mai, la distribution du pain avait cessé; on ne recevait plus que du cacao. Les denrées de première nécessité étaient hors de prix : une livre de mauvais pain coûtait 30 fr.; la livre de viande, 6 fr.; une poule, 32 fr. Dans la nuit du 1er au 2, on crut entendre le canon. Les soldats, les habitants se portèrent avant le jour sur les remparts; vaine illusion, ces espérances déchues accroissaient le découragement : la désertion était assez considérable, ce qui est rare dans les troupes françaises; mais les soldats n'avaient pas une nourriture suffisante. Huit mille prisonniers autrichiens étaient sur les pontons et dans les bagnes : ils avaient reçu jusqu'alors les mêmes distributions que les soldats; mais enfin il n'était plus possible de leur en délivrer. Masséna le fit connaître au général Ott; il leur demanda qu'il leur fît passer des vivres, et donna sa parole qu'il n'en serait rien distrait. Ott pria l'amiral anglais d'en envoyer à ses prisonniers; celui-ci s'y refusa, ce qui fut une première source d'aigreur entre eux. L'armée de blocus elle-même ne vivait que par le secours de la mer, et dépendait en cela de la flotte. Le 2 juin, la patience du peuple parut à bout; les femmes s'assemblèrent tumultueusement, demandant du pain ou la mort. Il y avait tout à craindre du désespoir d'une aussi nombreuse population; il n'y avait que dix jours que le colonel Franceschi était arrivé, mais déjà dix jours sont longs pour des affamés! « Depuis qu'on nous annonce l'armée de réserve, disaient-ils, si elle devait venir, elle serait déjà arrivée; ce n'est point avec cette lenteur que marche Napoléon; il a été arrêté par des obstacles qu'il n'a pu surmonter, il a eu quatre fois le temps de faire le chemin. L'armée autrichienne est trop forte, la sienne trop faible, il n'a pu déboucher des montagnes, nous n'avons aucune chance; cependant la population entière de notre ville contracte des maladies qui vont nous faire tous périr. N'avons-nous donc pas montré assez de patience et d'attachement à la cause de nos alliés? N'y a-t-il pas de la férocité à exiger davantage d'une population si nombreuse, composée de vieillards, de femmes et d'enfants, de citoyens paisibles peu accoumés aux horreurs de la guerre? »

Masséna céda enfin à la nécessité : il promit au peuple que si, sous vingt-quatre heures, il n'était pas secouru, il négocierait. Il tint parole : le 3 juin, il envoya l'adjudant-général Andrieux au général Ott. Fatalité des choses humaines! Il se rencontra dans l'antichambre de ce général avec un officier d'ordonnance autrichien qui arrivait en poste du quartier-général de Mélas : il était porteur de l'ordre de lever le blocus et de se rendre en toute hâte sur le Pô; il lui annonçait que Napoléon était à Chivasso depuis le 26, et marchait sur Milan. Il n'y avait plus un moment à perdre pour sauver l'armée.

Andrieux entra à son tour; il débuta, comme c'est l'usage, par déclarer que son général avait encore des vivres pour un mois pour son armée; mais que la population souffrait, que son cœur en était ému et qu'il rendrait la place si on consentait qu'il sortît avec ses armes, bagages et canons sans être prisonnier.

Ott accepta avec empressement en déguisant sa surprise et sa joie. Les négociations commencèrent aussitôt; elles durèrent vingt-quatre heures.

Masséna se rendit en personne aux conférences, au pont de Conegliano, où se trouvèrent l'amiral Keith et le général Ott : l'embarras de ce dernier était extrême; d'un côté, le temps était bien précieux, il sentait toute la conséquence d'une heure de retard dans de pareilles circonstances. Le 4, dans la journée, il apprit que l'armée de réserve avait forcé le passage du Tésin, était entrée à Milan, occupait Pavie, et que déjà les coureurs étaient sur l'Adda : cependant, s'il accédait aux demandes de Masséna, et qu'il le laissât sortir de Gènes sans être prisonnier de guerre, avec armes et canons, il n'aurait rien gagné. Le général avait encore 12,000 hommes, il se réunirait à Suchet qui en avait autant, et, ainsi réunis, ils manœuvreraient contre lui Ott, qui se serait affaibli d'une division qu'il fallait qu'il laissât à Gènes. Il ne pourrait donc se porter sur le Pô qu'avec environ 30 bataillons, qui, réduits par les pertes de la campagne, fourniraient à peine 15,000 hommes.

Ott proposa que l'armée française se rendît à Antibes par mer, avec armes et bagages, et sans être prisonnière. Cela fut rejeté, et on convint que 8,500 hommes de la garnison sortiraient par terre et prendraient la chaussée de Voltri, et que le reste serait transporté par mer, ce qui fut exécuté.

Tandis que tout cela se passait, le premier consul déployait une activité plus étonnante encore que tout ce qu'il avait fait sous ce rapport en Italie et en Orient. Inaccessible à la fatigue, il semblait se délasser par la variété des travaux entre lesquels se distinguait surtout la création de l'armée de réserve, dont il avait donné le commandement titulaire à Berthier, par une espèce de ménagement pour l'opinion, qui aurait pu s'offenser de voir le premier consul, un magistrat civil, remplir les fonctions de général en chef. Incertain encore de la position exacte de Masséna, et calculant les deux partis que ce général pourrait prendre en cas de revers, il écrivit à Berthier : « Il est temps que l'armée de réserve donne à plein collier en Italie. » Sa lettre contenait des instructions pour la descente de l'armée, soit par le Saint-Bernard, soit par le Simplon. Berthier aurait voulu avoir auprès de lui, pour franchir les Alpes, le général Lecourbe, qui connaissait bien la Suisse et s'était distingué dans la lutte avec les Russes dans les montagnes ; mais Moreau ne voulait pas se priver de l'un de ses meilleurs lieutenants. Enfin, averti par le chef d'escadron Franceschi, aide-de-camp du général Soult, que Masséna était enfermé dans Gènes, où, à compter du 5 floréal, il n'avait plus de vivres que pour vingt-cinq jours, le premier consul donna aussitôt les ordres nécessaires pour que l'armée de réserve, forte de 60,000 hommes, se glissât rapidement en Italie.

Cette armée de réserve, dont on n'avait rassemblé à Dijon qu'un faible noyau, et dont les émissaires de l'ennemi pouvaient révoquer en doute l'existence, se composait d'une des divisions de Lecourbe, des corps que l'on avait placés sur le Haut-Rhin en présence du prince de Reuss, de la division qui, depuis le commencement des hostilités, occupait le Valais, et des troupes dè toutes armes que, de divers points de l'intérieur, on avait fait filer sans bruit sur les rives du lac de Genève. Les ingénieurs français avaient sondé tous les cols des Apennins, et l'on s'était arrêté au projet de pousser les deux divisions de droite par le Mont-Genève, le Mont-Cenis, le Petit-Saint-Bernard ; de mettre toute la gauche sous les ordres de Moncey, pour déboucher par le Simplon et le Saint-Gothard ; enfin, de faire descendre le corps de bataille des sommets au Grand-Saint-Bernard.

Le premier consul quitta Paris le 6 mai; vingt-cinq heures après son départ il était arrivé à Dijon, passait en revue les bataillons de nouvelle formation, organisait une autre armée au commandement de laquelle il appela le général Brune, retiré du conseil d'Etat; le 13 mai, il passa à Lausanne la revue de l'avant-garde de l'armée de réserve ; c'était le général Lannes qui la commandait; elle était composée de six vieux régiments d'élite, parfaitement habillés, équipés et munis de tout. Elle se dirigea aussitôt vers Saint-Pierre. Les divisions suivaient en échelons. Cela formait, non compris ce qui était resté en France, un effectif de 36,000 combattants, en qui l'on pouvait avoir confiance; elle avait un parc de 40 bouches à feu. Les généraux Victor, Loison, Vatrin, Boula-Chambarlhac, Monnier, commandaient dans cette armée.

Le premier consul avait préféré le passage du Grand-Saint-Bernard à celui du Mont-Cenis : l'un n'était pas plus difficile que l'autre. Il y a de Lausanne à Saint-Pierre, village au pied du Saint-Bernard, un chemin praticable pour l'artillerie, et depuis le village de Saint-Remi à Aoste, on trouve également un chemin praticable aux voitures. La difficulté ne consistait donc que dans la montée et dans la descente du Saint-Bernard : cette difficulté était la même pour le passage du Mont-Cenis; mais en passant par le Saint-Bernard, on avait l'avantage de laisser Turin sur sa droite, et d'agir dans un pays plus couvert et moins connu, et où les mouvements seraient plus cachés que sur la grande communication de la Savoie, où l'ennemi devait nécessairement avoir beaucoup d'espions. Le passage prompt de l'artillerie paraissait une chose impossible. On s'était pourvu d'un grand nombre de mulets; on avait fabriqué une grande quantité de petites caisses pour contenir les cartouches d'infanterie et les munitions des pièces. Ces caisses devaient être portées par les mulets, ainsi que des forges de montagne, de sorte que la difficulté réelle à vaincre était le transport des pièces. Maison avait préparé à l'avance une centaine de troncs d'arbre, creusés de manière à pouvoir recevoir les pièces qui y étaient fixées par les tourillons : à chaque bouche à feu ainsi disposée, 100 soldats devaient s'atteler; les affûts devaient être démontés et portés à dos de mulets. Toutes ces dispositions se firent avec tant d'intelligence par les généraux d'artillerie, Gassendy et Marmont, que la marche de l'artillerie ne causa aucun retard : les troupes mêmes se piquèrent d'honneur de ne point laisser leur artillerie en arrière, et se chargèrent de la traîner. Pendant toute la durée du passage, la musique des régiments se faisait entendre; ce n'était que dans les pas difficiles que le pas de charge donnait une nouvelle vigueur aux soldats. Une division entière aima mieux, pour attendre son artillerie, bivouaquer sur le sommet de la montagne, au milieu de la neige et d'un froid excessif, que de descendre dans la plaine, quoiqu'elle en eût eu le temps avant la nuit. Deux demi-compagnies d'ouvriers d'artillerie avaient été établies dans les villages de Saint-Pierre et de Saint-Remi, avec quelques forges de campagne, pour le démontage et le remontage de diverses voitures d'artillerie. On parvint à passer une centaine de caissons.

Le 16 mai, le premier consul alla coucher au couvent de Saint-Maurice, et toute l'armée passa le Saint-Bernard les 17, 18, 19 et 20 mai. Le premier consul passa lui-même le 20; il s'arrêta une heure au couvent des Hospitaliers, et opéra la descente à la Romassa, sur un glacier presque perpendiculaire. Le froid était encore vif; la descente du Grand-Saint-Bernard fut plus difficile pour les chevaux que ne l'avait été la montée; néanmoins on n'eut que peu d'accidents. Les moines du couvent étaient approvisionnés d'une immense quantité de pain, de vin, de fromage qu'ils distribuèrent avec une charité vraiment évangélique, et il n'y eut pas un soldat qui ne reçût au passage une forte ration.

Le 16 mai, le général Lannes, avec les 6e demi-brigade légère, 28e et 44e de ligne, 11e, 12e régiments de hussards, et 21e de chasseurs, arriva à Aoste, ville qui fut pour l'armée d'une grande ressource. Le 17, cette avant-garde arriva à Châtillon, où un corps autrichien de quatre à cinq mille hommes, qu'on avait cru suffisant pour défendre la vallée, était en position; il fut aussitôt attaqué et culbuté : on lui prit 3 pièces de canon et quelques centaines de prisonniers.

L'armée française croyait avoir franchi tous les obstacles; elle suivait une vallée assez belle, où elle trouvait des maisons, de la verdure et le printemps, lorsque tout à coup elle fut arrêtée par le canon du fort de Bard.

Ce fort, entre Aoste et Ivrée, est situé sur un mamelon conique, et entre deux montagnes, à vingt-cinq toises l'une de l'autre; à son pied coule le torrent de la Doria, dont il ferme absolument la vallée; la route passe dans les fortifications de la ville de Bard, qui a une enceinte et est dominée par le feu du fort. Les officiers du génie, attachés à l'avant-garde, s'approchèrent pour reconnaître un passage, et firent le rapport qu'il n'en existait pas d'autre que celui de la ville. Le général Lannes ordonna, dans la nuit, une attaque pour tâter le fort; mais il était partout à l'abri d'un coup de main. Comme il arrive toujours, en pareille circonstance, l'alarme se communiqua rapidement dans toute l'armée, et reflua sur ses derrières. Des ordres mêmes furent donnés pour arrêter le passage de l'artillerie sur le Saint-Bernard; mais le premier consul, déjà arrivé à Aoste, se porta aussitôt devant Bard : il gravit, sur la montagne de gauche, le rocher Albaredo, qui domine à la fois et la ville et le fort, et bientôt reconnut la possibilité de s'emparer de la ville. Il n'y avait pas un moment à perdre : le 25, à la nuit tombante, la 58e demi-brigade, conduite par le chef Dufour, escalada l'enceinte et s'empara de la ville qui n'est séparée du fort que par le torrent de la Doria. Vainement, toute la nuit, il plut une grêle de mitraille, à une demi-portée de fusil, sur les Français qui étaient dans la ville : ils s'y maintinrent, et enfin, par considération pour les habitants, le feu du fort cessa.

L'infanterie et la cavalerie passèrent un à un, par le sentier de la montagne de gauche, qu'avait gravie le premier consul, et où jamais n'avait passé aucun cheval : c'était un sentier connu seulement des chevriers.

Les nuits suivantes, les officiers d'artillerie, avec une rare intelligence, et les canonniers, avec la plus grande intrépidité, firent passer leurs pièces par la ville. Toutes les précautions avaient été prises pour en cacher la connaissance au commandant du fort : le chemin avait été couvert de matelas et de fumier; les pièces, couvertes de branchages et de paille, étaient traînées, à la bricole, dans le plus grand silence. On traversait ainsi un espace de plusieurs centaines de toises, à portée de pistolet des batteries du fort. La garnison ne se doutant de rien, faisait cependant des décharges de temps en temps, qui tuèrent ou blessèrent bon nombre de canonniers; mais cela ne ralentit en rien leur zèle : le fort ne se rendit que dans les premiers jours de juin. On était alors parvenu, avec des peines extrêmes, à monter plusieurs pièces sur l'Albaredo, d'où elles foudroyèrent les batteries du fort. S'il en eût fallu attendre la prise pour faire passer l'artillerie, tout l'espoir de la campagne eût été perdu.

Cet obstacle fut plus considérable que celui du Grand-Saint-Bernard lui-même, et cependant ni l'un ni l'autre ne retardèrent d'un seul jour la marche de l'armée. Le premier consul connaissait bien l'existence du fort de Bard ; mais tous les plans et tous les renseignements à ce sujet permettaient de le supposer facile à enlever. Cette difficulté, une fois surmontée, eut un effet avantageux. L'officier autrichien qui commandait le fort expédia lettre sur lettre à Mélas, pour l'instruire qu'il voyait passer plus de 30,000 hommes au moins, trois ou quatre mille chevaux, et un nombreux état-major; que ces masses se dirigeaient sur sa droite, par un escalier dans le rocher Albaredo : mais qu'il promettait que ni un caisson, ni une pièce d'artillerie ne pourraient passer; qu'il pouvait tenir un mois, et qu'ainsi, jusqu'à cette époque, il n'était pas probable que l'armée française osât se hasarder en plaine, n'ayant pas encore reçu son artillerie. Lors de la reddition du fort, tous les officiers de la garnison furent étrangement surpris d'apprendre que toute l'artillerie française avait passé de nuit, à trente ou quarante toises de leurs remparts.

S'il eût été tout à fait impossible de faire passer l'artillerie par la ville de Bard, l'armée française aurait-elle repassé le Grand-Saint-Bernard? Non : elle aurait également débouché jusqu'à Ivrée, mouvement qui eût nécessairement rappelé Mélas de Nice. Elle n'avait rien à craindre, même sans artillerie, dans les excellentes positions que lui offrait l'entrée des gorges, d'où, protégeant le siége du fort de Bard, elle en eût attendu la prise. Ce fort est tombé naturellement au pouvoir des Français le 1er juin; mais il est probable qu'il eût été pris plus tôt s'il avait arrêté le passage de l'armée et qu'il en eût attiré tous les efforts, au lieu de ceux d'une brigade de conscrits commandés par le général Chabran, qui avait été laissée pour en faire le siége. Ce dernier corps avait passé par le Petit-Saint-Bernard.

Cependant, depuis le 12 mai, Mélas avait fait refluer des troupes sur Turin et renforcé les divisions qui gardaient la vallée d'Aoste et celle du Mont-Cenis; lui-même, de sa personne, était arrivé le 22 à Turin. Le même jour, le général Turreau, qui commandait sur les Alpes, attaqua avec 3,000 hommes le Mont-Cenis, s'en empara, fit des prisonniers et prit position entre Suse et Turin : diversion qui inquiéta Mélas et l'empêcha de porter tous ses efforts sur la Dora-Baltéa.

Le 24, le général Lannes, avec l'avant-garde, arriva devant Ivrée; il y trouva une division de cinq à six mille hommes. Depuis huit jours, on avait commencé l'armement de cette place et de la citadelle, 15 bouches à feu étaient déjà en batterie; mais, sur cette division de 6,000 hommes, il y en avait 3,000 de cavalerie qui n'étaient pas propres à la défense d'Ivrée, et l'infanterie était celle qui avait été déjà battue à Châtillon. La ville, attaquée avec la plus grande intrépidité, d'un côté par le général Lannes, et de l'autre par le général Vatrin, fut bientôt enlevée, ainsi que la citadelle, où l'on trouva de nombreux magasins de toutes espèces; l'ennemi se retira derrière la Chiusella et prit position à Romano pour couvrir Turin, d'où il reçut des renforts considérables.

Le 26, le général Lannes marcha contre l'ennemi; il l'attaqua dans sa position; et, après un combat fort chaud, le culbuta et le rejeta en désordre sur Turin. L'avant-garde prit aussitôt la position de Chivasso, d'où elle intercepta le cours du Pô, et s'empara d'un grand nombre de barques chargées de vivres, de blessés, et enfin de toute l'évacuation de Turin. Le premier consul passa, le 28 mai, la revue de l'avant-garde à Chivasso, harangua les troupes, et distribua des éloges aux corps qui la composaient.

Cependant on disposa les barques prises sur le Pô pour la construction d'un pont; cette menace produisit l'effet qu'on en attendait : Mélas affaiblit les troupes qui couvraient Turin sur la rive gauche, et envoya ses principales forces pour s'opposer à la construction du pont.

C'était ce que souhaitait le premier consul, afin de pouvoir opérer sur Milan sans être inquiété.

Un parlementaire autrichien fut envoyé aux avant-postes par le général Mélas. Son étonnement fut extrême en voyant le premier consul si près de l'armée autrichienne; cette nouvelle, rapportée par cet officier à Mélas, le remplit de terreur et de confusion. Toute l'armée de réserve, avec son artillerie, arriva à Ivrée les 26 et 27 mai.

Le quartier-général de l'armée autrichienne était à Turin, mais la moitié des forces ennemies était devant Gènes, et l'autre moitié était en chemin pour venir, par le col de Tende, renforcer les corps qui étaient à Turin. Dans cette circonstance, le premier consul résolut de laisser Mélas sur ses derrières, de passer la Sésia, le Tésin, pour se porter sur Milan et sur l'Adda, faire sa jonction avec le corps de Moncey, composé des 15,000 hommes venant de l'armée du Rhin, et qui avaient débouché par le Saint-Gothard. En conséquence, le 27 mai, le général Murat se dirigea sur Verceil et passa la Sésia. Le 31 mai, le premier consul se porta rapidement sur le Tésin. Les corps d'observation que le général Mélas avait laissés contre les débouchés de la Suisse, et les divisions de cavalerie et d'artillerie qu'il n'avait pas menées avec lui au siége de Gènes, se réunirent pour défendre le passage du fleuve et couvrir Milan. Le Tésin est extrêmement large et rapide.

L'adjudant-général Girard, officier du plus haut mérite et de la plus rare intrépidité, passa le premier le fleuve. Le combat fut chaud toute la journée sur la rive gauche. L'armée française n'avait pas de pont : elle passait sur quatre nacelles; mais comme le pays est très-coupé et boisé, et que l'on était favorisé par la position du Naviglio de Milan, la cavalerie ennemie ne s'engagea qu'avec répugnance sur un tel terrain.

Le 2 juin 1800, Murat occupa Milan. Trois heures après, le premier consul, avec son état-major, fit une entrée triomphale dans cette ville, au milieu des transports d'un peuple immense joyeux d'être délivré de la domination des Autrichiens, et qui, trompé par des bruits mensongers, croyait ne jamais revoir son libérateur.

Tous les genres d'oppression, d'insulte et de pillage pesaient sur la Lombardie depuis l'occupation autrichienne : le sexe, l'âge, le rang, la naissance, les talents, rien n'avait trouvé grâce devant ces nouveaux barbares, incapables de respecter la terre classique du génie et la mère de tant de races de grands hommes. En un moment, tout l'ouvrage de la tyrannie fut renversé ; il ne resta d'irréparables que les brigandages et les vols de la rapacité de l'ennemi, qui aurait emporté avec lui, s'il l'avait pu, le sol même avec les moissons de toute espèce. Au risque de déplaire aux philosophes, qu'il appelait athées, Bonaparte voulut assister au *Te Deum* chanté dans la cathédrale pour célébrer la délivrance de l'Italie. C'était la même politique qui lui avait dicté au Caire une proclamation en l'honneur de Mahomet ; mais ici se joignait un certain penchant pour la religion qu'il pensait réconcilier en France avec le gouvernement. Le même jour, Berthier, général en chef de l'armée de réserve, publiait une proclamation aux peuples de la Cisalpine pour les appeler aux armes, les inviter à la concorde, et leur annoncer que la République serait organisée sur les bases fixes de la religion, du bon ordre et de l'égalité aussitôt après l'expulsion des ennemis. Cette renaissance de la Cisalpine fut pour Bonaparte un moyen de rallumer dans toute son énergie l'enthousiasme des Italiens pour lui ; de tous les points de la Lombardie on accourait le voir, et son nom n'était prononcé qu'avec des transports de reconnaissance ; mais, en jouissant de ce triomphe légitime, il n'oubliait pas de parler le langage de la gloire à nos intrépides défenseurs. « Soldats ! leur disait-il, après leur avoir retracé la consternation du midi de la France, l'invasion du territoire de Gènes, les malheurs de la Cisalpine, vous marchez.... et déjà le territoire français est délivré ; la joie et l'espérance succèdent dans notre patrie à la consternation et à la crainte. Vous rendez l'indépendance et la liberté au peuple de Gènes ; il sera délivré pour toujours de ses éternels ennemis. Vous êtes dans la capitale de la Cisalpine ! L'ennemi, épouvanté, n'aspire plus qu'à regagner ses frontières. Vous lui avez enlevé ses hôpitaux, ses magasins, ses parcs de réserve : le premier acte de la campagne est terminé. » Et en effet, grâce au génie, à l'audace, à la célérité inouïe de Bonaparte, tous ces avantages étaient obtenus, et nous volions à une victoire assurée, mais non pas exempte de périls et de chances de revers.

Le général Lannes, arrêtant à Chivasso son mouvement sur Turin, prit la direction du gros de l'armée, occupa Catale, Mortara et Grupello sans résistance, et emporta de force Pavie, où il trouva 200 bouches à feu et des magasins considérables. Dans le même temps, les reconnaissances envoyées sur différents points par le général en chef occupèrent Lodi, Crémone, Pizzighetone, Brescia, Plaisance et Saint-Cypriano. Mélas apprit la présence de Napoléon à Milan en même temps que la convention de Gènes. Cette circonstance le força de changer son plan d'opération : il concentra ses forces sur Alexandrie. Le général Ott, qui venait de s'emparer de Gènes, reçut l'ordre de s'avancer à marches forcées sur Pavie. Napoléon, jugeant nécessaire de livrer bataille avant que la marche des troupes autrichiennes pût être réunie, ordonna aux généraux Lannes, Murat et Victor d'attaquer le corps du général Ott. Les Autrichiens furent battus à Casteggio et à Montebello, poursuivis jusqu'à Voghera et Tortone, et obligés de passer la Scrivia pour se porter à San-Giuliano. Cette victoire fut d'autant plus remarquable qu'on la dut à l'intrépidité des soldats de nouvelle levée, qui, pour leur début, se trouvaient en face des plus vieilles bandes autrichiennes; elle était le prélude d'une autre bataille bien plus célèbre et non moins sanglante.

Mélas, apprenant la défaite du général Ott, et voyant sa ligne d'opération coupée sur tous les points, résolut de tenter un engagement général pour se frayer un chemin à travers l'armée française, passer de là à Turin pour se rendre à Milan ou se replier sur Novi. En conséquence, le premier consul, poursuivant le cours de ses succès, passa la Scrivia et disposa ses divisions dans la plaine de San-Giuliano. Etonné de ne pas trouver l'ennemi rangé en bataille dans cette plaine, il se persuada que Mélas opérait une marche de flanc, et il dispersa imprudemment ses divisions, faute qui faillit lui coûter cher. Mais rien ne pouvait faire soupçonner au général français qu'il se trouvait tout près de Mélas, résolu à nous attaquer le lendemain. Il avait cependant fait battre par la cavalerie légère toute la plaine; lui-même l'avait parcourue avec ses escortes, mais cette exploration n'était pas suffisante, puisqu'il ignorait la présence de l'armée qu'il s'était flatté de surprendre, d'affamer et de réduire aussi presque sans coup férir. Trompé dans ses espérances par des avis arrivés de toutes parts, le premier consul ne s'occupa plus qu'à faire les dispositions précipitées qu'exigeait l'imminence du danger.

Toutes les chances de succès étaient en faveur des Autrichiens, qui comptaient près de 40,000 combattants, dont 8,000 d'excellente cavalerie et 200 pièces de campagne. L'armée française en ligne n'était que de 20,000 hommes. Ainsi, tant de génie dépensé à surprendre Milan, le passage miraculeux des montagnes, les merveilleux succès qui avaient trompé l'ennemi et dérangé tous les plans, pouvaient être perdus, et nous courions le risque d'être écrasés par la supériorité du nombre, sans que les 20,000 hommes restés sur la rive gauche du Pô, sous les ordres de Moncey, eussent le temps de venir au secours de notre armée principale au moment opportun.

L'ennemi avait hâte de combattre avant que Suchet eût opéré sa jonction avec le premier consul. Le 13 juin, les deux armées se trouvèrent en présence sur les rives du Pô; Napoléon résolut d'engager une affaire générale : il fut prévenu.

Le 14, à l'aube du jour, les Autrichiens défilèrent sur les trois ponts de la Bormida, et attaquèrent avec fureur le village de Marengo. La résistance fut opiniâtre et longue.

Le premier consul, instruit par la vivacité de la canonnade que l'armée autrichienne attaquait, expédia sur-le-champ l'ordre au général Desaix (1)

(1) Desaix n'était à l'armée d'Italie que depuis trois jours. A son retour d'Egypte, ayant écrit au premier consul : « Ordonnez-moi de vous rejoindre; général ou soldat, que m'importe, pourvu que je combatte près de vous, » il reçut le commandement des divisions Boudet et Mounier, avec le titre de lieutenant-général.

de revenir avec son corps sur San-Giuliano. Il était à une demi-marche de distance sur la gauche.

Le premier consul arriva sur le champ de bataille à dix heures du matin, entre San-Giuliano et Marengo. L'ennemi avait enfin emporté Marengo, et la division Victor, après la plus vive résistance, ayant été forcée, s'était mise dans une complète déroute. La plaine, sur la gauche, était couverte de nos fuyards qui répandaient partout l'alarme, et même plusieurs faisaient entendre ce cri funeste : *Tout est perdu!*

Le corps du général Lannes, un peu en arrière de la droite de Marengo, était aux mains avec l'ennemi, qui, après la prise de ce village, se déployant sur sa gauche, se mettait en bataille devant notre droite qu'elle débordait déjà. Le premier consul envoya aussitôt son bataillon de la garde consulaire, composé de 800 grenadiers, l'élite de l'armée, se placer à cinq cents toises, sur la droite de Lannes, dans une bonne position, pour contenir l'ennemi. Le premier consul se porta lui-même, avec la 72e demi-brigade, au secours du corps de Lannes, et dirigea la division de réserve Cara Saint-Cyr sur l'extrême droite, à Castel-Cériolo, pour prendre en flanc toute la gauche de l'ennemi.

Cependant, au milieu de cette immense plaine, l'armée reconnaît le premier consul entouré de son état-major et de 200 grenadiers à cheval, avec leurs bonnets à poil; ce seul aspect suffit pour rendre aux troupes l'espoir de la victoire. La confiance renaît; les fuyards se rallient sur San-Giuliano, en arrière de la gauche du général Lannes.

Cette manœuvre obligea Mélas, comme on l'avait prévu, à engager sa réserve composée de 6,000 grenadiers hongrois qui rétablirent les affaires en attaquant à leur tour. Les chefs des deux armées se trouvèrent alors en présence et purent apprendre à se connaître. Mélas eut deux chevaux tués sous lui ; un boulet de canon effleura la jambe gauche du premier consul. Assailli par des forces supérieures, le corps de Lannes opérait sa retraite au milieu de cette vaste plaine avec un ordre et un sang-froid admirables. Ce corps mit trois heures pour faire en arrière trois quarts de lieue, exposé en entier au feu de mitraille de 80 bouches à feu, dans le temps que, par un mouvement inverse, Cara Saint-Cyr marchait en avant, sur l'extrême droite, et tournait la gauche de l'ennemi. La cavalerie allemande multiplia les attaques contre la colonne de la garde consulaire. Cette phalange, semblable à une redoute de granit, ne put être ébranlée qu'après des efforts inouïs; enfin, accablés par le nombre et entamés sur plusieurs points, ces braves, sans cesser de combattre, se retirèrent sur Poggi.

Mélas, qui croyait la victoire décidée, accablé de fatigue, et souffrant des suites d'une chute grave, repassa les ponts et rentra dans Alexandrie, laissant au général Zach, son chef d'état-major, le soin de poursuivre l'armée française. Celui-ci, croyant que la retraite de cette armée s'opérait sur la chaussée de Tortone, cherchait à arriver sur cette chaussée derrière San-Giuliano; mais, au commencement de l'action, le premier consul avait changé sa ligne de retraite, et l'avait dirigée entre Sale et Tortone, de sorte que la chaussée de Tortone n'était d'aucune importance pour l'armée française.

En opérant sa retraite, le corps de Lannes refusait constamment sa gauche, se dirigeant ainsi sur le nouveau point de retraite; et Cara Saint-Cyr, qui était à l'extrémité de la droite, se trouvait presque sur la ligne de retraite dans le temps que le général Zach croyait ses deux corps coupés et qu'en exécutant les ordres de son chef avec plus de zèle que de prudence, il avait dépassé la ligne autrichienne de manière à ne plus pouvoir en être soutenu.

C'est alors, vers les trois heures après-midi, que le corps de Desaix arriva, et, par l'ordre du premier consul, prit position sur la chaussée, en avant de San-Giuliano.

Le général en chef prit au moment même les dispositions de la nouvelle bataille qui allait renverser les rêves de gloire du vieux Mélas, occupé à chanter victoire, pendant que sa ruine se préparait. Toute l'armée était reformée en ligne; Desaix, qui n'avait point combattu, se trouvait en tête; en arrière, on apercevait la division Victor, qui avait tant souffert, ralliée et brûlant d'impatience d'en venir de nouveau aux mains. Toute la cavalerie, aux ordres de Murat, massée sur la droite de Desaix, et en arrière de la gauche de Lannes, se tenait prête à s'élancer au premier signal. Les boulets et les obus tombaient sur San-Giuliano; la colonne de 600 grenadiers de Zach en avait déjà gagné la gauche.

Bonaparte, après avoir disposé lui-même l'attaque confiée à Desaix, parcourt rapidement tout le front de l'armée, et la prudence faisant tout à coup place à l'audace : « C'est assez reculer, s'écrie-t-il, marchons en avant. Soldats! souvenez-vous que mon habitude est de coucher sur le champ de bataille ! » Les cris de : *Vive Bonaparte!* accueillirent cette courte harangue.

Un choc terrible se préparait; Zach marchait avec confiance, comptant enlever San-Giuliano sans coup férir. Bonaparte commande à Desaix de se précipiter avec ses divisions sur la colonne autrichienne, et à la réserve d'appuyer cette attaque. C'était risquer le tout pour le tout. Un général qui s'honorait alors de sa confiance, lui faisant observer qu'il serait peut-être prudent de garder sa réserve pour assurer sa retraite en cas de nécessité : « Point de retraite, lui répondit-il; aujourd'hui tout se décidera ici. » Desaix court à l'ennemi. Précédée par une batterie de 15 pièces que Marmont ne fit démasquer qu'en touchant presque aux rangs des Autrichiens, la colonne d'attaque, suivie du corps de Victor et flanquée à droite par la cavalerie de Kellermann, aborde l'ennemi avec impétuosité. La mêlée devint terrible et plusieurs de nos braves y trouvèrent la mort. Ce fut alors que

Desaix, qui avait été saisi d'un pressentiment funeste en revoyant la terre d'Europe, atteint d'une balle au cœur, tombe en exhalant avec son dernier soupir un dernier vœu pour la patrie. A peine eut-il le temps de dire à Lebrun, l'un de ses aides-de-camp, ces mots : «Allez dire au premier consul que je meurs avec le regret de n'avoir pas assez fait pour la postérité. — Pourquoi ne m'est-il pas permis de pleurer ! » furent les seules paroles prononcées par Bonaparte en apprenant la perte de son illustre lieutenant.

Ce malheur ne dérangea en rien le mouvement, et le général Boudet fit passer facilement dans l'âme de ses soldats ce vif désir dont il était lui-même pénétré, de venger à l'instant un chef tant aimé. La 9e légère, qui, là, mérita le titre d'incomparable, se couvrit de gloire. En même temps le général Kellermann, avec 800 hommes de grosse cavalerie, faisait une charge intrépide sur le milieu du flanc gauche de la colonne : en moins d'une demi-heure, ces 6,000 grenadiers furent enfoncés, culbutés, dispersés; ils disparurent.

Le général Zach et tout son état-major furent faits prisonniers.

Le général Lannes marcha sur-le-champ en avant au pas de charge. Cara Saint-Cyr, qui à notre droite se trouvait en potence sur le flanc gauche de l'ennemi, était beaucoup plus près des ponts sur la Bormida que l'ennemi lui-même. Dans un moment, l'armée autrichienne fut dans la plus épouvantable confusion. Huit à dix mille hommes de cavalerie, qui couvraient la plaine, craignant que l'infanterie de Saint-Cyr n'arrivât au pont avant eux, se mirent en retraite au galop, en culbutant tout ce qui se trouvait sur leur passage. La division Victor se porta en toute hâte pour reprendre son champ de bataille au village de Marengo. L'armée ennemie était dans la plus horrible déroute; chacun ne pensait plus qu'à fuir. L'encombrement devint extrême sur les ponts de la Bormida, où la masse des fuyards était obligée de se resserrer; et à la nuit tout ce qui était resté sur la rive gauche tomba au pouvoir de la République.

Il serait difficile de se peindre la confusion et le désespoir de l'armée autrichienne. D'un côté, l'armée française était sur les bords de la Bormida, et il était à croire qu'à la pointe du jour elle la passerait; d'un autre côté, le général Suchet, avec son armée, était sur ses derrières, dans la direction de sa droite.

Où opérer sa retraite? En arrière, elle se trouverait acculée aux Alpes et aux frontières de France; sur la droite vers Gènes, elle eût pu faire ce mouvement avant la bataille : mais elle ne pouvait plus espérer pouvoir le faire après sa défaite, et pressée par l'armée victorieuse.

Cette journée coûta aux Autrichiens 4,500 morts, 8,000 blessés, 7,000 prisonniers, 12 drapeaux et 30 pièces de canon; ils furent en outre contraints d'accepter une capitulation dont les principaux articles étaient la restitution à la France du Piémont, de la Ligurie, de la Lombardie; la cession de douze places fortes pour la garantie du traité, et la retraite de l'armée autrichienne sur Mantoue.

Le général Suchet se dirigea sur Gènes, et entra le 24 juin dans cette ville, que lui remit le général Hohenzollern, au grand déplaisir des Anglais, dont l'avant-garde venant de Mahon, était arrivée à la vue du pont, pour prendre possession de cette place. Les places de Tortone, Alexandrie, Coni, Fenestrelles, Milan, Pizzighetone, Peschiero, Urbin et Ferrare furent successivement remises à l'armée française avec toute leur artillerie. L'armée de Mélas traversa la Stradella et Plaisance par divisions, et reprit sa position derrière Mantoue.

La joie des Piémontais, des Génois, des Italiens, ne peut s'exprimer; ils se voyaient rendus à la liberté, sans passer par les horreurs d'une longue guerre, que déjà ils voyaient reportée sur leurs frontières, et sans éprouver les inconvénients de siége de places fortes, toujours si désastreux pour les villes et les campagnes environnantes.

En France, cette nouvelle parut d'abord incroyable. Le premier courrier arrivé à Paris fut un courrier du commerce : il portait la nouvelle que l'armée française avait été battue; il était parti le 14 juin entre dix heures et midi, au moment où le premier consul arrivait sur le champ de bataille. La joie n'en fut que plus grande quand on apprit la victoire remportée par le premier consul, et tout ce que ses suites avaient d'avantageux pour la République.

Peu de jours après cette célèbre journée du 14 juin, tous les patriotes italiens sortirent des cachots de l'Autriche, et entrèrent en triomphe dans la capitale de leur patrie, au milieu des acclamations de tous leurs compatriotes, et des *Viva el liberatore dell' Italia!*

Dès que le traité d'Alexandrie avait été ratifié, Napoléon s'était rendu à Milan, où il avait été reçu avec enthousiasme par les habitants; il y resta peu de jours : pendant ce temps, il s'occupa de la réorganisation de la république cisalpine. Il réunit l'armée de réserve à l'ancienne armée d'Italie sous la dénomination commune d'armée d'Italie, en donna le commandement au général Masséna, et partit de Milan le 24 juin. Il arriva à Paris le 2 juillet au milieu de la nuit, et sans être attendu; mais aussitôt que, le lendemain, la nouvelle en fut répandue dans les divers quartiers de cette vaste capitale, toute la ville et les faubourgs accoururent dans les cours et les jardins du palais des Tuileries : les ouvriers quittaient leurs ateliers simultanément; toute la population se pressait sous les fenêtres, dans l'espoir de voir celui à qui la France devait tant. Dans le jardin, les cours et sur les quais, partout les acclamations de la joie se faisaient entendre. Le soir, riche ou pauvre, chacun à l'envi illumina sa maison.

Il y avait longtemps que la France n'avait vu un si beau jour.

CHAPITRE IV.

Suite de l'expédition d'Egypte.—Convention d'El-Arisch.—Bataille d'Héliopolis. — Mort de Kléber. — Bataille de Canope. — Capitulation du Caire et d'Alexandrie. — Fin de l'expédition.

Le jour même de la bataille de Marengo, dans une autre partie du monde, tombait, sous le poignard d'un assassin, un des généraux que Bonaparte estimait le plus, l'illustre Kléber, couronné des récents lauriers d'Héliopolis. Bonaparte n'était pas là : l'Egypte fut perdue pour la France.

Ce malheur nous ramène à dire ce qui se passa en Egypte après le départ de Bonaparte.

Kléber était à Rosette lorsqu'il reçut, le 27 août, le message de Bonaparte et les diverses pièces qui l'accompagnaient ; il partit aussitôt pour le Caire, où il arriva le 30, et où il fut reconnu général en chef le 1er septembre, aux acclamations de l'armée et du peuple. Le nouveau général en chef montra d'abord les dispositions les plus pacifiques ; mais bientôt il fut contraint de prendre une attitude menaçante. Mourad-Bey était toujours dans la Haute-Egypte, où il épiait l'occasion de reprendre l'offensive avec quelque espérance de succès. Ses alliés, les Mekains avaient totalement disparu, il est vrai ; les habitants n'osaient plus remuer, mais il lui était venu une lueur d'espérance du côté de la mer Rouge, et cela suffit pour le déterminer à recommencer ses courses.

Le 8 août 1799, Mourad, après avoir reparu au-dessus de Syout, était remonté vers Girgé ; mais, bientôt poursuivi par le chef de brigade Morand, il fut obligé de s'enfuir en perdant quelques mamelouks, un kachef et une vingtaine de chameaux. Cette fuite ne le sauva point : surpris dans la nuit du 11, près de Samhout, lieu qui lui avait déjà été si fatal six mois auparavant, il y perdit encore un grand nombre de mamelouks, 200 chameaux chargés, 100 chevaux et une grande quantité d'armes ; lui-même n'échappa qu'à la faveur de l'obscurité à la poursuite d'un détachement du 20e régiment de dragons.

Ce qui empêchait ce chef intrépide de se décourager, c'était une diversion qu'il attendait du côté de Cosseïr ; elle eut bientôt lieu en effet : le 14 août, 2 frégates anglaises parurent devant ce port, et depuis ce jour-là, à midi, jusqu'au 17 à quatre heures du matin, c'est-à-dire pendant soixante-quatre heures, elles ne cessèrent de canonner le fort et la ville.

Ces frégates étaient chargées de troupes qui tentèrent quatre fois de débarquer, mais qui furent reçues chaque fois par une fusillade si vive, qu'elles ne se donnèrent pas le temps de recueillir leurs morts et leurs blessés; elles laissèrent même une pièce de canon avec tous ses agrès, qu'elles avaient débarquée. Les 2 frégates, découragées de leur entreprise, mirent à la voile et disparurent.

Depuis cette époque, le malheureux, mais infatigable Mourad errait dans le désert, alors la seule terre amie qui lui restât dans son infortune. Si la faim et la soif le forçaient de venir toucher la terre cultivée, cette terre le repoussait aussitôt. C'est ainsi qu'il descendit vers la province de Fayoum.

Desaix voulait cependant le forcer à se rendre, sauf à lui faire un sort brillant et heureux; mais cette âme fière et indépendante ne pouvait s'abaisser à l'idée de traiter avec les Français.

Desaix organisa alors deux colonnes mobiles, composées de cavalerie, d'artillerie et d'infanterie montée sur des dromadaires; il prit lui-même le commandement d'une de ces colonnes, et confia l'autre à l'adjudant-général Boyer, qui, après trois journées de marche forcée, atteignit Mourad le 9 octobre 1799, dans le désert près Sédyman. Il semblait que ce bey recherchait les lieux précédemment témoins de ses défaites.

Dès qu'il vit arriver cette nouvelle espèce de cavalerie, montée sur des dromadaires, il se crut certain de pouvoir reprendre l'avantage, et à peine les Français étaient-ils descendus (manœuvre sur laquelle il ne comptait pas), qu'il les chargea. Mais formés promptement en bataillon carré, ceux-ci le reçurent par une fusillade à bout portant qui le força de reculer.

Trois fois il revint sur les dromadaires qu'il voulait enlever, mais trois fois il fut obligé de renoncer à son entreprise. Enfin, il s'enfuit; l'adjudant-général Boyer le poursuivait; à tout instant il était près de l'atteindre; mais Mourad échappait toujours. Pour se soustraire aux poursuites de Boyer, il passa le Nil le 22 octobre, près Atfiély, malgré les troupes du général Rampon qui gardaient ce passage, et il se dirigea vers Suez, par la vallée de l'Egarement : changeant d'idée tout à coup, il s'arrêta, revint sur ses pas et remonta vers la Haute-Egypte. Il fut poursuivi partout, harcelé sans cesse; mais jamais on ne put l'atteindre.

Cependant, cette petite guerre n'exigeait plus la présence ni les talents d'un général tel que Desaix; l'activité et la présence d'esprit de l'adjudant-général Boyer suffisaient.

D'ailleurs il était temps de porter du côté de la Syrie toutes les ressources dont on pouvait disposer, et Desaix fut rappelé de la Haute-Egypte pour aller prendre le commandement d'une division dans le corps d'armée que l'on rassemblait pour se porter contre le grand-visir.

En effet, l'armée ottomane, qui n'avait pas ralenti sa marche d'un seul instant, malgré la défaite d'Aboukir et les ouvertures de Bonaparte, avançait assez rapidement. Le grand-visir était déjà arrivé à Gazah, et une division de son armée, composée de 8,000 janissaires d'élite sous la conduite de Seyd-Ali-Bey, fut envoyée pour faire diversion, et tenter un débarquement sur la côte de Damiette.

Cinquante-trois bâtiments de toute grandeur furent conduits par le commodore Sydney Smith devant l'embouchure du Nil, et, le 29 octobre, l'ennemi s'empara de la tour du Bogafeh, destinée à défendre l'entrée du fleuve.

Le 3 novembre, le général Desaix descendit du Caire avec sa division pour se porter sur ce point menacé; mais le général Verdier, qui commandait alors à Damiette, avait déjà rendu inutiles toutes les tentatives de l'ennemi.

Le 1er novembre, les Turcs avaient à peine opéré leur débarquement à l'extrémité ouest du lac Menzaleh, que le général Verdier, qui n'avait que 1,000 hommes à leur opposer, marcha sans hésiter à leur rencontre, les attaqua avec impétuosité, passa plus de 2,000 hommes au fil de l'épée, fit 800 prisonniers, et leur enleva 32 drapeaux, une pièce de 24, quatre pièces de campagne et tous leurs approvisionnements.

Cependant, cette seconde victoire, qui n'était qu'un léger appendice de celle d'Aboukir, n'améliorait pas beaucoup le sort de l'armée française : elle avait espéré pendant quelque temps qu'elle pourrait recevoir des secours; cet espoir était fondé sur la réunion à Toulon des flottes française et espagnole; mais bientôt elle apprit, par des journaux qui lui furent communiqués, que ces deux flottes avaient repassé le détroit de Gibraltar, et étaient rentrées dans l'Océan. Cette nouvelle, jointe à celle des derniers revers qu'avaient éprouvés les armées françaises en Italie, en Allemagne, en Hollande, et jusque dans la Vendée, porta le découragement dans les esprits. Quelques garnisons se mutinèrent, et, sous les plus légers prétextes, menacèrent de rompre cette discipline qui faisait la seule force de l'armée; celle d'Alexandrie leva même un instant l'étendard de la révolte, et il fallut toute la fermeté et la présence d'esprit du général Lanusse, qui avait succédé au général Menou, pour la faire rentrer dans l'obéissance. Chaque soldat disait hautement qu'il fallait abandonner l'Egygte et retourner en France.

Le commodore Sydney Smith, par une lettre qu'il écrivit au général Kléber devant Damiette, le 26 octobre, lui fit connaître qu'en réponse à l'ouverture de négociations, faites le 17 août, au grand-visir, par Bonaparte, il le prévenait que ces négociations ne pouvaient avoir lieu qu'avec le concert de l'Angleterre et de la Russie, à cause d'un traité d'alliance signé entre les trois puissances le 5 janvier 1799. Le commodore s'intitulait dans cette lettre ministre plénipotentiaire de S. M. Britannique près la

Porte ottomane, et offrait d'ouvrir à ce titre des communications officielles avec le général Kléber.

Celui-ci s'empressa de répondre, le 30 octobre, qu'il enverrait à son bord le général Desaix et l'administrateur Poussielgue pour y entamer des conférences aussitôt que le grand-visir y aurait, de son côté, fait arriver deux officiers de marque, chargés de la même mission.

Sydney Smith reçut cette réponse le 17 novembre à Jaffa, mais l'adjudant-général Morand, qui en était porteur, ne fut de retour au quartier-général au Caire que le 6 décembre 1799. L'agent de l'Angleterre, celui Russie et le grand-visir agréaient les plénipotentiaires français. Sydney Smith annonçait même qu'il allait se rendre devant Alexandrie pour les recevoir. Le retard de l'adjudant-général Morand, qui avait mis vingt-huit jours pour venir de Jaffa au Caire, en causa un nouveau dans la réunion des plénipotentiaires. Kléber savait déjà que Smith avait paru devant Damiette et les avait demandés. En conséquence il dirigea sur ce point M. Poussielgue et le général Desaix, qui y arrivèrent le 11 décembre ; mais le mauvais temps avait forcé les Anglais de s'éloigner. Ils ne reparurent que le 21 décembre ; enfin, les plénipotentiaires français arrivèrent le lendemain sur le Tigre.

Leur première demande fut le libre passage et retour en France des blessés et des membres de la Commission des sciences et des arts, qui fut accordée sans difficulté ni discussion. On convint ensuite d'un armistice pendant les conférences. Enfin, on aborda la grande question de l'évacuation.

Comme l'échange de toutes les notes diplomatiques jetait souvent dans des embarras et des retards, à cause de la nécessité du concours du grand-visir, qui n'avait pas encore envoyé de plénipotentiaires, on résolut de transférer le lieu des conférences au camp même des Turcs, quoique leur manque de civilisation et de discipline dût faire craindre les dangers que l'on avait à courir au milieu d'eux.

Le 8 décembre précédent, un officier anglais, nommé John Douglas, s'était permis d'écrire de Gazah au colonel du génie Cazals, commandant le fort d'El-Arisch, de remettre ce fort à un autre officier nommé Bromley, porteur de sa lettre, vu qu'il était destiné à diriger les opérations de l'armée ottomane contre la garnison. Certes, cette prétendue sommation était absurde et contraire à toutes les lois de la guerre, qui veulent que, pour avoir quelque droit de sommer la reddition d'une place, on l'ait investie et fait attaquer par un corps de troupes proportionné à sa force. Cette sommation ne méritait donc que le mépris, et n'exigeait pas de réponse. Le colonel Cazals voulut cependant bien en faire une, dans laquelle il témoignait son étonnement d'une pareille demande dans un moment où des négociations étaient ouvertes entre les deux chefs d'armée. Il ajoutait qu'au reste il défendrait son poste jusqu'à la dernière extrémité.

Ce ne fut que le 23 décembre que l'armée turque parut devant El-Arisch et l'investit. L'attaque commença dans la nuit du 23 au 24; mais elle fut faible, sans intelligence, et ne faisait craindre aucune suite dangereuse. Cependant quelques soldats, effrayés de la fermeté de leur commandant et de sa résolution de soutenir la défense jusqu'à la dernière extrémité, parlèrent de rendre le fort, et remirent, à cet effet, le 25 décembre, au colonel Cazals une pétition signée de 80 d'entre eux, déterminés, disaient-ils, à ne plus se battre ainsi isolés et à une aussi grande distance du corps d'armée. Le lendemain, le colonel rassembla toute la garnison, et annonça que les lâches signataires de la pétition étaient libres de sortir du fort et de se rendre à l'ennemi, s'ils le jugeaient convenable; que même, s'il y en avait d'autres qui voulussent se joindre à eux, il les verrait partir avec plaisir, parce qu'il ne voulait que des braves, et que, quelque restreint qu'en fût le nombre, il suffirait, avec lui et les officiers, pour défendre le poste honorable où ils étaient placés.

Cette déclaration fit un très-grand effet sur la garnison : elle y répondit par un élan de courage, et elle renouvela le serment de se défendre jusqu'à la mort.

Tout fut tranquille les jours suivants; les assaillants continuaient le siége sans que leurs opérations produisissent aucun effet. Les batteries du fort démontaient toutes leurs pièces et en éteignaient le feu. Ils eussent été peut-être obligés de convertir ce siége en blocus, qui eût été bientôt levé par les réclamations des plénipotentiaires sur l'inexécution de l'armistice, lorsque, le 30 décembre, le fort fut pris par suite de l'insigne lâcheté des soldats opposants.

Une sortie avait été ordonnée par le commandant; les grenadiers refusèrent de suivre leur capitaine : dans le même moment une partie de la garnison se porta au drapeau, qu'elle abattit. Les officiers se battaient corps à corps avec les soldats, les uns pour rétablir le drapeau, les autres pour l'abattre de nouveau et y substituer des drapeaux blancs; lorsqu'enfin ces derniers appelèrent les Turcs de dessus le rempart, et leur jetant des cordes, les introduisirent dans l'intérieur. A peine ceux-ci se virent-ils en nombre suffisant dans le fort, qu'ils désarmèrent la garnison et massacrèrent ceux mêmes qui les avaient introduits. Le malheureux commandant voulut au moins sauver la vie et l'honneur à la masse de la garnison, qui n'avait pas coopéré à l'infâme trahison dont elle était la victime. Apercevant dans la mêlée deux officiers, l'un Anglais (ce même Douglas qui lui avait écrit), et l'autre Turc, nommé Rajeb-Pacha, il s'adressa à eux et leur proposa une capitulation qui fut à l'instant réglée et acceptée. On convint que la garnison serait prisonnière. Mais que pouvaient des traités et même l'autorité des officiers sur des soldats barbares et indisciplinés? On ne put jamais parvenir à arrêter le carnage, qui fut horrible de part et d'autre, car les Français, frustrés dans leurs espérances et ouvrant trop tard les yeux sur la cruauté de leurs ennemis, se défendirent alors comme des lions, et à leur tour remplirent le fort de cadavres turcs. Dans leur désespoir, ils mirent le feu au magasin à poudre, et le fort devint en un instant un monceau de ruines couvert de morts et de mourants.

Ce malheureux événement porta quelque inquiétude dans l'âme du brave et généreux Kléber. Son cœur était navré de douleur en songeant que tous ses efforts pour arrêter l'effusion du sang étaient inutiles. Il se plaignit vivement au grand-visir et à Sydney-Smith ; mais ni l'un ni l'autre n'était coupable dans cette circonstance. Il fallut prendre son parti, se déterminer à combattre et à détruire cette horde d'assassins, ou attendre patiemment l'issue des négociations qui, malgré l'événement, avançaient toujours vers le but. Il eût sans doute pris le premier parti, s'il avait été assuré d'un secours de France, proportionné au moins à la perte d'hommes qu'une bataille décisive eût entraînée ; mais comme, après une victoire, même complète, il eût toujours fallu finir par sortir de l'Egypte, il valait encore mieux s'y déterminer avant qu'après cette perte. Il comptait assez sur ses troupes pour croire au succès de cette bataille ; cependant la fortune pouvait lui être contraire. Il n'avait que 8,500 hommes effectifs à opposer à cette immense armée turque ; car il ne pouvait pas dégarnir les autres points de l'Egypte sans courir le risque de voir la population entière prendre les armes et se joindre aux Turcs. Mille hommes seulement gardaient la province de Damiette ; 1,800 hommes étaient disséminés dans le Delta et la Bahireh ; 1,200 hommes contenaient le Caire et la province de Gizeh, et 2,500 hommes occupaient la Haute-Egypte sur cent cinquante lieues de longueur.

Dans cette cruelle alternative, se conformant à ce qui convenait le mieux à sa position, il renouvela aux plénipotentiaires l'ordre de traiter à toutes conditions, pourvu que l'honneur de la France et de l'armée ne fût en rien compromis.

Enfin, après de nouvelles conférences, on tomba d'accord, et le général en chef donna son approbation à une convention dont les principaux articles portaient :

1° Que l'armée française se retirerait avec armes, bagages et effets sur Alexandrie, Rosette et Aboukir, pour y être embarquée et transportée en France, tant sur ses bâtiments que sur ceux qu'il serait nécessaire que la Sublime-Porte lui fournît.

2° Qu'il y aurait un armistice de trois mois en Egypte, à compter du jour de la signature de la présente convention ; et, dans le cas où la trêve expirerait avant que les bâtiments à fournir par la Sublime-Porte fussent prêts, ladite trêve serait prolongée jusqu'à ce que l'embarquement pût être complétement effectué.

4° Que les places de Katieh et Salahieh seraient évacuées par les troupes françaises au plus tard le dixième jour après la ratification de la présente convention; la ville de Mansoura serait évacuée le quinzième jour, Damiette et Belbeïs le vingtième; Suez, six jours avant le Caire : les autres places situées sur la rive orientale du Nil seraient évacuées le dixième jour; le Delta serait évacué quinze jours après l'évacuation du Caire; la rive occidentale du Nil et ses dépendances resteraient entre les mains des Français jusqu'à l'évacuation du Caire; et comme elles devraient être occupées par l'armée française jusqu'à ce que toutes les troupes fussent descendues de la Haute-Egypte, ladite rive occidentale et ses dépendances pourraient n'être évacuées qu'à l'expiration de la trève, s'il était impossible de les évacuer plus tôt. Les places évacuées seraient remises à la Sublime-Porte dans l'état où elles étaient actuellement.

8° Aussitôt après la ratification de la présente convention, tous les Turcs et autres nations sans distinction, sujets de la Sublime-Porte, détenus ou retenus en France, ou au pouvoir des Français en Egypte, seraient mis en liberté, et réciproquement tous les Français détenus dans les villes et échelles de l'empire ottoman, ainsi que toutes les personnes, de quelque nation qu'elles fussent, attachées aux légations et consulats français, seraient mises en liberté.

10° Qu'aucun habitant de l'Egypte, de quelque religion qu'il fût, ne serait inquiété, ni dans sa personne, ni dans ses biens, pour les liaisons qu'il pourrait avoir eues avec les Français pendant leur occupation de l'Egypte.

Aussitôt que cette convention fut signée, Kléber donna des ordres pressants pour faire les préparatifs du départ. On était sur le point de s'embarquer lorsqu'on apprit la révolution qui s'était opérée en France et l'élévation de Bonaparte au consulat, nouvelle qui remplit les soldats d'espérance et de joie. Mais presque en même temps, une lettre du plénipotentiaire anglais près la Sublime-Porte fut apportée en Egypte comme une nouvelle pomme de discorde; elle contenait la défense expresse d'exécuter immédiatement le traité d'El-Arisch. Un officier anglais, muni des dépêches de l'amiral Keith, informa Kléber que le gouvernement anglais ne consentirait point à ce que les Français sortissent d'Egypte, à moins qu'ils ne missent bas les armes, abandonnant aux alliés leurs munitions et leurs vaisseaux. Kléber, indigné d'une telle insolence, fit imprimer la missive anglaise pour toute réponse, avec ces mots au bas :

« Soldats, on ne répond à une telle insolence que par la victoire; préparez-vous à combattre. »

Puis, sans perdre de temps, il convoqua tous les officiers généraux en conseil de guerre, et leur mettant la lettre de Keith sous les yeux : « Que devons-nous faire, messieurs, leur dit-il, dans une telle conjoncture? J'attends votre décision. — Nous battre, répondirent-ils tous à la fois : voilà notre devoir et le vôtre, général. — J'avais compté sur votre résolution, dit Kléber; et, après leur avoir détaillé son plan de bataille : Partons, ajouta-t-il, tout est prêt; allons vaincre ou périr! »

Il était minuit, la lune allait se lever, on se transporta à la Coubbé ; les troupes, déjà rassemblées, n'attendaient que le signal du départ; elles virent venir leurs généraux et ne purent contenir un élan de joie; elles sentaient que l'heure de la vengeance avait enfin sonné. Chaque soldat était jaloux de montrer sa confiance au général en chef, qui parcourut les rangs, et reçut de chacun l'assurance de la victoire.

Enfin, le 20 mars 1800, à la pointe du jour, l'armée se mit en marche dans le plus profond silence. Ce spectacle était imposant. Une petite masse d'hommes, rassemblés en un point dans l'espace, allait choquer une immense population étendue sur une ligne qui bornait l'horizon, et ce choc allait décider du sort de trois millions d'hommes.

Quoique le visir eût été bien prévenu la veille des dispositions des Français, il ne pouvait croire qu'en si petit nombre ils osassent l'attaquer : il était donc encore couché lorsque ses gardes avancés signalèrent leur marche.

La ligne de bataille adoptée par Kléber se composait de deux divisions d'infanterie, commandées, l'une, à droite, par le général Friant, l'autre, à gauche, par le général Reynier. Chacune de ces deux divisions était partagée en deux brigades formées en bataillon carré; le premier carré de droite sous les ordres du général Belliard, le second sous ceux du général Donzelot. Le premier carré de gauche, près le centre, était commandé par le général Robin, et le dernier par le général Lagrange. L'artillerie légère occupait les vides que les carrés laissaient entre eux. La cavalerie, sous les ordres du général Leclerc, soutenue des deux côtés par le corps des dromadaires, remplissait l'intervalle du milieu ; en arrière de la division Reynier marchait la réserve, au centre de laquelle on avait placé le grand parc d'artillerie; ses angles, en avant, étaient renforcés chacun d'une compagnie de grenadiers. Le tout formait environ 10,000 hommes.

Sur la droite, mais hors de ligne, et seulement en observation, on voyait Mourad-Bey avec ses mamelouks attendant l'issue du combat pour aller rendre hommage au vainqueur, mais dont les vœux s'étaient déjà prononcés hautement en faveur des Français, dans les rangs desquels il se serait placé volontiers si Kléber le lui eût permis.

L'avant-garde de l'armée ennemie, commandée par Nassyf-Pacha, occupait le village de Matariéh avec cinq à six mille janissaires. Elle s'étendait sur la droite jusqu'aux bords du Nil, et sur la gauche jusqu'à la mosquée Sibelli-Hassem, où s'étaient tenues les conférences. Le corps d'armée était campé, sans ordre, entre El-Hanka et le village d'Abouzabel. On évaluait sa force entre soixante et quatre-vingt mille hommes.

L'armée française commença son mouvement par la droite, qui arriva à la mosquée, d'où elle chassa aisément l'ennemi, pendant que la gauche se plaça entre les ruines d'Héliopolis et l'armée turque, afin d'empêcher que l'avant-garde ne se rejetât sur elle ou que le visir ne lui envoyât du secours lorsqu'elle se replierait. Dans ce moment, un immense corps de cavalerie, composé d'Osmanlis et des mamelouks d'Ibrahim-Bey, s'inquiétant peu de la manœuvre des Français, et se voyant coupé du gros de l'armée turque, abandonna le champ de bataille, et, ralliant ce qu'il put d'infanterie, fit un détour dans les terres et alla s'emparer du Caire.

Le village de Matariéh était couvert par des retranchements que défendait une troupe de janissaires intrépides. Au moment où les Français s'avançaient sur eux au pas de charge, ces janissaires eurent l'imprudence de sortir de leurs retranchements pour courir sur une des colonnes françaises, mais ils n'y rentrèrent plus. Attaqués de toutes parts avec une impétuosité supérieure à la leur, ils périrent tous par le feu et la baïonnette. Cette troupe fut la seule qui montra quelque courage dans cette journée. Cependant ce premier succès n'était encore rien à côté de ce qui restait à faire. Au visir! au visir! s'écriait-on de toutes parts dans la ligne française.

Nassyf-Pacha ayant demandé, dans ce moment, à parlementer, le général Kléber lui envoya son aide-de-camp Baudot; mais aussitôt que cet officier fut arrivé auprès des Osmanlis, il se vit en butte à tous les outrages, et fut envoyé au visir attaché à la queue d'un cheval.

Cependant l'armée turque ne pouvait rester spectatrice impassible de la défaite de son avant-garde à Matariéh; elle accourut, et se plaça entre les villages de Séricaurt et El-Marek; le visir lui-même s'établit derrière un bois de palmiers, autour de ce dernier village.

La ligne française s'avançait, en tenant toujours son même ordre de bataille, la droite sur Séricaurt et la gauche sur El-Marek. Le quartier-général du visir fut vivement attaqué par l'artillerie; celle des Turcs, que l'on disait dirigée par les Anglais, l'était cependant si mal que les boulets passaient beaucoup au-dessus de la tête des Français. Alarmés de cette attaque, les Turcs accoururent sur la division du général Friant; mais celui-ci les reçut par une décharge d'artillerie à mitraille qui les arrêta et les détermina bientôt à prendre la fuite.

Le visir, plus confiant dans sa cavalerie, lui ordonna de fondre sur les Français, dont la petite armée se trouva en un instant entourée d'une troupe nombreuse; mais comme elle faisait face et feu de toutes parts, l'ennemi n'osa entreprendre la charge, et les Français poursuivirent toujours leur première attaque. Le visir effrayé s'enfuit précipitamment et retourna à son camp d'El-Hanka; alors Nassyf-Pacha, qui savait qu'un corps s'était porté sur le Caire, abandonna son maître à sa mauvaise fortune et alla se jeter dans cette capitale.

Youçef crut au moins pouvoir se refuser à faire de nouvelles dispositions à El-Hanka; mais, toujours poursuivi, il donna, suivant ses expressions, le premier exemple d'un visir qui recule. Son armée était déjà débandée et se jetait de tous côtés dans la plus grande confusion. Les Français, arrivés le soir à El-Hanka, y prirent dans le camp et sous les tentes de l'ennemi leur premier repos et la première nourriture. Depuis vingt-quatre heures, ils ne s'étaient soutenus qu'avec de l'eau-de-vie dont on leur avait fait la distribution dans la nuit; mais ils se dédommagèrent amplement dans le camp des Turcs qu'ils trouvèrent approvisionné de vivres. Kléber commençait à jouir de ce premier succès, lorsque sa joie fut troublée par le bruit du canon qui se faisait entendre au Caire, et que le calme de la nuit lui permit de distinguer. Soupçonnant ce qui s'y passait, il s'empressa d'envoyer du secours aux Français qu'il avait laissés dans cette capitale. Deux mille hommes enfermés dans les forts et la citadelle, sous le commandement des généraux Verdier et Zayonchek, étaient à la vérité suffisants contre une insurrection populaire; mais Kléber connaissait pour l'avoir vu dans la journée le corps ennemi qui allait se joindre aux insurgés. Il détacha donc de la division Reynier la brigade du général Lagrange, qu'il fit partir dans la nuit même, après quoi il se mit en marche avec l'armée pour Belbeïs, où il arriva le 21 mars.

Pendant que le général Reynier se présentait devant la ville, et que le général Friant cherchait à couper la retraite à un corps de cavalerie ennemie qui était en bataille en avant, cette cavalerie prit promptement la fuite et s'échappa par la route de Salehiéh. L'infanterie, qui occupait la ville, se réfugia dans l'un des forts, où elle fit pendant tout le jour la défense la plus opiniâtre. On fut obligé de faire toutes les dispositions d'un siége, et on allait le continuer le lendemain matin, 22 mars, lorsque les Turcs proposèrent eux-mêmes de se rendre, ne demandant pour toute condition que la permission de rejoindre l'armée ottomane et d'emporter leurs armes. Ils n'obtinrent que celles qui leur étaient nécessaires pour se défendre contre les Arabes.

Pendant que Belbeïs retombait ainsi sous la puissance des Français, la cavalerie qui battait la campagne avait surpris et arrêté quelques mamelouks et Osmanlis qui conduisaient au Caire les bagages d'Ibrahim-Bey et de Nassyf-Pacha. Kléber, comprenant par là que les corps ennemis qui s'étaient portés sur le Caire étaient beaucoup plus considérables qu'il ne l'avait cru d'abord, détacha encore les généraux Friant et Donzelot pour aller soutenir le général Lagrange.

Le général Reynier marchait déjà sur Salehiéh, lorsque le grand-visir qui s'y trouvait envoya au général en chef un Arabe pour lui demander la suspension des hostilités et le rétablissement des conférences à Belbeïs, mais l'armée française ne pouvait plus s'arrêter sans compromettre sa sûreté. Le général arriva le 23 mars, à la pointe du jour, au village de Koraïm, en avant duquel une vive canonnade se faisait entendre. La division Reynier était aux prises avec un groupe de trois ou quatre mille cavaliers. A peine le général en chef, qui n'avait avec lui que les guides et un régiment de hussards, parut sur les dunes de sable qui dominent le village, que la cavalerie ennemie accourut sur sa petite troupe. N'ayant pas eu le temps de se former, elle reçut une charge impétueuse qui devint une horrible mêlée, où chacun dut s'occuper de sa défense personnelle. Les habitants de Koraïm se joignant à la cavalerie ennemie, rendirent extrêmement difficile la position de ce petit nombre de Français ; le général en chef lui-même y reçut une blessure à la tête ; mais bientôt le général Reynier envoya à son secours un régiment de dragons, qui fit fuir toute cette populace, ainsi que la cavalerie ennemie, et toute l'armée réunie arriva au bivouac à deux lieues en avant de Salehiéh.

Le général Kléber pensait que ce village devait être le lieu d'une seconde bataille décisive. Il devait croire qu'étant le dernier de la terre cultivée, l'armée turque s'y serait ralliée, et que n'ayant ensuite que le désert pour asile, elle s'y serait défendue jusqu'à la dernière extrémité ; mais il en était tout autrement. Le visir, sur le refus du général Kléber d'entamer de nouvelles conférences sachant qu'il marchait sur Salehiéh, monta aussitôt à cheval, prit avec lui seulement 500 hommes, et s'enfonça promptement dans le désert, qu'il parcourut sans s'arrêter jusqu'à Gazah.

Son départ fut dans l'armée turque le signal de la déroute la plus complète. L'épouvante et la confusion furent si grandes, que les Turcs abandonnèrent tout, camp, artillerie, bagages, et qu'ils se jetèrent sans vivres ni munitions dans le désert, sur les pas du visir. Mais ils y trouvèrent tous la mort la plus affreuse ; les Arabes attendaient avec impatience une déroute, de quelque côté qu'elle fût, pour exterminer les vaincus, et se partager leurs dépouilles. Ces malheureux Turcs tombèrent donc tous sous le fer des Arabes, qui devinrent ainsi les auxiliaires des Français, quoique indignes.

Les habitants de Salehiéh vinrent au-devant de l'armée française le 24 mars, pour lui faire connaître cette fuite précipitée du visir, et les Français entrèrent dans le camp abandonné, avec l'espoir d'y trouver de nouvelles richesses ; mais le butin se réduisit à bien peu de chose, le soldat n'y trouva que ce que les Arabes n'avaient pu ou n'avaient pas voulu emporter. Ce fut là le terme de la course de l'armée française, qui s'arrêta enfin au bout de quatre jours de combat et de marche. Le général Leclerc fut cependant envoyé jusqu'au point appelé Kantarra-el-Kgrasné, à l'extrémité du lac Menzaleh ; mais voyant la route couverte de cadavres, que les Arabes dépouillaient, il revint en hâte sur Salehiéh.

C'en était donc fait de cette armée si redoutable ; un faux calcul des ministres anglais avait causé son anéantissement, et le sort qu'ils avaient réservé aux Français était retombé sur leurs alliés ; mais le moment du repos n'était pas encore arrivé. Le commencement d'exécution du traité d'El-Arisch avait déjà fait livrer aux Turcs plusieurs points importants de l'Egypte. Ils occupaient Damiette et Lesbeh ; Dervich-Pacha était dans le Saïd, et les peuples étaient soulevés partout. Les généraux Lanusse et Rampon parcouraient le Delta ; ce dernier reçut ordre de se porter sur Damiette par l'ouest, pendant que le général Belliard s'y rendait par l'est, en suivant les bords du lac Menzaleh, qu'il fut chargé de soumettre. Le général en chef, ayant ensuite laissé le général Reynier pour surveiller le désert et la province de Charkié, partit de Salehiéh le 24 mars, et reprit la route du Caire, où il arriva le 27.

Il paraît certain que le grand-visir, ou ses agents, avaient organisé une insurrection dans cette ville, car le 20 mars au matin, à peine la bataille d'Héliopolis était-elle commencée, qu'un groupe d'Osmanlys s'était jeté dans Boulac, et y trouvant les habitants déjà réunis et armés de fusils et de sabres, les conduisit contre le fort Camin situé près la porte de l'Esbekiéh ; mais vigoureusement canonnés à mitraille par ce fort, ils furent obligés de se retirer, et rentrèrent dans Boulac, se bornant à en interdire l'entrée aux Français.

De leur côté, les habitants du Caire, qui s'étaient portés en foule dans la plaine de la Coubbé pour connaître l'issue de la bataille, éprouvèrent une joie bien vive lorsqu'ils virent arriver le corps de cavalerie qui avait abandonné l'armée turque après que les Français eurent rompu la ligne de l'avant-garde ; mais cette joie ne put se contenir, et ils la manifestèrent par tous les excès, lorsqu'ils virent entrer Nassyf-Pacha, Osman-Effendi, et tous les beys, qui leur assurèrent que le visir les envoyait pour prendre possession du Caire au nom de l'empereur Selim, et annoncer aux habitants la destruction de l'armée française. Le premier soin de Nassyf-Pacha fut de se transporter au quartier des négociants européens, où il fit égorger sous ses yeux, sans distinction d'âge, de sexe, ni de nation, tous ceux de ces malheureux qui étaient restés dans leurs maisons sur la foi d'un sauf-conduit du grand-visir ; leurs corps jetés dans le canal restèrent en butte aux outrages, et devinrent la pâture des chiens et des vautours. Tous ceux des Turcs qui avaient accepté des honneurs et des richesses des Français furent impitoyablement mis à mort. Mustapha, aga des janissaires, fut empalé. La populace, pendant ces exécutions, commit les plus grandes atrocités, et se porta à tous les excès. Les malheureux habitants qui, enfermés dans leurs maisons, voulaient y attendre tranquillement la fin des événements sans prendre part aux violences qui se commettaient, furent dépouillés par le pillage.

Les Français qui n'avaient pas suivi l'armée s'étaient retirés dans les forts et dans la citadelle ; mais 200 hommes restaient sans défense dans la maison du général en chef, sur la place Esbekiéh. Après avoir saccagé le quartier européen, Nassyf-Pacha, informé de leur petit nombre, crut qu'il en aurait tout aussi bon marché que des malheureux négociants, et il précipita ses bandes d'assassins sur cette place; mais il fut bientôt détrompé. Les grenadiers et les guides à pied, qui composaient ces 200 hommes, l'attendaient de pied ferme rangés en bataille devant la maison, et, après l'avoir accueilli lui et sa troupe par une fusillade bien nourrie, ils fondirent, la baïonnette en avant, sur cette masse, et en un instant la place se trouva déserte. On remarqua un bey qui, cherchant à arrêter les fuyards, paya de sa vie son obstination.

Les Français profitèrent de ce moment de relâche pour élever promptement des retranchements et établir une batterie. Dès lors Nassyf-Pacha eut la douleur de voir que 200 Français suffisaient pour neutraliser tous les efforts de 10,000 hommes de troupes régulièrement armées, et d'une population entraînée par tous les sentiments de la haine et de la fureur.

Ces 200 hommes, commandés par l'adjudant-général Duranteau, s'acquirent une grande gloire pendant deux jours qu'ils restèrent ainsi abandonnés à eux-mêmes. Ils ne recevaient cependant aucune nouvelle de l'armée, et ils devaient finir par ajouter foi à ce que les Turcs leur annonçaient de sa destruction, puisqu'elle n'avait pu défendre la capitale après la bataille; mais, d'un autre côté, ne pouvant espérer aucune espèce de traité ni d'accommodement avec des hommes qui avaient signalé leur entrée dans le Caire par un massacre général; ils n'avaient donc qu'à vendre chèrement leur vie : car ils voyaient bien que, s'ils n'étaient pas secourus, ils finiraient par succomber dans une lutte aussi inégale.

Ils étaient dans cette anxiété désespérante, lorsqu'enfin le 22 mars après midi ils virent paraître la colonne du général Lagrange, que le général en chef leur avait envoyée d'El-Hanka. A peine avait-elle été signalée dans la ville, que Nassyf-Pacha envoya un corps de 4,000 hommes de cavalerie pour s'opposer à sa réunion avec le quartier-général; mais une vive fusillade et quelques coups de canon leur apprirent bientôt que partout leurs efforts seraient impuissants; en effet, le général Lagrange rejoignit les 200 braves dont il doubla le courage en leur apprenant la défaite de l'armée turque. Les Français, enthousiasmés, ne voulurent plus se borner à la défense dans la maison du général en chef; et, après avoir rendu ce poste inattaquable, ils espérèrent, à leur tour, pouvoir prendre l'offensive : mais l'entreprise était difficile. La place était entourée de maisons devenues pour les Turcs autant de forteresses, d'où ils faisaient un feu meurtrier, et l'instruction précise du général en chef était de ne rien entreprendre qui pût compromettre la vie du soldat avant son arrivée. La droite et la gauche du quartier-général étaient liées à des maisons par lesquelles l'ennemi tâchait de pénétrer. Le général Friant, qui avait été envoyé de Belbeïs, et qui arriva peu après le général Lagrange, conçut le projet d'isoler de toutes parts le quartier-général, et, en conséquence, il fit mettre le feu aux maisons qui l'approchaient des deux côtés.

Les Turcs, étonnés et furieux, montrèrent alors une résolution dont le fanatisme seul pouvait rendre ces hommes capables. Ce qu'on n'avait jamais fait au Caire, les habitants le firent dans cette circonstance : ils fabriquèrent de la poudre, forgèrent des boulets avec les fers des mosquées et les outils des artisans : enfin, chose presque incroyable, ils parvinrent à fondre du canon et des mortiers.

La place Esbekiéh était partagée diagonalement par deux lignes de retranchements : l'une, du côté du quartier-général, était occupée par les Français, et l'autre par les Turcs ; lorsque Kléber arriva, le 27 mars, après avoir reconnu la position de l'ennemi, il vit qu'il avait à faire un siége, peut-être difficile, et que, s'il le brusquait, il perdrait beaucoup de soldats, dont il voulait par dessus tout ménager la vie. Il pouvait employer deux moyens pour reprendre le Caire : la force ou le temps. Il devait et il voulait ménager le premier, mais il était libre de prodiguer le second. Il se détermina à faire usage des deux, et il prit tout le temps nécessaire pour combiner avec sagesse et prudence l'emploi de toutes ses ressources militaires ; il se contenta de cerner la ville, afin de lui ôter toute communication avec l'extérieur. Il chercha ensuite à établir des correspondances dans l'intérieur, pour faire connaître avec certitude la défaite du visir, que les habitants s'obstinaient à ne pas croire. Comme il avait toujours auprès de lui Mustapha-Pacha, il ordonna à cet officier turc de leur affirmer lui-même cette nouvelle.

Nassyf-Pacha, Osman-Effendi et Ibrahim-Bey, reconnaissant alors qu'ils n'avaient effectivement plus de secours à espérer, demandèrent à capituler ; et Kléber, s'empressant de leur accorder toutes les propositions qu'ils lui firent, le traité fut signé. Mais la nouvelle n'en fut pas plutôt répandue dans la ville, qu'elle jeta la plus grande consternation parmi les habitants qui avaient contribué le plus aux crimes dont le peuple s'était rendu coupable, et qui redoutaient à ce titre la vengeance des Français. Une nouvelle insurrection se manifesta dans l'intérieur ; les larmes, les supplications furent prodiguées aux chefs pour les conjurer de ne pas abandonner la ville. Ils cédèrent à ce cri universel et reprirent leurs postes ; le traité fut annulé et les hostilités recommencèrent. Il répugnait à Kléber d'employer la force que la réunion de ses ressources militaires mettait enfin à sa disposition, il voulait ménager le soldat et la ville du Caire ; mais enfin on le poussait à bout.

Mourad-Bey, qui, après la bataille d'Héliopolis, s'était retiré à Toura, sur la rive droite du Nil, à deux lieues au-dessus du Caire, et qui avait refusé de faire cause commune avec Ibrahim-Bey, lorsque celui-ci était entré dans la ville, avait déjà renoué ses négociations avec le général Kléber, et le traité qui lui accordait le haut Saïd avec le titre de prince gouverneur pour les Français fut conclu à cette époque. Mourad n'était pas ambitieux, et ce traité le satisfit : aussi, pour première preuve de sa bonne foi et de son zèle, il voulut aider Kléber de toute son influence pour la soumission du Caire. Voyant qu'elle n'avait pas tout le succès qu'il en attendait, il proposa d'incendier cette capitale, et il fit même rassembler les combustibles nécessaires; mais Kléber persista à continuer l'emploi de moyens plus doux. Mourad chargea ensuite l'un de ses beys de se porter contre Dervich-Pacha, qui occupait encore la Haute-Egygte. Il voulait présenter à Kléber la tête de ce général turc; Kléber exigea qu'il se contentât de le chasser d'Egypte.

L'autorité des Français était déjà rétablie sur tous les points. Douze mille hommes des débris de l'armée turque s'étaient jetés et réunis à Damiette. Le général Belliard, avec 1,200 hommes seulement, avait marché sur eux. Il les attaqua près le village de Chouara, en avant de Damiette, les battit, leur prit 10 pièces de canon, et les dispersa complétement. Damiette et Lesbeh furent repris. Méhallé-el-Kebir, Semmenoud et Tahta, villes qui étaient le centre des insurrections du Delta, reçurent la loi du vainqueur.

Il ne restait plus que le Caire et Boulac : il fallut enfin se résoudre à commencer des attaques sérieuses, car le retard dans la soumission de ces villes devenait dangereux pour l'opinion. Des combats partiels, où le soldat développait individuellement la plus grande énergie et un courage à toute épreuve, ne tendaient qu'à affaiblir l'armée, sans lui donner des avantages marquants. Ces combats, ainsi que le feu continuel des forts et de la citadelle, épuisaient les munitions. Les habitants s'en aperçurent, et déjà ils croyaient avoir réduit les Français à un état d'affaiblissement qui allait les remettre à leur discrétion. Du haut des minarets, les imans cherchaient à soutenir, par des prières et par des chants, le courage du peuple. Il était temps enfin de porter un coup décisif.

Le général de division Reynier était accouru de Belbeïs. Le général Belliard arriva le 13 avril, après son expédition de Damiette; un convoi de munitions venu de Rosette mettait Kléber en mesure de porter ce coup avec assurance.

Boulac avait jusque-là peu attiré son attention, quoique cette ville ne cessât tous les jours de provoquer son animadversion par les insultes les plus graves. Le 14 avril il la fit sommer de se rendre, et lui promit le pardon. Les habitants répondirent qu'ils étaient déterminés à suivre le sort du Caire, et que si on les attaquait, ils se défendraient jusqu'à la mort. Il n'y avait donc plus à balancer, il fallait les punir sévèrement, afin que leur exemple pût intimider ceux du Caire, et hâter la reddition de cette capitale.

Le 15 avril, le général Friant fut chargé de cerner Boulac; mais il essaya encore si un bombardement pourrait déterminer cette ville à demander une capitulation et à éviter les malheurs qui la menaçaient. Rien ne fut capable d'arrêter le feu des Osmanlis qui s'y étaient enfermés et qui excitaient les habitants à se défendre. Voyant cette opiniâtreté, on ordonna à l'artillerie de commencer son feu, et bientôt elle pratiqua plusieurs brèches, par lesquelles le soldat pénétra au pas de charge, jusqu'aux retranchements intérieurs, qui furent tous emportés. Les Turcs se retirèrent dans les maisons, qui devinrent de nouveaux retranchements, où ils se défendirent avec plus d'acharnement encore, mais qui furent plus dangereux pour eux. Le soldat y mit le feu, et l'incendie se propagea avec une effrayante rapidité. Le général fit offrir un nouveau pardon, qui fut encore rejeté.

Alors le soldat ne connut plus de frein, les officiers l'abandonnèrent à sa fureur, et le sang coula de toutes parts. On n'entendait que des cris de désespoir et de mort; la ville, en un instant, ne présenta plus qu'un monceau de ruines. Les rues étaient barrées par de longues files de maisons écroulées, sous lesquelles la population était ensevelie. Ceux qui purent échapper à ce bouleversement vinrent enfin implorer la clémence du vainqueur, qui donna l'ordre de cesser le carnage; alors le silence de la mort succéda pour longtemps à l'activité de cette industrieuse et populeuse cité.

Il fallait profiter de la consternation que la prise de Boulac jetait dans le Caire pour attaquer l'ennemi, et les dispositions furent prises pour le lendemain 16 avril; mais un incident imprévu en retarda l'exécution. Une pluie fine et abondante, qui commença le matin et qui ne finit que le lendemain 17 au soir, rendit tout mouvement impossible. Cet état atmosphérique, aussi commun en Europe qu'extraordinaire en Egypte, changea nécessairement tous les projets, toutes les dispositions; rien n'est prévu pour garantir des inconvénients de l'humidité, et, au contraire, tout étant calculé pour une atmosphère et un sol constamment secs, on courait risque de voir ses plans avortés, si on s'obstinait à les exécuter dans un temps pluvieux. D'ailleurs, il s'agissait, dans l'attaque qu'on avait en vue, de mettre le feu à plusieurs maisons, et la pluie eût certainement arrêté l'effet de cet incendie. Enfin, le 18 avril au soir, l'attaque commença.

Les Turcs, comme il a été dit plus haut, occupaient, sur la place Esbekiéh, toutes les maisons qui faisaient face au quartier-général, c'est-à-dire les deux côtés est et sud de la place qui tenaient à la ville. Leur gauche était appuyée à la maison de Setti-Fatmé, d'où partaient toutes leurs attaques sur le quartier-général, comme en étant la plus rapprochée. On se proposa de détruire cette maison; mais, pour l'attaquer de front, il eût fallu perdre beaucoup de monde dans les retranchements dont elle était couverte : on résolut de la miner. Les travaux nécessaires pour cette opération avaient été préparés plusieurs jours à l'avance, et l'explosion qu'elle devait produire fut le signal convenu pour rendre l'attaque générale sur toute la ligne. L'effet fut tel qu'on l'avait désiré, la maison fut engloutie, tous les Turcs et mamelouks qui se trouvaient dedans périrent.

Dans le même moment, le général Reynier pénétra dans la ville avec sa division par la porte dite *Bab-el-Charieh*, et attaqua vigoureusement la droite des Turcs, pendant que le général Belliard attaquait le centre en entrant par le Mousky, et que les généraux Friant et Donzelot forçaient leur gauche par la rue qui bordait la maison minée de Setti-Fatmé. On combattit vaillamment des deux côtés pendant toute la nuit; mais les Turcs perdirent toutes leurs positions; Nassyf-Pacha lui-même, et Hassan-Bey-el-Djeddaoui, rencontrés au débouché d'une rue, n'échappèrent qu'en abandonnant leurs chevaux et en se jetant dans les maisons voisines.

Effrayés d'une attaque aussi vigoureuse, les Turcs reconnaissant enfin que leur résistance était vaine et qu'elle aggravait leur position, redemandèrent à traiter, et ce fut Mourad qui leur en facilita les moyens; il avait envoyé depuis quelques jours auprès d'eux Osman-Bey-el-Bardissy pour les engager à capituler et pour leur offrir sa médiation; mais, aveuglés sur leur situation, et surtout sur celle du visir, ils faisaient des propositions qui ne tendaient qu'à éloigner toute conciliation. Cependant lorsque, du haut des terrasses et des minarets, ils virent l'état déplorable de la ville de Boulac, et qu'ils reconnurent à la violence de l'attaque que les Français feraient subir le même sort à la ville du Caire, si elle persistait dans sa défense, ils envoyèrent, le 20 avril, une capitulation plus modérée, en demandant une supension d'hostilités. L'armistice ne leur fut pas accordé, mais le général en chef leur fit connaître son ultimatum par le même parlementaire.

Le 21 avril, Osman-Aga se présenta de nouveau avec les articles consentis par Kléber et signés par Nassyf-Pacha et par Ibrahim-Bey : aussitôt les Français prirent des positions telles que les Turcs fussent dans l'impossibilité de rompre une seconde fois leurs engagements sans perdre leurs avantages.

Enfin, la ville fut totalement évacuée le 25 avril, et le général Reynier escorta les Turcs avec sa division jusqu'à l'entrée du désert près Salehiéh, ainsi qu'il avait été stipulé. Ne jugeant les Français que d'après eux-mêmes, les Turcs, et surtout Nassyf-Pacha, qui avait à se reprocher les crimes qu'il avait commis à son entrée au Caire, craignaient la vengeance du soldat dans la route, et ils furent tout étonnés de voir que ce soldat, loin d'avoir aucune haine contre eux, prévenait au contraire leurs besoins avec une générosité qu'ils ne pouvaient concevoir.

Kléber n'ignorait pas que pendant les négociations d'El-Arisch, le commodore Sydney Smith avait établi des communications avec les forces anglaises dans la mer Rouge, et que pour prix de ses services l'Angleterre convoitait le port de Suez. Il savait même que dès les derniers jours de mars, c'est-à-dire au moment où les Français devaient avoir évacué le Caire, les Anglais y avaient débarqué 500 hommes commandés par le lieutenant-colonel Murray, et environ 800 Mekains ou habitants d'Yambo. Le général en chef, immédiatement après la prise de Boulac, prévoyant qu'il n'aurait bientôt plus de Turcs à combattre, envoya, le 9 avril, un détachement pour reprendre Suez.

Le grand-visir avait expédié de Gazah un parti de mamelouks et d'Arabes conduits par le bey Osman-Hassan, pour déterminer les Anglais à se porter sur le Caire au secours de ceux qui défendaient cette ville. Ce parti ayant été rencontré et battu près le fort dit Kala-el-Adjeroud, par le détachement qu'avait envoyé Kléber, quelques fuyards arrivèrent à Suez où ils annoncèrent l'arrivée des Français. Le colonel anglais jugeant qu'il ne devait pas s'écarter de sa mission, qui était seulement de prendre Suez, et de le garder malgré les Turcs, regagna promptement son vaisseau avec ses troupes, après avoir brûlé tous les bâtiments de commerce qui se trouvaient dans le port.

L'Egypte entière était donc soumise dans les premiers jours de mars, et cette nouvelle conquête fut célébrée, le 27 avril, par une entrée triomphante dans le Caire, au bruit de toute l'artillerie de l'armée et des forts.

L'ordre et la tranquillité étant partout rétablis, Kléber prit la résolution de se fixer dans le pays d'une manière stable, et de mettre dorénavant toutes ses opérations en rapport avec l'intérêt du gouvernement français. Telle fut la sagesse de son administration, que bientôt le recouvrement des contributions se fit partout sans qu'il fût besoin de la moindre démonstration militaire, et que, hors le danger de rencontrer les Arabes, un Français pût parcourir tout le pays sans courir le moindre risque.

En politique habile, Kléber profita de ces bonnes dispositions des habitants pour leur faire sentir que leur intérêt était de coopérer avec les Français à la défense commune contre les Arabes errants, et contre toute invasion étrangère, si jamais on en tentait une nouvelle. Les Cophtes, particulièrement, avaient un intérêt plus direct à cette défense. En leur qualité de chrétiens, ils avaient été pillés et massacrés par les Turcs, et ils devaient craindre leur retour. On les détermina aisément à former un bataillon de 500 hommes, qui fut habillé et équipé à la française. A leur tête était un des principaux chefs de la nation, nommé Ma'allem-Yacoub, qui avait déjà fait toute la campagne de la Haute-Egypte sous le général Desaix. La formation de ce corps avait le double but d'augmenter les forces de l'armée, et de développer parmi les habitants le goût du service militaire pour leur faire remplir les cadres des corps.

Déjà une légion d'étrangers s'était formée sous Bonaparte, et l'armée entière donnait des éloges à leur fidélité et à leur courage. Le Grec Nicole Papas Oglou, qui avait servi les mamelouks jusqu'après la bataille des Pyramides, s'était dévoué aux Français depuis cette époque. Il enrôla tous ses compatriotes, et cette légion fut portée à 1,500 hommes, en y comprenant quelques Mogrebins et Turcs déserteurs.

Au retour de Syrie, des paysans qui avaient servi les Français, et qui ne pouvaient plus rester avec sécurité dans leur patrie, suivirent l'armée dans sa retraite en Egypte, et furent organisés en cavalerie avec quelques mameloucks qui avaient abandonné leurs beys. On mit à leur tête ce Barthelemy qui s'était renfermé avec les Français dans la maison de la femme d'Ibrahim-Bey pendant la bataille des Pyramides. C'est cette même compagnie de mamelouks qui suivit l'armée lors de son retour en France, et que le premier consul plaça dans sa garde.

Les caravanes d'Ethiopie amenaient beaucoup d'esclaves noirs ; Kléber en fit acheter une grande quantité, et en peu de temps la 21e demi-brigade fut complétée par cette classe d'hommes qui, étrangers à tous les préjugés des musulmans, contractèrent bientôt les habitudes et la bravoure du soldat français, dont ils étaient tout étonnés de se trouver les compagnons, lorsqu'ils ne se croyaient que leurs esclaves. Ce corps fut un de ceux qui se distinguèrent le plus dans la suite par sa bravoure.

L'administration de l'armée reçut aussi des améliorations importantes. On avait éprouvé jusque-là les plus grandes difficultés pour les transports. Obligé de recourir aux Arabes, qui seuls ont à leur disposition une assez grande quantité de chameaux, et souvent trompé à cet égard par le peu de fidélité que mettaient les tribus dans l'exécution de leurs traités avec les Français, Kléber fit établir un parc de 500 chameaux toujours disponibles, qu'il distribua aux différents services, pour être réunis au premier besoin.

Il arrêta ensuite avec les chefs de l'artillerie et du génie les plans de défense pour la côte et les principales villes.

Un fanatique fit évanouir les espérances que devaient faire naître et entretenir des mesures si sages.

Le grand-visir, inconsolable de sa défaite à Héliopolis, avait fait répandre des écrits dans lesquels le chef de l'armée française était représenté comme un homme sans foi, ennemi de toute espèce de religion ; au nom de Dieu et de Mahomet, il invitait les fidèles croyants à tenter tous les moyens pour lui ôter la vie, assurant que des récompenses éternelles étaient réservées au musulman qui ôterait la vie à un infidèle si dangereux.

Soleyman-el-Halebi, aveugle sectateur de Mahomet, âgé d'environ vingt-quatre ans, se présente aux agents du visir, dont il reçoit un poignard pour remplir son infernale mission ; des lettres de recommandation lui sont données pour le Caire ; il est adressé à des prêtres qui lui donnent une mosquée pour asile.

Kléber demeurait, depuis quelque temps, à Giseh, en attendant qu'on eût fait quelques réparations indispensables au palais qu'il occupait habituellement au Caire. Le 14 juin, après avoir passé une revue dans l'île de Roudah, il alla demander à déjeûner au général Damas, qui habitait la capitale. Kléber fut très-gai pendant le repas. Au sortir de table, il prit à part l'architecte Protain, et lui proposa de l'accompagner dans son palais, pour se concerter avec lui sur les réparations qu'il y avait à faire ; ce palais était attenant à la maison de Damas ; comme ils traversaient la terrasse qui joignait les deux bâtiments, un jeune homme, assez mal vêtu, profitant d'un moment où l'architecte était à quelque distance, s'approche du général, se prosterne, et fait un mouvement comme pour lui présenter un placet ; Kléber s'avance et se penche vers lui ; Soleyman se relève alors, tire un long poignard et le frappe au cœur ; l'architecte accourt, saisit le meurtrier et veut l'arrêter ; mais Soleyman le frappe lui-même de six coups et le renverse, puis il se jette sur Kléber étendu, et le frappe encore de trois coups. Un guide, qui passait auprès de la galerie, au moment où Kléber, frappé pour la première fois, s'écria : *Je suis assassiné!* courut dans la maison du général Damas, et glaça d'effroi les convives encore réunis. On sort en désordre, et l'on trouve Kléber baigné dans son sang, respirant encore, mais ne pouvant proférer une seule parole ; il expira bientôt après, malgré les secours de l'art qui lui furent prodigués.

L'architecte Protain, ayant repris ses sens, donna le signalement du meurtrier, qui fut condamné à avoir la main brûlée et à être ensuite empalé ; trois prêtres de la mosquée d'El-Heasar, dont il avait dénoncé la complicité, eurent la tête tranchée.

Kléber fut pleuré par ses soldats et regretté de Bonaparte, qui disait de lui à Sainte-Hélène : « Si Kléber n'eût pas été assassiné, l'armée anglaise eût été détruite, et l'Egypte conservée à la France. » Présumer autant d'un homme à qui il avait laissé si peu de moyens, c'était en faire un grand éloge. Le corps de Kléber fut rapporté en France, lorsque l'armée évacua l'Egypte, et fut déposé d'abord au château d'If. Il repose aujourd'hui dans un monument qui lui a été élevé à Strasbourg.

Après de la mort de Kléber, le général Menou, étant le plus âgé des généraux divisionnaires, l'ancienneté lui donnait droit au commandement en chef ; les autres généraux crurent devoir le lui offrir, bien qu'il n'eût pas donné jusqu'alors une haute opinion de ses talents militaires. Menou accepta, et ses collègues ne tardèrent pas à se repentir de leur déférence.

A peine Menou eut-il pris le commandement en chef de l'armée et les rênes du gouvernement de l'Egypte, que des difficultés surgirent de toutes parts. Le nouveau général en chef, voulant faire preuve de capacité, avait bouleversé le système financier si sagement établi par son prédécesseur, et introduit dans l'armée des innovations malheureuses. Les impôts ne se recouvraient plus que difficilement, les magasins furent bientôt vides ; il fallut recourir aux emprunts. En même temps, des avis venant de toutes parts annonçaient les efforts prodigieux que faisaient les Anglais pour réparer la faute qu'ils avaient faite en empêchant l'exécution du traité d'El-Arisch. On savait que l'armée qu'ils avaient formée à grands frais, et qui avait été battue au Helder, chassée au Ferrol, se rassemblait à Macri et à Rhodes. Ces avis étaient parvenus, non seulement par les gens du pays, mais même par le gouvernement français qui, aussi bien et peut-être mieux instruit qu'on ne l'était en Egypte, avait déjà envoyé plusieurs bâtiments. Deux frégates, *la Justice* et *l'Egyptienne*, entrées à Alexandrie le 3 février 1801, y avaient débarqué chacune 300 hommes, avec de l'artillerie et des munitions. Elles firent connaître tout ce que l'armée d'Orient avait encore d'efforts à faire pour détruire les nouveaux ennemis qui allaient se présenter, et le gouvernement annonçait en même temps que des secours plus considérables arriveraient sous peu.

En effet, une escadre commandée par l'amiral Ganteaume, et composée de quatre vaisseaux de ligne et de plusieurs frégates, était partie de Brest, avec quatre ou cinq mille hommes; mais, après avoir passé le détroit de Gibraltar, l'amiral ayant appris par la frégate angláise *le Succès*, qu'il captura sur la côte d'Afrique, qu'une escadre anglaise considérable était sur les côtes d'Egypte, il se réfugia dans le port de Toulon. Une de ses frégates, *la Régénérée*, se détacha cependant de la ligne, et arriva heureusement le 1er mars 1801 à Alexandrie, où elle débarqua 200 hommes de la 51e demi-brigade, une compagnie d'artillerie et des munitions. L'arrivée de cette frégate, et du brick *le Lody* qui entra le même jour, fit bien voir que l'escadre de Ganteaume aurait pu arriver, ce qui eût apporté de grands changements dans la situation des choses.

Malgré tous ces avis, Menou, qui ne voulait rien croire de ce qu'il craignait le plus, ou qui était assez ignorant pour ne pas juger sainement les préparatifs qu'on lui annonçait, affectait de dire que le visir seul était capable d'opérer quelque attaque; que les Anglais ne s'étaient établis à Rhodes que pour s'emparer de l'Archipel.

Mourad-Bey était instruit du plan de campagne des ennemis par les mamelouks d'Ibrahim-Bey, avec lesquels le général Kléber l'avait autorisé à correspondre, dans l'intention de mieux pénétrer les desseins et les dispositions des Turcs.

Soit par attachement, soit par politique, Mourad avertit exactement le général Menou des projets des ennemis, de leurs forces, et même de leurs opérations; mais Menou ne voulant pas croire à la possibilité d'une attaque par mer, laissait la côte totalement dégarnie de troupes. Deux mille hommes seulement d'infanterie, et 200 hommes de cavalerie, sous les ordres du général Friant, étaient chargés de la défense d'Alexandrie, d'Aboukir et de Rosette. La sécurité était donc complète au Caire, lorsqu'on y reçut, par un courrier qu'envoyait le général Friant, la nouvelle de l'apparition de la flotte anglaise. Menou ordonna alors au général Reynier de marcher sur Belbeïs avec sa division; au général Morand de se rendre à Damiette, et au général Lanusse de partir pour Aboukir, avec une partie de sa division seulement.

La flotte ennemie avait été signalée le 1er mars, dans l'ouest d'Alexandrie, vers deux heures après midi; elle s'était dirigée vers la rade d'Aboukir, où elle arriva dans la nuit. Elle était commandée par l'amiral Keith, et composée de 15 vaisseaux de ligne, 45 frégates armées ou non armées, une corvette, 3 bricks. Le nombre des troupes à bord était de 17,500 hommes; ce nombre fut porté, par des convois successifs, à 23,400 hommes.

A ces forces déjà si formidables vint encore se joindre l'armée navale ottomane composée de 6 vaisseaux et de 8 corvettes.

Le général Friant, qui n'avait alors à Alexandrie que 1,550 hommes d'infanterie et 180 hommes de cavalerie, avait suivi la marche de l'ennemi pour se trouver à son débarquement, malgré le peu de moyens qu'il avait à leur opposer. Il avait bien en outre 150 hommes à Rosette et 450 hommes à la Maison-Carrée d'Etko, sous le commandement du général Zayonchek; mais ces corps n'avaient pu être distraits des points qu'ils occupaient, et Friant ne pouvait disposer que de la garnison. La mer était houleuse, et, malgré l'importance pour les Anglais de ne pas perdre un temps précieux, pendant lequel il était présumable que l'armée française devait se réunir et arriver, ils n'avaient pas osé tenter le débarquement. Les troupes qui étaient sur les vaisseaux de ligne avaient été mises sur des bâtiments de transport pour pouvoir s'approcher plus près de la côte. Vers quatre heures du soir, trois bâtiments à rames étaient venus tenter une reconnaissance dans le lac de la Mahaddiéh, et avaient mis à terre cinquante à soixante hommes. Vingt furent tués, l'officier de génie fut pris, et le reste se rembarqua promptement.

Enfin, le 8 mars, vers les six heures et demie du matin, une immense quantité de chaloupes, garnies de troupes, se dirigèrent vers la côte, entre l'ouverture du lac Mahaddiéh et le fort d'Aboukir. Les Français s'étaient mis en bataille sur les hauteurs, vis-à-vis la partie menacée. L'ennemi marchait en très-bon ordre, sur une ligne immense, les rameurs nageant vigoureusement debout, et les soldats couchés dans les canots; il arriva sur la côte avec une telle prestesse et une telle régularité de mouvements, que 6,000 hommes débarquèrent à la fois et au même instant, sous la protection des chaloupes canonnières, qui faisaient un feu des plus vifs et des mieux soutenus. Ces 6,000 hommes avaient été assaillis par un feu de file bien nourri, une grêle de mitraille et une charge à la baïonnette, leur droite même avait déjà été culbutée, mais secourue par une forte colonne de la gauche, et l'ennemi présentant d'ailleurs une ligne beaucoup trop étendue, les Français, vu leur petit nombre, ne pouvant faire feu de tous les côtés, furent obligés de céder à leur tour. On s'était battu depuis sept heures jusqu'à neuf heures avec le plus vif acharnement; mais, craignant de compromettre la garnison et la sûreté d'Alexandrie, le général Friant se replia sur cette place et prit position en avant de la ville, la droite appuyée au lac Mahaddiéh, et la gauche à la mer. Les détachements d'Etko et de la Maison-Carrée, désormais trop faibles par leur isolement, eurent ordre de rejoindre Alexandrie, en faisant le tour des lacs.

A la nouvelle de ce débarquement et de l'engagement qui l'avait suivi, Menou se décida, le 11 au soir, à marcher sur Alexandrie, et donna aux troupes qui étaient au Caire l'ordre de partir pour Rahmaniéh; il rappela le général Reynier de Belbeïs, eut soin d'informer le divan, les administrateurs, les chefs des services civils, l'Institut, des événements qui se passaient. Il partit en effet le 12 mars vers midi, laissant au Caire le général Belliard avec la 9e demi-brigade, forte seulement de 850 hommes. Six cents hommes restaient dans la Haute-Egypte, sous le commandement du général Donzelot; les garnisons de Salehiéh, Belbeïs, Suez, Lesbéh et Bourlos, chacune d'environ 100 hommes, se maintinrent à leur poste. Le général Rampon eut ordre de se rendre de Damiette à Rahmaniéh.

Pendant que ces dispositions s'effectuaient, les Anglais avaient étendu leur position; ils avaient même tenté, le 13 mars, un coup de main sur Alexandrie, dont ils se seraient rendus maîtres si le général Lanusse, qui était à Rahmaniéh le jour du débarquement, ne fût venu en hâte au secours du général Friant. L'engagement, qui eut lieu en avant des hauteurs qui couvrent la ville, fut très-meurtrier des deux côtés. Les Anglais s'avancèrent jusqu'au dernier pont du canal, dont ils ne purent cependant s'emparer; mais ils formèrent deux nouvelles lignes de retranchements, l'une auprès de ce pont, et l'autre en avant de la maison que les Français appelaient l'Ambulance. Ils s'emparèrent du village de Béda, sur le canal d'Alexandrie, ce qui les rendit maîtres de la partie du canal entre ce village et la pointe du lac.

Avec le peu de forces qu'il avait à sa disposition, et qui, réunies à celles du général Friant, ne passaient pas 3,000 hommes, le général Lanusse ne pouvait troubler les ennemis dans leurs opérations; ceux-ci travaillèrent donc à leurs retranchements avec la plus grande activité, établirent de fortes batteries sur toute la ligne, et firent entrer une grande quantité de chaloupes canonnières dans le lac de la Mahaddiéh.

Le 16 mars ils mirent le siége devant le fort d'Aboukir, qu'ils battirent aussitôt en brèche avec des pièces de 24. La garnison, forte de 300 hommes commandés par le chef de bataillon du génie Vinache, eut toutes ses pièces démontées le 17, et fut obligée de se rendre le 18.

Le général en chef n'arriva à Rahmaniéh que le 15 au soir. Il s'y reposa le 16, coucha le 17 à Damanhour, où il fut rejoint par les généraux Reynier et Rampon. Il resta à Damanhour le 18, et arriva enfin au camp du général Lanusse, le 19 au soir. Les dispositions furent faites dans la journée du 20, et le 21 mars, à trois heures du matin, les troupes marchèrent à l'ennemi,

Le régiment des dromadaires, en avant de la division Lanusse, arriva le premier, mit pied à terre, et suivit avec cette division le bord de la mer qui formait la gauche de l'armée française. Le but était de porter toute l'attention de l'ennemi sur cette partie de sa ligne, pour laisser à la division Reynier la faculté d'entrer dans les retranchements, et de tourner l'armée anglaise par la droite, c'est-à-dire par le côté appuyé sur le lac Mahaddiéh et le canal. La cavalerie, commandée par le général Roize, était au centre. L'attaque commença par la division Lanusse, dont une grande partie, formée de la 21e demi-brigade, était parvenue à s'emparer d'une redoute principale sous le feu d'une artillerie formidable du camp et des chaloupes canonnières : déjà même elle avait fait mettre bas les armes à un corps considérable d'Anglais, lorsque le général Lanusse, excitant ses troupes, jeta les yeux sur toute sa division, et s'aperçut qu'une brigade, commandée par le général Valentin, était restée en arrière. Il accourut aussitôt pour la faire avancer et soutenir la tête; mais, dans ce moment, il fut atteint à la cuisse d'un boulet parti d'une des chaloupes canonnières. Quatre grenadiers volent à son secours, et à l'instant où ils le soulèvent, un second boulet arrive et emporte deux de ces grenadiers. Cet événement mit le désordre dans la division; la tête, n'étant plus soutenue, fut obligée de se retirer, tout en faisant des prodiges de valeur. La 21e y perdit plus de la moitié des siens. Un bataillon entier resta prisonnier.

Pendant cette attaque, le général Menou donne au général Roize l'ordre de charger. Cet ordre était on ne peut plus intempestif; car, pour opérer avec quelque apparence de succès, la cavalerie ne devait s'ébranler qu'au moment où les deux ailes auraient, par leur mouvement, jeté quelque désordre dans la ligne ennemie. Le général Roize, étonné, se fit répéter le commandement jusqu'à trois fois, pour laisser au général en chef le temps de réfléchir, et de lui en faire sentir l'absurdité. Mais au troisième ordre, voyant qu'il allait se rendre coupable de désobéissance, il se retourna vers ses braves, et enfonçant avec force son casque sur sa tête, il s'écria : « A moi ! mes amis; on nous envoie à la gloire et à la mort, courons, » et il partit. La charge fut terrible : tous y firent preuve d'une intrépidité que les difficultés irritaient. Ils pénétrèrent jusque dans le camp ennemi; mais les Anglais avaient eu soin de creuser des puits, de semer des chausses-trappes, et de croiser les cordes des tentes. Ces obstacles furent l'écueil de cette brave cavalerie, dont une grande partie resta sur le champ de bataille. Le général Roize lui-même, parvenu dans une redoute et sans espoir de succès, mit pied à terre et se battit jusqu'à l'extrémité. Il fut tué, lui et les braves qui ne l'avaient pas quitté. Un officier de dragons arriva jusque dans la tente du général Abercromby, où il engagea un combat corps à corps avec ce général en chef de l'armée anglaise, qui fut blessé, et mourut quelques jours après de ses blessures.

Le général Reynier attendant toujours l'ordre d'attaquer, et ne le recevant pas, resta avec sa division environ quatre heures sous le feu de l'ennemi ; il envoya plusieurs aides-de-camp demander des ordres, mais il n'en reçut aucune réponse.

Enfin, vers neuf à dix heures, la retraite fut ordonnée et exécutée avec précision ; on prit, en avant de la ville d'Alexandrie, une position militaire correspondante à celle des Anglais ; on fortifia une ligne appuyée à droite sur le canal, et à gauche sur la mer, et on se tint désormais sur la défensive. La perte de cette journée était de 800 morts, 400 prisonniers et 200 blessés.

L'impatience des Français au Caire devançait tous les courriers. Le désir que l'on avait d'une victoire en faisait annoncer la nouvelle, pendant que l'on ignorait absolument ce qui se passait. On présumait déjà la bataille livrée le 19 ou le 20, et le 21 au soir on en donnait les détails. Cependant rien ne se confirmait. Bientôt l'inquiétude se changea en alarme ; l'ignorance où l'on était de la vraie position de l'armée la supposait tellement en désordre, qu'on croyait que le général n'avait même pu rien faire savoir de ce qui s'était passé.

Cette alarme augmenta encore par une nouvelle qui fut répandue dans le Caire le 24 au soir. Le grand cheik de la tribu de Terabins de Syrie, campée dans l'Ouadi ou vallée de Sebah-Biar, avait averti le commandant de Belbeïs que la cavalerie ottomane était dans cette vallée, et se portait sur Belbeïs pour arriver au Caire. Les esprits, déjà disposés à l'effroi par l'inquiétude affreuse qu'ils éprouvaient, voyaient déjà les Osmanlis entrant dans cette ville, et renouvelant avec un bien autre motif de vengeance les meurtres et le carnage qu'ils y avaient commis l'année précédente. En effet, d'après ce rapport et les calculs les plus ordinaires de la marche de cette cavalerie, elle devait être à Belbeïs dans la matinée du 25, et au Caire le 27 au plus tard. La 9e demi-brigade, seule troupe disponible, fut aussitôt mise sous les armes, et alla camper entre Birket-el-Hadji et la Coubbé. Chacun s'empressa de pourvoir à sa sûreté personnelle ; les moins effrayés cherchaient les moyens de mettre en sûreté leurs effets les plus précieux. Toute la nuit et la journée du 25 furent employées en déménagements ; on se portait avec affluence à la citadelle, seul point à l'abri d'un coup de main ; tous les hôpitaux épars furent évacués ; cette journée présenta un tableau affligeant : on s'attendait à toute minute à voir éclater une insurrection générale dans la ville. Déjà même quelques-uns assuraient avoir vu des rassemblements dans le quartier de la mosquée d'El-Hazar ; mais ce peuple timoré, qui n'agit que par une forte impulsion, craignait encore trop les Français. Il est à croire qu'il ne voyait pas, sans une secrète complaisance, cette évacuation précipitée de la ville sainte par des infidèles ; mais les suites de l'insurrection de l'année précédente étaient encore trop présentes à la mémoire des habitants, pour qu'ils osassent rien entreprendre contre des hommes qu'une expérience de trois années les forçait de regarder comme des maîtres puissants et terribles quoique généreux.

L'évacuation s'opéra donc avec tranquillité, et presque tous les Français étaient, deux jours après, renfermés dans la citadelle ; on apprit cependant, le 26 mars, que la prétendue cavalerie ottomane n'était autre que les mamelouks d'Ibrahim-Bey, qui allaient rejoindre Mourad dans la Haute-Egypte.

Le 25 au soir, il arriva enfin des nouvelles de l'armée, mais elles ne firent que redoubler les alarmes en confirmant les inquiétudes que l'on avait sur son sort. Les dépêches du général en chef contenaient les dispositions pour le reste des troupes disséminées sur les différents points de l'Egypte. Les garnisons de Salehiéh, Belbeïs, Suez, Lesbéh et Bourlos, devaient être réduites à 50 hommes. Les trois premières avaient ordre, en cas d'attaque par des forces supérieures, de se replier sur la citadelle du Caire. Le général en chef commandait, en outre, l'évacuation totale de la Haute-Egypte; 1,500 hommes devaient descendre sur-le-champ à Rahmaniéh, sous la conduite du général Robin. Il était enjoint à tous les autres Français civils et militaires de s'enfermer dans la citadelle jusqu'à nouvel ordre; le général en chef annonçait que son intention était de se tenir sur la défensive, afin de tomber sur l'ennemi aussitôt qu'il sortirait de ses retranchements pour poursuivre son entreprise; qu'au reste, il avait la certitude que des secours allaient lui arriver de France, et qu'il les attendait.

Cette inertie du général Menou jeta tout le monde dans la plus grande consternation. Le général Belliard convoqua un conseil de guerre à une heure après minuit : il y proposa de faire sauter les forts de Belbeïs, Salehiéh et Suez; mais on discuta beaucoup, et on se sépara sans rien décider.

Le 3 avril, le commandant de Rosette manda au général en chef que les ennemis formaient un établissement à la Maison-Carrée, où ils avaient placé 4,000 Turcs; il en concluait que leur intention était de se porter sur Rosette. Le général en chef envoya un de ses aides-de-camp à la tête d'un détachement de cavalerie, pour faire une reconnaissance vers Etko et la Maison-Carrée ; mais cet officier se contenta d'aller à une ou deux lieues en avant de Rosette, et, d'après les renseignements qui lui furent donnés par un Arabe, il revint faire le rapport le plus tranquillisant sur la position de l'ennemi. Il assura qu'il n'y avait pas plus de sept à huit cents hommes, et que le but de cette position était la formation d'un hôpital pour séparer les Turcs du corps d'armée.

Cependant l'ordonnateur en chef Sartelon était venu à Rahmaniéh, pour faire mettre en sûreté les magasins de subsistances qui se trouvaient à Rosette, et il se rendit dans cette ville le 7 avril. Pendant ce temps, les avis que le cheik d'Etko donnait au commandant Saint-Faust devenaient de plus en plus alarmants. Ce cheik avait montré un grand dévouement aux Français depuis leur arrivée dans le pays; il leur en avait donné de fortes preuves lors de la descente des Turcs à Aboukir. La circonstance actuelle ne le trouva pas moins fidèle, quoique la fortune parût les abandonner. Il informa avec exactitude le commandant de Rosette de la force et des mouvements de l'ennemi. Ses rapports, absolument opposés à celui de l'aide-de-camp du général en chef, portaient le nombre des Turcs à environ 4,000. D'après ces renseignements, le commandant Saint-Faust fit porter au fort Julien l'artillerie, les malades et les invalides, qui en formèrent la garnison. Enfin, le 6 avril, le cheik d'Etko annonça que l'ennemi était en marche, qu'il avait pris position au Santon; qu'il était déjà venu en détachement prendre des informations au village, et que vraisemblablement il marcherait le lendemain sur Rosette. Le cheik le priait en conséquence de ne plus lui écrire, et de brûler même les lettres qu'il lui avait déjà écrites. Sur cet avis, le commandant, qui ne se trouvait point en forces pour disputer le terrain, fit embarquer toutes les administrations, et traversa le Nil pour s'établir sur la rive du Delta avec le peu de troupes qu'il avait. Cependant le 7, l'ennemi n'arrivant point, il rentra dans Rosette et y reprit les hauteurs de la ville; mais le 8 au matin, une forte reconnaissance de Turcs vint jusque sur ces hauteurs, et, après avoir fait replier quelques-uns des postes avancés, se retira vers son corps d'armée. Cet événement jeta bientôt l'alarme, et on se hâta d'effectuer l'évacuation commencée la veille. C'est dans ce moment que l'ordonnateur Sartelon arriva pour enlever les magasins, mais il ne trouva dans la ville aucuns moyens de transport; il n'avait même plus le temps nécessaire pour cette opération, et il fut obligé de se rembarquer promptement.

Vers quatre heures de l'après-midi, quelques vedettes qu'on avait laissées sur la tour d'Abou-Mandour signalèrent l'approche de l'ennemi, divisé en quatre colonnes d'environ 1,000 hommes chacune, à la distance d'une demi-portée de canon l'une de l'autre. La plus au nord, composée seulement d'Anglais, se portait sur le fort Julien, la seconde sur la ville de Rosette, la troisième sur la tour d'Abou-Mandour, et la quatrième sur le village de Guédid, position à une lieue et demie en avant de Rosette. Ces trois dernières colonnes étaient composées seulement de Turcs. Alors les vedettes se replièrent, et les barques mirent à la voile. Le vent n'était pas favorable : assaillies par un de ces ouragans impétueux et instantanés que les marins appellent un grain, le plupart des barques furent sur le point de périr. L'une des djerms armées, qui formaient leur escorte, étant restée en arrière pour presser les barques tardives, se trouva encore dans le port au moment où les Turcs arrivèrent à la grande place de Rosette qui est sur le Nil. Accourus en foule, ils se pressaient déjà sur les bords du fleuve pour s'emparer de ce bâtiment, lorsque celui-ci leur lança une bordée de tous ses canons, qui en terrassa une grande partie; le reste, saisi de frayeur, s'enfuit de cette place avec une vitesse plus grande que celle qui les y avait portés. La djerm attendue cependant par une batterie que la colonne des Turcs qui s'était dirigée sur Abou-Mandour y avait établie, fut atteinte d'un boulet qui lui fit faire eau. Le grain qui survint dans ce moment la mit hors d'état d'être gouvernée, et bientôt elle coula à fond. Les matelots eurent à peine le temps, les uns de se jeter à l'eau, les autres dans le canot, et de rejoindre ainsi les troupes campées dans le Delta. Les autres barques arrivèrent le lendemain à Rahmaniéh.

Cet événement jeta quelques alarmes dans ce dernier poste. Rien ne pouvait empêcher l'ennemi de s'y porter. Deux cents hommes seulement, commandés par le chef de brigade Lacroix, y avaient été laissés pour la défense du fort. Le général en chef avait, à la vérité, ordonné à la 9e demi-brigade de descendre du Caire pour renforcer ce point important, d'où Alexandrie pouvait seulement tirer des subsistances. Cette demi-brigade, commandée par son chef Pépin, était en effet descendue; mais, arrivée le 7 avril à cinq lieues de Rahmaniéh, elle avait reçu du général Belliard l'ordre de remonter de suite au Caire; cet ordre était provoqué par la nouvelle positive, que reçut ce général, de la marche de l'armée des Osmanlis. Il avait appris que le grand-visir était parti le 4 avril d'El-Arisch avec une armée de 25,000 hommes et 1,200 Anglais, dont 200 artilleurs.

Rahmaniéh était donc réduit à ses propres forces, augmentées, il est vrai, de la petite garnison de Rosette, mais dépourvue d'artillerie; la redoute qui y était établie ne pouvait s'opposer à l'ennemi, qui s'en serait aisément emparé, s'il s'y était porté avec promptitude : heureusement, il avait adopté dans toutes ses opérations un système absolument contraire. Le commandant de Rahmaniéh, le commissaire ordonnateur Sartelon et le général Fugières écrivirent successivement au général en chef pour lui faire connaître la position critique de Rahmaniéh, et l'engager à envoyer promptement au secours de cette place importante. En effet, déjà l'ennemi s'était porté le 10 avril en avant de Rosette, le long du Nil, jusqu'au village de Dairout; le général en chef envoya le 11 le général Valentin avec la 69e demi-brigade et un régiment de hussards; mais ces forces étaient loin de suffire; il donna au général Lagrange les troupes qui formaient la division du général Reynier, et l'envoya sur Rahmaniéh; le général Reynier resta alors simple particulier à Alexandrie. Cependant les Anglais avaient mis le siége devant le fort Julien, qui le soutint, pendant dix jours, malgré le feu soutenu d'une artillerie considérable qui aurait pu aisément mettre en ruine un aussi mauvais ouvrage. La garnison capitula le 19, et obtint tous les honneurs de la guerre; les assiégeants furent étonnés de voir que cette garnison n'était composée que de malades et d'invalides.

Pour assurer d'autant leur opération, et isoler totalement Alexandrie du reste de l'Egypte, les Anglais coupèrent, le 15 avril, le canal qui apporte les eaux du Nil dans cette ville, et au moyen de cette ouverture, ils firent couler les eaux du lac Mahaddiéh dans l'ancien lac Maréotis, qui était à sec depuis plusieurs siècles.

Ainsi l'armée française était partagée en trois grands corps isolés l'un de l'autre, et ayant devant eux un ennemi de beaucoup supérieur en forces et en moyens.

Le général Lagrange, avec environ 4,000 hommes, était obligé de disputer le terrain à une armée de plus de 20,000 hommes, commandée par le général Hutchinson, qui avait succédé au général Abercromby.

Le général Belliard, avec 3,000 hommes au plus, allait avoir sur les bras une armée de 25,000 Turcs, une autre armée anglaise qui arrivait par la mer Rouge, et toute la population du Caire.

Ce n'était qu'à force d'or qu'on pouvait se procurer quelques subsistances dans Alexandrie, dont les chefs magasins ne promettaient pas de grandes ressources. On intéressa les Arabes ouladalis à venir apporter des grains, et l'appât du gain leur fit braver tous les dangers et toutes les peines que présentait ce moyen d'approvisionnement; d'un autre côté, le corps des dromadaires était chargé de se porter, par les déserts, dans l'intérieur de l'Egypte, pour y recueillir des vivres : tels furent les moyens précaires qui soutinrent cette malheureuse ville pendant plusieurs mois.

Malgré toutes les facilités que le général Menou laissait aux Anglais d'exécuter leurs opérations, qu'il ne traversait par aucun mouvement, ils restèrent encore près d'un mois dans l'inaction. Après avoir pris Rosette, ils s'aperçurent enfin que la position du général Lagrange à El-Aft ne les empêchait pas de passer entre sa gauche et le lac Etko; d'un autre côté, le passage entre ce lac et celui de la Mahaddiéh restait libre, et ils purent diriger par là un corps sur Damanhour pour attaquer Rahmaniéh par l'ouest; ce ne fut qu'après qu'ils eurent fait passer ce corps, que le général Menou envoya le général Delorgue le 9 mai; mais il n'était plus temps, et ce général dut rentrer à Alexandrie. Enfin, ayant placé sur la rive droite du Nil un grand nombre de troupes pour forcer le général Valentin à évacuer Foua, les Anglais cernèrent de tous côtés la ligne du général Lagrange, et se mirent en marche contre lui, sur trois points, le 9 mai 1801. Outre ces dispositions, ils avaient fait entrer dans le Nil une immense flottille qui marchait de concert avec eux. Le général Lagrange, jugeant qu'il allait être enveloppé et forcé dans ses retranchements par des troupes aussi nombreuses, quitta sa position pour se replier sur Ramaniéh.

La gauche de l'ennemi, entièrement composée de Turcs, suivait les bords du fleuve; les Anglais marchaient en colonne à leur droite et étaient près de donner la main au corps qui arrivait par Damanhour; celui qui était sur la rive droite du Nil était déjà en face de Rahmaniéh, et avait établi des batteries vis-à-vis de la flottille française, chargée de munitions et de vivres pour Alexandrie.

Les troupes françaises étaient placées autour de la redoute de Ramaniéh et derrière les digues du canal. Les Anglais n'avançaient qu'avec la plus grande lenteur et avec toutes les précautions qui peuvent garantir d'un échec. Les Turcs, qui n'avaient pas leur prudence, voulurent se porter sur un petit canal d'irrigation pour insulter les Français, à l'abri de cette espèce de retranchement; mais 200 hommes seulement, qui furent détachés sur eux, les firent bientôt repentir de leur insolence en les forçant à s'éloigner avec une très-grande perte.

Cependant le général Lagrange, voyant bien qu'il ne pouvait, sans se compromettre, résister plus longtemps aux nouvelles attaques d'ennemis beaucoup trop supérieurs; que la flottille anglaise, protégée par les batteries établies sur la rive droite du Nil, prendrait ses troupes en flanc et de revers, abandonna Rahmaniéh pendant la nuit et effectua sa retraite sur le Caire sans pouvoir amener la flottille, aux mouvements de laquelle les batteries de la rive droite du Nil s'opposaient.

La redoute de Rahmaniéh capitula le 10 mai à la première sommation qui lui fut faite, et deux jours après, un convoi considérable, qui venait du Caire pour se joindre à la flottille, étant entré dans le Nil par le canal de Menouf, après le passage du général Lagrange, tomba tout entier dans les mains de l'ennemi.

Le général Menou, tremblant alors pour les subsistances d'Alexandrie, fit rassembler tous les chameaux qui se trouvaient dans la ville, et chargea le chef de brigade des dromadaires, Cavalier, d'aller tenter un effort dans la province de la Bahyréh. Celui-ci partit le 14 mai avec 220 hommes d'infanterie, 125 dragons, 85 dromadaires et une pièce de canon; il escortait un convoi de 600 chameaux destinés à rapporter les vivres et les fourrages qu'il pourrait trouver. Arrivé, le 16, à El-Och, sur les bords du Nil, il vit ce village abandonné. Il poussa jusqu'à Amran, même solitude, et, par conséquent, même impossibilité de se procurer des vivres. Croyant les Anglais encore à Rahmaniéh, il prit la résolution d'aller jusqu'au Caire, car il n'avait plus de vivres, même pour sa petite troupe. Tout à coup il aperçut une flottille sur le Nil, et bientôt il reconnut que c'était celle de l'ennemi; il fit un mouvement pour s'enfoncer dans le désert; mais, à peine eut-il pris cette direction, qu'il se vit entouré par toute la cavalerie, par une brigade d'infanterie et deux pièces de canon : le tout était dirigé par le brigadier-général Doyle. Cependant on ne put l'empêcher de gagner le désert; mais il y fut poursuivi et atteint après trois heures de marche, parce que sa retraite était ralentie par l'obligation de faire face, sans se rompre, à une nuée d'Arabes qui le harcelaient sans cesse. Le major Wilson, du régiment de Homspech, lui envoya un parlementaire pour lui proposer de se rendre prisonnier. Cavalier rejeta avec fermeté cette première sommation, et continua sa retraite; mais les chameaux, épuisés de fatigue, ne pouvaient plus suivre et tombaient. Enfin, le malheureux Cavalier, réduit à la dernière extrémité, voyant que toute sa troupe allait succomber, proposa aux Anglais une convention par laquelle ils s'engageraient à le ramener en France, lui et sa troupe, avec armes, bagages et tous les honneurs de la guerre, sans pouvoir en aucune manière être considérés comme prisonniers. Les Anglais, qui ne demandaient pas mieux que d'éviter les chances d'un combat, acceptèrent ces propositions avec le plus vif empressement, et cette petite troupe de Français fut envoyée sur-le-champ à Aboukir pour être conduite en France.

Cependant le général Hutchinson, qui avait pris le commandement de l'armée anglaise depuis la mort du général Abercromby, ne laissant devant Alexandrie que les forces nécessaires pour la bloquer, de concert avec le grand-visir, prenait possession de toutes les places et s'avançait vers le Caire. Comme les Turcs précédaient les Anglais de plusieurs marches, le général Belliard, qui avait reçu des renforts, sortit avec 6,000 hommes pour les combattre; il espérait renouveler le prodige d'Héliopolis. Instruits par leurs alliés et par l'expérience, les Turcs évitèrent un engagement. Belliard, rentré au Caire, s'y vit bientôt entouré par 50,000 hommes, contre lesquels il lui fallait garder une ligne de près de treize mille toises. Reconnaissant dès lors l'impossibilité de faire face avec sa petite troupe à cette armée et à la population, qui était aussi une armée; sans subsistance, sans argent, il traita d'après les bases posées à El-Arisch au mois de février précédent, et consentit à s'embarquer le 9 août pour la France, avec le corps qu'il commandait. A peine cette convention était-elle signée, que l'armée des Indes arriva au Caire. Maître de cette capitale, Hutchinson tourna toutes ses forces contre Alexandrie.

Refusant d'approuver la convention faite par Belliard, Menou avait pris l'engagement de s'ensevelir sous les ruines de la place. On combattit pendant un mois. Vains efforts! le courage français était toujours le même, mais le même génie ne le dirigeait plus. Les positions qui protégeaient la ville avaient été successivement emportées, et les secours attendus n'arrivant pas, Menou fut obligé de se rendre. Il signa, le 30 août 1801, une capitulation par laquelle 8,000 braves, encore existants, furent rendus à leurs pays.

C'est ainsi que l'Egypte échappa à la France, au moment où tout concourait à la lui conserver.

CHAPITRE V.

Fin des opérations en Allemagne. — Bataille de Hohenlinden. — Mouvement de l'armée gallo-batave. — Fin des opérations en Italie. — Marche de la deuxième armée de réserve. — Bataille de Pozzolo. — Passage de l'Adige. — Paix générale.

Les succès de l'armée d'Italie eurent un grand et prompt retentissement en Allemagne; les soldats de Moreau s'indignèrent de la lenteur des opérations auxquelles ils prenaient part; et les murmures arrivèrent bientôt à un tel degré d'intensité, que le général en chef sentit la nécessité de frapper un grand coup. Mais son adversaire, le général autrichien Kray, paraissait inébranlable dans son camp retranché sous les murs d'Ulm. Pour le forcer à quitter cette position formidable, Moreau résolut de menacer la Bavière, et il chargea le général Lecourbe de marcher sur Munich. Aussitôt, ce dernier passa le Lech, battit les colonnes autrichiennes, et entra dans Augsbourg le 28 mai 1800. Mais Kray ne donna pas dans le piége, et il garda ses positions. Moreau alors se disposa à passer le Danube. D'après son ordre, Lecourbe passa ce fleuve le 19 juin à Blindheim, battit et culbuta les Autrichiens, qui tentèrent de s'opposer à sa marche, leur fit trois ou quatre mille prisonniers, et, maître des deux rives, il fit aussitôt jeter deux ponts, l'un à Lovingen et l'autre à Dillingen, pour donner passage à l'armée entière. Ce passage s'étant effectué presque sans coup férir, Moreau lança sa cavalerie sur celle de l'ennemi, et, après avoir dispersé cette dernière, il attaqua et prit le village de Gundelfingen, dans la plaine d'Hœhsten, et toujours battant, poussa l'ennemi jusqu'au-delà de la Brenz. Le terrain fut néanmoins vigoureusement disputé; l'action dans la plaine d'Hœhstett fut des plus sanglantes. L'honneur de la journée appartint surtout à notre cavalerie, qui fit des prodiges de valeur : on prit à l'ennemi 5,000 hommes, 20 pièces de canon et plusieurs drapeaux.

Le général Kray, après cet échec, reconnut l'impossibilité de se tenir plus longtemps dans son camp retranché d'Ulm, et il se dirigea sur la Bavière en décrivant un immense demi-cercle autour de l'armée française. Moreau ordonna alors au général Decaen de se porter sur Munich à marches forcées, tandis que Lecourbe s'avancerait rapidement sur Rhani au-delà du Lech, pour faire tête à l'ennemi, dans le cas où il déboucherait par le pont de Neubourg; lui-même marchait dans la même direction avec le reste des troupes qui se trouvaient sur la rive gauche du Danube. Plusieurs combats et de nouveaux succès furent la suite de ce mouvement. Ainsi que Moreau l'avait prévu, Kray passa le Danube à Neubourg avec son corps de 2,000 hommes. Lecourbe, soutenu par les divisions Montrichard, Godin et Grandjean, attaqua les Autrichiens sur les hauteurs d'Unterhausen et d'Oberhausen, et les mit en fuite après un combat opiniâtre et sanglant. Les généraux Espagne, Schimer, le capitaine Roginat et une foule d'autres officiers furent justement loués dans le rapport du général Dessolles.

C'est dans ce dernier engagement, sur la hauteur d'Oberhausen, que la Tour d'Auvergne fut tué d'un coup de lance. Ce brave des braves, ce preux par excellence s'était longtemps distingué dans les rangs français; le corps de grenadiers qu'il commandait avait été surnommé la *Colonne infernale*, et il fut longtemps la terreur des ennemis de la France. Rentré dans ses foyers, il se reposait, par la culture des lettres, des fatigues de la guerre, lorsque les hostilités éclatèrent de nouveau en 1799 entre la France et une partie de l'Europe coalisée. Témoin de la douleur d'une famille, dont le plus jeune membre était appelé sous les drapeaux, il offrit de prendre sa place, partit comme simple soldat, ne voulut jamais accepter de grade et se contenta du titre de premier grenadier de France que lui donna Napoléon. Au plus fort de l'action, au combat de Neubourg, alors qu'il soutenait le choc de la cavalerie ennemie sur la hauteur d'Oberhausen, il fut atteint d'un coup de lance au milieu de la poitrine : « Je meurs satisfait, s'écria-t-il en expirant; je désirais ainsi terminer ma vie. » On creusa sa tombe au lieu même où il avait été frappé. Son corps y fut placé dans des branches de chêne et de laurier. Son cœur fut enfermé dans une urne d'argent recouverte de velours noir qui depuis continua d'être portée à la tête de la compagnie qu'il avait adoptée. Chaque appel y commençait par ce nom illustre, et le fourrier y répondait : « Mort au champ d'honneur ! »

Après ce combat, le général Kray évacua Neubourg, repassa le Danube et descendit à Ingolstadt, se dirigeant sur Landmut. Moreau, suivant le mouvement de son ennemi, porta son quartier-général à Augsbourg ; Lecourbe se dirigea vers le Tyrol pour y resserrer le prince de Reuss et s'ouvrir une communication avec l'armée d'Italie par le Voralberg et le pays des Grisons. Il passa le Rhin, battit les Autrichiens devant Feldkirch, s'empara de cette place forte que le général Jellachich venait d'évacuer, et devint maître de tout le Voralberg et de la vallée des Grisons. Dans cette brillante opération, les soldats montrèrent autant de valeur et de constance que les chefs de talents et d'audace. Le général Kray, effrayé de ces succès, proposa un armistice à Moreau ; les conditions en furent réglées et signées à Parsdorf le 15 juillet. Alors les deux nations belligérantes, fatiguées de la guerre, espérèrent de voir cette suspension d'hostilités suivie d'une paix définitive ; mais leur espoir ne devait pas encore se réaliser.

Lunéville avait été choisi pour le lieu des conférences entre les ambassadeurs des puissances : l'Angleterre, alliée de l'Autriche, voulait s'interposer dans les négociations, et les fit échouer. Cependant l'Autriche, soudoyée par cette puissance, prolongeait sous différents prétextes la durée de l'armistice, afin de mettre au complet ses armées d'Allemagne et d'Italie. L'île de Malte, insurgée par les Anglais, s'était révoltée, et le général Vaubois, commandant de la garnison, après une défense héroïque, avait été forcé de capituler pour sauver la vie à ses soldats manquant de vivres et de munitions. Alors Bonaparte, convaincu de la mauvaise foi de l'Autriche et de l'Angleterre, dénonça la fin de l'armistice : les hostilités recommencèrent le 12 novembre 1800.

L'archiduc Jean, nouveau général de l'armée autrichienne d'Allemagne, mit ses troupes en mouvement, dans le dessein d'envelopper l'armée de Moreau entre l'Inn et l'Iser, pendant que le général Kienmayer manœuvrerait pour lui couper la retraite sur Munich, et que le général Hiller s'avancerait sur Augsbourg en débouchant du Tyrol par la vallée du Lech. Les avant-postes des Français furent repoussés et se replièrent sur le centre de l'armée, qui se trouvait retranché au village de Hohenlinden, position avantageuse et favorable pour combattre un ennemi supérieur en cavalerie, à cause des vallons, des ruisseaux, des bois et des hauteurs escarpées qui entrecoupent le terrain. Ainsi l'ennemi ne pouvait arriver sur les Français que par des chemins de traverse pratiqués par le charriage des bois et rendus impraticables par les pluies d'automne. Moreau, voyant que l'archiduc Jean s'obstinait à l'attaquer, fit ses dispositions pour le recevoir. Le général Richepanse fut posté à Matenbott pour tomber sur les derrières des troupes ennemies, lorsqu'elles seraient entrées dans le défilé de Hohenlinden ; le général Ney devait les combattre au moment où elles déboucheraient sur le village. Ces sages dispositions, exécutées avec la plus rare intrépidité, décidèrent du succès de la bataille. Les Autrichiens, animés par des succès faciles, s'avançaient en vainqueurs. Le 3 décembre, leur armée poursuivait sa marche en toute confiance sur trois colonnes; la colonne du centre, où se trouvait l'archiduc Jean, marchait directement par la grande route sur Hohenlinden, l'infanterie en tête, suivie du grand parc d'artillerie et de la cavalerie de réserve; les deux autres colonnes se dirigeaient sur Saint-Christophe et sur Burgau. L'archiduc supposait que ce grand mouvement aurait déjà contraint les Français à évacuer Munich : cette supposition ne tarda pas à être démentie. En pénétrant dans la forêt, les colonnes autrichiennes ne rencontrèrent d'abord d'autres obstacles que la dégradation des chemins, et que la neige, tombant à gros flocons. Mais, vers huit heures du matin, l'archiduc vint se heurter contre le corps du général Grouchy, qu'il prit pour une division d'arrière-garde. Il voulut profiter de sa supériorité numérique et l'écraser du premier choc. Toute son infanterie arrivant en masse, serrée, pressée, pouvait à peine agir dans ce long défilé, où l'artillerie était déjà engagée, et n'avait sur ses flancs aucune issue. Néanmoins les Autrichiens commençaient à gagner du terrain, lorsque les généraux Grouchy et Grandjean firent une charge victorieuse, culbutèrent tout ce qui avait débouché du bois, y pénétrèrent et rétablirent le combat. Dans le même temps, l'aile droite de l'ennemi était abordée par le général Ney : 1,000 prisonniers, 10 pièces de canon tombaient en son pouvoir. Le général Richepanse, chargé d'attaquer sur ses derrières la colonne du centre, engagée dans le défilé, où la refoulait le général Grouchy, parvenait, malgré des difficultés presque insurmontables, à exécuter cette manœuvre. Trois bataillons de grenadiers hongrois, réunis en colonne serrée, barrant la chaussée, s'avancèrent au pas de charge. « Grenadiers de la 48e, dit Richepanse en se retournant vers les braves qui le suivaient, que dites-vous de ces hommes-là ? — Général, ils sont morts ! » Telle fut leur réponse, et ils la justifièrent en un instant. On vit alors cette énorme colonne, pressée de toutes parts dans le défilé, tourbillonner, rompre ses rangs, et se précipiter en désordre dans la forêt. Les fuyards, poursuivis à travers les sapins, rencontraient partout la mort, et ne trouvaient de salut que dans la générosité du vainqueur. Quatre-vingts pièces d'artillerie furent abandonnées sur la chaussée, couverte de cadavres, de blessés, de chevaux épouvantés, d'armes et de débris de toute espèce. Ce fut au milieu de cette scène de carnage que les troupes des généraux Ney et Richepanse se reconnurent et annoncèrent par leurs cris de victoire que la réunion était opérée.

A deux heures après-midi, Moreau avait complétement gagné la bataille. Le centre de l'armée autrichienne était en pleine déroute : les deux ailes combattaient encore, ignorant ce qui s'était passé dans le défilé; mais bientôt quelques nouvelles charges les eurent réduites à l'inaction. A quatre heures du soir, 11,000 prisonniers, 179 officiers, 2 généraux, 100 pièces de canon étaient entre les mains des Français. L'ennemi perdit près de 6,000 hommes restés sur le champ de bataille; la perte des Français fut de 2,500 tués ou blessés environ. Ce qu'il y eut surtout de remarquable dans cette victoire, c'est qu'elle fut remportée par l'exécution la plus rigoureuse et la plus littérale du plan arrêté d'avance, comme à Marengo. L'éclatant succès de Moreau ne devait rien au hasard. Le soir de la bataille, il reçut les félicitations de ses généraux, et il y répondit en leur attribuant, ainsi qu'aux troupes, la plus grande part de sa gloire. « Mes amis, ajouta-t-il, vous avez conquis la paix !... Oui, c'est la paix que nous venons de conclure. » En effet, le coup que venait de recevoir l'Autriche était décisif; l'archiduc Jean, qui avait failli être pris dans la déroute, se hâta de repasser l'Inn.

Moreau, dès le lendemain de cette victoire, se mit à la poursuite de l'armée vaincue; il franchit successivement l'Inn, l'Alza, la Salzach, l'Ens, forçant toutes les positions que les Autrichiens tentaient de défendre, et poussant son avant-garde presque jusque sous les murs de Vienne. Effrayé de cette marche rapide, l'empereur d'Autriche sentit qu'une cessation d'armes pouvait seule sauver sa capitale : des propositions furent faites au vainqueur dans ce sens, et le 25 décembre 1800, un armistice fut conclu à Steyer.

Tandis que l'armée française se couvrait de gloire en Autriche, Augereau, général en chef de l'armée gallo-batave, composée de 17,000 hommes, et destinée à soutenir les opérations de la grande armée, s'emparait de Aschaffenbourg, battait l'ennemi à Burg-Eberack, Maronberg, Sischbach, Grafenburg, et empêchait, par d'habiles manœuvres, qu'une diversion tentât d'arrêter la marche victorieuse de Moreau.

De son côté, Macdonald, commandant en chef l'armée des Grisons, forte d'environ 15,000 hommes, traversait le Splugen, dans les Alpes tyroliennes, pour descendre sur Pisogne. Opéré dans les premiers jours de décembre, le passage de cette montagne offrait plus de difficultés et de dangers que celui du Saint-Bernard, exécuté par Bonaparte ; il fallut également démonter l'artillerie pour la transporter à bras, ainsi que les voitures, les caissons. Le courage et le dévouement des soldats surmonta tous les obstacles. Après avoir opéré ce passage, Macdonald reçut l'ordre de se porter, par le val Camonica, dans la direction de l'armée d'Italie, dont son corps devait former l'aile gauche, et dont les opérations devaient désormais être subordonnées à celles du général Brune.

Aussitôt que Macdonald fut assez avancé dans le Tyrol, et que le général Dupont, qui venait de soumettre la Toscane, fut rentré en ligne sur l'aile droite, Brune marchant en avant s'empara des positions de Volta, de Mozambano, de Ponti, puis il passa le Mincio, et livra bataille à l'armée impériale à Pozzolo, le 26 décembre 1800. Les Autrichiens, bien que quatre fois plus nombreux que les Français, furent complétement battus ; ils perdirent plus de 5,000 hommes, tués ou blessés, 3,000 prisonniers, 11 pièces de canon et 3 drapeaux. Battus de nouveau à Montebello, à Castel-Franco, les Impériaux nous abandonnèrent Trévise, et bientôt fut conclu dans cette ville un armistice d'après lequel Mantoue, Pischiera et plusieurs autres places fortes nous furent livrées, comme garantie de la paix que l'Autriche demandait à conclure avec la France sans le concours de l'Angleterre.

Le cabinet de la Grande-Bretagne était le seul dès lors qui s'opposât à la paix générale ; il continuait à soudoyer le roi des Deux-Siciles, misérable instrument qui semblait n'avoir pas conscience de sa position et de l'irrésistible puissance qui devait l'écraser. Murat, envoyé contre ce prince aveuglé par la passion, chassa ses troupes des Etats de Rome, et il allait le détrôner, lorsque, par l'intermédiaire de l'empereur de Russie, on conclut un armistice d'après lequel les Deux-Siciles seraient comprises dans le traité de paix qui devait se négocier entre les puissances européennes et la France.

Cette paix, après laquelle soupiraient tous les peuples de l'Europe, fut conclue à Lunéville, le 9 février 1801, sous la condition que l'Autriche ratifierait de nouveau la cession de la Belgique à la France, garantie par le traité de paix de Campo-Formio, et que les Etats du Piémont, de la Lombardie et de la Toscane seraient indépendants sous la protection de la République française. Alors les armées françaises évacuèrent le territoire étranger ; seulement on laissa environ 20,000 hommes dans la Lombardie et le Piémont ; et Murat, avec le corps qu'il commandait, resta sur les frontières de Naples, qu'il ne devait quitter qu'après la conclusion de la paix avec cette puissance ; car Napoléon avait refusé de la comprendre dans le traité de Lunéville, afin de forcer le roi de Naples à une paix séparée qui le détachât complétement de l'Angleterre. Cette paix, dont Murat régla les conditions, fut signée le 28 mars 1801 ; il y était stipulé que la principauté de Piombino et l'île d'Elbe seraient réunies au royaume d'Etrurie (1), que le gouvernement français venait d'établir. En conséquence Porto-Longone fut remis par les Napolitains au général Watrin ; mais les Anglais possédaient Porto-Ferrajo, capitale de l'île ; ils refusèrent de la rendre, et le général Watrin se disposa à en faire le siége.

Un autre traité de paix fut conclu le 29 septembre 1801 entre la France et le Portugal. Par ce traité, les limites de la Guiane française furent étendues jusqu'au fleuve des Amazones.

Telle était la substance des divers traités par lesquels Bonaparte donnait, pour la seconde fois, la paix à la France en augmentant sa force et sa grandeur. Jamais gloire ne fut plus pure et plus belle, et ses éclats rejaillissent autant sur la nation que sur le génie puissant qu'elle a produit et exalté. La France, voyant ses injures vengées par des triomphes dont elle conservait le fruit, n'avait plus à désirer que la paix maritime, et déjà l'on calculait l'époque où l'Angleterre ne pourrait plus s'y refuser.

(1) La Toscane.

CHAPITRE VI.

Paix d'Amiens. — Consulat à vie. — Rupture de la paix avec l'Angleterre. — Conquête du Hanovre. — Le camp de Boulogne. — Intrigues et complots royalistes.—Avénement à l'Empire. — Invasion de la Bavière par les Impériaux. — Passage du Rhin par les Français. — Passage du Danube. — Capitulation d'Ulm. — Opérations en Italie et dans le Tyrol. — Jonction des deux armées françaises. — Entrée à Vienne. — Bataille d'Austerlitz. — Paix de Presbourg. — Opérations dans le royaume de Naples.

La France était en paix avec toutes les puissances du continent; il ne lui restait plus qu'un seul ennemi, l'Angleterre, qui, privée de ses alliés, ne pouvait soutenir la lutte avec avantage; d'ailleurs la France prenait, contre cet unique ennemi, une attitude menaçante. Une flotte redoutable, réunie à Boulogne, s'apprêtait à une descente en Angleterre. Le cabinet de Londres ne pouvait plus temporiser. Le 20 mars 1801, lord Hawkesbury, remit au chargé d'affaires de France une note ainsi conçue :

« Le soussigné a reçu l'ordre du roi de communiquer au gouvernement français les dispositions de Sa Majesté d'entamer immédiatement des négociations pour le rétablissement de la paix, et de déclarer que Sa Majesté est prête à envoyer à Paris, ou dans tout autre endroit qui pourra être convenu entre les gouvernements, un ministre pleinement autorisé à donner toutes explications nécessaires, et à négocier et conclure, au nom de Sa Majesté, un traité entre ce pays-ci et la France. »

Après quelques mois de négociations, les articles préliminaires furent signés à Londres le 1er octobre 1801, et le traité définitif fut signé à Amiens le 22 mars de l'année suivante. Par ce traité, l'Angleterre restituait à la République française et à ses alliés toutes les possessions et colonies qui leur appartenaient et qui avaient été conquises par les armées britanniques, à l'exception de l'île de la Trinité et des possessions hollandaises dans l'île de Ceylan, qu'elle se réserva. Les limites des Guianes française et portugaise furent fixées à la rivière d'Arawari. La république des Sept-Iles fut reconnue. Les îles de Malte, de Gozo et Comico devaient être rendues à l'ordre de Jérusalem, et la garnison anglaise devait évacuer cette île dans les trois mois après l'échange des ratifications.

Ainsi la France, rétablie dans tous ses rapports avec les deux mondes, mettait fin, par ce traité, à une guerre de neuf années, guerre pendant laquelle, aux prises avec l'Europe entière, elle avait surpassé tous les prodiges des peuples dont l'héroïsme et la vertu étaient restés dans l'univers comme des modèles qu'on ne pouvait atteindre.

Dès que cette paix fut conclue, Napoléon travailla à consolider son influence sur les nouvelles républiques qu'il avait créées, et il voulut conserver la présidence de la République italienne. Un concordat avec le pape, une nouvelle organisation de l'Université, la création de la Légion-d'Honneur, furent les premiers fruits des loisirs de la paix. Bientôt Napoléon fut élu consul à vie. Cependant l'Angleterre, qui, en signant le traité d'Amiens, avait moins en vue de réparer ses pertes que de conserver l'intégrité de son empire et son influence sur ses alliés, en éludait les conditions; elle éleva des prétentions qui étaient une violation manifeste de la paix. Cette puissance voulait surtout le monopole du commerce, et, pour l'obtenir et le conserver, la guerre était nécessaire.

En vue d'amener une rupture, le cabinet anglais commença par refuser d'évacuer l'île de Malte, ainsi que l'y obligeait le traité d'Amiens, sous le prétexte que le premier consul, exerçant une trop grande influence sur l'Italie, la Hollande et la Suisse, il fallait que cette île fût gardée par une garnison russe, autrichienne, prussienne et napolitaine. Le premier consul consentit à cette nouvelle condition; mais l'Angleterre, qui était résolue à la guerre, ne borna pas là ses prétentions : elle y ajouta, comme ultimatum, la faculté de conserver une garnison dans Malte pendant dix ans, la cession de l'île de Lampedouse, l'évacuation de la Hollande et de la Suisse par les troupes françaises, et une indemnité pour le roi de Sardaigne. Le premier consul ayant repoussé ces nouvelles exigences, Georges III ordonna, suivant un code du droit des gens à l'usage de la seule Angleterre en ce temps-là, un embargo général sur les vaisseaux français et bataves le 17 mai 1803, et la guerre fut déclarée.

Le premier consul, pour punir le roi d'Angleterre de son agression, commanda au corps d'armée cantonné en Hollande de marcher sur le Hanovre. A la nouvelle de l'arrivée des Français, le duc de Cambridge abandonna le commandement de l'armée hanovrienne au général Walmoden, qui forma sa ligne de bataille sur la Hunte, près de Diepholtz. Le général Mortier s'empara de cette ville le 1er juin, poursuivit l'ennemi sur la route de Sublingen, et arriva à la tête du pont de Nienburg sur le Weser. Mais le général Walmoden, pressé par les habitants d'éviter à leur pays les suites funestes d'une occupation forcée, conclut avec Mortier une convention pour remettre tout l'électorat d'Hanovre à l'armée française; ses troupes devaient se retirer derrière l'Elbe, promettant de ne point porter les armes contre la France et ses alliés tant que cette puissance aurait la guerre avec l'Angleterre. Le premier consul refusa de ratifier cette convention et ordonna que l'armée hanovrienne mît bas les armes et fût dissoute; en conséquence, Mortier s'avança sur Hambourg pour y passer l'Elbe. Walmoden ayant assemblé son conseil de guerre, il fut décidé, le 4 juillet 1803, que l'armée hanovrienne, au nombre de 18,000 hommes, déposerait les armes, et que les soldats rentraient dans leurs foyers.

L'occupation du Hanovre, loin d'effrayer les Anglais, parut au contraire augmenter leur espoir de reconquérir le monopole du commerce maritime. A cette époque, leurs croiseurs, avertis et préparés longtemps d'avance, s'étaient déjà emparés d'un grand nombre de bâtiments français qui naviguaient paisiblement dans la mer des Indes sur la foi des traités. En moins d'un mois, le commerce maritime de la France et de ses alliés était presque entièrement ruiné, et des profits immenses avaient fait refluer l'abondance vers Londres. Cependant, quoique la marine de l'Angleterre fût alors composée de 127 vaisseaux de ligne et de 144 frégates, les chances de la guerre maritime avaient cessé promptement d'être à son avantage; les Français, maîtres du Hanovre et par conséquent des embouchures du Weser et de l'Elbe, interdisaient aux vaisseaux britanniques la navigation de ces deux fleuves, en même temps que les ports de France, de Hollande et d'Espagne leur restaient strictement fermés. Bonaparte préludait alors au système de blocus continental que demandait l'intérêt politique de la France.

Malgré la fâcheuse issue de la première expédition d'Irlande, malgré la glorieuse défaite de Humbert, qui avait commencé par des victoires, et s'était longtemps défendu avec 800 hommes contre une armée de vingt-cinq à trente mille hommes, malgré les malheurs de nos colonies militaires dans les îles Ioniennes et en Egypte, malheurs dont notre infériorité maritime était la seule cause, le projet d'une descente en Angleterre fut repris par Bonaparte avec toute l'ardeur qu'il mettait aux résolutions de son audace et de sa volonté.

Cent vingt-huit compagnies de canonniers furent organisées pour le service des côtes; 160,000 soldats, portés sur des bateaux plats et des péniches, devaient être débarqués sur les côtes ennemies. L'argent nécessaire manquait pour la construction de ces bâtiments; toutes les classes des citoyens offrirent au gouvernement des dons volontaires; tous les corps de l'armée voulurent participer à cette souscription nationale, et l'on vit renouveler cette générosité patriotique qui avait signalé le commencement de la guerre de la révolution. Le général Soult commandait les forces de terre, et le vice-amiral Bruix celles de mer. Le premier consul visita tous les préparatifs, passa en revue les troupes et fut témoin de l'enthousiasme et de l'activité de ses soldats.

Le gouvernement anglais, ému des apprêts d'une descente, se mit en défense avec une activité qui en démontrait la possibilité, et si les Anglais avaient d'abord plaisanté sur les premiers bateaux construits dans l'intérieur de la France, et qui étaient parvenus jusqu'à la mer en descendant des ruisseaux dans les rivières, et des rivières dans les fleuves, ils s'alarmèrent en voyant la flottille de Boulogne prête à profiter d'un vent favorable pour aborder leurs rivages.

Pendant la période où la création de la flottille s'effectuait, quelques engagements maritimes eurent lieu, et là, du moins, la valeur française fut moins malheureuse qu'elle ne l'avait été généralement sur mer depuis 1793.

La position centrale du Havre sur les côtes de la Manche l'avait fait désigner comme point de rassemblement pour les bâtiments construits et armés dans les ports les plus occidentaux ou dans la Seine et ses affluents. Les Anglais firent contre cette ville plusieurs tentatives de bombardement, dont l'un causa d'assez grands dommages, sans nuire cependant à la flottille. Enfin, après des efforts soutenus, la flottille se trouva réunie à Boulogne.

Tandis que Bonaparte, après avoir mis un terme aux dissensions intestines, consolidait toutes les conquêtes de la Révolution et ouvrait à la France une large voie pour marcher à tous les genres de gloire et de progrès, des agents de l'étranger et des émissaires de la chouannerie recouraient aux moyens les plus odieux pour assurer le succès d'une conspiration royaliste dont les chefs étaient Georges Cadoudal, Pichegru et Moreau; mais ces machinations ayant été découvertes, tous les artisans de complots furent livrés aux tribunaux. Le traître Pichegru s'étrangla dans sa prison, Cadoudal mourut sur l'échafaud. La France ne prenait aucun intérêt à tous ces misérables, et le général, que l'on regardait comme l'émule de gloire du premier consul, Moreau, condamné à l'exil, fut confondu avec ces réprouvés de l'opinion. On n'oserait pas dire aujourd'hui que c'était injustement, puisque depuis il a péri sous la bannière des rois qui venaient asservir son pays.

Vers ce même temps, le duc d'Enghien paraissait prêt à se joindre aux conjurés de l'intérieur. Des bords du Rhin il correspondait avec eux. Bonaparte le fit saisir au château d'Ettenheim, et il fut amené à Vincennes, jugé militairement sur-le-champ et passé par les armes. Cet acte a été diversement jugé; mais il était nécessaire pour frapper de terreur les instigateurs de tentatives d'assassinat contre le premier consul, sur qui reposaient tous les intérêts politiques, et pour convaincre les partisans de restauration royaliste que Bonaparte ne préférerait jamais le rôle subalterne de Monck à celui de César.

L'espoir des contre-révolutionnaires était anéanti; mais, pour cesser d'être un épouvantail pour l'Europe, il fallait que le gouvernement de la France ne continuât pas d'être une anomalie; il fallait que les rois absolus perdissent l'espoir de voir renaître nos divisions. La France eut un empereur, et le puissant génie de ce chef, en organisant tout autour de lui : les lois, l'industrie, la guerre, sut préparer la paix universelle par des victoires.

Bonaparte, nommé empereur, le 18 mai 1804, par tous les corps de l'Etat, fut sacré par le pape dans l'église métropolitaine de Paris le 2 décembre suivant. Le 5, il distribua dans le Champ-de-Mars les nouvelles enseignes de l'armée; le 15 août de la même année, il avait célébré sa fête au camp de Boulogne, où une nouvelle distribution de décorations de la Légion-d'Honneur avait donné lieu à la plus imposante des pompes militaires et accru l'enthousiasme de l'armée qui menaçait les bords de l'Angleterre. Au commencement de mai 1805, il se rendit à Milan; couronné dans cette ville comme roi d'Italie, il accorda la vice-royauté à son fils adoptif Eugène Beauharnais.

L'Angleterre, alarmée des préparatifs de la France, réussit, pour détourner le danger, à entraîner encore une fois les puissances de l'Europe contre sa rivale. Elle pressa tellement les armements de l'Autriche, qu'elle détermina François II à mettre en mouvement ses armées avant l'arrivée des secours de la Russie. La Suède devait attaquer la Hollande; le roi de Naples devait faire une diversion sur l'Etat romain pour inquiéter le royaume d'Italie, pendant que l'archiduc Charles descendrait par le Tyrol. Le 7 septembre 1805, le général Mack passa l'Inn, et quatre jours après entra dans Munich, que l'armée bavaroise venait de quitter, trop faible pour lutter contre les colonnes autrichiennes.

A la nouvelle des hostilités commencées par l'Autriche, Napoléon fit un appel aux anciens militaires et aux gardes nationales des départements voisins des côtes maritimes et des frontières du Rhin; tous répondirent à cet appel avec enthousiasme. Les troupes du camp de Boulogne, rappelées en toute hâte, traversèrent la France avec allégresse, passèrent le Rhin et se réunirent au corps d'armée venu de Hollande, et commandé par le maréchal Bernadotte, qui avait aussi sous ses ordres l'armée bavaroise. Les maréchaux Soult, Davoust, Ney, Lannes dirigeaient chacun un corps d'armée; le maréchal Murat commandait la cavalerie; le maréchal Bessières la garde impériale; ils avaient sous leurs ordres les généraux Suchet, Marmont, Rivaud, Drouet, Kellermann, Eblé, Wrède, Deroi, Oudinot, Dupont, Loison, Malher, Baraguay-d'Hilliers, Vandamme, Legrand, Saint-Hilaire, Friant, Gudin, Boursier, Duroc, Caffarelli, Claparède, Rapp. Le 1er octobre, l'Empereur se mit à la tête de la grande armée, la conduisit sur les rives du Danube, tourna les positions de l'armée ennemie, eut avec elle des engagements partiels à Wertingen, Gunzbourg, Memmingen, entra dans Munich le 12 octobre, passa le pont d'Elchingen défendu par 15,000 Autrichiens, força, par des manœuvres habiles, le général Mack à s'enfermer dans Ulm avec 30,000 hommes, et à lui livrer la place le 17 octobre; il poursuivit ensuite les débris des colonnes ennemies, et détruisit en une campagne de quinze jours une armée de 100,000 hommes, sans avoir livré une seule bataille. Dans ce court espace de temps, il fit 60,000 prisonniers, dont 29 officiers généraux et 2,000 officiers inférieurs; il s'empara de 200 pièces de canon et de 90 drapeaux. De si brillants résultats, dus aux savantes combinaisons de l'Empereur et à la bravoure de ses soldats, ne coûtèrent à la grande armée que 2,000 hommes tués ou mis hors de combat.

L'Autriche, en recommençant la guerre, avait l'intention de porter la plus grande partie de ses forces en Italie ; mais la rapidité de la marche de Napoléon déconcerta ses mesures, et les différents détachements qu'elle fut forcée de retirer de ce pays pour soutenir l'armée d'Allemagne empêchèrent le prince Charles d'agir offensivement. Le maréchal Masséna, qui commandait l'armée d'Italie, profita de ces circonstances pour attaquer l'ennemi. Ses troupes réunies présentaient un effectif de 45,000 hommes commandés par les généraux Gouvion-Saint-Cyr, Duhesme, Gardanne, Molitor, Verdier, Partouneaux, Séras, Pully, Mermet, Espagne, Lacombe Saint-Michel, Reynier ; son quartier-général était à Zévio sur l'Adige. Le 18 octobre, l'armée française passa cette rivière, força la ligne des Autrichiens, les battit à San-Michele, à Caldiero, fit déposer les armes à une colonne de 5,000 hommes à Cara-Albertini ; passa ensuite la Brenta, la Piava, le Tagliamento, l'Isonzo, et les battit de nouveau à Castel-Franco. Après ces succès, c'est-à-dire vers la fin de novembre, l'armée d'Italie fit sa jonction avec le corps du maréchal Ney, et prit la dénomination de huitième corps de la grande armée avec laquelle elle venait de rivaliser de gloire et de bravoure.

Cependant Napoléon, après avoir détruit la plus grande partie de l'armée autrichienne, brûlait d'en venir aux mains avec l'armée russe qui accourait à marches forcées, mais qui ne pouvait plus arriver que trop tard.

Quelque superbes que fussent les dédains qu'étalait le général russe Kutusoff et pour les Autrichiens vaincus et pour les Français vainqueurs, non seulement il n'osa point, lorsqu'il fut arrivé sur le théâtre de la guerre, prendre l'offensive, mais il ne tint même pas ferme dans les différentes lignes de défense qui couvraient Vienne, où Murat et Lannes entrèrent sans résistance le 14 novembre. Le général russe ne put pas cependant empêcher que les Français et les Russes ne se heurtassent plusieurs fois sur les rives du Danube. Il y avait à vider entre les deux nations une supériorité militaire demeurée en suspens malgré Zurich. « Soldats, avait dit Napoléon après Ulm, nous marchons à cette armée russe que l'or des Anglais a transportée des extrémités de l'univers ; et, à l'issue du combat qui va se livrer est attaché plus spécialement l'honneur de l'infanterie : là va se décider, pour la troisième fois, cette question qui l'a déjà été en Suisse et en Hollande, si l'infanterie française est la première ou la seconde de l'Europe. »

On trouve dans cette manière de présenter la question aux soldats, non comme décidée en leur faveur, mais comme à décider, une profonde connaissance du caractère national. De leur côté, les généraux russes, moins délicats, ou peut-être appréciant également bien le génie particulier de leurs troupes, leur parlaient de leur supériorité, non comme d'un fait à établir, mais comme d'un fait établi. De sorte qu'un large point d'honneur, ce stimulant si incisif sur les cœurs qui battent sous l'uniforme, aiguillonnait les deux armées l'une contre l'autre.

Avant que l'arrêt solennel et sans appel d'Austerlitz eût été rendu, la contestation avait déjà été partiellement jugée en faveur des Français toutes les fois qu'ils avaient pu atteindre les Russes depuis les bords de l'Inn jusque sous les murs de Vienne. Aux journées de Diernstein, les plus brillantes peut-être de la campagne, 5,000 Français avaient complétement battu 30,000 Russes.

La première armée russe de Kutusoff et les restes autrichiens, abandonnant totalement la rive droite du Danube, continuaient précipitamment leur retraite sur la Moravie, vers laquelle arrivait, au pas de course, la seconde armée russe sous les ordres du général Buxhoffaen. Poursuivi de si près, qu'une bataille générale, à laquelle il ne voulait point s'exposer, devenait inévitable, Kutusoff, pour s'y dérober, usa de stratagème. Le 15 novembre, un officier supérieur russe, se portant formellement comme chargé des pleins pouvoirs de l'empereur Alexandre, se présenta aux avant-postes français et entra en pourparlers. Une capitulation fut signée, en vertu de laquelle l'armée russe devait quitter l'Allemagne et se mettre sur-le-champ en marche par la route qu'elle avait prise pour s'y rendre et par journées d'étape. Il était, en outre, stipulé qu'en attendant la ratification de l'empereur Napoléon, les deux armées conserveraient leurs positions respectives. Cette négociation n'était qu'une spéculation tentée sur la loyauté crédule des généraux français. On ne saurait qualifier trop durement cette fourberie, si l'on n'était en quelque sorte désarmé par la naïveté de barbare avec laquelle Kutusoff en tire vanité comme d'une ruse de bonne guerre. « J'avais uniquement en vue, écrit-il à son maître, dont il a prostitué le nom, de gagner du temps pour sauver l'armée et m'éloigner de l'ennemi. Sans accepter en aucune manière cette convention, je continuai ma retraite avec l'armée, et je m'éloignai de deux marches de l'armée française. Quoique je visse le prince de Bagration exposé à une perte certaine, je dus me trouver heureux de sauver l'armée en sacrifiant ce corps. » Le prince de Bagration, ainsi sacrifié, porta la peine de la déloyauté de son chef. Après une résistance héroïque, mais moins heureuse que celle des Français à Diernstein, il fut écrasé, le 16 novembre, à Gantersdorff. Pendant ce temps, Kutusoff s'était échappé.

Les deux armées russes opérèrent leur jonction à Wischau, le 18 novembre ; mais, comme elles étaient également fatiguées, l'une par la rapidité de sa fuite depuis la Bavière jusqu'à la frontière septentrionale de la Moravie ; l'autre par ses marches forcées à travers la Pologne et la Silésie prussienne, les généraux russes continuèrent leur mouvement rétrograde et ne s'arrêtèrent définitivement qu'à Olmutz, où ils donnèrent à leurs troupes quelques jours de repos. L'armée française cessa en même temps de se porter en avant, et l'empereur Napoléon établit, le 20 novembre, son quartier-général à Brunn, capitale de la Moravie, à quinze lieues de l'ennemi. Des deux côtés on se prépara à une bataille décisive, que les alliés, quoique numériquement supérieurs, devaient, dans l'état des choses, retarder autant que possible.

La profondeur à laquelle les Français avaient pénétré en Allemagne, les avait obligés à se morceler pour couvrir leurs flancs et pour garder leurs communications, en occupant les positions fortes dont ils étaient maîtres. Il fallait empêcher les débris autrichiens, répandus dans le Tyrol, la Styrie et la Bohême, et les nouvelles recrues organisées dans ces diverses provinces, de rejoindre les alliés en Moravie ; il fallait surtout prévenir un mouvement pareil, que pourrait tenter l'armée autrichienne d'Italie, sous les ordres du prince Charles. Napoléon avait provisoirement pourvu à ces nécessités de sa situation, mais les mesures prises pouvaient devenir insuffisantes. Et ce n'était pas seulement des provinces autrichiennes que l'armée combinée avait des renforts à attendre, le temps lui en devait amener encore de deux autres côtés. Trente mille Russes marchaient sur la Moravie, et toutes les forces de la monarchie prussienne s'ébranlaient dans la même direction. La Prusse, par le traité de Potsdam du 3 novembre, avait accédé à la coalition, et l'envoi d'un négociateur, chargé de signifier un ultimatum, ne semblait guère, avant Austerlitz, qu'une affaire de forme. L'intérêt froidement calculé des alliés était de temporiser ; mais par suite de l'incapacité de l'administration militaire d'Alexandre et des habitudes dévastatrices des Russes, en quelques jours toutes les ressources de la Moravie avaient été épuisées, de sorte qu'il fallait nécessairement se porter en avant ou rétrograder encore. Au reste, cette nécessité matérielle d'agir était, pour ainsi dire, superflue ; l'arrogance présomptueuse de l'état-major russe ne permettait pas que des conseils de prudence et de temporisation fussent écoutés et accueillis. Dans le langage et la pensée de tous les jeunes porteurs d'uniforme qui tourbillonnaient autour d'Alexandre, l'armée française était fugitive, prisonnière, détruite, et des sarcasmes étouffaient la voix grave des officiers autrichiens, vieux vaincus de l'Italie. Le 27 novembre, l'armée combinée, forte d'environ 100,000 hommes, marcha en avant vers Wischau, sur cinq colonnes.

Napoléon avait jugé que l'ennemi viendrait le chercher, et comme il lui convenait de l'attendre, il avait fait ses dispositions pour le recevoir. Huit jours avant Austerlitz, parcourant la plaine entre Brunn et Wischau, il avait dit aux généraux qui l'entouraient : « Messieurs, examinez ces lieux ; ils seront votre champ de bataille. » Pour attirer les alliés sur le terrain qu'il avait choisi, qu'il avait étudié, l'Empereur français mit tout son art à les encourager dans leur confiance téméraire par des actes et des démarches équivoques, qu'il savait que les Russes interpréteraient selon leur orgueil.

Le 28 novembre, l'armée combinée attaque Wischau ; les troupes françaises qui l'occupaient l'évacuèrent, conformément à leurs instructions, et se mirent en retraite après quelques démonstrations de résistance. Le 29 et le 30, les alliés continuèrent leur marche en avant, tandis que les Français continuaient à se retirer de position en position, sans tenir ferme sur aucun point. La présomption des Russes allait croissant. Le 30 novembre, Napoléon avait fait proposer une entrevue à Alexandre, qui l'avait refusée, et qui n'avait envoyé que son aide-de-camp le prince Dolgorouki. Cette tentative conciliatoire de l'Empereur français, les précautions timides avec lesquelles le parlementaire russe fut reçu aux avant-postes, la froideur silencieuse avec laquelle Napoléon toléra les insolentes propositions du favori de l'autocrate, toutes ces circonstances, jointes à la mollesse de défense qu'avaient opposée les Français jusqu'alors, enivrèrent les alliés de folles espérances. Agissant en vainqueur, Kutusoff, arrivé le 30 au soir en face de l'armée française, ne songea pas à l'attaquer de front, mais à se jeter contre son flanc droit pour lui couper toute retraite sur Vienne. Le 1er décembre, les alliés défilèrent devant les Français pour exécuter cette manœuvre.

Toutes les scènes qui se passèrent dans l'armée française, pendant cette journée du 1er décembre, furent imposantes et fortement caractérisées. Soixante-cinq mille soldats, rangés sur des collines, de Bosenitz à Telnitz, à deux lieues en avant de Brunn, regardèrent les 100,000 alliés se déployer obliquement devant eux, sur une chaîne de collines parallèle à celle qu'ils occupaient eux-mêmes. Napoléon respectait pour ainsi dire ce mouvement, qu'il voyait s'accomplir, selon sa propre expression, avec une indicible joie. « Avant demain soir, s'écria-t-il, cette armée est à moi. » « Si je puis, avait-il dit la veille, décider les Russes à quitter les hauteurs et à marcher sur ma droite, ils sont pris en défaut et perdus, fussent-ils 300,000. » « Soldats, dit-il encore dans sa proclamation, pendant qu'ils marcheront pour tourner ma droite, ils me prêteront le flanc. » Le plan de Napoléon est si nettement exposé dans ces phrases détachées, et il ressort si clairement de l'exécution, que tout commentaire sur la conception de la bataille serait superflu.

Un passage de la belle proclamation dont nous avons extrait quelques mots amena des incidents dignes de mémoire. « Soldats, disait l'Empereur, je me tiendrai loin du feu, si avec votre bravoure accoutumée vous portez le désordre et la confusion dans les rangs ennemis ; mais si la victoire était un moment incertaine, vous verriez votre empereur s'exposer aux premiers coups. — Sire, lui répondit un de ses vieux grenadiers lorsque le soir il parcourait les bivouacs, tu n'auras à combattre que des yeux ; nous t'amènerons demain les drapeaux et les canons des Russes pour célébrer l'anniversaire de ton couronnement. » L'idée de l'anniversaire du couronnement est aussitôt saisie ; quelques fanaux de paille s'allument en commémoration de ce jour, et, en un instant, on voit briller une immense ligne de feu sur laquelle retentissent les acclamations d'un enthousiasme, augure infaillible de la victoire.

Dans la nuit, l'Empereur fit ses dernières dispositions. Il donna le commandement de la gauche au maréchal Lannes ; celui du centre à Bernadotte ; celui de la droite au maréchal Soult. Le maréchal Davoust fut détaché sur l'extrême droite, avec la division Friant et la division de dragons du général Bourcier, pour y contenir l'aile gauche de l'ennemi. L'Empereur se tenait en réserve avec 10 bataillons de la garde et les 10 bataillons des grenadiers d'Oudinot, commandés en ce moment par Duroc, Oudinot ayant été blessé à Guntersdorff. A une heure du matin, l'Empereur était à cheval, attendant avec impatience les premiers rayons du jour ; le soleil se leva radieux, amenant avec lui une des plus belles journées d'automne. Chaque maréchal reçut ses derniers ordres et rejoignit son corps au galop. « Soldats, dit Napoléon, en passant devant quelques régiments, il faut finir cette campagne par un coup de tonnerre. » Et les cris répétés de : *Vive l'Empereur!* lui répondirent que la foudre était prête et n'attendait que son signal.

Une canonnade se fit entendre à l'extrémité de la droite : c'était l'avant-garde ennemie qui déjà l'avait débordée. Dans ce mouvement résidait la grande pensée de Kutusoff. Cette grande pensée avait été devinée par Napoléon ; le maréchal Davoust était là. Les Russes avaient cru que, pour tourner la droite de l'armée française, il ne fallait que marcher : il fallait combattre et vaincre. Le combat sur ce point fut un des plus opiniâtres. Les villages de Telnitz et de Sokolnitz furent l'objet d'incroyables efforts, dix fois renouvelés entre le maréchal Davoust, et des forces plus que doubles des siennes. Le général autrichien Kienmayer y déploya autant d'habileté que de persévérance. La première, la deuxième colonnes russes et une partie de la troisième furent occupées tout le jour sur ce terrain, éloignées ainsi du vrai champ de bataille. Ces divers corps agissaient sous la direction du général russe Buxhoffden.

Presque au même instant que l'action commençait, pour ainsi dire, en dehors de l'affaire générale, le maréchal Soult, qui commandait la droite de l'armée, s'était dirigé sur les hauteurs de Pratzen, occupées par la quatrième colonne de l'armée ennemie. Cette quatrième colonne, où se trouvait le général en chef Kutusoff, formait le centre de l'armée. Après de savantes manœuvres et de brillants combats, Soult resta maître des hauteurs de Pratzen, et, bientôt après, s'empara de même des hauteurs d'Augred, ôtant à l'ennemi, par cette double opération, la possibilité de rétablir la bataille.

Bernadotte avec le centre, Murat avec la cavalerie, Lannes avec la gauche n'avaient pas pris une part moins active au grand événement qui se préparait. Ils avaient devant eux le prince Jean de Lichtenstein, Bagration, presque toute la cavalerie de l'armée combinée et les réserves commandées par le grand duc Constantin. Dès le matin, Napoléon avait donné ordre à Bernadotte de porter ses deux divisions vers la hauteur de Blasowitz. Murat s'était mis en bataille à la gauche de Bernadotte, et Lannes s'appuyait à la montagne de Rosenitz. Telle avait été la confusion produite par les faux mouvements de l'ennemi, que le grand duc Constantin, qui commandait les réserves, se trouvait en première ligne aux prises avec les tirailleurs de Bernadotte et la cavalerie du général Kellermann. Celui-ci, ramené par des forces supérieures jusque sur notre infanterie, et ayant passé dans les intervalles des bataillons, pour aller se reformer en arrière, les hulans, qui le poursuivaient, élancés dans ces mêmes intervalles, furent criblés et presque détruits par le feu croisé de nos bataillons. Murat et Lannes, de leur côté, gagnaient du terrain. Les charges de cavalerie s'exécutaient de manière que, heureuses, elles fissent beaucoup de mal à l'ennemi, et que, dans le cas contraire, on pût se replier sur l'infanterie qui marchait toujours en avant pour la soutenir. Un corps de dragons russes étant venu se jeter entre deux régiments d'infanterie, ces régiments formèrent leurs carrés et écrasèrent ces corps sous le feu de leur mousqueterie.

Les hauteurs de Blasowitz, attaquées à la fois par la gauche de Bernadotte et par la droite de Lannes, furent emportées ; l'aile droite des alliés fut successivement chassée de toutes ses positions, et, après avoir perdu beaucoup d'hommes et d'artillerie, elle fut obligée de se retirer sur Austerlitz, au quartier-général des deux empereurs. Ainsi, il n'y avait plus, du côté de l'ennemi, une armée unique, agissant dans un seul système, et dont les parties se soutinssent entre elles. C'étaient trois armées différentes, isolées, ayant les Français en tête et sur leur flanc, et ne pouvant plus opposer qu'une bravoure sans calcul, qu'une résistance locale et sans ensemble. Du côté des Français, au contraire, tout était lié, tout marchait d'accord ; ils s'entr'aidaient pour le résultat commun. Soult prêtait son appui à Davoust, qui seul n'eût jamais pu résister aux forces réunies contre lui ; et, d'un autre côté, la division du général Drouet, détachée du corps de Bernadotte, allait remplacer une des divisions du maréchal Soult, sur les hauteurs de Pratzen.

Cependant, pour rétablir la communication du centre des armées combinées avec la gauche, la réserve de la garde impériale russe avait été lancée contre l'infanterie française. Deux bataillons du 4e régiment de ligne, heurtés par la garde russe à cheval, furent dispersés, quoiqu'en se défendant avec beaucoup de valeur; les sous-officiers qui portaient l'aigle du régiment furent tués; l'aigle fut enlevé par l'ennemi. Napoléon n'était pas loin; il précipite aussitôt la cavalerie de sa garde sur la garde russe. Le général Rapp, à la tête des mamelouks, de deux escadrons de chasseurs et de deux escadrons de grenadiers, tombe sur elle avec une irrésistible impétuosité. La lutte fut vive, ardente, mais elle ne fut pas longue : les Russes furent enfoncés et mis dans le plus grand désordre ; une partie fut prise, une partie sabrée, et parmi les prisonniers se trouva le prince Repnin, colonel des chevaliers-gardes. Du haut du plateau d'Austerlitz, les deux empereurs, témoins de cette terrible mêlée, purent juger, par leurs propres yeux, à quelle héroïque nation ils avaient affaire. Partout la vigueur avait été la même; il n'était qu'une heure après-midi, et la victoire était complétement décidée. A l'extrême droite seulement, la canonnade se faisait encore entendre. Là, le maréchal Davoust, avec des forces bien inégales, avait longtemps disputé le terrain à l'ennemi, et ensuite, secondé par le maréchal Soult, il avait acculé les Russes et les Autrichiens aux deux lacs de Menitz et de Satschau. L'un des corps russes, sous les ordres de Buxhoffden, qui emmenait avec lui 38 pièces de canon et leurs caissons, voulut suivre une ancienne digue submergée d'Augzed à Satschau, et se confiant à la solidité trompeuse de la glace, alla s'engloutir dans les eaux de ce lac. Plus heureux, quoique maltraités vivement par nos troupes et notre artillerie, quelques régiments autrichiens purent échapper en se pressant dans la digue étroite par laquelle les deux lacs sont séparés. Une partie du corps russe de Doctorow fut écrasée par nos troupes, ou trahie de même par la glace, périt misérablement dans le lac de Menitz, scène affreuse, qui rappelait aux vieux soldats d'Egypte le spectacle d'Aboukir.

Les résultats de la journée du 2 décembre étaient immenses; l'armée combinée avait perdu 40,000 hommes, dont 10,000 tués ou noyés, 20,000 prisonniers et 10,000 blessés, 40 drapeaux, 86 pièces de canon, 400 voitures d'artillerie et tous ses gros bagages. La perte des Français était de 6,000 blessés, et seulement de 900 tués. Cette disproportion étonnante peut s'expliquer, lorsqu'on songe que l'armée française n'avait que 65,000 hommes en ligne, et que, sur ces 65,000, la réserve, composée de 10 bataillons de la garde et de 10 bataillons de grenadiers, n'avait point pris part au combat.

La fuite des Russes vers la Pologne fut si précipitée, qu'ils laissèrent derrière eux les routes couvertes de canons, de caissons, de chariots et de bagages. Dans la plupart des bourgs et villages où entrèrent les Français détachés à la poursuite des débris de l'armée ennemie, on trouva les granges et les églises remplies de blessés abandonnés sans aucun secours. Le général Kutusoff s'était contenté de faire placer sur les portes des écriteaux portant, en langue française : *Je recommande ces malheureux à la générosité de l'empereur Napoléon, et à l'humanité de ses braves soldats.*

Le soir même de l'action, et pendant plusieurs heures de la nuit, Napoléon parcourut le vaste champ de bataille d'Austerlitz, faisant compter les morts et enlever les blessés. Rien n'était plus touchant que d'entendre ces derniers exprimer leur reconnaissance pour l'intérêt que l'Empereur leur témoignait, et s'informer du résultat de la journée. « La victoire et sans doute à nous, s'écriait l'un : l'Empereur avait pris de trop bonnes dispositions pour qu'elle nous échappât. » Un autre disait : « Il y a huit heures que je suis abandonné et que j'endure des souffrances inouïes; mais j'ai pris patience en pensant que j'avais fait mon devoir, et que mes camarades ont fait le leur. » Ceux-ci, s'adressant directement à l'Empereur : « Eh bien, Sire, vous devez être content de vos soldats ! » Napoléon dit aux officiers qui l'entouraient : « J'ai livré vingt batailles aussi chaudes que celle-ci; mais je n'en ai vu aucune où la victoire ait été aussi promptement décidée, et les destins si peu balancés. »

Dans le courant de la journée, la garde impériale à pied et les grenadiers d'Oudinot témoignaient leur impatience de n'être pas engagés avec l'ennemi, et demandaient qu'on les fît donner. « Réjouissez-vous de ne rien faire, répondit l'Empereur, je vous garde en réserve ; tant mieux si l'on n'a pas besoin de vous aujourd'hui. » Les ennemis étaient stupéfaits de la précision que toutes les troupes françaises avaient mise dans leurs mouvements, et se plaignaient amèrement de l'impéritie de leurs propres généraux. Un commandant d'artillerie de la garde russe, fait prisonnier, dit, en passant devant Napoléon : « Sire, faites-moi fusiller : je viens de perdre mes pièces. — « Jeune homme, lui répondit l'Empereur, j'apprécie vos regrets; mais on peut être battu par mon armée, et avoir encore des titres à la gloire.

Valhubert fut le seul officier-général dont l'armée eût à regretter la perte. Tous ceux qui avaient été blessés guérirent de leurs blessures. Lorsque ce brave général eut la cuisse emportée, les soldats de sa brigade s'empressèrent autour de lui pour le relever et le transporter au poste des chirurgiens : « Souvenez-vous de l'ordre du jour, leur dit-il, et reprenez vos rangs : si vous êtes vainqueurs, vous m'enlèverez du champ de bataille; si vous êtes vaincus, que m'importe un reste de vie? » Et bientôt après il ajouta : « Que n'ai-je perdu plutôt le bras, je pourrais combattre encore avec vous et mourir à mon poste ! » Valhubert ne survécut que vingt-quatre heures à sa blessure, et, quelques instants avant de rendre le dernier soupir, il écrivit cette lettre touchante à Napoléon : « J'aurais voulu faire plus pour vous; je vais mourir, et je ne regrette pas la vie, puisque j'ai participé à une victoire qui vous assure un règne heureux. Quand vous penserez aux braves qui vous étaient dévoués, rappelez-vous de moi. Il me suffit de vous dire que jai une famille ; je n'ai pas besoin de vous la recommander. »

La générosité de l'Empereur envers les troupes qui avaient combattu à Austerlitz fut grande comme la victoire.

Il adopta tous les enfants de ceux qui étaient morts dans cette bataille, se chargea de leur éducation et de leur établissement, et leur permit de joindre à leur nom celui de Napoléon. Il accorda 6,000 fr. de pension aux veuves des généraux, 2,400 fr. à celles des colonels et majors, 1,200 fr. à celles des capitaines, 800 fr. à celles des lieutenants et sous-lieutenants, et enfin 200 fr. à celles des soldats. Quant aux braves qui survécurent à la victoire, il leur témoigna sa satisfaction dans cette proclamation, devenue pour eux le plus beau titre de gloire :

« Soldats ! je suis content de vous; vous avez, à la journée d'Austerlitz, justifié tout ce que j'attendais de votre intrépidité ; vous avez décoré vos aigles d'une immortelle gloire : une armée de 100,000 hommes, commandée par les empereurs de Russie et d'Autriche, a été, en moins de quatre heures, ou coupée ou dispersée : ce qui a échappé à votre feu s'est noyé dans les deux lacs...

« Soldats ! lorsque le peuple français plaça sur ma tête la couronne impériale, je me confiai à vous pour la maintenir toujours dans ce haut éclat de gloire qui seul pouvait lui donner du prix à mes yeux; mais, dans le même moment, nos ennemis pensaient à la détruire et à l'avilir, et cette couronne de fer, conquise par le sang de tant de Français, ils voulaient m'obliger à la placer sur la tête de nos plus cruels ennemis : projets téméraires et insensés que, le jour même de l'anniversaire de votre empereur, vous avez anéantis et confondus. Vous leur avez appris qu'il est plus facile de nous braver et de nous menacer que de nous vaincre.

« Soldats ! lorsque tout ce qui est nécessaire pour assurer le bonheur et la prospérité de notre patrie sera accompli, je vous ramènerai en France. Là vous serez l'objet de mes tendres sollicitudes. Mon peuple vous reverra avec joie, et il vous suffira de dire : J'étais à la bataille d'Austerlitz, pour qu'on vous réponde : *Voilà un brave !* »

Deux jours après la bataille, l'empereur d'Autriche vint saluer le vainqueur à son bivouac. Napoléon lui dit en l'accueillant : « Je vous reçois dans le seul palais que j'habite depuis deux mois. — Vous tirez si bien parti de cette habitation, répondit François II, qu'elle doit vous plaire. » Dans cette entrevue, les deux empereurs convinrent d'un armistice et des principales conditions de la paix future.

François II fit aussi connaître à Napoléon qu'Alexandre désirait faire la paix, et demanda une trêve pour les restes de l'armée russe. Napoléon lui fit observer qu'ils étaient cernés, que pas un homme ne pouvait échapper : « Mais, ajouta-t-il, je désire faire une chose agréable à l'empereur Alexandre : je laisserai passer l'armée russe, j'arrêterai la marche de mes colonnes si Votre Majesté me promet que cette armée évacuera l'Allemagne et la Pologne autrichienne et prussienne. — C'est l'intention de l'empereur Alexandre, répondit l'empereur d'Autriche, je puis vous l'assurer; d'ailleurs, dans la nuit, vous pourrez vous en convaincre par vos propres officiers. »

Après l'entrevue, le général Savary accompagna l'empereur d'Autriche à son quartier-général, afin de savoir si Alexandre adhérait à la capitulation. Savary trouva les Russes sans artillerie ni bagage, et dans un épouvantable désordre. Il était minuit. Le général Meerfeld avait été repoussé de Godding par le maréchal Davoust; l'armée russe, environnée de tous côtés, était en quelque sorte prisonnière.

Le prince Czatorinski introduisit le général français auprès de l'empereur Alexandre. « Dites à votre maître, lui cria celui-ci en le voyant, que je m'en vais; qu'il a fait hier des miracles; que cette journée a accru mon admiration pour lui; qu'il est prédestiné du ciel; qu'il faut à mon armée cent ans pour égaler la sienne. Mais puis-je me retirer avec sûreté? — Oui, Sire, répondit l'aide-de-camp de Napoléon, si Votre Majesté ratifie ce que les empereurs de France et d'Allemagne ont arrêté dans leur entrevue. — Eh! qu'est-ce? — Que l'armée russe se retirera par journées d'étape et évacuera l'Allemagne et la Pologne autrichienne et prussienne; à cette condition, je suis chargé de me rendre à nos avant-postes, qui vous ont déjà tourné, et d'y donner des ordres pour protéger votre retraite, l'Empereur voulant respecter l'ami du premier consul. — Quelle garantie faut-il pour cela? — Sire, votre parole. — Je vous la donne. » Le général Savary s'éloigna sur-le-champ au grand galop pour transmettre au maréchal Davoust l'ordre de laisser l'armée russe continuer tranquillement sa retraite.

Napoléon, en se montrant trop généreux dans cette circonstance, commit une faute grave; il pouvait prendre et détruire les restes de l'armée russe. Il le savait bien, car il lui échappa, après son entrevue avec l'empereur d'Allemagne, de dire: « Cet homme me fait faire une grande faute. » Mais, pour se justifier à ses propres yeux, il ajouta : « Il y a déjà assez de larmes et de sang répandus, n'en faisons pas couler davantage. » Noble excuse, trop belle pour ne pas être respectée de tout ami de l'humanité!

La bataille du 2 décembre, que les soldats avaient nommée *journée des trois empereurs*, mais que Napoléon baptisa du nom immortel d'Austerlitz, eut un prodigieux retentissement en Europe; elle tranchait d'une manière éclatante la question de sa supériorité entre les infanteries française et russe.

Le 26 décembre, la paix fut signée à Presbourg : l'empereur d'Allemagne reconnut d'avance les nouveaux Etats que Napoléon voulait fonder; il sanctionna les accroissements de territoire qui devaient être attribués au vainqueur, puis il mit à l'ordre du jour de l'armée la conquête de Naples.

Le système impolitique d'aveugle cruauté qui avait suivi la restauration de Ferdinand sur le trône de Naples s'était prolongé jusqu'à l'époque de la victoire de Marengo. Alors le cabinet napolitain, frappé de crainte, avait accordé une amnistie au petit nombre de révolutionnaires qui restaient encore à immoler. Prêt à combattre l'Autriche, Bonaparte, bien qu'abusé plusieurs fois sur la politique fallacieuse de la cour des Deux-Siciles, consentit à reconnaître diplomatiquement sa neutralité. Un traité fut conclu sur cette base entre l'empire français et le royaume de Naples, le 21 septembre 1805.

Malgré cet engagement solennellement juré, la reine, dans un voyage qu'elle fit à Vienne, s'associe à la nouvelle coalition formée contre la France et Naples reçoit une armée anglo-russe dont le débarquement fut annoncé au quartier-général de Napoléon au moment où la victoire d'Austerlitz venait de dénouer la coalition. La vengeance fut éclatante et ne se fit pas attendre. L'Empereur résolut aussitôt de détrôner ce fantôme de roi, et de donner le royaume de Naples à son frère Joseph Napoléon. Le maréchal Masséna et le général Saint-Cyr furent chargés de cette facile conquête, et on lut dans *le Moniteur :*

« Le général Saint-Cyr marche à grandes journées sur Naples, pour punir la trahison de la reine et précipiter du trône cette femme criminelle qui, avec tant d'impudeur, a violé tout ce qui est sacré parmi les hommes. On a voulu intercéder pour elle auprès de l'Empereur ; il a répondu : « Les « hostilités dussent-elles recommencer, et la nation soutenir une guerre « de trente ans, une si atroce perfidie ne peut être pardonnée. La reine de « Naples a cessé de régner. Ce dernier crime a rempli sa destinée ; qu'elle « aille à Londres augmenter le nombre des intrigants. »

Dès les premiers jours de janvier, une armée française de 50,000 hommes destinée à entreprendre la conquête des Deux-Siciles se mit en mouvement. Joseph Napoléon, en l'absence de son frère, la commandait avec le titre de généralissime, et le maréchal Masséna dirigeait les opérations ; elles furent conduites avec la plus grande activité. A peine nos avant-gardes eurent-elles pénétré sur le territoire napolitain, que les troupes de la coalition abandonnèrent la frontière et regagnèrent leurs vaisseaux, en évitant de passer par la capitale du royaume, dans la crainte d'y trouver la population insurgée contre elles. Leur retraite occasionna la dispersion des milices nationales nouvellement levées. Les troupes réglées, peu nombreuses, restèrent seules fidèles à leurs drapeaux. Elles furent réparties dans les forts de Naples et dans les places les plus importantes de la Pouille; mais ces préparatifs de défense étaient insuffisants pour rassurer la cour. Le roi Ferdinand, après avoir vainement employé les supplications, afin de conjurer l'orage prêt à fondre sur lui, ne songea plus qu'à chercher un refuge. Le 23 janvier, il s'embarqua et fit voile pour Palerme, laissant à son fils aîné des pouvoirs illimités. Ce jeune prince et la reine sa mère firent tous leurs efforts pour organiser la résistance; ils armèrent les lazzaroni et parurent vouloir se mettre à leur tête, tandis que quelques affidés de la couronne essayaient de soulever les provinces. La nouvelle de ces tentatives hâta la marche des Français. L'armée de Joseph, divisée en trois corps, passa le Garigliano le 8 février, et quatre jours après, Naples, Capoue et Pascara avaient ouvert leurs portes. Joseph fit, le surlendemain, son entrée dans la première de ces villes, d'où la reine s'était enfuie, emportant avec elle tout l'argent des caisses publiques et les effets précieux des palais. On trouva dans l'arsenal 200 pièces de canon, 200 milliers de poudre, et dans le port plusieurs navires richement chargés. Les habitants, à l'aspect de nos aigles, rendirent grâces au ciel de les avoir enfin délivrés de l'odieuse tyrannie qui pesait sur eux. Jamais nos drapeaux ne furent salués par les acclamations d'une joie plus sincère.

Cependant on apprit bientôt que le prince royal venait de rassembler dans la Calabre une armée de 20,000 hommes, presque entièrement composée de malfaiteurs, à qui l'on avait promis l'impunité de leurs crimes et le pillage de la capitale. Le général Reynier, à la tête d'un corps, se porta à la rencontre de cette réunion de brigands, l'atteignit à Campo-Tenese le 9 mars, l'attaqua dans son camp retranché, enleva ses redoutes, la défit et la dispersa. Deux mille prisonniers tombèrent en notre pouvoir; le reste de cette multitude se jeta dans les montagnes en se dirigeant vers le rivage, où, par un prompt embarquement, elle se déroba à la poursuite. Cette victoire était décisive. Napoléon, en ayant appris la nouvelle, annonça qu'il conférait le titre et la dignité de roi de Naples à son frère Joseph. Ce prince reçut, le 13 avril, à Bagnara, le sénatus-consulte qui l'élevait au trône. Aussitôt il se fit proclamer et partit pour visiter les provinces méridionales de son royaume. Un mois après, il rentra à Naples, où le peuple laissa éclater les mêmes transports de joie qui l'avaient partout accueilli sur son passage.

Les Napolitains bénissaient le retour de la paix et l'administration de leur nouveau monarque. Après cinq mois d'un siége glorieux, où avaient succombé les généraux Wallongue et Grigny, le brave prince de Hesse-Philipstadt avait capitulé et remis entre les mains de Masséna la forteresse de Gaëte. La littoral était tranquille et surveillé; rien ne semblait plus devoir troubler le calme rendu à ces contrées, lorsque les Anglais, qui avaient antérieurement échoué dans une tentative contre les îles de Procida et d'Ischia, résolurent de faire une descente en Calabre. Déjà, à la faveur de l'obscurité des nuits, ils avaient vomi sur les côtes plusieurs milliers de forçats tirés des prisons et des bagnes de la Sicile, et ils avaient réussi à réveiller chez les Calabrais cet esprit de mécontentement et d'insurrection qui fait le fond de leur caractère. Les anciennes bandes réorganisées attendaient avec impatience le moment de se montrer : il arriva enfin. Au commencement de juillet, un convoi, sorti de Messine sous la protection de plusieurs vaisseaux de haut-bord, débarqua, vis-à-vis Santa-Euphemia, 10,000 hommes de troupes anglo-siciliennes, auxquelles se joignirent aussitôt 4,000 insurgés. Le général Reynier courut précipitamment pour s'opposer à leurs progrès; mais, battu dans un premier engagement contre des forces dix fois supérieures, il ne put empêcher le torrent de l'insurrection de se grossir avec une effrayante rapidité. Artisans, prêtres, paysans, tous prirent les armes et vinrent se placer dans les rangs ennemis. Après un échec, il fallait se décider à battre en retraite et à soutenir le choc d'une population entière. Plusieurs de nos généraux avaient été grièvement blessés; le désordre était à son comble, et tout était perdu, si la belle résistance du colonel Abbé, à la tête du 23e régiment d'infanterie légère, n'eût arrêté les Anglo-Siciliens sur les bords de l'Amato et donné à nos soldats le temps de se rallier.

Reynier, avec sa division, se replia sur Catanzaro, d'où il demanda des renforts. Les insurgés, au nombre de plus de 12,000, vinrent l'assiéger dans cette position; mais il les repoussa avec vigueur et se maintint jusqu'à la nouvelle de l'arrivée prochaine du corps de Masséna à Cassanot. Reynier partit aussitôt pour le rejoindre, et, au milieu des périls dont il était de toutes parts environné, il culbuta dans vingt combats tous les rassemblements qui lui disputaient le passage. Partout les insurgés furent battus, soit qu'ils se présentassent en rase campagne, soit qu'ils se renfermassent dans les villes. Strongoli, Corgliano et Lauria, où ils s'étaient retranchés, furent emportés d'assaut. Castro-Villari et Morano, craignant le même sort, ouvrirent leurs portes à la première sommation. Ce fut devant cette dernière ville que les avant-gardes de la division Reynier et du corps de Masséna se rencontrèrent. Dès que la jonction se fût opérée, les Anglais, qui, quelques jours auparavant, étaient si fiers d'un premier succès et surtout de la prise de l'île de Capri, du château de Reggio et du fort de Sylla, dans lequel le chef de bataillon du génie Michel s'était immortalisé par une résistance héroïque, désespérèrent de vaincre les forces qui allaient leur être opposées. Leur amiral, Sidney-Smith, ayant tenté une seconde attaque de l'île de Procida, avait été contraint de renoncer à s'en emparer; nos troupes, maîtresses du littoral, étaient parvenues à intercepter toute espèce de communication entre la flottille anglo-sicilienne et les bandes qui infestaient le pays. Dans de telles conjonctures, le général anglais Stuart, commandant en chef de l'armée ennemie, jugea prudent de ramener ses soldats en Sicile. Les insurgés, livrés à eux-mêmes, furent promptement détruits ou dispersés. Un moine apostat, le fameux Fra-Diavolo, le plus terrible chef de ces brigands, succomba le dernier. La ville de Saura, dans laquelle il s'était réfugié, ayant été prise d'assaut par le général d'Espagne, on crut un instant qu'il était tombé en notre pouvoir; mais il disparut au milieu du combat et erra quelque temps dans les montagnes sans qu'on sut ce qu'il était devenu; découvert enfin dans un village, ce misérable, souillé de tous les crimes, périt sur un échafaud.

CHAPITRE VI.

Quatrième coalition. — Campagne de 1806 et 1807. — Déclaration de la Prusse. — Mouvement des Armées. — Batailles d'Iéna et d'Austerlitz. — Occupation de Berlin. — Capitulation des forteresses de la Prusse. — Armistice. — Décret de blocus des îles Britanniques. — Ouverture de la campagne en Pologne. — Bataille d'Eylau. — Siége de Dantzig. — Bataille de Friedland. — Traité de Tilsit.

Une grande pensée avait toujours dominé la politique générale de Napoléon relativement à l'Allemagne. Il voulait agrandir et fortifier la Prusse, l'élever au rang de première puissance, au niveau de l'Autriche, puis l'attacher fortement à la France par une alliance intime et cordiale. La pacification de l'Europe aurait été le résultat forcé de cette combinaison, si elle eût réussi. La Prusse serait devenue, pour l'Allemagne, un contre-poids de l'Autriche et une barrière de la Russie, et son union avec la France aurait annulé cette coalition. Ce n'était pas une association onéreuse que Napoléon offrait au cabinet de Berlin : les avantages eussent été au moins égaux, puisqu'avant tout partage des fruits de l'alliance, la Prusse aurait reçu une augmentation de territoire. Mais, pour entrer franchement dans cette voie, il fallait que cette puissance sortît de la neutralité féconde dans laquelle elle se maintenait depuis longtemps. Cette position d'Etat neutre était, sans doute, heureuse et belle au milieu de l'embrasement de l'Europe ; mais la Prusse n'allait plus pouvoir la garder. Les victoires des Français avaient déplacé le théâtre de la guerre ; ce n'était plus en Italie et en France que la Révolution française et ses ennemis se rencontraient, c'était en Allemagne. Sa proximité du champ de bataille et l'épuisement des puissances belligérantes, épuisement qui leur faisait chercher partout des auxiliaires, ne permettaient plus à la Prusse de se tenir en dehors de la lutte. Il fallait jeter son épée d'un côté ou de l'autre de la balance. L'intérêt véritable du cabinet de Berlin, lors même que la France ne lui aurait pas offert un riche pot-de-vin pour le décider à traiter, le devait porter à s'attacher à Napoléon ; mais la Prusse était plus passionnée que raisonnable, et toutes ses passions étaient hostiles à la France. Le vieux Brunswick, ce général si habile en manifestes, vivait encore pour rappeler la honte de la Champagne ; depuis Frédéric II, la Prusse prétendait monopoliser la gloire militaire, et les succès des Français l'importunaient ; la Révolution française, indépendamment de ces causes particulières d'inimitié, y était, pour les causes communes à l'Europe, aussi mal considérée que dans aucune autre cour. Le parti de la saine raison et de la froide politique, c'est-à-dire le parti français, n'avait guère d'appui et d'organe que le roi et quelques membres du conseil, tandis que les puissances ennemies de la France étaient soutenues et représentées par la reine, la cour, l'armée, la ville, par tous ceux qui ne prenaient conseil que de leurs affections et de leurs antipathies.

Ainsi ballotté entre la raison d'Etat et les sentiments, entre l'intérêt général et les passions individuelles, le cabinet de Berlin flotta, hésita, tergiversa, ne sut prendre aucune mesure franche et pure de toute arrière-pensée, se cramponna à sa neutralité, de sorte qu'alors même qu'il semblait s'être décidé, quelque protestation d'acte ou de langage témoignait de ses regrets de n'avoir point fait le contraire de ce qu'il venait de faire.

L'empereur Napoléon avait, le 15 décembre 1805, cédé au roi de Prusse le Hanovre, appartenant au roi d'Angleterre, et dont il devait s'emparer. Ce roi lui avait donné en échange le comté de Neufchâtel et le duché de Berg. Quand il fallut conquérir le Hanovre, Frédéric-Guillaume hésita ; il craignait d'indisposer la cour de Londres contre lui. Napoléon l'obligea, par un traité du 8 mars, à déclarer la guerre à l'Angleterre, à s'emparer du Hanovre et à recevoir des garnisons françaises dans le Wesel et dans le Hameln. La cour du monarque prussien n'approuvait pas ces échanges.

« Sa cour, ses sujets s'exaspèrent, dit M. de Ségur ; ils reprochent à leur roi de s'être laissé vaincre, sans avoir osé combattre, et s'exaltant de leurs souvenirs, ils se croient seuls appelés à triompher du vainqueur de l'Europe. Dans leur impatience, ils insultent le ministre de Napoléon ; ils vont aiguiser leurs armes sur le seuil de sa porte ; Napoléon lui-même, ils l'outragent. La reine, si brillante de grâces et d'attraits, revêt un habit de guerre ; leurs princes, un d'eux surtout, dont la démarche et les traits, dont l'intrépidité et l'esprit semblent leur promettre un héros, s'offrent à les conduire. Une ardeur, une fureur chevaleresque s'emparent de tous les esprits. »

Cependant, après la victoire d'Austerlitz, Napoléon eut un instant l'espoir fondé de voir la paix de l'Europe assurée. Pitt, le plus implacable ennemi de notre Révolution, était mort emportant avec lui dans la tombe le regret d'avoir échoué dans toutes ses combinaisons. Fox, depuis longtemps l'âme de l'opposition, lui avait succédé et suivait un système opposé. Il montrait des dispositions pacifiques, et l'on commençait à croire à la possibilité d'un rapprochement avec l'Angleterre. Le prodigieux accroissement de la puissance de Napoléon, et sa grande influence sur le continent, ne paraissaient pas même y mettre obstacle, quoiqu'il vînt de placer son frère Louis Bonaparte sur le trône de Hollande et qu'il se fût déclaré lui-même protecteur de la Confédération du Rhin au préjudice de François II. Des négociations entamées n'avaient point été interrompues. Déjà même les bases du traité avaient été portées et acceptées, lorsque Fox fut atteint d'une maladie grave. Cet événement laissa un champ libre aux partisans de la guerre. Lord Yarmouth, qui, en sa qualité de plénipotentiaire de la Grande-Bretagne, secondait les vues de Fox, fut tout à coup rappelé à Londres, et remplacé par lord Landerdale, dont la mission était de prolonger les conférences, de manière à voiler aussi longtemps qu'il serait nécessaire les manœuvres du gouvernement britannique pour renouer un plan offensif. On travaillait sourdement à former une quatrième coalition; les éléments en furent promptement rassemblés. De toutes les puissances que l'on sollicita d'y entrer, l'Autriche, dont les plaies étaient encore saignantes, la Porte-Ottomane et le Danemark furent les seules qui refusèrent leur participation. Le Danemark devait plus tard être puni de sa neutralité par l'incendie de Copenhague et par la perte de la Norwége. La Suède avait depuis longtemps une attitude hostile. La Russie, qui, malgré sa défaite à Austerlitz, avait renouvelé ses agressions, rejetait un accommodement qu'elle avait elle-même provoqué; et son empereur, oubliant la générosité de Napoléon, qui avait pu le faire prisonnier à cette fameuse journée, se préparait à rentrer en lice.

Ce fut dans ces circonstances que la Prusse prit tout à coup une attitude hostile, et se chargea de protester sur le champ de bataille contre l'extension gigantesque de la puissance de Napoléon.

Les troupes de Hesse, de la Saxe et des duchés du nord de l'Allemagne, marchaient sous ses étendards. La mort du ministre Fox, qui eut lieu à cette époque, avait pu seule déterminer cette immense levée de boucliers.

Le cabinet de Londres, n'ayant plus alors besoin de dissimuler ses véritables intentions, rappela brusquement lord Landerdale : cet ambassadeur arriva de Paris à Boulogne la nuit même où ses compatriotes bombardaient ce port, rendu neutre pour l'échange des courriers, et faisaient le premier essai de ces fusées à la Congrève, qui depuis ont été entre leurs mains un si barbare moyen de destruction. Lord Lauderdale se rembarqua à la lueur des flammes qui accusaient la perfidie de son gouvernement.

Dans le même moment, un favori inepte et arrogant, longtemps courtisan de Napoléon et son instrument docile, se croit tout à coup chargé par la destinée de provoquer la ruine du maître de l'Europe. Le prince de la Paix appelle tout à coup aux armes, par une proclamation insensée (5 octobre), la population de l'Espagne. Politique inepte autant qu'arrogant favori, don Manuel crut l'occasion favorable pour échapper à l'ascendant de la France; son inquiète impuissance lui dicta cette proclamation, dans laquelle parlant de dangers et de gloire, d'ennemis qu'il ne nomme pas, de perfidies qu'il ne fait pas connaître, il réveille tout à coup l'esprit guerrier des Castillans. Napoléon feint de croire que cette provocation n'est pas dirigée contre lui de la part d'un allié si timidement soumis jusqu'à ce jour; mais il jure dès cet instant la perte de cette monarchie, dont les Bourbons dégénérés étaient incapables de supporter le poids. Toutefois, pour le moment, il ne fait point connaître ses sentiments; de son côté, la cour de Madrid désavoue la proclamation, et 20,000 Espagnols vont servir Napoléon sur les rives de la Baltique; mais le prince de la Paix a blessé l'amitié naturelle des deux nations. L'histoire recueille cette petite cause, devenue une prodigieuse circonstance, car peut-être que sans cet étrange accident, Napoléon, obéi qu'il était de l'armée, de la flotte et du gouvernement de l'Espagne, n'eût jamais conçu le projet de l'envahissement qui a été l'une des principales causes de sa chute.

Sur ces entrefaites, l'avantage que Marmont remporte, le 1er octobre, sur les Russes réunis aux Monténégrins, à Castel-Novo, près de Raguse, confirme à la France les intentions hostiles du cabinet de Saint-Pétersbourg. Egaré loin de sa métropole, ce corps d'armée n'était que la pierre d'attente d'une quatrième coalition.

L'Empereur ayant reçu un ultimatum du roi de Prusse, dans lequel ce roi lui enjoignait de renoncer aux couronnes d'Italie, de Naples et de Hollande, il se prit à rire et se contenta de répondre : « Je plains le roi de Prusse, il n'entend pas le français, et il n'a certainement point vu cette rapsodie qu'on m'envoie en son nom. » Ce fut encore à ce sujet que l'Empereur dit au maréchal Berthier : « On nous a donné un rendez-vous pour le 8, jamais Français n'y a manqué. On dit qu'une belle reine veut être témoin de nos prouesses; soyons courtois, marchons sans nous coucher pour la Saxe. »

La même irrésolution qui faisait suivre à la Prusse une marche irrégulière et tortueuse dans ses transactions diplomatiques la fit tâtonner dans ses opérations militaires. Après avoir longtemps hésité entre la paix et la guerre, on hésita aussi longtemps entre l'offensive et la défensive; après s'être décidé pour l'offensive, on la prit avec tant de mollesse et de lenteur, qu'on s'arrêta bientôt pour se mettre sur la défensive, sans cependant vouloir paraître rétrograder. On s'était avancé dans la Saxe pour surprendre Napoléon; dès qu'on ne l'avait pas surpris, qu'on était au contraire surpris par lui, il fallait aller l'attendre derrière l'Elbe. On prit le terme moyen entre se porter en avant et reculer : on resta où on était, c'est-à-dire mal placé pour attaquer comme pour se défendre.

Napoléon, qui ne marchait pas à l'aventure, et qui, dès les premiers pas, savait où il voulait aller et où il irait, s'était porté rapidement entre l'armée prussienne et l'Elbe, et avait ainsi réussi à mettre l'ennemi dans la même position que les Autrichiens à Ulm. Il tournait le dos à la Prusse, tandis que les Prussiens tournaient le dos à la France. Il avait songé à leur couper la retraite, avant même de les combattre. Tandis qu'on le croit encore à Paris, il arrive à Bamberg le 6 septembre. Le signal de l'attaque est donné; Murat force le passage de la Saale; l'ennemi est partout battu, a Hoff, à Schleitz, à Saafeld. Le prince Louis de Prusse, un des plus ardents promoteurs de la guerre, périt dans cette dernière action. Il fut tué par un maréchal-des-logis de hussards, l'intrépide Guindé, qui vainement l'avait plusieurs fois sommé de se rendre.

Ce n'étaient encore là que des actions d'avant-garde, et elles avaient suffi pour abattre l'arrogance des Prussiens; leur moral était ébranlé, et les mouvements, sans but et sans plan, que le vieux Brunswick et le prince de Hohenlohe leur faisaient exécuter avaient affaibli leur confiance dans leurs chefs. Inquiets et presque découragés, ils attendaient le combat et présentaient un front de bataille d'environ six lieues de développement, lorsque les Français arrivèrent sur eux en deux colonnes, à Iéna et à Auerstadt. Sur ces deux points d'attaque, les Prussiens furent écrasés. A Iéna, Napoléon battit complétement le prince Hohenlohe, dont les forces étaient au moins égales aux siennes; à Auerstadt, le maréchal Davoust, avec des troupes deux fois moins nombreuses, mit le roi de Prusse lui-même et le prince de Brunswick dans la plus affreuse déroute. Auerstadt aurait dû donner le nom à la bataille, et le maréchal Davoust en eût dû être le héros; mais Napoléon voulut que la victoire prît le nom du lieu où il avait vaincu lui-même, et ne permit pas qu'un de ses lieutenants eût meilleure place que lui dans le même bulletin. Cependant, le titre de duc d'Auerstadt conféré à Davoust, et l'honneur d'entrer la première dans Berlin, accordé à sa division, prouvèrent que l'Empereur n'en appréciait pas moins la belle conduite du maréchal et des soldats qu'il commandait.

Vingt-cinq mille ennemis restèrent sur le champ de bataille; 60 drapeaux, 300 pièces de canon, des magasins immenses, plus de 30,000 prisonniers, dont 30 officiers généraux, furent les trophées de cette journée. Le duc de Brunswick, commandant en chef, le feld-maréchal Mollendorf, les généraux Schmettau et Ruchel, ainsi que le prince Henri de Prusse, étaient au nombre des blessés; les trois premiers ne survécurent que de quelques jours à ce désastre de leur patrie.

Aussitôt la bataille gagnée, les Français s'élancent à la fois sur toutes les directions, et ne donnent aucun relâche à l'ennemi, pour qui les places fortes mêmes ne sont pas un refuge assuré. Erfurth et sa citadelle, renfermant 14,000 hommes et des approvisionnements de tous genres, capitulent le jour même de leur investissement. Blucher, cerné de toutes parts avec 6,000 chevaux, n'évite d'être pris qu'en attestant sur son honneur que les hostilités sont suspendues. Kalkreuth, qui voulait se sauver par une semblable imposture, éprouve un nouvel échec au village de Greussen. La reine, vêtue en amazone, et le roi son époux, qui tous deux partagent les dangers de cette retraite, n'échappent que par hasard à l'humiliation d'être faits prisonniers. En vain le prince Eugène de Wurtemberg, qui se précipite à leur secours avec 25,000 hommes, s'efforce-t-il de défendre le pont de la ville de Halle; attaqué par Bernadotte, il y laisse 2,000 morts, 5,000 prisonniers, 2 drapeaux et 30 pièces d'artillerie.

Après tant de revers, le monarque prussien s'était arrêté à Magdebourg pour recueillir et rallier les débris de son armée; mais à peine s'est-il jeté dans cette place, qu'assailli par le maréchal Soult, il voit ses meilleures troupes, forcées dans cinq retranchements successifs, déposer les armes devant la division Legrand, qui emporte le camp retranché où elles avaient cherché un asile. Frédéric-Guillaume se trouvait dans la situation la plus critique; les plus solides remparts ne le rassurent pas contre un ennemi, qu'aucun péril ne saurait rebuter. Un faible cordon s'oppose à sa sortie; il le perce à la tête de quelques régiments dévoués; et, ne songeant plus dans sa fuite qu'à placer l'Elbe et l'Oder entre son vainqueur et lui, il néglige de prendre des mesures pour mettre sa capitale à l'abri d'une invasion.

Le 25 octobre, la forteresse de Spandau, défendue par 1,200 soldats, se rend aux troupes du maréchal Lannes. Napoléon, entré le même jour dans Potsdam, visite le tombeau du Grand-Frédéric, et envoie à Paris l'épée de ce prince, le cordon de ses ordres, sa ceinture de général et les drapeaux de sa garde durant la guerre de sept ans. « Voilà des trophées, dit-il en les saisissant avec un noble enthousiasme, que je préfère à 20 millions! J'en ferai présent à mes vieux soldats des campagnes de Hanovre; les invalides les garderont comme un témoignage des victoires de la grande armée et de la vengeance qu'elle a tirée des désastres de Rosbach. »

Le 26, le quartier-général français s'établit à Charlottenbourg, sur la Sprée, dans cette ville embellie par les soins de Frédéric II, qui y plaça une partie des richesses composant le cabinet du cardinal de Polignac.

Le corps du maréchal Davoust, à qui l'empereur avait réservé l'honneur d'entrer le premier dans la capitale de Prusse, arriva sous les murs de cette ville le 24 octobre, sans avoir, depuis l'Elbe, rencontré un seul ennemi, et le 25 il en prit possession. Le 27, Napoléon y fit son entrée à la tête de sa garde et de quelques régiments de cavalerie. Il alla descendre au palais : une foule immense était accourue sur son passage. Dès le lendemain, les ministres de Bavière, d'Espagne, de Portugal et de la Porte, qui se trouvaient à Berlin, furent admis à son audience. Le comte de Néale s'étant présenté dans ses salons : « Eh bien! monsieur, lui dit-il, vos femmes ont voulu la guerre, en voici le résultat; vous devriez mieux contenir votre famille. » Des lettres de sa fille avaient été interceptées. *Napoléon,* disaient ces lettres, *ne veut pas faire la guerre; il faut la lui faire.* « Non, ajouta Napoléon, je ne veux pas la guerre : non que je me méfie de ma puissance, comme vous le pensez, mais parce que le sang de mes peuples m'est précieux, et que mon premier devoir est de ne le répandre que pour sa sûreté et son honneur. Mais ce bon peuple de Berlin est victime de la guerre, tandis que ceux qui l'ont attirée se sont sauvés... Je rendrai cette noblesse de cour si petite, qu'elle sera obligée de mendier son pain. »

Cette menace ne l'empêcha pas de se montrer clément et généreux envers cette noblesse dont il avait tant à se plaindre. Une lettre du prince de Hatzfeld avait été interceptée ; elle prouvait la trahison dont ce personnage s'était rendu coupable; il allait être jugé par une commission militaire, et l'évidence du crime était telle que la peine de mort ne pouvait manquer d'être prononcée. La princesse de Hatzfeld vient se jeter aux genoux de Napoléon; il lui montre la lettre de son mari qui rend la condamnation inévitable. Le désespoir de la princesse est à son comble.

« Jetez cette lettre au feu, lui dit l'Empereur, et il n'existera plus de preuves du crime. » Madame de Hatzfeld éperdue n'ose obéir; mais, se remettant bientôt, elle obéit, et son mari est sauvé.

Cependant Murat, qui s'était mis à la poursuite du prince de Hohenlohe, l'atteignit au moment où il cherchait à gagner le Mecklembourg, culbuta son arrière-garde à Zedenik et à Wigneensdorff, tourna et attaqua à Prenzlow le corps qu'il commandait, et le força à mettre bas les armes. Ce combat, un des plus remarquables de cette campagne, nous valut 45 drapeaux et étendards, 60 canons attelés, et 20,000 prisonniers presque tous de la garde royale prussienne, parmi lesquels le général en chef et un des princes de Mecklembourg-Schwerin. Six mille hommes, qui s'étaient soustraits à cette capitulation, furent ramassés le lendemain par 2 régiments de cavalerie sous les ordres du général Michaud.

Le 29 octobre, la forte ville de Stettin, dont la garnison était de 5,000 hommes, capitula devant le général Lasalle, qui n'avait que 1,200 hommes de cavalerie. Le 1er novembre, Kustrin, défendue par 4,000 hommes et 90 pièces de canon, se rendit au maréchal Davoust. En même temps l'électorat de Hesse-Cassel et sa capitale sont envahis et pris par le maréchal Mortier. Murat, Soult et Bernadotte atteignent à Lubeck le fuyard Blucher et lui font expier le parjure militaire dont il s'est rendu coupable.

La prise de Lubeck est un des plus beaux faits qui aient illustré les armées françaises. Quoique cette ville fût défendue par la Tauwe, et entourée de marais profonds, les soldats de la division Drouet l'emportèrent d'assaut aux cris de : *En avant*. Les Prussiens s'y battirent en désespérés; il fallut les assiéger dans toutes les rues, et ils ne se rendirent qu'au moment où la division Legrand, accourue par le seul point de retraite qui leur était offert, les eut placés entre deux feux. Le 8e régiment de ligne, qui, électrisé par l'exemple de son colonel, l'intrépide Autier, avait, quelques heures auparavant, enlevé à l'abordage plusieurs chaloupes portant un bataillon de la garde suédoise, mérita de nouveaux éloges dans cette occasion.

Tandis que ces événements avaient lieu, le général Savary, avec sa cavalerie légère, battait les Suédois à Rostoc, les rejetait dans leur Poméranie et s'emparait de 50 de leurs bâtiments; le maréchal Davoust, après avoir passé l'Oder à Francfort, recevait les clefs de Custrin; le maréchal Ney faisait défiler devant lui les 22,000 hommes de garnison de l'importante forteresse de Magdebourg qu'il venait de réduire; enfin, le maréchal Mortier, à la tête de l'armée gallo-batave, soumettait la Hesse sans combat, faisait la conquête du Hanovre, se rendait maître des places de Hameln et de Niemburg, occupait Hambourg et Bremen, et plantant l'aigle française dans toute les villes anséatiques, fermait à l'Angleterre ces grands entrepôts de la Baltique et de la mer du Nord. Ainsi le gouvernement britannique était le premier à ressentir le contre-coup du choc qui avait ébranlé la monarchie prussienne.

Le monarque prussien se résigna à solliciter un armistice. Cet acte, auquel Napoléon consentit enfin, fut signé à Charlottenbourg, le 16 novembre, peu de jours après le fameux décret qui, en représailles du blocus maritime, posait les bases du système continental, système diversement jugé, mais qui, en frappant d'inertie les manufactures anglaises, a cependant concouru avec efficacité au développement de notre industrie.

Ces triomphes rapides remportés sur les Prussiens furent peut-être ceux qui flattèrent le plus notre amour-propre national, car, malgré leur expulsion honteuse de la France en 1792, il existait un préjugé en faveur de la supériorité de leur tactique et de leurs armées sur celles des autres nations de l'Allemagne.

Napoléon n'avait pas encore quitté Berlin, d'où il dirigeait toutes les opérations militaires et l'administration intérieure de son vaste empire, lorsqu'il apprit que le roi de Prusse, cédant aux insinuations de la Russie qui le berçait de l'espoir d'une vengeance prochaine, ne voulait plus ratifier l'armistice qu'il avait lui-même proposé. L'Empereur n'eut pas plus tôt reçu cette nouvelle, qu'il s'élança vers la Pologne avec une armée plus formidable qu'au moment où s'ouvrit la campagne. L'élan des braves Polonais, qui coururent aux armes pour ressaisir, à l'ombre de nos aigles, la liberté et l'indépendance de la patrie, ajouta encore à cette masse, dont toutes les parties déjà en mouvement s'étendaient depuis le Mecklembourg jusque au-delà de Posen. L'empereur Alexandre, qui paraissait résolu à venir au-devant de notre armée, ordonna tout à coup à la sienne de se replier sur la Pologne russe. Il voulait ainsi attirer sur ses pas l'armée française, afin de la combattre dans des contrées où elle aurait été assaillie par le climat et par des privations de tout genre. Napoléon ne donna point dans ce piége, et obligea Alexandre à se porter en avant. Nos soldats, enflammés par le souvenir récent de leurs triomphes et par l'éloquence toute guerrière de leur chef, brûlaient de reproduire les prodiges d'Iéna. A peine le signal est-il donné qu'ils fondent sur l'ennemi, sont vainqueurs sur tous les points à la fois, et, pendant plusieurs jours de suite, ils poursuivirent leurs adversaires sans aucune trève. Partout les Russes opposèrent la plus grande résistance à l'impétuosité française, mais partout ils furent culbutés. Un dégel, qui rendit les routes impraticables, put seul les sauver d'une entière destruction. Ces événements jetèrent la consternation dans Kœnisberg. Le roi et la reine de Prusse prirent alors le parti de quitter cette ville pour se rendre à Mémel, que son éloignement et l'état de ses fortifications mettaient plus à l'abri d'un coup de main.

Après l'expérience d'un premier revers, l'empereur Alexandre parut revenir à son projet d'attirer notre armée dans les glaces du nord; mais, cette fois encore, Napoléon ne se laissa point abuser par cette tactique. Ses troupes, fatiguées par trois mois de combats et de marches continuelles, avaient besoin de repos; il leur fit prendre des quartiers d'hiver, et entra lui-même dans Varsovie, où il établit sa résidence, en attendant le terme d'une suspension d'armes qui n'existait que par les obstacles de la saison et par le grand intervalle que les Russes avaient mis entre eux et lui.

L'élévation de l'électeur Frédéric-Auguste à la royauté, marqua le séjour de l'empereur dans la capitale de la Pologne.

Napoléon songeait à punir la Russie d'avoir oublié l'armistice d'Austerlitz, et le 19 décembre, au moment où il se disposait à porter dans la Prusse ducale et dans les provinces démembrées de l'ancienne Pologne tout l'effroi de ses armes, le divan déclarait, à son instigation, la guerre à la Russie. Cette puissante diversion est une des plus belles conceptions militaires de Napoléon, qui connaissait les immenses ressources que possède la Russie pour enfanter des armées. Mais pendant le repos momentané de Napoléon à Varsovie, et tandis que tout était tranquille sur les bords de la Vistule, les opérations militaires en arrière de la grande ligne de bataille n'avaient pas été interrompues. Jérôme Bonaparte s'emparait des places de la Silésie, tandis que le maréchal Mortier parcourait les rivages de la Baltique, entrait dans la Poméramie suédoise et y préludait par des avantages partiels à des succès plus étendus; dans le même temps, les troupes qui devaient être chargées du siége de Dantzig s'étaient réunies et elles furent dirigées promptement sur cette place.

La Russie n'avait pas attendu la déclaration de guerre pour envahir la Moldavie; elle se flattait de pousser les limites de son empire jusqu'au Danube. L'Angleterre avait trop besoin de son alliance pour ne pas la seconder dans ce projet. Il ne fallait pour cela, d'ailleurs, qu'un motif de faire la guerre aux Turcs. L'influence que l'ambassadeur français Sébastiani prit sur le divan, aussitôt son arrivée, fournit ce prétexte. Le premier soin de cet ambassadeur avait été, suivant les instructions de l'Empereur, de faire renvoyer les hospodars de Moldavie, Ypsilanti et Morusi, élus sous l'influence de la Russie, consacrée par le traité de Yassi. La Russie était en droit de réclamer, et le fit vivement : les menaces de son ambassadeur, appuyées par celles de l'ambassadeur anglais, qui ne parlait que de faire bombarder Constantinople par une puissante escadre, firent rétablir ces hospodars.

Mais l'empereur Alexandre n'attendit pas cette satisfaction ; il ordonna au général Michelson d'envahir sans délai, avec son armée, les principautés, et de s'emparer des places turques qui bordent le Danube. Ce général passa le Dniester, le 3 novembre, et se répandit, sans obstacle, jusqu'aux frontières de Servie. Cette invasion plut à la fois à l'empereur de Russie, parce qu'il croyait en profiter, et à l'empereur des Français, parce qu'elle devait amener une puissante diversion en sa faveur. Il lui importait de tirer parti de cette diversion importante, surtout par l'influence qu'elle devait avoir sur le cabinet de Vienne, en augmentant son irrésolution et l'empêchant de prendre le parti de la Russie. Il fit écrire en conséquence à Sébastiani d'user des moyens nécessaires pour entretenir la division entre la Turquie et la Russie.

On voit que l'Empereur, avec son regard d'aigle, embrassait toutes les affaires, et s'attachait à faire concourir à son but toutes les circonstances que la marche des événements et les jeux de la fortune pouvaient lui offrir.

L'année 1807 commence, et avec elle le terrible réveil de la grande armée, que les Russes ont provoquée dans ses cantonnements. Les hostilités recommencèrent par le combat de Morhingen, dans lequel le drapeau du 9e fut un moment enlevé par l'ennemi ; mais ce brave régiment, indigné de se voir ravir le talisman de son honneur, sans lequel il ne devait plus y avoir pour lui qu'humiliation et que honte, s'élança sur l'ennemi avec le courage du désespoir, l'écrasa, et, victorieux, ressaisit son étendard sacré.

Napoléon ayant fait ses dispositions, après quelques combats partiels, les deux armées furent en présence dans la nuit du 6 au 7, près d'Eylau. Un court engagement, dans lequel nous remportâmes l'avantage, porta notre armée dans cette ville, derrière laquelle l'ennemi était en position. Les Russes qui avaient placé plusieurs régiments dans une église et dans un cimetière, se défendirent avec courage ; le combat fut meurtrier ; mais, enfin, la victoire se décida en notre faveur, à dix heures du soir.

Le 8 février, à la pointe du jour, l'ennemi commença l'attaque par une très-vive canonnade ; le maréchal Augereau, de son côté, riposta par une canonnade non moins épouvantable. Tous les coups portaient, et la mort parcourait avec une effrayante rapidité les lignes des deux armées. Napoléon se porta vers l'église d'Eylau, dont l'ennemi voulait s'emparer, et les Russes, pour échapper aux ravages que nos batteries faisaient dans leurs rangs, tentèrent d'enlever la ville.

Au moment où s'effectuaient ces mouvements, une neige épaisse, et telle qu'on ne distinguait pas à deux pas devant soi, tomba par énormes flocons, couvrit les deux armées, et par une profonde obscurité, rendit la marche de nos colonnes incertaine; mais Bessières et Murat, à la tête de toute la cavalerie, débordèrent audacieusement le général Saint-Hilaire, et se précipitèrent comme la foudre sur l'armée russe. L'infanterie est culbutée, l'artillerie enlevée, le massacre est horrible. Cette manœuvre, admirablement exécutée, rendit à notre armée tout l'avantage qu'elle avait perdu. L'ennemi, chassé contre le bois, est obligé de se déployer et de s'étendre.

Trois fois les Russes voulurent reprendre le plateau occupé par Davoust, trois fois ils furent repoussés. Pendant ce temps, le maréchal Ney forçait le général prussien Lestocq à fuir jusqu'à la rivière de Frishing.

L'ennemi se retira en déroute sur Kœnisberg. La nuit mit seule un terme à la poursuite. Le champ de bataille était horrible à voir, l'ennemi, contraint de fuir, avait abandonné ses blessés qui reçurent des soins touchants de leurs ennemis.

Le lendemain de la bataille, Napoléon monta à cheval, accompagné de Murat, Berthier, Soult, Davoust, Bessières, de M. de Caulaincourt, et des aides-de-camp Mouton, Gardannes et Lebrun ; il passa en revue plusieurs divisions, et parcourut toutes les positions que les deux armées avaient occupées la veille. Une neige épaisse couvrait entièrement la plaine, sur laquelle des milliers de morts et de blessés étaient étendus ; les traces de sang formaient, avec la blancheur de la neige, un contraste effrayant. Des pelotons de Français et quelques prisonniers russes parcouraient en silence, mais avec des sentiments différents, ce champ de carnage, où la place de chaque bataillon était dessinée par des monceaux de cadavres russes, des débris de havresacs et d'armes. Les morts couvraient les mourants. Les cris des uns, le morne repos des autres, le bruit éloigné de quelques coups de canon répétés par les échos, les croassements funèbres de quelques oiseaux de proie, les bois dépouillés de leur feuillage et couverts de frimas, enfin l'église et le cimetière d'Eylau qui montraient dans le lointain leurs murs que la guerre n'avait point respectés : tout inspirait des idées sinistres, présentait des contrastes frappants, causait une horreur inexprimable.

Napoléon s'arrêtait devant les blessés, les faisait questionner dans leur langue, et ordonnait qu'on leur prodiguât des secours. Un jeune Lithuanien, auquel un boulet avait emporté le genou, avait conservé son courage au milieu de ses compagnons expirants. Il se soulève à la vue du chef de l'armée française : « César, lui dit-il, tu veux que je vive ? eh bien ! qu'on me guérisse ; je te servirai fidèlement comme j'ai servi Alexandre. »

Le capitaine des grenadiers à cheval de la garde, Auzouï, était couché sur le champ de bataille. Ses camarades vinrent pour l'enlever et le porter à l'ambulance. Revenu à lui, il refusa leur secours et leur dit : « Laissez-moi, mes amis, je meurs content, puisque nous avons la victoire, et que je puis mourir sur le lit d'honneur, environné de canons pris à l'ennemi et des débris de leur défaite. Je n'ai qu'un regret dans mes derniers moments, c'est que je ne pourrai plus rien pour la gloire de notre belle France. »

La bataille d'Eylau, dans laquelle une moitié de notre armée ne donna pas, et l'autre ne parvint à fixer la fortune un instant infidèle à ses aigles que par des efforts inouïs de courage et par les dispositions qu'improvisa l'Empereur, est l'une des plus sanglantes des temps modernes. Sept mille Russes y périrent; de notre côté nous eûmes plus de 2,000 morts, parmi lesquels le brave général Corbineau. Le nombre des blessés s'éleva à près de 6,000. Le lieutenant-général d'Hautpoul fut blessé à mort. Il avait exécuté à la tête de ses cuirassiers cette fameuse charge qui traversa toute l'armée russe. Napoléon courut les plus grands dangers ; en vain le prince Berthier voulut l'empêcher de rester constamment sous le feu le plus violent des batteries ennemies, il persista à s'exposer, sans donner le plus léger signe d'émotion, au milieu des alarmes que sa position inspirait à ses généraux.

Napoléon adressa cette proclamation à son armée :

« Soldats !

« Nous commencions à prendre un peu de repos dans nos quartiers d'hiver quand l'ennemi a attaqué le premier corps et s'est présenté sur la Basse-Vistule; nous avons marché à lui et nous l'avons poursuivi pendant l'espace de quatre-vingts lieues. Il s'est réfugié sous les remparts de ses places et a repassé la Prégel. Nous lui avons enlevé, aux combats de Bergfrid, de Deppen, de Hoff, à la bataille d'Eyleau, 65 pièces de canon, 16 drapeaux, et tué, blessé ou pris plus de 40,000 hommes. Les braves qui, de notre côté, sont restés sur le champ d'honneur, sont morts d'une mort glorieuse ; c'est la mort des vrais soldats ! Leurs familles auront des droits constants à notre sollicitude et à nos bienfaits.

« Ayant ainsi déjoué tous les projets de l'ennemi, nous allons nous rapprocher de la Vistule et rentrer dans nos cantonnements. Qui osera en troubler le repos s'en repentira, car, au-delà du Danube, au milieu des frimas, comme au commencement de l'automne, nous serons toujours les soldats français de la grande armée. »

La prédiction de Napoléon ne tarda pas à se réaliser. Les Russes essayèrent par deux fois d'attaquer l'armée française ; mais le général Savary, ayant rassemblé les divisions Suchet et Oudinot, se précipita sur eux, les culbuta dans une action des plus vives, dans la ville d'Ostralenka, les chassa à une distance de plus de trois lieues, et ne s'arrêta qu'au moment où l'obscurité vint protéger les fuyards. Cette affaire, dans laquelle périt le général Souvarof, fils du célèbre maréchal de ce nom, coûta à l'ennemi plus de 4,000 des siens, morts, blessés ou prisonniers.

Ce dernier succès fut pour l'armée française le signal de prendre à son tour l'offensive, et de balayer la rive droite de la Passarge. Partout l'ennemi fut forcé à la retraite.

D'un autre côté, tous les corps suédois avaient été successivement mis en déroute, et ils ne possédaient plus ni magasin, ni artillerie, lorsque le général Essen, récemment investi du commandement en chef des forces suédoises, fit proposer au maréchal Mortier une suspension d'armes, qui fut acceptée et signée à Schltakow le 18 avril, c'est-à-dire le jour même où elle avait été demandée. Gustave IV s'empressa de donner son approbation à cet armistice; il alla même jusqu'à témoigner ouvertement le désir de voir le plus tôt possible resserrer les liens qui avaient autrefois uni la Suède à la France.

Ce changement subit de la part d'un roi, jusqu'alors dévoué à toutes les coalitions, contraria d'autant plus les Russes, qu'il laissait le corps du maréchal Mortier libre de se joindre aux troupes, qui, sous le commandement du maréchal Lefebvre, assiégeaient Dantzig, et qui chaque jour faisaient de nouveaux progrès; aucun obstacle, aucun péril ne lassaient leur persévérance ni leur courage. Cent combats qu'il leur avait fallu soutenir contre des forces doubles des leurs n'avaient pas suspendu un instant les travaux. On les avait vus tout affronter : l'inondation qui protégeait les remparts, les glaces que roulait un fleuve furieux, les maladies inséparables de l'intempérie du climat, le feu continuel des batteries et les sorties meurtrières d'une garnison dont rien ne pouvait égaler l'acharnement; partout l'intrépidité de l'attaque avait surpassé l'opiniâtreté de la défense. Français, Saxons, Italiens, Polonais, tous, dans l'accomplissement d'un même devoir, n'avaient aspiré qu'à se montrer dignes les uns des autres; tous s'étaient illustrés par les mêmes exploits, la même vaillance, la même résolution. Ce mélange de guerriers de diverses nations, loin de nuire à l'accord et à l'ensemble nécessaire dans les grandes entreprises, entretenait au contraire cette émulation qui se signale par des prodiges. Le maréchal Lefebvre, chez qui l'audace était toujours compagne du sang-froid, électrisait par son exemple le cœur de tous ces braves. Aussi les soldats mettaient-ils en ses ordres une confiance sans bornes : un mot de lui suffisait pour les précipiter au milieu du danger; ils étaient sûrs qu'ils l'y rencontreraient.

Au milieu de ce concours unanime des corps composant l'armée de siége, le feld-maréchal Kalkreuth, craignant que d'un instant à l'autre une surprise nouvelle ou quelques coups hardis ne vinssent déconcerter sa vieille expérience, et mettre en défaut ses plus sages dispositions pour la défense de la place, s'empressa de demander des secours; le général Kaminski se dirigea, à la tête de 20,000 hommes, vers le port de Pillau, où des embarcations les attendaient. Napoléon, averti de leurs préparatifs pour secourir Dantzig, avait déjà pris toutes les mesures propres à paralyser les efforts qui allaient être tentés en faveur de cette place; et dans le même temps que le général Kaminski, sous la protection du canon de Weichselmundeg, débarquait ses troupes, le maréchal Lannes, à la tête de la réserve composée des grenadiers d'Oudinot, se joignit au corps du maréchal Lefebvre. Cette réunion, qui eut lieu le 12 mai, jeta de l'irrésolution dans les plans de l'ennemi. Le 15 mai, après trois jours d'hésitation, Kaminski se décida à attaquer. Les Russes essayèrent vainement d'enfoncer la ligne française, ils furent repoussés avec perte. Ils revenaient à la charge avec de nouvelles forces et se disposaient à accabler de leur choc le général Schramm, dont la résistance excitait leur fureur, lorsque le maréchal Lannes parut sur le champ de bataille guidant une colonne de grenadiers. La présence de cette élite redouble à la fois l'énergie des troupes de Schramm et l'acharnement de leurs adversaires. La lutte devient des plus sanglantes; enfin, après une vigoureuse résistance, les Russes sont dispersés et la victoire est décisive.

Ainsi battu presque en arrivant, Kaminski n'eut pas même la gloire d'avoir interrompu les travaux du siége; et le feld-maréchal Kalkreuth, qui avait compté sur le secours de ses valeureux auxiliaires, se trouva, comme auparavant, réduit aux seules forces de la garnison. La détresse de Dantzig était parvenue à son comble. Enfin une corvette anglaise, armée de 24 canons, et défendue par 160 marins ou soldats, *la Sans-Peur*, qui cherchait à introduire des munitions dans la place, fut assaillie et prise à l'abordage par les grenadiers de la garde de Paris. Le succès de ce coup audacieux enlevait au gouverneur Kalkreuth sa dernière ressource. Sur ces entrefaites, le maréchal Mortier arriva devant Dantzig avec une portion de son corps d'armée. Ce renfort décida le maréchal Lefebvre à ne plus différer l'assaut; mais, avant d'en venir à cette extrémité, il adressa une sommation au gouverneur, qui se soumit à capituler. Napoléon était à Finckinstin quand, le 25 mai, on lui présenta l'acte d'après lequel devait s'effectuer la remise de la place; il le ratifia sur-le-champ, et deux jours après, le maréchal Lefebvre, qui avait dirigé ce siége, l'un des plus fameux des temps modernes, fit, à la tête du dixième corps d'armée, son entrée triomphale dans la ville que son habileté et sa valeur venaient de conquérir. Il avait témoigné au maréchal Lannes et au général Oudinot le désir de leur faire partager les honneurs de cette journée; mais ces deux guerriers s'y refusèrent avec une noble modestie.

En nous rendant maîtres de l'embouchure de la Vistule, la chute de Dantzig privait les alliés d'un appui des plus importants, et délivrait la gauche de notre armée des inquiétudes qu'elle aurait pu concevoir si cette place, la reine de la Baltique, eût fait une plus longue résistance. Cependant, loin d'épouvanter les souverains de la coalition, cet événement ralluma dans leurs cœurs l'espoir de vaincre et la soif de la vengeance. Des négociations de paix, entamées depuis quelques mois, furent brusquement rompues au moment même où la modération de Napoléon et l'avantage de sa position ôtaient tout prétexte à la guerre. L'empereur Alexandre, comptant sur l'assistance de la Grande-Bretagne, se flattait de pouvoir bientôt placer les Français entre deux feux, et de reconquérir la Prusse, tandis que leur chef serait occupé dans la Pologne. Une faible démonstration de la part des Anglais, qui débarquèrent devant Stralsund l'avant-garde d'une légion allemande à leur solde, fut pour Alexandre le signal de reprendre la plus vigoureuse offensive. Les Russes quittèrent aussitôt leurs quartiers-d'hiver, et l'on courut aux armes.

Les premiers engagements eurent lieu sur la Passarge le 4 juin. L'action s'engagea sur plusieurs points à la fois. La lutte fut terrible, mais elle ne demeura pas longtemps indécise : les Russes, dispersés et mis en fuite, laissèrent sur le champ de bataille plus de 2,000 morts et un grand nombre de blessés.

Cependant Napoléon désirait terminer la guerre par un coup de foudre. Le 7, il coucha au bivouac de Deppen, et le 9 il se porta sur Guttstadt, qui fut emportée de vive force à huit heures du soir, et reçut aussitôt l'Empereur dans ses murs. Mille prisonniers russes et la déroute de leurs différents corps, parmi lesquels se trouvait celui de Kaminski, qui, déjà la veille, à Molfesdorf, avait éprouvé un échec, attestèrent la valeur de nos troupes.

Le lendemain, l'armée française, continuant son mouvement en avant, se dirigea vers Heilsberg, qui, après quelques combats, tomba au pouvoir des Français et fut immédiatement occupé. Cette ville, dans laquelle les Russes avaient abandonné plus de 4,000 de leurs blessés, renfermait des approvisionnements immenses en vivres et en munitions. A l'extrême droite de notre armée, Masséna battait et repoussait les ennemis jusqu'à Ostrolenka.

L'Empereur ne s'arrêta pas à Heilsberg ; il porta le soir même son quartier-général à Eylau, et le 14, à trois heures du matin, il parut devant Friedland au moment où l'armée russe, débouchant par le pont de cette ville, était déjà aux prises avec les corps des maréchaux Lannes et Mortier. Aux premiers coups de canon qui se firent entendre, Napoléon s'écria : « C'est un heureux jour, c'est l'anniversaire de Marengo ! »

Et il se dirigea sur le canon à marche forcée, avec la garde à pied, la garde à cheval, le corps d'armée du maréchal Ney et celui de Bernadotte, qu'en l'absence de ce dernier commandait le général Victor. Arrivé à cinq heures sur le champ de bataille, Napoléon prend son ordre de combat ; il place le maréchal Ney à la droite, le maréchal Lannes au centre, le maréchal Mortier à la gauche, et le général Victor, avec le corps de Bernadotte et la garde impériale, à la réserve. Les dragons de Grouchy soutenaient la gauche ; ceux de Latour-Maubourg la droite ; les cuirassiers saxons et la division du général La Houssaye étaient en réserve derrière le centre.

Napoléon, dont les forces dépassaient alors en nombre celles que les Russes avaient portées en deçà de la rivière, craignait qu'ils ne la repassassent ; mais, voyant qu'au contraire Benigsen appelait de la rive droite le reste de ses troupes de la rive gauche, il se détermina à l'attaquer.

Les Russes se déployèrent entre l'armée française et l'Alle, sur une ligne de près de deux lieues ; leur gauche, qui s'appuyait à la rivière, couvrait la ville de Friedland, qu'elle dépassait, et leur droite, qui s'y appuyait aussi, s'étendait jusque par delà Gourischdorff ; en cas de revers, ils n'avaient de retraite que par Friedland. Résolu de la leur couper, c'est sur Friedland que Napoléon dirigea sa première attaque. A cinq heures et demie, 20 pièces de canon donnent le signal du combat. Aussitôt le corps du maréchal Ney se met en mouvement. La division Marchand s'avance l'arme au bras, prenant le clocher de la ville pour point de direction ; elle était soutenue à gauche par la division du général Bisson.

L'ennemi s'apercevant alors que la droite du maréchal Ney ne s'appuyait plus aux bois près desquels elle avait d'abord pris position, la fait déborder par une cavalerie nombreuse que précédait une nuée de Cosaques. Le maréchal n'eût pas résisté sans peine à leur choc ; mais les dragons de Latour-Maubourg, chargeant au galop la cavalerie ennemie, la forcent à reculer. Ney poursuivant sa marche, et renversant tout ce qui se présentait devant lui, arrive au ravin qui entoure la ville de Friedland. La garde impériale russe y était embusquée : elle en sort, se précipite sur la gauche du maréchal, qui en est ébranlée ; peut-être allait-elle reculer, quand le général Dupont, qui faisait partie du corps de Bernadotte, prenant ordre, non de ses chefs, mais du danger de l'armée, change de son propre mouvement sa ligne de direction, marche à la garde impériale russe, la culbute, et, de concert avec Ney qu'il a dégagé, en fait un horrible carnage. Une batterie de 30 pièces de canon, établie par le général Sénarmond à quatre cents pas de la réserve, écrasait en même temps l'ennemi. C'est en vain que Benigsen essaie de détourner le maréchal Ney de sa direction ; c'est en vain qu'il tire de ses réserves et de son centre de nouvelles troupes pour couvrir Friedland, Ney y pénètre sur des monceaux de morts. Dès ce moment le gain de la bataille est décidé. Les Russes, malgré leur bravoure, sont repoussés partout. Au centre, leurs effors se brisent contre les divisions du maréchal Lannes ; à gauche, ils se brisent contre les divisions du maréchal Mortier et contre les fusiliers du général Savary.

L'artillerie française fit surtout un affreux carnage dans les rangs des Russes. Agglomérés en avant de Friedland, ils y avaient formé pendant quelques moments une espèce de redoute vivante : cette masse fut démolie à coups de canon. Alors la déroute devint générale ; c'est à qui mettra le plus tôt l'Alle entre les vainqueurs et soi. A défaut de pont, les uns essayaient de le passer à gué, les autres le passaient à la nage sous le feu même des Français : presque tous trouvèrent la mort dans cette rivière à travers laquelle ils allaient chercher leur salut. La majeure partie de l'aile droite des Russes, commandée par le général Korsakoff, y fut engloutie avec ses bagages et son artillerie.

A onze heures du soir, les Français seuls occupaient le champ de bataille. Les Russes y laissèrent plus de 15,000 morts, 80 pièces de canon, quantité de drapeaux, un grand nombre de blessés et plusieurs milliers de prisonniers. Vingt-deux de leurs généraux furent pris ou tués. La perte des Français s'élevait à peine à 5,000 hommes, qui, pour la plupart, n'étaient que blessés.

Cette victoire, non moins importante par ses conséquences que celle de Marengo, d'Austerlitz et d'Iéna, fut, comme elles, le résultat des combinaisons les plus puissantes, et de l'exécution la plus hardie. Napoléon avait pris des dispositions si heureuses, qu'il vainquit sans presque recourir à sa réserve. Tant que dura le combat, on le vit se transporter, au milieu du feu, d'une extrémité à l'autre de la ligne, et souvent les soldats remarquèrent avec effroi les boulets qui passaient près de lui, ou qui venaient mourir à ses pieds. L'Empereur coucha à Friedland; le lendemain, il marcha sur Wehlau, où les têtes de colonnes des deux armées arrivèrent presque en même temps, et le 16 il passa la Prégel.

La rapidité de cette course triomphale accéléra la chute de Kœnisberg. Cette ville, ancienne capitale du duché de Prusse, était un des plus vastes entrepôts de guerre des coalisés. Le général prussien Lestocq, qui s'y était enfermé, essaya en vain de la défendre. Kœnisberg, évacué le 16, fut immédiatement occupé par les Français, qui y trouvèrent des richesses immenses : 300 gros navires chargés de toute espèce de munitions, 160,000 fusils que l'Angleterre envoyait au czar, toutes les ambulances de la coalition, ses hôpitaux et plus de 20,000 de ses blessés.

Enfin, le roi de Prusse ne possédait plus réellement en Silésie que le fort de Silberbeg, qui ne pouvait pas tenir longtemps, et sur la Baltique que Colberg, qui touchait à l'époque de sa reddition.

Le 19, à deux heures de l'après-midi, Napoléon entra dans Tilsit, que l'empereur de Russie et le roi de Prusse avaient quitté depuis peu de jours. Ce fut aux approches de cette ville que les Français aperçurent pour la première fois des Kalmouks, espèce de sauvages, armés seulement de flèches, qu'ils décochent en fuyant à la manière des Parthes. L'aspect de ces Tartares et leur bizarre accoutrement excitèrent la risée de nos soldats, pour qui de tels adversaires n'étaient guère redoutables.

La ville de Tilsit est située sur le Niémen ; ce fleuve, dont les Russes, qui paraissaient vouloir se retirer vers la Samogitie, avaient incendié le pont, était alors la seule barrière à franchir pour que Napoléon portât la guerre sur leur territoire. La saison était favorable; nos troupes étaient remplies de confiance et d'ardeur; celles de la Russie, au contraire, entièrement démoralisées, alliaient, au sentiment de leur faiblesse et de leur impuissance, la persuasion que leurs défaites étaient un châtiment du ciel courroucé par une injuste agression. Le czar trembla de voir nos aigles prendre un nouvel essor. Il se résigna, pour sauver ses Etats, à s'humilier une seconde fois, et retrouva à Tilsit le héros magnanime d'Austerlitz.

Napoléon écouta les premières propositions qui lui furent faites pour le rétablissement de la paix. Un armistice fut conclu le 21 juin. Le lendemain, Napoléon, suivant son habitude, récapitula dans une proclamation les travaux de cette guerre : « Soldats, y disait-il le 4 juin, nous avons été attaqués dans nos retranchements par l'armée russe. L'ennemi s'est mépris sur notre inaction; il s'est aperçu trop tard que notre repos était celui du lion; il se repent de l'avoir troublé.

« Dans les journées de Gielstadt, de Heislberg, dans celle à jamais mémorable de Friedland, dans dix jours de campagne enfin, nous avons pris 120 pièces de canon, 7 drapeaux, tué, blessé ou fait prisonniers 60,000 Russes, enlevé à l'armée ennemie tous ses magasins, ses hôpitaux, ses ambulances, la place de Kœnigsberg, les 300 bâtiments qui étaient dans ce port, chargés de toute espèce de munitions, 160,000 fusils que l'Angleterre envoyait pour armer nos ennemis.

« Des bords de la Vistule, nous sommes arrivés sur ceux du Niémen avec la rapidité de l'aigle. Vous célébrâtes à Austerlitz l'anniversaire du couronnement; vous avez, cette année, dignement célébré celui de Marengo, qui mit fin à la guerre de la seconde coalition.

« Français, vous avez été dignes de vous et de moi. Vous rentrerez en France couverts de tous vos lauriers, et après avoir obtenu une paix glorieuse, qui porte avec elle la garantie de sa durée.

« Il est temps que la patrie vive en repos à l'abri de la maligne influence de l'Angleterre; mes bienfaits vous prouveront ma reconnaissance et toute l'étendue de l'amour que je vous porte. »

Le 25, un pavillon, élevé à la hâte au milieu du Niémen, reçut les deux empereurs, qui, dans l'effusion de leur joie, s'embrassèrent à la vue des deux armées que séparait le fleuve. Ce fut là que s'établirent les conférences d'où semblaient dépendre les destinées du monde. Jamais entrevue n'offrit un spectacle plus imposant. Alexandre, fidèle à l'alliance dont le malheur avait fait une courageuse amitié, parvint à faire admettre devant l'Empereur le roi de Prusse, et cette réunion fut embellie par la présence de la reine. Cette princesse, qui joignait aux grâces de son sexe toutes les vertus d'une héroïne, fut l'objet des prévenances de Napoléon. On eût dit que, par une cour assidue, ce monarque cherchait à lui faire oublier les sarcasmes lancés contre elle dans ses bulletins.

Doté de la moitié de ses Etats, le roi de Prusse reprit une place parmi les rois. Six ans après, la trahison d'un général prussien vint punir Napoléon de sa générosité.

La paix, si ardemment désirée, fut enfin signée le 9 juillet. Il y eut deux traités, l'un entre la France et la Russie, l'autre avec la Prusse. Le roi Frédéric-Guillaume paya tous les frais de la guerre. Les provinces entre le Rhin et l'Elbe servirent à doter le royaume de Westphalie, fondé par Napoléon en faveur du prince Jérôme, son frère. La partie de la Pologne, échue à la maison de Brandebourg par le partage de 1772, fut érigée en duché et donnée au roi de Saxe, ainsi que le cercle de Colbus dans la Basse-Lusace. Les possessions des princes d'Anhalt, sur la droite de l'Elbe, la ville de Dantzig et son territoire furent également distraits de la monarchie prussienne. La Russie céda au roi de Hollande la seigneurie de Sever, dans l'Ost-Frise, et obtint en échange d'étendre ses frontières aux bords du Bug et de la Marew. La confédération du Rhin et les nouveaux souverains créés par Napoléon furent solennellement reconnus.

Cette même année, Jérôme, le nouveau roi de Westphalie, épousa la princesse Catherine, fille du roi de Wurtemberg. Nulle couronne n'eût été déplacée sur la tête de cette jeune reine, en qui la beauté ajoutait encore à l'éclat de l'esprit et à l'élévation du caractère. Deux ans auparavant, Napoléon avait uni son fils adoptif, Eugène de Beauharnais, à une princesse de Bavière.

La condition du blocus continental fut le plus important article du traité de Tilsit. C'est à cette haine légitime contre l'Angleterre que Napoléon sacrifia les grands intérêts de la société européenne, dont cette seule fois il a pu être l'arbitre. La Pologne renaît morcelée et vassale de trois couronnes; la porte du Nord n'est point fermée. La Prusse reste la prisonnière du traité; au sein de la paix, elle pourra regretter la guerre.

Après des prostestations mutuelles d'estime et d'amitié, les souverains se séparèrent. Le roi de Prusse se rendit à Mémel, l'empereur de Russie dans ses États, et Napoléon, après avoir visité Kœnigsberg, revint par Dresde à Paris, où il arriva le 27 juillet 1807.

Aux yeux de l'impartiale postérité, les deux traités de Tilsit seront des témoignages irrécusables de la modération d'un homme que l'on a voulu assimiler à un conquérant insatiable. L'histoire dira que, lorsque la conquête lui donnait le droit de dépouiller un prince qui avait faussé ses promesses, et manqué à la foi jurée, il lui restitua sa couronne, et que, vainqueur du premier potentat de l'Europe, il lui accorda des conditions si avantageuses qu'elles semblaient moins stipulées entre le vainqueur et le vaincu qu'entre deux alliés qui se partageaient le prix de leurs communes victoires. Oubliant, dans une saison plus douce, les fatigues et la misère qui l'avaient assaillie pendant l'hiver précédent, et, enivrée de ses derniers succès, l'armée n'avait demandé qu'à porter la guerre dans les Etats de l'agresseur; un équipage de pont, pris à Kœnigsberg, était prêt à la transporter au-delà du Niémen. On n'attendait que la permission de vaincre : Napoléon ne la donna pas.

Si, comme il est vraisemblable, il avait concerté avec l'empereur Alexandre le projet d'établir en Europe deux grandes divisions, celle du midi, dont la France eût été le centre, et celle du nord, sous la domination du czar, la possibilité de l'adoption d'un pareil plan devait d'autant plus inquiéter le cabinet de Saint-James, que, depuis longtemps, ce cabinet semblait avoir pris à tâche de mécontenter tous les peuples. Les Anglais craignirent de voir se renouer, à l'ombre des deux premières puissances continentales, la confédération maritime, dissoute par l'assassinat de Paul Ier; et, pour conserver l'empire de la Baltique, ils formèrent le dessein de forcer le roi de Danemark à se déclarer en leur faveur, ou d'enlever sa flotte afin de s'emparer du *Sund* pour en faire un nouveau Gibraltar. Deux fois, en 1800 et 1801, ils avaient tenté inutilement cette entreprise; mais ils espéraient qu'au moyen d'une diversion opérée par les forces de la Suède, ils seraient plus heureux à la troisième. Gustave IV, vivement sollicité d'attirer sur lui le corps d'observation français qui couvrait le littoral, céda de nouveau au prestige des séductions britanniques. Ce roi n'attendit pas même que le terme de rigueur après la dénonciation de la rupture de l'armistice fût expiré. Le 13 juillet, il faisait reprendre à son armée une attitude offensive, et quoique, depuis trois jours, la Prusse et la Russie eussent déposé les armes, il se flattait, avec l'aide de Dieu et le secours de quelques bataillons russes, de rétablir bientôt toutes les chimères des coalitions. Les Français dissipèrent promptement cet espoir. La prise de Straslund par le maréchal Brune, la reddition de l'île de Rugen et enfin l'occupation de la Poméranie suédoise, couronnèrent les travaux de la grande armée pendant cette longue et glorieuse campagne. Ainsi s'éteignit, dans le Nord, le dernier foyer d'une guerre à laquelle les Anglais ne prirent de part active qu'en tournant leurs armes contre le Danemark, et dont le souverain, notre plus fidèle allié, se renfermait, pour le bonheur de ses sujets, dans une neutralité paisible. Les insulaires vengèrent par le bombardement de Copenhague et la spoliation de la flotte danoise la ruine des espérances qu'ils avaient conçues d'une quatrième coalition, et menacèrent du même sort toutes les nations maritimes en Europe et en Amérique. Telle fut pendant longtemps la tyrannie que l'Angleterre prétendit exercer sur tout le genre humain.

A cette époque la tranquillité devint générale. Naples même touchait au terme d'une guerre, qui, allumée avec la troisième coalition, s'était prolongée au-delà de la quatrième. L'insurrection de la Calabre était sur le point d'être apaisée, et il ne restait plus que de faibles étincelles d'un embrasement qui s'était manifesté avec tant de violence. Nos troupes, commandées par le général Reynier, avaient lutté contre toutes les privations, bravé tous les périls, surmonté toutes les difficultés; enfin, pour achever de soumettre le pays, il ne s'agissait plus que de s'emparer des postes fortifiés de Reggio et de Scylla, seuls points en terre ferme où flottait encore le drapeau du roi Ferdinand. Déjà l'attaque se préparait et il était aisé d'en prévoir l'issue. La prise des deux forts, investis en décembre 1807, devait un mois plus tard mettre fin à une campagne dont le succès assurait à Joseph Bonaparte la paisible possession de ses Etats.

Des fêtes magnifiques accueillirent dans la capitale le retour des soldats de la garde impériale, ces dignes représentants de la grande armée. Ce fut une véritable fête nationale : joie du peuple, satisfaction du citoyen, enthousiasme du soldat, rien n'y manquait.

Le corps municipal s'avança au-devant des légions, en tête desquelles se trouvait le maréchal Bessières, et le préfet de la Seine prononça un discours dont voici les principaux passages :

« Héros d'Iéna, d'Eylau, de Friedland, conquérants de la paix, grâces immortelles vous soient rendues!

« C'est pour la patrie que vous avez vaincu, la patrie éternisera le souvenir de vos triomphes; vos noms seront légués par elle, sur le bronze et sur le marbre, à la postérité la plus reculée, et le récit de vos exploits, enflammant le courage de nos derniers descendants, longtemps encore après vous-mêmes, vous protégerez, par vos exemples, ce vaste empire si glorieusement défendu par votre valeur.

« . . . . . Venez, et que ces lauriers, tressés en couronnes par la reconnaissance publique, demeurent appendus désormais aux aigles impériales qui planent sur vos têtes victorieuses... »

Bessières répondit dignement et en peu de mots :

« Les aînés de cette grande famille militaire vont se retrouver avec plaisir dans le sein d'une ville dont les habitants ont constamment rivalisé avec eux d'amour, de dévouement et de fidélité pour notre illustre monarque. Animés des mêmes sentiments, la plus parfaite harmonie existera toujours entre les habitants de la grande ville et les soldats de la garde impériale. Si nos aigles marchaient encore, en nous rappelant le serment que nous avons fait de les défendre jusqu'à la mort, nous nous rappellerons aussi que les couronnes qui les décorent nous en imposent doublement l'obligation. »

Après ces deux discours, les couronnes d'or, votées par la ville de Paris, furent appendues aux aigles de la garde. Le lendemain, une fête lui fut donnée dans le jardin du Luxembourg, et le président du sénat adressa, à cette occasion, au maréchal Bessières un discours qui se terminait ainsi :

« Représentants de la première armée du monde, recevez, par notre organe, pour vous et pour tous vos frères d'armes, les vœux du grand et bon peuple, dont l'amour et l'admiration vous présagent ceux de la postérité. »

L'Empereur écoutait tous ces discours avec patience; mais il n'en était point ébloui. Il vint lui-même quelque temps après, sans emphase, sans morgue, sans orgueil, dérouler au Corps législatif, avec netteté et brièveté, le tableau des grands événements qui venaient de s'accomplir et de la prospérité de la France.

« Messieurs les députés et messieurs les tribuns, dit-il,

« Depuis votre dernière session, de nouvelles guerres, de nouveaux triomphes, de nouveaux traités de paix ont changé la face de l'Europe politique.

. . . .

« Dans tout ce que j'ai fait, j'ai eu uniquement en but le bonheur de mes peuples, plus cher à mes yeux que ma propre gloire. — Je désire la paix maritime. Aucun ressentiment n'influera jamais sur mes déterminations : je ne saurai jamais en avoir contre une nation, jouet et victime des partis qui la déchirent, et trompée sur la situation de ses affaires comme sur celle de ses voisins. — Mais quelle que soit l'issue que les décrets de la Providence aient assignée à la guerre maritime, mes peuples me trouveront toujours le même, et je trouverai mes peuples dignes de moi. — Français! votre conduite dans les derniers temps, où votre Empereur était éloigné de cinq cents lieues, a augmenté mon estime et l'opinion que j'avais conçue de votre caractère; je me suis senti fier d'être le premier parmi vous.

« Si, pendant ces dix mois d'absence et de périls, j'ai été présent à votre pensée, les marques d'amour que vous m'avez données ont excité constamment mes plus vives émotions, toutes mes sollicitudes; tout ce qui pouvait avoir rapport même à la conservation de ma personne ne me touchait que par l'intérêt que vous y portiez, et par l'importance dont elle pouvait être pour vos futures destinées. *Vous êtes un bon et grand peuple.* »

CHAPITRE VII.

Opérations en Portugal. — Entrée du corps d'observation en Espagne; il s'empare d'Abrantès; il occupe Lisbonne. — Entrée des deuxième et troisième corps d'observation en Espagne. — Insurrection générale. — Entrée de Joseph à Madrid. — La grande armée en Espagne. — Suite des opérations en Espagne et en Portugal jusqu'à la reprise de Lugo le 23 mai 1809.

Napoléon pouvait maintenant appliquer son régime prohibitif depuis les côtes du Holstein jusqu'au détroit de Messine ; mais, sur d'autres rivages, dont il n'avait pas la surveillance immédiate, cette interdiction était fréquemment éludée. Le Portugal surtout, malgré l'apparente soumission de la maison de Bragance, n'était plus qu'une colonie de l'Angleterre, dont les marchandises se répandaient de Lisbonne dans toute la Péninsule. Lors du début de la campagne de 1806, comme nous l'avons dit, le faible cabinet de Madrid avait hasardé une démonstration hostile à la France ; mais, à la rapidité des coups qui renversèrent la monarchie militaire de Frédéric, Charles IV s'était empressé de se jeter aux pieds du conquérant, et lui avait accordé, outre un corps auxiliaire de 20,000 hommes qui se rendit sur les côtes de la Baltique, le passage d'une armée française destinée à détruire les comptoirs anglais de Lisbonne et d'Opporto; et enfin le droit de réunir au pied des Pyrénées 80,000 soldats, prêts à franchir la frontière.

Dans les premiers jours d'août 1807, un premier corps de 25,000 hommes fut rassemblé à bas bruit, sous le nom de *corps d'observation de la Gironde*. A quoi était-il destiné? Nul ne le savait; mais on commença à le soupçonner lorsqu'on apprit que le général Junot était nommé commandant en chef de ce corps d'observation. Junot, en effet, avait été envoyé, au commencement de 1805, en ambassade en Portugal : peu de mois s'étaient écoulés depuis son arrivée à Lisbonne, lorsque survint une rupture entre l'Autriche et la France. Junot demanda alors et obtint la permission d'abandonner momentanément sa mission de paix pour voler à son poste de guerre. Il fit 700 lieues en moins de 20 jours, et fut assez heureux pour arriver au bivouac d'Austerlitz la veille de la bataille. Après la paix de Presbourg, il n'était pas retourné en Portugal, bien qu'il continuât d'être ambassadeur près de la cour de Lisbonne. Il n'en fallait pas davantage pour faire croire que l'armée d'observation était destinée à une expédition en Portugal : bientôt il ne restera plus de doute à cet égard.

Junot alla prendre le commandement de cette armée dans les premiers jours de septembre; en même temps son premier secrétaire d'ambassade à Lisbonne remettait au gouvernement portugais l'injonction de déclarer à l'instant même la guerre à l'Angleterre, de confisquer les marchandises anglaises, et d'arrêter, comme otages, les sujets de la Grande-Bretagne établis en Portugal.

De son côté, le comte del Campo-de-Alange, ambassadeur du roi d'Espagne, présentait une note rédigée dans le même sens; et ces deux ambassadeurs annonçaient que, dans le cas où la cour de Lisbonne n'entrerait pas franchement et complétement dans la ligue des Etats du continent contre les oppresseurs des mers, ils avaient l'ordre de demander leurs passeports, et de se retirer en déclarant la guerre.

En réponse à ces notes, le prince régent déclara que, pour complaire à ses puissants alliés, l'empereur des Français et le roi d'Espagne, il était prêt à fermer ses ports aux vaisseaux de la Grande-Bretagne; mais que la modération de son gouvernement et ses principes de religion ne lui permettaient pas d'adopter une mesure aussi rigoureuse et aussi injuste que la confiscation en pleine paix des marchandises anglaises, et la mise en prison de négociants étrangers aux affaires politiques, demeurant dans le pays sous la garantie de la parole royale.

Cette réponse, qui avait été convenue avec l'Angleterre, ne pouvait satisfaire Napoléon. Le 30 septembre, le chargé d'affaires de France et l'ambassadeur d'Espagne quittèrent Lisbonne. Dans le même temps, des négociations très-actives se suivirent entre la France et l'Espagne; elles aboutirent au traité de Fontainebleau du 27 octobre 1807, qui effaçait le Portugal de la liste des puissances. Des six provinces dont ce royaume était composé, la plus septentrionale, dite d'Entre-Minho-e-Duero, était donnée en propriété et souveraineté, y compris la ville d'Oporto, au roi d'Etrurie, et érigée en royaume sous le nom de Lusitanie septentrionale. Le prince de la Paix, Godoï, ministre et favori du roi d'Espagne, acquérait la propriété et la souveraineté des Algarves et de l'Alemtejo, avec le titre de prince des Algarves. On devait tenir sous le séquestre le reste du Portugal, c'est-à-dire les provinces de Tras-os-Montes, de Beira et d'Estramadure, pour les restituer, lors de la paix générale, à la maison de Bragance, en échange de Gibraltar, de l'île de la Trinité et des autres possessions maritimes conquises par les Anglais sur les Espagnols. Les détails de l'occupation du Portugal furent aussi réglés par le même traité, ainsi que le mode d'administration après la conquête. Il fut décidé que la France gouvernerait les provinces séquestrées. Un corps de cette nation, composé de 20,000 hommes d'infanterie, de 3,000 de cavalerie et d'un équipage d'artillerie proportionné à cette quantité de troupes, allait recevoir l'ordre de traverser l'Espagne et de vivre en route aux dépens des magasins du royaume. Il devait être joint par un corps de troupes auxiliaires espagnoles de 8,000 hommes d'infanterie, avec 3,000 chevaux et 30 pièces de canon, et marcher en droiture sur Lisbonne. Une division de 10,000 Espagnols prendrait possession de la province d'Entre-Minho-e-Duero, et une autre division de 6,000 hommes de la même nation occuperait l'Alemtejo et les Algarves. Il fut convenu que les généraux en chef des deux puissances administreraient le pays et lèveraient les impôts au profit de leur souverain respectif. Les généraux espagnols, gouverneurs des provinces du nord et du midi du Portugal, devaient être dans une indépendance absolue du général commandant les troupes françaises; ce dernier même obéirait au roi d'Espagne ou au prince de la Paix, dans le cas où l'un ou l'autre viendrait à l'armée.

Le traité de Fontainebleau n'était pas encore signé, que déjà les troupes rassemblées à Bayonne recevaient l'ordre de franchir les Pyrénées. Le 18 octobre, Junot, à la tête de la première division de cette armée, passait la Bidassoa. Les deuxième, troisième divisions, la cavalerie et l'artillerie suivirent de près. Junot divisa alors son armée en seize colonnes, marchant à une étape de distance les unes des autres, et se dirigeant vers Salamanque par la grande route de Burgos et Valladolid.

Ce mouvement fut suivi presque immédiatement de celui des troupes espagnoles, qui, rassemblées de tous les points du royaume, prirent, comme les Français, le chemin du Portugal. Il y avait toutefois cette différence entre les armées des deux nations, que les Français, pleins de confiance en leur général, marchaient avec sécurité, sans trop s'inquiéter du but qu'il s'agissait d'atteindre, tandis que les Espagnols, effrayés de voir leur pays sillonné par une des armées de Napoléon, ne marchaient qu'à regret contre le Portugal, dont la conquête, pour eux, devait être sans gloire.

Arrivés à Salamanque après vingt-cinq jours de marche, les Français espéraient y prendre un peu de repos. Il semblait indispensable, d'ailleurs, avant d'aller plus loin, d'organiser le service des subsistances, et déjà Junot s'en occupait activement, lorsqu'il reçut de l'Empereur l'ordre de continuer sa marche sans perdre un instant, afin d'arriver à Lisbonne avant les Anglais, dont une escadre se dirigeait vers le Tage avec des troupes de débarquement. « La question des subsistances ne doit pas nous arrêter un instant, disait Napoléon : vingt-cinq mille hommes peuvent vivre partout, même dans le désert. »

Il fallut obéir; l'armée se remit en marche, se dirigeant sur Alcantara. Elle devait, selon les ordres de l'Empereur, parcourir en cinq jours la distance qui sépare ces deux villes; mais, dès la première marche, le temps devint affreux; la pluie tombait par torrents; les voitures de bagages et l'artillerie n'avançaient qu'avec peine sur les routes dégradées, et la plus grande partie de matériel était encore loin de Ciudad-Rodrigo, lorsque l'avant-garde arriva dans cette ville. Dès ce moment, les difficultés allèrent croissant : nulle part les vivres n'avaient été préparés, et, bien qu'on ne fût pas dans un désert, selon les expressions de Napoléon, les soldats, mourant de faim, n'eurent bientôt d'autre ressource que la maraude et le pillage des villages qu'ils traversaient, ou que, par bandes, ils allaient chercher dans l'intérieur des terres. Beaucoup s'égarèrent ainsi dans les bois et dans les montagnes ; d'autres périrent en voulant franchir des torrents : le nombre des traînards augmentait à chaque instant.

Tel était l'état de l'armée lorsqu'elle arriva à Alcantara, où Junot l'avait précédée de deux jours. Les soldats avaient espéré trouver dans cette ville un terme à leurs souffrances ; ils furent cruellement désappointés : le général Caraffa, qui commandait les troupes espagnoles dirigées sur le Portugal, occupait cette ville depuis huit jours avec son corps d'armée ; les vivres consommés n'avaient pu être remplacés. Les Français n'obtinrent qu'à grand'peine une ou deux rations par homme, et force leur fut de se remettre en marche après qu'on leur eut distribué des cartouches en échange de celles que les pluies diluviennes, qui ne cessaient de tomber, avaient mis hors de service.

Junot ne perdait pas de vue que le succès de l'expédition dépendait de la rapidité de sa marche, aussi n'était-il arrêté par aucune considération. Après avoir adressé aux Portugais, de son quartier-général à Alcantara, une proclamation dans laquelle il leur annonçait l'arrivée d'une armée de l'empereur Napoléon qui venait aider leur bien-aimé souverain à soustraire le pays à la domination des Anglais, il se disposa à franchir la frontière, laissant bien loin en arrière l'artillerie, les bagages et les bandes de traînards qui grossissaient à chaque marche.

Le 19 novembre, l'avant-garde de l'armée française entra sur territoire portugais par le pont de Ségura sur l'Erjas ; elle fut suivie du gros de l'armée et de la division du général Caraffa. Ces troupes furent dirigées sur Castello-Bianco, où elles ne passèrent qu'une nuit, malgré la marche pénible qu'elles avaient faite. Enfin, le 22, l'armée entra dans Abrantès. Cette marche de trois jours, à travers les montagnes incultes, hérissées de rochers, coupées par de profonds ravins, sillonnées par des torrents furieux, interrompues par d'horribles précipices, était déjà, par la nature seule du terrain, une des plus pénibles que pût entreprendre une armée s'avançant pour combattre ; elle devint affreuse par l'absence de tout service des vivres. Un grand nombre de soldats périt de fatigue et de misère dans les épouvantables gorges du Beira ; et il n'est pas douteux que dans cette situation, où nous manquions de tout, 2,000 ennemis, qui auraient occupé la formidable position de Las-Tailladas, ne nous eussent forcés à rétrograder. « On ne faisait pas de distributions de vivres, dit un témoin oculaire ; malgré plusieurs exemples de sévérité, donnés par le général en chef sur des coupables français et espagnols, moins en punition d'inévitables délits que pour prévenir le retour du désordre à une époque où il serait moins excusable, le pillage empêcha les habitants d'appliquer à la subsistance de l'armée les faibles ressources dont ils eussent pu disposer dans des circonstances ordinaires. Les soldats, poussés par le besoin, se jetèrent dans les landes et mangèrent le miel des ruches qui y sont éparses ; les uns découvrirent et dévorèrent la frugale provision de maïs, d'olives et de châtaignes que le pauvre avait réservée pour nourrir sa famille pendant l'hiver. Les autres vécurent des glands de chêne, *bellotas*, avec lesquels on engraisse les bestiaux de la Péninsule. Malheur à l'humble chaumière qui se trouva à portée de ces bandes affamées ! Les familles effrayées prirent la fuite. Beaucoup de soldats d'infanterie furent tués par les paysans réduits au désespoir. La cavalerie perdit un plus grand nombre de chevaux ; les plus vigoureux étaient déferrés, maigris, exténués. L'artillerie resta en arrière dès la première journée après le passage de l'Erjas, bien qu'on attelât douze bœufs ou chevaux aux pièces de bataille, et qu'on leur fît gravir les montagnes, portées plutôt que traînées par les cannoniers et par les soldats attachés au service du parc. »

Le repos que le général en chef accorda à ses troupes à Abrantès était bien loin d'être suffisant pour les remettre de tant de fatigues et de misères ; mais on fit distribuer des vivres et des souliers, et cela suffit pour remonter quelque peu le moral des soldats. Junot, d'un autre côté, commençait à être rassuré sur le succès de l'expédition : il devenait évident que si le prince régent de Portugal avait voulu se défendre contre l'invasion des Français et des Espagnols, il n'aurait pas attendu, pour mettre ses troupes en mouvement, que les envahisseurs fussent arrivés aux portes de sa capitale. Pour mieux savoir encore à quoi s'en tenir sur ce point, Junot eut recours à l'intimidation, et il écrivit au premier ministre du prince régent : « Je serai dans quatre jours à Lisbonne. Mes soldats sont désolés de n'avoir pas encore tiré un coup de fusil. Ne les y forcez pas. Je crois que vous auriez tort. »

Cette lettre acheva de déterminer le prince régent à partir pour le Brésil avec sa famille et la cour. Avis de ce départ fut donné au peuple de Lisbonne le 26, par une proclamation où il était dit qu'après l'épuisement du trésor public, et malgré des sacrifices sans cesse renouvelés, le prince n'avait pu réussir à donner à ses bien-aimés sujets le bienfait de la paix ; que les troupes françaises étant en marche vers la capitale, la résistance ne servirait qu'à faire couler, sans profit pour la patrie, le sang de braves gens ; qu'étant, lui prince régent, plus particulièrement l'objet de l'inimitié non méritée de l'empereur Napoléon, il s'éloignait avec les siens, afin de diminuer la somme des maux qui pèseraient sur le pays.

Le 27 au matin, le prince, la famille royale, tous les principaux personnages de la cour et un grand nombre de familles portugaises s'embarquèrent sur la flotte royale, composée de huit vaisseaux de guerre, trois frégates, trois bricks et d'un nombre considérable de bâtiments marchands; le 29, le vent étant favorable, la flotte s'éloigna, passant au milieu de l'escadre anglaise.

Tandis que cela se passait, les Français continuaient à s'avancer; le 29, à dix heures du soir, Junot entrait à Sacavem, village situé à deux lieues de Lisbonne. Plusieurs députations vinrent alors annoncer que le prince régent et tout ce qui tenait à la cour s'étaient embarqués pour le Brésil; que les habitants de la capitale étaient dans la plus grande stupeur, et qu'une flotte anglaise, établie à la barre du Tage, semblait vouloir s'introduire dans le port.

Junot n'avait avec lui que son avant-garde, et il n'était pas sans inquiétude sur les autres corps qui se trouvaient en arrière : il ne se dissimulait pas combien il y avait de témérité à se risquer avec des forces si peu imposantes au milieu d'une population de 350,000 âmes, dans une ville qui renfermait plus de 40,000 hommes de troupes réglées, que pouvait enhardir la proximité des Anglais; toutefois, il crut plus dangereux de laisser à cette multitude le temps de la réflexion, et dès le lendemain il fit son entrée dans Lisbonne, à la tête de 1,500 hommes seulement, sans escorte de cavalerie, sans une pièce de canon et presque sans une cartouche. Les colonnes qu'il attendait arrivèrent successivement, mais dans un état si déplorable qu'il leur eût été impossible d'aller plus loin. Des compagnies entières n'avaient plus ni armes, ni vêtements, ni chaussures; un grand nombre de soldats étaient méconnaissables et presque moribonds.

Le général en chef s'occupa d'abord de pourvoir aux premiers besoins de ces malheureux; la nécessité de réparer son matériel, qui se trouvait dans un délabrement extrême, fut le second objet de sa sollicitude; il le renouvela presque en totalité, prit ensuite des mesures administratives propres à calmer ou à contenir les esprits violemment agités, régularisa l'invasion qui, en peu de jours, s'étendit à toutes les provinces, et substitua sur les édifices publics, sur les forts, sur la flotte portugaise, le pavillon tricolore à l'étendard révéré que les crédules habitants de la Lusitanie disaient tenir du Fils de Dieu lui-même.

Ce dernier acte, en révoltant le sentiment national, faillit aiguiser les poignards du fanatisme; il n'y eut sortes d'impostures employées pour exciter le peuple à la révolte : des miracles se faisaient dans toutes les églises; des prophètes parcouraient les rues, annonçant que le fameux roi don Sébastien, mort depuis cinquante ans à la bataille d'Ahala, allait enfin reparaître pour exterminer les Français; la statue équestre de Joseph Ier venait, suivant d'autres, de tourner deux fois sur elle-même. A ces signes, dont la superstition ne pouvait nier l'évidence, de nombreux attroupements se formèrent, des vociférations et des menaces se firent entendre : c'était le signal de l'insurrection générale; mais ce mouvement, qui avait été prévu, n'eut aucun résultat : la populace fut sur-le-champ dispersée, les instigateurs arrêtés et le calme rétabli.

Junot s'occupa alors des dispositions défensives du côté de la mer, que la présence des Anglais en vue de Lisbonne rendait indispensables. On trouva dans l'immense arsenal de cette capitale tout ce qui était nécessaire au complet armement des forts. Vingt bâtiments de guerre, qui pourrissaient dans le Tage, furent réparés et armés, et allèrent, sous le pavillon français, se ranger près d'une escadre russe composée de 9 vaisseaux et de 2 frégates ayant à bord 6,500 hommes de troupes et d'équipage, qui était venue chercher dans le Tage un refuge contre la flotte anglaise avant que cette dernière s'y fût montrée.

L'armée portugaise, forte de 36,000 hommes, fut réduite des deux tiers et réorganisée pour la forme : son infanterie fut dispersée dans les provinces; les chevaux de sa cavalerie servirent à remonter les dragons français; mais la solde fut exactement payée, et les choses n'en marchèrent pas plus mal.

Telle était la situation des choses lorsque Napoléon, du fond de l'Italie, où il se trouvait en ce moment, rendit un décret portant qu'une contribution de 100 millions de francs serait payée par les Portugais, à titre de rachat des propriétés particulières; en même temps Junot reçut le titre de duc d'Abrantès, et il eut ordre de supprimer le conseil des gouverneurs du royaume, qu'il avait laissé subsister, et de gouverner seul au nom de l'Empereur. Il lui fut en outre commandé d'envoyer en France toutes les troupes portugaises, et de faire prendre à l'armée française sous ses ordres le nom d'*armée de Portugal*.

La petite armée portugaise, forte de neuf à dix mille hommes, partit en effet pour Bayonne dans les premiers jours de mars 1808; mais une grande partie des soldats déserta en traversant l'Espagne.

Dans le même temps, l'escadre anglaise ayant été renforcée fit plusieurs tentatives pour s'emparer des bâtiments de guerre portant pavillon français armés par Junot. Ce dernier pressa à plusieurs reprises l'amiral russe de se joindre à lui pour repousser ces attaques, mais cet amiral avait appris qu'un rapprochement avait eu lieu entre les cabinets de Londres et de Saint-Pétersbourg, et resta sourd à toutes requêtes.

De son côté, la cour de Madrid rappela les corps de son armée qui, en Portugal, faisaient cause commune avec les Français; mais cette espèce de défection ne pouvait qu'être utile au nouveau duc d'Abrantès, qui suspectait depuis longtemps la fidélité de ces troupes, et le rappel ayant été révoqué, il résolut de se tenir sur ses gardes de ce côté.

Le duc d'Abrantès était alors presque roi; mais déjà commençait à gronder l'orage qui devait renverser son éphémère souveraineté.

Pendant que le premier corps d'observation de la Gironde traversait l'Espagne pour envahir le Portugal, un second corps ayant en apparence la même destination se rassemblait à Bayonne, sous les ordres du général Dupont. Ce deuxième corps, fort d'environ 28,000 hommes, commença à entrer en Espagne vers la fin de novembre 1807. Dupont eut ordre d'établir son quartier-général à Valladolid, et d'envoyer quelques détachements à Salamanque, afin de faire croire qu'il se disposait à marcher sur Lisbonne; mais en même temps ses divisions furent cantonnées sur le Duero.

Une troisième armée se formait rapidement sur les rives de la Garonne, forte de 25,000 hommes d'infanterie, de 2,500 chevaux et de 40 pièces de canon; elle reçut le nom de *corps d'observation des côtes de l'Océan;* le maréchal Moncey en eut le commandement, et à peine fut-elle réunie, qu'en dépit de son nom elle franchit la Bidassoa, le 9 janvier 1808, et s'étendit dans les trois provinces de Biscaye.

A mesure que ces troupes entraient en Espagne, d'autres se réunissaient à Bayonne, à Perpignan, à Toulouse, sous différents prétextes : il fallait, disait-on, renforcer l'armée de Portugal, et se mettre en outre en mesure de secourir l'Espagne contre les Anglais qui menaçaient Cadix et Ceuta; mais, au lieu de se diriger vers ces places, les différents corps s'emparèrent, par d'audacieuses ruses et sans coup férir, des places fortes de la Catalogne et de Navarre; bientôt ils furent maîtres de San-Fernando, de Figuières, de Barcelone, de Pampelune, de Saint-Sébastien, et leurs opérations futures se trouvèrent ainsi assises sur des bases solides. Napoléon fit alors avancer sur Vittoria le corps d'observation des Pyrénées-Occidentales commandé par Bessières, ce qui porta à plus de 100,000 hommes les forces françaises en Espagne. Leur attitude agressive, leur activité à mettre en état de défense les places dont on s'était emparé, dévoilaient assez les desseins de l'Empereur. Pour lever tous les doutes, il appela au commandement général son beau-frère Murat, qui porta le quartier-général à Burgos. A ce coup de foudre, le vieux roi Charles IV, dominé par sa femme Marie-Louise, que dominait Godoï, prince de la paix, eut le pressentiment que la couronne d'Espagne allait lui échapper; mais, reconnaissant qu'il n'était plus temps de s'opposer à l'envahissement, il résolut de suivre l'exemple de la cour de Portugal, qui s'était transportée au Brésil, et faisait en secret des préparatifs pour se rendre dans ses Etats d'Amérique, lorsqu'une révolution de palais éclata dans Aranjuez. Depuis longtemps déjà une mésintelligence très-prononcée existait entre Godoï, prince de la Paix, favori du roi, amant de la reine, et le prince des Asturies, héritier présomptif de la couronne. Ce dernier, qui avait épousé la fille du roi de Naples, étant devenu veuf le 21 mai 1806, Godoï tenta alors de le rapprocher de lui et de lui faire épouser sa belle-sœur, Marie-Louise de Bourbon; mais le prince repoussa cette alliance.

Sur ces entrefaites, M. de Beauharnais, ambassadeur français à Madrid, conçut le projet de faire épouser au prince des Asturies une nièce de Napoléon. Godoï découvrit ce projet, et, pour le faire échouer, il dénonça au roi une prétendue conspiration tramée par le prince, et ayant pour but d'attenter à la vie du monarque pour s'emparer du trône. Aussitôt le prince est arrêté; un décret inséré dans *la Gazette officielle de Madrid* annonce qu'il sera jugé par une commission composée de onze membres du conseil suprême de Castille. Godoï alors prend le rôle de médiateur, et parvient à réconcilier le père et le fils.

Au bruit du prochain départ du roi pour Séville, le peuple, indigné, s'en prit à Godoï de ce voyage, qu'il regardait comme une fuite; des rassemblements se forment dans la soirée du 18 mars. La garde, placée au palais du prince de la Paix, est attaquée, battue; le palais est dévasté, et Godoï n'échappe qu'avec peine à ces furieux qui ont juré sa mort. Le 19, croyant l'émeute apaisée, Godoï, exténué de besoins, sort de la cachette où il s'était retiré; mais, reconnu par quelques personnes, il est aussitôt entouré, insulté, frappé. Des soldats s'emparent de lui et annoncent, dans l'intention de le sauver, qu'ils vont le conduire en prison. En même temps, Ferdinand, prince des Asturies, arrive, déclare qu'il va accompagner lui-même Godoï à la caserne des gardes, et il promet qu'il sera jugé et puni selon toute la rigueur des lois. Ces paroles sont accueillies avec joie; les cris de : *Vive Ferdinand!* éclatent de toutes parts, et l'héritier du trône est conduit triomphalement jusqu'au palais. Mais ces cris ont été entendus de Charles IV; il en est si fort affecté que, cédant aux insinuations d'une partie de son entourage, il signe son abdication en faveur de son fils.

Murat, grand duc de Berg, entra en Espagne, à la nouvelle de l'abdication de Charles IV, se dirigea sur Madrid, où il arriva le 23 mars, et bientôt il écrivit à Napoléon pour lui donner avis de l'intention manifestée par Charles IV de revenir sur une abdication qu'il disait lui avoir été arrachée par la force, et la résolution de ce prince de prendre l'Empereur pour arbitre.

De son côté, Ferdinand, à peine monté sur un trône chancelant, et se voyant entouré de troupes françaises, sentait qu'il ne pouvait se soutenir que par l'appui de Napoléon; il résolut donc de se rendre près de l'Empereur qui, lui aussi, venait de se rendre à Bayonne, en prévision des événements qui se préparaient. Le prince des Asturies, proclamé roi sous le nom de Ferdinand VII, arriva à Bayonne le 20 avril 1808, précédé de quelques heures par son frère don Carlos.

Dès lors, les desseins de Napoléon étaient bien arrêtés, mais il ne suffisait pas, pour leur complète exécution, de la présence à Bayonne de Ferdinand et de son frère. Il fit donc inviter Charles IV et la reine à se rendre également auprès de lui, en même temps qu'il envoyait à Murat l'ordre de s'emparer de la personne de Godoï pour le faire conduire en France, et de préparer le prochain départ de la reine d'Étrurie et de l'infant don François de Paule, second frère de Ferdinand.

Le roi Charles IV et la reine accueillirent avec joie l'invitation de se rendre à Bayonne; il semblait que là dût se signer le traité de paix qui devait faire renaître le calme dans la royale famille. Toutefois, avant de quitter sa capitale, Charles IV, qu'on n'aurait pas cru capable de tant de fermeté, adressa à la junte du gouvernement, que son fils avait nommée avant son départ, une protestation contre son abdication, dans laquelle il anonçait la ferme résolution de reprendre sa couronne; mais, afin d'éviter toute espèce de troubles pendant son absence, il approuva tout ce que son fils avait fait comme souverain et confirma les pouvoirs de la junte.

Ferdinand sut bientôt à quoi s'en tenir sur les intentions de Napoléon. Ce dernier, dès la seconde audience qu'il lui donna, déclara nettement qu'il ne pouvait reconnaître comme valable une abdication arrachée par la violence, et que ces débats l'avaient confirmé dans cette opinion que les Bourbons ne pouvaient plus régner en Espagne; qu'en conséquence, lui, Ferdinand, n'avait d'autre parti à prendre que d'accepter le trône d'Étrurie, qu'il lui offrait en échange de celui des Espagnes et des Indes. Ferdinand refusa résolument; son frère, don Carlos, ne montra pas moins d'énergie. Mais Charles IV et la vieille reine furent loin de montrer la même fermeté. La reine, en apprenant le refus de son fils, ne craignit pas de se couvrir de honte en déclarant que ce prince était le fruit de l'adultère, et Charles IV se hâta d'abdiquer en faveur du prince qu'il plairait à Napoléon de lui donner pour successeur, espérant mettre ainsi un terme aux ignominieuses querelles qu'il se sentait incapable de soutenir plus longtemps.

Ferdinand, se voyant prisonnier, suivit cet exemple, le 5 mai, dans l'espoir de recouvrer sa liberté, et tous les autres membres de la famille présents à Bayonne consentirent successivement à cette complète renonciation.

Mais déjà une insurrection terrible avait éclaté à Madrid. Le 2 mai, jour fixé pour le départ de la reine d'Étrurie et de l'infant don François de Paule, des groupes nombreux se formèrent dans les rues, éclatèrent bientôt en menaces contre les Français et se montrèrent résolus à empêcher le départ de la reine et du prince. Murat, prévoyant ce qui allait arriver, s'empresse de monter à cheval et envoie l'ordre aux 10,000 hommes de troupes françaises, cantonnées dans les environs de Madrid, de se rendre en toute hâte dans cette capitale; mais, avant que cet ordre pût être exécuté, l'insurrection avait fait des progrès effrayants : les Français étaient massacrés partout où on les trouvait; la ville entière était soulevée et en armes.

Vers midi, les colonnes françaises commencèrent à se montrer : elles entrèrent en même temps par plusieurs portes et pénétrèrent jusqu'au centre de la ville par les principales rues, culbutant ou balayant les insurgés qui les encombraient. Mais la résistance ne cessa pas en présence de ces forces : un grand nombre d'insurgés se retranchèrent dans les maisons d'où ils tiraient sur la troupe par les fenêtres, tandis que les femmes lançaient de l'eau bouillante et des projectiles de toute espèce du haut des balcons ; d'autres avaient élevé des barricades qu'ils défendaient résolument et qu'on ne put emporter qu'avec le secours de l'artillerie. Le combat ne cessa qu'à six heures du soir ; une soixantaine de prisonniers, pris les armes à la main, furent fusillés immédiatement, et des patrouilles françaises, qu'accompagnaient les autorités de la ville, achevèrent promptement de rétablir l'ordre. Le nombre des tués du côté des insurgés fut d'environ 500 hommes ; la perte des Français fut plus considérable ; mais, de part et d'autre, elle fut bien loin d'atteindre le chiffre donné par la plupart des relations de ce déplorable événement.

Malheureusement, cette levée de boucliers n'était que le prélude d'un soulèvement général. Le 27 mai, jour de Saint-Ferdinand, le cri de liberté retentit en même temps dans toutes les villes importantes d'Espagne, et notamment à Cadix et à Séville, où se forma ce même jour la *junte provinciale*. Malgré l'occupation du Portugal et de toute la frontière espagnole ; malgré l'occupation de Madrid et la présence de deux armées françaises, cette junte déclara aussitôt à l'Europe entière la royauté de Ferdinand, en même temps que tous les conseils provinciaux protestaient contre l'abdication de Bayonne.

Quelques jours après ces déclarations, un rassemblement de paysans, dirigé par le moine Fernando, se jeta dans Valence et massacra tous les étrangers, fils ou arrière-petit-fils de Français qui y étaient établis de temps immémorial ; le capitaine-général don Miguel Saaredra, gouverneur de la place, tomba aussi sous les coups de ces forcenés. Cuença, Carthagène, Grenade, San-Lucar-de-Baromeda, Jaen, Saragosse, Badajoz, Valladolid, ainsi que la plupart des autres villes, furent les théâtres de scènes non moins sanglantes. Au 15 juin, le soulèvement était général, et plusieurs armées espagnoles s'organisaient en même temps. Ce fut à travers cet incendie que Joseph Napoléon, qui venait de quitter le trône de Naples, et qui, par un décret du 16 juin, avait été proclamé roi des Espagnes et des Indes, s'avança pour prendre possession de ses nouveaux États.

Cependant Murat, qui commandait en chef nos troupes en Espagne, n'avait pas perdu de temps pour s'opposer aux progrès de l'insurrection. Dès le commencement des troubles, l'armée, divisée en quatre corps, s'était mise en mouvement. Le général Bessières, avec sa cavalerie, avait balayé les environs de Burgos. Le général Frère, à Ségovie, avait dispersé 5,000 révoltés, dont l'artillerie était tombée entre ses mains. Les généraux Verdier à Logrono, Lasalle à Torquemada et à Valladolid, Merle et Ducos à Santander, avaient obtenu de semblables succès. Ces combats, qui d'abord avaient paru décisifs, se renouvelèrent sur d'autres points.

Le général Duhesme, en Catalogne, força les Espagnols dans leurs retranchements sur les bords du Lobrégat, les poursuivit dans les montagnes, les battit une seconde fois à Besoz, où ils cherchaient à se rallier, emporta d'assaut le camp et le château de Mongat, fit un grand nombre de prisonniers et s'empara de 15 bouches à feu.

Quatre mille insurgés de la Navarre et de l'Aragon furent défaits à Tudela par le général Lefèvre Desnouettes, qui leur enleva tout leur matériel. Le général Caulaincourt jeune en détruisit un nombre égal dans la province de Cuença.

Vingt-cinq mille hommes, presque tous équipés et déjà exercés au maniement des armes, s'étaient réunis dans le royaume de Valence. Le maréchal Moncey, envoyé à leur rencontre, les atteignit au bourg de la Pesquera, les culbuta sur le pont et dans le défilé de las Cabrillas, et les poussa, la baïonnette dans les reins, l'espace de plusieurs lieues.

Dès que la nouvelle de cette défaite fut arrivée à Valence, la junte de cette ville fit proclamer que les habitants de tout âge et de tout rang étaient appelés à la citadelle pour y recevoir des armes. A ceux qui ne purent pas avoir de fusils, on donna des piques, des épées, des instruments de toute espèce pouvant servir d'armes. En même temps, on garnit les remparts de canons, on inonda les fossés ; les portes et les rues furent solidement barricadées, et tous les habitants jurèrent de brûler la ville et de s'ensevelir sous ses ruines plutôt que de se rendre.

Les Français qui marchaient sur cette ville furent arrêtés par les débris du corps qu'ils avaient battu à las Cabrillas, et que don Josef Caro avait réunis. Ce chef avait pris position sur le bord d'un canal, après avoir coupé le pont de la grande route qu'il battait avec deux pièces de canon, seule artillerie qui lui restât. Il avait, en outre, garni la plaine d'une foule de paysans qui, placés en tirailleurs dans les chenevières, derrière les arbres, les buissons, dans les fossés, les plis de terrain, firent d'abord beaucoup de mal aux Français. Moncey, malgré toutes les difficultés qu'il lui fallait vaincre, n'hésita pas à faire avancer son artillerie ; bientôt, sous le feu de la mitraille, les tirailleurs espagnols se replièrent ; le maréchal forma alors ses troupes en plusieurs colonnes d'attaque qui s'élancèrent sur l'ennemi avec tant d'impétuosité, qu'en moins d'une heure il fut culbuté, et s'enfuit en laissant au pouvoir des vainqueurs 1 drapeau et 5 pièces de canon.

Le 28 juin, Moncey arriva sous les murs de la ville, qu'il fit aussitôt sommer de lui ouvrir ses portes. Les habitants répondirent qu'ils avaient juré de s'ensevelir sous les ruines de leurs demeures ; que telle était la volonté du peuple, et que nulle autorité, même celle du capitaine-général ou de l'archevêque, ne pourrait les faire changer de résolution.

Le feu de l'artillerie commença aussitôt, tandis que quelques compagnies de voltigeurs s'éparpillèrent pour attirer l'attention de l'ennemi ; puis, au signal convenu, les colonnes d'attaque s'élancèrent vers les murailles. Une des portes est enfoncée à coups de hache ; mais on trouve derrière un barrage solidement construit avec des poutres. Des chevaux de frise encombrent toutes les avenues, et ceux qu'on parvient à détruire sont aussitôt remplacés. Pendant que nos soldats font des efforts surhumains pour vaincre ces obstacles, les canons des assiégés vomissent la mitraille, et du haut des remparts, des toits, des clochers, part un feu de mousqueterie qui éclaircit les rangs des assaillants. Vers la fin du jour, le maréchal avait perdu 2,000 hommes et presque tous ses canons avaient été démontés par le feu des remparts. La retraite était devenue indispensable ; elle se fit en bon ordre sur Mistala.

Le 28 juin, le maréchal prit position entre Quarte et Torrento ; il y était encore le 30 au matin, lorsqu'il apprit que le comte de Cervellon s'était mis à la tête d'un corps disposé à empêcher les Français de repasser le Xucar. La nuit suivante l'armée décampa. Elle arriva le 1er juillet au matin aux environs d'Albergea. Les Espagnols, au nombre de 6,000, la plupart paysans armés, étaient avec 2 pièces de douze derrière le Xucar, et tenaient à la rive gauche une espèce d'avant-garde. Les hussards français la mirent en fuite ; mais il fallait passer la rivière : le pont était coupé. On s'étendit sur la droite pour trouver un gué, et on ouvrit les écluses du canal de dérivation dit Acequia del Rey, afin de rendre le passage plus facile. On se canonnait d'une rive à l'autre ; dès qu'on eut trouvé le gué, la cavalerie s'y précipita ; l'infanterie suivit. Une partie du corps espagnol s'enfuit en désordre vers Alcira. Le reste, avec les 2 canons, se retira par la grande route.

Moncey continua, sans être inquiété, sa marche sur Albarète, où il espérait recevoir des renforts de Madrid.

Cependant, le général Cuesta, sous la direction de la junte d'Oviedo, était parvenu à organiser une armée régulière forte de près de 45,000 hommes, et composée en partie des troupes de ligne postées dans les Asturies, la Galice et le royaume de Léon, auxquelles s'étaient jointes quelques-unes de celles qui formaient le corps du général Tarano, précédemment auxiliaire de l'armée française en Portugal. Informé que cette armée menaçait de se porter sur Valladolid et sur Burgos, le maréchal Bessières, bien qu'il n'eût que 14,000 hommes, résolut de s'opposer à cette entreprise ; il marcha en conséquence, et, le 14 juillet, il se trouva en présence de l'ennemi, dont l'armée s'était grossie et ne comptait pas moins de 56,000 hommes.

Les Espagnols étaient rangés sur les hauteurs qui dominent la ville de Medina-de-Rio-Seco, ayant sur leur front 40 pièces de canon en batterie.

Cet appareil formidable n'imposa point au maréchal Bessières : il ordonna l'attaque, et ses troupes se précipitèrent sur les positions de l'ennemi ; en vain les gardes wallonnes et quelques vieux régiments s'efforcèrent-ils de résister à l'impétuosité de ce choc ; tous les corps insurgés furent successivement culbutés, et, après un combat de six heures, Cuesta, dont les soldats avaient rassemblé une quantité considérable de fers et de cordes pour garrotter les Français, fut contraint de s'enfuir, abandonnant ses munitions, ses bagages et 6,000 prisonniers. Les généraux Mouton, Lasalle, Merle, Colbert, Ducos et Sabatier ; l'adjudant-commandant Guillemot et le colonel Picton déployèrent dans cette journée autant de talent que de bravoure. Le dernier de ces officiers fut mortellement frappé en chargeant à la tête du 22e régiment de chasseurs.

Cette victoire parut si décisive à Napoléon, que lorsqu'il en reçut la nouvelle, il s'écria : « C'est une seconde bataille de Villa-Viciosa ; Bessières a mis mon frère sur le trône d'Espagne comme autrefois le duc de Vendôme y plaça le petit-fils de Louis XIV. » Joseph Napoléon entra, en effet, à Madrid le 20 juillet ; mais il y fut reçu avec une froideur de mauvais augure ; et comme les fureurs de l'insurrection, loin de se calmer, augmentaient chaque jour, il était dès lors facile de prévoir que le trône de ce nouveau souverain ne tarderait pas à être violemment ébranlé. Ce qui avait été fait par la victoire de Bessières devait bientôt être défait par le général Dupont.

Ce dernier avait reçu ordre, vers la fin de mai, de se porter avec son armée de Tolède sur Cadix. Après avoir traversé la Manche, la Sierra-Morena, il était arrivé à Andujar, sur le Guadalquivir, quand il apprit qu'à la voix de la junte de Séville, une insurrection s'était organisée en Andalousie, où l'on avait formé une armée de 45,000 hommes, tant avec les troupes stationnées devant Gibraltar qu'avec celles qui avaient quitté l'armée de Portugal, troupes qui, employées jusqu'alors dans les intérêts de la France, s'en étaient détachées pour ne servir que ceux de leur patrie.

L'armée de Dupont était tout au plus forte de 7,000 hommes ; néanmoins, sur la foi de Murat, qui lui promettait de jour en jour des renforts, il ne crut pas devoir suspendre sa marche. Battant les divers détachements à la tête desquels le général d'Eschiavari avait tenté de le retarder, il était arrivé, le 6 juin, devant Cordoue. Les habitants, ayant répondu par des coups de fusil à l'invitation d'accueillir en amies les troupes françaises, elles entrèrent de vive force dans cette ville, que les généraux ne purent garantir de tout pillage.

Depuis six jours, Dupont attendait, pour se porter sur Séville, les secours qui lui avaient été annoncés, quand il apprit que la junte, plus irritée qu'effrayée des revers d'Eschiavari, avait ordonné de nouvelles levées, et que le général Castagnos, à qui le commandement en avait été donné, s'avançait avec 40,000 hommes sur Cordoue. Ne se sentant pas en force pour résister à un ennemi aussi nombreux, Dupont se détermina à rétrograder sur Madrid. Le 18 juin, son armée rentre dans Andujar et s'établit sur les rives du Guadalquivir, de manière à se garder sur la route de Séville et sur celle de Madrid.

Sur ces entrefaites, le grand duc de Berg, qui était tombé grièvement malade, avait été remplacé dans ses hautes fonctions par le général Savary. Celui-ci, inquiet de la situation de Dupont, ordonna au général Védel, qui occupait Tolède, de marcher à son secours avec 8,000 hommes, que suivit presque immédiatement une partie de la division du général Gobert. Védel vint prendre position à Baylen, à quatre lieues de Dupont et Gobert à la Caroline, à quatre lieues de Védel, de façon que ces trois corps, échelonnés sur la route de Madrid, se trouvaient à portée de se réunir en un jour.

Telle était, le 14 juillet, leur situation respective, quand Dupont, menacé dans Andujar, fait demander à Védel une de ses brigades. Celui-ci part de Baylen, où il est remplacé par les 1,500 hommes de Gobert, et il se rend, le 16, à Andujar, avec tout son monde, excepté deux bataillons qu'il envoie garder le gué de Mangibar. Les Espagnols, pendant la nuit, passent néanmoins le Guadalquivir et forcent les deux bataillons à se retirer jusque sous Baylen, où les vainqueurs sont battus par le général Gobert, qui tombe blessé mortellement au milieu de sa victoire.

Le général Dufour, devenu commandant de la division par la mort du général Gobert, pense que l'ennemi, qui a disparu, s'est porté sur la Caroline, et il se dirige aussitôt sur ce point avec sa troupe.

Cependant le général en chef, instruit de l'échec qu'avaient éprouvé les deux bataillons de Mangibar, avait ordonné à Védel de retourner à Baylen. Mais, après avoir mis ce poste en état de défense, Védel devait revenir à Andujar pour concourir à l'exécution d'un plan d'après lequel Dupont, se portant successivement avec des forces supérieures sur les deux corps espagnols qui manœuvraient contre lui, espérait, après les avoir battus isolément, pouvoir poursuivre glorieusement sa route.

Védel, apprenant à Baylen que Dufour a rétrogradé sur la Caroline, court l'y joindre. Cette manœuvre eut précisément le résultat qu'on voulait prévenir. A peine Védel s'est-il éloigné, que les Espagnols, qu'il allait chercher à la Caroline, se jettent dans Baylen, où bientôt ils sont rejoints par un corps de quinze à seize mille hommes commandés par un Suisse, le général Reding.

Prévoyant les conséquences que pouvait avoir l'évacuation de Baylen, et sentant de quelle nécessité il était pour lui d'y arriver avant l'ennemi, Dupont, dès le 17, résolut de s'y porter; toutefois il ne se mit en marche que dans la nuit du 18 au 19 : il était trop tard. Arrivé devant Baylen à trois heures du matin, il y trouve l'armée du général Reding rangée en bataille. Le combat s'engage aussitôt. A midi il durait encore, quand une brigade suisse, qui, du service d'Espagne, avait passé au service de France, change de parti et retourne à ses premiers drapeaux. Découragé par cette défection et ne voyant pas arriver Védel, Dupont, dont les troupes étaient harassées de fatigue et de chaleur, demande à entrer en arrangement. L'un de ses généraux, le général Pryvé, lui représente que rien n'est désespéré, qu'il peut reprendre ses avantages et forcer le passage en faisant rentrer dans l'armée plus de 1,500 hommes employés jusqu'alors à l'escorte des fourgons, rien ne peut le relever de l'abattement où il est tombé. Ce conseil, en effet, l'eût sauvé. Placé entre Védel et Dupont, le général Reding était dans une position non moins difficile que celle de l'armée qui capitulait.

N'ayant rencontré que des Français à la Caroline, et jugeant, d'après le canon, que Dupont était aux prises avec l'ennemi, Védel, revenu sur ses pas, attaquait cependant Reding. Il lui avait déjà pris 800 hommes, lorsqu'il fut arrêté au milieu de ses succès par un ordre de Dupont, à qui il crut devoir obéir. Les soldats n'observèrent pas sans murmurer cet armistice, cause des malheurs de la journée. Pendant qu'on parlementait, l'armée de Castagnos arriva. On sait quelle déplorable capitulation fut alors imposée à l'armée française.

Cette catastrophe a été l'objet de vives controverses et de jugements divers, au milieu desquels l'opinion du général Foy jette comme un rayon de lumière.

Dupont, dit ce général historien, ne pouvant plus combattre, considéra les troupes qu'il avait avec lui comme une garnison assiégée qui est aux abois faute de vivres, et qui, bientôt, manquera de munitions. Il chargea le capitaine Villoutreys, écuyer de l'Empereur, employé à l'état-major général du corps d'observation de la Gironde, de demander au général Reding la permission, pour les troupes, de passer par Baylen, pour se retirer sur Madrid. Reding accorda la suspension d'hostilité, et, pour le reste, il renvoya le parlementaire au général en chef Castagnos à Andujar. Celui-ci n'aurait jamais deviné rien de semblable à ce qui se passait à Baylen. Il osait à peine croire au succès. La portion de son armée qui avait combattu n'avait plus que dix cartouches par homme. Védel et Dufour pouvaient, d'un instant à l'autre, descendre de la Sierra-Morena et changer la face des affaires. Le prudent Castagnos déclara au capitaine Villoutreys qu'il était prêt à traiter à des conditions honorables pour les troupes françaises. Sur cette déclaration, le général de brigade Chabert partit pour Andujar avec des pleins pouvoirs pour négocier et signer une convention.

Malheureusement Chabert ne devait pas avoir de rapports qu'avec le général Castagnos, il lui fallait encore convaincre le commissaire de la junte de Séville, le comte de Tilli, homme très-délié. Dès lors les Espagnols montrèrent des prétentions de plus en plus hautaines. Bientôt ils apprirent que Védel, après avoir attaqué Reding, s'était arrêté dans la victoire ; en même temps ils interceptèrent une lettre, par laquelle le duc de Rovigo ordonnait à Dupont de ramener en hâte son armée à Madrid, pour faire face aux troupes qui arrivaient de Galice et de Vieille-Castille, sous les ordres de Blake et de Cuesta. Alors les Espagnols se crurent en situation de tout exiger, et eux, qui avaient accepté avec tant d'empressement la proposition d'une suspension d'armes qui les sauvait, ils se crurent maintenant assez puissants pour refuser de traiter avec celui à la faiblesse duquel ils devaient leur salut.

Poussé par sa mauvaise étoile, le général Marescot, inspecteur-général du génie, envoyé en Andalousie pour fortifier Cadix, se trouvait en ce moment dans le camp de Dupont. Marescot était très-estimé en Espagne, en raison de son mérite d'abord, et aussi parce que, après la paix de Bâle entre la France et l'Espagne, ayant été chargé de rendre aux Espagnols les places, l'artillerie et tous les objets de conquête qui leur avaient été enlevés pendant la guerre, il s'était acquitté loyalement et libéralement de cette mission, pendant laquelle des rapports d'estime et de bienveillance s'étaient établis entre lui et le général Castagnos, chargé par le roi d'Espagne de l'exécution, pour l'Espagne, de cette partie des conventions. Dupont, désespéré de la tournure que prenaient les choses, pria Marescot de se charger de la négociation ; ce dernier ne crut pas devoir hésiter à user de son influence pour améliorer la position de son infortuné collègue, et il trouva le général Castagnos disposé à revenir sur de précédentes résolutions.

Mais le temps s'écoulait, et chaque heure, chaque minute ajoutaient aux souffrances des Français. Les malheureux étaient entassés au nombre de 8,000 hommes, au milieu de 500 voitures et de 3,000 chevaux, sur un espace de douze cents toises carrées infecté par l'odeur des cadavres d'hommes et de chevaux en dissolution et qu'on ne pouvait enterrer dans la terre durcie par la sécheresse. L'armée espagnole se grossissant autour d'eux les traquait et les resserrait toujours davantage, de manière qu'ils ne pouvaient plus se mouvoir ni en avant ni en arrière. La division qui était devant Baylen les empêchait de puiser de l'eau à la seule fontaine qu'il y eût sur le terrain. Ils étaient obligés pour boire de descendre dans le vallon de la Rumblar, sous la fusillade des paysans qui s'étaient joints aux flanqueurs de don Juan de la Cruz ; les hommes tombaient d'inanition ; car, bien qu'une des conditions de la suspension d'armes fût que les généraux Reding et Castagnos fourniraient des vivres aux Français, on s'était borné à leur faire, une fois seulement, une faible distribution de biscuit. C'était un spectacle navrant, que celui des officiers et soldats étendus sur le sol desséché, brûlés par un soleil tropical, et n'ayant pas même d'eau pour étancher la soif ardente qui les dévorait. La chaleur était d'une telle intensité, que le soleil enflammait les herbes sèches, et que l'on était à chaque instant obligé de changer de place les caissons pour éviter qu'ils fissent explosion.

Sur ces entrefaites était arrivé, près du général Dupont, le capitaine Meunier, aide-de-camp du général Védel, que ce dernier avait envoyé au quartier-général de Reding, et qui, n'ayant pas trouvé là le capitaine Villoutrey, avait cru devoir se rendre près du général en chef. Ce dernier le renvoya à Védel avec l'ordre de rendre aux Espagnols les soldats, les canons et les drapeaux qu'on leur avait pris.

Meunier apporta en effet cet ordre à Védel ; mais en même temps il lui conseilla de ne pas l'exécuter.

« Tout est perdu, général, lui dit-il, si vous ne vous déclarez indépendant. Le général Dupont a perdu la tête ; ses soldats sont dans un état déplorable, mais avec de l'énergie tout peut se réparer. »

Védel ne manquait pas de capacité ; mais il lui manquait cette promptitude de jugement qui peut seule faire sortir d'un pas difficile ; il manquait de l'audace nécessaire pour désobéir à son chef : l'ordre de Dupont fut exécuté. Védel dut cruellement se repentir de cette obéissance, quand il vit que, loin d'accélérer les négociations, elle les rendait plus difficiles. Suivant, mais trop tard, les inspirations du brave Meunier, il se prépara à combattre, et il envoya un officier à Dupont pour lui faire part de sa résolution. Ce dernier l'approuva, et il se montra un instant décidé lui-même à tenter de nouveau le sort des armes. Il réunit un conseil de guerre, dans lequel plusieurs officiers supérieurs proposèrent d'abandonner l'artillerie et les bagages, et de marcher tête baissée sur Baylen. Les ingénieurs, de leur côté, disaient qu'en passant sur le ventre aux flanqueurs espagnols, ce qui paraissait facile, on pourrait gagner les montagnes et rejoindre Védel. Mais il s'en fallait de beaucoup que les soldats, presque tous de nouvelle levée, se sentissent capables de mettre à exécution ce plan audacieux : accablés de souffrance, ils semblaient anéantis et complétement démoralisés. Les officiers, en général, n'étaient pas dans de meilleures dispositions, d'abord à cause de l'état de faiblesse auquel les avaient réduits la fatigue et le défaut de nourriture, et en outre, pour quelques-uns, parce que, pour marcher à l'ennemi, il fallait abandonner les fourgons de bagages gonflés du riche butin dû au pillage des monastères.

Ainsi forcé de demeurer dans l'inaction, Dupont retomba dans les perplexités dont une résolution suprême l'avait tiré pour un instant, et il recommença à donner les ordres les plus contradictoires et qui montraient tout le désordre de son esprit. Ainsi il prescrivait à Védel de ne pas quitter sa position, et, quelques instants après, il lui ordonnait de se retirer sur la Sierra-Morena afin de couvrir Madrid. Ce fut à ce dernier parti que Védel s'arrêta : afin de dépister l'ennemi, il laissa dans la position qu'il occupait quelques compagnies d'infanterie et de cavalerie, et le 20, dès que la nuit fut venue, il se mit en marche avec tout le reste de ses troupes. Il marcha toute la nuit, arriva à dix heures du matin à Santa-Elena, et, après quelques instants de repos, il se disposait à continuer sa marche sur Madrid, lorsqu'il reçut de Dupont l'ordre formel de s'arrêter. Il obéit malgré les murmures qui s'élevèrent parmi ses soldats; quelques heures plus tard, il recevait la convention conclue par le général Dupont. Par cette convention, les troupes sous les ordres immédiats de Dupont étaient prisonnières de guerre. Les divisions de Védel et de Dufour ne devaient qu'évacuer l'Andalousie ; mais l'évacuation devait se faire par mer, et provisoirement on devait désarmer les prisonniers comme ceux qui ne l'étaient pas, sauf à rendre à ces derniers l'artillerie et les armes au moment de l'embarquement.

Védel songea alors à se déclarer indépendant ; mais, n'osant assumer sur lui seul une si grande responsabilité, il assembla un conseil de guerre pour délibérer sur ce point. Sur vingt-trois officiers généraux ou supérieurs, quatre seulement furent d'avis de continuer la marche sur Madrid; tous les autres soutinrent qu'on ne pouvait éluder les ordres formels du général en chef : il fallut obéir. Le 23, les troupes de Dupont, après avoir défilé devant Castagnos et Lapegna, généraux qui ne les avaient pas combattues, mirent bas les armes, et se constituèrent prisonnières au nombre de 8,242 hommes. Védel en avait 9,393. Ils remirent le 24, à Baylen, leur artillerie et leurs fusils réunis en faisceaux sur le front de bandière à des commissaires espagnols qui en dressèrent un inventaire.

Mais cette capitulation, déjà si déplorable, ne devait pas être respectée ; les Anglais ayant refusé de l'approuver, il ne fut tenu aucun compte des conditions stipulées. L'armée prisonnière, qui devait être ramenée en France sur des vaisseaux espagnols, fut envoyée, partie au bagne de Cadix, partie dans l'île de Cabréra; et, après avoir été exposée quelque temps aux outrages d'une population barbare et superstitieuse, réclamée par l'Angleterre, qui n'avait sur elle aucun des droits que donne la guerre, elle fut transportée sur les pontons de Plymouth.

Quant à ces fourgons, à la conservation desquels le général français avait paru attacher tant d'importance, le peuple espagnol s'en saisit, prétendant ne rien faire en cela que reprendre son bien, et justifiant cette assertion par l'exhibition de plusieurs vases sacrés qui se trouvèrent parmi les bagages des prisonniers. Lorsque l'Empereur apprit cet événement, il s'écria : « Quoi ! des généraux français n'ont pas mieux aimé mourir que de signer une convention où il est dit que l'armée restituera les vases sacrés qu'elle a volés! Je voudrais effacer cette honte de tout mon sang ! » Il fit aussitôt arrêter les généraux Dupont et Védel, ainsi que l'officier supérieur Villoutrey, qui avait coopéré à la capitulation. Une enquête fut dirigée contre eux. Dupont fut rayé des contrôles de l'armée, dégradé de ses ordres et emprisonné. Il était le seul coupable.

Le roi Joseph apprit, le 23 juillet, la convention de Baylen ; aussitôt il assembla un conseil de guerre des officiers généraux. Le duc de Rovigo, qui en faisait partie, prévoyant jusqu'où l'incendie allait s'étendre, et n'y voyant de remède que dans les déterminations puissantes de l'Empereur, proposa d'aller, par la grand'route de Bayonne, au-devant des renforts, sauf à s'arrêter et à prendre position en chemin pour prendre conseil des circonstances. Cet avis ayant prévalu, la retraite fut décidée. Elle commença le 31 juillet. Joseph ouvrit la marche avec les troupes de la garde impériale et la plus grande partie de la cavalerie. Le maréchal Moncey partit le lendemain, et fit l'arrière-gardé, avec le corps d'observation des côtes de l'Océan. Joseph arriva le 9 août à Burgos, où il fit sa jonction avec le corps d'observation des Pyrénées-Orientales, et de là il se rendit à Miranda.

Les armées ennemies n'inquiétèrent pas les Français dans leur retraite; mais, pendant que tout paraissait paisible sur le terrain que l'on quittait, le pays qu'on allait occuper commençait à s'agiter. Des insurgés de Navarre enlevèrent les boulets de la fonderie d'Orbaiceta à portée de fusil de la frontière de France. D'autres, sous la direction d'un habitant du pays appelé Legoaguerri, formaient, aux environs de Larraga et de Lerin, des rassemblements assez considérables pour forcer le général de brigade d'Agout, commandant Pampelune, à envoyer contre eux une colonne mobile. A Tolosa, sur la ligne même de communication parcourue par les soldats allants et venants, éclata un commencement de soulèvement qui fut apaisé par le concours de la prudence de l'autorité civile avec la force militaire. Bilbao, ville populeuse et commerçante au milieu des montagnes, habitée par un peuple fier et ami de l'indépendance, en communication continuelle avec les insurgés de Santander et avec les croisières anglaises, secoua l'obéissance de Joseph, forma une junte, arma ses habitants et demanda des secours aux Anglais. Ce mouvement, toutefois, fut promptement comprimé, et la droite étant à peu près assurée, l'armée française s'étendit par sa gauche sur Logrono, pour rallier les troupes employées au siége de Saragosse, que le général don Joseph Palafox défendait avec résolution.

Cette ville, située sur la rive gauche de l'Ebre, comptant 50,000 habitants environ, n'était point une place de guerre. Toutes ses fortifications consistaient en un mur d'enceinte, tenant aux maisons, haut de dix à douze pieds, et destiné seulement à empêcher la contrebande. Mais les nombreux couvents, construits en pierre de taille, soit à l'intérieur, soit à l'extérieur de ses murs, la solidité de ses maisons, toutes voûtées, favorisaient les efforts d'une population animée du double fanatisme de la religion et de l'indépendance. Quand la révolte de Madrid eut donné le signal de l'insurrection contre les Français sur tout le territoire espagnol, le peuple de Saragosse investit du commandement civil et militaire don Joseph Palafox y Melzy, jeune officier de vingt-huit ans. Vers le milieu de juin, le général Lefèvre-Desnouettes se porta de Pampelune sur Saragosse pour s'emparer de cette ville, contre laquelle il ouvrit, le 2 août, un feu terrible. Les premières bombes qui tombèrent dans la place mirent le feu à un hôpital encombré de malades et de blessés, et qui fut rapidement consumé, malgré les efforts des assiégés, qui durent se borner à arracher aux flammes les malheureux qui se trouvaient en même temps exposés aux projectiles ennemis et aux fureurs de l'incendie. La population entière, bravant un danger imminent, se porta sur les lieux, et les femmes surtout firent preuve d'un dévouement et d'une intrépidité dignes des plus grands éloges.

Le 4 août, l'artillerie de siége étant arrivée, le mur, sous les coups redoublés des pièces de gros calibre, offrit bientôt une large brèche par laquelle les Français se précipitèrent. Après une lutte opiniâtre et sanglante, ils s'ouvrirent un passage jusqu'à la rue de Cozo, au centre de la ville. Le général Lefèvre somma alors Palafox de se rendre par un billet ne contenant que ces mots : *Quartier-général de Santa-Engracia, capitulation.* L'héroïque Espagnol répondit immédiatement : *Quartier-général de Saragosse, guerre au couteau.*

Les annales de la guerre n'ont jamais rien offert de semblable à la lutte qui s'engagea dès cet instant. Une ligne des maisons de la rue était occupée par les Français; le côté opposé était encore au pouvoir des habitants, qui élevèrent des batteries à l'entrée des rues de traverse, et en face de celles construites par leurs adversaires. L'espace libre entre les deux partis fut bientôt encombré de cadavres des combattants qui avaient péri pendant l'action, ou qu'on avait précipités par les fenêtres. Les munitions commencèrent à manquer aux assiégés; mais la présence de Palafox était partout saluée d'acclamations bruyantes et de promesses d'attaquer les Français le couteau à la main, si la poudre venait à manquer complétement. Au moment où on s'y attendait le moins, ces dispositions sérieuses reçurent un nouveau degré d'énergie par l'entrée dans la ville de François Palafox, frère du général, qui amenait 3,000 hommes et un convoi d'armes et de munitions.

Cependant, le désir et la nécessité de vaincre une résistance aussi opiniâtre enflammèrent le cœur des Français d'une ardeur égale à la bravoure des assiégés. Chaque rue, chaque maison, devinrent bientôt autant de théâtres de combats sanglants et d'un acharnement sans égal. On citerait difficilement un habitant qui, pendant le siége, ne se soit pas fait remarquer par quelque trait de patriotisme ou de bravoure; mais il faut surtout citer Santiago-Sass, curé d'une des églises de la ville, qui sut remplir avec le même dévouement les fonctions de son ministère et les devoirs du soldat. Palafox, dont il avait su attirer les regards et mériter la confiance, le plaçait partout où il y avait un danger à courir, une entreprise difficile à mettre à fin. Il réussit, à la tête de 40 hommes choisis, à faire entrer dans la ville une provision de poudre, sans laquelle la défense devenait impossible.

Les Français incendièrent la plupart des maisons dont ils étaient maîtres, et firent sauter l'église de Santa-Engracia. Un silence absolu et lugubre succéda aux horreurs de la nuit désastreuse, pendant laquelle ces terribles exécutions s'accomplirent ; et au point du jour, les Espagnols, à leur grand étonnement, virent au loin dans la plaine les colonnes françaises effectuant leur retraite sur Pampelune.

Cette retraite avait été ordonnée par le roi Joseph en vue de frapper un coup décisif. Le général Verdier, qui commandait le siége, ayant été blessé à l'assaut, avait remis le commandement à Lefèvre-Desnouettes, qui fit passer l'Ebre aux troupes, ne conservant sur la rive gauche que la tête de pont. On ne pouvait pas penser à transporter promptement de Saragosse à Pampelune un équipage de siége aussi considérable que celui qui se trouvait devant la place qu'on abandonnait ; cet équipage fut détruit et les pièces jetées dans la rivière ; après quoi on se mit en marche sur Tudelo, où l'on arriva le 17 août, et qu'on évacua le 20. Lefèvre-Desnouettes établit alors son quartier-général et le gros de ses troupes à Milagro. Le général Hubert fut placé avec sa brigade et six pièces de canon à Caparroso, pour couvrir la grande route de Pampelune. Le lieutenant-général portugais Gomez Freyre fut placé en intermédiaire à Villa-Franca, avec ce qui restait de Portugais qui n'avaient pas déserté. Dans cette position, le corps de Saragosse formait la gauche de l'armée française de l'Ebre. Joseph réunit ce corps à celui du maréchal Moncey.

Les troupes, ainsi ramenées sur l'Ebre par le roi Joseph, ne s'élevaient pas à moins de 50,000 hommes ; il y avait, en outre, dans la Péninsule deux armées françaises, agissant à deux extrémités opposées, la Catalogne et le Portugal. Nous avons dit que les Français, après avoir franchi la Bidassoa, s'étaient emparés par stratagème et sans éprouver de résistance des places fortes de cette province. Du mécontentement général causé par ces faits à une insurrection flagrante, il n'y avait qu'un pas que la moindre cause pouvait faire franchir ; aussi, lorsqu'on apprit que Madrid en armes avait tenté de secouer le joug napoléonien, il se forma à Lérido une junte provinciale, qui s'intitula junte suprême de Catalogne, et se mit en communication avec les juntes de Saragosse et de Valence. En même temps le peuple de Marensa déchira et brûla les proclamations de Murat, et les conventions frauduleuses de Bayonne.

Le mouvement rétrograde des troupes françaises, obligées de se concentrer dans la Navarre, n'était qu'une des premières conséquences du traité de Baylen ; une autre conséquence non moins importante de cette désastreuse capitulation fut le débarquement, en Portugal, d'une armée anglaise. Au mois de novembre 1807, un corps de 10,000 hommes, aux ordres du général-major Brent-Spencer, se rassemblait à Portsmouth ; il était destiné d'adord à renforcer l'armée anglaise de Sicile ; mais on résolut ensuite de s'en servir pour aider à prendre la flotte portugaise et la flotte russe qui étaient dans le Tage. Le départ du prince régent pour le Brésil et l'arrivée des Français à Lisbonne avaient fait renoncer à ce projet, et le corps de Spencer était allé à Gibraltar.

Cependant les escadres anglaises cernaient la péninsule espagnole. L'amiral sir Charles Cotton, chargé des côtes du Portugal, se tenait toujours en vue de Lisbonne, et envoyait des bâtiments légers croiser à l'embouchure du Duero, du Mondego, devant Pombal et vis-à-vis les Algarves. Il avait pour mission spéciale d'agiter le pays, ce qu'il faisait au moyen de sa correspondance secrète et avec des proclamations. Dans les premiers jours du mois de juin 1808, le mécontentement des Portugais paraissant près de se résoudre en un soulèvement général contre l'armée française, l'amiral Cotton appela le corps de Spencer pour, avec lui, enlever les forts du Tage et la ville de Lisbonne, qu'il croyait dégarnie de troupes. Spencer arriva peu de jours après une émeute essayée pendant la procession de la Fête-Dieu et promptement réprimée. Reconnaissant que les Français étaient nombreux et faisaient bonne garde, il retourna à Gibraltar, d'où il fut envoyé devant Cadix pour être mis à la disposition de la junte de Séville. En même temps, on rassembla à la hâte, à Cork, en Irlande, un autre corps de 9,000 hommes, destiné à attaquer les Français dans le Tage. Ces troupes, sous le commandement de sir Arthur Wellesley, depuis lord Wellington, débarquèrent le 1er août 1808 dans la baie de Montdego. En même temps le général Spencer quitta Cadix avec 5,000 hommes pour se joindre à sir Arthur. Cette réunion s'effectua le 5. Le 12, l'armée portugaise, forte de 6,000 hommes, dont 500 chevaux, se réunit à l'armée anglaise, qui compta dès lors près de 20,000 combattants. Le 17, le général Laborde, qui était campé avec sa division au sud de Rolica, fut attaqué par le général en chef anglais.

Bien qu'ayant en face des forces triples de celles qu'il commandait, Laborde fit bonne contenance et n'abandonna sa position qu'après avoir fait éprouver aux Anglais des pertes considérables. Le 18, sir Arthur prit position à Gourinha, pour protéger le débarquement des troupes aux ordres du général Ackland; puis, cette opération terminée, l'armée anglaise alla camper sur les hauteurs près de Vimiero.

Depuis qu'on avait appris à Lisbonne l'insurrection de Madrid, et le soulèvement presque général de l'Espagne, la situation de l'armée française en Portugal était devenue de plus en plus critique; l'arrivée de l'armée anglaise avait achevé de soulever le pays. Dès que le duc d'Abrantès eut appris que cette armée s'approchait, il se hâta de faire ses dispositions pour livrer une bataille qui devait décider du sort du Portugal et de l'armée française. Des 22,000 hommes dont cette armée était composée, 13,000 étaient employés à garder des points importants ou malades dans les hôpitaux, de sorte que le général ne put réunir que 9,000 combattants pour marcher aux Anglais. Le 20 août, ayant réuni dans les environs de Torres-

Vedras, près des lignes anglaises, toutes les troupes dont il pouvait disposer, Junot fit passer à sa petite armée le défilé qui se trouve en cet endroit et qui se prolonge une demi-lieue. Le 21, à six heures du matin, toutes les troupes l'avaient passé. L'affaire ne tarda pas à s'engager, et eut pour résultat un revers que ne purent conjurer ni la valeur des troupes françaises, ni celle de leurs chefs, parmi lesquels on distinguait le colonel d'artillerie Foi, devenu ensuite général, et qui plus tard devait conquérir tant de gloire en défendant nos libertés à la tribune législative.

Dans la nuit qui suivit la bataille de Vimiero, le duc d'Abrantès réunit ses généraux pour prendre leur avis sur la marche à suivre la plus avantageuse à l'armée et à la France.

Le général Laborde proposa de se replier par Castello-Branco et Guarda sur Ciudad-Rodrigo et Salamanque, afin de se joindre à l'armée du général Bessières. Pour l'exécution de ce projet, il fallait abandonner l'artillerie, les malades et les équipages; il fallait s'attendre à être harcelé continuellement et sur tous les points par les Portugais et les Espagnols, tandis que l'avant-garde anglaise talonnerait l'arrière-garde française. « C'est tout au plus, dit le général Kellermann qui commandait la cavalerie, si nous arriverons à Burgos avec la moitié de l'armée. » Cependant il était évident que l'armée française ne pouvait plus se maintenir en Portugal, et que si son chef tardait à prendre un parti décisif, elle courait risque d'être anéantie. Le duc d'Abrantès chargea alors Kellermann de se rendre au quartier-général anglais pour demander une suspension d'armes; elle fut obtenue, et, le 30 août, une convention fut signée pour l'évacuation de ce pays par les Français. D'après sa teneur, l'armée française n'était point considérée comme prisonnière de guerre; elle devait être transportée en France avec armes et bagages, chevaux et artillerie, sur des vaisseaux anglais. Les négociations furent plusieurs fois sur le point d'être rompues par la fermeté que mettait le duc d'Abrantès à ne rien céder de ce que les Anglais avaient d'abord promis.

Le général anglais dénonça, le 28 août, la rupture de l'armistice et la marche de son armée vers Lisbonne. Les Portugais, commandés par Bernardin Freire, se portèrent à l'Incarnation, près de Mafra. On donna l'ordre au corps portugais de Bacellar de partir de Santarem avec des bateaux, et d'essayer de surprendre la légion hanovrienne à Sacavem. Le comte de Castro-Marim partait d'Evora avec 6,000 hommes réunis des armées dites *Algarves et de l'Alemtejo*, et descendait vers le Tage. Le colonel Lopez bloquait Palmela et occupait Setubal avec des bandes de paysans qui signalèrent leur férocité en égorgeant l'aide-de-camp français Marlier, envoyé par le général Graindorge en parlementaire vers eux. En même temps, arrivait de Cadix à l'embouchure du Tage le général Béresford avec le 42e régiment d'infanterie. Onze mille hommes, sous les ordres de sir John Moore, achevaient leur débarquement à Maceira, et l'amiral Cotton pressait sir Hew Dalrymple de détacher une partie de ce corps à Setubal, pour se joindre aux Portugais de l'Alemtejo, et couper aux Français leur retraite sur la place d'Elvas.

Le caractère de Junot fut plus grand encore que le danger de sa position. Il dit aux Russes : « Vous avez 6,500 hommes de troupes et d'équipages; il ne vous en faut que 1,000 pour le service de vos vaisseaux à l'ancre. Formez-en six gros bataillons; avec ce renfort j'attendrai, ou des secours de France, ou la saison des coups de vent, ou une convention qui sauvera mon armée et votre escadre. » Il dit aux Anglais : « Reprenez votre traité, je n'en ai pas besoin; je défendrai pied à pied les rues de Lisbonne; je brûlerai ce que je suis obligé de vous abandonner, et vous verrez ce qu'il vous en coûtera pour avoir le reste. »

Ainsi il eût fait. L'amiral russe Siniavin aima mieux traiter isolément avec les Anglais, et leur livrer ses vaisseaux, que de courir, avec les Français, des chances de gloire et de salut.

Enfin, la convention fut ratifiée par les deux chefs des deux armées, et l'on vit avec étonnement quinze à dix-huit mille hommes battus traiter presque d'égal à égal avec une armée victorieuse cinq fois plus forte. Cette convention, connue sous le nom de *convention de Cintra*, fut vivement blâmée en Angleterre et attira sur les chefs anglais de violents reproches. Toutefois, elle fut exécutée avec loyauté, en ce qui dépendait de l'autorité anglaise. Les troupes françaises ne purent être embarquées tout de suite, parce que les bâtiments de transport qui devaient les conduire en France, les mêmes qui avaient amené les troupes britanniques en Portugal, n'avaient pas leur approvisionnement prêt.

Les Français passèrent encore quinze jours à Lisbonne, et ces jours furent pour eux les plus difficiles depuis l'occupation du Portugal. Les insurgés portugais arrivaient en foule dans cette capitale dont ils parcouraient les rues en poussant des cris de mort contre nos soldats; mais le duc d'Abrantès ne se laissa pas intimider : il fit camper ses troupes sur les places et sur les hauteurs; par son ordre des batteries furent dirigées sur les principales rues; il ne put néanmoins empêcher que plusieurs patrouilles fussent attaquées et qu'on égorgeât sans pitié tous ceux de ses soldats assez imprudents pour marcher isolément. Cet état dura jusqu'au milieu du mois de septembre, époque où toutes les troupes furent embarquées, et où les transports mirent à la voile.

Les garnisons d'Elvas et d'Almeida n'étaient pas arrivées à temps pour s'embarquer avec l'armée, et voici pourquoi : en apprenant la convention de Cintra, les Espagnols pensèrent qu'il leur serait facile de s'emparer d'Elvas, qui ne pourrait plus espérer d'être secourue, et le général Gallezo, commandant l'armée de l'Estramadure, vint se présenter devant cette place et la somma de se rendre. Le chef de bataillon du génie Girod de Novilars qui commandait, ayant rejeté cette sommation, la ville fut investie par un corps de 6,000 hommes et une nombreuse artillerie. L'armement de la ville ayant été ruiné longtemps à l'avance, le commandant l'évacua, laissa une compagnie dans le fort de Sainte-Lucie, et alla s'enfermer avec le reste de la garnison dans le fort la Grippe, qui commande Elvas et le pays. Les Espagnols firent de vains efforts pour s'emparer de cette forteresse; les Français s'y défendirent jusqu'au 20 septembre, jour où un régiment anglais se présenta pour prendre possession de la place, en vertu de la convention de Cintra. Quinze jours après, la garnison et son brave commandant s'embarquaient à Lisbonne pour être ramenés en France.

Quant à Almeida, elle avait été investie par un régiment de milices portugaises et un corps d'insurgés dans les premiers jours d'août; le 15 du même mois, elle fit une sortie, attaqua l'ennemi, lui tua la moitié de son monde, dispersa le reste, lui prit ses drapeaux, ses bagages et rentra dans la ville, où on n'osa plus l'attaquer. Malheureusement cette brave garnison, lorsqu'elle eut remis la place aux Anglais, dans les premiers jours d'octobre, dut se rendre à Oporto pour y être embarquée. Son arrivée dans cette ville fut le signal d'une émeute des plus violentes; la population, au nombre de plus de 15,000 individus, vint se ruer sur ces 1,400 braves et en massacrèrent un grand nombre; les autres se réfugièrent en toute hâte sur les bâtiments anglais qui étaient dans la rivière; ils y furent poursuivis et n'échappèrent à la mort que grâce à l'intervention d'un Anglais qui commandait un régiment portugais de nouvelle levée. Enfin ils rejoignirent, devant Lisbonne, la garnison d'Elvas, et tous firent route pour la France.

Il avait été envoyé en Portugal par Napoléon 29,000 hommes; il n'en rentra en France que 22,000; mais c'étaient maintenant de vieilles troupes, capables de supporter les fatigues de la guerre, et qui ne demandaient qu'à être conduites à l'ennemi afin de prendre une éclante revanche.

Dans le même temps arrivait à Santander le marquis de la Romana, qui ramenait dans sa patrie le corps de troupe qu'il commandait, et qui avait été envoyé par Charles IV en Portugal comme auxiliaire des Français. L'arrivée de cette petite armée combla de joie des Espagnols, qui célébrèrent le retour de la Romana comme celui d'un Dieu protecteur.

Cependant Napoléon n'avait pas tardé à reconnaître qu'on l'avait abusé, tant sur la situation de l'Espagne que sur l'esprit et les dispositions de ses habitants; mais, fortement convaincu qu'il y avait encore moins de danger à persister dans son entreprise qu'à montrer le découragement d'un début infructueux, il dirigea vers les plaines de la Castille ses vieilles troupes, dont une partie venait de quitter l'Allemagne, et le 5 novembre il arriva lui-même au quartier-général de Vittoria, où il trouva Joseph. Aussitôt il mit ses colonnes en marche, afin de couper les Espagnols de leurs réserves et de les empêcher de se concentrer sur Madrid.

A peine Napoléon se fut-il montré que la victoire revint sous les drapeaux français; la ville de Burgos fut prise. On y trouva des laines pour une valeur de 30 millions; l'Empereur les fit transporter à Bayonne.

Le 12, le duc de Bellune gagne la bataille d'Espidosa, et le duc de Dalmatie s'empare de plusieurs riches dépôts d'armes et de munitions anglaises, et le 23, le duc de Montebello bat les ennemis à Tudela.

Deux routes conduisent de Burgos à Madrid; l'une, par Valladolid, est entièrement dégagée d'obstacles; l'autre se trouve coupée à Sommo-Sierra par une redoute située entre deux montagnes escarpées; les Espagnols la regardaient comme inexpugnable. L'Empereur, qui veut frapper un grand coup sur leur imagination, ordonne à ses troupes d'enlever cette position.

Douze mille hommes, commandés par Beni-San-Juan, et seize pièces de canon le défendent. L'artillerie engage le combat; mais ses effets ne répondent point à l'impatience de nos soldats, jaloux d'effacer les désastres de Baylen; la victoire ne se fait pas attendre. L'Empereur donne l'ordre aux chevau-légers polonais de s'emparer d'une batterie qui, postée sur une éminence, faisait d'affreux ravages dans nos rangs. Le chef d'escadron Kozictulski s'élance aussitôt à la tête de sa troupe, gravit la montagne au galop sous une grêle de mitraille : tout ce qui voulut s'opposer à ce choc fut renversé, le corps espagnol anéanti : cette action ouvrit à nos troupes la route de Madrid. Le 2 décembre, l'Empereur parut devant cette capitale, et, malgré d'immenses préparatifs de défense, les habitants vinrent implorer la clémence du vainqueur. Un pardon général fut proclamé.

Si c'est comme vainqueur que Napoléon est reçu à Madrid, il y entre aussi comme législateur; il y apporte aux vaincus tous les éléments d'une indépendance future, et toutes les garanties d'une liberté légale. Il détruit l'aristocratie du conseil de Castille, il abolit l'inquisition, prononce l'anéantissement des droits féodaux et des justices seigneuriales.

Dans sa proclamation du 7 décembre, il disait aux Espagnols : « Tout ce qui s'opposait à votre prospérité et à votre grandeur, je l'ai détruit : les entraves qui pesaient sur le peuple, je les ai brisées. Une constitution libérale vous donne, au lieu d'une monarchie absolue, une monarchie tempérée et constitutionnelle. » Sa réponse à la députation de Madrid, le 15 décembre, renfermait ces passages remarquables : « J'ai pourvu aux besoins des curés, de cette classe la plus intéressante et la plus utile dans le clergé. J'ai aboli ce tribunal, contre lequel le ciel et l'Europe réclamaient. J'ai satisfait à ce que je devais à moi et à ma nation. La part de la vengeance est faite : elle est tombée sur dix des principaux coupables, le pardon est entier et absolu pour tous les autres. Les armées anglaises, je les chasserai de la Péninsule... Les Bourbons ne peuvent plus rentrer en France... J'ai supprimé des droits usurpés par les seigneurs, dans les temps des guerres civiles, où les rois ont été trop souvent obligés d'abandonner leurs droits pour acheter leur tranquillité et le repos des peuples. J'ai supprimé les droits féodaux... Comme il n'y a qu'un Dieu, il ne doit y avoir dans un Etat qu'une justice... Toutes les justices particulières avaient été usurpées et étaient contraires aux droits de la nation, je les ai détruites... *La génération présente pourra varier dans ses opinions;* trop de passions ont été mises en jeu; mais vos neveux me béniront comme votre régénérateur; ils placeront au nombre des jours mémorables celui où j'ai paru parmi vous, et de ce jour datera la prospérité de l'Espagne. Voilà, monsieur le corrégidor, ma pensée tout entière. »

John Moore, qui commandait l'armée anglaise, trompé par de faux rapports sur la résistance de Madrid, espérait opérer une diversion en faveur de cette capitale; mais à peine avait-il commencé son mouvement, qu'une dépêche lui apprit les succès de l'armée impériale, et les dispositions de Napoléon pour lui couper la retraite : il prit sur-le-champ le parti de rétrograder.

Le maréchal Soult reçut exclusivement de l'Empereur la mission de poursuivre l'armée anglaise. Chaque instant augmentait les alarmes de John Moore et la terreur de ses troupes. Ce général et ses soldats semblaient entraînés par le pressentiment d'une perte certaine. Jamais ils ne croyaient avoir assez accéléré leur marche, ni qu'il y eût assez d'intervalle entre eux et leur adversaire; cependant, au milieu d'une saison rigoureuse, à travers des sentiers escarpés et montueux, dont la plupart avaient disparu sous la neige ou sous l'inondation des torrents, ils étaient sans cesse retardés par une foule d'obstacles. Dans cette situation pénible, il leur fallut abandonner leurs malades, couper les jarrets des chevaux qui ne pouvaient plus suivre, et détruire en grande partie leurs bagages et munitons. Tant de sacrifices et de précautions pour se soustraire aux lenteurs inséparables d'une semblable retraite faisaient dire aux habitants de la Galice, que sans doute les alliés de l'Espagne étaient venus parmi eux dans le seul but de défier les Français à la course. La défaite de l'arrière-garde des Anglais répandit dans leur armée le plus effroyable désordre. Le frein de la subordination disparut entièrement. L'épouvante avait tout nivelé, tout confondu. Officiers ou soldats, tous semblaient n'éprouver d'autre besoin que de s'étourdir sur leurs appréhensions ou leur dépit, qu'ils noyaient dans des flots de vin. Leur passage à Villa-Franca fut marqué par des excès dont les hordes les plus barbares ne se fussent pas souillées dans une place prise d'assaut.

En arrivant à Lugo, le général anglais jugea qu'une halte de trois jours était indispensable pour rétablir la discipline dans son armée et retremper le moral de ses soldats. Le maréchal Soult, le croyant disposé à accepter le combat, rangea ses troupes en bataille; mais son adversaire profita de l'obscurité de la nuit pour filer en silence sur la Corogne.

Le maréchal Soult rejoignit les Anglais le 14 janvier 1809, et les battit complétement. Sir John Moore fut tué, et sir John Hope, ayant pris le commandement, n'attendit pas le jour pour faire embarquer ses troupes. Le 17, à cinq heures du matin, la flotte leva l'ancre et fit voile vers l'Angleterre.

Les Anglais avaient perdu le tiers de leurs forces presque sans combattre, et leur armée entière se serait vue dans la nécessité de mettre bas les armes, si Napoléon, au moment de l'atteindre, n'eût été obligé de quitter inopinément la Péninsule pour revenir au sein de ses Etats, où se répandait le bruit d'une nouvelle coalition autrichienne. Mais son départ effaça les craintes qu'avaient inspirées nos récentes victoires, et la lutte recommença.

La capitulation de la Corogne avait livré aux Français 200 bouches à feu, des munitions considérables et 20,000 fusils. Elle précéda celle du Férol, où l'armée trouva des ressources immenses. Quinze cents canons étaient dans l'arsenal de cette place, dont le port renfermait huit vaisseaux de haut bord, trois frégates et plusieurs autres bâtiments de guerre.

Le 22 janvier, Joseph fit sa rentrée dans la capitale de ses nouveaux Etats avec une pompe tout espagnole. Mais tandis qu'il goûtait ainsi les douceurs de la royauté, l'insurrection se ranimait dans plusieurs provinces; Saragosse, victorieuse d'un premier siége, entretenait l'espoir des Espagnols, et leurs regards se tournaient exclusivement vers cette capitale qu'ils croyaient imprenable.

Vers le milieu de décembre 1808, Napoléon chargea le maréchal Lannes de faire le siége de cette place, dont Palafox, mettant à profit l'éloignement des Français, s'était occupé sans relâche de réparer et d'augmenter les fortifications. La garnison, ou, pour mieux dire, l'armée qui s'y rassembla, s'élevait à 40,000 hommes, dont huit à dix mille soldats de ligne, et 2,000 cavaliers. Le reste se composait de contingents fournis par les provinces voisines, de 15,000 paysans armés, de moines et de prêtres.

Bientôt le siége fut repris, et l'intrépidité des assaillants vint échouer contre le courage indomptable des Aragonais, en qui l'exaltation et la soif de la vengeance suppléaient à l'habitude des armes. Résolus d'avance à s'ensevelir sous les ruines de leur cité, ils bravaient tous les moyens de destruction dirigés contre eux, et immobiles, au milieu des débris croulants de toutes parts, ils continuaient leur feu rapide et meurtrier. Les femmes partageaient ce prodigieux dévouement; des prêtres et des moines parcouraient les rues en brandissant le glaive, pour appeler au combat, ou bien encore, guidant les assiégés dans leurs sorties, ils agitaient dans les airs une sainte bannière, sur laquelle était peinte l'aigle française déchirée par le lion espagnol.

Guerre à mort! était l'unique réponse de Palafox aux sommations qui lui étaient adressées; il faisait pendre ceux de ses officiers qui parlaient de capituler; il ne consentit pas même à demander une trève pour enterrer les morts, et, pour éviter les ravages d'une épidémie, il imagina de faire conduire les prisonniers français, attachés avec une corde, dans les endroits où les cadavres étaient amoncelés; et là, tandis qu'ils donnaient la sépulture à leurs compatriotes, des Aragonais rendaient aux leurs le même devoir.

L'attaque des différents quartiers de la ville présentait des difficultés plus grandes encore que celle des fortifications; chaque couvent était une citadelle, chaque maison une place d'armes qu'il fallait enlever d'assaut; les explosions des pétards et des mines, le bruit de la sape se faisaient entendre à toutes les heures; de toutes parts la foudre souterraine et la hache ouvraient un chemin à nos soldats; ils se précipitaient aussitôt dans la brèche, et d'étage en étage, de chambre en chambre, s'engageait un combat qui ne finissait qu'avec la vie du dernier des Espagnols. Souvent, dans l'impuissance de forcer ces asiles, on était réduit à les embraser. L'ennemi, à la dernière extrémité, allumait lui-même l'incendie, et des torrents de flammes et de fumée étaient la nouvelle barrière qu'ils opposaient à l'attaque. Les Français, au milieu de cet enfer, ne laissaient pas que de gagner du terrain; mais, lorsqu'ils avaient occupé une aile de maison, ils étaient obligés, pour passer dans une autre, de rompre les barricades, et de briser les chaînes qui traversaient les rues. Des retranchements et des batteries, d'où pleuvait sur eux une grêle de balles et de mitraille, les arrêtaient à chaque pas; leurs moindres progrès étaient annoncés par le tocsin, dont le glas sinistre était, pour les assiégés, le signal d'accourir en foule, afin de remplacer ceux de leurs camarades qui avaient succombé.

Il paraissait impossible que notre armée surmontât tant d'obstacles; et, dans le même temps, au dehors, des rassemblements s'avançaient sur plusieurs points pour l'envelopper et intercepter ses convois.

Chaque fois que les insurgés se montraient, leur apparition était pour nous l'occasion d'une victoire; mais l'on ne pouvait ainsi faire face de tous côtés sans détourner de leur destination quelques-uns des corps qui eussent été employés plus avantageusement à réduire Saragosse. La cavalerie manquant de fourrages, ne pouvait s'en procurer que les armes à la main; toutes les troupes ne recevaient plus qu'une demi-ration de pain, sans viande. Malgré ce dénûment, le maréchal Lannes était parvenu, par le seul ascendant de son caractère, à donner plus d'ensemble et d'activité aux opérations; mais à la fin, les soldats, que longtemps ni les privations, ni les périls n'avaient pu rebuter, se laissèrent aller à une opposition morale et à un découragement dont les suites étaient d'autant plus à craindre qu'ils croyaient ne céder qu'à une impossibilité évidente.

Le maréchal leur rendit, en redoublant de fermeté, toute la confiance nécessaire pour arriver au but, qu'il leur montra plus prochain que jamais, et l'enlèvement d'un faubourg, sur la rive gauche de l'Ebre, fut le premier prodige de ce réveil. Nous étions maîtres du pont qui sert de communication avec la ville. Dès le lendemain, 50 pièces de canon battaient en ruines les maisons qui bordent les quais, et plusieurs fourneaux, chargés chacun de trois milliers de poudre, avaient été placés de manière à ce que leur détonation simultanée achevât de jeter la consternation parmi les assiégés. La junte, justement effrayée de ces préparatifs, envoya alors une députation pour demander à capituler ; mais le maréchal Lannes, qui, la veille, avait rejeté une proposition semblable faite au nom de Palafox, exigea que l'on se rendît à discrétion.

Le 24 février 1809, après cinquante-deux jours de tranchée ouverte, les Français occupèrent enfin Saragosse ; mais cette ville n'était plus qu'un immense monceau de cendres, de cadavres et de décombres. Plus de 50,000 individus, de tout âge et de tout sexe, avaient péri dans cette malheureuse cité, où la peste vint ensuite détruire ceux qu'avait épargnés la guerre. Les Français avaient perdu 3,000 hommes, parmi lesquels plusieurs officiers du génie d'un grand mérite ; le dévouement des chefs de cette arme avait été vraiment admirable : tant que dura le siége, on les vit les premiers sur les brèches. Le général Lacoste, aide-de-camp de l'Empereur, avait été tué en dirigeant un assaut ; bien que jeune encore, il avait rendu à son pays d'éminents services. Les capitaines Reggio, Second, Barthélemy, Joffrenot, Viervaux et Jencesse succombèrent également ; seize autres officiers de cette arme furent tués ; parmi eux étaient le colonel Rogniat, choisi pour présider aux travaux, et le capitaine Fournier. Le colonel Dode de la Brunerie, les chefs de bataillon Haxo et Valazé, les capitaines Daguenet et Pétrel furent plus heureux et n'obtinrent pas de moindres éloges. Le général Dedon déploya, dans le commandement de l'artillerie, autant d'habileté que de courage. Les généraux Suchet, Gazan, Morlot, Grandjean, Ronotand, Meunier-la-Converserie, le colonel Duperaux, le major Breuille, et le chef de bataillon Sthal, appartenant tous à la cavalerie ou à l'infanterie, se firent également remarquer.

D'après l'ordre qu'il en avait reçu de Napoléon, le maréchal Mortier, peu de jours après la prise de Saragosse, à laquelle il avait coopéré, se dirigea vers la Castille, afin de soutenir les opérations des autres corps dans le midi de l'Espagne et sur les frontières du Portugal que devaient franchir les maréchaux Victor et Soult. Ce dernier, qui commandait un corps de 22,000 hommes, devait s'emparer de Braga et d'Oporto, tandis que Victor descendrait le Tage et traverserait la haute Estramadure. Soult s'étant mis en marche vers la fin de février, arriva le 4 mars à Orense, et il passa le Minho sans rencontrer d'obstacle ; mais tandis qu'il continuait son mouvement, le marquis de la Romana, qui avait rassemblé 25,000 hommes, s'avançait en toute hâte pour lui disputer le terrain ; il vint prendre position près de Monterey. Le maréchal Soult n'eut pas plutôt appris son apparition, qu'il marcha droit à lui et l'attaqua résolument. Les Espagnols firent d'abord bonne contenance, et tant qu'ils n'eurent à faire qu'à nos tirailleurs, ils rendirent coup pour coup; mais le maréchal ayant ordonné une charge générale à la baïonnette, les choses changèrent subitement de face; à la vue de ces bataillons s'avançant au pas de charge sans répondre à la fusillade qu'ils semblaient mépriser, tous les soldats de la Romana, dont la plupart étaient de nouvelle levée, s'enfuirent en jetant leurs armes, et abandonnant sur le champ de bataille 7 drapeaux et 10 pièces de canon, et une grande quantité de munitions. Vivement poursuivis, ils n'échappèrent à une destruction complète qu'en se jetant dans les montagnes. On leur avait fait près de 3,000 prisonniers ; mais le maréchal sentant qu'il ne pouvait les traîner à sa suite sans ralentir sa marche, les renvoya après leur avoir fait prêter serment de ne pas reprendre les armes contre les Français.

Le lendemain les Français traversèrent la petite ville de Verin, au sortir de laquelle ils trouvèrent un corps de 4,000 Portugais qui avaient pris position sur les hauteurs, des deux côtés d'un étroit défilé conduisant dans les provinces portugaises de Tra-los-Montes. Le 17e régiment d'infanterie fut aussitôt lancé sur l'ennemi, et, malgré les difficultés que présentait le terrain, il lui suffit d'une demi-heure pour culbuter tout ce qui tenta de lui résister et pour s'emparer de l'artillerie. La fin de ce combat offrit le spectacle étrange de 50 dragons poursuivant et sabrant 4,000 fuyards qui n'auraient eu qu'à s'arrêter pour présenter à ces intrépides cavaliers une barrière infranchissable. Le 7 mars, le maréchal et son armée entrèrent presque sans coup férir dans la ville de Villarelo. Le 10, son avant-garde rencontra sur la gauche de la Tamega, près du village de Feces-de-Abaxo, un détachement ennemi fort de 2,000 hommes, occupant une position formidable. Cette troupe, qui faisait partie d'un corps d'armée que le général Freire avait réuni et parfaitement organisé, paraissait bien résolue à défendre le passage, mais là encore rien ne put résister à la *furia francese*, et une charge vigoureuse suffit pour mettre l'ennemi en déroute. Cette affaire était à peine terminée, que l'on vit arriver un détachement de 3,000 hommes, envoyé par la garnison de Chavès au secours de ceux qui venaient d'être battus ; en même temps, une nuée de tirailleurs embusqués dans les rochers, commencèrent à faire un feu des plus meurtriers. Cinquante dragons mirent pied à terre pour chasser ces tirailleurs, en même temps que l'infanterie française chargeait de front l'ennemi qui, malgré une vive résistance fut bientôt forcé de lâcher pied, laissant 600 morts sur le champ de bataille, et un grand nombre de prisonniers.

Le 11, Chavès fut investie; les remparts étaient couverts de soldats; le canon tirait; une première sommation fut repoussée par le gouverneur, et l'officier qui l'avait apportée faillit être massacré par la populace. Le maréchal Soult fit alors quelques dispositions qui annonçaient sa résolution de prendre la place de vive force, puis il fit savoir au gouverneur que si le lendemain, 12, à six heures du matin, on ne lui ouvrait pas les portes, il donnerait l'assaut et ferait passer la garnison tout entière au fil de l'épée. La menace eut tout le succès qu'on en attendait; la place se rendit. On y trouva une nombreuse artillerie, des vivres et des munitions en abondance, ce qui fut d'un grand secours à l'armée obligée de traverser un pays dénué de toute espèce de ressources.

Après s'être reposée trois jours à Chavès, l'armée se remit en marche; le maréchal ne laissa dans la place que les malades, les blessés et une faible garnison, la prudence ne lui permettant pas de diminuer ses forces d'une manière trop sensible au moment où il allait s'engager dans la province de Tras-los-Montès dont la population nous était particulièrement hostile, et dont tous les postes importants étaient occupés par l'ennemi. En effet, dès les premières marches, il fut attaqué par de nombreux tirailleurs qui disparaissaient quand ils étaient serrés de trop près, et reparaissaient un peu plus loin. Le passage des défilés de Ruivaens, de Vandanova, de Salamonde offrirent surtout de grandes difficultés; l'armée marchait en quelque sorte sous une pluie de balles : il fallait à chaque instant lancer des compagnies d'infanterie légère à droite et à gauche pour débusquer ces incommodes tirailleurs. Ce fut ainsi que, le 17 mars, on arriva sur les hauteurs du Carvalho, où l'armée établit ses bivouacs. De cette position, les Français purent voir l'armée portugaise rangée en bataille sur les montagnes en avant de Braga. Le maréchal poussa ses avant-postes jusqu'à San-Joao-del-Rey, et se tint sur ses gardes, une bataille lui paraissant inévitable.

Cette armée, en face de laquelle se trouvaient les Français, était celle du général Freire, lequel, conformément aux instructions qu'il avait reçues de la junte, se disposa à faire sa retraite, afin d'éviter un engagement entre les recrues qui composaient la majeure partie de ses forces, et les troupes victorieuses du maréchal. Mais, telle était l'exaspération des Portugais, qu'ils refusèrent d'obéir aux ordres donnés de lever le camp pour se retirer sur Oporto. Les efforts du général pour faire respecter son autorité ne servirent qu'à augmenter l'exaspération de ses soldats. Les cris : *A la trahison !* se firent entendre; les plus furieux coururent au général au moment où le mouvement commençait; ils l'accablèrent d'injures, et des menaces passant à la violence, ils se jetèrent sur lui et le massacrèrent; la plupart des officiers de l'état-major eurent le même sort; puis l'armée révoltée choisit pour chef un officier hanovrien, le baron d'Eben ; ils l'obligèrent, sous peine de la vie, à accepter le commandement, et menacèrent de lui faire subir le même sort que le général Freire s'il ne livrait bataille aux Français. Force fut donc au nouveau général de faire ses dispositions pour attaquer le maréchal Soult. Le 18 mars, il fit un mouvement sur sa droite pour déborder la gauche des Français, et, après un combat opiniâtre, il enleva le village de Linoso. Ce faible succès augmenta encore l'exaltation des Portugais sans beaucoup inquiéter le maréchal, qui, après avoir fait resserrer ses troupes, reprit le village et battit complétement le corps qui s'en était emparé.

Le 29 mars, le maréchal, informé que les Portugais se préparaient à une attaque générale, résolut de les prévenir, en marchant à eux avec toutes ses forces. Le 30, à sept heures du matin, l'ordre de l'attaque fut donné ; la division Delaborde s'ébranla la première ; les Portugais, en la voyant s'avancer l'arme au bras, et sans même daigner riposter à leur feu, rabattirent tout à coup de leur confiance présomptueuse : saisis d'une terreur soudaine, au moment où ils allaient être joints par leurs impassibles adversaires, ils se débandèrent et prirent la fuite dans toutes les directions. La cavalerie se mit à leur poursuite, ne cessa de sabrer pendant quatre lieues qu'elle fit au galop, et entra dans Braga pêle-mêle avec ceux des fuyards qui s'étaient dirigés vers cette ville. La déroute fut complète ; l'ennemi perdit toute son artillerie, ses bagages, ses caisses militaires et ses drapeaux. Le maréchal, après cette victoire si facilement remportée, établit son quartier-général à Braga, une des villes les plus importantes du Portugal et qui lui offrait de précieuses ressources. Les bivouacs de l'infanterie s'établirent autour de cette place, et la cavalerie alla prendre position à trois lieues plus loin, sur la route d'Oporto.

Les places de Barcelos et de Guimarens furent successivement occupées par les Français ; la première fut prise presque sans coup férir ; mais il en fut autrement de Guimarens, où les Portugais firent une résistance des plus opiniâtres. Là fut tué le général Jardon, dont depuis longtemps la bravoure était passée en proverbe ; atteint d'une balle, il tomba mort à la tête du 17e régiment d'infanterie légère, au moment où il faisait le coup de fusil avec les tirailleurs. Ce général, doué d'une intrépidité extraordinaire, semblait se croire invulnérable ; on le voyait toujours aux postes les plus dangereux, et tant d'aides-de-camp avaient été tués à ses côtés, qu'il n'avait plus, dans les derniers temps, pour remplir ces fonctions, que des sergents d'infanterie.

Ralliés sur la rive gauche de l'Ave, après avoir détruit un des ponts de cette rivière et rendu impraticables les gués où il eût été possible de la passer, les Portugais parurent disposés à défendre vigoureusement cette position. Le 26, malgré tous les obstacles amoncelés par l'ennemi, la division Franceschi passa l'Ave, et vint tomber comme la foudre sur l'ennemi posté à Troffa, en même temps que la cavalerie du général Lorge, qui avait effectué son passage au pont de Léoncino, le prenait à revers. Battus de nouveau, mis en déroute, et poursuivis jusqu'à la nuit, les Portugais se rallièrent en partie au défilé de Sidreira qu'ils se proposaient de défendre; mais ils y furent battus de nouveau le lendemain, et forcés de se retirer jusque sur les hauteurs en avant d'Oporto. Cette ville étant la plus considérable du Portugal après Lisbonne, était défendue par une enceinte nouvellement réparée et fortifiée avec soin, par des ouvrages armés de 200 pièces de canon et par une armée de plus de 60,000 hommes, commandés en partie par des officiers supérieurs anglais, sous la direction de l'évêque.

Le 26, à la fin du jour, l'avant-garde française arriva en vue de la ville; le 27 il n'y eut que quelques escarmouches peu importantes, le maréchal attendant pour commencer sérieusement ses opérations qu'il eût été rejoint par deux divisions laissées en arrière. Le 28, le général Foy fut envoyé en parlementaire pour sommer l'évêque d'Oporto de rendre la place, dont il s'était constitué le gouverneur. Le prélat rejeta avec dédain la sommation; c'était son droit; mais il ne pouvait ignorer combien est sacrée la personne d'un parlementaire, et son devoir était de veiller à la sûreté de celui qui lui était envoyé; au lieu de cela, il le livra aux insultes de la populace et des milices exaspérées par les revers successifs qu'elles avaient éprouvés. Le général Foy fut accablé d'outrages; on le dépouilla de ses vêtements, et on le jeta absolument nu dans un cachot.

Le maréchal, qui n'avait fait sommer l'évêque que pour gagner un peu de temps, n'avait pas encore entièrement terminé ses préparatifs, lorsque tout à coup, au milieu de la nuit du 28 au 29, le tocsin sonna à toutes les églises de la ville et des campagnes environnantes. On apprit alors qu'une révolte avait éclaté dans l'armée ennemie : les paysans armés refusaient de se soumettre à aucune discipline; on avait dû recourir aux troupes réglées pour les faire rentrer dans le devoir, et de terribles collisions s'en étaient suivies. Instruit d'une partie de ces circonstances, le maréchal Soult se hâta d'en profiter, et le 29, à sept heures du matin, il ouvrit le feu contre la place. Presque en même temps, la division Delaborde s'élança sur les retranchements ennemis, et enfonça la ligne portugaise, dont tous les corps, mis en un instant en pleine déroute, furent chargés par la cavalerie qui entra pêle-mêle avec eux dans la ville. Le pont du Duero, qui traverse cette ville, ayant été rompu, tous les fuyards qui échappèrent au sabre de la cavalerie furent précipités et noyés dans le fleuve. Beaucoup d'entre eux tombèrent aussi sous la mitraille de leurs propres canons qui, de la rive opposée, tiraient sur nos têtes de colonnes. Ce succès n'amena cependant pas la soumission de la ville : sur tous les points où n'avaient pas pénétré les Français s'élevèrent des barricades, et le combat se continua dans les rues; mais cette résistance n'eut d'autre résultat que d'exposer les habitants aux horreurs d'une prise d'assaut. A huit heures du soir, les Français étaient maîtres de tous les points; le feu avait cessé, et le maréchal, par des mesures sévères, parvenait à faire cesser les excès auxquels s'étaient d'abord livrés les soldats exaspérés par les actes de cruauté exercés sur ceux de leurs camarades qui avaient eu le malheur de tomber aux mains de l'ennemi.

Ce même soir, et avant que la lutte eût entièrement cessé, la plus grande partie de notre infanterie passait le Duero, et le général Franceschi, à la tête de la cavalerie légère, allait prendre position à Abergaria-Nova, d'où, le lendemain, il put pousser des reconnaissances jusque sur la Vouga.

Telle avait été la rapidité des opérations de l'armée du maréchal Soult, qu'elle avait dû laisser, sur ses derrières, plusieurs villes occupées par l'ennemi, entre autres la petite ville de Penafiel et celle de Canavès où se trouvait une division entière de l'armée portugaise. Voulant faire cesser cet état de choses, le maréchal chargea le général Caulaincourt d'enlever, avec une brigade de dragons, ces deux places. Caulaincourt partit d'Oporto le 30 mars, passa la Souza le 31, et arriva le meme jour à Penafiel, abandonnée par tous ses habitants, qui s'étaient réfugiés dans les montagnes. Pensant qu'il s'emparerait de Canavès sans plus de difficulté, le chef de l'expédition crut suffisant d'y envoyer 500 dragons. Ce détachement parvint sans difficulté jusqu'aux abords de la ville dont il devait prendre possession; mais là il fut tout à coup assailli par des forces tellement supérieures, que l'officier qui le commandait dut bientôt songer à assurer sa retraite; celle-ci se fit en bon ordre; malgré la perte qu'ils éprouvèrent en morts et en blessés, les braves dragons ne se laissèrent pas entamer, et ils rentrèrent en bon ordre à Penafiel. L'ennemi toutefois n'avait pas cessé de les poursuivre, et bientôt la division entière de Canavès attaqua Penafiel. Caulaincourt se défendit vigoureusement; mais il lui était difficile, avec moins de 500 hommes, de faire face sur tous les points à un ennemi dont les forces numériques étaient dix fois supérieures à celles dont il pouvait disposer; après une défense des plus énergiques, il allait se voir contraint d'évacuer Penafiel, lorsque heureusement arriva le général Loison, qui ayant appris la position critique de Caulaincourt, était accouru avec 2,000 hommes d'infanterie et 2 pièces de canon pour le dégager.

Caulaincourt put donc garder Penafiel, poste important pour nos communications; mais l'échec éprouvé à Canavès n'en eut pas moins des suites fâcheuses. Les Portugais cessèrent dès lors de nous croire invincibles; leur audace s'en accrut; toutes celles de leurs troupes qui avaient lâché pied dans les précédents combats, qui s'étaient débandées et réfugiées dans les montagnes, commencèrent à se réunir; les corps se reformèrent, et tous furent bientôt convaincus qu'ils n'auraient qu'à se montrer pour chasser les Français. Malheureusement le résultat de leurs premières tentatives vint les confirmer dans cette opinion. Silveyra, un de leurs généraux, qui un des premiers avait pris la fuite à l'aspect de nos aigles, s'efforça de se réhabilter en réunissant un corps plus formidable que celui dont le commandement lui avait d'abord été confié; secondé par le clergé, qui partout nous était hostile, il parvint à rassembler et armer 6,000 soldats réguliers et 15,000 paysans. A la tête de ces forces, il attaqua et prit successivement Chavès, Braga, Guimaraens, dont les faibles garnisons ne pouvant être secourues, furent obligées de se rendre prisonnières. Le mal faisait des progrès rapides, et déjà presque tous nos postes sur la Souza avaient été forcés de se replier, lorsque le maréchal Soult, informé de ces événements, et ayant appris en même temps que le général Morillo, du corps commandé par le marquis de la Romana, venait de s'emparer de Vigo, où étaient les dépôts et les caisses de l'armée française, envoya 2 régiments au général Loison, avec ordre de se porter sur le géneral Silveyra. Les Portugais furent rencontrés en avant du village de Baltar, et culbutés aussitôt qu'aperçus; deux fois ils tentèrent de se rallier à Fregi et dans Amarante; mais ils furent chassés de cette ville et rejetés derrière la Tamégа, dont ils parvinrent pourtant à garder le pont.

L'occupation d'Amarante eut pour les Français cet avantage qu'ils trouvèrent dans cette place des papiers anglais et portugais qui leur firent connaître l'état des affaires en Espagne et dans le midi du Portugal, où le maréchal Ney se trouvait dans la position la plus critique. Voici ce qui était arrivé : dès la fin de mars, le marquis de la Romana était parvenu à ranimer le feu de l'insurrection en Galice, en répandant le bruit que les Français étaient partout battus, qu'ils manquaient de vivres et de munitions, et qu'il suffirait d'une démonstration énergique pour les anéantir ou les forcer à mettre bas les armes. La réputation de bravoure et d'habileté de ce général était telle, que nul ne doutait de ses assertions, et à sa voix des bandes nombreuses étaient accourues se ranger sous ses ordre. A la tête de ces forces, dont la moitié pouvait passer pour des troupes régulières, le marquis était descendu des montagnes de Puebla et de Sanabria, et afin de débuter par un succès, chose importante dans sa position, il s'était porté sur Ponte-Ferrada, où il avait facilement enlevé un détachement français qui gardait ce poste. Exaltée par leur général, cette affaire prit aux yeux de ses soldats les proportions d'une éclatante victoire. Sans perdre un instant, le marquis se porta rapidement sur Villa-Franca, qu'il attaqua sur-le-champ. La garnison, forte à peine de 800 hommes, tenta vainement de se défendre; elle fut obligée de se rendre. Exagérés par le général, ses soldats et les populations, ces succès attirèrent sous les drapeaux de la Romana plus de 30,000 hommes tous bien armés. Bientôt le maréchal Ney, harcelé, pressé de toutes parts, se trouva dans la nécessité de concentrer la plus grande partie de ses forces sur Lugo.

En apprenant ces nouvelles, le maréchal Soult sentit qu'il n'y avait plus possibilité pour le maréchal Ney de prêter son concours à l'armée qu'il avait victorieusement conduite jusqu'à Oporto, et que lui-même courrait bientôt le risque d'être enveloppé de toutes parts, si la position de Ney ne s'améliorait promptement. Il résolut donc de dégager celles des places assiégées par la Romana qui étaient le plus rapprochées de lui. Cette tâche fut par lui confiée au général Hendelet, qui ayant sur-le-champ traversé la province d'Entre-Minho-e-Duero, s'empara par un coup de main de Valencia, dont il fit sauter les fortifications, passa le Minho, et défit un corps de 12,000 insurgés, qui bloquait le général Lamartellière dans la ville ouverte de Tuy, où l'armée avait son grand parc d'artillerie. Le général Hendelet, après cette victoire, ramena sa division dans Oporto.

Voyons maintenant quelle était la position du maréchal Victor. D'abord, tandis que Soult pénétrait dans l'intérieur du Portugal, Victor avait eu à combattre l'armée d'Estramadure, commandée par Cuesta, et qui, réorganisée et considérablement renforcée, s'était fortement établie sur la rive gauche du Tage, où elle avait commencé par retarder la marche de son adversaire, en détruisant le pont d'Almaras. Les divisions Leval et Vilatte, ainsi que la cavalerie légère du général Lasalle, se dirigèrent alors sur Arzobispo et Talavera, où elles passèrent le fleuve; elles marchèrent alors sur l'armée de Cuesta, l'attaquèrent, et la poussèrent toujours battant, de position en position, jusqu'au col de Miravète. Là, 8,000 Espagnols, retranchés et défendus par 6 pièces de canon, ayant été battus et mis en déroute par 3,000 Allemands de l'armée de Victor, l'ennemi se trouva forcé de dégarnir la rive gauche du Tage; les Français profitèrent de cette circonstance pour jeter pendant la nuit sur le Tage, vis-à-vis Almaras, un pont volant qui permit aux colonnes du maréchal Victor de s'avancer vers la Guadiana, après avoir opéré leur jonction à Truxillo.

Cuesta se mit alors en retraite, et, le 22 mars, il prit position derrière la Guadiana, en avant de la ville de Medellin. C'est là que le maréchal Victor vint l'attaquer, le 28, à onze heures du matin. L'armée française, ayant été obligée de laisser une partie de ses forces en arrière pour garder ses communications, ne pouvait mettre en ligne que 7,000 hommes; l'armée espagnole comptait près de 30,000 combattants. Le succès fut longtemps incertain; malgré les charges impétueuses et répétées des Français, les colonnes ennemies, souvent rompues, se reformaient promptement, grâce à leur supériorité numérique. Ce fut la cavalerie du général Lasalle qui décida du gain de la bataille; après avoir feint pendant quelque temps de battre en retraite devant toute la cavalerie espagnole, faisant tout à coup demi-tour à droite, il se trouva, en bataille, à une demi-portée de pistolet de l'ennemi. Ce mouvement fut exécuté avec tant de calme apparent et de précision, que les Espagnols, qui chargeaient au galop, s'arrêtèrent subitement.

Alors, le capitaine qui commandait le premier escadron français fait à son tour sonner la charge et s'élance sur l'ennemi, qui tourne bride et jette, en fuyant, le désordre dans tous les rangs. Dès lors la bataille fut gagnée, et les Espagnols, poursuivis l'épée dans les reins, commencèrent à jeter leurs armes pour fuir plus rapidement. Ils eurent 12,000 hommes tués; on leur fit 8,000 prisonniers. La prise de 19 pièces de canon et de 40 drapeaux couronna ce prodigieux succès. Chose étrange! ces prisonniers qui venaient d'affronter la mort pour chasser du trône le frère de l'Empereur, criaient spontanément, en passant devant les bataillons français : *Vivent Napoléon et ses invincibles soldats!* Telle était l'irrésistible puissance du grand homme, qu'il imposait l'admiration même à ses plus implacables ennemis. Indépendamment du général Lasalle, auquel appartient plus particulièrement l'honneur de cette journée, beaucoup d'autres généraux et officiers supérieurs s'y firent remarquer, tels que les généraux Bordesoult, Latour-Maubourg, Vilatte, Leval, Ruffin, le colonel Meunier, du 9e d'infanterie légère, et le capitaine Dratzianski, qui avait si bravement fait face à l'ennemi au moment où celui-ci croyait n'avoir plus à poursuivre que des fuyards.

Pendant que Victor anéantissait l'armée de Cuesta à Medellin, le duc de l'Infantado, qui, à la tête de 15,000 hommes, s'était porté dans la Manche, y était battu par le général Sébastiani, qui commandait le 4e corps, et par le général Milhaud, qui, en deux jours, lui tuèrent 3,000 hommes, lui prirent 12 pièces de canon, 4 drapeaux, 25 caissons, une grande quantité de voitures, de bagages, et lui firent 7,000 prisonniers.

Mais, loin de paraître effrayée de ces revers, la junte suprême n'en montrait que plus d'énergie. Bien que le général Cuesta eût perdu à Medellin près des deux tiers de ses soldats et la presque totalité de son matériel de guerre, la junte n'en décréta pas moins que ce général et ses soldats avaient bien mérité de la patrie, et leur vota des récompenses, suivant en cela l'exemple du sénat romain, qui, après la défaite de Varron à la bataille de Cannes, remerciait ce consul de n'avoir pas désespéré du salut de la patrie. Cette conduite, à la fois honorable et habile de la junte, eut pour elle les résultats les plus favorables. Près de 30,000 nouveaux volontaires vinrent en quelques jours se ranger sous ses drapeaux; toutes les pertes en chevaux et matériel furent réparées comme par enchantement, et alors qu'on eût pu la croire presque entièrement anéantie, l'armée espagnole se remontra aussi forte et plus ardente que jamais. Elle recommença ses mouvements en occupant tous les débouchés des montagnes, de sorte que Victor, dont les forces étaient réduites à un peu moins de 20,000 hommes, ne put dès lors marcher vers le Portugal sans courir le risque d'être harcelé sur ses derrières et de voir ses communications avec Madrid complétement interrompues. D'un autre côté, la situation des affaires en Portugal était telle que, en supposant que l'on parvînt à y pénétrer, il ne semblait pas probable qu'on réussît à s'y maintenir. L'armée portugaise était devenue nombreuse; sa réorganisation était presque complète, et les Anglais, sous le commandant de sir Arthur Wellesley, étaient en force, sur le Tage, à Abrantès. Ce que l'on savait de la position du maréchal Soult était loin d'être rassurant; enfin l'état de fermentation dans lequel se trouvait le royaume de Léon donnait de légitimes inquiétudes. Ces diverses circonstances engagèrent le maréchal Victor à prendre ses cantonnements dans la haute Estramadure, en attendant que les événements lui permissent de prendre un parti plus décisif. De plus en plus isolée, l'armée française de Portugal se maintenait néanmoins, grâce à l'habileté de ses chefs, au courage et au dévouement de ses soldats; mais l'heure approchait où cette armée de braves allait être soumise aux plus rudes épreuves.

Débarqué à Lisbonne à la tête de 18,000 Anglais, sir Arthur Wellesley, dès le 30 mai, se mit en marche et se dirigea sur Oporto, toujours occupé par le maréchal Soult, tandis qu'un corps de Portugais, sous les ordres du maréchal Beresford, s'avançait par Viseu pour passer le Duero à Lomégo, en vue de couper aux Français la retraite sur Amarante, et que le gros de l'armée portugaise et un fort détachement anglais se tenaient à Abrantès pour barrer le passage au maréchal Victor, dans le cas où il aurait eu l'intention de venir au secours de Soult. Attaqué, pour ainsi dire, à l'improviste, ce dernier fut obligé d'évacuer précipitamment Oporto; il dirigea sa retraite sur la Galice, et arriva dans cette province après neuf jours de marches forcées à travers les montagnes et les précipices, et par un temps épouvantable. Il se trouva ainsi hors d'atteinte des deux armées ennemies qui avaient failli l'envelopper; mais il avait dû, pour arriver à ce résultat, se résigner à de grands sacrifices : il lui avait fallu détruire son artillerie, ses bagages, et abandonner ses caisses militaires. Les souffrances que les Français eurent à endurer dans cette marche, les périls qu'ils coururent surpassèrent de beaucoup ceux qui, deux ans auparavant, avaient rendu si pénible la première invasion du Portugal. L'armée, cependant, conserva ses aigles, ses chevaux et ses armes.

Cette armée, qui avait quitté Oporto le 12, arriva à Orense le 20, et là, pour la première fois depuis le commencement de sa retraite, elle trouva des subsistances et put prendre quelques heures de repos. Dès le lendemain elle se remit en marche, non plus cette fois pour éviter l'ennemi, mais pour aller secourir le général Fournier, qui, enfermé dans Lugo avec une faible garnison, avait résisté jusqu'alors aux efforts du marquis de la Romana, qui, avec 20,000 hommes, le tenait assiégé. Soult arriva le 22 en vue des troupes assiégeantes, qu'il attaqua aussitôt et qu'il mit dans une complète déroute après un court engagement, rendant ainsi la liberté à la brave garnison, laquelle fut d'autant plus surprise de ce secours inespéré que l'on croyait généralement alors que l'armée de Soult avait été détruite. Huit jours après, les troupes du maréchal Ney, qui, réunies à celles du général Kellermann, avaient remporté une éclatante victoire devant Oviédo, firent leur jonction avec celles de Soult sous les murs de Lugo, et l'on put espérer un instant que cette campagne aurait une fin prochaine et glorieuse ; mais déjà Napoléon avait été contraint de rappeler une partie de ses forces de la Péninsule pour les conduire à la victoire sur un autre point de l'Europe où l'Angleterre était parvenue à lui susciter de nouveaux ennemis.

L'Espagne entière se couvrit de guérillas. Dans les provinces où les armées avaient disparu, ces bandes audacieuses inquiétaient encore les vainqueurs ; elles interceptaient les courriers, les convois, et, lorsqu'on les poursuivait trop vivement, elles trouvaient dans les montagnes des refuges inaccessibles.

Grâce à l'insurrection générale, appuyée par 30,000 Anglais, par les noyaux des troupes de la Romana et de Cuesta, par les divisions d'Andalousie et de Valence, à la fin de juin, le Portugal, la Galice et les Asturies furent entièrement dégagés, et presque partout les armes françaises réduites à la défensive. Ce fut alors que Wellington entra en Espagne et commença la longue lutte où il finit par triompher.

CHAPITRE VIII.

Campagne de 1809. — Passage de l'Iser par les Autrichiens le 16 avril. — Arrivée de Napoléon le 17.— Batailles d'Abensberg,—d'Eckmuhl.—Prise de Ratisbonne. —Opérations en Autriche. — Capitulation de Vienne. — Première affaire d'Essling. — Passage du Danube. — Opérations en Pologne. — Occupation de Varsovie par les Autrichiens. — Opérations en Italie. — Invasion de l'Italie et du Tyrol par les Autrichiens.— Retraite des Français. — Retraite des Autrichiens. — Bataille de la Piave. — Jonction avec la grande armée. — Bataille de Raab. — Fin des opérations sur le Danube. — Bataille de Wagram. — Armistice de Znaym. — Diversion anglaise dans le royaume de Naples. — Enlèvement du pape. — Expédition de l'île de Walcheren. — Echec et rembarquement des Anglais. — Traité de Vienne, 14 octobre 1809.

Depuis quatre ans, l'Autriche dévorait en silence l'humiliation du traité de Presbourg. Profondément blessée du droit que Napoléon avait conquis en Allemagne, depuis la paix de Tilsit et la confédération du Rhin ; non moins ulcérée de n'avoir pas été représentée aux conférences d'Erfurth, elle se préparait sans éclat à la guerre et s'efforçait d'entretenir le mécontentement excité par les nouvelles divisions territoriales. Les villes anséatiques détestaient le système continental qui les privait du commerce maritime; la Westphalie supportait impatiemment la domination de Jérôme, et le Tyrol était prêt à se soulever, en haine du régime bavarois. De plus, le cabinet de Vienne savait que la Prusse désirait la guerre, et qu'elle était toute prête à porter son armée à 100,000 hommes.

L'Angleterre contribua à cette guerre nouvelle par un subside de 100 millions, et promit d'envoyer, aussitôt que la guerre serait commencée, un corps de 40,000 hommes pour opérer une diversion, soit sur les côtes de l'empire français, soit dans le nord de l'Allemagne.

L'Autriche se proposait d'attaquer la France sur trois points à la fois, en Bavière, en Italie et en Pologne. Elle suivit et imita dans la composition de son armée l'organisation de l'armée française. Six corps de 25,000 hommes chaque et une forte réserve formèrent la grande armée aux ordres du prince Charles. Cette armée, rassemblée en Bohême, fut chargée d'envahir la Bavière. Deux corps, d'ensemble 50,000 hommes de troupes de ligne et 25,000 soldats miliciens, composèrent l'armée d'Italie aux ordres de l'archiduc Jean; enfin, une troisième armée de 40,000 hommes, commandée par l'archiduc Ferdinand, devait occuper le duché de Varsovie. Le total des forces de l'armée ennemie s'élevait à 450,000 hommes, non compris la landwehr. L'artillerie de cette armée était de 700 pièces.

L'empereur François fit une proclamation à son peuple, et l'archiduc Charles, généralissime, en fit une à l'armée.

Napoléon, quoique au fond de l'Espagne, observait les préparatifs de l'Autriche. Mais les forces dont il pouvait disposer pour la guerre qu'il allait être obligé de soutenir en Allemagne, ne s'élevaient qu'à 100,000 Français (y compris les garnisons des villes du nord de l'Allemagne), et 40,000 Bavarois et Wurtembergeois. Il pouvait compter en outre sur 60,000 confédérés, Saxons, Badois, Hessois, etc., pourvu que le sort des armes ne lui fût pas défavorable, mais, dans tous les cas, sur les Polonais, décidés à combattre vigoureusement pour l'indépendance de leur patrie. L'armée d'Italie, sous Eugène et Macdonald, était de 45,000 combattants, et le corps de Marmont, en Illyrie, de 15,000. L'artillerie de toutes ces troupes réunies ne s'élevait pas au delà de 560 pièces de canon.

Pendant que l'Autriche aura à lutter contre Napoléon, on verra l'Angleterre, alliée de cette puissance, combattre l'Empereur faiblement sur les côtes d'Italie, mais d'une manière d'abord plus heureuse dans la Hollande; ses troupes en même temps seconderont les Espagnols.

Ce fut le 17 janvier, à Valladolid, que Napoléon reçut la nouvelle des premières démonstrations hostiles de l'Autriche. Il en part aussitôt à franc-étrier; le sixième jour, il descend aux Tuileries, et, sans interrompre la guerre commencée avec les Espagnols, fait des préparatifs pour soutenir celle que les Autrichiens lui déclarent. Il n'avait à leur opposer, dans le premier moment, que le corps du maréchal Davoust et celui du général Oudinot; l'un composé de 45,000 hommes d'infanterie et de 4,000 de cavalerie, et l'autre de 12,000 fantassins et de 2,000 chevaux. Mais bientôt des détachements tirés, soit de l'Espagne, soit de l'intérieur de la France, et les contingents fournis par les princes de la confédération du Rhin, sont dirigés sur le point menacé, où, réunis à ces deux corps, ils formeront un ensemble de 180,000 hommes. C'est en Bavière même qu'ils doivent opérer leur jonction. Mais comme ces divers corps ne pouvaient y arriver simultanément, l'archiduc Charles, qui s'y portait avec 160,000 hommes, espérait les détruire sans peine en les attaquant séparément. Le plan était bien conçu, mais il fallait, pour l'exécuter, une rapidité dans les mouvements qui n'est pas dans les habitudes allemandes. Pendant que des bords de l'Ens l'archiduc se portait sur ceux de l'Iser, les différents corps dont se composait l'armée française opéraient leur réunion; et Napoléon, parti de Paris sans gardes, sans équipages, le 12 avril, à la nouvelle de l'invasion des Autrichiens en Bavière, y était arrivé le 17, et avait pris le commandement. Il promit au roi de Bavière, son allié, de le venger, de le ramener avant quinze jours dans sa capitale, et de le faire plus grand que ne fut jamais aucun de ses ancêtres.

Le lendemain, de Donavert, où il porta son quartier-général, il expédia ses ordres sur tous les points, et l'armée fut instruite de son arrivée par cette proclamation :

« Soldats,

« Le territoire de la confédération du Rhin a été violé : le général autrichien veut que nous fuyions à l'aspect de ses armes, et que nous lui abandonnions nos alliés ; j'arrive avec la rapidité de l'éclair. Soldats, j'étais entouré de vous lorsque le souverain de l'Autriche vint à mon bivouac de la Moravie : vous l'avez entendu implorer ma clémence, et me jurer une amitié éternelle. Vainqueurs dans trois guerres, l'Autriche a dû tout à notre générosité : trois fois elle a été parjure ! Nos succès passés nous sont un sûr garant de la victoire qui nous attend. Marchons donc, et qu'à notre aspect l'ennemi reconnaisse son vainqueur. »

Napoléon s'occupa sur-le-champ de prendre l'offensive. Il bat à Thann l'armée du prince Charles, si formidable par le nombre, et la divise en deux parties presque isolées. L'Empereur, voulant pousser ces deux ailes dans des directions contraires, afin de les accabler l'une après l'autre, s'avança à la tête de 50,000 combattants. Plusieurs détachements furent culbutés, et un dernier engagement à Rottemburg eut pour effet de rompre la communication entre l'archiduc Charles et l'archiduc Louis, qui, attaqué lui-même à Siegenburg par le général Wrède, avait été forcé d'abandonner sa position. Nos colonnes victorieuses ne s'arrêtèrent que sur les bords de la Laber, et la nuit seule mit fin à cette suite d'actions partielles qui furent comprises, dans les relations du temps, sous le nom commun de *bataille d'Abensberg*. Sept mille Autrichiens y furent tués, blessés ou pris, 8 drapeaux et 12 pièces de canon tombèrent au pouvoir des Français. Le 21, à cinq heures du matin, notre avant-garde se jeta sur les troupes ennemies les plus à portée, et les chassa devant elle. A onze heures, Napoléon et toute son armée étaient sous Landshut, en présence du général Hiller. Le maréchal Bessières commença l'attaque par une charge des plus brillantes. La cavalerie hongroise, sabrée et culbutée, s'enfuit en jetant l'épouvante dans les rangs autrichiens. Le général Mouton, aide-de-camp de l'Empereur, se précipita dans le faubourg de Seelingthal, dont il s'empara, et passant ensuite au pas de charge le pont sur le premier bras de l'Iser, il pénétra dans la ville. Les Autrichiens s'y défendirent quelque temps avec résolution ; mais ils cédèrent enfin. L'archiduc, qui croyait Napoléon entraîné au-delà de l'Iser à la poursuite du général Hiller, et dont l'armée s'était grossie par des renforts, se disposait cependant à enlever le corps de Davoust. Quelque avantageuse que fût la position occupée par ce maréchal vers Eckmülh, où les Autrichiens étaient établis, il lui semblait impossible qu'un corps si faible résistât à 100,000 hommes qui manœuvraient pour l'envelopper. Mais Napoléon, laissant au maréchal Bessières le soin de poursuivre l'aile en retraite, revint, avec la majeure partie de ses troupes et toute sa cavalerie, au secours de Davoust, qui reprit aussitôt l'offensive. Menacés à leur centre, tournés sur un de leurs flancs, chassés de toutes leurs positions, les Autrichiens, après avoir perdu 5,000 hommes dans le combat, se retirèrent sur Ratisbonne, en laissant 15,000 prisonniers, 16 pièces de canon et 2 drapeaux aux mains des Français. C'est en récompense de la constance avec laquelle il avait préparé le succès de cette journée, que Davoust, qui déjà avait conquis sur le champ de bataille le titre de duc d'Awerstedt, fut nommé prince d'Eckmülh. Notre perte fut à peu près de 2,000 hommes, au nombre desquels se trouva le général Cervoni, qui s'était acquis une honorable réputation dans les premières campagnes d'Italie.

L'archiduc Charles avait encore plus de 80,000 hommes sous ses ordres. Toutefois, le découragement de ses soldats lui fit juger qu'il serait imprudent d'attendre son ennemi dans une plaine qui n'offrait aucune position favorable, et où il pouvait être acculé au Danube. Il prit donc le parti de se retirer sur la rive gauche du fleuve, qu'il passa, le 23, au-dessous de Ratisbonne. Il y eut une mêlée de cavalerie en avant de cette ville, et le maréchal Lannes vint y former ses troupes en bataille, à huit cents pas des remparts. Napoléon fut alors blessé pour la première fois de sa vie; une balle amortie le frappa au pied droit et lui fit une forte contusion. « Ce ne peut être qu'un Tyrolien, dit-il, qui m'ait ajusté de si loin ; ces gens sont fort adroits. » Le général qui commandait dans la place avait ordre de tenir jusqu'à la nuit; mais quelques officiers ayant remarqué une ancienne brèche qui n'avait pas encore été réparée, Lannes, à qui ce passage était offert, s'élança sous le feu de l'ennemi, pénétra dans les remparts, et fit ouvrir la porte de Straubing. Aussitôt plusieurs de nos bataillons entrèrent de ce côté pour fermer la retraite à la garnison, qui mit bas les armes au nombre de sept à huit mille hommes. Les colonnes françaises tentèrent de forcer le pont; mais le général Kollowrath les arrêta par le feu de plusieurs batteries formidables. La prise de Ratisbonne amena la délivrance du 65e régiment, prisonnier dans cette ville, devant laquelle, cinq jours auparavant, il avait arrêté deux corps d'armée pendant quarante-huit heures.

Le 24 avril, l'Empereur passa une grande revue, et, suivant sa coutume, il décerna habilement des récompenses qui augmentèrent encore l'enthousiasme; il fit lire ensuite une proclamation dans laquelle il félicitait l'armée d'avoir justifié son attente. « Soldats, disait-il, l'ennemi, enivré par un cabinet parjure, semblait ne plus conserver aucun souvenir de vous. Son réveil a été prompt; vous lui avez apparu plus terribles que jamais. Naguère il a traversé l'Inn et envahi le territoire de nos alliés ; naguère il se promettait de porter ses armes au sein de notre patrie. Aujourd'hui, défait, épouvanté, il fuit en désordre. Déjà mon avant-garde a passé l'Inn ; avant un mois nous serons à Vienne. » Napoléon ne perdit pas un instant pour réaliser cette prédiction ; le 26, il partit de Ratisbonne, et ses colonnes s'avancèrent par la rive droite du Danube, dans la direction de l'Inn.

Trop faible pour essayer de défendre l'Inn, le général Hiller s'était replié sur Ebersberg, village protégé par un château fort, sur la Traun. Du premier choc, les Français culbutent l'avant-garde d'Hiller, qui défend les approches du pont. L'intrépide général Cohorn s'élance à la tête de quelques bataillons. En vain le feu redoublé des batteries ennemies foudroie ces braves : ils avancent, renversent dans la Traun tout ce qui s'oppose à leur course, et pénètrent dans la ville. Là s'engage un de ces combats de géants auxquels les Français avaient déjà habitué les soldats de l'Autriche ; mais, pendant cette lutte, un horrible incendie avait éclaté dans Ebersberg et consumé les premières arches du pont ; la division Claparède, parvenue seule à l'extrémité, se trouva tout à coup sans communication. A peine forte de 7,000 combattants, elle était engagée contre une armée de 35,000 hommes. Cette effrayante disproportion ne fit qu'enflammer son courage. Pendant trois heures, elle soutint avec la plus grande résolution une lutte si inégale. Trois fois les masses les plus formidables se ruèrent sur elle, sans pouvoir l'entamer. L'inexpugnable baïonnette de cette poignée de braves résista à tous les chocs. Trois cents d'entre eux étaient tombés sur le champ de bataille ; le nombre de ceux qui avaient été mis hors de combat s'élevait à plus de 700. Mais ni les dangers ni la perte n'exerçaient aucun empire sur l'âme de si vaillants soldats : ils avaient fait serment de vaincre. Toutefois, l'inévitable résultat de tant de prodiges n'eût été que de succomber glorieusement, si les généraux Legrand et Durosnel, avec quelques régiments d'infanterie et de cavalerie, n'eussent enfin réussi à franchir le fleuve. A la vue de ces nouvelles colonnes, l'ennemi craignant d'être débordé par sa gauche, prit le parti de la retraite, et le maréchal Bessières, survenu pendant le combat avec la cavalerie, se mit à sa poursuite.

L'Empereur accourait par la rive droite de la Traun ; il n'arriva qu'à la nuit tombante : tout était terminé. La ville offrait un spectacle horrible : des monceaux de morts obstruaient les rues ; les maisons et le château brûlaient encore, et du milieu de leurs débris embrasés s'élevaient les cris des blessés qu'il était impossible de secourir. Napoléon, en rédigeant le bulletin de cette sanglante action, qu'il nommait un des plus beaux faits d'armes dont l'histoire puisse conserver le souvenir, ajouta : « Le voyageur s'arrêtera et dira : C'est ici, c'est de ces superbes positions qu'une armée de 35,000 Autrichiens a été chassée par deux divisions françaises. »

Pendant ces victoires, d'autres corps, qui devaient faire partie de la grande armée française, s'avançaient pour entrer en ligne. De ce nombre était le contingent de la Saxe, que Bernadotte commandait en chef ; ce maréchal, après s'être emparé d'Egra, où il avait dissipé un rassemblement considérable de la landwher, harcelait les derrières du prince Charles, et, par de vives démonstrations, l'obligeait à diviser ses forces. Le corps du maréchal Davoust, qui n'avait cessé de suivre l'archiduc au moment où il s'était enfoncé dans la Bohême, obéissait aussi à ce mouvement de concentration; il s'était porté sur Molk. Lefebvre marchait sur Inspruck, afin de prendre à revers les détachements autrichiens qui inquiétaient encore la Bavière.

L'armée française, ne pouvant plus être arrêtée par aucun obstacle jusqu'à Vienne, arriva sous les murs de cette ville le 10 mai 1802, comme Napoléon le lui avait promis après la bataille d'Eckmülh. L'archiduc Maximilien y commandait, engagé par serment à s'ensevelir sous les ruines de la place plutôt que de la rendre. Deux sommations n'obtinrent en effet que des coups de canon pour réponse; les parlementaires furent même maltraités, et le général Lagrange, l'un d'eux, revint au camp des Français couvert de blessures. Napoléon, justement indigné de cette violation du droit des gens, fit sur-le-champ ses dispositions pour l'attaque. Son dessein était de bombarder la ville et de couper en même temps la retraite à l'ennemi. Pour atteindre ce dernier résultat, il fallait se rendre maître du Prater, et il était indispensable de jeter un pont sur le bras du Danube par lequel cette promenade est séparée des faubourgs. L'opération était difficile; mais deux officiers, le capitaine Pourtalès et le lieutenant Susaldi, s'étant précipités dans le fleuve, parvinrent, sous une grêle de balles, à la rive opposée, d'où ils ramenèrent deux barques, qui servirent au passage de deux compagnies de voltigeurs, conduites par le chef d'escadron Talhouet. Un bataillon de grenadiers hongrois, qui gardait ce poste, fut culbuté au premier choc. A huit heures du soir, tous les matériaux pour la construction du pont étaient rassemblés. Dans ce moment, une batterie de 20 obusiers, élevée à cent toises des remparts par les généraux Navalet et Bertrand, lançait la foudre sur la ville. Plusieurs édifices y étaient déjà devenus la proie des flammes. A minuit, plus de 1,800 obus avaient éclaté dans les différents quartiers; l'épouvante était à son comble. De toutes parts, on entendait les cris des femmes et des enfants. Au milieu de cet effroi général, un officier autrichien, précédé d'un trompette, vint annoncer que la jeune archiduchesse Marie-Louise, qu'une maladie grave avait empêchée de suivre la cour, se trouvait dans le palais impérial, exposée au feu des assiégeants. Napoléon ne fut pas plutôt informé de cette circonstance, qu'ordonnant d'épargner la demeure de la princesse, il fit changer la direction des batteries. L'archiduc Maximilien, voyant que ses communications étaient menacées, tenta, pendant la nuit, d'enlever le poste français établi au Prater; mais ses colonnes, accueillies par la mitraille de 15 pièces de canon, ayant été obligées de se retirer dans le plus grand désordre, il put enfin apprécier tout le danger de sa position, et dès le lendemain il évacua la place. Le 12, au point du jour, le général Oreilly, à qui le prince avait laissé tous les pouvoirs nécessaires, fit demander une capitulation, et une députation de la ville vint aux avant-postes; elle fut présentée à l'Empereur, à Schœnbrunn. Oubliant l'outrage fait à son parlementaire, il assura les députés de sa protection et leur promit que la ville serait traitée avec la même clémence qu'en 1805. Les articles de la capitulation furent dressés immédiatement et ratifiés la nuit suivante. Le 13, à neuf heures du matin, les troupes françaises entrèrent dans la ville.

Napoléon ne fit point d'entrée à Vienne. Un ordre du jour, daté de Schœnbrunn, apprit à l'armée l'occupation de la capitale. Dans cette résidence l'Empereur surveillait les travaux vis-à-vis d'Ebersdof, pour le passage du Danube, dont l'archiduc en se retirant avait fait détruire les ponts.

En cet endroit le fleuve est divisé en trois bras par deux îles : un premier pont fut jeté sur le bras de la première île, et de celle-ci, un second fut établi sur celle de Lobau. Napoléon, qui était passé, fit établir le troisième sous ses yeux en moins de trois heures ; le colonel Sainte-Croix aborda le premier, et fut suivi des divisions Molitor, Boudet et de la cavalerie de Lasalle. Le 21, au point du jour, l'Empereur, entouré de son état-major, alla reconnaître la position de l'ennemi et disposer son champ de bataille.

Cependant l'archiduc Charles, après avoir fait un long circuit par la Bohême, s'était rapproché de Vienne et avait rallié à son armée les troupes du général Hiller. Arrivé, depuis le 16, au pied du mont Bisamberg, il avait appris l'occupation de l'île de Lobau par les voltigeurs de la division Molitor ; mais, loin de vouloir empêcher Napoléon de franchir le Danube, il fit au contraire replier ses avant-gardes, afin de faciliter le déploiement de nos troupes et de livrer bataille sur un terrain où elles seraient adossées au fleuve.

Le 21, à quatre heures du soir, 90,000 Autrichiens, soutenus par 228 pièces de canon, débouchèrent sur cinq colonnes, dans la plaine de Markfeld ; le but de cette démonstration était de renfermer Napoléon dans un cercle étroit, et ensuite de l'écraser : on savait qu'à peine 30,000 hommes étaient alors réunis autour de lui, et l'on ne pensait pas que, dans cette position, il lui fût possible d'échapper au plus éclatant revers. Ses adversaires ne s'étaient pas encore présentés devant lui avec une telle présomption de la victoire. L'action commença aussitôt par une attaque vigoureuse du général Hiller contre Gross-Aspern, où s'appuyait notre gauche commandée par le maréchal Masséna. Trois fois l'ennemi, avec des forces toujours supérieures, essaya d'emporter ce village, et trois fois il fut repoussé. On se battit dans chaque rue, dans chaque maison, avec un acharnement sans exemple. La nuit, qui survint, mit fin à ce combat meurtrier, dont aucun des deux partis ne retira d'avantage, et qui avait été signalé, du côté des Français, par la perte de plusieurs officiers d'un grand mérite. De ce nombre était le général Despagne, emporté par un boulet au moment où, à la tête de sa division de cuirassiers, il venait d'enfoncer deux carrés, et de décider de la prise de 14 pièces de canon.

Les deux armées conservèrent chacune les positions où elles se trouvaient quand elles avaient cessé de combattre. La division Saint-Hilaire, le corps de grenadiers du général Oudinot, une partie de la garde impériale, la seconde brigade de la division Nansouty, et deux brigades de cavalerie légère arrivèrent de l'île de Lobau pendant la nuit. Ces renforts portaient à 45,000 hommes l'effectif des troupes françaises, qui étaient entrées en ligne.

Le 22, à quatre heures du matin, partit de tous les points occupés par les Autrichiens un feu d'artillerie croisé sur notre centre, qui répondit vivement à cette canonnade. Les villages de Gross-Aspern et d'Essling furent ensuite attaqués avec la même fureur que la veille, et défendus avec autant de résolution. Napoléon, placé sur une éminence d'où il découvrait toute la plaine, remarqua que l'archiduc affaiblissait son centre pour fortifier ses ailes : il conçut alors le projet de couper en deux l'armée autrichienne.

Aussitôt les divisions Saint-Hilaire et Boudet, les grenadiers d'Oudinot, toute la cavalerie, formée en masse, et une artillerie nombreuse, dirigée par le général Lariboissière, s'avancèrent aux cris de : *Vive l'Empereur !* Le maréchal Lannes guidait cette charge terrible. En un instant les plus épais bataillons de l'ennemi furent renversés et mis en déroute. L'archiduc lui-même, qui, en agitant un drapeau, essayait de rallier ses soldats, fut entraîné dans leur fuite. Il était neuf heures, et la bataille fut à l'instant décidée. Encore quelques efforts, et les Français triomphaient d'une armée double de la leur. Napoléon lui-même encourageait l'armée de son exemple; il s'exposait avec la témérité d'un soldat. Le général Walter lui criait au fort de l'action : « Retirez-vous, sire, ou je vous fais enlever par mes grenadiers. » Dans ce moment on vient apprendre à l'Empereur que les ponts du Danube sont rompus, et qu'il n'existe plus aucune communication avec l'île de Lobau. Tout autre chef eût été consterné d'une si affligeante nouvelle. Napoléon, sans montrer la moindre altération, et avec le calme le plus héroïque, envoya au maréchal Lannes l'ordre de ralentir son mouvement et de reprendre sa position entre Gross-Aspern et Essling.

L'archiduc, en apercevant cette hésitation de la colonne victorieuse, eut d'autant moins de peine à en deviner la cause, qu'il avait d'avance préparé l'événement par lequel il échappait à une défaite certaine. De toutes parts, on se transmet cet avis : « Les Français n'ont plus de retraite. » Ces mots volent de bouche en bouche, et se répandent au loin avec la rapidité de l'éclair. Tout à coup le désordre cesse, la ligne autrichienne revient à la charge, l'artillerie rallume ses foudres, et le combat recommence sur le même terrain, et avec la même balance de succès que la veille. Deux cents bouches d'airain vomissent à la fois les boulets et la mitraille. Notre armée, obligée de ménager ses munitions, qui ne peuvent plus être renouvelées, n'opposera désormais à ces formidables assauts que ses baïonnettes et un courage au-dessus des revers. Les troupes, l'arme au bras, ne tirent que lorsque les colonnes d'attaque arrivent à la distance de quarante pas. L'intrépide maréchal Lannes parcourt incessamment son front de bataille : personne mieux que lui ne sait enflammer le cœur des soldats ; il les anime de sa voix et de son exemple ; il se multiplie, il est partout, et partout sa présence enfante des prodiges. C'est Ajax, c'est Achille. Dans son sein revit l'âme de tous ces vaillants guerriers : il les égale, il les surpasse ; mais, dans ce jour, les destins ne sont pas pour lui. Un boulet le frappe au genou : il tombe, et, au même instant, le général Saint-Hilaire, si longtemps associé à ses travaux comme à sa gloire, reçoit une blessure mortelle. D'autres chefs, renommés par leurs exploits, paient aussi le dernier tribut à la guerre. Les braves qui les suivent ne se laissent point abattre : inaccessibles à tout sentiment de terreur, ils serrent leurs rangs, et affrontent de plus en plus la mort qui les menace.

Napoléon voyait la victoire s'éloigner de ses aigles ; mais, supérieur à sa fortune, semblable à ces colosses de la Haute-Egypte qui restent encore debout au milieu des ruines que le temps à nivelées, il paraissait étranger à tant de désastres. Jamais, même dans ses plus beaux triomphes, il n'avait montré plus de sang-froid. Ses dispositions étaient admirables, son œil était partout ; mais Gross-Aspern et Essling attiraient plus particulièrement son attention. Le premier de ces villages fut pris et repris quatre fois, et le second huit : à la fin, la valeur des fusiliers et des tirailleurs de la garde, conduits par les généraux Mouton et Curial, conserva ces deux importantes clefs de la résistance.

Depuis dix heures du matin, les officiers du génie et de l'artillerie, restés dans l'île de Lobau, n'avaient pas perdu un instant pour réparer les ponts, et surtout celui qui communiquait à la rive gauche. Mais, contrariés sans cesse par les Autrichiens, qui lançaient dans le fleuve des arbres, des brûlots, des barques et des radeaux chargés de pierres, ils avaient été vingt fois obligés de recommencer leur travail. Toutes les circonstances semblaient s'être conjurées pour ajouter aux difficultés de l'opération : une fonte de neiges dans les montagnes avait élevé les eaux de plus de huit pieds ; les câbles se rompaient ; les bateaux, à peine replacés, étaient ou brisés ou entraînés de nouveau. Pendant la journée, il n'avait été possible que par intervalle de faire parvenir de faibles secours et quelques munitions aux corps qui en avaient le besoin le plus urgent : aussitôt que les pontons avaient offert la moindre apparence de solidité, des hommes s'y étaient hasardés, et quoique peu considérables, ces renforts étaient arrivés si à propos, qu'ils avaient mis les Français à même de se maintenir jusqu'à la nuit.

Tandis que l'on prenait toutes les précautions imaginables pour rétablir les communications, et les mettre à l'abri des atteintes les plus violentes, les blessés s'étaient traînés vers le point du passage, 12,000 hommes, presque mourants, mais soutenus encore par leur courage et par l'espoir d'être vengés bientôt, étaient entassés dans un étroit espace. Les uns par leurs cris et leurs gémissements, les autres par leurs vœux et leurs prières, cherchaient à hâter le moment de pénétrer dans l'île. Un grand nombre s'était avancé jusque dans le Danube, où, surpris par le flot qui s'accroissait sous leurs pas et pressés par la foule qui les empêchait de reculer, ils étaient emportés par le courant, et disparaissaient à jamais. Ceux qui venaient après eux ne tardaient pas à subir le même sort. Des milliers de cavaliers se noyèrent ainsi avec leurs chevaux.

Napoléon, qui, depuis quelques instants, était dans l'île, pouvait de là apprécier combien d'obstacles il restait à surmonter. Convaincu qu'il n'y avait plus rien à attendre que du temps, il donna ses ordres pour le dégagement de ces malheureux mutilés. L'accomplissement de ce triste soin occupait toute sa sollicitude, quand il vit s'approcher à pas lents un groupe de grenadiers, tout couverts de sang et de poussière, et dont les visages, noircis par la poudre, portaient l'empreinte d'une profonde douleur. Leurs fusils croisés sont cachés par le char funèbre, et sur ce brancard repose évanoui le chef illustre dont leurs récits ont tant de fois célébré les prouesses. Napoléon a distingué les traits du héros : c'est le plus fidèle de ses compagnons d'armes : il vole au-devant de lui, se précipite sur son sein, et d'une voix entrecoupée : « Lannes ! s'écrie-t-il, mon ami ! me reconnais-tu?... C'est l'Empereur... c'est Bonaparte... c'est ton ami ! » A ces mots, le maréchal entr'ouvre ses paupières appesanties : il veut parler, le souffle expire sur ses lèvres ; mais il lève ses bras, et les passe au cou de Napoléon, qui le presse quelque temps contre son cœur : leurs sanglots se confondent alors, et les témoins de cette scène déchirante, ces vieux soldats qui naguère frémissaient de rage quand la victoire se dérobait à leur indomptable valeur, laissent échapper des larmes d'attendrissement. Saisis de respect et tremblants, mornes et silencieux, ils inclinent ces fronts si terribles, et leurs regards farouches et sombres s'égarent pour la première fois. L'Empereur, craignant de rompre, dans un embrassement trop prolongé, le fil d'une si fragile existence, se détermina enfin à s'éloigner. Tous les secours furent prodigués pour arracher à la mort une tête si chère ; mais l'heure fatale avait sonné, et le deuil des Français apprit à leurs ennemis que le plus brave des soldats avait cessé de vivre. La mort de ce grand capitaine, surnommé le Bayard moderne, fit un vide dans l'armée, et parut être d'un sinistre présage.

Après ces émotions, au lieu de chercher le repos dont il a tant besoin, Napoléon bravant tous les dangers veut ranimer par sa présence les soldats qui sont encore sur la rive droite; il s'occupe d'abord des blessés et les fait placer tous dans les hôpitaux de l'île Lobau, sous la garde de Masséna. Puis, accompagné du maréchal Berthier et d'un seul officier d'ordonnance, M. Edmond de Périgord, il se dispose à passer le grand bras du Danube. Les flots rapides et agités par un vent impétueux, les débris qu'ils charriaient sans cesse, l'obscurité d'une nuit profonde, tout concourait à rendre la traversée périlleuse. Napoléon, monté sur un frêle esquif, se confia à sa fortune; mais, auparavant, il envoya le colonel Lejeune au maréchal Masséna, pour lui ordonner de faire sa retraite sur l'île de Lobau, dans le plus grand silence, après avoir augmenté le feu de ses bivouacs, afin de donner le change à l'ennemi. Ce mouvement fut heureusement exécuté : à quatre heures du matin, il n'y avait plus un seul Français sur la rive gauche, et le pont était déjà replié.

L'archiduc Charles ne profita point de l'avantage que lui donnait l'isolement de cette partie de notre armée. Nous ne chercherons pas les motifs de l'inaction dans laquelle demeura ce prince; seulement, nous croyons pouvoir affirmer que, dans une semblable position, son adversaire eût pris une détermination audacieuse dont son génie et la valeur française eussent assuré le succès. Les Autrichiens n'osèrent rien entreprendre. Napoléon, fort de leur hésitation et de la confiance de son armée, méditait de nouveaux plans et de nouvelles précautions : et tandis que, dans une attitude inoffensive, on se contentait de l'observer, son activité, toujours féconde en ressources, rassemblait les éléments d'une victoire, et, par des travaux dignes des Romains, préludait à une attaque dont aucune des chances ne devait plus être imprévue. Il brûlait d'effacer jusqu'au souvenir d'un revers qui pouvait ébranler chez les autres la croyance qu'il mettait lui-même en son bonheur; mais il ne céda pas à cette impatience : trop de précipitation eût tout compromis. Dans toutes ses autres campagnes, on avait vu Napoléon, rapide comme la foudre, ne consulter que l'ardeur de ses soldats. Ici il leur commande de s'arrêter; il temporise; mais aucun moment n'est perdu pour lui. Tout entier aux immenses préparatifs qu'il a ordonnés, il en surveille les moindres détails, et ne se dérobera à des soins si pénibles que lorsqu'il n'y aura plus de Danube pour les Français.

Napoléon réussit, avec une prodigieuse célérité, à rétablir la communication entre la rive droite et l'île de Lobau, qui, en quelques jours, se trouva convertie en un camp immense protégé par des batteries formidables qui la mettaient à l'abri de toute surprise; les autres petites îles furent fortifiées de même, et le 1er juillet, l'Empereur établit son quartier-général dans celle de Lobau, qui prit le nom d'île de Napoléon.

Les malheurs d'Essling se trouvaient dès lors réparés; de nouveaux renforts s'avançaient de toutes parts pour venir achever la perte de l'Autriche; mais les autres puissances étaient aux aguets, et, dans l'attente d'un revers qui accablerait leur vainqueur, elles préludaient à des hostilités par des tentatives encouragées secrètement et diplomatiquement désapprouvées. Des soulèvements partiels qui se rattachaient à une vaste conjuration éclatèrent contre les alliés de l'Empereur. La Westphalie fut attaquée, et Jérôme Bonaparte eut à réprimer cette révolte.

Toutefois la ténacité allemande donna bientôt naissance à une autre entreprise de ce genre. Schill, ancien partisan, major au service de la Prusse, sortit de Berlin, se porta sur Wiemberg, et entra en Westphalie, où il se vit à la tête d'une petite armée, vivant de pillage, et levant des contributions au nom du roi de Prusse. Les succès de Schill passèrent son espérance; il fit hardiment sommer le duc de Mecklembourg de lui livrer Stralsund, dont bientôt il s'empara. Mais le général Gratien sortit de Hambourg avec une division hollandaise. Après avoir délivré tout le Mecklembourg, il arriva sous les murs de Stralsund le 31 mai, et le même jour, la place fut emportée d'assaut. Schill était tombé mort dans la mêlée. Avec lui finissait l'insurrection.

A l'époque où le prince Charles avait passé l'Inn pour envahir la Bavière, le jeune archiduc Ferdinand, à la tête d'une armée de 38,000 hommes, s'était avancé vers la Pologne. Le but de cette expédition était, en occupant Varsovie et le grand duché jusqu'à Dantzig, de donner la main aux Anglais, maîtres de la Baltique, de faire cesser les hésitations de la Prusse et de la Russie, et d'offrir un appui central aux soulèvements des provinces septentrionales.

Ce fut Poniatowski, dont le nom était célèbre, que Napoléon opposa à l'archiduc. Poniatowski se prépara en toute hâte à une vigoureuse résistance, et, avec 12,000 hommes, il alla occuper Varsovie.

Convaincu cependant de l'impossibilité de défendre la place, il dut céder aux supplications des habitants et il abandonna leur ville que l'archiduc s'apprêtait à bombarder.

Les braves Polonais, poursuivant leur marche, entrèrent en Gallicie. Ils ne tardèrent pas à s'emparer des forteresses de Sandomir et de Zamosc; ils occupèrent Lemberg et Jaroslau. Ces progrès merveilleux enflammaient partout, sur le passage de Poniatowski, le cœur de ses compatriotes. L'esprit patriotique s'était réveillé, et déjà en espoir la Pologne se voyait délivrée du joug odieux de l'Autriche.

C'est sur ces entrefaites qu'arriva la nouvelle de la bataille d'Essling. En vain Poniatowski pressa-t-il les généraux russes, Gallitzin et Souvarof, de l'aider à vaincre l'Autriche. Le cas d'un revers était prévu dans les instructions qu'ils avaient reçues de Saint-Pétersbourg. Quoiqu'ils se comportassent plutôt en ennemis qu'en alliés, les Autrichiens ne furent pas moins battus dans toutes les rencontres, et ils se décidèrent à faire retraite sur Cracovie; mais l'avant-garde polonaise arriva en même temps que l'archiduc sous les murs de la ville, et Sokolinski se disposa aussitôt à attaquer l'ennemi. Ferdinand refusa le combat, et demanda douze heures pour évacuer la place. Poniatowski y entra en vainqueur; ses soldats y furent reçus par leurs compatriotes avec enthousiasme.

Avec des forces plus nombreuses et des soldats plus aguerris, l'archiduc Jean, en Italie, n'avait pas obtenu plus de succès. On avait pensé, à la cour d'Autriche, que les peuples des diverses contrées de la péninsule italique seraient faciles à soulever contre la France, et qu'il suffirait pour cela de leur promettre des institutions plus libérales que celles qu'elles tenaient de Napoléon. Pour atteindre ce but, on avait réuni tous les transfuges italiens, nobles, prêtres ou intrigants, qui n'avaient quitté leur pays que pour se soustraire à la loi commune qui avait anéanti les priviléges. C'était à ces singuliers apôtres de la liberté qu'était confié le soin de prêcher contre l'oppression et la tyrannie des Français, et ce fut entouré de ce cortége que l'archiduc se mit en campagne. Mais ce fut en vain qu'ils prêchèrent la révolte en donnant pour exemple les Espagnols qui combattaient si vaillamment pour leur indépendance, les Italiens sentirent bien qu'il n'y avait entre eux et les Espagnols aucune similitude; on tenta alors de les émouvoir en exagérant les malheurs du pape, qui, prisonnier à Savone, n'avait d'espoir qu'en eux pour recouvrer sa liberté. Le pape lui-même intervint, lança des bulles d'excommunication sur les auteurs de sa captivité, tout cela n'aboutit qu'à faire naître quelque fermentation parmi les restes de l'ancienne aristocratie : le peuple ne bougea point. L'archiduc se décida alors à combattre, et ayant réuni ses forces entre la Save et le golfe adriatique, il envoya aux avant-postes français la déclaration de guerre de l'empereur d'Autriche.

Le prince vice-roi d'Italie, fils adoptif de Napoléon, qui se trouvait alors à Udine, activa la concentration de ses troupes, qu'il devait commander en personne. Le 10 avril, les Autrichiens débouchèrent en colonnes par la vallée de Fella, et attaqua le poste de la Chiusa, occupé par un faible détachement sous les ordres du capitaine Schneider. Ces braves gens se défendirent vigoureusement; mais il était impossible qu'ils résistassent longtemps aux forces qui les enveloppaient; ils furent obligés de se rendre. La division du général Broussier, dont ils faisaient partie, se replia aussitôt pour avoir le temps de se reconnaître, et alla se ranger en bataille en avant d'Ospidaletto. Attaquée dans cette position le 11 au matin, elle soutint le combat pendant toute la journée contre des forces qui lui étaient bien supérieures en nombre, et elle resta maîtresse du champ de bataille après avoir tué, blessé ou pris à l'ennemi plus de 1,200 hommes. Notre perte fut beaucoup moindre; mais nous comptâmes parmi nos blessés le général Desaix, atteint de deux coups de feu.

Pendant la nuit, le général Broussier passa avec sa division sur la rive droite du Tagliamento, où se trouvait alors le vice-roi. Ce dernier paraissaït alors décidé à se maintenir dans cette position ; mais les manœuvres de l'archiduc le firent changer de résolution. Ce dernier, en effet, ayant passé l'Isonzo avec le gros de son armée, mettait son adversaire dans la nécessité de se mettre en mouvement. Le vice-roi fit donc rompre les ponts de Dignano et de Spilimbergo, puis il alla, avec cinq divisions, prendre position sur la Livenza. Le 14, il porta son quartier-général à Sacile. Le lendemain, le second engagement, dans lequel les Autrichiens prirent encore l'initiative, eut lieu devant Perdenone, où le colonel Breissant, à la tête du 35e de ligne, se signala par la belle résistance qu'il opposa pendant cinq heures aux masses les plus formidables. Deux jeunes officiers, les lieutenants Hoot et Richard de Tussac, quoique blessés l'un et l'autre au commencement de l'action, soutinrent chacun, avec 20 hommes, une charge de cavalerie hongroise qui voulait forcer les portes de la ville pour couper la retraite à notre infanterie. Les deux pelotons étaient inébranlables à leur poste, quand, accablés par le nombre et cernés de toutes parts, le colonel Breissand fut forcé de se rendre avec 400 de ses intrépides soldats. Perdenone tomba au pouvoir de l'archiduc; mais il ne put s'empêcher d'honorer la valeur avec laquelle on lui en avait disputé l'entrée. Lorsque les prisonniers parurent devant lui : « Colonel, dit-il à leur chef, un brave tel que vous ne peut rester désarmé. Je vais faire chercher votre épée sur le champ de bataille; si elle ne se trouve pas, je vous donnerai la mienne. »

Quoique peu important, ce revers affligea profondément le prince Eugène, qui résolut aussitôt de prendre l'offensive et d'attaquer vigoureusement l'archiduc avant qu'il n'eût complété la réunion de ses forces. Le 16 au matin, toutes ses divisions se mirent en mouvement et s'avancèrent par échelons, celle du général Severoli marchant la première. Bientôt le combat s'engagea sur toute la ligne. Italiens et Français, tous, dans une généreuse émulation, rivalisaient de courage et d'ardeur. Les généraux Seras, Grenier, Broussier, Barbon, Roussel, Abbé, Saint-Sulpice et Garreau passèrent successivement par toutes ces alternatives de l'attaque et de la résistance. Les deux derniers furent grièvement blessés en conduisant une charge à la baïonnette. Le colonel Gifflenga, à la tête d'un escadron de dragons de la garde royale, fit des prodiges. Officiers et soldats, tous se dévouaient, tous montraient la même résolution que si l'Empereur eût été au milieu d'eux. Ceux que n'avaient point respecté les balles oubliaient leurs souffrances et refusaient toute espèce de secours dans la crainte d'occasionner quelque désordre. Un lieutenant du 84e de ligne, le brave Pellegrin, venait d'avoir une jambe emportée par un boulet; quelques voltigeurs veulent l'enlever du champ de bataille : « Non, mes amis, leur dit-il avec énergie, laissez-moi, retournez à vos rangs, où votre présence est nécessaire; il ne faut pas que le régiment perde sept hommes au lieu d'un seul. » Tant d'efforts d'une bravoure presque surnaturelle auraient dû fixer la victoire; l'intrépidité la mieux soutenue et l'habileté des manœuvres échouèrent contre l'immense supériorité numérique d'un ennemi qui se présentait sans cesse avec de nouveaux bataillons. Après dix heures d'une lutte inégale, le prince Eugène ordonna à ses troupes de rétrograder sur Sacile pour reprendre les postes qu'ils occupaient la veille. Le général Broussier couvrit glorieusement cette retraite, qui s'effectua avec le plus grand ordre. Cet échec détermina le vice-roi à se rabattre sur Caldiero et à s'établir sur l'Adige, en attendant les différents corps qui, de l'intérieur du royaume d'Italie, de la Toscane et des Etats de Naples, accouraient pour renforcer son armée. Il ne fut point inquiété dans son mouvement. La lenteur des Autrichiens lui laissa le temps nécessaire pour rassembler les éléments épars qui devaient composer l'armée sous son commandement. Les premières divisions qui le rejoignirent furent celle du général Lamarque et celle de dragons du général Pully.

Bien que son armée ne fût pas, à beaucoup près, complétement réunie, le vice-roi n'avait pas laissé de jeter des garnisons suffisantes dans les places dont il avait été forcé de s'éloigner. La première de ces places que les Autrichiens investirent fut celle de Palma-Nova, que le général Btelfeld ne tarda pas à faire sommer. Le général Schilt, qui en avait accepté la défense, prouva tout d'abord, par de vigoureuses sorties, qu'il n'était pas homme à capituler sans combattre. Le général Barbou, qui, avec deux de ses brigades, était allé occuper Venise, fit aussi respecter cette ville. Assiégé, le 23 avril, dans le fort Malghera, dont les travaux à peine ébauchés présentaient un abord facile, il répondit aux parlementaires qu'il ne traiterait que sur la brèche. Cette fermeté irrita l'archiduc, qui, à la tête d'un corps nombreux, s'avança pour donner l'assaut. Le 25, ses colonnes parvinrent jusqu'au bord du fossé; elles se disposaient à le franchir, quand elles furent accueillies par une décharge terrible de toute l'artillerie du fort qui avait été réunie sur le point menacé. Plus de 800 Autrichiens restèrent sur le carreau. Le désordre et la terreur se répandirent dans leurs rangs; il devint impossible de les former pour une seconde attaque, et le siége de Malghera, qu'ils avaient espéré emporter de vive force, fut converti en un simple blocus.

L'archiduc ayant reçu, à cette époque, l'ordre du conseil aulique de suspendre son mouvement afin de ne pas s'écarter davantage des Etats héréditaires, se prépara à revenir sur ses pas. Le vice-roi fut bientôt informé de cette disposition. Le 29, il ordonna une reconnaissance générale. En vain l'archiduc essaya-t-il de dissimuler sa retraite, en ne rappelant que tardivement ses avant-gardes, et même en les renforçant; malgré ces précautions, elles furent partout surprises, attaquées et battues. Les généraux Bonfanti et Sorbier acquirent la plus grande gloire dans ces combats partiels. Le dernier fut tué près des hauteurs de Bastia, à la tête des grenadiers de la garde italienne, qu'il électrisait par l'exemple de son courage.

Dans la nuit du 30 avril au 1er mai, l'armée du vice-roi s'ébranla pour se porter en avant. Le 2, à cinq heures du matin, l'avant-garde française atteignit l'arrière-garde ennemie près de Montebello, et la mena battant jusqu'à Olmo, dont le 9e régiment de ligne s'empara, après avoir forcé le pont de ce village. Le général Debroc fut dangereusement blessé dans cette action; mais il ne continua pas moins à marcher avec sa brigade.

Nous avions décidément repris l'offensive. L'armée autrichienne, après avoir passé l'Alpon et la Brenta, avait pris position sur la Piave, dont elle paraissait vouloir disputer le passage. Le général Dessaix fit sonder le gué de Lovadina, et l'avant-garde franchit la rivière, sans que l'archiduc s'y opposât. Il fit au contraire replier ses grand'gardes, et par cette ruse, attirant nos premiers corps sous le feu de ses batteries, il les accueillit par de violentes décharges. En même temps la cavalerie ennemie fit volte-face et ramena les assaillants en désordre. Le général Dessaix fit aussitôt ses dispositions et résista à ce choc avec tant de fermeté, qu'il donna au prince Eugène le temps de le soutenir. L'action s'engagea alors sur plusieurs points; mais tous nos efforts durent se borner d'abord à couvrir le passage du reste des troupes, qu'une crue subite de la Piave avait arrêtées. A trois heures, l'armée française, à l'exception de quelques brigades, se trouva sur la rive gauche, et la mêlée devint générale. Les Autrichiens défendirent leurs positions avec fureur; mais le prince Eugène, qui parcourait les rangs au milieu d'une grêle de balles, excita, par sa présence, l'enthousiasme des soldats. Protégés par le feu de l'artillerie, ils se précipitèrent à la baïonnette dans toutes les redoutes, et s'en rendirent maîtres. A huit heures du soir, l'ennemi déposté se retira en désordre sur Conegliano. Le vice-roi fit alors avancer 24 pièces de canon, et ordonna aux divisions Grouchy et Pully de charger en masse sur la réserve de l'archiduc. Cette manœuvre décida la victoire, et termina glorieusement la journée.

La bataille de la Piave, qui devait amener l'entière libération de l'Italie, coûta aux Autrichiens 10,000 hommes tués, blessés ou faits prisonniers; plusieurs drapeaux, 15 canons, 30 caissons, et un grand nombre de voitures de munitions et de bagages. Trois généraux ennemis étaient parmi les morts; trois autres furent conduits au quartier-général du vice-roi.

Le 9 mai, l'armée française poursuivit les vaincus, et le général Dessaix défit leur arrière-garde à Viganosa. Le lendemain, le général Grenier leur fit éprouver un plus grand désastre encore à San-Daniele, où il leur prit 2,000 hommes et 2 drapeaux. De semblables engagements, tous également favorables à nos armes, eurent lieu successivement, et l'archiduc Jean, à qui de nouvelles dépêches prescrivaient d'accélérer sa retraite sur la Carinthie, ne chercha plus à retarder nos progrès, que pour avoir le temps de faire filer son artillerie, et de détruire ses magasins.

L'occupation de Venzone, d'Osopo et d'Ospedaletto furent les premiers résultats de la fuite des Autrichiens. Le passage de l'Izonzo à la vue d'un ennemi bien supérieur en nombre, la prise de Prewald et de Trieste, des forts de Malborghetto et de Pradel, mais surtout la belle victoire de Tarvis, complétèrent, en peu de jours, la gloire de l'armée d'Italie. Maîtresse de toutes les positions qui couvrent les frontières de la Carinthie, elle s'avança, avec une nouvelle impétuosité sur plusieurs points. Le général Macdonald, arrivé depuis peu auprès du vice-roi, se présenta, avec les divisions Lamarque et Pully, à Ober-Leybach, devant le camp retranché du général Meerveldt. L'ennemi, sommé de se rendre, osa se confier à la force de ses redoutes, qu'il regardait comme inexpugnables; mais bientôt les dispositions de Macdonald l'obligèrent à demander une capitulation qui mit en notre pouvoir 3 drapeaux, 63 bouches à feu, 4,000 prisonniers et des magasins considérables. Dans le même temps, le prince Eugène manœuvrait pour arrêter les mouvements des généraux Chasteler et Jellachich, qui, pressés par un des corps de la grande armée, cherchaient à se réunir à l'archiduc. Battu complétement à San-Michele, Jellachich y perdit 800 hommes tués, 1,200 blessés et 5,000 prisonniers. Rottenmann, Leoben, Bruck et Gratz subirent la loi du vainqueur; enfin, le 31 mai, le général Seras rencontra, à Schottvien, au-delà de Somering, les patrouilles de la division Montbrun, faisant partie de la grande armée.

Le même jour, le corps d'armée de Dalmatie se réunissait aux forces du vice-roi. Le général Marmont, qui commandait ce corps, avait suivi, d'après les ordres de l'Empereur, les mouvements des troupes d'Italie vers les frontières de l'Istrie et de la Carniole. Le général autrichien Stoïssarvick avait essayé de le contenir; mais, obligé d'obéir à la marche rétrograde de l'archiduc Jean, il n'avait pas tardé à éprouver tous les revers d'une semblable position. Battu d'abord à Mont-Kilta et devant Gratzchatz, il avait essuyé dans Gospitsch un dernier échec, qui ne lui avait laissé aucun espoir d'empêcher la jonction du général Marmont et du prince Eugène.

L'armée d'Italie continua à poursuivre l'archiduc Jean vers la Hongrie. Le général Grouchy battit l'arrière-garde autrichienne le 7 et le 10 juin; le 11, le général Grenier emporta de vive force le pont de Karako; le 12, la ville de Papa fut occupée; et, le 14, le prince Eugène attaqua l'ennemi, qui avait pris position sur la Raab. Ses soldats célébrèrent dignement, dans cette journée, l'anniversaire de Marengo et de Friedland. Le général Seras, chargé d'enlever la ferme de la Maison-Carrée, aborda les Autrichiens avec un rare courage; mais, trois fois repoussé par le feu le plus violent et le plus meurtrier, il allait échouer dans son entreprise, lorsque n'écoutant plus que son désespoir, il prit la résolution de recommencer un assaut général. Après avoir ranimé l'ardeur de ses bataillons, il leur demande un dernier effort, fait battre la charge, et se précipite le premier sur les retranchements ennemis; en un instant, les murs sont escaladés, les portes brisées : les Français immolent à leur fureur tout ce qui leur oppose de la résistance, et parmi leurs adversaires ceux que le fer a épargnés deviennent la proie des flammes qui bientôt éclatent de toutes parts.

Un combat non moins sanglant s'était engagé dans Szabadbegy. Ce village, que sa situation rendait très-important, fut perdu et repris trois fois. Le général Durutte, appuyé par la division Pacthod, l'occupa définitivement après quatre heures d'une lutte opiniâtre. La retraite de l'ennemi s'effectua aussitôt sur Saint-Yvan; mais le général Montbrun ayant coupé la route qui y conduit, l'archiduc se dirigea sur celle de Comorn, où il fut suivi par le général Saluc. La nuit suspendit le cours de nos succès. Quatre mille Autrichiens étaient restés sur le champ de bataille, et 3,000 avaient été blessés. Les Français eurent à regretter le brave colonel Thierry, tué à la tête du 23e régiment d'infanterie légère. Les généraux Grenier, Montbrun, Seras, Grouchy, Colbert et Danthouars furent cités comme ayant particulièrement contribué à la victoire. L'artillerie, commandée par le général Sorbier, mérita aussi de grands éloges.

Le prince Eugène, en s'éloignant de Raab, laissa, pour faire le siége de cette place, les troupes de l'aile gauche, aux ordres du général Baraguay-d'Hilliers. La canonnade commença dès le 15, et fut continuée avec tant d'activité, que, sept jours après, la garnison demanda à capituler. Le 24, les Français entrèrent dans Raab, où ils trouvèrent 18 pièces de gros calibre et des magasins considérables.

Dans le temps que ces grandes opérations avaient lieu, les divisions Rusca et Broussier, qui étaient restées dans la Carinthie et dans la Styrie, s'illustraient par des combats moins importants peut-être, mais aussi glorieux pour le nom français. Le général Rusca, chargé spécialement de protéger les communications de l'armée contre les entreprises des Tyroliens, avait concentré ses troupes autour de Klagenfurt. Informé que le marquis de Chasteler s'avançait en force pour l'attaquer, il prit lui-même la résolution d'aller au-devant de lui. Le 5 juin, il culbuta l'avant-garde ennemie sur la route de Villach et lui fit 500 prisonniers. Le 6, il battit une seconde fois les troupes tyroliennes, fit encore 600 prisonniers et ramassa 3,000 fusils abandonnés par les fuyards. Cette retraite d'un corps formidable par le nombre fut tellement précipitée, que le général Rusca fut obligé de rentrer à Klagenfurt, sans avoir pu atteindre l'arrière-garde.

Le général Broussier bloquait Schelsberg, lorsqu'il apprit que le général Giulay accourait, avec des forces prodigieuses, pour le contraindre à lever le siége de cette forteresse. Éloigné de plus de cinquante lieues des armées d'Allemagne et d'Italie, sans espoir de secours, à la veille de voir ses communications interceptées, il se décida à prendre une position concentrée sur la rive droite de la Muhr, après avoir évacué Gratz. Ce mouvement fut exécuté; mais, sur l'avis de l'arrivée prochaine du corps de Dalmatie, le général français résolut d'attirer de son côté l'attention de l'ennemi par une prompte attaque; en conséquence, il détacha sur Callsdorf, où le général Giulay cherchait à s'établir, le 9e régiment de ligne. Ce corps se porta à la baïonnette contre ce village, renversa tout ce qu'il trouva devant lui, et poussant successivement la première ligne sur la seconde, et celle-ci sur la troisième, en moins d'une demi-heure, il mit en pleine déroute une armée de 20,000 hommes, ayant 30 bouches à feu et 2,000 chevaux. Les Autrichiens, saisis d'épouvante, se dispersèrent de tous côtés. Les généraux et les soldats, l'artillerie et les bagages se précipitèrent pêle-mêle et ne s'arrêtèrent qu'à Wildon. La nuit, qui survint, put seule les sauver d'une destruction totale. Ce combat extraordinaire ne coûta au 9e régiment que 40 hommes tués ou blessés.

Le général Broussier, avant d'aller se joindre au général Marmont, qui venait d'arriver à Libog, ordonna au colonel Gambin, du 84e de ligne, de rentrer dans Gratz avec deux bataillons et deux pièces de quatre. Celui-ci partit du pont de Weinzerbbruck vers sept heures du soir. A peine avait-il fait un trajet d'une demi-lieue, que son avant-garde rencontra et dispersa un détachement de cavalerie ennemie. Il se porta alors sur le faubourg de Graben, d'où il débusqua les Autrichiens, qu'il poussa jusqu'au cimetière de Saint-Léonard, où un corps plus nombreux s'était retranché. Il était minuit; mais le colonel Gambin, jugeant qu'il n'y avait pas un instant à perdre pour culbuter, à la faveur des ténèbres, des forces aussi considérables, fit aussitôt ses dispositions. La résistance fut aussi vigoureuse que l'attaque. Le feu le plus meurtrier partait des créneaux du cimetière, et les Autrichiens lançaient, des hauteurs de Saint-Léonard, une grêle de mitraille. Ces obstacles n'arrêtèrent pas le général Gambin : il aborda les retranchements avec la plus grande intrépidité, et chassa de leur enceinte les troupes ennemies, qui, dans leur fuite, abandonnèrent leurs armes et leurs munitions.

Cette action n'était que le prélude d'un combat plus terrible encore. A peine établi dans le cimetière, le colonel Gambin fut cerné par le corps de Giulay, qui, après sa défaite, s'était porté sur Gratz par un long détour. Assaillis de tous côtés, les Français répondirent en faisant usage de leurs deux pièces; mais enfin leurs cartouches et leurs munitions se trouvant épuisées, leur chef prit la résolution de se faire jour à la baïonnette. Aussitôt il fit battre la charge, et, se précipitant sur les Autrichiens, il les enfonça et se dirigea sur le chemin de Weinzerbbruck, où il rencontra une colonne qui venait à son secours. Le colonel Nagle, qui la commandait, partagea, avec le colonel Gambin, les cartouches de ses soldats, et tous deux marchèrent contre l'ennemi, qui fut mené tambour battant jusque sous les murs de Gratz. Le 48e régiment se couvrit de gloire dans cette occasion, où il lutta avec avantage contre des forces dix fois supérieures. Quatre cent cinquante prisonniers et deux drapeaux furent les trophées qu'il recueillit. Le comte de Giulay eut 1,200 hommes tués et un nombre de blessés plus considérable. Trente-trois Français furent comptés parmi les morts; 53 furent mis hors de combat.

Les Autrichiens, épouvantés, se retirèrent pendant la nuit, et Gratz fut immédiatement occupé.

Le 1er juillet, la division Broussier et le corps du général Marmont reçurent l'ordre de rejoindre l'armée d'Italie, qui, six jours après, se réunit elle-même à la grande armée.

Depuis la bataille d'Essling, aucune action n'avait eu lieu sur les bords du Danube. L'armée autrichienne, augmentée par de nombreux renforts, s'était livrée à des travaux immenses pour défendre le passage du fleuve, et l'archiduc Charles, qui avait accumulé, pour se fortifier, tous les moyens que l'art peut fournir, attendait patiemment une nouvelle attaque. Il supposait que l'armée française déboucherait sur la rive gauche au même point que la première fois; et Napoléon, établi dans l'île de Lobau, le confirma dans cette pensée par d'adroites démonstrations, dont le but était de rendre inutiles les ouvrages élevés avec tant de soin par les Autrichiens. Pendant qu'il attirait ainsi l'attention de l'ennemi, quatre ponts se jetaient au-dessus d'Enzersdof, dont les approches étaient foudroyés par l'artillerie de l'île de Lobau. C'est là que l'armée française passa tout entière le Danube, et le 5, aux premiers rayons du soleil, elle était rangée en bataille sur la gauche de l'ennemi; ses camps retranchés étaient tournés, ses ouvrages rendus inutiles, et il se trouvait contraint d'accepter la bataille là où il convenait à Napoléon de la livrer.

Pendant la nuit, un orage violent et une profonde obscurité avaient servi nos desseins en cachant nos mouvements à l'ennemi.

A quatre heures et demie du matin, l'Empereur sortit de sa tente, monta à cheval, et avant qu'elles ne partissent, passa en revue les divisions de sa garde, restées avec lui au camp de Lobau. Déjà le gros de l'armée occupait ses positions sur le champ de bataille en avant d'Enzersdorf. Toutes les dispositions étaient achevées; encore quelques heures et le combat allait commencer. L'orage de la veille avait éclairci le ciel; l'horizon, admirablement pur, projetait les premiers rayons d'un beau soleil levant, et, sous cette riante influence, chacun, dans la magnifique journée qui s'annonçait, voulait reconnaître un heureux présage. L'ardeur, la confiance du succès éclataient dans tous les rangs, et lorsque, au moment du défilé, l'Empereur dit avec cette manière qui exerçait un pouvoir magique sur ses troupes :

« Partons, mes enfants, l'ennemi nous attend ! » les cris frénétiques poussés de : *En avant ! en avant !* retentirent sur les rives du Danube tout le temps du passage. D'autres acclamations aussi passionnées, aussi unanimes, saluèrent son arrivée sur le champ de bataille, à cinq heures du matin, et signalèrent sa présence à l'ennemi. A sept heures, une effroyable canonnade commença sur les deux lignes. Le combat s'engagea de notre côté avec une telle impétuosité, que l'Empereur dut envoyer l'ordre, sur plusieurs points, de ralentir les mouvements de l'attaque. « Modérez les troupes !... modérez-les, pour Dieu ! » s'écria-t-il à plusieurs reprises. Les Autrichiens se défendaient avec une grande résolution. A neuf heures, un aide-de-camp du maréchal Oudinot vient annoncer la prise d'Enzersdorf : 20 pièces de canon, 900 prisonniers sont tombés en notre pouvoir. « C'est bien débuter ! dit l'Empereur gaiement ; mais il nous faut les villages en avant de Russbach... » ; et aussitôt il envoya l'ordre au maréchal Davoust d'appuyer à droite cette position. Partout où le feu le plus vif fait supposer le danger, l'Empereur accourt, ordonne lui-même les mouvements. Bientôt on s'aperçoit que l'ennemi dirige son feu sur le groupe que forment les aides-de-camp et les officiers d'état-major de l'Empereur. Cette observation lui fut faite. « Ma place est où je suis, » répondit-il. Alors le prince de Neufchâtel donne l'ordre à l'état-major de s'éparpiller, de se tenir seulement à portée de la voix, et fait défendre aux régiments de saluer l'Empereur de leurs acclamations qui désignent ainsi sa personne au canon de l'ennemi... Mais lui, peu soucieux du danger, ne continue pas moins de s'exposer comme le dernier de ses soldats. Vers midi, des charges consécutives du côté d'Essling attirent son attention ; il envoie le général Savary savoir ce qui se passe ; le général Masséna s'est emparé des ouvrages d'Essling et de Gross-Aspern ; le prince de Ponte-Corvo fait enlever par les Saxons le village de Raarsdorf. « Mais, ajoute Savary, l'archiduc a détaché du gros de son armée six colonnes d'infanterie, soutenues d'une formidable artillerie et de toute la cavalerie, pour essayer de déborder notre droite. » A l'instant, l'Empereur part ventre à terre, arrive sur les lieux. Le feu est des plus terribles : un obus éclate à dix pas de lui, blesse un de ses officiers, tue trois dragons de l'escorte. Le maréchal Masséna accourt vers l'Empereur. « Sire, au nom du ciel, retirez-vous ! lui dit-il avec émotion ; je réponds de tout. » Aussitôt ils sont couverts de terre par un boulet qui, en ricochant, passe aux pieds du cheval de l'Empereur ; l'animal se cabre, fait un écart furieux. Masséna, hors de lui, s'écrie d'une voix retentissante : « Je le jure sur l'honneur ! si vous ne vous ne vous retirez pas, je vous fais enlever par mes grenadiers ! » L'Empereur se mit à rire, donna encore avec le plus grand calme des instructions, et se retira enfin.

En passant devant une ambulance établie à la hâte à quelques pas de là, d'où partent des cris déchirants, il s'arrête, et une effrayante scène frappe ses regards : un obus vient d'éclater au milieu des malheureux entassés pêle-mêle... Ses ravages sont affreux, épouvantables... Deux chirurgiens, tués pendant qu'ils pansaient les blessés, sont étendus dans des mares de sang... « Oh ! c'est horrible ! horrible !!! s'écrie l'Empereur en détournant les yeux, mes braves chirurgiens ! leur zèle est à toute épreuve ! » Et se retournant avec vivacité : « Courez en toute hâte à l'ambulance générale, dit-il à un officier d'ordonnance ; ramenez sur-le-champ des chirurgiens... dites à Larrey que je l'ordonne. Ramenez-le vous-même, monsieur, vous-même. » Et de toutes ces bouches mourantes s'échappent encore des bénédictions, des cris de : *Vive l'Empereur !*

Cette première journée, remplie par des engagements sérieux, a été bien meurtrière, et rien n'est décidé... Toutefois, des avantages remportés sur tous les points ont permis à l'armée de se développer tout entière dans l'immense plaine d'Enzersdorf. A la nuit close seulement, le feu a cessé : les deux armées bivouaquaient en présence, sous les armes, dans les positions qu'elles occupaient à la fin de l'action. L'Empereur, préoccupé, parcourt le camp ; il prend toutes les précautions pour se mettre à l'abri d'une surprise ; la fatigue des troupes est extrême ; elles sont depuis la veille au soir sur pied, et il ne s'en rapporte qu'à lui-même pour s'assurer de la vigilance des sentinelles d'avant-postes.

Cependant, dans la direction qu'occupe le prince Eugène, les détonations du canon, de continuelles décharges de mousqueterie, annoncent que là on se bat encore. Sur les dix heures du soir, un aide-de-camp, expédié par le vice-roi, apporte la nouvelle que le village de Wagram est en notre pouvoir, que nos troupes le dépassent même; 3,000 prisonniers, 5 drapeaux et 12 pièces de canon sont tombés entre nos mains. « C'est très-beau ! s'écria l'Empereur enchanté, Wagram est la clef de tout ! » A peine l'aide-de-camp chargé des félicitations de l'Empereur pour le prince Eugène est-il reparti, que le feu semble redoubler d'énergie. « Qu'est-ce donc que cela? Il se passe quelque chose d'extraordinaire ! Allez voir ce que ce peut être, Duroc, » dit-il d'un ton où perçait l'inquiétude.

Un quart d'heure s'écoule. Les décharges d'artillerie, les feux de file ne discontinuent pas : les regards de tout le camp sont fixés sur ce point, qu'éclairent les lueurs rougeâtres du feu ; l'impatience de l'Empereur est au comble, des officiers d'ordonnance sont successivement envoyés à la découverte. Le général Duroc arrive enfin, et son air consterné révèle un désastre.

« Qu'est-il arrivé? demanda l'Empereur avec vivacité. — Sire, un malheur ! répondit Duroc; l'obscurité n'a pas permis aux Saxons de reconnaître les colonnes du général Macdonald, qui venaient les renforcer; tous ont fait feu sur le front de ces trois divisions, en même temps que les Autrichiens les canonnaient en flanc. Le colonel Huin est tué ; les généraux Sahuc, Vignolles, Grenier et Seras sont blessés. Pendant cette malheureuse échauffourée, les prisonniers se sont échappés; quatre des grenadiers qui portaient des drapeaux enlevés aux Autrichiens ont été tués, un seul a pu conserver le sien... » L'Empereur, les bras croisés, entend, calme, impassible, ce triste compte-rendu, qui intérieurement le poignait. Mais de sa contenance ferme et assurée dépendent la sécurité et la confiance de l'armée, et un triple rang de figures curieuses et attristées entourent le groupe que forment l'Empereur et son état-major. « C'est un malheur ! dit-il d'un ton parfaitement naturel; si nous n'avions jamais de chances mauvaises, ce serait trop beau, parbleu !... Demain nous prendrons une éclatante revanche... » Et aussitôt mille voix répètent avec exaltation : « Oui, oui, notre Empereur ! A demain la revanche sur ces damnés d'Autrichiens ! »

L'Empereur passa la nuit sous une tente qu'on lui dressa au milieu du camp. Aux premières lueurs de l'aube, l'armée prit les armes et se rangea en bataille. Le terrain sur lequel les deux armées se trouvaient en présence avait deux lieues d'étendue. Les troupes les plus rapprochées du Danube étaient à moins d'une demi-lieue de Vienne. A quatre heures du matin, un effroyable feu s'engagea sur les deux lignes : à l'impétuosité de la veille se joint un acharnement furieux. L'archiduc Charles déploie toutes les qualités d'un grand capitaine; il manœuvre avec une remarquable habileté.

L'Empereur, à travers le feu le plus terrible, est partout ; il se multiplie sur cette saisissante scène qu'il domine de toute sa hauteur. Dans cette cette journée, il a mis quatre chevaux hors de service : lui seul est infatigable.

Placé sur un tertre, sa lunette braquée de ce côté, il suit attentivement l'action. Tout à coup un mouvement extraordinaire se fait remarquer... les rangs se rompent... une énergique exclamation échappe à l'Empereur; il enfonce les éperons dans les flancs de son cheval, et, rapide comme la foudre, arrive sur le lieu du combat au moment où le village de Gross-Aspern vient d'être repris par l'ennemi : les Saxons et les Bavarois, qui le défendaient, commandés par le prince de Ponte-Corvo, sont en pleine déroute.... A cette vue, l'Empereur, pâle de fureur, leur crie d'une voix tonnante : « Soldats ! que faites-vous?... Ralliez-vous !... Vous vous déshonorez, malheureux ! » Et, s'adressant aux régiments de sa garde, assaillis par quatre colonnes autrichiennes qui débouchent de Gross-Aspern : « Soutenez, mes braves grenadiers ! soutenez ! » s'écrie-t-il en se jetant à bas de son cheval, et il fait pointer lui-même l'artillerie. Au même instant, un jeune colonel saxon exhorte, avec l'accent de l'indignation, ses soldats à se rallier. Ses prières, ses menaces sont inutiles. Alors il arrache le drapeau du régiment des mains de celui qui le porte, se jette dans les rangs des grenadiers et s'écrie : « Français ! je vous confie ce drapeau ; vous saurez le défendre, vous ! » Cet élan de l'honneur et du désespoir est compris des Saxons... Ils s'arrêtent, se rallient et marchent à l'ennemi avec la plus grande résolution. Trois fois nos colonnes repoussées reviennent à la charge ; enfin Gross-Aspern est repris aux cris de *vive l'Empereur!* Il est là avec eux, et ces hommes, en sa présence, se sentent invincibles...

Cependant l'archiduc déploie des forces considérables appuyées par une formidable artillerie, dans l'espace qui sépare Gross-Aspern du village de Wagram, dont l'occupation, d'une haute importance pour nous, est le but des efforts tentés depuis le commencement de l'action. Nos troupes défilent devant l'Empereur : « Il me faut Wagram, mes enfants ! » leur dit-il avec sa manière accoutumée ; et, électrisés par ces quelques mots, ces hommes s'élancent au pas de course en répondant : « Vous l'aurez, notre Empereur ! En avant ! Wagram ! Wagram ! »

En cet instant, deux grenadiers de la garde, blessés eux-mêmes, portent à bras leur capitaine, vieux soldat d'Egypte, qui vient d'avoir la jambe emportée en faisant une trouée, lui quarantième, à travers un carré autrichien, en avant du village de Wagram. Le triste groupe est rencontré par l'Empereur ; il s'arrête : « Horeau, dit-il, es-tu dangereusement blessé ? ». A cette interpellation faite avec un paternel intérêt, un bonheur inexprimable se répand sur les traits horriblement contractés du pauvre blessé, et c'est d'un ton joyeux presque qu'il répond : « Ma jambe est restée à ces enragés d'Autrichiens, mon Empereur ! mais, c'est égal, Wagram nous restera à nous !

— Avançons-nous là-bas ? lui demande l'Empereur vivement préoccupé de l'issue de cette affaire si meurtrière.

— On tombe dru comme grêle des deux côtés, et, malgré ça, petit à petit nous avançons, dit Horeau, et ils reculent. Ne craignez rien, mon Empereur, *nous aurons Wagram, c'est entendu!* »

Il est cinq heures de l'après-midi ; depuis quatorze heures l'action est engagée. Des avantages partiels ont été obtenus par des efforts inouïs, et tout est encore en question. Enfin les troupes de l'aile droite couronnent les hauteurs de Wagram si chèrement conquis.

A cette vue, par un de ces mouvements où l'âme s'élance tout entière, l'Empereur se dresse sur ses étriers, l'œil étincelant, le bras tendu vers nos étendards victorieux, et s'écrie d'une voix forte : « La bataille est gagnée ! » Sur son ordre, infanterie et cavalerie se ruent sur l'ennemi avec une impétuosité terrible, aux cris de *vive la France! vive l'Empereur!* Rien ne peut résister à ce torrent qui renverse tout devant lui. Les lignes autrichiennes sont enfoncées, culbutées, malgré la plus ferme résistance, et leurs positions enlevées au pas de charge.

L'armée ennemie est en pleine retraite sur tous les points. Nous sommes maîtres du champ de bataille, où nous trouvons pour trophées 10 drapeaux, 60 pièces de canon, 80 caissons, un grand nombre d'équipages, 20,000 prisonniers, 9,000 blessés.

Les généraux Oudinot et Macdonald reçurent le bâton de maréchal sur le champ de bataille. Masséna fut nommé prince d'Essling.

Tous les corps avaient rivalisé d'intrépidité et de gloire dans cette mémorable journée. Napoléon, qui, lui-même, s'était plusieurs fois exposé au milieu du feu, décerna à ces dignes soldats les éloges qu'ils avaient mérités ; la récompense due à une action d'éclat ne faisait jamais attendre. L'Empereur a tout vu ; il sait quels sont ceux qui ont été les plus braves parmi tant de braves, par quels miracles de dévouement et de valeur la victoire nous est restée ; et, après la bataille, le prix du sang versé pour la patrie est acquitté sur le champ de bataille. Nous comptons des pertes cruelles : 6,000 blessés, 3,000 morts avaient scellé de leur sang les gloires de la patrie.

Là, groupés autour d'une batterie qu'ils ont défendue, 150 à 200 soldats français, entourés d'un quadruple rang d'Autrichiens, gisent pêle-mêle dans une rivière de sang, au milieu de canons, de munitions, d'armes brisées... Plus loin, autour d'un étendard lacéré, criblé, noirci par le feu, encore soutenu par le bras maintenant raide et glacé que la mort n'a pas séparé de son trésor, est couchée une compagnie presque tout entière des UNS CONTRE DIX... Ici on s'est battu avec une incroyable fureur ; les blessures sont hideuses et multipliées sur chaque cadavre : les Autrichiens avaient une revanche éclatante à prendre, le 84e une héroïque devise à justifier.

Cette devise, il l'avait méritée dans l'action que nous allons rapporter.

Quelques jours avant Wagram, l'Empereur, qui préludait aux dispositions de la grande bataille, avait donné ordre aux divisions Marmont et Broussier, en Styrie, de diriger leurs mouvements de manière à opérer leur jonction à Ralsdorf ; mais l'ennemi occupait Gratz et était en mesure d'empêcher cette jonction : 18,000 Autrichiens campaient aux portes de la capitale de la Styrie, sous les ordres du général Giulay.

Deux bataillons du 84e, le colonel en tête, osent s'y présenter : ils pénètrent audacieusement dans les premières maisons d'un des faubourgs de Gratz. Aux cris d'alerte, le général Giulay les attaque avec des forces considérables, auxquelles ils résistent quatre heures durant. Forcés de se retirer, ils se replient en bon ordre et se jettent dans le cimetière du faubourg, où ils sont aussitôt entourés, assaillis de toutes parts ; un combat épouvantable s'engage et se prolonge entre huit ou neuf cents hommes d'un côté et 18,000 de l'autre.

Les Autrichiens, émus de cet héroïsme, leur criaient : « Rendez-vous, vous ne pouvez résister ! — Jamais ! ! ! » répondent-ils, et les rangs se reforment à mesure qu'ils s'éclaircissent. Les blessés encouragent leurs camarades, aux cris fréquemment poussés de *vive la France ! vive l'Empereur !* quelques-uns, du sol sur lequel ils ont été renversés, continuent à tirer sur l'ennemi. Un soldat qui a le bras gauche fracassé répond à son sergent, qui veut le faire sortir des rangs : « Le bras droit me reste. »

Cependant la violence du feu avertit le général Broussier du danger des deux malheureux bataillons du 84e, et deux autres du 92e partent au pas de course. Il faut percer la muraille vivante que forment les Autrichiens autour du cimetière. Mais il s'agit pour les nôtres de dégager leurs admirables camarades ou de partager l'honneur de tomber à côté d'eux. Ils se forment en masses serrées, et, tête baissée, la baïonnette en avant, ils s'élancent intrépidement, se fraient un passage, rejoignent l'héroïque phalange, et tous ensemble chargent avec furie l'ennemi, qui, ébranlé par ce choc impétueux, irrésistible, cède, se replie et bat en retraite.

Alors seulement on tombe dans les bras les uns des autres. Mais ce n'est pas assez d'avoir été délivrés, d'avoir battu les Autrichiens, il n'est que neuf heures du soir, il faut les poursuivre, il faut qu'ils évacuent Gratz, *l'Empereur en a besoin...* On s'exalte aux cris de *vive la France!* on marche en avant. Le faubourg de Graben est enlevé malgré la défense opiniâtre de l'ennemi. Ses cadavres couvrent les rues. Le général Giulay croit avoir affaire à la division Broussier tout entière ; il évacue la ville en se défendant pied à pied, et opère sa retraite sur Gnass. Gratz est en notre pouvoir ; 1,200 morts, 5,000 blessés, 4,500 prisonniers, dont 8 officiers et un major, 2 drapeaux et 3 pièces de canon sont les trophées de cette poignée de héros.

L'Empereur passait la revue de sa garde dans la cour de Schœnbrunn, au moment où cette nouvelle lui parvient. Aussitôt il fait former le carré, se place au centre, et, le front haut, la physionomie rayonnante de bonheur, d'un ton animé, ému, il lit hautement la dépêche. Des houras de joie partent spontanément de tous les rangs de ces braves, qui demain en feront autant. Tous les bonnets sautent en l'air, les officiers brandissent leur épée en signe de triomphe ; des cris de *vive le* 84e retentissent avec un délirant enthoutousiasme ; c'est une fête de famille à laquelle tous prennent part. Un roulement de tambour rétablit le silence : l'Empereur va parler ; tous les regards s'attachent à ses lèvres.

« Honneur au 84e ! s'écrie-t-il d'une voix éclatante ; le fait d'armes de Gratz prime tous ceux de la campagne... Le 84e a fourni son contingent à l'immortalité de la grande armée... Le 84e gravera sur le support de son aigle : UN CONTRE DIX !... il a mérité cette glorieuse devise. Le colonel Cambier est nommé comte de l'Empire ; cent croix de la Légion-d'Honneur sont accordées aux officiers et soldats de l'héroïque 84e. »

D'unanimes acclamations ratifièrent les honneurs si largement décernés par l'Empereur à ces géants des batailles.

Napoléon résolut de terminer la campagne en détruisant les restes de l'armée de l'archiduc. Ayant donc chargé Eugène de couvrir les derrières de l'armée avec 50,000 hommes, il marcha droit à l'ennemi, le battit en diverses rencontres, quoique l'archiduc fît preuve d'une grande habileté et d'un rare courage en disputant le terrain, de position en position, jusqu'à Znaïm.

Oudinot et Davoust accouraient pour en seconder l'attaque; mais l'archiduc, jugeant que la résistance, tout en lui faisant honneur, n'amènerait aucun résultat, se résolut à faire écrire à Marmont qu'il allait envoyer le prince Lichtenstein à Napoléon pour demander un armistice. Ce simple avis, transmis à l'Empereur, ne ralentit pas le combat; au contraire, il importait que la suspension d'armes trouvât les troupes françaises dans une position qui permît à leur chef d'en dicter les conditions avec plus d'avantage. Aussi des ordres furent-ils expédiés à l'instant même pour hâter la marche de Davoust et d'Oudinot, tandis que Marmont et Masséna redoublaient d'efforts afin de couronner la journée par un dernier triomphe. Cependant, à sept heures du soir, au moment où Znaïm allait être enlevée, la nouvelle arriva que le prince de Lichtenstein était parvenu jusqu'à l'Empereur, et que Napoléon consentait à la paix. Aussitôt les deux armées s'arrêtèrent, le combat resta suspendu, et Napoléon rassembla dans sa tente un conseil où furent appelés les principaux chefs. L'armistice fut signé dans la nuit du 11 juillet.

L'Empereur parcourait le champ de bataille, le soir, lorsqu'on vint lui annoncer la mort du général Lasalle, qui venait d'être tué par un des derniers coups de fusil qui avaient été tirés. Il en avait eu un singulier pressentiment le matin. Il s'était toujours plus occupé de sa gloire que de sa fortune. La nuit qui précéda la bataille il paraissait avoir songé à ses enfants; il s'éveilla pour écrire à la hâte une pétition à l'Empereur en leur faveur; il l'avait mise dans sa sabredache. Lorsque l'Empereur passa le matin devant sa division, le général Lasalle ne lui parla pas; mais il arrêta M. Maret, qui passa un instant après pour lui dire que, n'ayant jamais rien demandé à l'Empereur, il le priait de se charger de cette pétition, en cas qu'il lui arrivât malheur : quelques heures après, il n'était plus.

Le lendemain, 7, l'Empereur parcourut de nouveau le champ de bataille, afin de voir si l'administration avait fait exactement enlever les blessés; c'était au moment de la récolte, les blés étaient fort hauts, et l'on ne voyait pas les hommes couchés par terre. Il y avait plusieurs de ces malheureux blessés qui avaient mis leur mouchoir au bout de leur fusil, et qui le tenaient en l'air pour que l'on vînt à eux. L'Empereur fut lui-même à chaque endroit où il apercevait de ces signaux; il parlait aux blessés, et ne voulut point se porter en avant que le dernier ne fût enlevé. Il ne garda personne avec lui, et il ordonna au maréchal Duroc de se charger de les faire enlever tous et de faire activer le service des ambulances; le maréchal Duroc était connu par son exactitude et sa sévérité, c'est pourquoi l'Empereur aimait à lui donner quelquefois des commissions comme celle-là.

En parcourant le champ de bataille, il s'arrêta sur l'emplacement qu'avaient occupé les deux divisons de Macdonald ; il présentait le tableau d'une perte qui avait égalé leur valeur. La terre était labourée de boulets. L'Empereur reconnut parmi les morts un colonel dont il avait eu à se plaindre. Cet officier, qui avait fait la campagne d'Egypte, s'était mal conduit après le départ du général Bonaparte, et avait montré de l'ingratitude envers son bienfaiteur. Au retour de l'armée d'Egypte en France, l'Empereur, qui avait eu des bontés pour lui, ne lui témoigna aucun ressentiment, mais il ne lui accorda aucune des faveurs dont il comblait tous ceux qui avaient été en Egypte. En le voyant étendu sur le champ de bataille, l'Empereur dit : « Je suis fâché de n'avoir pu lui parler avant la bataille, pour lui dire que j'avais tout oublié depuis longtemps. »

A quelques pas de là, il trouva un jeune maréchal-des-logis de carabiniers qui vivait encore, quoiqu'il eût la tête traversée par un biscaïen ; mais la chaleur et la poussière avaient coagulé le sang presque aussitôt, de sorte que le cerveau ne reçut aucune impression de l'air. L'Empereur mit pied à terre, lui tâta le pouls, et, avec son mouchoir, il lui débouchait les narines, qui étaient pleines de terre. Lui ayant mis un peu d'eau-de-vie sur les lèvres, le blessé ouvrit les yeux, parut d'abord insensible à l'acte d'humanité dont il était l'objet ; puis, les ayant ouverts de nouveau, il les fixa sur l'Empereur qu'il reconnut ; ils se remplirent de larmes, et il aurait sangloté s'il en avait eu la force. Le malheureux devait mourir.

Cependant, pour mieux cimenter son alliance avec la cour de Vienne, le gouvernement anglais s'était engagé à prendre une part active à la guerre ; c'était à lui qu'était dévolue la tâche d'opérer des diversions qui obligeassent Napoléon à diviser ses forces. Deux expéditions furent entreprises dans ce but ; la première fut dirigée contre le royaume de Naples, dont deux provinces, les Abruzzes et la Calabre étaient en insurrection. Le cabinet de Saint-James, de concert avec la cour de Palerme, espérait, en portant des secours aux mécontents, doubler leur nombre et leur audace, et réduire l'empereur des Français à la nécessité d'employer, pour protéger Murat, une partie de l'armée du prince vice-roi d'Italie. Le général Stuart, commandant les troupes que l'Angleterre n'avait pas cessé d'entretenir en Sicile, eut ordre de tout disposer pour une descente : il commença aussitôt ses préparatifs, dans lesquels il fut secondé par le commodore Martin. Toutefois, quel que fût son désir de les terminer promptement, il lui fallut quatre mois avant d'être en mesure d'agir ; mais, tandis que les Anglais rassemblaient ainsi à grands frais tout ce qui pouvait assurer le succès de leur entreprise, Murat, qui depuis longtemps était instruit de leurs projets, n'avait négligé aucun des moyens qui pouvaient le mettre à même d'opposer une invincible résistance. Après avoir étouffé la rebellion et rétabli la tranquillité dans ses Etats, il répartit ses troupes sur les côtes, ordonna des levées extraordinaires, et forma des camps autour de sa capitale, qui fut métamorphosée tout à coup en une ville de guerre. La plus grande activité régnait dans les arsenaux et dans les autres établissements militaires ; tous les habitants s'empressaient à l'envi d'aider aux travaux ou de courir aux armes ; des jeunes gens, appartenant aux familles les plus nobles et les plus riches, composaient la garde du roi Joachim : il les avait appelés près de lui, autant pour satisfaire à son goût pour le faste et la représentation, qu'afin d'avoir sous sa main des otages qui répondissent de la fidélité des parents. Murat, entouré de cette élite, dont l'élégant costume était tout chamarré d'or et de broderies, passait de fréquentes revues, et cherchait, par l'appât des titres et des récompenses, à enflammer l'ardeur des officiers et des soldats. Jamais on n'avait vu tant d'enthousiasme aux Napolitains, jamais un monarque n'avait obtenu d'eux tant de vigilance. Il était difficile que le général Stuart pût surprendre un adversaire qui se tenait aussi bien sur ses gardes.

La flotte anglaise parut enfin ; elle était forte de 200 voiles, parmi lesquelles 2 vaisseaux de ligne, 5 frégates, plusieurs bricks et cutters, ainsi qu'un grand nombre de chaloupes canonnières et de bâtiments de transport ; elle portait 15,000 soldats anglais ou siciliens, et plusieurs centaines d'officiers isolés, qui, brevetés par le roi Ferdinand, étaient destinés à enrégimenter les habitants que l'on supposait prêts à se lever en foule à l'heure du débarquement : 25,000 uniformes avaient été confectionnés à Londres pour équiper cette milice.

L'amiral anglais longea d'abord la côte de Calabre ; mais, après avoir louvoyé pendant dix jours sans trouver un seul point qui ne fût pas sévèrement gardé par les troupes aux ordres du général Partouneaux, il se rabattit tout à coup sur la petite île d'Ischia.

Le 25 juin, dans la matinée, la flottille napolitaine soutint dans ces parages un combat dans lequel elle remporta l'avantage contre des forces bien supérieures. A trois heures et demie du soir, une corvette et la frégate *la Cérès*, qui, sous le commandement du capitaine Bauzan, avait pris une part glorieuse à cette première action, furent attaquées de nouveau à la pointe de Pausilippe par 22 bâtiments, dont plusieurs de haut rang ; mais elles se défendirent longtemps avec la plus grande résolution, repoussèrent l'abordage avec vigueur, et réussirent, quoique criblées de coups de canon et presque désemparées, à rentrer dans le port de Naples, où elles furent reçues aux cris mille fois répétés de : *Vivent le roi Joachim et l'empereur Napoléon !* Pendant cette lutte, qui avait duré près de trois jours, une frégate des assaillants avait été mise hors de service, et le capitaine qui la montait avait eu le bras droit emporté par un boulet. Ce succès coûta aux Napolitains 50 hommes tués et 120 blessés. Murat combla d'éloges et de récompenses les marins qui avaient soutenu avec tant de fermeté l'honneur de son pavillon.

Le lendemain, à quatre heures du matin, une division de 30 chaloupes canonnières, revenant de Gaëte, se trouva enveloppée par la flotte du commodore : l'engagement commença aussitôt et se continua de part et d'autre avec acharnement; un brick des Anglais fut brûlé, une de leurs canonnières fut coulée bas, plusieurs autres furent fortement endommagées. Cependant, contrariés par le vent, les Napolitains éprouvèrent aussi des pertes; 16 de leurs chaloupes seulement entrèrent dans le port. Des 14 autres, 6 avaient sombré sous la bordée des vaisseaux ennemis, 3 avaient été incendiées, 5 s'étaient jetées à la côte.

A la suite de ce combat, les Anglais qui, depuis la veille, étaient maîtres de l'île de Procida dont ils s'étaient emparés sans coup férir, débarquèrent 6,000 hommes dans celle d'Ischia, et investirent sur-le-champ le château-fort où le général Colonna commandait une faible garnison. Cet officier, sommé de se rendre, répondit qu'il tiendrait jusqu'à la dernière extrémité. Quelques jours après, le général Stuart fit contre le fort de Scylla une tentative qui n'eut pour lui d'autre résultat que la perte de tout son attirail de siége, ainsi que d'une grande quantité de munitions et de vivres, qu'il laissa entre les mains du général Partouneaux, dont la seule présence avait suffi pour l'engager à se rembarquer. Deux cents cavaliers anglais, qui s'étaient avancés dans l'intérieur des terres, furent coupés et pris par le général Cavaignac. La flotte ennemie continua à croiser sur les côtes, sans oser rien entreprendre; seulement, de temps à autre, elle lança sur le rivage quelques-uns de ces bandits qui, dans les campagnes précédentes, ne s'étaient signalés que par le viol, le pillage, l'incendie et le meurtre. On sait que le gouvernement sicilien était depuis longtemps familiarisé avec l'emploi de tels auxiliaires, et l'on a déjà vu les Anglais s'y prêter avec complaisance. Quoi qu'il en soit, les agents de l'insurrection se livrèrent à de trop coupables excès pour ne pas inspirer de l'horreur pour ceux qui les employaient. Leur conduite fut si atroce, que le général Stuart et le commodore Martin se crurent obligés de les désavouer dans une proclamation.

Enfin, le 22 juillet, le général Stuart, désespérant d'atteindre le but de l'expédition, se décida à revenir en Sicile. Une maladie épidémique, qui s'était manifestée sur la flotte et y faisait d'affreux ravages, fut sans doute la principale cause qui le détermina à renoncer à une entreprise sur laquelle les cours de Londres et de Palerme avaient fondé de si hautes espérances. Le 24, l'île de Procida et celle d'Ischia, où le général Colonna avait continué de se maintenir à son poste, furent évacuées, et le 26, les 200 voiles qui portaient l'armée anglo-sicilienne étaient hors de vue.

D'un autre côté, le pape, ainsi qu'on l'a vu plus haut, encouragé par les événements qui se passaient, et qu'on lui exagérait, rompit tout à fait avec nous. La source de cette aigreur tenait à des circonstances politiques qui étaient déjà loin de cette époque. La coalition de 1805 avait surpris un corps de quinze à vingt mille Français dans la presqu'île d'Otrante. Les Anglais croisaient dans la Méditerranée; les Russes étaient attendus à Naples; les alliés pouvaient d'un instant à l'autre se saisir de la citadelle d'Ancône, qui était sur notre ligne de communication, et que le pape n'avait point armée. Napoléon demanda au souverain pontife de la mettre en état ou de la laisser occuper par un corps capable d'assurer nos derrières. Pie VII s'y refusa, prétendit qu'il était également le père de tous les fidèles, qu'il ne pouvait ni ne devait armer contre aucun d'eux. La France répliqua que ce n'était point contre des fidèles qu'il s'agissait d'agir, mais seulement de fermer l'Italie aux hérétiques; qu'il n'y avait pas encore longtemps que le cabinet papal avait armé : la bannière de saint Pierre avait récemment marché contre la France à côté de l'aigle autrichienne ; elle pouvait donc marcher aujourd'hui contre l'Autriche à côté de l'aigle française. Le pape persista, accueillant tous les agents de troubles que la coalition soudoyait en Italie ; les circonstances devinrent plus fâcheuses, il fallut assurer nos communications avec Naples; on fut obligé d'occuper Rome et de saisir les Marches. Le conclave se répandit en menaces; on les méprisa. La cour pontificale, à laquelle on laissait librement exhaler sa bile, s'imagina qu'on la craignait et devint plus audacieuse. La guerre d'Autriche éclata, elle crut la circonstance favorable et lança sa bulle d'excommunication. La bataille d'Essling eut lieu, l'agitation se répandit dans le peuple, le pape se barricada; les troupes françaises étaient bravées, insultées, l'exaspération était à son comble. Un engagement pouvait avoir lieu d'un instant à l'autre; le général français ne voulut pas en courir la responsabilité. Il fit prévenir le pape du danger auquel ses mesures de défense l'exposaient; mais, n'obtenant rien du souverain pontife, dont les intrigues avaient poussé à cette guerre, il le fit enlever, afin de prévenir un malheur qu'une balle perdue, un incident quelconque pouvait amener.

L'Empereur n'apprit l'événement qu'après coup ; il n'y avait plus à s'en dédire. Il approuva ce qui avait été fait, réunit Rome à l'empire français, en annulant la donation de Charlemagne, et fit conduire le pape à Fontainebleau, où un million de rentes fut assuré à ce prêtre qui avait fait vœu de pauvreté, et qui, traité si généreusement, cria néanmoins à la persécution, et fut représenté par ses légats comme un saint martyr. On ne prit intérêt au pape que parce que cela offrait un moyen de nuire à l'Empereur.

Depuis longtemps, Napoléon était mécontent de la cour de Rome; elle avait cherché à souffler la discorde en France en envoyant secrètement des bulles à des maisons religieuses, quoique cette conduite fût opposée aux stipulations du concordat. L'administration publique avait été obligée d'intervenir dans cette affaire. Au moment de toutes les insurrections partielles de l'Italie, l'on soupçonna les prêtres d'en être les moteurs et de n'agir qu'en vertu des instructions de Rome ; c'est en grande partie parce que l'on reconnut cette cour ennemie des idées libérales que l'on voulait consolider en France et en Italie, que l'on se détermina à l'attaquer ouvertement, parce que l'on crut que cela ne coûterait pas plus de temps ni de soins qu'il n'en faudrait pour triompher de toutes les tracasseries qu'elle ne cessait de susciter partout où elle faisait pénétrer son influence. On y serait indubitablement parvenu si l'Empereur n'eût pas été engagé dans des travaux qui fixaient son attention, et l'empêchaient de donner aux affaires de Rome toute celle qu'elles méritaient.

La deuxième expédition que les Anglais avaient projetée devait être dirigée vers le nord. Ils rassemblèrent depuis le mois de mars jusqu'en juillet des forces de terre et de mer considérables, en vue de s'emparer de Flessingue, de détruire Anvers, et de rendre la navigation impraticable pour toujours. Dix vaisseaux de ligne français étaient réunis à Flessingue; vingt autres bâtiments de guerre étaient sur le chantier à Anvers. On espérait prendre où détruire tout cela, et l'on comptait quelque peu, pour y parvenir, sur le concours des Hollandais que l'on ne croyait pas assez attachés à leur nouveau souverain, Louis Napoléon, pour ne pas conserver le désir et l'espoir de rétablir leurs anciennes relations commerciales. L'expédition anglaise se composait de 40 vaisseaux de ligne, 19 frégates, et un grand nombre d'autres bâtiments portant une armée de terre de près de 40,000 hommes. Elle était commandée par lord Chatam. Le 29 juillet, elle parut sur les côtes de Zélande; le lendemain la flotte entra dans l'Escaut, et les Anglais débarquèrent au nord de l'île Walcheren sans éprouver de résistance, et s'emparèrent du fort de Haeck qui se rendit à la première sommation; le fort et la ville de Weer furent pris le lendemain, après un bombardement de quatorze heures qui fit de la ville un monceau de cendres et de ruines; la redoute de Rammekens eut le même sort deux jours après. Le 3 août, la flotte franco-batave, qui était stationnée aux deux embouchures de l'Escaut, fut alors forcée de venir s'abriter sous les murs de Flessingue; mais, en se retirant, elle enseigna nécessairement à l'ennemi le chemin qu'il devait suivre pour éviter les passes dangereuses en remontant le fleuve. L'île de Sud-Beveland, située au sud de celle Walcheren, ainsi que le fort de Batz tombèrent successivement au pouvoir des Anglais, sans que les Hollandais qui les gardaient eussent tiré un coup de canon pour les défendre.

La possession du fort de Batz assurait aux Anglais celle de la baie de Saeflingen, d'où il leur était facile d'arriver rapidement sous les murs d'Anvers, en passant à gué ou sur des embarcations le canal qui sépare l'île de Sud-Beveland du continent. Le roi de Hollande, Louis Napoléon, était à Aix-la-Chapelle lorsqu'il reçut la nouvele de ce débarquement et des rapides succès de l'ennemi. Il revint en toute hâte à Amsterdam, et donna des ordres pour rassembler le plus promptement possible toutes les troupes dont on pouvait disposer; malheureusement ces troupes étaient peu nombreuses; les armées françaises qui étaient alors en Allemagne, en Espagne, en Portugal avaient presque tout absorbé. On n'avait à mettre en ligne qu'un petit nombre de conscrits et de vétérans, parmi lesquels on plaça tous ceux des invalides de Louvain qui étaient encore capables de rendre quelques services. D'un autre côté, on était si loin de s'attendre à une invasion sur quelque point que ce fût, que la plupart des villes frontières étaient à peu près désarmées, et Anvers n'avait pour toute artillerie que quelques pièces de canon montées sur des affûts marins et presque hors de service. Il en était à peu près de même du fort de Lillo, situé à deux lieues de cette ville, de sorte que la défense des rives de l'Escaut se réduisait au fort de Breskens et à la batterie de Terneuse; encore n'étaient-ils pas en état de faire une longue résistance.

Les Anglais paraissant disposés à diriger la plus grande partie de leurs forces sur le pays de Cadsand, on dirigea sur ce point la plus grande partie des troupes réunies à Anvers, et l'on parvint en même temps à renforcer de 3,000 hommes la garnison de Flessingue. En même temps le général Rampon, en réunissant le peu d'hommes restés dans les dépôts, en faisait un corps de 900 combattants appartenant à 26 régiments différents, lesquels se joignirent, à Putte, sur les frontières de la Hollande, aux 600 hommes qui s'y trouvaient sous le commandement du général Valletaud. Si les Anglais eussent connu la faiblesse des moyens de défense d'Anvers, cette ville fût certainement tombée entre leurs mains en très-peu de temps; mais ils n'osèrent pas tenter un coup de main, et ils agirent avec une lenteur qui donna aux Français le temps de se reconnaître. Ce fut seulement le 11 août qu'une partie de la flotte ennemie, après avoir forcé le passage du fleuve, malgré le feu des forts de Cadsand, se présenta devant Batz. On s'attendait à une attaque sérieuse, d'autant plus que le temps était des plus favorables à un débarquement; mais les Anglais ne mirent à terre que quelques pièces d'artillerie, sans faire d'autre démonstration.

Pendant ce temps la défense s'organisait; le roi de Hollande, à la tête d'une partie de sa garde, arrivait à Anvers. Le 12, il avait réuni un corps de 6,000 hommes dans les environs de cette ville. Les officiers manquaient aussi bien que les soldats; on fit appel aux anciens officiers-généraux invalides, oubliés ou disgraciés. Les généraux Chamberlac et Dallemagne reçurent le commandement de l'aile droite de l'armée, si l'on peut donner ce nom à une masse incohérente à peine disciplinée, et dont toute l'artillerie se composait de 2 pièces de 4; mais comme ces généraux n'avaient ni chefs d'état-major ni aides-de-camp, il en résultait une grande lenteur dans la transmission des ordres et une confusion qui causait des marches et contre-marches continuelles, de sorte que les routes étaient sans cesse couvertes de troupes, ce qui fut loin toutefois de nous être préjudiciable, ce grand mouvement étant de nature à faire croire à l'ennemi que d'importants renforts nous arrivaient.

Le 13 août, une violente canonnade se fit entendre de l'île de Walcheren; c'étaient les Anglais qui attaquaient Flessingue. Le feu dura toute la journée et le lendemain jusqu'au soir. Le 15, au point du jour, il cessa; mais en même temps on vit flotter le pavillon anglais sur la tour de Flessingue. La ville, où commandait le général Monet, avait capitulé. Ce général aurait pu tenir plus longtemps s'il n'eût négligé d'inonder les alentours de la place, comme le portaient ses instructions, et cela eût permis au maréchal Bernadotte, qui accourait en toute hâte, de compléter l'organisation des troupes dont il venait prendre le commandement. La prise de cette place importante permettait aux Anglais de s'étendre, et l'on pouvait craindre que leurs succès fussent rapides. Heureusement le roi Louis et Bernadotte agirent si bien de concert, et ils déployèrent une si grande activité, qu'ils furent bientôt en état de disputer le terrain. Le 16, ils passèrent leurs troupes en revue, puis ils parcoururent toute la ligne en compagnie des ingénieurs, afin de reconnaître les emplacements où il était nécessaire de construire de nouvelles batteries.

Le roi de Hollande repartit le 16 pour Amsterdam, avec les troupes qu'il avait amenées; mais c'était déjà beaucoup que ces troupes eussent paru en quelque sorte en ligne; cela ne pouvait qu'augmenter encore la réserve avec laquelle les Anglais conduisaient leurs opérations, et gagner du temps était surtout pour les Français la chose importante. Bernadotte rectifia la position de l'armée, et il forma à Gand le noyau d'un corps d'observation, dont le maréchal Moncey vint prendre le commandement. Dès lors la défense devint régulière; les ingénieurs s'efforcèrent de se mettre à la hauteur des circonstances; ils armèrent avec une rapidité inespérée les forts de Lillo, de Liefkenkock, poussèrent sans relâche les travaux du fort Henri, et tracèrent à Yssendick un nouveau fort destiné à assurer la communication entre le pays de Cadsand et le continent. En même temps ils barrèrent l'Escaut au moyen d'une triple estacade, défendue par la flottille et par des batteries flottantes, ce qui évita de combler la passe de l'Escaut, moyen qui avait été proposé par le roi de Hollande, et qui, si on en eût usé, eût rendu le fleuve innavigable pendant de longues années. En attendant que ces ouvrages fussent achevés, une frégate et deux corvettes hollandaises furent placées en avant comme des bastions; on plaça en arrière deux vaisseaux de guerre, et les travaux se poursuivirent avec une activité qui fit renaître la confiance parmi les habitants. Anvers fut déclarée en état de siége, ainsi que les villes de l'Ecluse et de Sas-van-Gand, qui toutes trois avaient été, dans l'espace de quelques jours, approvisionnées pour six mois.

Le 17, l'ennemi se présenta en force devant la batterie de Terneuse, sur laquelle il fit pleuvoir une grêle de boulets et de bombes; on lui riposta vigoureusement. Un obus fit sauter le magasin à poudre et tua 150 hommes du 8e régiment d'artillerie à pied et du 3e régiment suisse, sans que la défense se ralentît. Le 18, la plupart des vaisseaux restés devant Flessingue firent mine de vouloir se rapprocher d'Anvers. Les fossés de cette ville, ainsi que les environs des forts Lillo et Liefkenskock furent aussitôt inondés. Cela suffit pour arrêter la démonstration de l'ennemi.

Le 20, au matin, la flotte anglaise entra à toutes voiles dans la baie de Saeslingen. Des matelots venaient souvent se promener à la marée basse et chercher des coquillages sur la grève, que l'eau avait nouvellement laissée à découvert; ils provoquaient nos soldats par des injures, et, dès qu'on se préparait à aller à eux, ils remettaient avec rapidité leurs canots à flot et gagnaient le large.

Les Français, cependant, regardaient comme une conquête chaque instant qui s'écoulait sans que l'ennemi exécutât ses projets; l'espérance prochaine d'éloigner un grand danger redoublait leur zèle et leur émulation. Le maréchal Bernadotte parcourait incessamment les postes avancés pour encourager les tirailleurs et s'assurer de la prompte exécution de ses ordres. On coupa des embrasures dans l'épaisseur des digues, et l'on y plaça des canons de marine servis par des canonniers de la flotte. Chaque jour, chaque nuit, on recevait des renforts, l'on achevait quelques retranchements, ou bien l'on armait quelque batterie nouvelle. Le défilé tortueux qu'offre le fleuve entre Anvers et Lillo à la flotte qui aurait voulu la remonter, était déjà protégé le 24 par des moyens respectables de défense. Les inondations furent augmentées, et les commandants des forts reçurent l'ordre de périr au milieu des flots qui les entouraient plutôt que de céder à une attaque.

La lenteur des ennemis laissa le temps et les occasions d'aguerrir l'armée et d'instruire les recrues. Le 23, 26,000 hommes, presque aussi bien organisés que des troupes de ligne, et remplis de zèle et d'ardeur, étaient sous les armes. Les marins de notre flottille, qui s'était retirée en arrière des nouveaux forts, avaient acquis eux-mêmes une telle confiance, qu'ils parlaient déjà de prendre l'offensive et d'incendier la flotte ennemie.

Le 24, on observa quelques mouvements dans les troupes qui étaient auprès de Batz; on apprit que lord Chatam venait d'y arriver, et l'on pensait qu'il allait donner le signal d'une attaque générale. Les Anglais canonnèrent pendant la nuit la batterie du vieux Docle et celle de Frédéric-Henry. Quelques-unes de leurs compagnies d'infanterie, montées sur des chaloupes, ayant vainement essayé de débarquer, se retirèrent après avoir engagé à plusieurs reprises une fusillade très-vive avec nos troupes. Le jour suivant, le bombardement se continua, mais sans résultat.

Dans la soirée du 26, l'ennemi rangea dans le canal de Berg-op-Zoom, à la hauteur d'Ossendreck, tous ses bâtiments de transport chargés de troupes. Le reste de son armée était en bataille derrière Batz. Tout semblait annoncer le dénoûment depuis si longtemps prévu ; nos trois vaisseaux d'avant-garde se placèrent entre la citadelle et le bassin d'Anvers; mais les Anglais n'osèrent rien entreprendre. Chaque jour on vit dès lors diminuer le nombre de leurs vaisseaux. Il parut d'abord qu'ils se portaient sur la Hollande pour attaquer les villes de Willemstadt et de Helvoet-Sluys, ou qu'ils se dirigeaient sur Cadsan, pour revenir ensuite; il était impossible d'imaginer que des démonstrations sur des points aussi éloignés ne fussent pas des ruses de guerre pour obliger les Français à disséminer leurs forces. Toutefois on finit par acquérir la conviction que lord Chatam avait sérieusement renoncé à ses projets contre Anvers. Le 30, il ne restait plus que 60 voiles devant Batz, et le 4 septembre, il n'y eut plus un seul bâtiment dans la baie de Saeflingen. Les Anglais se retirèrent dans l'île de Walcheren et s'y fortifièrent dans le dessein de s'y maintenir.

Quelques jours après la prise de Flessingue, la fièvre des *Polders* s'y était manifestée ; les maladies causées par l'insalubrité du climat de la Zélande firent de grands ravages dans l'armée anglaise; du 28 août au 8 septembre, 10,948 officiers ou soldats furent enlevés par cet horrible fléau. Flessingue avait été presque entièrement détruite ou consumée pendant le bombardement par les fusées à la Congrève et par d'autres projectiles; les Anglais étaient forcés de vivre dans cette ville au milieu des décombres; les vapeurs d'un incendie mal éteint et les exhalaisons des cadavres à peine recouverts de sable accrurent tellement la malignité de la fièvre, qu'on fut obligé, vers la fin du mois d'août, de relever les postes deux fois dans le même jour. La maladie atteignit successivement tous les hommes, et les plus robustes étaient ceux qui succombaient les premiers; la mortalité devint si grande qu'on n'enterra bientôt plus que la nuit, mesure qu'on ne prend que pendant la peste, dans la crainte de frapper de terreur l'imagination des survivants et d'accroître ainsi le mal.

Accablés par ces pertes réitérées, contre lesquelles le courage des hommes et les efforts des médecins étaient impuissants, les Anglais, après avoir détruit les fortifications et le port de Flessingue, se rembarquèrent le 21 septembre, jugeant que les avantages assurés à l'Angleterre par la possession d'une des îles de la Zélande ne compensaient pas les sacrifices considérables qu'il faudrait faire pour la conserver.

C'est ainsi que se termina, presque sans combat, cette campagne de Walcheren, où peu d'Anglais périrent par le fer, et qui fut néanmoins aussi désastreuse pour leur armée que si elle eût livré des batailles et éprouvé de cruelles défaites.

Les effets du désappointement de l'Angleterre se firent ressentir jusqu'à Vienne. La cour d'Autriche, qui, pendant les entreprises d'une puissance son alliée, avait été bien aise de traîner en longueur les négociations entamées depuis qu'elle avait obtenu un armistice, se résigna enfin à accepter les conditions du vainqueur. De grandes difficultés, qui ne s'étaient élevées de la part de l'empereur François II que parce qu'il avait entrevu la possibilité que l'expédition contre la Hollande changeât sa situation, s'évanouirent dès qu'il en eut appris l'issue. Le 14 octobre, trois mois après la cessation des hostilités, il ratifia un traité qui rendait encore une fois Napoléon l'arbitre de l'Europe. Le cercle de Goritz, le territoire de Monte-Falcone, le gouvernement et la ville de Trieste, la Carniole, le cercle de Wellach en Carinthie et tous les pays situés à la droite de la Suave jusqu'à la frontière de la Bosnie, ainsi que la seigneurie de Radziard enclavée dans le pays des Grisons, furent cédées à la France. Les pays de Salzberg et de Berchtlos-Gaden, ainsi que plusieurs autres provinces, furent distraites de la monarchie autrichienne et donnés aux princes de la confédération. Le roi de Saxe reçut pour sa part toutes les enclaves dépendantes de la Bohême, toute la nouvelle Gallicie, un arrondissement autour de Cracovie, et le cercle de Zamosc. L'empereur de Russie eut aussi un accroissement de territoire avec une population de 400,000 âmes dans l'ancienne Gallicie. Par le même traité, l'empereur d'Autriche sanctionnait tous les changements survenus ou qui pourraient survenir en Espagne, en Portugal et en Italie, et adhérait au système continental.

Deux jours avant la ratification de ce traité, par lequel l'Autriche, ravalée au niveau des puissances secondaires, ne devait plus être que l'esclave des volontés du guerrier qui lui dictait la loi, Napoléon courut le danger d'être assassiné, en passant la revue de sa garde, sur la place d'armes du château de Schœnbrunn.

L'Empereur venait de descendre le perron du château et traversait la cour pour gagner la droite du régiment qui formait la première ligne, lorsqu'un jeune homme de bonne mine s'échappa de la foule dans laquelle il était à attendre l'arrivée de l'Empereur, et vint au-devant de lui, en demandant à lui parler. Comme il s'expliquait assez mal en français, l'Empereur dit au général Rapp, qui était là, de voir ce que voulait ce jeune homme. Le général Rapp vint lui parler ; mais, ne pouvant pas comprendre ce qu'il lui disait, il le regarda comme un pétitionnaire importun, et dit à l'officier de gendarmerie de service de le faire retirer. Celui-ci appelle un sous-officier et fait conduire le jeune homme en dehors du cercle, sans y donner plus d'attention. On n'y pensait plus, lorsque l'Empereur revenant à la droite de la ligne des troupes, le même jeune homme qui avait passé en arrière de la foule sortit précipitamment du point où il s'était porté en second lieu, et vint de nouveau parler à l'Empereur, qui lui répondit : « Je ne puis vous comprendre ; voyez le général Rapp. » Le jeune homme portait la main droite dans la poitrine comme pour prendre une pétition, lorsque le prince de Neufchâtel, en le prenant par le bras, lui dit : « Monsieur, vous prenez mal votre temps ; on vous a dit de voir le général Rapp. »

Pendant ce temps, l'Empereur avait marché dix pas le long du front des troupes, et Rapp l'avait suivi. C'est alors que le prince de Neufchâtel dit à l'officier de gendarmerie de conduire ce jeune homme hors du cercle et de l'empêcher d'importuner l'Empereur.

L'officier de gendarmerie avait de l'humeur d'être ainsi dans le cas de renvoyer deux fois le même homme. Il le fit un peu rudoyer, et c'est en le prenant au collet qu'un des gendarmes s'aperçut qu'il avait quelque chose dans sa poitrine, d'où l'on tira un énorme couteau de cuisine, tout neuf, auquel il avait fait une gaîne de plusieurs feuilles de papier gris, ficelée avec du gros fil.

Ce jeune homme était le fils d'un ministre protestant d'Erfurth; il n'avait pas plus de dix-huit à dix-neuf ans, avec une physionomie qui n'aurait pas été mal à une femme; il avait entrepris de tuer l'Empereur, parce qu'on lui avait dit que les autres souverains ne feraient jamais la paix avec lui; et comme l'Empereur était plus fort qu'eux tous, il avait résolu de le tuer pour que l'on eût plus tôt la paix.

On lui demanda quelle lecture il aimait. Il répondit : « L'histoire, et dans toutes celles que j'ai lues, il n'y a que la vie de la Vierge d'Orléans qui m'ait fait envie, parce qu'elle avait délivré la France du joug de ses ennemis; et je voulais l'imiter. »

Il était parti d'Erfurth sur sa seule résolution, emmenant un cheval de son père; le besoin le lui avait fait vendre en chemin, et il avait écrit à son père de ne pas s'en mettre en peine; que c'était lui qui l'avait pris pour exécuter un voyage qu'il avait promis de faire, ajoutant que l'on entendrait bientôt parler de lui. Il avait été deux jours à Vienne à prendre des renseignements sur les habitudes de l'Empereur, et était venu à la parade une première fois pour étudier son rôle et voir où il pourrait se placer. Lorsqu'il eut tout reconnu, il alla chez un coutelier acheter cet énorme couteau de cuisine que l'on trouva sur lui, et revint à la parade pour exécuter son projet.

Pendant que le jeune homme faisait cet aveu, la parade défilait, et le duc de Rovigo ne rejoignit l'Empereur que dans son cabinet, pour lui rendre compte du danger qu'il avait couru sans s'en douter. Le général Rapp le lui avait déjà rapporté, et il ne voulait pas y croire, jusqu'à ce que, lui ayant montré le couteau pris sur le jeune homme, il répondit d'un air à moitié moqueur : « Ah! cependant il paraît qu'il y a quelque chose; allez me chercher le jeune homme, je veux le voir. »

Il retint les généraux qui avaient assisté à la parade, et qui étaient encore dans les salles du château, et leur parla de cette aventure. Le duc de Rovigo arriva avec le jeune homme. En le voyant entrer, l'Empereur fut saisi d'un mouvement de pitié, et dit : « Oh! oh! cela n'est pas possible, c'est un enfant. » Puis il lui demanda s'il le connaissait. Celui-ci, sans s'ébranler, lui répondit : « Oui, Sire. »

L'Empereur : « Et où m'avez-vous vu ? »

Réponse : « A Erfurth, Sire, l'automne passé. »

L'Empereur : « Pourquoi vouliez-vous me tuer ? »

Réponse : « Sire, parce que votre génie est trop supérieur à celui de vos ennemis et vous a rendu le fléau de notre patrie. »

L'Empereur : « Mais ce n'est pas moi qui ai commencé la guerre ; pourquoi ne tuez-vous pas l'agresseur ? cela serait plus juste. »

Réponse : « Oh ! non, Sire ! ce n'est pas votre majesté qui a fait la guerre ; mais comme elle est toujours plus forte et plus heureuse que tous les autres souverains ensemble, il était plus aisé de vous tuer que d'en tuer tant d'autres, vos ennemis, qui ne sont pas aussi à craindre, parce qu'ils n'ont pas autant d'esprit. »

L'Empereur : « Comment auriez-vous fait pour me tuer ? »

Réponse : « Je voulais vous demander si nous aurions bientôt la paix, et si vous ne m'aviez pas répondu, je vous aurais plongé le couteau dans le cœur. »

L'Empereur : « Mais les militaires qui m'entourent vous auraient d'abord arrêté avant que vous n'eussiez pu me frapper, ensuite ils vous auraient mis en pièces. »

Réponse : « Je m'y attendais bien, mais j'étais résolu à mourir. »

L'Empereur : « Si je vous faisais mettre en liberté, iriez-vous chez vos parents et abandonneriez-vous votre projet ? »

Réponse : « Sire, si nous avions la paix, oui ; mais si nous avons encore la guerre, je l'exécuterai. »

L'Empereur fit appeler le docteur Corvisart qui avait été mandé quelques jours auparavant de Paris à Vienne, où il était arrivé. Comme dans ce moment il se trouvait dans les appartements de l'Empereur, il le fit entrer, et, sans lui rien expliquer, il lui fit tâter le pouls à ce jeune homme et lui demanda comment il était. M. Corvisart lui répondit que le pouls était un peu agité, mais que l'homme n'était point malade ; que cette agitation n'était qu'une légère émotion nerveuse. Ce fut alors que l'Empereur lui dit : « Eh bien ! ce jeune homme vient de cent lieues d'ici pour me tuer. » Il lui conta ce qui venait de se passer.

On ramena ce malheureux insensé à Vienne, où il fut traduit à un conseil de guerre et exécuté.

Le 14, l'Empereur quitta Schœnbrunn et partit pour Munich, où il devait attendre la ratification encore incertaine de l'empereur d'Autriche. Des signaux furent placés sur la route, afin d'informer promptement Napoléon de ce qui arriverait. Jamais aucune paix ne ressembla tant à la guerre. Napoléon arriva le 27 au palais de Fontainebleau. Ce retour fut un triomphe; partout les acclamations les plus vives témoignaient de l'admiration et de l'amour des peuples. On pouvait alors espérer qu'ayant toutes ses forces disponibles, Napoléon réduirait bientôt l'Espagne, et contraindrait enfin l'Angleterre à entrer en négociation; c'étaient autant d'illusions qui ne devaient pas tarder à s'évanouir : l'Espagne aguerrie n'était plus qu'un monde de soldats; elle ne pouvait plus être subjuguée, et l'Angleterre demeurait plus que jamais implacable.

A cette époque, tous les rois de la confédération du Rhin ou alliés à la famille impériale furent successivement appelés autour du trône de leur protecteur pour assister aux fêtes de la paix.

Au milieu de ces fêtes et de ces triomphes, Napoléon venait d'embrasser une résolution à laquelle il attachait le sort de sa dynastie.

Après avoir rompu les liens qui l'unissaient à l'impératrice Joséphine, il fit demander la main de la jeune archiduchesse Marie-Louise, fille aînée de François II; l'offre de son alliance fut acceptée.

On avait hésité longtemps sur le choix d'une nouvelle épouse. On parla, mais peu sérieusement d'abord, d'une princesse de Saxe; la dignité d'empereur demandait un lien plus élevé. Le choix de Napoléon fut donc placé entre deux princesses impériales, une grande-duchesse de Russie et une archiduchesse d'Autriche. L'Empereur se décida pour la grande-duchesse; l'ambassadeur fut chargé de la demander, et la demande fut accueillie; mais l'empereur Alexandre exigeait quelques mois de délai, à cause de la grande jeunesse de la princesse, et aussi pour avoir le temps de faire consentir à ce mariage l'impératrice-mère. La religion, au changement de laquelle on ne consentait pas, était déjà un grand obstacle. Les choses en étaient là, quand, inquiète et jalouse de ce projet, qu'elle soupçonna, la maison d'Autriche offrit sa fille, son *enfant chérie;* telle fut l'expression. Les retards de la Russie, les difficultés pour la religion, que Napoléon aurait pu aplanir, en laissant dans son intérieur la liberté des cultes, lui firent saisir avec empressement l'offre de la cour de Vienne. C'est un grand tort dans les grandes affaires de ne pas admettre le temps dans ses moyens. Napoléon fut toujours pressé de jouir de ce qu'il désirait. Dans la même journée, un conseil fut assemblé; on y lut les dépêches du duc de Vicence. Les avis furent partagés; mais Napoléon se décida pour l'Autriche. Le soir même, l'arrangement fut conclu par le prince Eugène avec le prince de Schwartzemberg. Ainsi, Marie-Louise fut offerte par son père et acceptée par la France, et le prince de Wagram, qui devait ce titre à la dernière humiliation de la cour de Vienne, demanda la main de l'archiduchesse. Il l'épousa solennellement, au nom de l'empereur Napoléon, à Vienne, le 11 mars 1810. Le 13, la nouvelle impératrice partit pour la France. La cour se rendit le 20 à Compiègne, où tout fut préparé pour la réception de la princesse. Le 28, jour de son arrivée, Napoléon alla au-devant d'elle dans la forêt, monta dans sa voiture et revint au palais de Compiègne avec sa nouvelle épouse. Le 30, toute la cour fut réunie à Saint-Cloud, où le mariage civil fut contracté le 1er avril. Toutes les imaginations furent frappées des pompes extraordinaires déployées le lendemain, jour où le mariage se célébra spirituellement à Paris, dans une salle de la galerie du Louvre. Cet acte politique divisa la vie de Napoléon en deux périodes distinctes : dans l'une, il n'a compté que des succès; dans l'autre, il ne compta que des revers.

Ce fut à cette époque, au moment où l'empire du monde semblait le mieux affermi dans les mains puissantes de Napoléon, que Louis Bonaparte quitta la scène politique. Proclamé roi de Hollande, le 5 juin 1806, à Saint-Cloud, il se montra, pendant cinq ans, constamment occupé du bien-être du pays qui avait remis en ses mains la suprême autorité; mais, lorsqu'il se crut dans l'impossibilité, sans nuire aux intérêts de la France, de défendre son pays adoptif contre les funestes exigences du blocus continental, il renonça sans regret à la couronne, et, rentré calme et résigné au sein de la vie privée, il aurait pu prendre pour devise ces paroles bien faites pour caractériser ses principes : *Plus d'honneur que d'honneurs !* Napoléon agrégea les Bataves à l'empire, et, vers le même temps, il permit à Bernadotte d'accepter la succession du trône de Suède à sa prochaine vacance. Il croyait ainsi se débarrasser d'un ennemi et le forcer à la reconnaissance; il pensait qu'il deviendrait son appui dans le Nord. Mais Bernadotte devait bientôt oublier qu'il était Français.

CHAPITRE IX.

Suite des opérations dans la Péninsule. — Retraite des Anglais sur le Portugal. — Bataille d'Ocana. — Attaque de la Sierra-Morena. — Conquête de l'Andalousie. — Opérations en Catalogne, en Aragon et dans les provinces de Valence. — Opérations de l'armée de Portugal.

Voyons maintenant par quels efforts on s'était maintenu jusque-là dans la Péninsule. Dans le courant de juin 1809, une seconde expédition pénétra dans les Asturies; à la tête d'une division de 3,000 hommes, le général Bonnet prit Santander et battit un corps de 13,000 Espagnols commandé par Balestéros et le marquis de Porlier; en même temps 6,000 Français, détachés par le général Suchet du corps qui investissait Gironne, battaient le général Blake, près de Santa-Fé, lui tuaient 2,000 hommes, faisaient 700 prisonniers et s'emparaient de 3 drapeaux et de 5 pièces de canon. D'autres avantages furent encore remportés par les Français dans plusieurs petits combats; mais, dans le même temps, lord Wellesley, qui venait de prendre le titre de Wellington, opérait sa jonction avec le général Cuesta, et tous deux marchaient sur Madrid. Sachant que toutes les forces des Français en Espagne ne s'élevaient pas alors à plus de 80,000 hommes, Wellington ne doutait pas qu'après s'être emparé de la capitale, il lui fût facile de nous forcer à repasser les Pyrénées, et peut-être en effet y eût-il réussi si la discorde n'eût éclaté entre lui et les insurgés. Joseph Napoléon essaya de mettre cette circonstance à profit en marchant contre les Anglais campés à Talavera; mais il ne résulta de ses manœuvres que des combats sans importance.

Les premiers jours d'août nous furent plus favorables : par une marche habile, le maréchal Soult ayant tourné l'armée de Wellington, le força à battre en retraite sur le Portugal, et telle fut la précipitation avec laquelle le général anglais fut obligé d'opérer ce mouvement pour éviter une défaite complète, qu'il dut abandonner tous ses blessés et une partie de ses bagages. Soult alors occupa Placentia; le maréchal Ney, Salamanque; le maréchal Mortier, Talavera de la Reyna, et le maréhal Victor, Tolède. Chargé de couvrir Madrid, le général Sébastiani détruisit une grande quantité de guérillas, et le 11, il battit à Almonacid le général Venegas, auquel il enleva 4,000 hommes, 36 pièces de canon, 100 caissons et plusieurs drapeaux.

Les hostilités semblèrent en quelque sorte suspendues pendant le mois de septembre; mais le maréchal Soult ayant été nommé major-général des armées françaises en Espagne, les opérations ne tardèrent pas à être poussées avec une nouvelle activité. Nous éprouvâmes quelques revers au commencement de cette reprise : attaqué à Tamanès par des forces considérables, le général Marchant, qui remplaçait le maréchal Ney, rappelé en France, se défendit vigoureusement, et, malgré la grande supériorité numérique des troupes de l'ennemi, il le força d'abord à se retirer; mais celui-ci reparut bientôt avec des forces plus considérables encore que lors du premier engagement, et Marchant ayant fait des pertes sensibles, fut obligé d'opérer sa retraite. En même temps le duc del Parqua s'emparait de Salamanque. La fortune ne devait pas tarder à nous être favorable. Kellermann ayant appris l'échec éprouvé par Marchant, réunit en toute hâte tout ce qu'il avait de troupes, marcha contre le duc del Parqua, l'atteignit à Alba de Tormès, lui tua 3,000 hommes, lui prit 6 drapeaux, 15 pièces de canon, et le mit dans une déroute complète.

Mortier, de son côté, bien qu'il n'eût sous ses ordres qu'environ 36,000 combattants, attaquait dans la plaine d'Ocana une armée de 50,000 insurgés, commandée par le général Arizzaga, lui faisait 20,000 prisonniers, et lui prenait 30 drapeaux et 50 pièces de canon. Peu de jours après, le 10 novembre, le maréchal Augereau s'emparait de Gironne, dont la longue résistance nous avait coûté près de 20,000 de nos meilleurs soldats; il faisait prisonnière la garnison forte de 50,000 hommes, et trouvait dans la place 200 bouches à feu.

Au mois de décembre arrivèrent d'assez nombreux renforts de vieilles troupes, dont la paix de l'Autriche permettait de disposer. Dès lors le maréchal Soult résolut de ne plus laisser à l'ennemi un moment de repos. Le 20 janvier 1810, il attaqua les Espagnols dans la Sierra-Morena dont ils avaient miné les routes, et dont ils occupaient tous les passages avec des forces considérables. Rien ne put résister à l'élan de nos soldats; ils traversèrent tous les obstacles, enlevèrent à la baïonnette les plus formidables retranchements, et ne quittèrent le champ de bataille, couvert de cadavres ennemis, que pour poursuivre les fuyards dont une faible partie parvint à se réfugier à Andujar, tandis qu'une autre fraction, conduite par le général duc d'Albuquerque, se jetait dans Cadix. Le 31, le maréchal Victor s'emparait de Séville, où il trouvait des magasins de vivres bien garnis, des munitions en abondance, et plus de 260 bouches à feu, tandis que le général Sébastiani détruisait l'armée qui défendait les approches de Malaga.

La Catalogne était le théâtre de succès non moins importants : Suchet battait l'ennemi à Vich; le 7 février, le général Souham, attaqué par des forces considérables sous les ordres du général O'Conell, le forçait à se retirer après lui avoir fait perdre 7,000 hommes tués, blessés ou prisonniers;

les montagnards de Murcie et ceux des Alpajarès étaient battus et dispersés par les généraux Dessoles et Belair; un corps de 2,000 Espagnols était battu et presque anéanti par le général Foy, envoyé en reconnaissance sur les frontières de Portugal. C'étaient pour ainsi dire chaque jour de nouvelles victoires : tandis que le maréchal Mortier poussait jusque sous les murs de Badajoz une colonne ennemie, après l'avoir battue dans une action très-vive où avait été tué le général Beauregard, atteint d'une balle au cœur en chargeant à la tête de la cavalerie, le général Gazan anéantissait à Etrouquillo, le 25 mars, les régiments que Balesteros était parvenu à organiser après s'être sauvé de Santander. Peu de jours après, nous nous emparâmes des villes d'Oviédo et d'Astorga. Enfin le maréchal Suchet, après avoir remporté de nouveaux avantages sur les généraux Blacke et Villa-Campa, vint, le 13 avril, mettre le siége devant Lérida.

Huit mille hommes de troupes réglées et deux bataillons de garde urbaine étaient enfermés dans cette ville, avec une population de 20,000 âmes exaltée jusqu'au délire; et le maréchal n'avait à sa disposition que 14,000 hommes, avec lesquels, tout en pressant le siége, il lui faudrait repousser les tentatives du général O'Conell, pour le lui faire lever. Le maréchal Augereau, qui devait tenir le général espagnol en échec, ayant été forcé, par défaut de vivres, de ramener son armée en Catalogne, O'Conell marcha avec 15,000 hommes contre les assiégeants, dans l'espérance de les exterminer entre son feu et celui de la place. Forcé de se suffire à lui-même, Suchet envoya contre lui une partie de ses forces, pendant que l'autre empêchait les assiégés d'appuyer par un mouvement l'effort de leur auxiliaire. Battu, le 23 avril, à Margalef, O'Conell se retira en laissant la plaine de Lérida couverte de morts et 6,000 prisonniers entre nos mains.

Poursuivant ses opérations avec plus de vigueur, Suchet fit ouvrir la tranchée et établit ses batteries. Les travaux ayant été poussés jusqu'au pied des murs de la ville, malgré des pluies continuelles et le feu non interrompu des assiégés, le 12 mai Suchet s'empare des ouvrages extérieurs, et le 13, la brèche ayant été jugée praticable, il fait donner l'assaut à la place, dans laquelle il pénètre à l'entrée de la nuit. Un château assis sur une hauteur dominait et protégeait Lerida. Il pouvait tenir longtemps. La population, à qui Suchet avait habilement laissé la retraite ouverte sur ce point, s'y réfugie. En un moment le fort en est encombré. Gêné dans tout ses mouvements par cette foule à laquelle il n'a pas osé fermer ses portes, le gouverneur se voit dans la nécessité de capituler pour la sauver, ainsi que sa garnison, d'une destruction certaine. La garnison avait perdu 1,200 hommes pendant le siége. Huit mille prisonniers, 18 drapeaux, 133 bouches à feu et des munitions de toute espèce tombèrent entre les mains du vainqueur par la capitulation.

Le lendemain de la prise de Lérida, un événement heureux vint réjouir tous les cœurs : 1,500 Français, reste de l'armée de Baylen, parvinrent à s'échapper du ponton *la Vieille-Castille*, sur lequel ils étaient emprisonnés depuis près de deux ans ; malgré le feu des chaloupes anglaises et des forts de Cadix, ils rejoignirent l'armée, où ils furent reçus comme des frères, qu'on était d'autant plus heureux de revoir, que leur glorieux retour était dû à un miracle d'intrépidité jusqu'alors sans exemple.

Dès qu'il fut maître de Lerida, Suchet s'empressa de faire investir la forteresse de Méquinenza, que l'on regardait comme la clef de l'Ebre, et qui, située sur un roc escarpé, au confluent de l'Ebre et de la Sègre, était réputée imprenable. Quinze jours suffirent aux Français pour s'emparer de cette place, où ils trouvèrent 45 bouches à feu et d'abondantes munitions.

Chaque jour était marqué par une nouvelle victoire : rien ne résistait à nos armes : il semblait donc que l'on pût espérer une paix prochaine ; mais, contrairement à cet espoir, à peine le feu de l'insurrection était-il éteint sur un point, qu'il se rallumait sur un autre. En vain les champs de bataille se couvraient de cadavres ennemis, de longues colonnes de prisonniers étaient dirigées vers les frontières, d'autres combattants surgissaient tout à coup comme s'ils fussent sortis de dessous terre, et les Français n'étaient réellement maîtres que du terrain qu'ils occupaient en armes ; de nouveaux canons, de nouveaux drapeaux remplaçaient ceux dont ils s'étaient emparés, et la lutte recommençait toujours plus ardente, plus terrible. Il était indispensable de frapper un coup décisif : on s'y prépara. Une armée de 60,000 hommes rassemblée à Salamanque sous les ordres de Masséna, fut destinée à envahir le Portugal, presque entièrement occupé par les Anglais.

Dès les premiers jours de juin, Masséna mit son armée en mouvement, et, le 15 de ce mois, il arriva sous les murs de Ciudad-Rodrigo ; la nuit suivante, la tranchée fut ouverte, et, malgré la défense énergique de la garnison, ses nombreuses sorties et les pluies torrentielles qui tombaient presque sans interruption, les travaux du siége avancèrent rapidement. Dans la nuit du 21 on n'était plus qu'à cent quarante mètres de la place : on commença à construire des batteries ; mais cette opération présenta d'abord de grandes difficultés. Du couvent de Sainte-Croix, situé aux abords de la ville, et dont les assiégés avaient fait une sorte de forteresse, partait un feu incessant et bien dirigé qui causait de grands ravages parmi les travailleurs. Il fallait absolument s'emparer de cette position ; la chose présentait de graves difficultés ; le capitaine du génie Maltzen se chargea de les vaincre. Le 24 au soir, ce brave officier sort de la tranchée à la tête de 50 grenadiers et de 20 sapeurs, et, sous un feu terrible, il s'élance au pas de course vers le couvent ; deux balles atteignent le capitaine sans pouvoir l'arrêter ; il arrive avec la moitié de son monde aux portes du couvent, qui tombent bientôt sous la hache des sapeurs. Mais déjà les Espagnols, au nombre de plus de 200, avaient quitté le rez-de-chaussée pour se réfugier au premier, d'où, après s'être solidement barricadés, ils faisaient pleuvoir sur les assaillants une grêle de balles et de projectiles de toute espèce. Maltzen tente vainement de les forcer dans cette retraite; les escaliers sont coupés; il faudrait du canon pour faire brèche dans les murs, des échelles pour tenter l'escalade, et il n'a rien de cela. Trois fois sommés de se rendre, les Espagnols ne répondent qu'en jurant de s'ensevelir sous les ruines du couvent, et la fusillade continue. Maltzen, affaibli par la perte du sang qui coule des deux blessures qu'il a reçues, prend alors la résolution d'incendier le couvent. Bientôt les flammes partant du rez-de-chaussée s'élancent en sifflant vers les étages supérieurs; les Espagnols continuent à se défendre, et plusieurs des nôtres, forcés de combattre à découvert, tombent encore sous leurs coups. De noirs tourbillons de fumée forcent les Espagnols à quitter leur retraite; ils grimpent sur les combles sans cesser de combattre; mais, après quelques instants, le couvent, complétement enveloppé de flammes, n'offre plus que l'aspect d'un volcan en éruption. Quelques coups de fusil partent encore de dessus les toits; à ces détonations succèdent d'affreux craquements que dominent des cris de rage et de désespoir, puis un silence de mort. Des 200 défenseurs du couvent, il ne restait, peu d'instants après, que des cendres et des ossements calcinés.

La destruction de ce repaire facilita l'armement des batteries, qui, le 26 au matin, ouvrirent sur la place un feu terrible. Bientôt plusieurs quartiers de la ville sont la proie des flammes; elles atteignent un immense magasin à poudre dont l'explosion broie, renverse un grand nombre de maisons. Cela n'empêcha pas l'ennemi de riposter avec vigueur et de rendre coup pour coup; celles de ses pièces que nous parvenons à démonter sont aussitôt remplacées par d'autres; leurs canonniers, que les embrasures laissent à découvert, ne cherchent pas d'abri et continuent à combattre avec intrépidité. Cette épouvantable canonnade durait depuis deux jours; nous avions fait des pertes sensibles; notre artillerie avait été fort maltraitée; mais il paraissait impossible que les assiégés tentassent de se défendre plus longtemps. Leur perte en hommes était considérable; une grande partie des habitations avaient été écrasées ou brûlées; le revêtement de l'enceinte basse était presque entièrement renversé, et l'enceinte du fort présentait de larges brèches. Masséna crut alors devoir sommer de nouveau le gouverneur André Herrasti de se rendre; mais il ne voulut rien entendre, et l'œuvre de destruction se continua avec plus d'ardeur que jamais.

Enfin, le 10 juillet, la principale brèche étant d'environ trente-six toises, et la contrescarpe ayant été renversée dans le fossé par l'effet de la mine, on se disposait à donner l'assaut, lorsque trois braves soldats, le caporal

Thirion, le carabinier Bomboix et le chasseur Billaret s'élancèrent vers la brèche avant que l'ordre en fut donné, et agitant leurs schakos au bout de leurs fusils, pénètrent au pas de course dans la ville en criant victoire. A ces cris, le gouverneur crut avoir sur les bras l'armée de siége tout entière; il fit en toute hâte hisser le drapeau blanc et se rendit à discrétion. La garnison, forte de 7,000 hommes, fut faite prisonnière ; 125 bouches à feu et une grande quantité de munitions tombèrent en outre au pouvoir du vainqueur.

Après cette victoire, Masséna se porta sur Alméida, qu'il investit le 25 juillet. La tranchée fut ouverte dans la nuit du 15 au 16 août, et, malgré les difficultés d'un terrain rocailleux et le feu continuel de l'ennemi, on poussa les travaux avec la plus grande activité. Le 24, onze batteries avaient été établies et armées de 65 bouches à feu, qui, le lendemain au point du jour, commencèrent à tonner contre la place, qui risposta jusqu'à quatre heures du soir. A ce moment, une de nos bombes tomba sur un caisson qui se trouvait près du principal magasin à poudre des assiégés ; l'explosion de ce caisson détermina celle du magasin, et cette dernière fut si terrible, que la ville entière disparut comme si la terre se fût entr'ouverte sous elle. La garnison renfermée dans les casemates fut seule préservée ; plus de la moitié des habitants fut ensevelie sous les décombres. Malgré cette catastrophe, le gouverneur, William Cox, refusa de se rendre. Il fallut recommencer le feu, qui dura toute la nuit et une partie de la matinée du lendemain. Enfin, menacé d'être passé par les armes, lui et la garnison qu'il commandait, William Cox capitula et fut fait prisonnier. Trois mille Portugais qui composaient la garnison furent renvoyés dans leurs foyers, sur parole de ne pas servir contre la France.

Pendant que Masséna s'avançait, Wellington, informé de la catastrophe d'Alméida, se rapprochait de Lisbonne. Le 19 septembre, l'armée française arriva à Viseu ; le 8e corps, qui était en avant, atteignit l'arrière-garde anglo-portugaise, et lui fit quelques prisonniers. Six jours après, un second engagement eut lieu à Mortagoa ; toute l'arrière-garde ennemie fut enfoncée et chassée de ses positions. Le 26, Masséna aperçut l'armée de Wellington, couronnant les hauteurs de Busaco, montagnes très-élevées, où il n'y a point de chemins praticables et qui sont hors des atteintes de la cavalerie et de l'artillerie.

Masséna, ignorant sans doute qu'il avait devant lui toutes les forces de l'ennemi, fit ses dispositions pour l'attaque. Il n'avait avec lui que 54,000 combattants ; Wellington en avait plus de 70,000. Son front et ses flancs étaient garnis de 80 bouches à feu, et l'on pouvait regarder le terrain sur lequel il s'était placé comme une forteresse inexpugnable. Des barricades, des fossés, des maisons crénelées sur le penchant de la montagne et des embuscades multipliées, complétaient l'ensemble de cette formidable défense.

Le 27 septembre, au point du jour, le général Reynier attaqua la droite des Anglo-Portugais, et le maréchal Ney leur gauche; Junot resta en réserve avec l'artillerie et la cavalerie devenues inutiles. Malgré le feu le plus vif et le mieux nourri, nos colonnes s'avancèrent à trois reprises différentes : il y eut un instant d'hésitation parmi les Anglais; mais de nouvelles forces leur ayant rendu une nouvelle assurance, les assaillants furent partout repoussés, et plus de 4,000 d'entre eux restèrent sur la place. Le vaillant général Simon, atteint de deux balles pendant cet assaut, fut recueilli sur la crête du Busaco par les Anglais, dont la perte, dans cette journée, s'éleva à 2,500 hommes. Le 29, Masséna, mieux instruit que la veille, fit tourner la position par Sardao; mais Wellington, dans la crainte d'être coupé, s'étant retiré derrière le Mondégo, nos troupes se dirigèrent sur Coïmbre, où elles firent leur entrée le 1er octobre, au milieu des illuminations, ordonnées pour éclairer le pillage et la dévastation de cette superbe ville. Le général anglais, en la quittant, avait permis à ses soldats de se livrer à des excès dont l'atrocité répugnerait même à des hordes de cannibales. Après onze jours de marches forcées au milieu des pluies continuelles, les avant-gardes françaises parvinrent à Villa-Franca. Près d'arriver à l'extrémité la plus reculée du Portugal, Masséna se croyait au moment de couronner son expédition par un coup décisif. Persuadé que les Anglais ne songeaient plus qu'à se rembarquer, il comptait les atteindre, leur présenter la bataille dans la précipitation d'un départ et les accabler; mais des reconnaissances, envoyées sur divers points, trouvèrent l'armée de Wellington retranchée dans une position qu'il était impossible d'attaquer, sur la chaîne des montagnes qui s'étendent depuis Alhandra jusqu'à Torres-Vedras. Il y eut alors quelques affaires d'avant-postes. Le général Descorches-Sainte-Croix y déploya la même intrépidité qu'à Essling et à Wagram; mais, dans un dernier combat, il fut coupé en deux par un boulet. Il était à peine âgé de vingt-deux ans, et était compté parmi nos meilleurs généraux de cavalerie.

Les hauteurs de Torres-Vedras étaient hérissées de redoutes construites avec art et battant de tous côtés. Masséna, renonçant à l'espoir de les enlever de vive force, fit une espèce de ligne de circonvallation : il établit sa gauche à Villa-Franca, son centre à Alunque, et sa droite à Olta. Le maréchal Ney, placé en réserve, observait la navigation du Tage. Le général en chef français voulut bloquer son adversaire et l'affamer : ce fut une grande faute. Les Anglais, approvisionnés par mer, ne manquaient de rien; notre armée, au contraire, n'avait aucune ressource dans le Portugal, dont tout l'intérieur avait été ravagé. Masséna ne fut pas longtemps à reconnaître les funestes effets du plan qu'il avait adopté : ses soldats furent bientôt en proie au plus affreux dénûment : il n'y avait plus moyen de se procurer des vivres qu'à main armée; les détachements qu'on envoyait à la maraude étaient la plupart du temps surpris et enlevés par des corps volants; toute communication avec l'Espagne était rompue ; la misère et le besoin avaient fait disparaître le frein de la discipline ; la voix des chefs était méconnue. Cette anarchie militaire ne pouvait être que le prélude d'un grand désastre. Effrayé d'une pareille situation, Masséna, qui avait perdu sans combattre le tiers de son monde, se décida, le 14, à quitter ses lignes et à se replier sur Santarem, où il prit position et se fortifia. Sa droite était couverte par un mont inaccessible, et sa gauche appuyée au Tage, sur lequel il avait ordonné la construction d'un pont de bateaux, afin de pouvoir faire des incursions dans l'Alentajo, province des plus fertiles, et lier en même temps ses opérations à celles du maréchal Soult. Les deux armées se cantonnèrent pendant le mois de novembre. Un mois après, elles reçurent des renforts ; les Anglais, le corps du marquis de la Romana, qui venait d'être chassé de l'Estramadure, et les Français celui du général Drouet, qui, avec les brigades du général Gardonne, qu'il avait rencontrées en route, couvrit les derrières de Masséna et rétablit ses communications.

Tandis que Masséna rencontrait des obstacles insurmontables, le maréchal Soult pacifiait l'Andalousie et détruisait les guérillas. Le maréchal Victor pressait le siége de Cadix, dont plus de 300 pièces de tous calibres et des mortiers récemment inventés foudroyaient les remparts. Le général Suchet chassait Villa-Campa de l'Aragon, et investissait Tortose, qui capitula le 11 janvier 1811. Huit mille hommes furent faits prisonniers dans cette place; on y trouva en outre 177 bouches à feu, des munitions et des vivres pour plus d'un an.

La prise de Tortose termina une campagne qui n'avait fait qu'augmenter l'effervescence des Espagnols : à peine une de leurs armées était-elle détruite ou disséminée, que les soldats fugitifs rentraient dans leurs foyers et se livraient aux travaux de l'agriculture. Mais bientôt la junte faisait circuler ses proclamations ; les moines parcouraient les provinces, promettant le pardon des péchés, accordant des indulgences plénières, et les habitants, dans la vue de gagner le ciel, allaient de nouveau affronter le fer des Français. Le bonheur des prédestinés était la perspective qui peuplait et repeuplait sans cesse les rangs de l'insurrection : l'avidité du butin et tout ce que peuvent convoiter la licence, l'esprit de vagabondage et les sordides appétits de la débauche la plus grossière, contribuaient aussi à grossir et à reformer les bandes ; les éléments dont elles se composaient étaient inépuisables. Balesteros, malgré ses nombreuses défaites, organisa un corps de huit à dix mille Asturiens, et alla s'établir en Andalousie. Porlier, dit *Marquisitto*, réunit 4,000 fantassins et occupa le royaume de Léon. Le Pastor en Castille, Mendizabal en Biscaye et Mina en Navarre, firent une guerre affreuse et cruelle à tout ce qui portait l'uniforme et le nom français. Le dernier de ces chefs surpassa tous les autres en barbarie.

Dans plusieurs provinces, on ne tarda pas à ressentir les tristes effets des mesures extrêmes que Wellington avait fait adopter par la junte. Les villes et les villages étaient déserts; paysans ou citadins, tous abandonnaient leurs demeures pour se réfugier dans les montagnes ou dans d'impénétrables forêts ; ils emmenaient avec eux leurs bestiaux et leurs provisions, et ils cachaient soigneusement, avant de partir, tout ce qu'ils ne pouvaient pas emporter. Le gouvernement avait prononcé la peine de mort contre quiconque resterait dans une ville occupée par nos troupes. Ce plan désastreux était efficace pour nous forcer à évacuer les provinces où nous aurions pu nous établir. Aussi l'armée de Portugal, éloignée et privée de tout secours, éprouva-t-elle la première et de plus en plus toutes les horreurs de la famine. Dans la crise fatale où elle était réduite, elle accusait les habitants de tous ses malheurs, de ses fatigues, de ses privations. Lorsque l'assassinat, le meurtre et toutes espèces de cruautés signalèrent la haine des Portugais et devinrent les trophées dont se glorifiait Silveyra leur général; lorsque dans ses courses le soldat vit les corps de ses camarades mutilés, ou qui avaient péri dans d'horribles tortures, d'affreuses représailles eurent lieu, et le pays où elles s'exerçaient ne fut plus qu'un théâtre de fureur, de désolation et de carnage.

La campagne de 1811 s'ouvrit cependant sous les auspices les plus favorables. L'Andalousie, la Castille, les Asturies, l'Aragon, la Catalogne, la Biscaye et la Navarre étaient au pouvoir des Français, et, malgré les revers qui avaient assailli l'expédition de Portugal, ils se flattaient d'avoir avancé l'œuvre de la conquête.

Le duc de Dalmatie ayant fait de Séville le centre de ses opérations, avait réparti ses troupes depuis la Sierra-Morena jusqu'à Matagorda, et tous les villages qui bordent la route avaient été transformés en postes militaires. Malaga s'était rendu à nos armes, et le général Balesteros s'était retiré sous le canon de Gibraltar. Ce fut alors que Soult, après avoir mis son gouvernement à l'abri d'un coup de main, résolut de tenter une diversion en faveur de Masséna, dont la position était toujours des plus difficiles. Ayant donc réuni toutes les troupes aux ordres de Mortier, duc de Trévise, le maréchal Soult, duc de Dalmatie, les conduisit en Estramadure et vint menacer le Portugal. Vers le 17 janvier 1811, à la tête de 18,000 hommes seulement, il était parti de Séville; dès le 27, Olivenza, place forte à sept bastions, était tombée en son pouvoir après trois jours de tranchée ouverte, et avec une garnison de 4,500 hommes. Dès le 30, Badajoz, place bien plus forte, était investie sur la rive gauche du Guadiano, et, malgré la faiblesse numérique des assiégeants qui avaient à lutter contre les crues d'eau de la mauvaise saison, la place était menacée d'une prompte chute. Le général anglais lui envoya un renfort assez considérable, composé de ce qui restait de meilleures troupes à l'Espagne, c'est-à-dire de seize à dix-huit mille hommes que le marquis de la Romana avait ramenés furtivement du nord, et qui, le 23 du mois précédent, avaient perdu leur général.

Le bruit courût alors que la mort survenue presque subitement du marquis de la Romana avait présenté des symptômes extraordinaires, et les Espagnols, aigris par leurs infortunes, fatigués d'ailleurs de la manière hautaine dont les traitaient leurs alliés, poussèrent l'injustice au point de mettre sur le compte des agents du gouvernement britannique un crime auquel on ne voit pas que l'Angleterre eût un grand intérêt. Quoi qu'il en soit de son brave chef, l'armée espagnole passa la Coa, près d'Elvas, et vint, vers le milieu de février, prendre position sur le penchant des hauteurs de la rive droite du Guadiano, la droite appuyée au fleuve. Ainsi soutenue, la garnison, forte de près de 8,000 hommes, devenait disponible pour toutes les sorties que n'eussent guère pu repousser le peu de troupes harassées par un service de tranchées fort pénible, qu'avaient à leur disposition les deux maréchaux français.

Le duc de Dalmatie conçut le projet hardi de détruire le renfort ennemi avant de pousser plus avant les opérations d'un siége dont l'issue devenait problématique. Il ordonna la construction de pontons sur lesquels pussent monter à la fois des bataillons ; il fallut aller au loin chercher des matériaux de ces grands moyens de passage. Malgré les crues d'eau subites qui firent déborder le fleuve, le travail fut poussé avec une incroyable vigueur, le maréchal passant les jours et les nuits exposé à la pluie, excitant le zèle des travailleurs, dont plusieurs furent emportés par les débordements. Enfin, lorsque, malgré les éléments qui semblaient conjurés, il y eut des probabilités pour la réussite du passage, des batteries placées en aval, au bord de la Guadiana, ayant tout à coup tonné sur l'armée espagnole, qu'elles prenaient en écharpe, et rendu sa position insoutenable jusqu'à deux mille mètres de la ville, cette armée de secours prit le parti, pour ne pas perdre inutilement ses soldats, de s'aller former en arrière du fort San-Cristoval, sur les hauteurs de Saint-Engrotia, hors de la portée, non seulement des boulets français, mais même de l'artillerie de la place.

Pendant la nuit qui suivit ce mouvement, le duc de Dalmatie, qui avait bien prévu cet effet de son feu, ne laissa dans les ouvrages du général Gazan que le nombre d'hommes strictement nécessaire pour les mettre à l'abri d'un coup de main ; tout ce dont il peut disposer passe le Guadiana en aval, le général de division Girard commandant l'infanterie sous les ordres du maréchal Mortier, et le général Latour-Maubourg à la tête de la cavalerie. Le tout ne formait guère que six à sept mille hommes. L'armée espagnole en comptait plus du double, dans une excellente position. A la pointe du jour, le 19 février, sans qu'elle se fût doutée de la manœuvre, elle se vit attaquée sur la gauche par le général Girard, qui l'aborda franchement, en colonne serrée, par bataillons, à la baïonnette, tandis que le général Latour-Maubourg se précipitait sur ses derrières, après avoir profité des ténèbres pour la tourner. On y croyait les Français à deux lieues de l'autre côté de l'eau. En vain, dans ce péril extrême, les Espagnols fondèrent-ils leur espoir sur les carrés qu'ils avaient formés, en moins d'une heure ils étaient enfoncés de toutes parts et dans la plus complète déroute. Avant midi, plusieurs milliers de morts gisaient sur le champ de bataille et près de 9,000 prisonniers étaient déjà dirigés sur la route de Madrid, par Mérida. Le peu de soldats qui parvinrent à échapper du désastre et la brigade de cavalerie commandée par le général Coport se sauvèrent en Portugal, abandonnant Badajoz, qui ne devait pas tarder à se rendre. Un général Virnes, assez célèbre chez les Espagnols, et qui s'était distingué dans la bataille, fut du nombre des prisonniers. Il était remarquable par l'énormité de sa belle barbe, qu'il avait juré sur l'honneur et sur l'Evangile de ne pas couper tant qu'il resterait un Français dans la Péninsule. Il fut traité avec beaucoup d'égards, et l'on apprit bientôt que, séduit par les manières du roi Joseph, en arrivant à Madrid, il avait sollicité et obtenu de l'emploi auprès de ce prince en qualité d'aide-de-camp.

Cette victoire de la Guébora, qui ne coûta pas 400 hommes à l'armée française, devait, ainsi que nous l'avons dit, accélérer la chute de Badajoz. La tranchée avait été ouverte le 5 février devant cette place, à peu de distance du fort appelé Padaleros. La garnison de la place était forte de 12,000 hommes; un très-brave général, appelé Menacho, la commandait, et les murs étaient hérissés d'une nombreuse artillerie. Les assaillants n'étaient pas 15,000; six ou huit pièces de 24, destinées à la batterie de brèche, formaient la principale force du matériel des assiégeants. La résolution de réduire une citadelle si bien défendue avec si peu de moyens, paraissait, aux yeux de plus d'un officier sous les ordres du maréchal, un acte de témérité; mais la victoire de la Guébora avait tellement exalté le courage de nos soldats que rien ne leur paraissait impossible, et le siége, malgré les immenses difficultés qu'il présentait, fut poussé avec une extrême vigueur. Le 8 mars, la brèche ayant été ouverte par notre artillerie sur une des courtines de la place, le général Menacho voulut la reconnaître en personne, mais s'étant avancé à découvert, malgré le feu terrible de nos pièces, il fut tué par un boulet; bientôt le commandant qui lui avait succédé reconnut l'inutilité de prolonger une défense qui ne pouvait avoir d'autre résultat que la perte d'un plus grand nombre d'hommes : il capitula le 10. Le duc de Trévise, qui commandait les troupes sous le maréchal Soult, entra dans cette place avec lui; puis, poursuivant ses succès, il s'empara les jours suivants de Campo-Mayor, d'Albuquerque et de Valentin, devant lesquelles sa cavalerie, commandée par Latour-Maubourg, n'eut qu'à paraître.

La prise de Badajoz et les diverses actions qui avaient eu lieu sous ses murs, complétèrent la destruction de cette armée de la Romana, si célèbre alors par la manière dont elle s'était échappée du nord de l'Europe où Napoléon l'avait comme exilée. Avant la campagne d'Estramadure, qui venait de se terminer si glorieusement, elle était forte de 22,000 hommes, qui furent tués, pris ou dispersés en deux mois. Maître de Badajoz, le maréchal Soult s'occupa de pourvoir à la sûreté de cette importante place : une garnison de 6,000 hommes, sous les ordres du général Philippon, lui fut affectée; la plus grande activité fut mise à réparer les dommages qu'avait causés le siége. Un prudent et habile administrateur espagnol, don Francisco de Terau, ne perdit pas un moment pour l'approvisionner, et bientôt des reconnaissances dirigées sur Elvas, boulevart des Portugais, firent présumer à l'armée que le maréchal ne tarderait pas à s'éloigner du point d'appui qu'il s'était fait, pour marcher à de nouveaux triomphes.

Mais tandis que le duc de Dalmatie soumettait l'Estramadure, les Anglais tournaient leurs efforts d'un autre côté : ils avaient résolu d'attaquer le corps d'armée qui faisait le siége de Cadix, et de s'emparer de l'artillerie formidable avec laquelle les Français écrasaient cette ville. Chargé de l'exécution de ce projet, le général Graham, qui avait sous ses ordres un corps de 25,000 Anglo-Espagnols, débarqua à Algésiras, le 21 février, et marcha aussitôt sur Tariffa. Le 4 mars, l'avant-garde des alliés ayant tenté de se porter sur le canal de San-Petri, fut vigoureusement repoussée par les troupes du général Villatte, qui lui tuèrent 300 hommes. Le duc de Bellune se trouvant ainsi en présence de forces considérables crut prudent de ce concentrer, et il prit position à Chiclana; mais, jugeant ensuite à la lenteur de l'ennemi, que ce dernier n'osait prendre l'offensive avant d'avoir reçu des renforts, il résolut de l'attaquer, et chargea le général Ruffin de s'emparer de la hauteur de Barrosa, occupée par les Espagnols. Ce général attaqua l'ennemi avec la plus grande vigueur; une charge à la baïonnette, qu'il conduisit en personne, avait eu un succès complet; débandés sur plusieurs points, les Espagnols commençaient à jeter leurs armes, lorsqu'ils furent tout à coup ralliés et soutenus par une réserve imposante. Malgré les forces supérieures qu'ils eurent alors à combattre, les Français défendaient vaillamment le terrain qu'ils avaient conquis, lorsque Ruffin tomba, atteint d'une blessure grave; ce malheur causa une sorte d'hésitation parmi les troupes, et Graham se hâta d'en profiter en lançant la majeure partie de ses troupes vers le point où ce mouvement s'était produit. Ruffin, qui, malgré sa blessure, n'avait pas quitté le champ de bataille, craignant que l'affaiblissement causé par le sang qu'il perdait ne lui permît pas d'opérer les manœuvres nécessaires pour rétablir le combat, ordonna la retraite, et se retira en bon ordre dans ses retranchements, où Graham tenta vainement de le forcer. Ce dernier rentra alors dans Cadix, s'avouant en quelque sorte vaincu, bien que ses 22,000 hommes n'eussent eu à combattre qu'environ 10,000 Français.

Tandis que cela se passait, la situation de Masséna en Portugal, loin de s'améliorer, devenait de plus en plus déplorable : son armée tombait d'inanition; depuis plus d'un mois elle était sans pain. De grandes chaleurs pendant le jour, des nuits froides et pluvieuses, l'humidité des bivouacs, la continuité des marches et des fatigues, avaient énervé les soldats. Les communications avec l'Espagne étaient coupées; Silveyra, avec ses Portugais, interceptait les routes; un courrier, escorté par quatre ou cinq mille hommes, n'était pas sûr de passer; tout détachement isolé était perdu, l'ennemi prenait de la force et de la consistance, et nos troupes étaient au comble de la détresse.

Masséna, malgré la persévérance et l'opiniâtreté de son caractère, comprenant enfin qu'il était inutile de se roidir contre tant d'adversité, commença à effectuer sa retraite dans la nuit du 5 au 6 mars. Wellington se mit aussitôt à sa poursuite, et atteignit à Pombal les dernières colonnes françaises. Il y eut en avant de cette ville une mêlée de cavalerie, dont aucun des deux partis ne retira d'avantage. Le 11, Masséna prit position à Redinha; le maréchal Ney, commandant l'arrière-garde, laissa filer tous les bagages, reçut, le 12 mars, l'attaque des Anglais et se replia en ordre par échelons, ménageant avec art tout ce que le terrain lui offrait de favorable. Des charges, faites à propos, forcèrent l'ennemi à être circonspect. Cependant le maréchal Ney, informé qu'un corps de douze à quinze mille hommes était dans Coïmbre, ne douta pas que Wellington n'eût le projet de couper totalement l'armée ou de l'acculer au Mondégo. Le 13, à deux heures du matin, il partit et dirigea sa marche sur la Condeixa. Le pays montueux et boisé offre de distance en distance de belles positions. L'ennemi, sorti de Coïmbre, s'était retranché sur des hauteurs : ainsi, les Français se trouvèrent pris en tête et en queue; mais, ne se laissant intimider ni par le nombre, ni par les dangers dont ils étaient environnés de toutes parts, ils se firent jour à la baïonnette et contraignirent les Anglais à rentrer dans la place. Le gouverneur fut sommé de se rendre; mais son silence et l'avis que Coïmbre était occupée par un corps considérable, que les maisons étaient crénelées et les faubourgs fortifiés et palissadés, ayant été convaincu qu'il était impossible de forcer le passage, Masséna poursuivit son mouvement dans la direction oblique de Miranda-de-Ciervo. L'ennemi, ayant aperçu cette marche de flanc, envoya en toute hâte un corps considérable à travers les montagnes pour couper la route; mais cette troupe ne put arriver à temps. L'armée française s'arrêta sur les hauteurs à une lieue au-delà de la Condeixa. Le maréchal Ney y fit incendier tous les bagages et ordonna que tous les soldats employés à les conduire rentrassent dans les rangs. Il donna lui-même l'exemple de ce sacrifice, en faisant brûler ses voitures et tous les objets précieux dont elles étaient chargées.

Le 14 au matin, l'ennemi attaqua l'arrière-garde : il fut reçu avec vigueur et perdit beaucoup de monde. Le maréchal, jugeant que l'artillerie de réserve devait être éloignée, ordonna la retraite par échelons; la première ligne se forma derrière la troisième et les brigades se relevèrent successivement. Chaque position était désignée d'avance, et les chefs de corps, à mesure qu'ils arrivaient, étaient aussitôt conduits sur le terrain qu'ils devaient défendre. Cette disposition, fatale aux assaillants, se continua jusqu'à Miranda, qu'ils n'osèrent pas dépasser.

Le 15, les Français prirent position à Ceira, laissant une arrière-garde au village de Foz-de-Aronce, où il y eut un engagement assez vif : le 16, ils rompirent le pont sur la Ceira et abandonnèrent leur position le 17, pour se retirer derrière l'Alva. Le gros de l'armée anglaise s'arrêta sur cette rivière, pour y attendre des provisions, et les Français ne furent suivis, jusqu'à Guarda, que par des troupes légères, par des milices portugaises et par les habitants du pays, qui les harcelaient sans relâche avec une grande animosité, ne faisant aucun quartier aux traînards et aux blessés qui tombaient entre leurs mains.

Le manque de subsistances forçait Masséna de précipiter sa marche : il ne trouvait en quittant le Portugal, comme lorsqu'il y était entré, que des bourgs déserts et des habitations vides. Nos troupes restèrent jusqu'au 29 à Guarda, qu'elles abandonnèrent à l'approche des Anglais, pour se placer dans la forte position de Ruivinha. Elles défendirent avec avantage le gué de Rapoula-de-Coa toute la journée du 3 avril, et le 4, elle repassèrent la frontière portugaise, laissant une faible garnison dans Alméida.

Masséna fut généralement blâmé dans le temps d'avoir abandonné le Portugal : on lui fit un crime de s'être laissé réduire à la nécessité de rétrograder. Les revers qu'il venait d'éprouver furent injustement attribués à l'envie de conserver les richesses qu'il avait acquises dans ce pays, et cette opinion fut accréditée par Napoléon lui-même, qui crut devoir rejeter sur un de ses lieutenants les conséquences de sa politique. Aux yeux de l'Europe, Masséna était tombé en pleine disgrâce; mais l'Empereur, qui demeurait néanmoins convaincu que la conduite militaire de ce général était exempte de reproche, lui garda toujours cette estime intérieure, qu'il ne put s'empêcher de manifester encore par des preuves de confiançe.

Masséna avait apporté dans cette expédition le même courage, mais il n'eut pas le même bonheur qui lui avait fait donner en Italie le surnom d'*Enfant gâté de la victoire*. Il gardait sur le champ de bataille un sang-froid imperturbable, et déployait, comme dans ses jeunes années, une rare intrépidité dans le combat; mais ce n'était là qu'une énergie d'habitude : il n'avait plus ce coup d'œil ni cette rapidité de combinaisons qui l'avaient fait admirer dans les plaines de Zurich. Les circonstances, d'ailleurs, n'étaient plus les mêmes. Wellington avait organisé le Portugal d'après ses propres vues; il avait fait commander les forces portugaises par des officiers anglais: pendant six mois de repos, il avait eu le temps de rassembler des munitions, de s'assurer des subsistances, de mettre de l'ordre dans son administration et d'établir une discipline sévère. Wellington connaissait parfaitement le pays et l'avait parcouru plusieurs fois; Masséna n'avait vu cette contrée que sur des cartes infidèles ; enfin, le général anglais, effrayé de la réputation colossale du héros des Apennins, mais fier d'avoir un pareil adversaire, était disposé à l'étudier, à profiter de ses moindres fautes, à rivaliser avec lui de talents et de moyens. Masséna, au contraire, se reposait sur sa brillante renommée, sur l'habileté de ses généraux et sur la bravoure de ses soldats éprouvés par douze années de victoires. Etonné de ne pas déjà avoir vaincu, il croyait marcher à un triomphe assuré. Cette confiance, qui lui avait valu autrefois tant de succès, lui devint funeste : Wellington, pour se donner les apparences d'un grand capitaine, n'eut presque rien à faire. La peur lui tint lieu de prudence, les localités de génie, la disette et le temps firent le reste.

Quelque grandes que fussent nos pertes pendant la retraite du Portugal, ses conséquences furent plus funestes encore. Cette retraite rendit disponibles les nombreux renforts que Wellington avait reçus de l'Angleterre. Ce général, au lieu de poursuivre Masséna, dirigea ses colonnes sur l'Estramadure où commandait le général Drouet ; le 15 avril, il reprit Olivenza, qui n'était défendu que par 1,500 hommes. Le 21, il fit, de concert avec Beresford, une reconnaissance sur Badajoz. Le général Philippon, gouverneur de cette place, attaqua les troupes qui protégeaient les chefs anglais. Le 5 mai, la tranchée fut ouverte, mais l'intrépidité de la garnison et de son chef rendit inutiles les efforts des assiégeants. Le brave Philippon disputa pied à pied le terrain aux travailleurs ; le 10, il fit une sortie, détruisit les ouvrages, et ne se retira que devant des forces supérieures.

Le même jour, le maréchal Soult accourait de Séville au secours des assiégés. A la nouvelle de ce mouvement, Beresford alla prendre position près d'Albuera, où il fut renforcé le 15 mai par le général Blacke. Le lendemain, le maréchal Soult attaqua l'ennemi, les Espagnols furent culbutés, et notre cavalerie chargea sur les masses anglaises qui se débandèrent. La victoire était gagnée ; mais les généraux ennemis rallièrent leurs colonnes, et les firent soutenir par leurs réserves qu'il fut impossible d'entamer. La perte des armées alliées fut de dix à douze mille hommes, la nôtre ne fut guère moindre; la journée d'Albuéra ne nous offrit pas des avantages signalés, mais elle remplit le but que s'était proposé le maréchal Soult : les Anglais levèrent le siége de Badajoz.

Le maréchal Masséna cherchait à opérer une diversion : le 2 mai, il passa l'Aguéda ; le 3, il se porta sur Almeida et attaqua Wellington qui l'avait devancé sur ce point. Le village de Fuente-de-Mora fut pris et repris plusieurs fois ; de part et d'autre on se battit avec une égale valeur ; enfin, par une sorte d'accord tacite, on se partagea ce poste. Le 5, au point du jour, l'attaque recommença. Posobello fut enlevé à la baïonnette; l'ennemi fut chargé sur tous les points : étonné de notre vigueur, il fut culbuté et chassé de ses lignes; il était en pleine déroute, lorsque, on ne sait trop pourquoi, les Français reçurent l'ordre de suspendre la poursuite. Le 6, les deux armées conservèrent leurs positions. Le 7, Masséna se replia sur San-Felices sans avoir pu débloquer Alméida que l'Empereur avait prescrit de faire sauter. Le général Brennier, qui y commandait, avait tout préparé à cet effet : les mines étaient chargées; mais il attendait l'ordre d'y mettre le feu. Masséna fit demander des hommes de bonne volonté pour aller dans la place, quatre soldats se présentèrent : ils partirent à la fois; les trois premiers furent égorgés après avoir dépassé les avant-postes. Un seul restait encore, c'était un chasseur du 6e régiment d'infanterie légère, il se nommait André Thillet. Ce soldat déterminé mit trois jours et trois nuits à faire le trajet; enfin, après mille dangers, il arriva devant Alméida, s'élança sur le dernier factionnaire anglais, le culbuta et courut à la barrière de la place sous une grêle de balles dont aucune ne l'atteignit. Il remit aussitôt l'ordre au général Brennier. A minuit les fortifications sautèrent en l'air; le gouverneur, à la tête de la garnison, enfonça la ligne du blocus, rejoignit l'armée française et y ramena André Thillet. Cette action, dont il n'y a pas d'exemple dans les temps modernes, fit une profonde impression sur les Anglais. Le colonel Bevan, commandant la position de la ligne qui fut enfoncée, ne pouvant résister à la douleur qu'il éprouvait d'un événement si inattendu, se brûla la cervelle.

Le 30 mai, Wellington fit de nouveau investir Badajoz; mais le vaillant Philippon attendait les assiégeants sur la brèche. Deux fois il repoussa l'assaut, le 6 et le 9 juin, et il continuait la plus héroïque défense, lorsque l'approche de l'armée de Portugal, dont le maréchal Marmont venait de prendre le commandement, détermina les Anglais à lever le siége.

Pendant que Marmont faisait, le 18 juin, sa jonction avec Soult, le général Suchet continuait ses conquêtes en Aragon, et emportait Tarragone. Le 10 mars 1811, il avait reçu l'ordre de mettre le siége devant cette place, opération qui présentait de grandes difficultés. La ville, qui renfermait une garnison nombreuse, était protégée du côté de la terre par des fortifications, par le fort Olivo, et du côté de la mer, par une flotte anglaise, qui la rendait accessible à tous les secours. Ces obstacles n'arrêtèrent pas le vainqueur de Lérida. Il avait 40,000 hommes sous ses ordres. Laissant une partie de ses forces en Aragon pour contenir les bandes de Mina et faire face aux généraux espagnols qui tenteraient d'opérer une diversion, il se porta sur Tarragone avec 20,000 hommes de toutes armes. Le 4 mai, la place fut investie; on ouvrit aussitôt les travaux de siége. Ce n'est qu'avec des peines infinies qu'on les conduisit à travers le roc sur lequel Tarragone est assis. Des redoutes, dont le feu força la flotte anglaise à se tenir à une distance d'où elle ne pouvait plus inquiéter les assiégeants, furent bientôt construites sur le point qu'elle insultait. Sur un autre point, cependant, la garnison d'Olivo gênait les travailleurs par ses fréquentes sorties. Foudroyé par des batteries que les Français établirent sur des plateaux presque inaccessibles, ce fort fut pris d'assaut le 29 mai. Suchet n'eut plus à s'occuper que de la ville. Les ouvrages qui couvraient le faubourg ayant été successivement emportés, et la brèche faite aux fortifications d'enceinte étant praticable, ce faubourg fut pris par escalade le 21 juin. Le 28, la haute ville éprouva le même sort. La fureur du soldat, irrité par deux mois de résistance et par la perte de plusieurs officiers qu'il affectionnait, fut terrible; elle ne s'arrêta que devant l'hôpital, ou gisaient 900 blessés; tout ce qu'on trouva d'hommes armés fut, dans le premier moment passé au fil de la baïonnette; on fit en outre 10,000 prisonniers; 20 drapeaux, 337 bouches à feu et des munitions de toute espèce tombèrent en outre aux mains du vainqueur. Le siége de Tarragone pendant lequel les généraux Harispe, Habert, Frère, Palombini et Salme, s'y signalèrent par leur courage, fut conduit avec une grande habileté par les généraux Vallée et Rogniat.

Cette conquête, qui n'était pas la dernière que dût faire le général Suchet, lui valut le bâton de maréchal. Après la prise de Tarragone, il se porta successivement sur le général Campo-Verde qu'il battit, s'empara de la ville de Murviedro et bloqua le fort d'Orepasa. Informé que les généraux Odonell, Villa-Campa et Saint-Juan réunissaient des troupes, le maréchal s'avança contre eux à la Puebla de Beneguacil. Les généraux Harispe et Paris, à la tête du 7e régiment de ligne, enfoncèrent les Espagnols; en vain Odonell voulut-il opérer sa retraite, le 4e régiment de hussards renversa ses masses : l'armée entière fut anéantie.

Si les Espagnols ne pouvaient rivaliser avec nous de courage et d'audace, au moins ils surent nous opposer une constance au-dessus des revers. Blacke, chassé de la Murcie, parvint à réunir une armée de plus de 20,000 hommes d'infanterie et de 3,000 chevaux. Posté sur les hauteurs de Puch et s'appuyant à la mer, sa droite était flanquée par une flotte anglaise, tandis que sa gauche s'étendait du côté de Livia. Le maréchal Suchet, pensant que Blacke ne tarderait pas à faire un mouvement offensif, laissa le général Balathier devant Sagonte; le général Compère était chargé d'observer la route de Segorbé; tous deux servaient de réserve aux généraux Schopiscki et Robert, destinés à agir par le défilé de Gilet. L'action eut lieu le 25 octobre; les alliés attaqués vigoureusement furent culbutés sur tous les points; on leur prit 4,600 hommes, 16 pièces de canon et 6 drapeaux.

L'occupation des forts de Sagonte suivit de près cette victoire, et Blacke, battu de nouveau, le 26 décembre, fut obligé de se réfugier dans Valence devant laquelle nous avions mis le siége, et qui, dès lors, fut serrée de plus près.

Cependant, après la levée du siége de Badajoz, l'armée de Portugal ayant protégé le réapprovisionnement de cette place et les réparations dont ses fortifications avaient besoin, s'était établie dans la vallée du Tage, son quartier-général à Naval-Méral, prête à se porter soit sur Badajoz, soit sur Rodrigo, selon le point d'attaque que choisirait l'ennemi. Rodrigo appartint dès lors à l'armée du nord de l'Espagne qui occupa Salamanque avec une division. L'armée de Portugal se trouva ainsi entre l'armée du nord et celle du midi prête à lier ses opérations avec elles suivant les circonstances.

Vers le mois d'août, l'armée anglaise passa le Tage, ne laissant sur la frontière de l'Alemptejo que la deuxième division commandée par le général Hill ; elle vint s'établir aux environs d'Alméida et de Rodrigo, la division légère au-delà de l'Aguéda. Des bruits circulèrent que le duc Wellington avait l'intention de faire le siége de Rodrigo, et que des approvisionnements se formaient pour cet objet. Marmont porta des troupes sur le col de Bagnos et cantonna une grande partie de l'armée entre ce col et le Tage ; il établit son quartier-général à Placentia, afin d'être à portée d'être instruit et d'agir avec célérité. Le mois d'août et une grande partie de septembre se passèrent ainsi. Rodrigo manquait de vivres, et l'armée du nord de l'Espagne faisait ses dispositions pour y conduire un grand convoi. Elle allait le faire soutenir par 12,000 hommes, mais ces troupes étaient trop peu nombreuses pour oser approcher de l'armée anglaise avec un tel embarras. Le concours de l'armée de Portugal était donc nécessaire. Marmont la mit en mouvement pour appuyer cette marche et le ravitaillement. Les mouvements furent combinés; l'armée de Portugal déboucha du col de Bagnos et se porta sur Rodrigo par Tamamès et Tembron, tandis que le convoi de l'armée du nord passa par Saumugnos.

Tout le corps d'armée du nord marchait avec le convoi ; l'ennemi n'ayant point présenté de forces, l'infanterie de l'armée de Portugal resta échelonnée sur la route qu'elle avait prise, sa cavalerie seule se porta sur Rodrigo. Le but de l'opération effectué, il y en avait un autre à atteindre, c'était de reconnaître si l'ennemi avait fait des préparatifs pour le siége de Rodrigo. L'armée ennemie n'était pas rassemblée, on pouvait, en faisant une forte reconnaissance, nettoyer les environs et chercher à pénétrer ses projets. La cavalerie de l'armée du nord fut chargée d'agir sur le chemin d'Alméida à Spéja, et celle de Portugal marcha sur El-Bodon. L'infanterie de l'armée du nord étant venue jusqu'à Rodrigo, Marmont demanda au général Dorsenne de faire appuyer sa cavalerie par une de ses divisions. A peine sorti de Rodrigo, on aperçut une brigade de cavalerie anglaise sur les hauteurs d'El-Bodon, et peu après deux brigades d'infanterie, mais séparées entre elles et ne pouvant se réunir. Marmont donna l'ordre au général Montbrun de les culbuter et de s'emparer de toutes les hauteurs avec sa cavalerie, ce qui fut exécuté en un moment. Des charges furent faites vainement sur l'infanterie : elle se retira en ordre, résista à tous les efforts qui furent tentés à diverses reprises, et les deux brigades parvinrent à se réunir à Fuente-Guinaldo, où quelques retranchements avaient été préparés. La division d'infanterie de l'armée du nord était restée à une assez grande distance, et n'avait pas exécuté ou reçu les ordres qui devaient lui être donnés par le général Dorsenne : elle manqua sur le terrain au moment où, soutenue par la cavalerie de Marmont, elle aurait donné les moyens de s'emparer de Fuente-Guinaldo, lieu de rassemblement indiqué pour l'armée anglaise. La nuit arriva, et empêcha de profiter de la position très-critique dans laquelle celle-ci était placée. L'ayant trouvée ainsi décousue, Marmont appela à lui toutes ses troupes ; elle ne purent être réunies que le lendemain au soir ; mais, l'armée anglaise, de son côté, avait appelé ses divisions et pris une position respectable. Marmont voulait profiter de la circonstance où il avait le renfort de l'armée du nord, pour combattre l'armée anglaise ; mais dans la nuit elle opéra sa retraite sur Sabugal. Le lendemain matin, il ne lui resta plus qu'à la poursuivre pendant plusieurs lieues ; mais elle se trouvait hors d'atteinte des troupes. L'objet de la réunion avait été rempli, un plus long séjour sur ce point n'avait plus de but ; les deux armées, après avoir mis Rodrigo dans le meilleur état de défense, rentrèrent dans leurs cantonnements. Le duc de Raguse, tranquille sur le sort de Rodrigo, et forcé, pour pouvoir vivre, de changer sa position, enfonça ses troupes dans la vallée du Tage, mit son quartier-général à Talaveira, et occupa Tolède, qui lui fut cédé par le roi d'Espagne sur l'ordre de l'Empereur. Mais tel était dans ces temps malheureux l'esprit de vertige des individus les plus intéressés aux opérations de l'armée, que le roi Joseph, avant de remettre cette province à Marmont, et quand l'armée qui la défendait et sans laquelle il ne pouvait demeurer tranquille à Madrid mourait de faim, fit vendre les magasins de subsistances qui y avaient été rassemblés à grand'peine.

Les troupes de l'armée de Portugal étaient à peine rentrées de leur expédition sur Rodrigo et établies dans leurs nouveaux cantonnements, que le duc de Raguse reçut l'ordre de faire un fort détachement pour soutenir au besoin le maréchal Suchet, qui faisait ses dispositions pour attaquer Valence : ce détachement devait se mettre en communication avec l'armée d'Aragon et la joindre, s'il était nécessaire. L'ordre était ainsi conçu :

Paris, le 21 novembre 1811.

« L'Empereur me charge de vous faire connaître, monsieur le maréchal, que l'objet le plus important en ce moment est la prise de Valence. L'Empereur ordonne que vous fassiez partir un corps de troupes qui, réuni aux forces que le roi détachera de l'armée du centre, se dirige sur Valence pour appuyer l'armée du maréchal Suchet jusqu'à ce qu'on soit maître de cette place.

« Le prince de Wagram et de Neufchâtel, major-général. »

« *Signé :* ALEXANDRE. »

On ne peut s'empêcher de remarquer que cette lettre, du 21 novembre, n'a pu arriver à Marmont qu'en décembre. Berthier comptait sur la prise de Valence en décembre; alors à quoi bon le détachement ordonné à Marmont? Il eut la conséquence qu'il devait avoir : il fut inutile à Suchet, affaiblit Marmont et compromit Rodrigo.

L'ordre était positif, le duc de Raguse envoya deux divisions d'infanterie et une de cavalerie, sous les ordres du général Montbrun, pour remplir cet objet; mais la nullité de la résistance de Black rendit ce secours superflu, et l'opération du général Montbrun se réduisit à une course qu'il poussa jusqu'à Alicante, et à son retour sur Tolède. C'est au commencement de décembre que ce mouvement avait commencé.

Le 13 décembre 1811, l'Empereur fit connaître au duc de Raguse les nouvelles dispositions qu'il avait arrêtées, et dont l'objet principal était d'être à même de retirer des troupes d'Espagne, et principalement toute la garde, qui était dans le gouvernement du Nord. D'après ces nouveaux arrangements, le maréchal devait porter toutes ses troupes dans la vallée de la Tormès et son quartier-général à Valladolid ou à Salamanque. Les provinces de Talaveira, d'Avila, Valladolid, Léon, les Asturies, Benavente, Astorga, etc., devaient faire partie de l'arrondissement de l'armée. Les mouvements devaient s'exécuter sans retard, et son armée devait être augmentée de la septième division, qui était à Salamanque, et de la huitième, qui était dans les Asturies.

Le 5 janvier 1812, Marmont donna l'ordre de mouvement à toutes les divisions de l'armée de Portugal, pour se rendre dans les provinces respectives qu'elles devaient occuper, et les troupes marchèrent chacune dans la direction qui lui était indiquée; tout le matériel et l'artillerie par la Guadarama; le détachement du général Montbrun était en pleine opération dans la Manche.

Le 8, il arriva à Valladolid et s'occupa des soins d'administration que le nouveau système rendait nécessaires, et à préparer le ravitaillement de la place de Rodrigo, ainsi que le relèvement de la garnison, qui devait avoir lieu aussitôt que l'armée serait réunie.

Dans le même temps, le maréchal Suchet pressait le siége de Valence; du 6 au 9 janvier, le bombardement fut conduit avec une telle activité, qu'en trois jours et trois nuits 27,000 bombes tombèrent dans la ville et allumèrent de nombreux incendies. Le 9, la ville se rendit; une garnison de 16,000 hommes fut faite prisonnière de guerre et défila devant les Français.

Le 15, Marmont reçut une lettre de Salamanque, qui lui annonçait que l'armée ennemie avait pris position en avant de l'Agueda, bloquait Rodrigo et se disposait à en faire le siége.

Il envoya sur-le-champ dans toutes les directions à la rencontre des diverses colonnes, afin de les faire converger des points où elles se trouvaient pour se rendre à Salamanque ; il calcula que la majeure partie de l'armée y serait réunie le 25, et que par conséquent il pourrait livrer bataille à l'armée anglaise sous Rodrigo le 29. Il partit de Valladolid de sa personne le 18. Le 20, il arriva à Fuente-el-Famo, où il reçut la nouvelle de la prise de Rodrigo, enlevée par l'armée anglaise le 18. Ainsi cette place, qui s'était défendue pendant cinq semaines contre l'armée française, qui était en bon état de défense, et dont la force avait été augmentée par une lunette qui devait prolonger de huit jours sa défense, avait succombé en cinq jours de temps à dater de celui de l'investissement. Cette circonstance changeait toutes les combinaisons : il ne restait plus à Marmont qu'à prendre une disposition défensive qui le mît à même de réunir ses troupes à la première apparence d'offensive de l'ennemi.

Les troupes appuyées sur la rive gauche du Tage ayant action sur la rive droite par les fortifications d'Almaraz et le fort de Miravets, qui assurait les moyens de déboucher sur le plateau et barrait la route, empêchaient que l'ennemi pût amener du canon sur Almaraz. La masse des troupes était d'Avila à Valladolid et à Zamora ; Astorga était occupé, et une division était au débouché des Asturies, dans la province de Léon. Le duc de Raguse s'occupa sans relâche d'élever des fortifications permanentes à Salamanque, au moyen de trois grands couvents qui formaient trois bons forts, et qui, par le système adopté, forçaient à une attaque régulière de plusieurs jours. Ces fortifications se trouvaient être la tête de la position de l'armée de Portugal et protégeaient ses magasins et ses dépôts.

Les choses étaient dans cet état lorsque les Anglais résolurent de continuer leur offensive et de se porter sur Badajoz. En conséquence, après avoir mis en état de défense Rodrigo, ils firent un mouvement au-delà du Tage et laissèrent seulement deux divisions sur l'Agueda. Marmont se flattait de les arrêter à l'aide de la position qu'il avait prise. Il avait action sur la rive gauche du Tage, ses moyens de passage étaient prêts, ses approvisionnements rassemblés sur un point ; il espérait pouvoir déboucher à temps pour faire sa jonction avec l'armée du midi et empêcher le siége de Badajoz, ou le faire lever, s'il était commencé. L'Empereur jugea ce système trop timide ; il donna les ordres les plus impératifs pour faire une diversion dans le nord du Portugal, afin d'y rappeler les principales forces de l'armée anglaise. La dépêche transmise par le major-général est un document qui mérite d'être conservé, le voici :

Paris, le 18 février 1812.

« Sa Majesté n'est pas satisfaite de la direction que vous donnez à la guerre. Vous avez la supériorité sur l'ennemi, et au lieu de prendre l'initiative, vous ne cessez de la recevoir. Quand le général Hill marche sur l'armée du midi avec 15,000 hommes, c'est ce qui peut vous arriver de plus heureux; cette armée est assez forte et assez bien organisée pour ne rien craindre de l'armée anglaise, aurait-elle quatre ou cinq divisions réunies.

« Aujourd'hui l'ennemi suppose que vous allez faire le siége de Rodrigo; il approche le général Hill de sa droite afin de pouvoir le faire venir à lui à grandes marches, et vous livrer bataille réunis, si vous voulez reprendre Rodrigo. C'est donc au duc de Dalmatie à tenir 20,000 hommes pour le contenir et l'empêcher de faire ce mouvement, et si le général Hill passe le Tage, de se porter à sa suite ou dans l'Alemtejo. Vous avez le double de la lettre que l'Empereur m'a ordonné d'écrire au duc de Dalmatie le 10 de ce mois, en réponse à la demande qu'il vous avait faite de porter des troupes dans le midi; c'est vous, monsieur le maréchal, qui deviez lui écrire pour lui demander de porter un grand corps de troupes vers la Guadiana, pour maintenir le général Hill dans le midi et l'empêcher de se réunir à lord Wellington... Les Anglais connaissent assez l'honneur français pour comprendre que ce succès (la prise de Rodrigo) peut devenir un affront pour eux, et qu'au lieu d'améliorer leur position, l'occupation de Ciudad-Rodrigo les met dans l'obligation de défendre cette place. Ils nous rendent maîtres du choix du champ de bataille, puisque vous les forcez à venir au secours de cette place et à combattre dans une position si loin de la mer... Je ne puis que vous répéter les ordres de l'Empereur. Prenez votre quartier-général à Salamanque, travaillez avec activité à fortifier cette ville, réunissez-y un nouvel équipage de siége pour servir à armer la ville, formez-y des approvisionnements, faites faire tous les jours le coup de fusil avec les Anglais, placez deux fortes avant-gardes qui menacent, l'une Rodrigo, et l'autre Alméida; menacez les autres directions sur la frontière de Portugal, envoyez des partis qui ravagent quelques villages, enfin employez tout ce qui peut tenir l'ennemi sur le qui-vive. Faites réparer les routes de Porto et d'Alméida. Tenez votre armée vers Toro, Benavente. La province d'Avila a même de bonnes parties où l'on trouverait des ressources. Dans cette situation, qui est aussi simple que formidable, vous reposez vos troupes, vous formez des magasins, et avec de simples démonstrations biens combinées, qui mettent vos avant-postes à même de tirer journellement des coups fusil avec l'ennemi, vous aurez barre sur les Anglais, qui ne pourront vous observer... Ce n'est donc pas à vous, monsieur le duc, à vous disséminer en faveur de l'armée du midi. Lorsque vous avez été prendre le commandement de votre armée, elle venait d'éprouver un échec par sa retraite de Portugal; ce pays était ravagé, les hôpitaux et les magasins de l'ennemi étaient à Lisbonne; vos troupes étaient fatiguées, dégoûtées par les marches forcées, sans artillerie, sans train d'équipages. Badajoz était attaqué depuis longtemps; une bataille dans le midi n'avait pu faire lever le siége de cette place. Que deviez-vous faire alors? Vous porter sur Alméida pour menacer Lisbonne? Non, parce que votre armée n'avait pas d'artillerie, pas de train d'équipages, et qu'elle était fatiguée. L'ennemi, dans cette position, n'aurait pas cru à cette menace; il aurait laissé approcher jusqu'à Coïmbre, aurait pris Badajoz, et ensuite serait venu sur vous. Vous avez donc fait à cette époque ce qu'il fallait faire: vous avez marché rapidement au secours de Badajoz; l'ennemi avait barre sur vous, et l'art de la guerre était de vous y commettre. Le siége a été levé, et l'ennemi est rentré en Portugal; c'est ce qu'il y avait à faire... Dans ce moment, monsieur le duc, votre position est simple et claire, et ne demande pas de combinaisons d'esprit. Placez vos troupes de manière qu'en quatre marches elles puissent se réunir et se grouper sur Salamanque; ayez-y votre quartier-général; que vos ordres, vos dispositions annoncent à l'ennemi que la grosse artillerie arrive à Salamanque, que vous y formez des magasins... Si Wellington se dirige sur Badajoz, laissez-le aller; réunissez aussitôt votre armée et marchez droit sur Alméida; poussez des partis sur Coïmbre, et soyez persuadé que Wellington reviendra bien vite sur vous.

« Faites exécuter sans délai cette disposition de concert avec S. M. le roi d'Espagne, et instruisez-moi de ce que vous aurez fait à cet égard. Nous sommes instruits que les Anglais ont 20,000 malades, et qu'ils n'ont pas 20,000 hommes sous les armes, en sorte qu'ils ne peuvent rien entreprendre; l'intention de l'Empereur est donc que 12,000 hommes, infanterie, cavalerie et sapeurs, marchent de suite sur Valence, que vous détachiez même trois à quatre mille hommes sur les derrières, et que vous, monsieur le maréchal, soyez en mesure de soutenir la prise de Valence. Cette place prise, le Portugal sera près de sa chute, parce qu'alors, dans la bonne saison, l'armée de Portugal sera augmentée de 25,000 hommes de l'armée du midi et de 15,000 du corps du général Reille, de manière à réunir plus de 80,000 hommes. Dans cette situation, vous recevriez l'ordre de vous porter sur Elvas, et de vous emparer de tout l'Alemtejo dans le même temps que l'armée du nord se porterait sur la Coa avec une armée de 40,000 hommes. L'équipage de pont qui existe à Badajoz servirait à jeter des ponts sur le Tage; l'ennemi serait hors d'état de rien opposer à une pareille force, qui offre toutes les chances de succès sans présenter aucun danger. C'est donc Valence qu'il faut prendre. Le 6 novembre, nous étions maîtres d'un faubourg; il y a lieu d'espérer que la place sera prise en décembre, ce qui vous mettrait, monsieur le duc, à portée de vous trouver devant Elvas dans le courant de janvier. Envoyez-moi votre avis sur ce plan d'opérations, afin qu'après avoir reçu l'avis de la prise de Valence, l'Empereur puisse vous donner des ordres positifs.

« Ecrivez au duc de Dalmatie et sollicitez le roi de lui écrire également, pour qu'il exécute les ordres impératifs que je lui donne, de porter un corps de 20,000 hommes pour forcer le général Hill de rester sur la rive gauche du Tage. Ne pensez donc plus, monsieur le maréchal, à aller dans le midi, et marchez droit sur le Portugal, si lord Wellington fait la faute de se porter sur la rive gauche du Tage... Profitez du moment où vos troupes se réunissent pour bien organiser et mettre de l'ordre dans le nord. Qu'on travaille jour et nuit à fortifier Salamanque; qu'on y fasse venir de grosses pièces, qu'on refasse l'équipage de siége; enfin qu'on forme des magasins de subsistances. Vous sentirez, monsieur le maréchal, qu'en suivant ces directions et en mettant pour les exécuter toute l'activité convenable, vous tiendrez l'ennemi en échec... En recevant l'initiative au lieu de la donner, en ne songeant qu'à l'armée du midi, qui n'a pas besoin de vous, puisqu'elle est forte de 80,000 hommes des meilleures troupes de l'Europe, en ayant des sollicitudes pour les pays qui ne sont pas sous votre commandement et abandonnant les Asturies et les provinces qui vous regardent, un combat que vous éprouveriez serait une calamité qui se ferait sentir dans toute l'Espagne. Un échec de l'armée du midi la conduirait sur Madrid ou sur Valence, et ne serait pas de même nature.

« Je vous le répète, vous êtes le maître de conserver barre sur lord Wellington, en plaçant votre quartier-général à Salamanque, en occupant en force cette position, et poussant de fortes reconnaissances sur les débouchés. Je ne pourrais que vous redire ce que je vous ai déjà expliqué ci-dessus. Si Badajoz était cerné seulement par deux ou trois divisions anglaises, le duc de Dalmatie le débloquerait; mais alors lord Wellington, affaibli, vous mettrait à même de vous porter dans l'intérieur du Portugal, ce qui secourrait plus efficacement Badajoz que toute autre opération... Je donne l'ordre que tout ce qu'il sera possible de fournir vous soit fourni pour compléter votre artillerie et pour armer Salamanque. Vingt-quatre heures après la réception de cette lettre, l'Empereur pense que vous partirez pour Salamanque, à moins d'événements inattendus; que vous chargerez une avant-garde d'occuper les débouchés sur Rodrigo, et une autre sur Alméida; que vous aurez dans la main au moins la valeur d'une division; que vous ferez revenir la cavalerie et l'artillerie qui sont à la division du Tage... Réunissez surtout votre cavalerie, dont vous n'avez pas de trop, et dont vous avez tant de besoin... »

Le maréchal Marmont avait des idées tout opposées sur la manière dont la guerre devait être conduite. Il les transmettait au major-général à peu près en même temps que celui-ci lui expédiait la dépêche qu'on vient de lire.

Voici les principaux passages de cette lettre du duc de Raguse; ils peuvent donner une juste idée de l'état des affaires dans la Péninsule.

« J'ignore si Sa Majesté aura daigné accueillir d'une manière favorable la demande que j'ai eu l'honneur d'adresser à Votre Altesse pour supplier l'Empereur de me permettre de faire sous ses yeux la campagne qui va s'ouvrir; mais quelle que soit sa décision, je regarde comme mon devoir de lui faire connaître, au moment où il semble prêt à s'éloigner, la situation des choses dans cette partie de l'Espagne.

« D'après les derniers arrangements arrêtés par Sa Majesté, l'armée de Portugal n'a plus le moyen de remplir la tâche qui lui est imposée, et je serais coupable, si, en ce moment, je cachais la vérité.

« La frontière se trouve très-affaiblie par le départ des troupes qui ont été rappelées, par la prise de Rodrigo, qui met l'ennemi à même d'entrer dans le cœur de la Castille en commençant un mouvement offensif; ensuite par l'immense étendue de pays que l'armée est dans le devoir d'occuper, ce qui rend toujours son rassemblement lent et difficile, tandis qu'il y a peu de temps elle était toute réunie et disponible.

« Des sept divisions qui la composent s'élèveront, lorsqu'elles auront reçu les régiments de marche annoncés, à 44,000 hommes d'infanterie environ ; il faut au moins 5,000 hommes pour occuper les points fortifiés et les communications qui ne peuvent être abandonnés; il faut à peu près pareille force pour observer l'Esla et la couvrir contre l'armée de Galice, qui, évidemment, dans le cas d'un mouvement offensif des Anglais, se porterait à Bénavente et à Astorga. Ainsi, à supposer que toute l'armée soit réunie entre le Duero et la Tormès, sa force ne peut s'élever qu'à trente-trois ou trente-quatre mille hommes, tandis que l'ennemi peut présenter aujourd'hui une masse de plus de 60,000 hommes, dont plus de moitié Anglais, bien outillés et bien pourvus de toutes choses ; et cependant que de chances pour que les divisions du Tage se trouvent en arrière! Qu'elles n'aient pu être ralliées promptement, et soient séparées de l'armée pendant les moments les plus importants de la campagne, alors la masse de nos forces réunies ne s'élèverait pas à plus de 25,000 hommes.

« Sa Majesté suppose, il est vrai, que, dans ce cas, l'armée du nord soutiendrait celle de Portugal par deux divisions; mais l'Empereur peut-il être persuadé que, dans l'ordre de choses actuel, ces troupes arriveront promptement et à temps?...

« Si l'on considère combien il faut de prévoyance pour exécuter le plus petit mouvement en Espagne, on doit se convaincre de la nécessité qu'il y a de donner d'avance mille ordres préparatoires sans lesquels les mouvements rapides sont impossibles. Ainsi les troupes du nord m'étant étrangères habituellement, et m'étant cependant indispensables pour combattre, le succès de toutes mes opérations est dépendant du plus ou du moins de prévoyance et d'activité d'un autre chef : je ne puis donc pas être responsable des événements.

« Mais il ne faut pas seulement considérer l'état des choses pour la défensive du nord, il faut la considérer pour celle du midi. Si lord Wellington porte 6 divisions sur la rive gauche du Tage, le duc de Dalmatie a besoin d'un puissant secours; si, dans ce cas, l'armée du nord ne fournit pas de troupes pour relever une partie de l'armée de Portugal dans quelques-uns des postes qu'elle doit évacuer alors momentanément, mais qu'il est important de tenir, et pour la sûreté du pays et pour maintenir la Galice et observer les deux divisions ennemies qui seraient sur l'Agueda, et qui feraient sans doute quelques démonstrations offensives; si, dis-je, l'armée du nord ne vient pas à son aide, l'armée de Portugal, trop faible, ne pourra pas faire un détachement d'une force convenable, et Badajoz tombera. Certes, il faut des ordres pour obtenir de l'armée du nord un mouvement dans cette hypothèse, et le temps utile pour agir; si on s'en tenait à des proportions et à des négociations, ce temps, qu'on ne pourrait remplacer, serait perdu en vaines discussions. Je suis autorisé à croire ce résultat.

« L'armée de Portugal est en ce moment la principale armée d'Espagne; c'est à elle à couvrir l'Espagne contre les entreprises des Anglais; pour pouvoir manœuvrer, il faut qu'elle ait des points d'appui, des places, des forts, des têtes de pont, etc. Il faut pour cela du matériel d'artillerie, et je n'ai ni canons ni munitions à y appliquer, tandis que les établissements de l'armée du nord en sont tout remplis : j'en demanderai, on m'en promettra, mais en résultat je n'obtiendrai rien.

« Une des tâches de l'armée de Portugal est de soutenir l'armée du midi, d'avoir l'œil sur Badajoz et de couvrir Madrid ; et pour cela, il faut qu'un corps assez nombreux occupe la vallée du Tage; mais ce corps ne pourra subsister et ne pourra préparer des ressources pour d'autres troupes qui s'y rendraient pour le soutenir, s'il n'a pas un territoire productif, et ce territoire, quel autre peut-il être que l'arrondissement de l'armée du centre? Quelle ville peut offrir des ressources et des moyens dans la vallée du Tage si ce n'est Madrid? Cependant aujourd'hui l'armée de Portugal ne possède, sur le bord du Tage, qu'un désert qui ne lui offre aucune espèce de moyens, ni pour les hommes ni pour les chevaux, et elle ne rencontre, de la part des autorités de Madrid, que haine, qu'animosité. L'armée du centre, qui n'est rien, possède à elle seule un territoire plus fertile, plus étendu que celui qui est accordé pour toute l'armée de Portugal; cette vallée ne peut s'exploiter faute de troupes, et tout le monde s'oppose à ce que nous en tirions des ressources. Cependant si les bords du Tage étaient évacués par suite de la disette, personne à Madrid ne voudrait en apprécier la véritable raison, et tout le monde accuserait l'armée de Portugal de découvrir cette ville.

« Il existe, il faut le dire, une haine, une animosité envers les Français, qu'il est impossible d'exprimer, dans le gouvenement espagnol. Il existe un désordre à Madrid qui présente le spectacle le plus révoltant. Si les subsistances employées en de fausses consommations dans cette ville eussent été consacrées à former un magasin de ressources pour l'armée de Portugal, les troupes qui sont sur le Tage seraient dans l'abondance et pourvues pour longtemps; on consomme 22 mille rations par jour à Madrid, et il n'y a pas 3,000 hommes : c'est qu'on donne et laisse prendre à tout le monde, excepté à ceux qui servent. Mais bien plus, je le répète, c'est un crime que d'aller prendre ce que l'armée du centre ne peut elle-même ramasser. Il est vrai qu'il paraît assez conséquent que ceux qui, depuis deux ans, trompent le roi, habillent et arment chaque jour des soldats qui, au bout de deux jours, vont se joindre à nos ennemis, et semblent en vérité avoir ainsi consacré un mode régulier de recrutement des bandes que nous avons sur les bras, s'occupent de leur réserver des moyens de subsistances à nos dépens.

« Il peut y avoir de grandes raisons en politique pour que le roi réside à Madrid, mais il y a mille raisons positives et de sûreté pour les armes françaises, qui sembleraient devoir lui faire choisir un autre séjour. Et en effet, ou le roi est général et commandant des armées, et dans ce cas il doit être au milieu des troupes, voir leurs besoins, pourvoir à tout et être responsable; ou il est étranger à toutes les opérations, et alors, autant pour sa tranquillité personnelle que pour laisser plus de liberté dans les opérations, il doit s'éloigner du pays qui en est le théâtre et des lieux qui servent de points d'appui aux mouvements de l'armée.

« La guerre d'Espagne est difficile dans son essence, mais cette difficulté est augmentée de beaucoup par la division des commandements et par la grande diminution des troupes, que cette division rend encore plus funeste. Si cette division a déjà fait tant de mal, lorsque l'Empereur, étant à Paris, s'occupant sans cesse de ses armées de la Péninsule, pouvait en partie remédier à tout, on doit frémir du résultat infaillible de ce système, suivi avec diminution de moyens, lorsque l'Empereur s'éloigne de trois cents lieues.

« Quelque flatteur que soit un grand commandement, il n'a de prix à mes yeux que lorsqu'il est accompagné des moyens de bien faire : lorsque ceux-ci me sont enlevés, alors tout me paraît préférable, et mon ambition se réduit à servir en soldat. Je donnerai ma vie sans regret, mais je ne puis rester dans la cruelle position de n'avoir pour résultat de mes efforts et de mes soins de tous les moments, que la triste perspective d'attacher mon nom à des événements fâcheux et peu dignes de la gloire de nos armes, »

Ces observations ne furent pas accueillies, l'ordre était positif; le duc de Raguse n'eut plus qu'à obéir. Il rappela les troupes qu'il avait sur le Tage, et se porta sur l'Agueda avec quatre divisions, seules forces dont il pût disposer sans découvrir toute la frontière de la Galice, qui était menacée par une armée espagnole, et abandonner ses communications avec la France. Il se mit en mouvement sur la fin de mars, débloqua Badajoz, passa l'Agueda, entra en Portugal, chassa les Anglais qu'il avait devant lui, battit les milices portugaises et envahit le Mondego. Mais, pendant qu'il s'enfonçait ainsi dans ces contrées difficiles, les Anglais poussaient vivement Badajoz. La place succomba, et le maréchal fut obligé de se mettre en retraite, et regagna Salamanque sans autre résultat que d'avoir harassé ses troupes.

L'Empereur fut fort mécontent du maréchal Marmont, et trouvait qu'on menait ses affaires sans aucun talent; il observait qu'avec un peu de combinaison, on pouvait facilement réunir trois fois autant de troupes qu'en avait l'armée anglaise, et vider la querelle dans une action dont le résultat n'eût pas été douteux; mais que, faute de s'entendre, on se sacrifiait réciproquement à quelques amours-propres, et qu'on allait laisser le général anglais manœuvrer avec toute son armée tour à tour sur les corps de la nôtre, et la battre en détail. Si l'Empereur avait encore pu disposer de deux mois de son temps, il aurait été lui-même en Espagne; mais il ne le pouvait pas sans de graves inconvénients.

Après la perte de ces deux places (Rodrigo et Badajoz), la position générale des affaires en Espagne dépendait d'une bataille que l'armée anglaise devait nécessairement chercher l'occasion de livrer; on devait donc se préparer à la recevoir, et savoir abandonner ce qu'il n'était plus raisonnable de s'obstiner à conserver, d'autant plus que l'armée anglaise manœuvrait déjà sur la Castille, tandis que nos meilleures troupes étaient devant Cadix, Malaga, Grenade, dans le royaume de Valence et sur les autres points de l'Espagne, où elles ne prirent aucune part aux événements qui devaient nécessairement décider de la retraite forcée de toutes les positions qu'elles occupaient.

Indépendamment des armées d'opérations, il y avait une armée de réserve dans la province de Biscaye, composée de deux bonnes divisions, dont une était placée à Burgos. Le roi Joseph avait en outre à Madrid une forte réserve; malheureusement tant d'excellentes troupes étaient éparses, sous des commandants différents, indépendants les uns des autres, sans centre d'autorité qui pût leur imprimer une action uniforme. Il en résulta que les arrondissements de chaque corps d'armée devinrent autant de petites vice-royautés qui s'administraient d'autant de manières différentes, et qui ne reconnaissaient pas plus l'autorité du roi d'Espagne que celle du roi de Maroc.

Le ministre de la guerre dirigeait de Paris les opérations qui se faisaient en Biscaye et en Navarre, d'où il ne pouvait avoir de nouvelles qu'au moyen d'un ou plusieurs bataillons qui escortaient le courrier porteur de la correspondance; celle-ci n'arrivait à Paris que lorsque d'autres événements étaient déjà survenus au point d'où elle était partie. Cet inconvénient n'était pas le seul; il fallait encore tenir sur la ligne de communication une grande quantité de troupes, qui n'empêchaient cependant pas qu'elle fût interceptée. L'armée anglaise, plus faible que la nôtre, mais réunie dans une même main, sous les ordres d'un chef habile, était postée derrière Ciudad-Rodrigo, à Fuentes de Honoro; il était évident qu'elle attaquerait l'armée de Marmont, car elle ne présentait pas plus de difficultés à battre que celle d'Andalousie, et le succès devait avoir des résultats bien différents de ceux qu'auraient eus des revers que nous aurions éprouvés à l'extrémité de l'Espagne.

On aurait donc dû tenir prête une combinaison pour mettre l'armée que commandait Marmont en état de battre les Anglais; au lieu de cela, on eut l'air d'ignorer qu'elle existât. Chacun ne pensa qu'à sa responsabilité; on s'occupa de faire vivre les troupes, et on prit la funeste habitude de laisser faire le temps.

Cependant les Anglais s'étaient pelotonnés dans le nord, y avaient formé de grands magasins et avaient tout disposé pour une offensive sérieuse. Il était important, pour que l'armée de Portugal restât isolée, lorsque les opérations seraient commencées, que le duc de Wellington, qui supposait des dispositions amies entre les armées françaises, et qui était loin d'imaginer que les rivalités seules suffisaient pour produire cet effet, voulût préparer ses succès en détruisant les moyens de communication qui existaient entre le midi et le nord. En conséquence, il fit faire un coup de main sur Almaraz, qui réussit complétement.

Les fortifications d'Almaraz avaient pour objet d'assurer le passage du Tage en conservant son pont. Badajoz avait été sauvé l'année précédente au moyen du mouvement de l'armée de Portugal et sa jonction avec celle du midi; l'armée de Portugal pouvait, à son tour, recevoir un puissant secours de celle du midi.

Le 18 mars, la division du général Hill arriva inopinément devant le pont d'Almaraz. Elle évita celui de Miravets et se porta sans canon devant les ouvrages de campagne de la rive droite qui couvraient le pont sur le Tage la nuit suivante. Les forts étaient construits avec soin et avaient un réduit; les ouvrages étaient fraisés et palissadés. Les troupes anglaises, munies d'échelles, tentèrent l'escalade sans hésiter et réussirent dans leur entreprise. Un bataillon étranger, qui formait la partie principale de cette garnison, prit lâchement la fuite; le commandant Aubert, quoique officier de courage, perdit la tête et ne sut remédier à rien. L'ennemi, après avoir démoli les forts de la rive droite et détruit le pont, se retira en Estramadure, et le général Foy, venu d'Oropesa avec sa division, ne put arriver à temps. Si les forts se fussent défendus vingt-quatre heures, l'entreprise des Anglais tournait à leur honte.

Le duc de Wellington, tranquille sur les mouvements de l'armée du midi de l'Espagne, passa l'Agueda le 13 juin et marcha sur Salamanque. L'armée française était dispersée pour pouvoir subsister, mais tout avait été préparé pour le rassemblement des troupes à l'instant où il serait nécessaire. Les forts de Salamanque, au nombre de trois, le fort Saint-Vincent, le fort Saint-Gaetano et celui du Collége-Royal, formaient un ensemble imposant et exigeaient quelque attention de la part de l'ennemi. Ils furent abandonnés à leurs propres forces, et l'armée de Portugal effectua son rassemblement à quelques lieues en arrière. Pendant ce temps, l'ennemi prit position sur les hauteurs de San-Cristoval, bloqua d'abord et assiégea ensuite les forts.

Les instructions de l'Empereur avaient déterminé qu'en cas d'offensive de la part de l'armée anglaise sur l'armée de Portugal, deux divisions de l'armée du nord et presque toute son artillerie et sa cavalerie viendraient la joindre, tandis que celle du centre enverrait 6,000 hommes, et que, dans le cas où le général Hill passerait sur la rive droite du Tage, le cinquième corps le suivrait et viendrait se réunir à l'armée de Portugal. Le duc de Raguse se hâta de réclamer les secours promis; il envoya des ordres au général Bonnet, qui commandait la huitième division, et qui était dans le royaume de Léon, d'arriver en toute hâte, et, après avoir rassemblé environ 25,000 hommes, il se porta en avant, et vint prendre position à une portée de canon de l'armée anglaise. Ce mouvement offensif fit suspendre le siége; mais l'attaque ayant été ajournée jusqu'à la réunion des forces, le siége fut repris. Des attaques vives furent repoussées et coûtèrent à l'ennemi des pertes égales au triple des forces de la garnison. Mais un accident survint, un incendie détruisit les moyens de défense, et les forts se rendirent. L'armée, n'ayant plus d'objet à remplir avant d'avoir réuni les moyens de livrer bataille, se retira sur le Duero et marcha ainsi au-devant de ses renforts. Cette retraite se fit en présence de l'ennemi sans être inquiétée, et l'armée anglaise suivit l'armée française.

Arrivé dans cette position, le duc de Raguse appela de nouveau à lui tous les contingents qui devaient le joindre. Le général Cafarelli lui annonça, le 14 juin, qu'il se mettait en marche avec 8,000 hommes d'infanterie, 1,800 chevaux et 22 pièces de canon. De nouvelles lettres annoncèrent que des mouvements de guérillas suspendaient cet envoi, plus tard que l'apparition de bâtiments anglais sur les côtes le retenait définitivement, et qu'enfin, à l'exception du 1er de hussards, aucun renfort ne serait envoyé. Le duc de Raguse avait cependant promis au général Cafarelli de lui prêter autant de troupes qu'il voudrait pour rétablir l'ordre sur son territoire aussitôt que les Anglais auraient été battus ou éloignés; mais le général ne tint compte de ses promesses.

Le roi d'Espagne fit écrire par le maréchal Jourdan au duc de Raguse qu'aucun secours ne lui serait envoyé de l'armée du centre; il l'engageait à agir offensivement et sans retard contre l'armée anglaise. Cette lettre fut écrite le 30 juin et arriva dans les premiers jours de juillet.

Que pouvait faire le duc de Raguse dans cet état de choses? Tous les secours lui manquaient à la fois, et l'avenir pouvait rendre sa position plus difficile. En effet, si le général Hill eût passé le Tage, l'armée anglaise aurait été renforcée de douze à quinze mille hommes, et le cinquième corps (s'il eût été envoyé, ce qui était très-douteux) aurait dû faire sa marche par la Manche pour exécuter le passage du Tage, et serait arrivé beaucoup plus tard que le général Hill, qui aurait passé à Alcantara, dont le pont avait été rétabli. Il y aurait eu douze à quinze mille hommes de différence dans l'effectif des corps ennemis et des corps français. D'un autre côté, l'armée de Galice bloquait Astorga, et cette place n'avait de vivres que jusqu'au 1er août. Il était impossible de penser à la délivrer, de faire venir un détachement dans ce but, avant d'avoir battu ou rejeté l'armée anglaise en Portugal. L'offensive fut donc résolue par le duc de Raguse, et le moment n'en fut ajourné que jusqu'à l'arrivée de la huitième division qui s'avançait de la frontière des Asturies.

Le moment étant venu, des mouvements s'opérèrent sur le Duero pour tromper l'ennemi. Le duc de Raguse avait choisi le pont de Tordésillas pour son passage. Indépendamment des localités qui sont favorables, ce point se trouvait sur la ligne la plus courte de Valladolid à Salamanque; ainsi l'armée, en prenant l'offensive, ne pouvait risquer de perdre sa communication. Le passage réussit à merveille; l'ennemi trompé n'opposa à cette opération difficile aucun obstacle.

Le 18 juillet, l'armée en marche rencontra deux divisions anglaises; elles se retirèrent promptement en éprouvant quelques pertes dans la poursuite. On arriva sur les bords de la Guarina, où toute l'armée anglaise était rassemblée. Le passage de cette faible rivière, dont les bords sont marécageux, présentait de grandes difficultés. Il fallait que l'armée française fît une marche de flanc devant un ennemi supérieur en forces et tout formé. Les mouvements furent si bien calculés et exécutés avec tant de précision, qu'elle s'opéra avec un succès complet. Les deux armées marchèrent parallèlement, cherchant à se déborder et ayant des engagements partiels qui semblaient préluder à la bataille. On arriva, par suite de ces manœuvres, jusque sur les hauteurs de San-Cristoval, près Salamanque, que les Anglais occupèrent; l'armée française reprit la position qu'elle avait précédemment occupée sur les hauteurs d'Aldea-Rubia, dominant la Tormès.

Le 21 juillet, toute l'armée passa la Tormès et prit position à Calvaraza de Ariba. L'armée anglaise fit un mouvement parallèle et vint se porter en face de l'armée française. Le 22 au matin, les positions respectives se dessinèrent avec plus de soin, et chaque armée occupa par son centre un des Arapylès, qui ne sont séparés que par un léger ravin et une distance de cent cinquante toises. Le duc de Wellington disposa tout pour une bataille, et à onze heures il mit ses colonnes d'attaque en mouvement.

A une heure, un feu très-vif d'artillerie s'engagea; les Portugais se retirèrent en désordre; deux régiments de la division Bonnet s'emparèrent du village des Arapylès, contre lequel tous les efforts de l'ennemi vinrent échouer. Le brave colonel Dorsay s'y maintint contre le choc réitéré des masses les plus formidables; mais, sur un autre point, le général Thomière, qui s'était trop écarté du centre, était battu et mis en déroute par les Anglais. Il s'efforçait de rallier sa division lorsqu'un boulet le coupa en deux. Un autre accident, qui arriva presque en même temps, devait avoir des conséquences beaucoup plus graves : le maréchal Marmont, qui, comme toujours, payait de sa personne, reçut au bras une blessure tellement grave, qu'il fut obligé de remettre le commandement de l'armée au général Clausel. Ce dernier, grâce à sa rare énergie, parvint à rétablir l'ordre et à arrêter les progrès de l'ennemi; mais il lui fut impossible de rétablir le combat. La bataille était perdue; il ne s'agissait plus que d'assurer la retraite et de la faire en bon ordre, chose d'autant plus difficile que l'armée anglaise comptait plus de 80,000 combattants, et que le nombre des Français s'élevait à peine à 35,000. Elle se fit néanmoins avec tant de bonheur, que, sans augmenter leur perte, les Français doublèrent celle de l'ennemi, qui s'éleva à plus de 14,000 hommes, tant tués que blessés.

La retraite des Français continua le lendemain; elle fut difficile. L'ennemi avait marché sur leurs traces, et bientôt ils furent attaqués de nouveau par des forces d'une grande supériorité numérique. L'attaque fut si prompte, si énergique, qu'ils n'eurent pas le temps de former leurs carrés, seule manœuvre qui leur eût permis de résister; ils plièrent donc; mais heureusement le général Clausel, bien qu'il eût été blessé grièvement la veille, quelques instants après avoir pris le commandement en chef, déploya tant de valeur et d'habileté, que les assaillants, d'abord contenus et ensuite repoussés, ne reparurent qu'à la Puizerga.

Wellington, voulant profiter de sa victoire des Arapylès, marcha sur Madrid; le roi Joseph se retira à Valence, le maréchal Soult évacua l'Andalousie. Maîtres de la capitale, les Anglais manœuvrèrent sur Valladolid, que l'armée française occupait de nouveau. Le général Clausel, ayant concentré ses forces, quitta cette ville le 5 septembre, se repliant lentement et arrêtant à chaque pas son adversaire : il fit quinze lieues en dix jours. Cette retraite, dans laquelle il déploya de grands talents et une inébranlable fermeté, est comparable aux plus beaux faits d'armes. Nos troupes prirent position à à Briviesca, à sept lieues de Burgos. Le château qui domine cette ville fut assiégé par l'ennemi ; mais le vaillant Dubreton, gouverneur de cette bicoque, sut la faire respecter. Prudent, infatigable et aussi brave que nos anciens preux, il était partout où il fallait répondre à une attaque. Cette défense lui acquit une juste réputation d'intrépidité. Il fut secondé par la garde de Paris, composée de jeunes gens levés dans la capitale et qui ne devaient jamais s'en éloigner, mais que les guerres continuelles du Nord avaient forcé d'envoyer en Espagne. Ces soldats déterminés sollicitaient à l'envi l'un de l'autre l'honneur de guider les sorties; ils remplaçaient les canonniers et montraient autant d'adresse à pointer que de courage à combattre. En vain les Anglais livrèrent-ils deux assauts, ils furent toujours repoussés, et laissèrent des milliers de morts au pied des retranchements. Au milieu des plus grands périls et dans une situation des plus critiques, le général Dubreton unit constamment le calme à l'audace. Nous ne pouvons résister au plaisir de citer les deux traits suivants qui caractérisent ce guerrier. Une chapelle dominait le fort ; les assiégeants avaient résolu de s'en emparer. Dubreton ne contrarie point ce dessein ; mais le lendemain il s'avance, s'assure que la chapelle est garnie de troupes, revient à son poste, rassemble la garnison, et, après lui avoir déclaré que l'endroit où l'ennemi s'est établi cache une mine, il court et met le feu à la mèche. L'effet en fut aussi soudain que prodigieux : tout croule, les rocs volent en éclats, et deux régiments anglais ont disparu.

Peu de jours après, les assiégeants, ayant fait des progrès, commencèrent à miner le château. La garnison n'avait plus d'espoir. Dubreton connaît seul un moyen de salut; il fait une sortie, culbute les grand'gardes ennemies, se replie tout à coup sur les travailleurs, détruit la mine et fait les mineurs prisonniers. Tant d'opiniâtreté décida Wellington à lever le siége. Ce général, ayant d'abord appris l'arrivée du maréchal Soult, craignit de compromettre sa réputation en restant plus longtemps devant le château de Burgos. En conséquence, il passa la Tormès après avoir fait sa jonction avec le général Hill. Ce mouvement rétrograde enhardit les Français à prendre l'offensive. Le 9 octobre, un capitaine du 6e léger, le brave Guingret, rassemble 200 hommes de bonne volonté. Nus et le sabre aux dents, ils traversent le Duero à la nage ; un bataillon ennemi placé sur le bord du fleuve est culbuté. Guingret s'élance sur le pont de Tordesillas, surprend le poste à qui la garde en est confiée, le fait prisonnier, et ouvre le passage à l'armée, qui s'avance victorieuse jusqu'à Alba. Wellington était en pleine déroute. Chassé de ses positions, poursuivi par nos troupes, il tenta vainement de se reformer à Celada : il y fut attaqué avec encore plus de fureur. Nos soldats, commandés par un chef qui jouissait de toute leur estime, marchèrent à l'ennemi avec cette assurance qu'ils avaient perdue sous un autre général. Quatre escadrons de gendarmes avec le 15e régiment de chasseurs enfoncèrent dix escadrons de dragons anglais et les poussèrent le sabre dans les reins pendant l'espace de plusieurs lieues. Les autres corps ne chargèrent pas avec moins d'impétuosité. Plus de 5,000 ennemis furent tués ou pris. Le lord Paget et plusieurs autres officiers généraux étaient au nombre de ces derniers. Wellington, pressé d'éviter un plus éclatant revers par lequel tout le prestige de sa gloire se fût évanoui sans retour, ne songea plus qu'à aller chercher un refuge à Fuente-Guinaldo. Le mauvais temps put seul le sauver d'une destruction totale. Les torrents se débordèrent, les routes devinrent impraticables, et notre cavalerie fut réduite à l'inaction. Dès lors Wellington ne fut plus troublé dans sa retraite, il l'acheva paisiblement; mais, après avoir échappé comme par miracle à une défaite qui, sans doute, eût été la dernière, il dut emporter la conviction que, s'il avait vaincu sous les murs de Salamanque, il devait moins ce succès à la sagesse de ses dispositions qu'à l'inhabileté et à l'orgueil du général qui commandait nos troupes. Ce général, par une funeste présomption, avait voulu livrer la bataille avant l'arrivée des renforts que le roi Joseph lui amenait de Madrid. Deux jours plus tard, il eût pu combattre avec des forces égales; nous n'eussions pas été contraints d'abandonner les provinces qui avaient coûté le plus à conquérir, et les Espagnols n'auraient pas appris ce que jusqu'alors ils n'avaient pu croire, que des Français pouvaient être battus. Quoi qu'il en soit, ils ne furent pas prompts à s'enhardir; notre armée, qui avait pris des cantonnements, n'y fut pas inquiétée; Wellington resta dans les siens, et l'hiver se passa sans combats; à peine même les guérillas se montrèrent-ils.

Dans les premiers mois de 1813, Napoléon fit mettre en jugement l'affaire du général Dupont pour sa capitulation de Baylen, parce qu'il y avait plusieurs généraux qui y étaient impliqués, et qu'il les aurait employés si une fois ils avaient été hors de cette situation. Leur caractère ne les rendait justiciables que d'une haute cour nationale, et, avant de former ce tribunal, l'Empereur voulait savoir si les prévenus étaient véritablement coupables. En conséquence il fit renvoyer l'affaire devant le conseil d'Etat pour y être examinée et entendre les prévenus dans leurs moyens de défense. Il fit adjoindre (pour ce cas seulement) au conseil d'Etat tous les maréchaux d'empire qui se trouvaient à Paris.

Les faits étaient clairs et positifs, et, malgré que des relations de société eussent rendu de grands services au général Dupont, en faisant supprimer, dans le dossier du procès, plusieurs pièces à sa charge, les conséquences de l'événement de Baylen avaient été si fatales, il n'y a nul doute que si le conseil d'Etat avait émis l'opinion qui résultait de l'exposé des faits eux-mêmes, les prévenus eussent été déclarés coupables et conséquemment exposés à toute la sévérité d'un jugement qui eût été un grand exemple.

Le conseil d'État ne voulut point la perte d'hommes qui lui paraissaient cependant coupables, et, pour les sauver, il les renvoya à la clémence de l'Empereur, persuadé qu'il était de son indulgence. Effectivement, Napoléon se contenta de faire enfermer Dupont et de lui ôter les honneurs qu'il avait obtenus par d'anciens services; il renvoya du service militaire les généraux qui avaient participé à l'événement, regrettant toutefois le brave général Vedel : mais, pour être impartial, il dut les sacrifier.

FIN DU DEUXIÈME VOLUME.

TABLE DES MATIÈRES

CONTENUES DANS LE DEUXIÈME VOLUME.

Pages.

CHAP. 1er. — Expédition d'Égypte. — Motifs de l'expédition. — Prise de Malte, d'Alexandrie. — Combats de Ramanieh et de Chebreis. — Bataille des Pyramides. — Occupation du Caire. — Combat de Salahieh. — Bataille navale d'Aboukir. — Expédition dans le Fayoum. — Bataille de Sédiman. — Révolte au Caire. — Expédition dans le Saïd. — Bataille de Samanhout. — Conquête du Saïd. — Prise de Goseïr. 1

CHAP. 2. — Guerre avec Naples. — Invasion des Etats romains par les Napolitains. — Reprise de Rome. — Attaque de Capoue. — Insurrection des lazaroni. — Prise de Naples. — Deuxième coalition. — Opérations sur le Rhin et le Danube. — Opérations en Italie, en Helvétie, en Hollande. — Batailles de Stockach, de Magnano, de Cassano, de la Trebia, de Novi, de Fassano, de Bergen, d'Alkmaar et de Zurich. — Fin de la campagne. — Assassinat des plénipotentiaires français à Rastadt. 68

CHAP. 3. — Révolution du 18 brumaire. — Bonaparte premier consul. — Plan de campagne. — Opérations en Allemagne. — Armistice de Parsdorf. — Opérations en Italie. — Combat de Savone. — Retraite de Masséna sur Gènes. — Combats de Voltri, de la Taggia. — Attaque du Var. — Capitulation de Gènes. — Opérations de l'armée de réserve en Italie. — Passage du Saint-Bernard. — Prise d'Ivrée. — Entrée à Milan. — Batailles de Casteggio, de Montebello et de Marengo. 91

CHAP. 4. — Suite de l'expédition d'Egypte. — Convention d'El-Arisch. — Bataille d'Héliopolis. — Mort de Kléber. — Bataille de Canope. — Capitulation du Caire et d'Alexandrie. — Fin de l'expédition. 125

CHAP. 5. — Fin des opérations en Allemagne. — Bataille de Hohenlinden. — Mouvement de l'armée gallo-batave. — Fin des opérations en Italie. — Marche de la deuxième armée de réserve. — Bataille de Pozzolo. — Passage de l'Adige. — Paix générale. 156

CHAP. 6. — Paix d'Amiens. — Consulat à vie. — Rupture de la paix avec l'Angleterre. — Conquête du Hanovre. — Le camp de Boulogne. — Intrigues et complots royalistes. — Avénement à l'Empire. — Invasion de la Bavière par les Impériaux. — Passage du Rhin par les Français. — Passage du Danube. — Capitulation d'Ulm. — Opérations en Italie et dans le Tyrol. — Jonction des deux armées françaises. — Entrée à Vienne. — Bataille d'Austerlitz. — Paix de Presbourg. — Opérations dans le royaume de Naples. 162

CHAP. 7. — Quatrième coalition. — Campagne de 1806 et 1807. — Déclaration de la Prusse. — Mouvement des Armées. — Batailles d'Iéna et d'Austerlitz. — Occupation de Berlin. — Capitulation des forteresses de la Prusse. — Armistice. — Décret de blocus des îles Britanniques. — Ouverture de la campagne en Pologne. — Bataille d'Eylau. — Siége de Dantzig. — Bataille de Friedland. — Traité de Tilsit. 180

CHAP. 8. — Opérations en Portugal. — Entrée du corps d'observation en Espagne; il s'empare d'Abrantès; il occupe Lisbonne. — Entrée des deuxième et troisième corps d'observation en Espagne. — Insurrection générale. — Entrée de Joseph à Madrid. — La grande armée en Espagne. — Suite des opérations en Espagne et en Portugal jusqu'à la reprise de Lugo le 23 mai 1809. 202

CHAP. 9. — Campagne de 1809. — Passage de l'Iser par les Autrichiens le 16 avril. — Arrivée de Napoléon le 17.— Batailles d'Abensberg, — d'Eckmuhl. — Prise de Ratisbonne.—Opérations en Autriche.—Capitulation de Vienne.—Première affaire d'Essling. — Passage du Danube. — Opérations en Pologne. — Occupation de Varsovie par les Autrichiens. — Opérations en Italie. — Invasion de l'Italie et du Tyrol par les Autrichiens.— Retraite des Français. — Retraite des Autrichiens.— Bataille de la Piave. — Jonction avec la grande armée. — Bataille de Raab. — Fin des opérations sur le Danube. — Bataille de Wagram. — Armistice de Znaym. — Diversion anglaise dans le royaume de Naples.— Enlèvement du pape. — Expédition de l'île de Walcheren. — Echec et rembarquement des Anglais. — Traité de Vienne, 14 octobre 1809. 243

CHAP. 10. — Suite des opérations dans la Péninsule. — Retraite des Anglais sur le Portugal. — Bataille d'Ocana. — Attaque de la Sierra-Morena. — Conquête de l'Andalousie. — Opérations en Catalogne, en Aragon et dans les provinces de Valence.— Opérations de l'armée de Portugal. — Jugement des généraux auteurs de la capitulation de Baylen. 284

FIN DE LA TABLE DES MATIÈRES.

Paris. — Imprimerie de Pommeret et Moreau, quai des Grands-Augustins, 17.

PIÈCES JUSTIFICATIVES.

N° 1 (Page 26).

Détails sur la prise de l'île de Malte.

Nous étions au commencement de mai, lorsque nous arrivâmes devant Malte ; la grande escadre ni les autres convois ne paraissaient pas encore, et conformément à l'instruction donnée par le général Bonaparte au général Desaix, le convoi se tint en croisière devant le port. Des calmes survinrent, à l'aide desquels les courants qui règnent dans cette partie dispersèrent les bâtiments du convoi assez loin les uns des autres. Nous étions arrivés le matin ; l'après-midi du même jour, le grand maître de l'ordre de Malte, voyant un convoi aussi considérable, composé de bâtiments de toutes nations escortés par une frégate, et qui non-seulement n'entrait pas dans le port, mais qui ne le faisait même pas fréquenter par la plus légère embarcation, commença à concevoir de l'inquiétude, ou à éprouver de la curiosité. Il envoya une chaloupe, montée par un des grands baillis de l'ordre, en qualité de parlementaire, pour nous arraisonner. Cette chaloupe s'était dirigée sur la frégate que montait le général Desaix, et sous le prétexte des lois de quarantaine, le bailli ne voulut pas monter à bord, quelques instances qu'on lui fît ; il parla de sa chaloupe, qui avait passé à la poupe de la frégate. Sa mission n'était qu'un motif de curiosité, et comme il vit à bord des vaisseaux une grande quantité de soldats qui grimpaient sur les épaules les uns des autres pour le voir, il se hâta de retourner en rendre compte. Il allait prendre congé, à la suite d'une conversation par monosyllabes entrecoupés, lorsque, pour la ranimer un peu, le général Desaix lui demanda d'entrer dans le port pour prendre de l'eau. Le bailli s'éloigna en promettant de faire faire une réponse. Il revint effectivement le même soir dire que le grand maître ne pouvait accorder l'entrée du port qu'à quatre bâtiments à la fois. La défaite était ingénieuse ! il ne lui avait pas fallu faire de grands efforts d'esprit pour calculer que nous avions plus de 80 voiles, et que l'aiguade du convoi eût demandé vingt jours ; certes, nous n'avions pas ce laps de temps à perdre devant cette gentilhommière. Toutefois nous feignîmes de prendre la chose au sérieux, et tout en refusant poliment M. le bailli, nous dîmes quelques mots des dangers auxquels nous serions exposés si les Anglais venaient à paraître. Cette dernière considération ne parut pas le toucher beaucoup, et il s'éloigna en nous annonçant que l'ordre ne pouvait rien nous accorder de plus.

Nous étions presque à l'entrée de la nuit, et le parlementaire était parti, lorsque notre vigie signala deux voiles à l'est et venant droit sur nous. Elles furent bientôt assez près pour que nous reconnussions un vaisseau et une frégate ; l'inquiétude nous prit, et elle devint extrême lorsqu'à deux portées de canon de nous nous ne les vîmes point hisser leur pavillon, jusqu'au moment où ils nous traversèrent en hissant l'un et l'autre le pavillon maltais ; c'étaient le vaisseau et la frégate de l'ordre, qui, au retour d'une croisière, rentraient dans le port. On les désarma dans la nuit même pour armer les galères qui devaient nous combattre le jour suivant. Le lendemain, à la pointe du jour, notre vigie nous signala des voiles au nord-ouest, et bientôt après elle nous fit connaître que les voiles aperçues étaient sans nombre : c'était l'escadre avec ses convois, qui arrivait de la baie de Saint-Florent. Le général Desaix, ainsi que M. Monge, passèrent de la frégate sur une des demi-galères du pape que nous avions amenées, et allèrent à la rencontre de l'escadre pour rendre leurs devoirs au général Bonaparte.

Dans la matinée, toute l'escadre et l'armée furent réunies en face de l'ouverture du port. Tout prit dès lors une face nouvelle. Le général Bonaparte fit débarquer à droite les troupes de la division du général Bon. En même temps, il faisait débarquer le général Desaix à gauche ; nous prîmes terre à la baie de Maira-Sirocco.

Nous trouvâmes peu de résistance ; tout semblait à l'abandon. A peine le grand maître avait-il pu rassembler quelques détachements pour défendre les ouvrages avancés. Les chevaliers étaient sans élan. La population, accoutumée à l'idée qu'elle ne devait courir aux batteries que dans le cas d'invasion de la part des Turcs, refusait de prendre les armes contre nous. Toutes ces belles fortifications qui annonçaient la puissance de l'ordre et la force de la place devinrent inutiles. Nous poussâmes ce jour-là jusqu'au pied des remparts du côté de la terre ; nous nous étonnions d'une défense aussi faible ; nous cherchions à nous expliquer comment une place qui nous paraissait inexpugnable présentait une conquête si facile : nous ne tardâmes pas à le comprendre.

Le général Bonaparte était resté toute la journée à bord de l'*Orient;* il avait fait attaquer les galères maltaises et les avait forcées de rentrer au port : c'en était fait de la croix maltaise. Le général débarqua le soir même, et c'est alors que nous pûmes juger, aux indiscrétions qui échappaient autour de nous, que tous les membres de l'ordre n'étaient pas étrangers au succès que nous venions d'obtenir. Depuis la révolution française, et surtout depuis la dissolution des corps d'émigrés, le rocher de Malte était devenu le refuge d'un grand nombre de jeunes nobles qui s'enrôlèrent sous le drapeau de l'ordre. Ces nouveaux chevaliers n'avaient pas la ferveur des anciens chevaliers de Saint-Jean de Jérusalem. Leur éducation mondaine ne s'accommodait pas de la vie monacale, et le mal du pays augmentait leur désir de quitter le rocher qui leur avait servi d'asile. L'apparition de notre flotte devant Malte leur présentait l'occasion de rompre des engagements qu'ils commençaient à regarder comme des chaînes, et de se créer une existence nouvelle. Doit-on les plaindre ou les blâmer ? Quoi qu'il en soit, les pourparlers ne tardèrent pas à s'établir entre le quartier général et le gouvernement de Malte. Le grand maître de l'ordre, convaincu trop tard sans doute de l'impossibilité de sauver la place et de l'inutilité d'une résistance sans objet, consentit à capituler.

Les principales conditions furent la remise des forts à nos troupes, la liberté pour lui et les siens, et la faculté pour tous les chevaliers de se retirer où bon leur semblerait. Nous prîmes en conséquence possession de la place. Le grand maître, M. de Hompesch, s'embarqua sur un bâtiment neutre qui fut mis à sa disposition, et qui fut escorté jusqu'à Trieste par une de nos frégates. Ceux des chevaliers qui étaient Français entrèrent presque tous dans nos rangs.

Le général Bonaparte s'occupa sur-le-champ d'organiser l'île : garde nationale, administration, moyens d'attaque et de défense, tout fut arrêté et exécuté en moins de huit jours. La garnison maltaise fut incorporée dans les demi-brigades ; une partie de la division Vaubois la remplaça, et la flotte eut ordre de mettre à la voile.

Le général Desaix resta encore quelques jours à Malte, parce que sa frégate devait recevoir à son bord l'intendant des finances, qui avait quelques opérations à terminer. Nous employâmes ce petit retard à visiter ce rocher dont le nom était si célèbre dans l'histoire. Civitta-Vecchia, située sur un éminence au milieu de l'île, et qui avait été le seul point fortifié par les chevaliers à leur arrivée dans l'île, fut le lieu où nous nous rendîmes d'abord ; de là nous visitâmes successivement les ouvrages dans l'ordre où ils avaient été construits. Tout le monde sait qu'après la chute de Rhodes, les chevaliers s'occupèrent avec ardeur à fortifier Malte. Tous les grands maîtres de l'ordre, depuis cette époque, n'ont semblé désirer d'autre titre de gloire que celui d'avoir ajouté quelque nouvel ouvrage au port ou à la ville : c'était l'unique soin du gouvernement. L'ostentation avait fini par s'en mêler, et on construisait des fortifications à Malte comme on élevait des palais à Rome depuis que le saint-siége y a remplacé le trône des Césars. Malte est ainsi devenu un amas prodigieux de fortifications, et nous ne savions ce que nous devions le plus admirer, ou de la persévérance qu'il a fallu pour les élever, ou du génie qu'il a fallu pour les concevoir. Ce que nous y vîmes de plus étonnant est l'ouvrage de la nature, c'est le port : il est si spacieux, que l'armée navale et les 600 bâtiments de convoi n'en remplissaient que la moindre partie. Le mouillage en est si facile et si sûr, que les plus gros vaisseaux de guerre peuvent s'amarrer contre le quai.

Au milieu de toutes ces merveilles, nous fûmes attristés par la vue d'un spectacle dans le genre de celui qui nous avait déjà indignés à Civitta-Vecchia. Les galères de l'ordre étaient montées par des forçats, composés de prisonniers faits sur les bâtiments turcs. Nous eûmes d'abord peine à croire qu'il arrivât souvent que, lorsqu'on manquait de forçats, des hommes libres consentissent à s'engager comme tels sur les galères pour une somme d'argent. Il fallut bien cependant nous rendre à l'évidence et en croire le témoignage de nos yeux. Nous vîmes de ces misérables, qu'on appelle *bonovollio*, servir sur les mêmes bancs que les forçats, enchaînés comme eux, et partageant leurs pénibles travaux comme ils partageaient leur opprobre. A la vue d'une pareille dégradation, nous fûmes moins surpris d'avoir trouvé si peu de résistance. Il est tout simple de voir insensibles à un appel aux armes des hommes prêts à répondre à un appel au déshonneur.

Cependant la République française ne pouvait espérer de conserver longtemps cette position isolée, et désormais en butte aux attaques continuelles des Anglais, maîtres de la Méditerranée.

La destruction de l'ordre n'avait point été fatale aux habitants de l'île, qui acquit, au contraire, une nouvelle importance à la suite de ce changement de maîtres. Donc, le résultat, en la faisant française au moment où une lutte ardente s'engageait entre la France et l'Angleterre, la devait rendre le théâtre de quelques-uns de ces grands événements que la Méditerranée et ses rives allaient voir s'accomplir.

Un mois s'était à peine écoulé depuis le départ du général Bonaparte et de l'escadre française, que le général Vaubois, chargé du commandement de Malte, ne pouvait que très-difficilement, avec les faibles moyens à sa disposition, se défendre contre les entreprises du dehors. Les forces laissées à sa disposition consistaient en 4,000 hommes. Il s'occupa à régler toutes les parties de l'administration, tant civile que militaire, et à mettre l'île en état de défense. Au commencement de 1799, quelque temps après le combat naval d'Aboukir, dans lequel la flotte française avait été presque entièrement détruite, l'escadre anglaise de l'amiral Nelson vint se joindre à une division portugaise qui déjà faisait le blocus de l'île de Malte. Un convoi napolitain, protégé par deux frégates, apporta dans le même temps aux Maltais, qui étaient en état de révolte, des armes, des munitions et des vivres en abondance. La position du général Vaubois commença dès lors à devenir fâcheuse ; sa troupe avait été considérablement diminuée par les maladies et les assassinats partiels, et cette perte ne se trouvait pas compensée par les équipages d'un vaisseau et de deux frégates que les amiraux Villeneuve et Decrès avaient amenés à Malte après le combat d'Aboukir. La force numérique de toutes ces troupes n'était point suffisante pour garnir tous les forts qni pouvaient servir à la défense de l'île. D'un autre côté la disette de vivres et de munitions se faisait déjà sentir, et le défaut de communications avec le continent avait empêché depuis longtemps de pourvoir à ces objets, et de remplacer les consommations journalières. Les Maltais insurgés avaient été organisés régulièrement et formés en corps commandés par des officiers anglais et portugais. Bientôt ces insurgés furent assez nombreux pour braver les Français. Il était en outre très-difficile de contenir une population de 45,000 âmes renfermées dans la ville, et qui, concertant journellement des mouvements insurrectionnels avec les rebelles du dehors, parvinrent à s'établir dans la cité Vieille. Cependant le général Vaubois fit toutes les dispositions nécessaires pour une résistance vigoureuse et prolongée. Il fit réparer toutes les fortifications, expulsa de la ville les mendiants, les gens suspects, et une partie des bouches inutiles, mit en réquisition tous les plombs pour les convertir en balles, et expédia des bâtiments légers en France, en Italie, en Corse et sur les côtes de Barbarie, pour faire connaître sa situation et ramener des vivres et des munitions. Dès les premiers moments du blocus, il avait été sommé par les amiraux anglais et portugais de rendre Malte. « Vous avez oublié que des Fran- » çais sont dans la place, » fut la seule réponse qu'il fit à cette sommation. Les insurgés du dehors et les conjurés qui étaient dans la place, s'étaient concertés pour surprendre Malte dans la nuit du 19 janvier 1799. Le général Vaubois fut instruit de ce projet par un Grec qui l'avait surpris aux révoltés, et au moment où ces derniers s'avançaient en masse et à découvert jusqu'au pied des remparts, ils y furent écrasés par la mitraille et par un feu de mousqueterie à bout portant. Cet événement porta la terreur parmi les Maltais, et ranima la confiance de la garnison, qui, à force de courage, de constance et de dévouement, résistait avec succès aux efforts des habitants et à ceux des troupes du blocus. Pendant l'hiver de 1798 à 1799, le scorbut avait fait de grands ravages, et comme on pouvait attribuer à l'usage des viandes salées la propagation de cette maladie, le général Vaubois engagea les troupes à se livrer à la culture des végétaux. Le climat était très-propre à la végétation, et, malgré la difficulté de se procurer l'eau nécessaire pour fertiliser le terrain, les militaires, au moyen de machines hydrauliques fort ingénieusement inventées par eux, parvinrent à s'y procurer des récoltes abondantes en légumes et en plantes potagères. Ils élevèrent aussi une grande quantité de lapins et de volailles, qui offrirent une ressource précieuse à la garnison et aux habitants. Au milieu des soins donnés au bien-être physique de ses troupes, le général Vaubois crut aussi devoir s'occuper de soutenir leur moral en dissipant les ennuis inséparables de leur position, dans une place si longtemps bloquée, et dans laquelle les événements militaires n'étaient pas assez importants pour donner des distractions suffisantes. Il fit donc former une troupe de comédiens (1), établir des écoles d'écriture, de calcul, de dessin, de danse, et des salles d'escrime. Les assiégeants, toujours repoussés dans les différentes attaques qu'ils avaient faites, renouvelaient de temps en temps leurs sommations; et l'amiral Nelson en envoya, le 1er novembre, une nouvelle, à laquelle le général Vaubois répondit en ces termes : « Jaloux de mériter l'estime « de votre nation, comme vous recherchez la nôtre, nous sommes résolus à dé- « fendre Malte jusqu'à la dernière extrémité. » En janvier 1800, un avis, ayant trompé la vigilance des croisières, vint apporter la nouvelle de l'établissement en France du gouvernement consulaire. Cette nouvelle affermit encore la résolution prise par la garnison de Malte, qui se persuada qu'on allait faire des efforts pour la secourir. Le 16 février 1800, les assiégeants, irrités des refus constants qui leur avaient été faits de rendre la place, tentèrent un nouvel effort pour l'emporter d'assaut. Les insurgés maltais, soutenus par des détachements de troupes anglaises et napolitaines, firent une attaque du côté de la mer, et s'avancèrent sur des barques jusqu'au pied des remparts, dans le dessein d'escalader le mur d'enceinte du côté de Bourmala. Cette attaque était protégée par le feu des bâtiments qui formaient le blocus, et qui essayaient d'attirer l'attention des Français sur plusieurs points; mais le général Vaubois ne prit point le change, et au moment où

(1) Nicolo Isouard, chevalier de Malte, né dans cette île, mais Français d'origine, que ses charmantes compositions musicales ont depuis rendu célèbre en France, fut mis à la tête de cette troupe de comédiens. Il est mort à Paris, au commencement de 1818, à l'âge de 43 ans.

les assaillants se disposaient à placer leurs échelles et à tenter l'assaut, ils furent repoussés par un feu de mitraille bien dirigé, qui les culbuta dans la mer, où la plupart se noyèrent. Une division française, composée d'un vaisseau de guerre, de trois corvettes et de plusieurs bâtiments de transport, ayant fait voile de Toulon, sous les ordres du contre-amiral Perrée, et ayant à bord 3,000 hommes de troupes et une quantité considérable de vivres et de munitions de guerre destiné à ravitailler Malte, arriva, le 18 février, en vue de cette île, sans avoir rencontré jusque là aucun vaisseau ennemi ; mais l'amiral anglais Nelson, prévenu de l'arrivée de cette division, l'attaqua avec des forces supérieures. Dans le combat qui s'engagea, le contre-amiral fut blessé mortellement ; le vaisseau *le Généreux*, qu'il montait, fut pris, et tout le convoi fut dispersé. Ce funeste événement, se qui passa presque sous les yeux de la garnison de Malte, fit prendre au général Vaubois la résolution d'envoyer en France le contre-amiral Decrès, pour prévenir le premier consul que la place ne pourrait pas tenir au delà du mois de juin. Decrès partit sur le vaisseau *le Guillaume Tell*, qui ne put traverser la croisière ennemie, et qui fut capturé par elle. Nelson, en annonçant ce nouveau revers à la garnison de Malte, lui fit faire une cinquième sommation, qui ne fut pas mieux accueillie que les précédentes. Cependant le manque de munitions, de moyens de subsistance et de médicaments allait toujours croissant, et bientôt on allait être réduit aux plus dures privations (1). Les chaleurs et la disette multipliaient les maladies, et le typhus enlevait dans les hôpitaux jusqu'à 120 et 130 hommes par jour. L'amiral Nelson, instruit de l'extrémité où les Français se trouvaient réduits, fit faire une sixième sommation, menaçant en même temps du refus d'une capitulation honorable, si la garnison ne se rendait pas avant l'arrivée d'une flotte russe qu'il disait être déjà à Messine. Le général Vaubois répondit encore à cette sommation comme à celles qui l'avaient précédée ; alors les commandants napolitains et portugais demandèrent une entrevue que le général Vaubois accorda ; mais à peine l'amiral portugais, marquis de Nizza, fut-il arrivé au fort Manoel, que toute la garnison l'empêcha d'expliquer le motif de sa venue, et étouffa sa voix par les cris mille fois répétés de : « Malte ou la mort ! osez venir nous attaquer. » Cependant la détresse des Français était arrivée presque à son comble ; il fallut encore diminuer la ration de vivres, déjà réduite au tiers. Sur 9,000 habitants restants dans la place, 2,700 furent encore mis dehors : mais le général anglais Graham refusa de les recevoir, fit tirer dessus, et les força à se réfugier dans les fossés de la place, où ils auraient péri de misère, si le général Vaubois, mû par la pitié, ne les eût fait rentrer dans Malte. Les Français partagèrent alors leurs faibles rations avec ces malheureuses victimes de la guerre. Enfin, le 1er septembre, toutes les provisions se trouvèrent épuisées : les bêtes de somme avaient été consommées ; les lapins, les poules, les chiens, les chats, les rats même, avaient cessé d'être une ressource ; le bois manquait absolument, et Malte ne présentait plus, le 2 septembre, que l'affreux aspect d'une vaste enceinte où, de tous côtés, on ne voyait que morts ou mourants. Dans cette cruelle extrémité, le général Vaubois ne voulut point entrer en négociations avec l'ennemi sans avoir pris l'avis

(1) Une poule se vendait 60 fr., un lapin 12 fr., un œuf 1 fr., une laitue 18 sols, un rat 2 fr., et le poisson juqu'à 6 fr., la livre.

d'un conseil de guerre qu'il assembla le 3, et dans lequel il fut décidé qu'il fallait, par une prompte capitulation, arracher les débris de la garnison et des habitants à la destruction qu'une plus longue défense rendait inévitable. En conséquence de cette décision, le général Vaubois envoya le 4 un parlementaire au général anglais Pigot, qui entra sur-le-champ en pourparlers pour une capitulation, dont les articles furent arrêtés et signés le 5, et d'après laquelle l'île de Malte fut remise aux troupes britanniques. Pendant que la garnison de Malte s'immortalisait par sa constance et son dévouement, le premier consul proposait au Sénat conservateur, par une lettre du 18 juillet 1800, de donner une preuve de la satisfaction du peuple français, et de l'intérêt que la nation prenait aux braves de cette garnison, en accordant au général Vaubois une place de sénateur. Cette nomination eut effectivement lieu, et Bonaparte ajouta à cette récompense en donnant la sénatorerie de Poitiers au général Vaubois, qui obtint ensuite le titre de comte et fut fait grand-officier de la Légion-d'Honneur le 14 juin 1804. En 1814, il adhéra, le 1er avril, à la déchéance de Napoléon, fut créé pair de France le 4 juin, et chevalier de Saint-Louis le 8 juillet de la même année.

Levée du siége de Saint-Jean-d'Acre par l'armée française.

La disette ne tarda pas à se faire sentir, et, pour comble de malheur, la peste, se mit dans l'armée. Dans une situation aussi grave, il ne restait au général Bonaparte aucune chance de mener son opération à bonne fin : il ne pouvait, au contraire, que perdre son armée, s'il ne se hâtait de la ramener en Égypte.

Pendant son séjour en Syrie, le général Bonaparte avait appris qu'une expédition se préparait dans les ports de l'archipel : il était donc très-prudent de se trouver en Egypte au moment de son arrivée.

On se mit en marche pour y revenir, après avoir fait embarquer les malades, ainsi que les blessés, qui arrivèrent sans accident à Damiette. L'hôpital n'était pas évacué en entier par une foule de soldats, que le nom, plus encore que la gravité de la maladie, tenait dans les angoisses. Le général Bonaparte résolut de les rendre à leur énergie naturelle. Il alla les visiter, leur reprocha de se laisser abattre, de céder à de chimériques terreurs ; et, pour les convaincre par une preuve péremptoire, il fit découvrir le bubon tout sanglant de l'un d'entre eux et le pressa lui-même avec la main. Cet acte d'héroïsme rappela la confiance parmi les malades ; ils ne se crurent plus désespérés. Chacun recueillit ce qui lui restait de forces, et se disposa à quitter un lieu d'où, un instant auparavant, il n'espérait plus sortir. Un grenadier, chez qui le mal avait fait plus de ravages, avait peine à se détacher de son grabat. Le général l'aperçut et lui adressa quelques paroles propres à le stimuler. « Vous avez raison, mon général, reprit le brave, vos grenadiers ne sont pas faits pour mourir à l'hôpital. » Touché du courage que montraient ces malheureux, épuisés par leur anxiété autant que par la maladie, le général Bonaparte ne voulut pas les quitter qu'il ne les vît tous placés sur les chameaux et les transports dont l'armée disposait. Ces moyens furent insuffisants : il requit les chevaux des officiers et livra les siens. C'est un fait connu de l'armée entière, que la nécessité où l'on fut réduit de se servir de racines pour suppléer l'opium. Mais quand cette substance eût été aussi abondante qu'elle l'était peu, quand le général Bonaparte eût eu dessein de recourir à l'expédient qu'on lui attribue, où trouver un homme assez déterminé, assez altéré de crimes, pour aller desserrer la mâchoire de cinquante malheureux prêts à rendre l'âme, afin de les gorger d'une préparation mortelle ? Le voisinage d'un pestiféré faisait pâlir le plus intrépide, le cœur le plus ardent n'osait secourir son ami dès qu'il était atteint, et l'on veut que ce que les passions les plus nobles n'osaient tenter, une fureur brutale l'ait exécuté ; qu'il y ait eu un être assez sauvage, assez forcené, pour se résoudre à périr lui-même, afin de goûter la satisfaction de donner la mort à cinquante moribonds qu'il ne connaît pas, dont il n'a pas à se plaindre ! La supposition est absurde, digne seulement de ceux qui la reproduisent, malgré le désaveu de son auteur. Les pestiférés suivirent les traces de l'armée, tinrent la même route, et campèrent constamment à quelque distance de ses bivouacs. Le général Bonaparte faisait chaque soir dresser sa tente auprès d'eux, et ne passait pas un jour sans les visiter et les voir défiler au moment du départ. Ces soins généreux furent couronnés du plus heureux succès. La marche, la transpiration, et surtout l'espérance à laquelle le général les avait rendus, dissipèrent complétement la maladie. Tous arrivèrent au Caire parfaitement rétablis.

Le 18 brumaire.

On était d'accord sur le besoin d'un changement dans la forme du gouvernement, et dans la nécessité de ne pas perdre de temps pour l'opérer. Le général Bonaparte, convaincu qu'il n'y avait que du péril à temporiser, mit aussitôt la main à l'œuvre, et le Directoire disparut.

La plupart des militaires qui s'étaient rendus recommandables par leurs victoires se mirent à la disposition du général Bonaparte. Le directeur Sièyes entraîna les plus influents des deux Conseils.

Beurnonville, Macdonald, Lefebvre et Moreau lui-même, qui étaient entrés dans la conspiration, n'avaient pas seulement pour complices les généraux et les administrateurs de l'armée d'Italie qui se trouvaient alors à Paris ; ils comptaient encore Chénier, Cabanis, Rœderer, Talleyrand, etc. ; c'était l'élite du parti philosophique réuni à l'élite de l'armée, ponr accomplir le vœu national. A l'exception de Bernadotte, qui ne voyait alors le salut de l'Etat que dans la république, et la république que dans le jacobinisme, tous les généraux de l'armée d'Italie se rallièrent à leur ancien général. Berthier, Eugène Beauharnais, Duroc, Bessières, Marmont, Lannes, Lavalette, Murat, Lefebvre, Caffarelli (frère de celui qui était mort en Syrie), Merlin (fils du directeur), Bourrienne, Regnault de Saint-Jean-d'Angély, Arnault (de l'Institut), le munitionnaire Collot, firent preuve de zèle et de dévouement; il n'y eut pas jusqu'aux vingt-deux guides récemment arrivés d'Egypte qui ne se montrassent empressés : chacun servait le général Bonaparte à sa manière. Augereau lui-même, qui intérieurement le détestait, se rallia à lui, quoique après quelque hésitation. Peut-être fut-ce parce qu'on l'avait négligé qu'il vint offrir ses services. « Est-ce que vous ne comptez plus sur votre petit Augereau ? dit-il au général Bonaparte. Membre du Conseil des Cinq-Cents, il ne put s'empêcher de dire, lorsqu'il vit que l'assemblée proposait de mettre le général Bonaparte hors la loi : « Nous voilà dans une jolie position ! — Nous en sor- « tirons, lui répondit le général ; souviens-toi d'Arcole. »

Le mouvement, comme on en était convenu, fut donné par les Anciens. M. Lebrun, depuis troisième consul, architrésorier et duc de Plaisance, fit un rapport sur la déplorable situation de la république, et la nécessité de prévenir sa ruine par un prompt remède. Le Conseil adopte ses conclusions. Il rend un décret qui transfère le Corps législatif à Saint-Cloud, afin qu'il puisse délibérer hors de l'influence de la capitale. En même temps il donne au général Bonaparte, qu'il charge de l'exécution de la mesure qu'il vient d'arrêter, le commandement de toutes les troupes qui sont à Paris et dans le rayon constitutionnel. Ce décret, sanctionné par le Conseil des Cinq-Cents, dont Lucien Bonaparte était président, fut aussitôt transmis au général Bonaparte, avec invitation de venir prêter le serment qu'exigeaient ses nouvelles fonctions. Le général ne se fit pas attendre : il monta à cheval, traversa Paris au milieu d'un groupe d'officiers généraux que l'attente de cet événement avait rassemblés chez lui, et se rendit à la barre entouré de cette belliqueuse escorte. Le serment prêté, il nomma pour son lieutenant le général Lefebvre, qui commandait la garde du Directoire, et distribua les autres commandements aux divers généraux qui l'accompagnaient. Lannes fut chargé de celui du Corps législatif ; Murat eut celui de Saint-Cloud, et Moreau celui du Luxembourg. Trois membres du Directoire donnèrent leur démission. La magistrature dont ils faisaient partie se trouva éteinte par cet incident, les deux autres directeurs n'étant pas en nombre suffisant pour délibérer.

La journée du 18 brumaire avait préparé la révolution ; celle du 19 la termina. Ce ne fut pas néanmoins sans difficulté. Les jeunes têtes du Conseil des Cinq-Cents et les vieux révolutionnaires du Conseil des Anciens avaient eu le temps de réfléchir sur ce qui se préparait. Le nouvel ordre de choses ne devait pas être favorable aux principes qu'ils professaient ; ils se concertèrent sur les moyens de le prévenir. Le plus naturel était de se rattacher fortement à la constitution de l'an III. Duhesme, un des plus ardents démagogues qui fût parmi eux, proposa de jurer de nouveau, et par appel nominal, de la défendre. Cette motion devait engager les conjurés dans de nouveaux nœuds, et ménager aux frères et amis des faubourgs de Paris le temps d'arriver au secours des frères et amis de Saint-Cloud. La proposition passa à l'unanimité. Le temps que voulait gagner Duhesme, le général Bonaparte le perdait. Tout ce qu'il avait fait la veille tournait contre lui, s'il ne brusquait les choses ; il se présenta au Conseil des Anciens, l'invita, par un discours énergique, à prendre en considération la disposition des esprits, le danger de la patrie, et à ne pas différer plus longtemps d'adopter une résolution. Mais un membre du Conseil l'interpelle et veut qu'il rassure les esprits, démente les projets qu'on lui attribue et prête serment à la constitution. « La constitution, « reprend Bonaparte, existe-t-elle encore? » Et faisant l'énumération de toutes les circonstances où elle avait été violée par les Conseils en décimant le Directoire, et par le Directoire en décimant les Conseils, il ajouta que vingt conspirations étaient formées pour substituer un nouvel ordre de choses à cette constitution, dont l'insuffisance était prouvée par les faits; que vingt partis le sollicitaient de se mettre à leur tête, les uns pour recommencer la révolution, les autres pour la faire rétrograder; qu'il ne voulait en servir aucun; qu'il ne connaissait qu'un intérêt, celui de conserver ce que la révolution avait fait de bien; qu'il n'ignorait pas que des amis de l'étranger parlaient de le proscrire, mais que tel qui proposait de le mettre hors la loi allait peut-être s'y trouver lui-même; que, fort de la justice de sa cause et de la pureté de ses intentions, il s'en remettait aux Conseils, à ses amis et à sa fortune. Il se rendit au Conseil des Cinq-Cents pour y faire les mêmes communications; mais à peine parut-il dans la salle, à la porte de laquelle il avait laissé le peu de militaires qui l'accompagnaient, que les cris : *A bas le tyran ! Hors la loi le dictatenr !* se font entendre. Il s'était avancé vis-à-vis l'estrade où siégeait le président, son frère Lucien. Il est entouré, menacé. Plus ardent que ses collègues, un député va jusqu'à tenter de le percer d'un poignard. Un grenadier de la garde du Corps législatif, nommé Thomé, pare le coup avec son bras. Le peloton arrive au secours et arrache le général des mains de ces forcenés. Il revint bientôt après dégager Lucien Bonaparte, que ces furieux voulaient contraindre de mettre aux voix un décret de proscription contre son frère.

Le général Bonaparte était sorti de la salle, pour joindre les troupes qui étaient établies dans la cour du château, où plusieurs députés s'étaient répandus pour les détacher de la cause du chef qu'elles soutenaient. Le moment était des plus critiques, lorsqu'il arriva au milieu d'elles; quelques minutes encore, et tout était perdu. Il résolut de mener rapidement les choses à fin, et s'adressant à un officier d'infanterie (le capitaine Ponsard, des grenadiers du Corps législatif), posté avec sa troupe à l'entrée de la grille du vestibule du château : « Capitaine, lui « dit-il, prenez votre compagnie, et allez sur-le-champ disperser cette assemblée « de factieux. Ce ne sont plus les représentants de la nation, mais des misérables « qui ont causé tous ses malheurs; allez au plus vite et sauvez mon frère. » Ponsard se mit en mouvement; mais il n'avait pas ébranlé sa troupe, qu'il revint sur ses pas. Le général Bonaparte crut qu'il hésitait. Il n'en était rien cependant. Ponsard ne voulait que savoir ce qu'il devait faire en cas de résistance. « Employez « la force, répondit Bonaparte, et même vos baïonnettes. — Cela suffit, mon gé- « néral, » répliqua le capitaine en saluant de son épée. Puis, faisant battre la charge à ses tambours, il monte le grand escalier du château au pas redoublé, et entre dans la salle, baïonnette en avant. En un instant, la scène change, le tumulte s'apaise, la tribune est déserte. Ceux mêmes qui, quelques minutes auparavant, paraissaient les plus résolus, cèdent à la peur. Ils escaladent les fenêtres, sautent dans le jardin et se dispersent dans toutes les directions.

Passage du mont Saint-Bernard.

Le premier consul gravit le Saint-Bernard sur une belle mule qui appartenait à un riche propriétaire de la vallée ; elle était conduite par un jeune et vigoureux paysan, dont il se plaisait à provoquer les confidences. « Que te faudrait-il pour « être heureux ? lui demanda-t-il au moment d'atteindre le sommet de la montagne. « — Ma fortune serait faite, répondit le modeste villageois, si la mule que vous « montez était à moi. » Le premier consul se mit à rire, et ordonna après la campagne, lorsqu'il fut de retour à Paris, qu'on achetât la plus belle mule qu'on pourrait trouver, qu'on y joignît une maison avec quelques arpents de terre, et qu'on mît son guide en possession de cette petite fortune. Le bon paysan, qui ne pensait déjà plus à son aventure, ne connut qu'alors celui qu'il avait conduit au Saint-Bernard.

Le premier consul avait pris les précautions les plus minutieuses pour maintenir l'ordre parmi les corps, pendant une marche aussi pénible que celle qu'ils faisaient à travers les Alpes, et empêcher les hommes faibles de constitution d'abandonner leurs colonnes. Indépendamment de ce que le soldat portait avec lui, il avait fait réunir des provisions considérables au monastère qui est au sommet du grand Saint-Bernard. Chaque soldat recevait en passant, de la main des religieux, un bon morceau de pain, du fromage et un grand verre de vin. Le pain, le fromage étaient coupés, le vin se versait à mesure que les corps défilaient ; jamais distribution ne se fit avec plus d'ordre. Chacun sentait le prix de la prévoyance dont il était l'objet. Personne ne quitta sa place ; on n'aperçut pas un traînard.

Le premier consul témoigna sa reconnaissance aux religieux, et fit donner 100,000 fr. au monastère en souvenir du service qu'il avait reçu.

Il faudrait une plume exercée pour décrire tout ce qu'il se fit de nobles efforts pour transporter au delà des Alpes l'artillerie et les munitions qui suivaient l'armée. Chacun semblait avoir l'Italie à conquérir pour son compte. Personne ne voulait être médiocre dans cette grande entreprise. L'ardeur fut telle, que le premier consul trouva le lendemain, au pied de la montagne, du côté de l'Italie, 50 pièces de canon sur leurs affûts. Elles étaient accompagnées de leurs caissons, pourvues de munitions qui avaient été transportées à dos de mulets. Les pièces, les voitures étaient attelées et prêtes à marcher. Il s'arrêta pour témoigner sa satisfaction aux canonniers. Il les remercia du dévouement qu'ils avaient montré, et leur alloua 1,200 francs de gratification ; mais ces braves étaient animés du feu sacré, ils refusèrent. « Nous n'avons pas, lui dirent-ils, travaillé pour de l'argent, ne nous « obligez pas d'en recevoir. Vous ne manquerez pas d'occasions de nous tenir « compte de ce que nous avons fait. »

L'armée, descendue du Saint-Bernard, entra dans la vallée d'Ivrée, et arriva devant le fort de Bard. La route passe sous le glacis ; périlleux pour les troupes, ce défilé était impraticable pour l'artillerie. D'une autre part, le temps était trop précieux pour le perdre devant une bicoque qui n'avait qu'une faible garnison, mais qui était commandée par un officier décidé à faire son devoir. Il sentait l'importance du poste qui lui était confié, il ne voulut entendre aucune proposition. On fut obligé de faire filer l'infanterie et la cavalerie par des sentiers détournés que des chèvres eussent eu peine à suivre. Les canonniers, de leur côté, ne trouvèrent d'autre moyen de tromper la vigilance autrichienne que d'empailler les roues de leurs pièces, ainsi que celles de leurs caissons, et les roulèrent à bras pendant la nuit, jusqu'au point où avaient été conduits leurs chevaux. Tout cela s'exécuta dans un si grand silence, que la garnison n'entendit rien, quoique le passage s'effectuât à une portée de pistolet du chemin couvert. Chacun de ceux qui étaient employés à ce périlleux transport sentait combien étaient nécessaires le silence et la célérité ; aussi tout se passa-t-il à souhait.

Attentat du 3 nivôse.

On donnait ce jour-là à l'Opéra une première représentation de *l'Oratorio* d'Hayden. Le premier consul devait y assister ; les conjurés prirent leurs mesures en conséquence.

On avait déjà démoli à cette époque beaucoup de maisons sur le Carrousel. Néanmoins l'angle de la rue Saint-Nicaise se trouvait encore en face de la grande porte de l'hôtel de Longueville, en sorte qu'il fallait, en venant des Tuileries au théâtre, tourner à gauche, puis à droite, filer dans la rue Saint-Nicaise, passer dans celle de Malte, et cela coup sur coup ; ce qui obligeait les cochers à ralentir le trot de leurs chevaux pour les faire tourner successivement en sens opposé. C'était sur les délais que nécessiteraient ces détours que les conspirateurs avaient assis leurs espérances de succès.

Le premier consul sortit des Tuileries à l'heure ordinaire du spectacle. Il avait avec lui le général Lannes, et, je crois, son aide-de-camp Lebrun, avec un piquet de grenadiers pour escorte. Il arriva en deux traits à l'angle où était placée la charrette qui portait la machine infernale ; son cocher, homme hardi et très-adroit, qui avait été avec lui en Égypte, eut l'heureuse pensée de tourner dans la rue de Malte, au lieu de suivre directement la rue Saint-Nicaise. La voiture du premier consul se trouva ainsi hors de portée. Dans cet instant, l'explosion eut lieu ; elle tua ou mutila une quarantaine de personnes, fit une foule de victimes, mais manqua celle qu'elle devait atteindre : seulement les glaces de la voiture se brisèrent, et le cheval du dernier cavalier de l'escorte fut blessé. Le premier consul arriva sans accident à l'Opéra, où le bruit de cet événement se répandit presque aussitôt.

La police, surprise, alla aux enquêtes ; mais, pendant qu'elle cherchait, les partis se livraient à des conjectures qui laissaient entrevoir le dessein arrêté de ne laisser échapper aucune occasion de se nuire les uns aux autres. Les nobles soutenaient que les jacobins seuls étaient capables d'un tel attentat, qu'ils étaient les seuls qui en voulussent au premier consul, et que, si le ministre de la police ne trouvait aucune trace de cette infâme machination, c'est que c'étaient ses anciens complices qui l'avaient ourdie. Ils vantaient à l'appui la reconnaissance qu'ils devaient au magistrat protecteur qui avait mis fin à leur exil, et les avait réintégrés dans leurs biens. Loin d'attenter à ses jours, ils étaient prêts à verser leur sang pour lui ; enfin, ils parlaient tant de leur zèle, de leur dévouement, circonvinrent si bien madame Bonaparte, auprès de laquelle ils avaient un accès facile, que le premier consul commençait à ne pas trouver leurs accusations invraisemblables. Une foule de ceux qui l'approchaient contribuèrent encore à accréditer cette opinion. Ils avaient les jacobins en horreur, et ne manquaient pas d'envenimer les rapports qu'on faisait contre eux. Beaucoup d'autres en voulaient personnellement à Fouché, et ne négligeaient rien de ce qui pouvait lui nuire. Clarke surtout se déchaîna contre lui avec une violence inexplicable pour tous ceux qui ne connaissaient pas la vieille haine qu'il lui portait. Le premier consul, de son côté, n'était pas fort content de son ministre. Un complot, qui menaçait également sa vie, avait été tramé peu de temps auparavant, et non-seulement la police ne le lui avait point signalé, mais il lui était démontré que, sans l'avis que lui donna un homme d'un cœur généreux, il eût été assassiné à l'Opéra.

Les meurtriers furent saisis dans le corridor, où ils s'étaient postés pour l'attendre à la sortie de sa loge, qui, dans ce temps-là, était au premier rang, en face, entre les deux colonnes qui étaient à gauche, en regardant le théâtre. Il y arrivait par la même entrée que le public. Cette tentative donna l'idée d'ouvrir une entrée particulière qui exista jusqu'à la démolition du théâtre.

Les recherches continuaient cependant. Le premier consul aiguillonnait le préfet de police, dont le zèle était encore excité par l'inertie dont on accusait son chef. Le cheval qui était attelé à la machine infernale avait été tué sur la place, mais n'avait pas été défiguré. A côté du cadavre étaient épars quelques débris de la charrette. Le préfet fit tout recueillir, et manda les divers marchands de chevaux de Paris. L'un d'eux reconnut celui qui avait péri pour l'avoir vendu et livré dans une maison dont il désigna la rue et le numéro. On suivit l'indication et le mystère fut découvert. La portière déclara les locataires. On apprit successivement qu'un ancien chef de Vendéens, Saint-Régent, avait travaillé, pendant six semaines, avec plusieurs des siens, à la confection de la machine infernale qu'ils avaient placée dans le tonneau d'un porteur d'eau, où elle avait fait explosion. Les choses compliquées, quelque bien disposées qu'elles soient, échouent toujours dans l'exécution. Le conducteur fit partir trop tard la détente qui devait enflammer l'artifice. La voiture du premier consul avait déjà tourné le coin de la rue de Malte quand l'explosion eut lieu. Cette découverte, quoiqu'il fût trop tard pour atteindre les coupables, eut du moins l'avantage de faire connaître le parti auquel ils appartenaient.

Camp de Boulogne.

Pendant que la marine déployait une immense activité, l'armée achevait de se compléter. Les régiments, composés aux deux tiers de conscrits, quittèrent leurs garnisons et allèrent former des camps d'instruction qui s'étendaient d'Utrecht à l'embouchure de la Somme. Celui d'Utrecht était commandé par le général Marmont, qui avait été remplacé à l'inspection générale de l'artillerie par le général Songis. Il s'étendait jusqu'à Flessingue, et avait le nº 2, parce que le corps du Hanovre, qui était alors commandé par le général Bernadotte, avait pris le nº 1. Le 3e, aux ordres du général Davout, avait son centre à Ostende, et s'étendait jusqu'à Dunkerque inclusivement. Le général Soult commandait le 4e, qui était établi à Boulogne, et s'étendait depuis Gravelines jusqu'à la gauche de Boulogne. Le 5e, commandé par le général Ney, comprenait Montreuil et Étaples. Il prit plus tard le nº 6, parce qu'on forma un nouveau corps à Boulogne, auquel on donna le nº 5. Il fut placé sous le commandement du général Lannes, qui revenait du Portugal, où il était ambassadeur.

Une réserve, composée de douze bataillons de grenadiers réunis, se rassembla à Arras, sous les ordres du général Junot, qui quitta le gouvernement de Paris pour prendre le commandement de cette division. Tous les régiments de dragons qui étaient en France furent réunis en divisions de quatre régiments chacune. Elles furent cantonnées depuis l'embouchure de l'Escaut jusque sur les bords de l'Oise et ceux de l'Aisne. Les chasseurs et hussards furent réunis à Saint-Omer et Ardres.

Les troupes ainsi réparties, on les occupa, on les disciplina à la manière des Romains. Chaque heure avait son emploi; le soldat ne quittait le fusil que pour prendre la pioche, et la pioche que pour reprendre le fusil.

Les ponts et chaussées avaient d'immenses travaux à faire. Les troupes les exécutèrent tous. Elles creusèrent le port de Boulogne, elles construisirent une jetée, jetèrent un pont de hallage, établirent une écluse de chasse; enfin elles ouvrirent un bassin pour recevoir les bâtiments de la flottille. Elles firent plus : le port de Vimereux était tout entier à créer; le sol où il devait s'ouvrir était élevé de quinze pieds au-dessus des plus hautes eaux. Elles mirent la main à l'œuvre, et en moins d'un an, elles avaient creusé, revêtu en maçonnerie un bassin capable de contenir deux cents bâtiments de la flottille. Il avait son écluse de chasse pour le nettoyer, son canal et ses jetées pour sortir. A Ambleteuse, il fallut reprendre en entier les travaux qui avaient été ébauchés sous Louis XVI. Le lit de la rivière était tellement obstrué, que les eaux n'avaient pu s'écouler et avaient converti plusieurs milliers d'acres de terre en pleine culture. Cette submersion avait non-seulement réduit une foule de familles à la misère, elle était encore devenue la source de miasmes dangereux qui obligeaient les habitants des villages voisins à s'éloigner tous les ans à l'époque de la canicule. On leur rendit d'abord l'écoulement qu'elles avaient perdu; on reprit, on acheva les travaux qui avaient déjà été ébauchés; on construisit une écluse de chasse. La rivière, en rentrant dans son lit, restitua à la culture des terres qu'elle avait submergées et au pays la salubrité qu'elle en avait bannie. Cela fait, on passa au port d'Ambleteuse. On le creusa, on construisit sa jetée, on éleva son chenal. Tout fut promptement achevé. Les soldats qui exécutaient ces diverses constructions s'y portaient avec ardeur. Ils étaient payés : le travail avait répandu l'aisance parmi eux, ils ne le quittaient que lorsqu'ils y étaient contraints par la marée : ils prenaient alors les armes et se rendaient à la manœuvre. Il en était de même à Boulogne : la troupe passait du travail à l'exercice, de l'exercice au travail. La pioche, le fusil ne sortaient pas de ses mains. Aussi vit-on s'élever comme par enchantement tous les établissements maritimes d'un grand port. On forma des magasins, on assembla des munitions, on réunit des matériaux de toute espèce. Jamais tête humaine n'embrassa conception aussi vaste, et surtout n'en fit marcher simultanément les différentes parties avec autant d'activité, d'ensemble et de précision.

On creusait les ports, on construisait les bâtiments, on fondait l'artillerie, on filait les cordages, on taillait les voiles, on confectionnait le biscuit et on instruisait l'armée tout à la fois. Ces divers soins semblaient dépasser les forces humaines, et cependant le premier consul trouvait encore le temps de s'occuper des affaires de France et d'Italie. Ce qu'il déploya d'activité ne peut se comprendre quand on n'en a pas été témoin. Il avait fait louer, près de Boulogne, le petit château appelé le Pont-de-Brique, qui se trouve sur la route de Paris. Il partait ordinairement le soir, déjeunait à la maison de poste de Chantilly, soupait à Abbeville, et arrivait le lendemain de très bonne heure au Pont-de-Brique ; un instant après, il était à cheval, et n'en descendait le plus souvent qu'à la nuit. Il ne rentrait pas qu'il n'eût vu le dernier soldat, le dernier atelier. Il descendait dans les bassins et s'assurait lui-même de la profondeur à laquelle on était parvenu depuis son dernier voyage. Il ramenait ordinairement pour dîner avec lui, à sept ou huit heures du soir, l'amiral Bruix, le général Soult, l'ingénieur Sganzin, qui dirigeait les travaux des ponts et chaussées, le général Faultrier, qui commandait le matériel de l'artillerie, enfin l'ordonnateur chargé des vivres ; de sorte qu'avant de se coucher il savait l'état de ses affaires mieux que s'il avait lu des volumes de rapports.

Les constructions n'étaient pas moins actives dans l'intérieur que sur la côte. Les chaloupes étaient confectionnées, abandonnées au courant des rivières, et affluaient à Bayonne, à Bordeaux, à Rochefort, à Nantes, dans tous les ports de Bretagne. Elles étaient gréées, armées, montées même par des détachements avec lesquels elles gagnaient l'embouchure des rivières qui coulent de Honfleur à Flessingue. Quand elles y étaient parvenues, on les mettait en état de prendre la mer, on les formait en escadrilles, et on les faisait successivement sortir de leurs abris, dès qu'on jugeait pouvoir le faire avec sécurité. On choisissait pour cela les petits temps, qui leur permettaient de longer, de raser la côte, et pour mieux assurer leur marche, on plaçait l'artillerie légère de l'armée sur les caps ou promontoires au pied desquels il se trouvait assez d'eau pour permettre aux croisières anglaises de les intercepter. Cette précaution ne fut pas inutile sur divers points de la Bretagne. Le bonheur, l'habileté menèrent à bien cette grande entreprise ; nos escadrilles parvinrent à leur destination sans avoir éprouvé d'autres pertes que celles qu'entraînent les accidents ordinaires de la navigation. Tout avait réussi au gré du premier consul. Chacun alors rivalisait de zèle et de dévouement.

Prise d'Ulm.

On rejeta dans la place tout ce que l'armée ennemie avait de troupes au dehors, on replia jusqu'à ses postes. Elle resta dans cette position quatre jours sans rien proposer. Pendant ce temps, le maréchal Soult prenait Memingen avec sa garnison de six mille hommes. Cette nouvelle parvint à l'empereur dans un mauvais bivouac qui était si humide, qu'on fut obligé d'aller chercher une planche pour qu'il n'eût pas les pieds dans l'eau. Il venait de recevoir cette capitulation, lorsqu'on lui annonça le prince Maurice Lichtenstein, que le maréchal Mack envoyait parlementer. On l'amena à cheval, les yeux bandés. Lorsqu'il fut arrivé, on le présenta à l'empereur. Il laissa échapper un mouvement de figure qui nous prouva bien qu'il ne le croyait pas là. Il ne déguisa point que le maréchal Mack ne se doutait pas de sa présence. Il venait traiter de l'évacuation d'Ulm. L'armée qui l'occupait demandait à retourner en Autriche. L'empereur ne put s'empêcher de sourire, et de lui dire : « Qu'elle raison ai-je de vous accorder cette demande? « Dans huit jours, vous êtes à moi sans condition. Vous attendez l'armée russe qui « est à peine en Bohême; et d'ailleurs si je vous laisse sortir, quelle garantie « ai-je qu'on ne fera pas servir vos troupes, une fois qu'elles seront réunies aux « Russes? Je me souviens de Marengo. Je laissai passer M. de Mélas, et il fallut « que Moreau combattît ses troupes au bout de deux mois, malgré les promesses « les plus solennelles de traiter de la paix. D'ailleurs, il n'y a pas de lois de guerre « à invoquer, après une conduite comme celle de votre gouvernement envers moi. « Certainement je ne vous ai pas cherchés; je ne puis d'ailleurs me fier à aucun « des engagements que prendrait avec moi votre général, parce qu'il ne dépendra « pas de lui de tenir sa parole. Ah! si vous aviez dans Ulm un de vos princes, et « qu'il s'engageât, je me fierais à sa parole, parce qu'il en serait responsable, et « qu'il ne permettrait pas qu'on le déshonorât; mais je crois que l'archiduc est « sorti. »

Le prince Maurice répliqua du mieux qu'il lui fut possible, et protesta que, sans les conditions qu'il demandait, l'armée ne sortirait pas. « Je ne vous les accorderai « pas, reprit l'empereur. Voilà la capitulation de votre général qui commandait à « Memingen; portez-la au maréchal Mack, et quelles que soient vos résolutions « dans Ulm, je ne lui accorderai pas d'autres conditions. D'ailleurs, je ne suis pas « pressé; plus il tardera, plus il rendra sa position mauvaise, et par conséquent « la vôtre à tous. Au surplus, j'aurai demain ici le corps qui a pris Memingen, et « nous verrons. »

On reconduisit le prince de Lichtenstein à Ulm, et l'on attendit. Le soir même, le maréchal Mack écrivit à l'empereur une lettre fort respectueuse, dans laquelle il lui disait que la consolation qui lui restait dans son infortune, c'était d'être obligé de traiter avec lui, l'assurant que tout autre ne lui eût jamais fait accepter d'aussi désastreuses conditions; que, puisque la fortune l'avait voulu ainsi, il attendait ses ordres. L'empereur envoya Berthier à Ulm le lendemain matin avec des instructions, et resta encore à son mauvais bivouac pour être à portée de répondre aux objections, s'il y en avait de faites. Berthier revint le soir, apportant la capitulation, par laquelle l'armée entière se rendait prisonnière. Elle devait sortir avec les honneurs de la guerre, défiler devant l'armée française, mettre bas les armes, et partir pour la France. Les généraux et officiers avaient seuls la permission de retourner chez eux, à condition de ne pas servir jusqu'à parfait échange. Les pluies n'avaient pas cessé pendant les huit jours que nous avions passés devant Ulm ; elles s'arrêtèrent tout à coup, et l'armée autrichienne défila par le plus beau temps du monde.

L'empereur avait été passer les deux jours d'intervalle qui avaient été stipulés entre la signature de la capitulation et son exécution, à l'abbaye d'Elchingen, où le maréchal Mack vint le voir ; il le garda longtemps et s'appliqua à lui faire oublier son malheur; il le fit accompagner à Ulm par le général Mathieu Dumas, qu'il avait chargé de disposer les colonnes ennemies, qui devaient partir dès le lendemain. Le jour de cette pénible cérémonie pour l'armée autrichienne était arrivé. Notre armée se rangea en bataille sur les hauteurs, dans tout l'éclat d'une toilette militaire aussi recherchée que sa position le permettait, et d'une propreté admirable. Les tambours battaient, les musiques jouaient; la porte d'Ulm s'ouvrit; l'armée autrichienne s'avança en silence, défila lentement, et alla, corps par corps, mettre bas les armes dans un terrain que l'on avait disposé pour les recevoir.

Cette journée, si pénible pour les Autrichiens, mit en notre pouvoir 36,000 hommes; 6,000 avaient été pris dans Memingen, environ 2,000 au combat de Vertingen. Si on ajoute à cela ce qui tomba dans nos mains au combat d'Elchingen et dans la poursuite de l'archiduc, on trouvera que ce n'est pas exagérer que d'évaluer la perte totale de l'armée autrichienne à 50,000 hommes, 70 pièces de canon, et environ 3,500 chevaux, qui servirent à remonter une division de dragons qui était venue de Boulogne à pied. La cérémonie dura toute la journée. L'empereur était placé sur un monticule en avant, au centre de son armée; on avait allumé un grand feu, près duquel il reçut les généraux autrichiens, au nombre de dix-sept, parmi lesquels le maréchal Mack, général en chef; Klenau, Giulay, Jellachich, Maurice Lichtenstein, Godesheim, Fresnel : ces deux derniers étaient officiers français et émigrés avec le régiment des hussards de Saxe. Je ne me rappelle pas le nom des autres. Ils étaient tous fort tristes; ce fut l'empereur qui soutint la conversation ; il leur dit entre autres choses : « Il est malheureux que d'aussi braves « gens que vous, dont les noms sont honorablement cités partout où vous avez « combattu, soient les victimes des sottises d'un cabinet qui ne rêve que des pro- « jets insensés, et qui ne rougit pas de compromettre la dignité de l'État et de la « nation en trafiquant des services de ceux qui sont destinés à la défendre. C'est « déjà une chose inique que de venir, sans déclaration de guerre, me prendre à « la gorge ; mais c'est être coupable envers ses peuples, que d'appeler chez eux

« une invasion étrangère; c'est trahir l'Europe, que d'immiscer les hordes asiati-
« tiques dans nos débats. Au lieu de m'attaquer sans motif, le conseil aulique eût « dû s'allier à moi pour repousser l'armée russe. C'est une chose monstrueuse « pour l'histoire, que cette alliance de votre cabinet; elle ne peut être l'ouvrage « des hommes d'État de votre nation; c'est, en un mot, l'alliance des chiens et des « bergers avec les loups, contre les moutons. En supposant que la France eût suc-« combé dans cette lutte, vous n'auriez pas tardé à vous apercevoir de la faute que « vous auriez faite. »

Cette conversation ne fut pas perdue pour tous; cependant aucun ne répondit.

La veille d'Austerlitz.

L'empereur passa sa journée entière à cheval, à voir lui-même son armée régiment par régiment. Il parla à la troupe; il vit tous les parcs, toutes les batteries légères; donna les instructions à tous les officiers et canonniers. Il alla ensuite visiter les ambulances et les moyens de transport pour les blessés. Il revint dîner à son bivouac, et y fit appeler tous ses maréchaux : il les entretint de tout ce qu'ils devaient faire le lendemain, et de tout ce qu'il était possible que les ennemis entreprissent. On aurait pu écrire un volume de tout ce qui sortit de son esprit dans ces vingt-quatre heures.

On avait vu dans toute l'après-midi l'armée russe arriver et prendre des positions très-rapprochées de notre droite. L'empereur était prêt dans les deux hypothèses, ou de recevoir l'attaque de l'ennemi, ou de l'attaquer lui-même.

Le soir, c'était le 1er décembre, il s'engagea à notre extrême droite un tiraillement qui se prolongea assez tard pour donner de l'inquiétude à l'empereur. Il avait déjà envoyé plusieurs fois savoir ce que faisaient les Russes, ajoutant que ce tiraillement devait couvrir quelque mouvement. Il faisait un beau clair de lune; cependant ils ne continuèrent pas ce mouvement à cause de la nuit qui s'obscurcit bientôt : ils se contentèrent de s'amonceler sur ce point, de manière à se déployer rapidement à la pointe du jour.

L'officier envoyé à la découverte (c'était Savary) revint à toutes jambes rapporter ce qu'il avait vu; il trouva l'empereur couché sur la paille et dormant profondément sous une baraque que les soldats lui avaient faite, si bien qu'il fut obligé de le secouer pour le réveiller. Il lui fit son rapport. L'empereur envoya chercher le maréchal Soult, et monta à cheval pour aller visiter lui-même toute sa ligne et voir le mouvement des Russes sur sa droite; il en approcha aussi près que possible. En revenant à travers les lignes du bivouac, il fut reconnu par les soldats, qui allumèrent spontanément des torches de paille : cela se communiqua d'un bout de l'armée à l'autre; dans un instant, il y eut une illumination générale et des cris de *vive l'empereur* qui s'élevaient jusqu'aux nues. L'empereur rentra très-tard, et quoiqu'il continuât à prendre du repos, il ne fut pas sans inquiétude sur ce que pourrait devenir le mouvement de sa droite pour le lendemain. Il était éveillé et debout à la pointe du jour, pour faire prendre en silence les armes à toute l'armée. Il y avait un brouillard très-épais, qui enveloppait tous nos bivouacs au point de ne pouvoir distinguer à dix pas. Il nous fut favorable, et nous donna le temps de nous disposer; cette armée avait été si bien dressée au camp de Boulogne, que l'on pouvait compter sur le bon état dans lequel chaque soldat tenait son armement et son équipement.

A mesure que le jour arrivait, le brouillard paraissait se disposer à remonter. Le silence jusqu'à l'extrémité de l'horizon était absolu ; on n'eût jamais pensé qu'il y avait autant de monde et de foudres enveloppés dans ce petit espace.

L'empereur voyait toute son armée, l'infanterie et la cavalerie formées en colonnes par divisions. Tous les maréchaux étaient près de lui et le tourmentaient pour commencer; il résista à leurs instances jusqu'à ce que l'attaque des Russes se fût plus prononcée à sa droite; il avait fait dire au maréchal Davout d'appuyer le général Legrand, qui bientôt après fut attaqué et eut toute sa division engagée. Lorsque l'empereur jugea à la vivacité du feu que l'attaque était sérieuse, il fit partir tous les maréchaux et leur ordonna de commencer. Cet ébranlement de toute l'armée à la fois eut quelque chose d'imposant; on entendait les commandements des officiers particuliers. Elle marcha comme à la manœuvre jusqu'au pied de la position des Russes, en s'arrêtant parfois pour rectifier ses distances et ses directions.

L'empereur revint le soir tout le long de la ligne où les différents régiments de l'armée avaient combattu. Il était déjà nuit; il avait recommandé le silence à tout ceux qui l'accompagnaient, afin d'entendre les cris des blessés; il allait tout de suite de leur côté, mettait lui-même pied à terre, et leur faisait boire un verre d'eau-de-vie de la cantine qui le suivait toujours. Savary fut avec lui toute cette nuit, pendant laquelle il resta fort tard sur le champ de bataille; l'escadron de son escorte l'y passa toute entière à ramasser des capotes russes sur les morts, pour en couvrir les blessés. Il fit lui-même allumer un grand feu auprès de chacun d'eux, envoya chercher partout un commissaire des guerres, et ne se retira point qu'il ne fût arrivé; et, lui ayant laissé un piquet de sa propre escorte, il lui enjoignit de ne pas quitter ces blessés qu'ils ne fussent tous à l'hôpital. Ces braves gens le comblaient de bénédictions qui trouvaient bien mieux le chemin de son cœur que toutes les adulations des courtisans. C'est ainsi qu'il s'attachait le cœur de ses soldats, qui savaient que, quand ils étaient mal, ce n'était pas sa faute: aussi ne s'épargnaient-ils pas à son service. La nuit était si noire, que nous avions été obligés de passer par Brunn, de sorte que le maréchal Davout reçut l'ordre tard, et ne put ce jour-là que réunir son corps et s'approcher à portée de reconnaître l'ennemi.

Entrevue de Napoléon et de François II.

Nous étions au 3 décembre, lendemain de la bataille; il était déjà assez tard, lorsque le prince Jean de Lichtenstein arriva au château d'Austerlitz, chargé par son maître de témoigner le désir d'une entrevue, que l'empereur accepta.

L'on ne tarda pas à annoncer l'empereur d'Autriche, qui arriva en calèche, accompagné des princes Jean Lichtenstein, Maurice Lichtenstein, de Wurtemberg, de Schwartzenberg, et des généraux Kienmayer, Bubna et Stutterheim, ainsi que de deux officiers supérieurs de hulans. Il y avait avec l'empereur d'Autriche une escorte de cavalerie hongroise qui resta, ainsi que l'avait fait la nôtre, à environ deux cents pas du lieu où l'on se voyait.

L'empereur Napoléon, qui était à pied, alla à la rencontre de l'empereur d'Autriche, depuis le lieu où était le feu jusqu'à la calèche, et l'embrassa en l'abordant. Le prince Jean Lichtenstein descendit de la même voiture, et suivit l'empereur d'Autriche auprès du feu de l'empereur; il y resta pendant toute l'entrevue, comme le maréchal Berthier resta auprès de l'empereur. Toutes les autres personnes de la suite des deux souverains étaient ensemble près d'un même feu, qui n'était séparé de celui des empereurs que par le grand chemin.

On ne sut pas ce qui se dit au feu des empereurs. Toutefois il sembla qu'on y était de belle humeur; on y riait, ce qui parut à tous d'un bon augure. Effectivement, au bout d'une ou deux heures, les deux souverains se séparèrent en s'embrassant. Chacun courut à son devoir, quelques-uns entendirent que l'empereur Napoléon disait à celui d'Autriche : « J'y consens, mais Votre Majesté me promet « de ne plus me faire la guerre? — Non, je vous le jure, répondit l'empereur « d'Autriche : et je tiendrai ma parole. »

Davout et Bernadotte à la bataille d'Iéna.

La grande armée prussienne, sous les ordres du roi, qui marchait sur Naumbourg, s'était arrêtée et avait pris position au village de Auerstaedt, en avant de Sulz (où était son quartier général), lorsqu'il apprit l'arrivée à Naumbourg des maréchaux Davout et Bernadotte avec une nombreuse cavalerie. Le même jour (14 octobre) où l'empereur avait attaqué le prince de Hohenlohe en avant de Iéna, Davout et Bernadotte, suivant leurs instructions, partaient de Naumbourg par la route de Weimar, sur laquelle l'armée prussienne était à cheval.

Notre cavalerie, si ardente sur un champ de bataille, était dirigée sans intelligence, quand il était question d'avoir des nouvelles des ennemis. Dans cette occasion, entre autres, le maréchal Davout ne put être informé de la marche de l'armée prussienne que par une découverte hardie que fit un de ses aides-de-camp, le colonel Bourke, plus tard général et pair de France, et il n'eut d'opinion bien fixe sur les forces qui venaient à lui que par le rapport que lui fit un déserteur prussien des gardes du corps, lequel avait servi autrefois en France, dans le régiment du roi, où il avait été sergent. Cet homme, fort intelligent, mit le maréchal Davout au fait des moindres détails concernant l'armée du roi de Prusse. Le corps de Davout se trouvait à la tête de la colonne; il avait communiqué les renseignements qu'il venait de recevoir au maréchal Bernadotte, dont les troupes suivaient immédiatement les siennes. A peine sa colonne est-elle arrivée au sommet de la montagne qu'il faut gravir, lorsqu'on a passé le pont en pierre sur la Saale, à une lieue de Naumbourg, qu'il découvre l'armée prussienne ; il en fait prévenir Bernadotte, et le prie de l'appuyer. Bernadotte demande à passer devant. Davout lui dit que le hasard l'ayant mis à la tête de la colonne, il ne serait pas juste qu'il rétrogradât, et que d'ailleurs ce mouvement les exposerait tous deux à une destruction totale, s'ils étaient attaqués en l'exécutant, et il lui fait observer qu'il n'y avait pas un instant à perdre ; qu'il l'en prévenait au nom du service de l'empereur ; que, quant à lui, il allait déboucher et attaquer sur le moment même. Bernadotte, par des motifs qui n'ont jamais été bien connus, lui fit répondre qu'il allait chercher un passage en remontant la rivière ; qu'il pouvait attaquer en toute sûreté, parce qu'il le seconderait.

Le maréchal Davout attaque avec une infériorité de un contre quatre. A peine est-il formé, qu'il est assailli par un feu d'artillerie et de mousqueterie d'autant plus vif, que les ennemis le regardaient comme perdu, et il est juste de dire que, sans son grand courage et sa constance au feu, ses troupes eussent été démoralisées ; elles avaient perdu le cinquième de leur monde avant trois heures après midi. Il ne les retint sur le champ de bataille qu'en se montrant lui-même partout. Ses aides-de-camp couraient de tous côtés pour prier le maréchal Bernadotte de déboucher ; cela fut inutile : en cherchant un débouché, il passa toute la journée sur les chemins, ne le trouva nulle part, et laissa écraser le maréchal Davout. Ce maréchal éprouva les mêmes obstacles pour avoir de la cavalerie : en vain ses aides-de-camp portèrent des ordres à plusieurs divisions de cavalerie, pour venir le joindre sur-le-champ, attendu que le péril était imminent ; Bernadotte les retint et les empêcha d'aller prendre part à l'action. Il en fut de cette cavalerie, à laquelle il n'avait pas droit de donner des ordres, comme du corps qu'il commandait : elle ne fut utile ni à Kœsen, ni à Iéna, où elle n'arriva pas à temps.

Davout dut à sa grande valeur et à l'estime qu'il avait inspirée à ses troupes la gloire de cette journée, une des plus honorables qu'un officier général puisse compter dans sa carrière. Malgré les pertes qu'il éprouva, il prit aux ennemis 70 pièces de canon, et les força à la retraite. S'il avait eu un corps de cavalerie, il aurait fait un nombre considérable de prisonniers ; mais il dut s'estimer heureux de coucher sur le champ de bataille. Cette journée lui a justement valu l'admiration de toute l'armée.

L'armée prussienne qui était devant lui éprouva de grandes pertes, parmi lesquelles il faut compter celle du duc de Brunswick, qui alla mourir de ses blessures à Altona ; elle apprit ce qui était arrivé au prince, et fit un mouvement par son flanc gauche pour regagner l'Oder et rallier le corps qui de Iéna se retirait sur Weimar et Erfurth. Le maréchal Davout ne put suivre la marche de l'armée du roi de Prusse, faute de cavalerie, de sorte que le mouvement de retraite de ce monarque ne fut point inquiété.

L'adjudant général Romeuf, qui vint apporter cette nouvelle à l'empereur à Iéna, ne lui parlait point de l'inaction de la cavalerie, ni du refus que Bernadotte avait fait de prendre part à la bataille. L'empereur le laissa aller jusqu'à la fin de sa narration, et lui demanda alors ce que ces corps avaient fait pendant l'action ; Romeuf fut obligé de dire que ni l'un ni l'autre ne s'y étaient trouvés, et eut l'air d'en ignorer les motifs. L'empereur vit qu'on lui cachait quelque chose ; il n'insista pas, mais il se mordit les lèvres, et il n'en fut que plus impatient de découvrir la vérité.

Toute la nuit, on avait ramené à Iéna des prisonniers, et particulièrement la presque totalité de l'infanterie saxonne avec plusieurs généraux de cette nation ; l'empereur fit réunir ces généraux, ainsi que tous les officiers saxons dans une salle du bâtiment de l'Université, et comme aucun d'eux ne parlait le français, il se fit suivre par M. Demoustier, employé aux relations extérieures, qui lui servit d'interprète. L'empereur leur parla ainsi :

« Messieurs les Saxons, je ne suis point votre ennemi, ni celui de votre électeur ; « je sais qu'il a été obligé de suivre et de servir les projets de la Prusse ; néan- « moins vous avez combattu, et la mauvaise fortune vous a fait perdre votre liberté. « Si vous vous êtes mis franchement dans les intérêts des Prussiens, il faut suivre « les mêmes destinées qu'eux ; mais si vous pouvez m'assurer que votre souverain « a été contraint de s'armer contre moi, et qu'il saisira cette occasion de repren- « dre sa politique naturelle, je ne ferai aucune attention au passé, je vivrai en « loyal ami avec lui. »

Un officier général saxon, M. Pfuhl, qui était particulièrement attaché à l'électeur de Saxe, prit la parole et répondit à l'empereur qu'il se faisait fort, en deux jours, d'aller à Dresde, porter cette proposition généreuse à son souverain, et de rapporter sa réponse, parce qu'il était persuadé que non-seulement elle serait conforme à ses propres sentiments, mais que l'électeur serait pénétré de reconnaissance de la générosité de l'empereur. « Puis-je vous croire? lui dit l'empereur. — Oui, « sire, répondit M. Pfhul. — Eh bien! reprit l'empereur, partez, et dites à l'élec- « teur que je lui renvoie ses troupes, et que je le prie de donner ordre à celles « qui sont encore dans l'armée prussienne de la quitter. »

On renvoya par Leipzig les prisonniers saxons. Ils se mirent en route sur-le-champ.

L'empereur partit immédiatement après pour Weimar ; il fit ce petit trajet en calèche ouverte. Arrivé en haut de la montagne appelée vulgairement le Colimaçon, nous vîmes arriver à nous un officier prussien, conduit par un officier de notre avant-garde. C'était un aide-de-camp du roi de Prusse, qui apportait à l'empereur une lettre du roi, par laquelle il lui proposait un armistice ; l'empereur ordonna de dire à cet officier de le suivre à Weimar, que là il lui donnerait sa réponse. Il fit accélérer un peu sa marche, et avant de revoir l'officier, il prit quelques dispositions qui firent penser que, soit par la date de la lettre du roi, soit par d'autres avis, il avait su où se trouvait la principale armée prussienne.

Il envoya ordre au maréchal Bernadotte de marcher de suite à Halle par Mersbourg, et de forcer les deux passages de l'Elster qui étaient défendus par le corps du prince de Wurtemberg.

Le corps du maréchal Lannes avait marché sur Erfurth. Le reste fut dirigé sur l'Elbe, partie de Mersbourg et partie par Leipzig. L'empereur resta deux jours à Weimar, pour voir à quoi les ennemis se décideraient. Pendant ce court intervalle de temps, la ville d'Erfurth, où commandait le prince d'Orange, capitula. On y fit dix-huit mille prisonniers ; cet événement donna la possibilité de faire passer la ligne d'opérations de l'armée par cette place, ce qui fut un grand avantage, en ce que cela diminuait de beaucoup le trajet qu'on avait à faire pour venir de Mayence à l'armée.

Après avoir renvoyé au roi de Prusse son aide-de-camp, l'empereur reçut le général prussien Schmettau, ancien aide-de-camp du grand Frédéric, et célèbre sous d'autres rapports; il avait été blessé à la bataille, et était resté au château de Weimar, où il mourut peu de temps après. L'empereur n'accorda pas l'armistice demandé par le roi de Prusse, parce que notre armée n'était encore qu'en mouvement; si on l'eût arrêtée, nous eussions foulé nos alliés pour la faire vivre, et d'ailleurs il nous fallait prendre une position militaire. Le roi de Prusse n'avait évidemment en vue que de préserver ses États du fléau que nous voulions écarter de ceux de nos alliés : c'est pourquoi nous marchâmes en avant.

L'empereur partit de Weimar et vint coucher à Naumbourg, où était le maréchal Davout avec son corps. Il témoigna à ce maréchal toute sa satisfaction, et il apprit la vérité tout entière, tant sur la conduite du maréchal Bernadotte que sur celle de la cavalerie à la journée du 14. Il se recueillit un moment, et puis, éclatant en reproches, il ajouta : « Cela est si odieux, que si je le soumets à un conseil « de guerre, c'est comme si je le faisais fusiller; il vaut mieux ne lui en pas parler. « Je lui crois assez d'honneur pour qu'il reconnaisse lui-même qu'il a fait une ac- « tion honteuse, sur laquelle je ne lui déguiserai pas ma façon de penser.»

L'empereur, avec le reste de l'armée, s'approcha de Berlin par la route de Potsdam, afin de disputer encore à l'ennemi le passage de la Sprée. Toute l'armée était en avant, à une ou deux marches, lorsqu'il partit de Wittemberg. Il était environ une heure après midi, le temps à l'orage et le soleil obscurci : nous traversions le faubourg de Wittemberg lorsque la grêle commença à tomber.

L'empereur mit pied à terre pour laisser passer l'orage, pendant lequel il entra dans la maison du capitaine ou surveillant des forêts de l'électeur dans cet arrondissement. Il s'imaginait que personne ne l'avait reconnu, et n'attribua qu'aux usages reçus l'empressement et l'étonnement dont furent saisies deux jeunes femmes qu'il trouva dans l'appartement. Elles se levèrent et restèrent debout. ainsi que les enfants qui étaient avec elles ; le rouge couvrit leur visage, lorsque la plus jolie des deux s'écria à demi-voix : — Ah ! mon Dieu! c'est l'empereur!

L'empereur demanda à cette dame : « — Etes-vous mariée, madame?» Elle répondit : « — Non, sire, je suis veuve. » L'empereur parut surpris et lui demanda : « — De quoi est mort votre mari? » La dame répondit : — « A la guerre, au ser- « vice de Votre Majesté. — Mais vous me connaissez donc? — Oui, sire, vous « n'êtes pas changé ; je vous ai bien reconnu, ainsi que le général Bertrand et le « général Savary. — Mais où m'avez-vous connu? — Sire, en Egypte. »

L'empereur, plus surpris encore : « — Comment, vous étiez en Egypte? Contez- « moi donc cela. »

« — Sire, je suis Suisse. J'avais épousé M. de........, médecin de l'armée ; il est « mort à Alexandrie de la peste. Me trouvant sans enfants, j'ai épousé en secondes « noces un chef de bataillon du 2e régiment d'infanterie légère qui a été tué à la « bataille d'Aboukir; il m'a laissé un fils que j'élève. Revenue en France avec l'ar- « mée, je n'ai pu obtenir aucune pension; fatiguée d'être repoussée, je suis re- « tournée en Suisse, d'où j'ai été appelée par madame que vous voyez, pour éle- « ver ses enfants. »

L'empereur : « — Etiez-vous bien mariée avec le chef de bataillon, ou bien « n'était-ce qu'un arrangement que votre position vous avait forcée d'accepter ? « — Sire, mon contrat de mariage est là-haut dans ma chambre (elle court le « chercher). Vous voyez que mon fils est né d'un mariage légitime. »

L'empereur avec joie : — Par Dieu! je ne me serais jamais attendu à cette « rencontre... » Il ordonna à Bertrand de prendre note des noms de la mère et de l'enfant.

L'orage était déjà passé depuis une demi-heure, lorsqu'il dit : « — Eh bien, ma- « dame, pour que vous conserviez souvenir de ce jour, je vous donne une pension « annuelle de douze cents francs, reversible sur votre fils. » Il monta à cheval pour continuer sa marche, et il signa le même soir, avant de se coucher, le décret de cette donation.

Napoléon à Potsdam.

L'empereur arriva à Potsdam, et fut loger au château. Il était grand jour lorsqu'il y arriva. Il alla aussitôt visiter les châteaux du grand et petit Sans-Souci; il remarqua la beauté du premier et ne fit des réflexions que sur la nature du terrain sur lequel cette belle habitation est construite, et qui est si peu propre à la végétation, que les arbres n'y peuvent parvenir à une grande hauteur.

Le petit Sans-Souci l'intéressa beaucoup; il examina l'appartement du grand Frédéric, qui est religieusement respecté ; aucun de ses meubles n'a été déplacé, et certes ce n'est pas à leur magnificence qu'ils doivent leur prix, car il n'y a guère de magasin de friperie à Paris où l'on puisse trouver un meuble plus simple et plus commun. Sa table à écrire parut être de la même espèce que celles que l'on voit encore chez nos vieux notaires en France. Son encrier avec ses plumes étaient toujours là.

L'empereur ouvrit plusieurs des ouvrages qu'il savait que ce grand roi lisait de préférence, et il remarquait les notes qu'il avait mises de sa propre main à la marge, lorsqu'il avait fait quelques réflexions. Il y en avait qui respiraient la mauvaise humeur. L'empereur se fit ouvrir la porte par laquelle Frédéric descendait sur la terrasse du côté du jardin, ainsi que celle par laquelle il sortait lorsqu'il allait passer des revues sur cette grande plaine de sable qui est voisine du château du côté opposé au jardin.

L'empereur revint à Potsdam et y passa la nuit. Il fut fort content de la beauté des appartements du roi de Prusse : il défendit que les appartements particuliers de la reine fussent occupés par qui que ce fût. Il donna le même ordre à Berlin au sujet d'un petit hôtel où cette princesse avait fait soigner des appartements qu'elle aimait à habiter.

Le 20 octobre, son quartier général était à Charlottembourg. Des curieux, en visitant l'appartement de la reine, trouvèrent, dans le tiroir d'un des meubles, un mémoire de Dumouriez, sur les moyens de détruire la puissance de la France. On l'apporta à l'empereur, qui ne put contenir un mouvement d'indignation.

Le lendemain 21 octobre, un mois après son départ de Paris, et n'ayant pas pris le plus court chemin, il fit son entrée dans Berlin. Il était à cheval, accompagné de la garde, de deux divisions de cuirassiers, de la garde à pied, et de tout le corps du maréchal Davout, auquel il avait réservé l'honneur d'entrer le premier dans la capitale de la Prusse. Il faisait un temps magnifique. Toute la population de la ville était dehors, et toutes les femmes aux fenêtres.

Il faut dire ici, à la louange de ces dames, qu'il y avait beaucoup de curiosité dans leur fait, mais aussi une profonde tristesse sur leur visage. La plupart même l'avaient mouillé de larmes; elles étaient en général fort belles. Cette sensibilité patriotique, en excitant notre intérêt, les rendit l'objet de nos respects, et inspira à chacun des vainqueurs un vif désir de les consoler.

L'empereur descendit au palais du roi et s'y établit. Les troupes furent placées sur les routes de Custrin et de Stettin. La garde fut logée dans Berlin.

Bataille d'Eylau (1807).

L'empereur arriva à Eylau la veille de la bataille avec le 7e corps, commandé par le maréchal Augereau, la garde et le corps du maréchal Davout à peu de distance. Il fut en effet attaqué par toute l'armée russe le 8, à sept heures du matin, par une neige très-épaisse. Le 7e corps, serré en colonnes, fit une résistance extrêmement vigoureuse; mais la supériorité du feu des ennemis parvint à éteindre le sien en décomposant les régiments qui formaient ce corps. Le maréchal Davout arriva, et donna vivement. Les ennemis marchaient toujours; déjà ils étaient près de Preuss-Eylau, lorque l'empereur fit donner la garde, dont l'artillerie l'arrêta. Le combat de canon s'engagea, et devint terrible. Le maréchal Soult et le maréchal Ney arrivèrent sur ces entrefaites. L'action continua; des charges de cavalerie, conformément aux instructions qu'ils avaient reçues, souvent répétées, empêchaient les progrès des Russes, mais ne mettaient pas l'empereur en état d'entreprendre quelque chose de décisif; on attendait le maréchal Bernadotte, qui avait quatre divisions d'infanterie et deux de cavalerie. On ignorait l'aventure arrivée à l'officier qui lui avait porté des ordres; on était impatient; on envoyait à sa rencontre dans toutes les directions : ce fut en vain. On fut obligé de gagner la nuit comme l'ont put, et on s'estima heureux d'avoir pu coucher sur le champ de bataille après tout ce que l'on avait perdu.

Ce combat d'Eylau n'avait été donné par les Russes que pour faire respecter leur retraite, qu'ils effectuèrent ensuite sur Kœnigsberg, sans coup férir. On les suivit, pour l'honneur des armes, avec de la cavalerie; mais, pendant ce temps, on évacuait de Preuss-Eylau les blessés avec tout le matériel inutile.

On accusa le maréchal Bernadotte de n'être pas arrivé sur le champ de bataille, encore bien que l'ordre ne lui fût pas parvenu. Ceci paraît singulier; mais le fait est qu'il était en communication avec la division de cuirassiers du général d'Hautpoult, lorsque celui-ci reçut l'ordre de se réunir à l'empereur pour livrer bataille. Il a même dit qu'il avait averti Bernadotte de son départ, et de ce qu'on allait faire. Quoi qu'il en soit, d'Hautpoult arriva, fut tué, en sorte qu'on ne put donner suite à cette affaire. D'ailleurs comment Bernadotte n'avait-il pas marché d'après la communication que lui avait faite le général d'Hautpoult? Il avait trop d'expérience de la guerre et de ses événements pour ne pas voir que, s'il n'avait pas reçu d'ordre direct, c'est que quelque méprise ou quelque accident avait empêché qu'il ne lui parvînt. Il attendit; enfin, il marcha lui-même avec son corps, autant pour s'informer de ce qui se passait que pour mettre sa responsabilité à couvert; mais il était trop tard. Arrivé près d'Osterode, il apprit le mouvement rétrograde de l'armée, qui venait se placer derrière la Passarge.

L'empereur eut l'air d'attribuer à la prise de l'officier une négligence sur laquelle son opinion était arrêtée, il se souvint d'Iéna; mais le mal était fait, il ne lui en parla qu'en termes de douceur.

Après cette mauvaise journée d'Eylau, nous nous trouvâmes heureux de passer le reste de l'hiver derrière la Passarge, tandis que, sans la prise de l'officier porteur de la dépêche de l'empereur au maréchal Bernadotte, l'armée russe aurait continué son mouvement offensif sur la Basse-Vistule, et l'empereur l'eût forcée de combattre acculée, ou au Frisch-Haff, ou à la Vistule. Que l'on juge maintenant de la différence qu'il y aurait eu dans les résultats : l'armée russe ne pouvait pas manquer d'être détruite, la paix se serait faite sur-le-champ; au lieu de cela, le succès de nos armes devint douteux, et la fierté empêcha réciproquement de se rien proposer.

La position militaire de l'empereur était moins bonne qu'en partant de Varsovie, tandis qu'elle aurait dû être infiniment meilleure; elle eut des inconvénients de toute espèce, dont un autre que lui ne se serait jamais tiré. Avant d'en tracer le tableau, je vais achever de parler de la bataille d'Eylau, que les Russes prétendent avoir gagnée, et que nous voulons n'avoir pas perdue.

Bernadotte ayant déclaré qu'il n'avait pas reçu l'ordre de marcher, et Berthier soutenant le lui avoir envoyé, on alla aux recherches sur le registre des expéditions, et l'on trouva que l'officier qui avait été porteur de cet ordre était un jeune élève de l'école de Fontainebleau, qui rejoignait un régiment du corps du maréchal Bernadotte; on avait mal à propos profité de son départ pour la transmission d'un ordre aussi important. L'empereur en leva les épaules de pitié, et ne dit pas un mot de reproche à Berthier. Bernadotte fut en partie justifié, quoiqu'il n'eût fait aucun cas de l'avis que lui avait donné d'Hautpoult en quittant sa position pour rejoindre la grande armée.

Réflexions sur la bataille d'Eylau.

Si l'on appelle gagner une bataille, rester maître du champ de bataille et suivre la retraite de son ennemi, il n'y a pas de doute que nous n'ayons gagné celle d'Eylau; elle l'eût été bien mieux, et d'une manière incontestable, si l'armée russe, au lieu de se retirer sur Kœnisberg, eût encore suivi son premier plan de se porter sur la Vistule, et eût été forcée de l'abandonner par suite de la bataille. Au lieu de cela, elle a suivi tranquillement son plan de retraite, elle ne peut donc avoir perdu la bataille; il est bien vrai qu'elle n'a tiré aucun avantage de sa supériorité, et que, si elle avait été commandée par un homme comme l'empereur, c'en était fait de l'armée française; cela est d'autant plus extraordinaire de la part du général russe, qu'il connaissait le plan d'opérations de l'empereur, et qu'il n'a attaqué que parce qu'il était convaincu qu'il surprendrait l'armée française dans son mouvement de réunion, et que, de plus, il était assuré que Bernadotte, avec quatre divisions d'infanterie et deux de cavalerie, ne s'y trouverait pas. Ces considérations obscurcissent le succès des Russes, surtout si l'on remarque que leur armée, dont le but avait été de nous jeter derrière la Vistule, fut obligée d'aller passer le reste de l'hiver derrière Kœnigsberg, et de laisser l'armée française se replacer dans la position qu'elle occupait auparavant derrière la Passarge; elle couvrait ainsi le blocus de Dantzick, dont le siége fut commencé au mois de mars, et mené jusqu'à la fin sans que les Russes entreprissent de le faire lever (cette place ne capitula que le 12 de mai). En cela, au moins, l'armée russe a manqué le but pour lequel elle s'était mise en mouvement.

D'un autre côté, si l'on appelle perdre la bataille, la perte considérable qu'a éprouvée l'armée française, dont les corps combattaient l'un après l'autre, à mesure qu'ils arrivaient sur le champ de bataille, contre toute l'armée russe, on peut dire, sous ce point de vue, que les Français ont perdu la bataille; car cette perte fut telle, qu'il devenait impossible à notre armée de rien entreprendre d'offensif le lendemain, et qu'elle aurait été complétement battue si les Russes, au lieu de se retirer, l'eussent attaquée de nouveau, parce que Bernadotte ne pouvait arriver que le surlendemain.

Si l'on prétendait que, parce que le plan qu'avait l'empereur d'acculer l'armée ennemie au Frisch-Haff ou à la Vistule, pour la combattre avec tous ses moyens réunis, a totalement manqué, il a perdu la bataille, ce serait une erreur : ce plan ne manqua pas par suite de la bataille, mais bien parce que, d'une part, les Russes se retirèrent, et que, de l'autre, le corps de Bernadotte n'avait pas rejoint.

L'empereur aurait eu toute son armée réunie, que si l'armée russe, ayant été informée de son projet, eût pris le parti de la retraite avant que notre droite l'eût débordée, au lieu de poursuivre son premier mouvement sur la Vistule, le plan de l'empereur aurait encore échoué, et à plus forte raison avec toutes les circonstances qui survinrent.

Le fait est que les deux armées ont manqué chacune leur but ; qu'elles se sont trouvées après la bataille dans la même position qu'avant de s'ébranler, et que leurs pertes ont été réciproquement sans résultats ; mais cet événement donna au moral et à l'opinion une secousse qui ne fut point favorable à l'empereur, et sans son extrême habileté, il eût eu des conséquences bien fâcheuses.

Bataille de Friedland.

Ce fut à la bataille de Friedland, comme à celle d'Eylau, que l'on vit encore déployer une artillerie effroyable ; le corps de Bernadotte, entre autres, que commandait Victor, avait quarante-huit pièces de canon dans la même batterie ; c'est avec cela qu'il reçut l'attaque de la colonne russe qui venait à lui. Le général en chef russe vit bientôt qu'il avait fait une faute ; qu'il trouvait des forces considérables où il ne croyait rencontrer qu'une division ; il aurait voulu être encore de l'autre côté de la rivière ; mais il ne pouvait entreprendre d'y repasser sans s'exposer à perdre son armée ; le gant était jeté, il aima mieux le ramasser de bonne grâce. Nous étions déjà si près de lui qu'il n'eut que le temps de se former en beaucoup de carrés qui se flanquaient réciproquement, et une fois dans cette position, qui le privait d'une grande partie de son feu, il attendit une destruction devenue inévitable. Ses masses étaient amoncelées en avant de Friedland ; acculées à la ville, elles formaient le centre d'un demi-cercle dont nous occupions presque toute la circonférence. Chaque coup de nos canons portait, et démolissait les carrés russes l'un après l'autre. Vers six heures du soir, l'empereur les fit aborder à la mousqueterie ; ce fut leur coup de grâce : leurs masses furent tellement décomposées, que l'on ne remarquait plus d'ordre dans leurs dispositions, et, par suite d'un instinct naturel à l'homme, tous ceux qui faisaient partie de ces débris cherchèrent leur salut en fuyant vers le pont. Ils furent obligés d'y renoncer, parce que l'artillerie de notre centre, qui tirait dans cette direction, en faisait un carnage affreux. Ils se jetèrent alors pêle-mêle dans la rivière avant de s'être assurés s'il y avait un gué : beaucoup s'y noyèrent (1) ; mais d'autres trouvèrent un gué en face de notre gauche ; dès lors rien ne put retenir le reste, qui s'enfuit vers ce point, sans ordre et semblable à un troupeau de moutons.

Les Russes avaient à leur droite vingt-deux escadrons de cavalerie, qui proté-

(1) Quand on connaît l'accoutrement du soldat russe, on ne peut en être étonné.

geaient cette retraite ; nous en avions plus de quarante par lesquels nous aurions dû les faire charger ; mais, par une fatalité sans exemple, les quarante escadrons ne reçurent aucun ordre et ne montèrent même pas à cheval ; ils restèrent, pendant toute la bataille, pied à terre, sur un vaste terrain en arrière de notre gauche. En voyant cela, on pouvait regretter sincèrement le grand-duc de Berg : s'il eût été là, il n'eût pas manqué d'employer ces quarante escadrons, et certes pas un Russe n'échappait.

La nuit était close et le feu éteint ; notre armée coucha dans la position où elle avait combattu. L'empereur passa cette nuit au bivouac, et le lendemain, à la pointe du jour, il était à cheval, parcourant les lignes de ses troupes, dont les soldats dormaient encore et étaient fort fatigués. Il défendit qu'on les éveillât pour lui rendre des honneurs, ainsi que cela était d'usage ; il passa ensuite sur le champ de bataille des Russes : c'était un spectacle hideux à voir ; on suivait l'ordre des carrés russes par la ligne des monceaux de leurs cadavres ; on jugeait la position de leur artillerie par les chevaux morts. On pouvait se dire avec raison qu'il fallait que les souverains eussent de bien grands intérêts à démêler en faveur de leurs peuples pour nécessiter une semblable destruction.

On prit à Friedland beaucoup d'artillerie, environ quinze ou vingt mille blessés et quatre ou cinq mille prisonniers.

Sollicitude de Napoléon pour les malades et les blessés (1807).

L'empereur était si prévoyant, que, dès les premiers jours de l'installation de Savary à Kœnigsberg, il recevait de tous les points de la Vistule où nous avions des établissements, des colonnes entières de soldats de tous les corps, qui, sortant des hôpitaux où ils avaient été bien guéris de leurs blessures, avaient été formés en bataillons de marche, et réunis à des conscrits venant de France, et sous la conduite d'officiers de différents corps sortis aussi des hôpitaux. A leur arrivée à Kœnigsberg, ils étaient équipés complétement et encadrés dans les corps auxquels ils appartenaient avant d'aller à l'hôpital.

Il y avait des jours où Savary recevait jusqu'à sept mille hommes de toutes armes : or, il a été trente jours à Kœnigsberg, pendant lesquels il a reçu plus de cinquante mille hommes, qu'il a envoyés aux différents corps de l'armée. Cette affluence, et les fonctions dont il était revêtu, lui firent porter son attention sur une branche d'administration à laquelle il avait donné peu d'importance jusqu'alors : il fut curieux de connaître l'organisation et la tenue des hôpitaux. Il fit des recherches, et il acquit de nouvelles preuves que l'empereur n'était pas moins admirable dans sa sollicitude pour les blessés que dans ses combinaisons de batailles. Le compte rendu que lui adressa quelques mois plus tard l'intendant général, montre l'intérêt avec lequel il suivait tous les détails qui intéressaient la vie des hommes ; nous reproduisons quelques fragments de cette pièce remarquable, parce qu'elle fera apprécier le reproche d'indifférence pour les victimes de la guerre, si grotesquement imaginé par des écrivains qui sûrement ne l'ont jamais faite.

Première époque. — « Après le combat de Saalfeld et la bataille d'Iéna, le nombre des blessés s'élevait à plus de cinq mille ; la marche rapide de l'armée par des routes difficiles n'avait pas permis aux magasins des hôpitaux de suivre le mouvement général : ainsi on n'eut d'autres moyens de secours que ceux que l'on trouva dans les caissons d'ambulance des divisions, et ceux bien insuffisants que l'on prit à l'ennemi : il fallut se procurer des ressources dans le pays même. On frappa des réquisitions d'effets et de denrées ; on établit des hôpitaux sur tous les points susceptibles de recevoir des malades ; les principaux furent à Saalfeld, Iéna, Erfurt, Schlitz, Weimar, Hall, Nieubourg, etc. ; avant la fin d'octobre, la ligne d'évacuation fut établie sur l'armée, par Leipzig, Wittemberg, Potsdam et Berlin : elle fut ensuite prolongée jusqu'à Posen.

« Ce fut dans cette dernière ville qu'on travailla à se procurer des ressources pour la campagne de Pologne ; S. M. ordonna de confectionner des chemises avec la toile de trente mille tentes qui venaient d'être prises au campement à Berlin : cette ressource était précieuse dans le moment. Quatre mille cinq cent quatre-vingt-seize matelas et six mille cinq cent trente-cinq couvertures furent livrés par les villes de Custrin, Stettin, Francfort et Glogau ; cette fourniture était imputable sur la contribution de guerre, et coûta 316, 225 francs 44 centimes ; cependant les effets du magasin général, partis de Broberg, étaient dirigés sur Custrin. Les ordonnances des corps d'armée et les commissaires des guerres des divisions remplaçaient à mesure, par des réquisitions, les effets qui avaient été consommés dans les différentes affaires.

« La défaite du général Blücher et la prise de Lubeck avaient fourni beaucoup de blessés ; la fatigue avait aussi développé des maladies : des hôpitaux furent ouverts à Hambourg, Lunebourg, Lubeck, etc, etc., et entretenus aux frais du pays. En général la plupart des dépenses des hôpitaux, jusqu'à l'arrivée de l'armée française à Varsovie , furent supportées par les villes conquises ; la caisse de l'armée fournit des fonds pour la solde des officiers de santé et autres employés, ainsi que pour les achats d'aliments légers et d'autres dépenses extraordinaires dans plusieurs établissements.

« De cette manière, dans moins de deux mois et demi, une ligne d'évacuation fut établie depuis Iéna, Hambourg et Lubeck, jusqu'à Varsovie.

« Avant le premier janvier 1807, tous les hôpitaux établis dans le Wurtemberg et la Bavière étaient évacués, et les malades en étaient tous sortis, à l'exception d'environ deux cents incurables qui furent évacués sur Strasbourg ; et le seul hôpital qui fût encore en activité dans cette partie, était celui de Braunau, qui recevait les malades de la garnison.

« Pendant cette époque, la mortalité fut dans la porportion de cinquante sur mille malades, ou de vingt-un hommes pour dix mille journées. »

Deuxième époque. — « Cette époque a été la plus pénible pour le service des hôpitaux : l'armée se trouvait dans un pays où les communications étaient difficiles, soit par le mauvais état des chemins, soit par le défaut de moyens de transport; cependant, après l'affaire de Pultusk, il y avait en Pologne plusieurs milliers de blessés ou de malades, et il fallait créer ou organiser des hôpitaux pour les recevoir. Les emplacements étaient peu convenables; on n'avait ni effets, ni fournitures, ni ustensiles.

« Les employés et les officiers étaient en nombre insuffisant; plusieurs avaient été retenus dans les établissements qui se trouvaient sur les derrières de l'armée; cependant avant la fin du mois de janvier, il y avait vingt-un hôpitaux en activité dans la seule ville de Varsovie, et plus de dix mille malades y avaient été recus. Le mobilier et quelques denrées provenaient de réquisitions; mais on avait passé des marchés pour la fourniture du pain, du vin et des médicaments. Les malades arrivaient dans ces établissements sur des voitures ou des traîneaux; ceux qui étaient légèrement blessés s'y rendaient à pied : c'est ainsi qu'on trouva moyen d'évacuer en partie les établissements de première ligne de Nasielzk et Pultusk.

« Après la bataille d'Eylau, on eut besoin de faire de nouveaux efforts; on était éloigné des grandes villes, qui eussent pu offrir de grandes ressources. Les hôpitaux que l'on réussit à établir se trouvèrent encombrés, parce que les évacuations étaient difficiles.

« L'empereur ayant désiré que l'on constatât, par un recensement exact, le nombre de nos blessés après la bataille d'Eylau et aux affaires qui l'avaient précédée, il fut fait le même jour une revue nominative dans tous ces hôpitaux : le résultat en est établi dans un des états ci-joints.

« On ouvrit des hôpitaux à Bromberg, Fordon, Schwedt, Nieubourg, Dirschau, Marienverder, Marienbourg et Elbing.

« Dans quelques-uns de ces établissements, le vin, les aliments légers étaient payés sur les fonds des hôpitaux; il en était de même pour les dépenses de propreté et de médicaments.

« Pendant cette époque, le nombre des morts fut dans la proportion de soixante-dix-neuf sur mille malades, ou de vingt-neuf sur dix mille journées. »

Troisième époque. — « Dans les premiers jours de mai, les circonstances étaient beaucoup plus favorables : la prise de Dantzig le 27 mai, et postérieurement l'occupation de Kœnigsberg, facilitaient l'arrivage des subsistances et le passage des évacuations. Elles se faisaient par le Grich-Haff, sur Elbing et Dantzig, et ensuite sur Bromberg, par Marienbourg, Meke, Marienverder, etc. L'encombrement des hôpitaux de la Pologne avait cessé en partie; on avait précédemment évacué sur Breslau environ trois mille malades; ils y trouvèrent de superbes casernes qui servirent d'hôpitaux. Le pays fournit le mobilier, les subsistances, les médicaments; on n'eut besoin que de quelques officiers de santé français pour surveiller et diriger le traitement : le plus grand nombre de ces malades sortit après guérison.

« Cependant le nombre des malades augmenta journellement jusqu'au mois de juin 1807. Il était, le 30, de vingt-sept mille trois cent soixante-seize, et on calculait, à cette époque, que le nombre des établissements en activité pouvait en recevoir plus de cinquante-sept mille; mais la prompte paix qui fut le résultat de la victoire de Friedland, obligea de resserrer la ligne des hôpitaux, pour évacuer le pays qui allait être rendu à l'ennemi.

« Tous les malades qui se trouvaient sur la rive droite de la Vistule durent être envoyés à Thorn et Bromberg avant le 31 juillet; il n'y eut d'exception, à cet égard, que pour les hôpitaux de Kœnigsberg, Elbing, Marienverder et Marienbourg.

« Au 24 juillet, il n'y avait plus que quatre cent soixante-dix malades à Kœnigsberg; jusqu'au 25 août il y eut six cent quatorze entrants, sept cent trente-quatre sortants et quarante-deux morts; ainsi, à cette dernière époque, il restait deux cent huit malades, qui furent presque tous évacués après guérison.

« Cet hôpital fut formé le 20 novembre 1807. Par suite de cette mesure d'évacuation, les hôpitaux de Thorn et de Bromberg étaient menacés d'encombrement; il fallait prévenir cet inconvénient: on passa un marché pour le transport des malades par le canal de la Netz, et on les évacua sur Custrin, Berlin, Spandau, Potsdam et Magdebourg; plus de vingt mille malades furent transportés de cette manière. Ceux qui appartenaient au 3e corps restèrent en Pologne, et ceux du 4e furent répartis dans les hôpitaux entre l'Oder et la Vistule.

« L'hôpital d'Elbing et celui de Marienbourg furent conservés. Le premier fut supprimé le 26 mars 1808, après la guérison de presque tous les malades; le dernier subsistait encore et devait être évacué.

« Pendant cette époque, le nombre des morts fut dans la proportion de quatre-vingt-quinze sur mille malades, ou de trente-cinq sur dix mille journées. »

« *Quatrième époque.*—Au mois de décembre 1807, les évacuations étaient finies; les malades ne sortaient des hôpitaux qu'après guérison, pour rejoindre leurs corps. La ligne d'établissement s'étendait depuis Elbing jusqu'à Mayence, et embrassait la Pologne, la Silésie, la Saxe, la Poméranie, la Westphalie, le Hanovre et les villes anséatiques. Chaque établissement recevait les malades des corps cantonnés aux environs, en sorte que les hommes guéris n'avaient qu'un court trajet à faire pour rejoindre leurs régiments. Dès le mois de septembre 1807, les officiers de santé français avaient remplacé les officiers de santé du pays, que le besoin du moment avait forcé de mettre en activité.

« Les hôpitaux avaient des fournitures et des effets en quantité suffisante; les comptes et les registres de l'état civil étaient tenus avec autant de soin que dans l'intérieur. Le pays faisait presque tous les frais, comme par le passé; les officiers de santé, les employés et les servants français étaient seuls payés par la caisse des hôpitaux. Il n'y avait eu d'exception, à cet égard, que pour les hôpitaux de Leipzig, de Weisserfels en Saxe : on avait passé un marché à la journée, à raison de 1 fr. 50 pour l'un, et de 1 fr. 60 pour l'autre. Enfin, dans plusieurs établissements, et notamment dans ceux de la Pologne, on acheta le pain blanc, les aliments légers, et quelques objets de pansement et de médicaments; cette objection avait cessé entièrement lorsqu'on avait eu connaissance de la décision de l'empereur, du 31 octobre 1807, qui laissait les dépenses quelconques des hôpitaux à la charge du pays où ils étaient établis.

« Depuis cette époque, le service dans toute l'étendue de l'armée a été à la charge des villes.

« Ce principe a éprouvé depuis une autre modification, relativement au duché de Varsovie ; l'empereur, d'après une convention conclue avec la cour de Saxe, ordonna que toutes les dépenses de l'armée en Pologne seraient acquittées par la caisse française, et même remboursées à partir du 17 septembre 1807. Les paiements devaient se faire en bons de Saxe, et le remboursement était l'objet d'une liquidation, dont l'ordonnateur en chef du 3e corps eut la direction.

« Une somme de 575,000 francs, en bons de Saxe, fut mise à la disposition de cet ordonnateur pour assurer le service des hôpitaux de la Pologne ; mais on ne trouvait point d'entrepreneurs pour les hôpitaux, ce qui laissait beaucoup d'inquiétudes pour l'avenir ; ces incertitudes cessèrent, le ministre de l'intérieur du duché de Varsovie consentit à un accommodement, au moyen duquel la journée de soldat revint à 2 fr. 30 cent. et celle d'officier à 3 francs, payables en bons, ou susceptibles de compensation avec la valeur des magasins réunis à la Pologne. Ces prix étaient très-élevés, mais le 3e corps ayant quitté la Pologne, il n'y eut pas beaucoup de malades dans les hôpitaux du duché.

« Vers le commencement du printemps de 1808, le nombre des malades augmenta beaucoup, et plusieurs points furent menacés d'encombrement : on ouvrit quelques nouveaux établissements, on donna de l'extension à ceux qui existaient déjà, et toute inquiétude fut bientôt dissipée à cet égard.

« Cependant, il y avait dans les hôpitaux un grand nombre de militaires que leurs infirmités ou leurs blessures rendaient incapables de servir ; ils couraient risque d'y contracter de nouvelles maladies.

« Ce fut l'objet d'un rapport à son altesse le prince vice-connétable, qui autorisa le renvoi de ces invalides en France, après leur avoir fait subir deux inspections : la première, dans l'hôpital où ils se trouvaient ; la dernière, qui était définitive, dans trois villes centrales, Berlin, Hanovre et Francfort-sur-le-Mein. Cette inspection eut pour résultat de débarrasser l'armée de quelques centaines de bouches inutiles.

« Trois cent quatre-vingt-seize militaires furent visités à Berlin, et trente-neuf à Hanovre ; sur ce nombre, soixante-quatorze furent réformés définitivement, et deux cent soixante-un furent envoyés en convalescence aux dépôts de leurs corps. On n'a pas eu de renseignements exacts sur l'inspection qui devait avoir lieu à Francfort, parce que M. le maréchal duc de Valmy l'a fait faire à Mayence, et que les résultats en ont été adressés directement au ministre de la guerre. Elle a dû être moindre que celle du Hanovre.

« La position stationnaire de l'armée fit penser qu'on pourrait profiter de la belle saison pour établir des hôpitaux près les eaux minérales. Warbruun, en Silésie, et Rehbourg, dans le Hanovre, furent désignées par le premier médecin comme les points les plus convenables. Malheureusement les corps d'armée ne purent envoyer leurs malades aussi promptement qu'il eût été à désirer, et l'étendue de chaque établissement ne permettait pas de les traiter tous à la fois. Les malades durent être admis successivement ; plus de cinq cents militaires, soldats et officiers, ont pris les eaux, et le sixième de ce nombre en a ressenti les effets salutaires. Les corps qui ont envoyé des malades aux eaux sont le 3ᵉ et le 4ᵉ, et la division de grenadiers. Les 5ᵉ et 6ᵉ ont fourni principalement des officiers. Celui du prince de Ponte-Corvo n'a envoyé qu'une trentaine d'hommes, parce que les événements survenus en Danemarck ne lui ont pas permis d'en envoyer un plus grand nombre. Les hôpitaux d'eaux minérales ont été formés le 1ᵉʳ octobre.

« Au mois de juin 1808 les ambulances de tous les corps d'armée se trouvaient approvisionnés au grand complet ; mais l'empereur ayant décidé qu'il serait attaché à chaque régiment d'infanterie et de cavalerie de la grande armée, un caisson d'ambulance, muni d'objets de premiers secours, des mesures furent prises pour l'exécution de cette décision.

« Les régiments qui n'avaient pas de caissons reçurent des fonds pour en faire construire sur le modèle adopté par le ministre directeur de l'administration de la guerre, et on demanda en France le linge à pansement, la charpie et les caisses de chirurgie qui devaient servir à l'approvisionnement de ces caissons. Soixante assortiments de ce genre furent envoyés et distribués aux 1ᵉʳ, 5ᵉ et 6ᵉ corps, à la division des grenadiers, et à vingt-deux régiments de la réserve de cavalerie.

« Cinquante-six nouveaux assortiments envoyés de France sont encore arrivés à Berlin, et sont destinés aux différents régiments de l'armée du Rhin et des villes anséatiques.

« On n'a point acheté ces objets dans ces pays, parce qu'ils auraient coûté beaucoup plus ; et d'ailleurs la qualité en est bien meilleure en France. Cette observation est surtout applicable au linge à pansement et aux caisses de chirurgie.

« Pendant tout le cours de 1808 on a travaillé à faire blanchir et réparer les effets du magasin général et ceux qui ont été versés des autres établissements de l'armée, et on a cherché à compléter l'approvisionnement de charpie et de linge dans le cas où l'armée devrait entrer en campagne. Quatre mille livres de charpie, douze mille aunes de toile blanche ont été achetées à Berlin ; deux mille matelas ont été confectionnés avec des laines qui existaient en magasin ; le linge hors de service a été converti en bandes et compresses. On a fait quarante caisses de linge préparé, et autant de caisses de premiers secours pour la pharmacie. Enfin on s'est procuré six mille paires de draps à une place. Cette dernière fourniture complétait un approvisionnement indispensable pour la guerre, et elle était avantageuse dans tous les cas par la modicité du prix d'achat. La paire de draps revenait à 16 francs 70 centimes, pendant qu'elle était estimée 20 francs en France, malgré la différence de qualité dans la toile.

« Tous ces objets furent emballés, et le magasin fut prêt à suivre le mouvement de l'armée.

« On donna des ordres pour faire expédier sur le magasin général tous les objets appartenant à l'administration française dans les hôpitaux, à mesure que ces objets devenaient disponibles par la diminution du nombre des malades ; et on calcula approximativement que ces objets, une fois réunis, formeraient environ vingt-quatre mille demi-fournitures.

« Le magasin général des médicaments était approvisionné pour assurer le service de l'armée pendant deux mois. Dans le courant de mars l'empereur donna l'ordre d'y verser le quinquina saisi par les douanes à Hambourg. Il y en avait trois mille quatre cent vingt livres, suivant le procès-verbal de réception dressé à Berlin le 9 avril. Malgré cette précieuse ressource, on ne s'écarta point du système d'économie qu'on avait suivi jusqu'alors. Afin de ménager les ressources du pays, on fit des essais pour le remplacement du quinquina par des amers ou l'écorce du maronnier; mais les épreuves n'ayant point été assez multipliées, il n'a pas été possible d'apprécier bien au juste l'efficacité des médicaments qu'on essayait.

« Les travaux du matériel n'ont pas fait négliger les autres parties du service. Les registres de l'état civil ont été tenus avec une régularité qui ne laissait rien à désirer. Les feuilles d'appel des militaires décédés dans les hôpitaux de l'armée ont été dressées afin de faciliter les moyens de satisfaire aux demandes des familles; enfin, on a suivi ponctuellement les dispositions arrêtées par le ministre directeur de l'administration de la guerre, pour la destination à donner aux effets laissés par des morts. On s'est assuré chaque mois de l'exécution précise de ces dispotions dans tout l'arrondissement de l'armée.

« Pendant cette époque, le nombre des morts a été dans la proportion de trente-cinq sur mille malades, ou de treize sur dix mille journées. »

Qu'on juge d'après ces détails, qu'on aura sans doute trouvés bien longs, si l'empereur était un homme à cœur dur qui livrait bataille pour le plaisir de la livrer, et pour qui les souffrances de ses soldats n'étaient rien. Qu'on nous cite un souverain qui ait gémi davantage du prix auquel s'achète la gloire, et qui ait fait preuve d'une sollicitude plus paternelle pour les blessés? Mais il est un fait que personne ne contestera, c'est l'enthousiasme et le dévouement que les soldats avaient alors pour sa personne; c'est, en ce moment encore, le respect religieux qu'ils ont tous gardé pour sa glorieuse mémoire. Ils disent que ce n'est pas lui qui causait leurs maux, et que c'était à lui seul qu'ils devaient les consolations et les bienfaits.

Entrevue de Tilsitt (1807).

A Tilsitt, il y eut un parlementage entre notre avant-garde et l'arrière-garde russe. Un officier de celle-ci fut envoyé avec une lettre à l'adresse du général en chef de l'armée française, pour proposer un armistice. On sut que l'empereur de Russie était de l'autre côté du Niémen, dans un village très-peu éloigné. L'empereur ne voulait pas être trompé, comme cela était déjà arrivé; il voulait bien faire la paix; mais, si elle ne devait pas se conclure, il ne voulait point d'un armistice qui n'aurait été qu'à son désavantage. Pour éviter toutes ces observations, que l'on rend moins dans une lettre que dans une conversation, il envoya le maréchal Duroc porter sa réponse. Ce maréchal fut reçu par le prince Labanow (1), qui était arrivé depuis peu avec quelques milliers de Baskirs, de Kalmouks et de Cosaques, le tout formant à peu près dix mille hommes. Cela ne produisit pas d'autre effet sur nous que de nous persuader que c'était le *nec plus ultrà* des efforts de la puissance russe dans cette campagne, d'autant plus que c'était la première fois qu'elle avait recours à l'emploi des peuplades asiatiques.

Le prince Labanow, qui n'avait pas de pouvoir pour traiter l'objet de la mission du maréchal Duroc, en référa à l'empereur de Russie, qui était très-près et commandait son armée ; il proposa au maréchal Duroc de le voir. Celui-ci répondit que si l'empereur de Russie témoignait le désir d'avoir des explications sur l'obje de sa mission ou de l'entendre de lui, il ne faisait non-seulement aucune difficulté de se rendre près de lui, mais qu'il saisissait avec empressement cette occasion de lui rendre ses hommages. Cette disposition du maréchal Duroc satisfit tant le prince Labanow, qu'il l'eut bientôt amené chez l'empereur de Russie.

Peut-être le maréchal Duroc n'avait-il pas commission de proposer une entrevue ; mais il avait au moins l'ordre de ne pas la refuser, si on la désirait ; c'est-à-dire de se borner à répondre que cela n'avait pas été prévu lorsqu'il avait été dépêché, mais que si c'était l'intention de l'empereur Alexandre, il allait retourner en faire part à l'empereur et lui rapporterait sa réponse. On le croirait d'autant mieux que le maréchal Duroc est revenu à Tilsitt, et est retourné une seconde fois près de l'empereur de Russie, et que c'est à la suite de cette seconde mission que l'on a tout préparé à Tilsitt pour cette célèbre entrevue. Ce qui nous confirme dans cette opinion, c'est que M. de Talleyrand, qui venait d'arriver à Kœnisberg, avait entre les mains la lettre par laquelle l'empereur lui ordonnait de venir à Tilsitt, et dans laquelle il y avait cette phrase : « On me demande une « entrevue : je ne m'en soucie que médiocrement; cependant je l'ai acceptée; « mais si la paix n'est pas faite dans quinze jours, je passe le Niémen. »

Savary reçut en même temps l'ordre de disposer l'équipage de pont qu'il avait trouvé dans l'arsenal, de manière à pouvoir l'expédier au premier mot. Il fit part de cette circonstance à M. de Talleyrand. « Ne vous pressez pas, lui répondit ce ministre; à quoi bon pousser au delà du Niémen ? qu'aller chercher derrière ce fleuve ? Il faut que l'empereur abandonne ses idées sur la Pologne ; cette nation n'est propre à rien, on ne peut organiser que le désordre avec elle. Nous avons un autre compte bien autrement important à régler. Voici une occasion honorable d'en finir avec ceux-ci, il ne faut pas la laisser échapper. » M. de Talleyrand partit le même jour pour Tilsitt, après, toutefois, avoir envoyé un courrier à Constantinople pour prévenir le général Sébastiani de ce qui allait probablement se faire.

L'entrevue eut effectivement lieu, le lendemain ou le surlendemain du second retour du maréchal Duroc. L'empereur, qui était gracieux dans tout ce qu'il fai-

(1) Il est appelé en Russie Labanow Rostoski.

sait, avait fait établir, au milieu de la rivière, un large radeau, sur lequel était construit un grand salon bien décoré et bien couvert, avec deux portes opposées, précédées chacune d'une petite salle d'attente; on n'aurait rien fait de mieux avec les ouvriers de Paris. La toiture était surmontée de deux girouettes, l'une à l'aigle de Russie, l'autre à l'aigle de France; les deux portes d'entrée étaient également surmontées des mêmes armes.

Le radeau fut placé au plus juste milieu du fleuve, présentant les deux portes d'entrée du salon aux deux rives opposées.

Les deux empereurs arrivèrent en même temps sur les deux rives, et s'embarquèrent au même moment; mais l'empereur Napoléon ayant un canot bien armé, monté par des marins de la garde, arriva le premier dans le salon, et alla à la porte opposée, qu'il ouvrit; il se plaça sur le bord du radeau pour recevoir l'empereur Alexandre, qui avait encore un peu de trajet à faire, n'ayant pas eu d'aussi bons rameurs que l'empereur Napoléon.

L'accueil qu'ils se firent fut amical, au moins il en eut l'air; ils restèrent assez longtemps ensemble, et se quittèrent avec le même extérieur que l'on avait remarqué lorsqu'ils s'étaient abordés.

Le lendemain, l'empereur de Russie vint s'établir à Tilsitt, avec un bataillon de sa garde; on avait eu soin de faire évacuer la portion de la ville où il devait loger, ainsi que le bataillon; et quoique l'on fût très à l'étroit, on ne pensa jamais à se donner du large en s'étendant dans la partie destinée aux Russes.

Le jour de l'entrée de l'empereur Alexandre à Tilsitt, toute l'armée prit les armes; la garde impériale borda la haie sur trois rangs, depuis l'embarcadère jusqu'au logement de l'empereur, et jusqu'à celui de l'empereur de Russie; l'artillerie le salua de cent un coups de canon, au moment où il mit pied à terre à l'endroit où l'empereur Napoléon l'attendait pour le recevoir; il avait poussé la recherche jusqu'à envoyer de chez lui tout ce qui devait meubler la chambre à coucher de l'empereur Alexandre (1); le lit était un lit de campagne de l'empereur; il l'offrit à l'empereur Alexandre, qui parut accepter ce cadeau avec plaisir.

Cette réunion, la première de ce genre et de cette importance dont l'histoire nous ait transmis le souvenir, attira à Tilsitt une foule de curieux de cent lieues à la ronde; M. de Talleyrand était arrivé, et l'on commença à parler d'affaires après les compliments d'usage.

Le ministre des affaires étrangères de Russie était M. de Budberg, homme absolument incapable de négocier avec M. de Talleyrand : aussi les questions se décidaient-elles par les deux souverains.

Ces conférences impériales durèrent une quinzaine de jours; on parlait d'affaires le matin, on dînait ensemble, et pour passer le reste de la journée on faisait manœuvrer quelques-unes des troupes des corps d'armée qui étaient aux environs.

L'empereur de Russie avait plus à traiter pour la Prusse que pour lui. L'empereur Napoléon avait plusieurs intérêts; d'abord la Pologne, c'est-à-dire la partie qu'il occupait, et à laquelle il avait fait prendre les armes, puis la Turquie, à laquelle il avait fait déclarer la guerre aux Russes.

(1) L'attention alla jusqu'à des cuisiniers, domestiques et autres détails de ce genre.

La Suède avait le malheur d'être gouvernée par un prince qui avait pris conseil de la haine, et qui ne voulait pas comprendre que lorsque la France se battait avec la Russie, cela devait tourner au profit de la Suède comme de la Pologne et de la Turquie ; il était en guerre contre nous, et, quoi qu'on ait tenté, on ne put faire changer la politique de ce prince, qui, dans cette occasion, montra moins de sens que les Turcs.

Ces derniers avaient été malheureux dans leur guerre ; après s'être réveillés lentement d'un long assoupissement, ils entrèrent en campagne comme ils avaient coutume de le faire ; mais l'Europe était changée, et leurs antagonistes, déjà redoutables pour eux dans leurs guerres précédentes, avaient plus qu'eux suivi les progrès des lumières ; la Porte vit trop tard qu'il lui fallait faire des efforts extraordinaires ; elle s'y détermina, et au moment de les employer, il éclata dans ce pays une révolution de sérail qui les neutralisa : le sultan fut déposé et retenu prisonnier par un de ses propres neveux, qui s'était assuré des moyens de faire réussir sa coupable entreprise.

A Tilsitt la Prusse rendit tout ce qu'elle avait acquis depuis l'avénement de Frédéric II au trône, excepté la Silésie ; mais elle perdit Magdebourg.

La Hesse, le duché de Brunswick, avec quelques autres territoires, formèrent le royaume de Westphalie, que l'empereur de Russie reconnut.

La portion de la Pologne qui était échue à la Prusse, dans les divers partages, fut érigée en grand-duché de Varsovie (1), et placée sous la domination de la Saxe.

L'empereur de Russie reconnut aussi la possession du Hanovre par la France ; il lui rendit Corfou. En général, il fut d'accord avec l'empereur Napoléon, non-seulement sur les changements qui étaient la conséquence du traité patent, mais encore sur d'autres changements que l'empereur méditait et dont il avait conféré avec lui.

Comme la Russie était encore en guerre avec la Porte, il ne fut stipulé autre chose sinon que nous emploierions nos bons offices pour déterminer la Porte à faire la paix ; et il est probable que nous avions consenti à la cession des provinces occupées par les Russes au moment de l'ouverture des négociations ; bien entendu que, dans le cas où les Turcs se refuseraient à traiter, notre intervention cesserait sur-le-champ, c'est ce qui arriva ; ils furent indignés d'être abandonnés dans une querelle dont ils ne s'étaient mêlés que par respect pour leur alliance avec nous, et tout en expliquant comment nous fûmes obligés de les abandonner, il est juste d'ajouter que le nouveau sultan avait cherché à nous devancer en faisant la paix avec l'Angleterre, qui ensuite la lui aurait fait faire avec les Russes. Dès ce moment, il fallut renoncer plus que jamais à rien obtenir de la Turquie, et notre ambassadeur, après avoir joui à Constantinople de la plus haute estime et de la plus grande faveur, ne fut tranquille que lorsqu'il eut obtenu son rappel.

(1) L'empereur rendit la liberté aux paysans et abolit le servage dans le duché de Varsovie ; ce bienfait date de l'entrée de l'empereur dans ce pays.

Les choses réglées à Tilsitt, les deux souverains se quittèrent paraissant s'estimer et s'aimer beaucoup; l'empereur Napoléon accompagna l'empereur de Russie jusque sur la rive gauche du Niémen, où la garde russe était en bataille; c'est là qu'en s'embrassant l'empereur Napoléon détacha sa croix de la Légion-d'Honneur et l'attacha à la boutonnière du grenadier qui était à la droite du premier rang de la garde russe, en disant : « Tu te souviendras que c'est le jour où nous « sommes devenus amis, ton maître et moi. »

Prise de Madrid par Napoléon (1808).

Les grands d'Espagne qui, après être venus à Bayonne, y avoir reconnu le roi Joseph et lui avoir prêté serment de fidélité, l'avaient trahi, étaient pour la plupart restés à Madrid et voulurent de nouveau s'arranger avec lui, mais il ne voulut pas les recevoir; tous furent arrêtés comme traîtres et envoyés en France, où ils furent détenus fort longtemps. Un d'entre eux, M. le duc de Saint-Simon, manqua de perdre la vie, parce qu'étant dans le même cas que les autres il avait été pris les armes à la main, commandant une troupe d'insurgés : il aurait été infailliblement victime de la sévérité des lois militaires, si l'empereur ne se fût laissé toucher par les larmes de sa famille et ne lui eût fait grâce.

On en usa envers les chefs de l'insurrection espagnole à peu près comme ils en avaient agi envers le général Dupont, qu'ils dépouillèrent après lui avoir accordé une capitulation. On s'empara donc de tout ce qu'ils possédaient et on ne les ménagea en rien, comme on agit avec des hommes qui n'ont point de foi.

Il n'est pas indifférent que l'on sache ici qu'en faisant la visite du cabinet du duc de l'Infantado l'on trouva la correspondance de la reine de Naples et du prince royal de ce pays avec le prince des Asturies, qui, comme l'on sait, avait épousé une fille de la reine de Naples.

La plupart de ces lettres avaient été écrites dans le temps que les Français s'emparaient du royaume de Naples, à la suite de l'ouverture du port aux troupes russes et anglaises en 1805. On y voyait que dans ses lettres, auxquelles celles-ci faisaient réponse, le prince des Asturies avait témoigné à sa belle-mère une grande impatience de régner pour contribuer à la venger.

Il est inconcevable que M. de l'Infantado n'eût pas pris plus de soin de cacher des lettres de cette importance. Elles furent trouvées sur la table de son cabinet dans deux vieilles boîtes où il y avait eu auparavant des cigares de la Havane.

L'empereur resta à Chamartin jusque vers la fin de décembre; il cherchait partout des nouvelles de l'armée anglaise et était persuadé, en venant à Madrid, qu'il la trouverait. Il le supposait parce qu'il la considérait comme la principale force de l'insurrection, et qu'ainsi elle n'aurait pas été loin de Madrid, afin de pouvoir l'animer d'une part, et de se retirer sur Cadix si elle y était forcée. Mais tel était le silence des Espagnols à notre égard, et la fatale insouciance de ceux qui dirigeaient notre cavalerie, que, pendant que l'empereur envoyait des troupes à cheval de Burgos sur Valladolid pour avoir des nouvelles, l'armée anglaise était tout entière sur le Douro, occupant Zamora et Toro sur cette rivière, et ayant son quartier général à Salamanque.

L'empereur était livré à son impatience à Chamartin, lorsque le général qui commandait à Valladolid lui envoya trois Français qui avaient été faits prisonniers avec le corps du général Dupont et que la misère avait forcés à prendre du service dans les corps francs que faisait lever l'Angleterre. Ils avaient déserté aussitôt qu'ils avaient su les Français arrivés à Valladolid, et venaient donner avis que toute l'armée anglaise était à Salamanque ayant son avant-garde à Zamora ; qu'ils l'y avaient laissée le 10 ou le 11 du mois, et qu'elle ne songeait pas encore à se retirer, parce que les bâtiments de transport n'étaient pas arrivés. Ces soldats parlaient si clairement de tout ce qu'ils avaient vu que l'empereur ajouta foi à leur rapport : il les fit récompenser ; mais il prit de l'humeur de n'avoir appris ces détails que par le zèle de ces trois soldats, tandis qu'il avait dans les environs de Valladolid plus de dix régiments de cavalerie qui ne lui donnaient aucune nouvelle.

Napoléon en Espagne (1808).

Pendant que l'empereur était à Valladolid, il apprit du ministre de la guerre l'arrivée à Toulon des généraux Dupont et Marescot, les mêmes qui avaient signé la capitulation de Baylen. Cela lui échauffa de nouveau la bile, et il donna des ordres sévères à leur égard.

Le général Legendre, qui était le chef d'état-major de ce corps d'armée, était revenu en France quelque temps auparavant, et n'avait pas craint de venir trouver l'empereur à Valladolid. L'empereur le reçut à une parade, et ne voulut pas le voir avant ce jour ; c'était le 17e régiment d'infanterie qui était passé en revue ce jour-là. Il y avait trente généraux et plus de trois cents officiers présents, lorsque l'empereur fit approcher le général Legendre ; il le traita sévèrement, et lui dit, entre autres choses : « Vous étiez un des colonels de l'armée que j'estimais le « plus, et vous vous êtes rendu un des instruments de cette honteuse transaction « de Baylen ! Comment, vous, ancien soldat de l'armée d'Italie ! votre main n'a-t-« elle pas séché avant de signer une pareille iniquité ? et, pour couronner « l'œuvre, vous vous rendez l'organe d'une fourberie pour abuser votre camarade « Videl qui était hors d'affaire, et le forcer à subir le déshonneur imposé à ses « troupes, sans lui dire pourquoi vous veniez le chercher ! »

Le général Legendre s'excusait du moins mal qu'il pouvait : il disait qu'il n'avait rien pris sur lui ; qu'il n'avait fait qu'exécuter les ordres du général en chef. L'empereur eut l'air de se laisser persuader, mais sans être dupe; il se fâchait d'autant plus fort qu'il y avait un grand nombre d'officiers de tous grades qui l'écoutaient, et qui pouvaient d'un jour à l'autre se trouver dans la même position où s'étaient trouvées les troupes du général Dupont. Il ne punit pas le général Legendre, parce que tel était l'empereur : quand un homme lui était connu par plusieurs actions de courage, une faute ne le perdait pas dans son esprit, surtout lorsque cet homme n'était, à proprement parler, qu'un être obéissant. Un autre individu qui aurait eu pour lui plus d'actions de courage que le premier, mais qui, n'agissant qu'avec méditation et réflexion, aurait commis une faute semblable, il la lui aurait comptée en raison des moyens que son jugement, son éducation et sa position lui fournissaient pour l'éviter, en sorte que dans une circonstance pareille, commune à deux hommes différents, l'un était traité avec indulgence et l'autre perdu sans retour dans son esprit, c'est-à-dire que, sans le priver de ce que ses services lui avaient acquis, il ne fallait plus rien demander pour lui.

C'est aussi à Valladolid que l'empereur reçut une députation considérable de la ville de Madrid. Elle venait lui demander de permettre que le roi Joseph entrât à Madrid; il était toujours resté au Prado, parce que l'empereur voulait voir comment les affaires d'Espagne se dessineraient avant de faire entrer le roi dans une capitale d'où il aurait pu être dans le cas de sortir une seconde fois.

L'empereur demanda à la députation « si c'était une démarche libre et exempte « de toute insinuation qu'elle faisait en ce moment, et ajouta que, si cette mission « n'était pas la suite d'un mouvement sincère de leur part, elle ne pouvait lui être « agréable, et qu'il leur rendait leur liberté. »

Il aurait fallu les voir se prosterner et jurer qu'ils étaient venus d'eux-mêmes, après s'être réunis entre eux à Madrid, avec l'approbation du roi, dont ils avaient l'autorisation, pour venir près de l'empereur exprimer leurs vœux.

L'empereur leur répondit : « Si c'est ainsi, votre démarche m'est agréable, et je « vais m'expliquer avec vous.

« Si vous désirez avoir le roi parmi vous pour l'aider à éclairer vos compatriotes « et à éviter une guerre civile, pour le servir comme de bons Espagnols et ne pas « faire comme ceux qui, après lui avoir prêté serment de fidélité à Bayonne, l'ont « abandonné à la plus légère apparence d'un danger, je consens à ce qu'il aille « demeurer avec vous; mais alors, messieurs, vous m'en répondez tous person- « nellement.

« Si, au contraire, vous ne demandez le roi que comme un moyen de vous « soustraire aux charges inséparables de la présence d'une aussi grande armée, « je veux vous désabuser. Tout ce que vous souffrez me fait d'autant plus de mal, « que je voulais l'éviter en faisant par vous-mêmes les changements que je suis « obligé d'appuyer par les armes. La présence du roi à Madrid ne changera rien « à cette position-là, à moins que vous ne vous hâtiez de lui rallier tous les hommes « sensés de votre patrie, lesquels, une fois qu'ils se seront prononcés, produiront « bientôt un grand changement et amèneront le calme, sans lequel il ne sera pas » possible de rétablir l'ordre dans vos cités, en proie aux agitations et aux troubles.

« Réfléchissez-y bien, et ne vous exposez pas à quelques résultats fâcheux, si « vous n'avez pas la ferme résolution de le servir. »

Tous protestèrent de leurs sentiments, et furent étonnés de la franchise du discours de l'empereur. Ils le supplièrent de croire à la sincérité avec laquelle ils serviraient le roi, ajoutant que jamais ils ne prendraient aucune part directe ni indirecte aux agitations politiques dont le pays était affligé ; enfin ils renouvelèrent leurs instances pour avoir le roi.

L'empereur leur répondit qu'il se fiait à leur parole ; qu'ils pouvaient s'en retourner et voir le roi au Prado ; qu'il allait lui écrire et lui faire connaître qu'il ne mettait plus aucun obstacle à son entrée à Madrid. Elle eut effectivement lieu, et l'administration espagnole se mit en devoir de s'établir et de faire respecter son autorité.

Dispositions hostiles de l'Autriche (janvier 1809).

On ne tarda pas à voir l'aigreur se manifester dans nos relations avec l'Autriche ; cette puissance fit paraître (dans le courant de février ou vers la fin de ce mois) une sorte de manifeste dans lequel elle déclarait que, dans le but d'assurer son indépendance, elle allait prendre des mesures propres à la mettre à l'abri de toutes les entreprises qui pourraient être formées contre elle.

Cette déclaration de l'Autriche venait de paraître depuis très-peu de temps, lorsqu'arriva un des jours d'étiquette ou l'empereur était dans la coutume de recevoir le corps diplomatique.

Toutes les personnes qui le composaient avaient l'habitude de se former en cercle dans la salle du trône, dans laquelle elles entraient selon leur date de résidence à Paris (usage adopté entre les envoyés des grandes puissances), et l'empereur commençait par sa droite à en faire le tour, en causant successivement avec chacun des ambassadeurs, ministres, envoyés, etc. Ce jour-là, en arrivant à M. de Metternich, il s'arrêta, et comme l'on s'attendait à quelque scène, d'après la connaissance que tout le monde avait de la déclaration du gouvernement autrichien, il régna un silence profond lorsqu'on vit l'empereur en face de M. de Metternich. Après le compliment d'usage, il lui dit : « Eh bien ! voilà du nouveau à Vienne ; « qu'est-ce que cela signifie ? est-on piqué de la tarentule ? Qui est-ce qui vous me- « nace ? à qui en voulez-vous ? voulez-vous encore mettre le monde en combus- » tion ? Comment ! lorsque j'avais mon armée en Allemagne, vous ne trouviez pas « votre existence menacée, et c'est à présent, qu'elle est en Espagne, que vous « la trouvez compromise ! Voilà un étrange raisonnement. Que va-t-il résulter de « cela ? c'est que je vais armer, puisque vous armez ; car enfin je dois craindre, « et je suis payé pour être prudent. »

M. de Metternich protestait que sa cour n'avait aucun projet semblable ; que ce n'étaient que des précautions que l'on prenait dans une circonstance où la situation de l'Europe paraissait le commander, mais que cela ne couvrait aucun autre projet.

L'empereur répliqua : « Mais où avez-vous pris ces inquiétudus? Si c'est vous, « monsieur, qui les avez communiquées à votre cour, parlez, je vais vous donner « moi-même toutes les explications dont vous aurez besoin pour la rassurer. Vous « voyez qu'en voulant porter votre cour à affermir sa sécurité, vous avez troublé « la mienne, et en même temps celle de beaucoup d'autres. »

M. de Metternich se défendait et il lui tardait de voir rompre cet entretien, lorsque l'empereur lui dit : « Monsieur, j'ai toujours été dupe dans toutes mes « transactions avec votre cour; il faut parler net, elle fait trop de bruit pour la « continuation de la paix et trop peu pour la guerre. »

Il passa ensuite à un autre ambassadeur, et acheva ainsi l'audience, à la suite de laquelle il y eut assurément plus d'un courrier expédié. Celui de M. de Metternich à sa cour fut sans doute pressant, car l'Autriche rassemblait déjà ses armées, tandis que l'empereur n'avait pas encore les premiers éléments de la sienne à sa disposition. On appela sur-le-champ une conscription, on l'habilla à la hâte et on la fit partir en voiture. La garde, qui était encore à Burgos en Espagne, eut ordre de se rendre en Allemagne.

Jamais l'empereur n'avait été pris si fort au dépourvu. Il ne revenait pas de cette guerre; il disait : « Il faut qu'il y ait quelques projets que je n'aperçois pas, « car il y a de la folie à me faire la guerre. Ils me croient mort, nous allons voir « comment cela ira cette fois-ci. Et puis ils diront que c'est moi qui ne puis res- « ter en repos; que j'ai de l'ambition, lorsque ce sont leurs bêtises qui me forcent « d'en avoir. Au reste, il n'est pas possible qu'ils aient songé à me faire la guerre « seuls; j'attends un courrier de Russie : si les choses y vont comme j'ai lieu de « l'espérer, je la leur donnerai belle. »

Ce courrier attendu de Russie ne tarda pas à arriver; il apportait la réponse aux dépêches, dont l'officier d'ordonnance qui avait été expédié de Valladolid était chargé. Alexandre renouvelait l'assurance de ses sentiments, apprenait succinctement à l'empereur Napoléon ce qui avait eu lieu entre lui et l'Autriche au sujet des projets de cette dernière puissance. Notre ambassadeur, M. de Caulaincourt, écrivait d'une manière plus positive encore. Il racontait que l'Autriche avait envoyé M. le prince de Schwartzenberg à Saint-Pétersbourg pour solliciter une alliance et faire entrer la Russie dans un nouveau projet de guerre contre la France, mais que l'empereur Alexandre avait rejeté toutes ces propositions, et se montrait ferme dans la résolution qu'il avait prise de rester dans les sentiments qu'il avait manifestés à l'empereur Napoléon. Bien plus, il déclarait qu'il ne resterait pas indifférent à l'agression à laquelle son allié pourrait être exposé par suite du refus qu'il exprimait à l'ambassadeur d'Autriche. M. de Caulaincourt était fort rassurant : ce qu'il voyait, comme ce qu'on lui disait, lui inspirait une sécurité parfaite; mais on sut plus tard combien tout cela était peu sincère.

Dispositions de la Russie envers la France et l'Autriche (1809).

« L'empereur Napoléon, tranquillisé (par les conventions d'Erfurth) sur les affaires d'Allemagne, fit passer de puissants renforts à son armée d'Espagne, et se rendit lui-même dans la Péninsule pour diriger les opérations dans une campagne brillante et qui semblait décisive ; il dispersa les armées espagnoles, réoccupa Madrid, et obligea une armée anglaise qui s'était avancée jusqu'à Toro à se rembarquer à la Corogne. Ces succès faisaient prévoir la conquête prochaine de toute la Péninsule; mais l'activité que l'Autriche continuait à mettre dans ses armements obligea l'empereur des Français à quitter l'Espagne pour retourner en toute hâte à Paris.

« Les sacrifices que le traité de Presbourg avait arrachés à l'Autriche étaient trop grands pour que le cabinet de Vienne pût se résigner à les supporter avec patience ; mais la désorganisation de ses armées, suite inévitable des revers multipliés qu'elle avait essuyés, l'avait empêché jusque-là de se livrer à la réalisation des projets qu'elle nourrissait en secret. Il n'avait pas saisi l'occasion que la guerre de la France avec la Russie lui avait présentée; il jugea plus propice celle que semblaient lui offrir les événements d'Espagne et les embarras qu'ils suscitaient à Napoléon.

« Le cabinet de Vienne commença donc avec sécurité les préparatifs de la guerre. L'entrevue d'Erfurth augmenta les alarmes des ministres de l'empereur François; mais comme leurs armements n'avaient pas encore atteint le degré de maturité convenable, ils résolurent de dissimuler avec la France. Ils réussirent même à endormir l'empereur Napoléon qui, rassuré par leurs protestations, ne craignit pas de porter en Espagne la majeure partie de ses forces. Profitant de ces circonstances, l'Autriche poussa ses armements avec une vigueur qui ne laissait plus de doute sur la nature de ses projets.

« L'empereur Napoléon désirait sincèrement éviter une nouvelle guerre, qui devait faire une diversion fâcheuse à ses affaires en Espagne ; mais toutes ses démarches pour en venir à un accommodement ne furent considérées par les Autrichiens que comme un aveu de sa faiblesse, et ne servirent qu'à les fortifier dans leurs projets, en leur persuadant qu'ils prendraient la France au dépourvu.

« Le rôle que la Russie avait à jouer devenait difficile. D'un côté, il n'était pas de son intérêt de coopérer à la ruine de la seule puissance qui présentât encore une masse intermédiaire entre elle et l'empire de Napoléon. D'un autre côté, elle ne pouvait refuser d'assister la France sans violer ouvertement les engagements contractés envers elle, et dont aucune infraction de la part de Napolén n'avait affaibli la sainteté. D'ailleurs, quand même le cabinet de Saint-Pétersbourg, passant par-dessus ces considérations morales en faveur de plus hautes vues politiques, se fût décidé à soutenir l'Autriche, il n'aurait pu le faire efficacement à cause de l'éloignement de ses armées, occupées des affaires de la Suède et de la Turquie, et le faible corps qui lui restait de disponible sur les frontières de la Gallicie n'aurait fait que participer aux revers de l'Autriche sans pouvoir y remédier. »

Signature de la paix à Schœnbrun (1809).

Il arriva, avant de partir de Vienne, une aventure d'une autre espèce qui aurait pu avoir des suites désagréables, si l'empereur n'avait pas été si bien servi, que l'on y remédia sur-le-champ, sans que cela pût paraître.

Il venait de signer la paix, et avait dicté à M. de Menneval, son secrétaire intime, deux lettres, l'une pour l'empereur d'Autriche, et l'autre pour l'empereur de Russie. Il n'attendit pas qu'elles fussent copiées, et alla voir défiler la parade. M. de Menneval, les ayant achevées, les mit sur le bureau de l'empereur afin qu'il les lût et les signât à son retour (l'empereur avait l'habitude de relire ce qu'il dictait) ; il disposa aussi deux enveloppes auxquelles il mit d'avance les adresses pour avoir plus tôt expédié les lettres au retour de l'empereur, qui ne tarda pas à rentrer.

Il lut et signa les deux lettres, et, pendant que M. de Menneval ajoutait à l'une d'elles ce qu'il venait de lui ordonner, il s'amuse à ployer l'autre lui-même, à la mettre dans l'enveloppe, à la cacheter, et va lui-même la donner au général autrichien Bubna, qui était, depuis la parade, à attendre dans le salon voisin. Celui-ci était déjà parti pour le quartier général de l'empereur d'Autriche, lorsque Menneval, voulant mettre la deuxième lettre dans l'enveloppe, trouva que c'était l'enveloppe de l'empereur de Russie qui était restée, et il avait en main la lettre destinée à l'empereur d'Autriche ; en sorte que le général Bubna était parti avec la lettre destinée à l'empereur de Russie, dans l'enveloppe à l'adresse de l'empereur d'Autriche. Il n'est pas nécessaire, je crois, d'ajouter que ce n'était pas la même chose : aussi l'empereur vint-il lui-même pour faire courir après le général Bubna, que l'on joignit hors des grilles du château ; on lui dit que l'empereur désirait qu'il revînt, parce qu'il avait quelque chose à ajouter à la lettre dont il était porteur. On les remit chacune dans leur enveloppe, et cela ne se sut pas. Depuis cette anecdote, l'empereur ne se mêla plus de l'expédition de ses dépêches, et laissa ce soin à M. de Menneval, qui ne le quittait pas un seul jour.

Opinion de M. Laffitte sur le système du blocus continental, en 1811.

« Une règle infaillible pour les gouvernements pour bien juger de la marche
« des affaires et de l'état de l'opinion, disait M. Laffitte, c'est que tout ce qui est en
« opposition avec les intérêts est nécessairement en opposition avec les affections.
« L'arbitraire de l'administration tue la confiance et le crédit ; le blocus ne pro-
« duit aucun bien dans le présent, et son effet naturel est de détruire tous nos
« avantages commerciaux dans l'avenir. Le commerce est inoffensif de sa nature ;
« il est gouvernemental, puisqu'il a besoin de protection : s'il est dans l'opposi-
« tion, c'est qu'il se trouve lésé, ou qu'il manque de garanties. Ceux qui ne pros-
« pèrent qu'avec l'ordre et la tranquillité ne veulent pas de révolutions.

« Le blocus continental est, au premier abord, une grande pensée. La théorie « présente à l'esprit un résultat prompt et même admirable ; mais l'imagination « ne suffit pas dans les matières positives : ce qu'il faut voir avant tout, c'est la « possibilité de l'exécution. Quelques fabricants peuvent s'applaudir de l'essor « que cette mesure a donné à leur industrie ; mais la masse des négociants ne « peut que souffrir d'un commerce qui n'a lieu que par privilége, et les hommes « d'État n'y voient qu'un abandon fait aux Anglais du commerce de l'univers.

« Il ne faut point s'abuser par de vaines paroles ; les flagorneries peuvent « plaire à des princes vulgaires, la vérité seule convient au génie de l'empereur. « Ce qu'il faut lui dire donc, c'est que le blocus cerne le continent, et non pas « l'Angleterre ; c'est au continent seul à qui il est défendu de mettre un vaisseau « en mer.

« La question ainsi posée, qu'en résultera-t-il ? L'Angleterre perdra la totalité « des consommateurs du continent, et le monopole du reste du monde lui sera « abandonné sans partage : le continent, au contraire, se suffira à lui-même, sans « partage avec l'Angleterre, et tout échange d'ailleurs lui sera interdit avec le « reste de l'univers. Or, le continent européen vaut-il, à lui seul, toutes les autres « parties du monde ? C'est ce qu'il y aurait à examiner, si le blocus était possible ; « mais les licences qu'on accorde prouvent qu'on a à s'occuper d'une autre so- « lution.

« La France, pays manufacturier, gagnera par l'expulsion des Anglais des dif- « férents marchés de l'Europe ; c'est là pour elle la seule compensation de ce « qu'elle perdra par la cessation de tous ses autres rapports avec l'Amérique, « l'Afrique et l'Inde ; mais l'Espagne, l'Autriche, la Prusse et la Russie que « gagneront-elles ? Pour elles, tout est perte sans qu'il en résulte le moindre « avantage, et cet état forcé peut-il durer longtemps ?

« Les plaintes des sujets ne sont pas sans influence sur la conduite des gouver- « nements, quand elles sont aussi légitimes : on cède momentanément à la né- « cessité ; mais les intérêts réagissent, et bientôt ces intérêts parlent si haut, qu'il « faut enfin les écouter.

« Sous ce rapport, monseigneur, il n'y a pas une puissance qui, étant ostensi- « blement avec nous, ne soit en secret contre nous et de cœur avec l'Angleterre. « Sans se parler, elles s'entendent entre elles, et à la première occasion elles ne « manqueront pas d'éclater. La Russie surtout, la plus forte et la plus lésée, ne « doit-elle pas le faire craindre, par cela seul qu'elle ne peut pas tenir ce qu'elle « a promis ? Quant à moi, je n'en doute point ; rien ne peut remplacer pour elle « les factoreries anglaises. Les pertes sont énormes, et là elles retombent sur les « grands et non sur le peuple. Les grands disposent de la cour et de l'armée, et « un seul fait vous fera juger quelles doivent être leurs intentions. Avant le blo- « cus, le *rouble* valait 3 francs, maintenant il se maintient à peine à 20 sous.

« Cette considération du moment fait jeter un coup d'œil plus inquiet sur « l'avenir. Le nord jusqu'à présent fournissait les bois, les chanvres, tous les ob- « jets les plus essentiels à la marine ; déjà les Anglais sont conduits à les aller « chercher en Amérique, et des habitudes ainsi prises, on ne les change pas.

« Le génie lui-même, monseigneur, doit s'arrêter devant la force des choses : « les *licences* déposent contre la vérité du système ; ce qui est violent ne dure « pas. Ainsi déjà le *blocus* a été détruit par les *licences ;* les licences n'ont fait « qu'établir le privilége dans le commerce, et ce privilége ne sert qu'à assurer le « profit des Anglais. Maîtres de tous les marchés, eux seuls ont le droit d'acheter « et de vendre ; ils repoussent nos produits en nous livrant les denrées de l'Inde « et de l'Amérique : les sucres, par exemple, nous les payons six francs, et ils ne « les achètent tout au plus que huit à neuf sous !

« Ce qu'il y a d'évident, vous le voyez, c'est le bénéfice énorme de l'Angleterre. « Quelques négociants privilégiés retirent quelque profit par leur rôle intermé- « diaire ; mais ce profit, ils l'obtiennent sur le consommateur et non sur l'Angle- « terre, et ce qu'il ne faut pas oublier, c'est que le consommateur est Français.

« Ce système des licences ne peut tromper personne ; il porte atteinte à la res- « pectabilité du commerce par les fraudes et les supercheries qui lui sont indis- « pensables ; il mécontente les alliés et les nationaux en les obligeant à payer les « denrées quatre à cinq fois leur valeur.

« Nos exportations ne diminuent pas, vous le savez, le tribut énorme que l'on « paie ainsi à l'Angleterre : presque tous les objets qui les composent, ridicule- « ment exagérés dans leurs prix, ne sont chargés sur nos bâtiments que pour être « jetés à la mer. Mieux vaudrait encore les garder pour en vêtir les pauvres. « Quoi qu'il en soit, pour en finir en deux mots, le blocus et les licences se ré- « duisent à ceci : les Anglais vendent tout au continent et n'en achètent rien ; « maîtres du prix d'achat ailleurs et de la vente chez nous, ils font sans concur- « rence un double profit. La France fabrique au contraire en pure perte, puisque « ses produits se trouvent condamnés à la destruction ; elle peut gagner quelque « chose sur l'étranger par la revente des denrées, mais ces étrangers sont nos « alliés, et le blocus pèse ainsi doublement sur eux. Ils perdent sur leurs pro- « duits, qu'ils ne vendent à personne ; ils perdent sur les denrées coloniales, « qu'ils ne peuvent acheter que de nous.

« Un pareil état de choses ne saurait durer : la Prusse, l'Autriche, la Russie « voudront accorder à leur tour des licences ; les Anglais le savent, le cœur de « nos alliés est pour eux, et ils ne reculeront pas ; l'humeur et les reproches ne « tarderont pas d'éclater, le blocus ne sera plus rien, nos alliés se rapprocheront « forcément de nos ennemis, et de nouvelles guerres mettront de nouveau peut- « être notre avenir en question.

« Avec un ajournement aussi indéfini de la paix, il est bien difficile que le « pays prospère et que la confiance s'établisse. La gloire ne suffit pas à une na- « tion ; celle de l'empereur est immortelle, mais il faudrait voir au bout le bien- « être et le repos.

« Pour les hommes d'État, le blocus est donc, comme je l'ai dit, un projet gi- « gantesque, hardi, mais dont le succès est impossible. Les licences, dont l'idée « première d'échanger des objets fabriqués dont nous regorgeons contre des « matières premières dont nous manquons, étaient belles ; mais, par suite d'abus,

« elles sont devenues un honteux privilége, il n'y a que ceux qui les obtiennent « qui ont intérêt à y applaudir.

« Mais il ne faut pas s'y tromper : ce n'est pas ce mal passager du blocus qui « intimide et qui décourage. L'empereur a assez de génie et de savoir pour tout « concilier. Le mal vient peut-être d'une prévention injuste qu'on lui a suggérée « lors de ses premières campagnes. Jugeant le grand nombre par l'exception, « peut-être confond-il le financier avec le traitant, le négociant avec certains four- « nisseurs. De là sans doute s'établit l'arbitraire de l'administration ; le manque « aux promesses est opposé, par une espèce de représailles, aux actes de la « fraude, et la bonne foi, qui donne la vie à tout, n'existe nulle part.

« Un fait humiliant et qui donne la clef de plusieurs autres, c'est l'état du crédit « de la France et du crédit de l'Angleterre. La dette anglaise est de 18 à 19 mil- « liards, la nôtre n'est que de 1,200 à 1,300 millions, et cependant les Anglais « pourraient emprunter au besoin encore des sommes bien plus considérables « que celles que nous pourrions emprunter nous-mêmes et surtout à un prix in- « finiment meilleur. Pourquoi cette différence? pourquoi le crédit de l'État est-il « plus bas en France que le crédit des premiers banquiers et des pre- « miers négociants, tandis que la situation inverse est permanente en Angleterre? « Un mot suffit pour l'expliquer : pour refaire son crédit en Angleterre, il n'y a « qu'à travailler avec le gouvernement; pour perdre le sien en France, il n'y a « qu'à ne pas s'en abstenir. L'Angleterre tout entière est, pour ainsi dire, une « seule maison de commerce dont les ministres sont les gérants, les lois sont le « contrat que le pouvoir ne peut enfreindre ; ici le conseil d'État usurpe la puis- « sance des tribunaux, et j'oserais presque vous dire que rien d'utile ne se fait, « parce qu'il n'y a rien qui soit véritablement garanti. »

Un espion russe à Paris (1811).

« Depuis plus d'une année, on ne voyait revenir de Russie en France que le même officier russe, que l'on renvoyait à Paris aussitôt qu'il avait apporté une réponse de Paris à Saint-Pétersbourg. Les plaisants disaient qu'il n'y avait probablement que lui qui fût en état d'en trouver le chemin ; mais d'autres, avec plus de raison, observaient qu'il devait y avoir un motif particulier pour que ce fût toujours le même officier qui fît ce voyage. Effectivement, depuis le mois de mars 1808 jusqu'en février 1812, c'est-à dire pendant quatre ans, il a fait le voyage de Russie à Paris dix ou douze fois, ce qui équivaut au tour du monde, qu'un vaisseau met trois ans à accomplir. Vers la fin de 1810, un simple hasard me fournit la preuve que les retours aussi précipités de cet officier avaient une bien autre importance que les protestations dont les lettres qu'il portait pouvaient être pleines. Il occupait ses loisirs, entre l'arrivée et le départ, par des études qui en imposaient à tout ce qui aurait pu vouloir donner un autre but à ses missions ; mais en cherchant un maître de mathématiques, il rencontra dans celui dont il fit choix ce que l'on appelle à la police un *observateur*. Celui-ci accepta, se trouvant fort heureux d'une rencontre qui allait lui fournir de quoi moissonner.

« Au bout de quelque temps, l'officier russe chercha à connaître les moyens d'information de son répétiteur, et lui demanda s'il connaissait quelques commis aux bureaux de la guerre.

« Le maître de mathématiques répondit affirmativement, et la chose était vraie; mais avant de se livrer davantage, l'officier russe lui promit, lorsqu'il aurait la preuve qu'il accusait vrai, de lui indiquer les moyens de gagner de l'argent.

« Le maître de mathématiques me transmit la proposition; je lui dis d'accepter et de faire tout ce qu'on lui demanderait, mais d'en rendre compte auparavant.

« Il alla en conséquence voir les connaissances qu'il avait aux bureaux de la guerre, et s'y procura quelques états particuliers ou imprimés qui prouvaient qu'en effet il avait des moyens de parvenir au ministère; il m'apporta les pièces, j'y fis changer quelques chiffres, et les lui rendis pour communiquer à l'officier russe. La confiance de celui-ci fut établie. Il donna à son mathématicien une série de demandes écrites de sa main, ayant toutes pour but d'explorer les bureaux de la guerre, tant du personnel que du matériel de toutes armes.

« Il me l'apporta aussitôt; il n'y avait plus alors moyen de douter du motif de la confiance qui était accordée à cet officier russe, et du rôle qu'il devait jouer à Paris.

« J'en rendis compte à l'empereur, qui faisait difficulté de le croire, mais qui fut convaincu en voyant la série de demandes écrites de la main de cet officier russe. Il me recommanda de n'en pas parler, mais le lendemain ou jour suivant, il le fit repartir, en lui donnant une lettre pour l'empereur de Russie.

« L'empereur était loin de la pensée que le séjour près de lui d'un aide de camp de l'empereur Alexandre, et qui à ce titre avait des accès de faveur partout, était une double mission d'observateur.

« Il lui avait fourni des moyens d'autant plus faciles pour la bien remplir, qu'il était admis partout par suite des recommandations que l'empereur avait faites à toutes les maisons de la société pour qu'on lui fît beaucoup de politesses, en sorte que chacun s'empressait de répondre à une insinuation dans laquelle on entrevoyait un moyen de plaire au souverain, en faisant ce qui lui paraissait agréable.

« Je me rappelle qu'au départ de cet officier, l'empereur recommanda que l'on écrivît à son ambassadeur pour qu'il mît des obstacles à son retour. Il paraît que cela n'avait pas été fait, comme on en jugera tout à l'heure.

« C'était pendant le séjour d'automne à Fontainebleau que l'empereur prévint cet aide de camp de l'empereur de Russie, qu'il allait le renvoyer à Saint-Pétersbourg, et qu'à cette occasion il lui donna une assez longue audience dans laquelle cet officier dit fort judicieusement à l'empereur que la meilleure commission dont il pouvait être chargé pour son maître était l'assurance qu'il ne lèverait point de conscription cette année : c'est lui-même qui me l'a rapporté.

« L'aide de camp de l'empereur de Russie était à peine arrivé à Saint-Pétersbourg qu'il fut renvoyé à Paris, comme s'il n'avait été en Russie que pour changer de chevaux. Une telle opiniâtreté parut extraordinaire à tout le monde : on crut devoir observer les démarches de cet officier et mettre des entraves dans son chemin. Le bon sens seul disait qu'il n'était pas possible qu'il n'eût plusieurs rôles à jouer ; mais sa fortune voulut qu'au lieu d'être contrarié, il fût servi par ceux qui auraient naturellement dû le circonvenir.

« Il rentra à Paris au moment où on le croyait à peine arrivé en Russie; il apportait une lettre d'Alexandre pour l'empereur. C'étaient encore de nouvelles protestations de sincérité, etc., etc., toutes sortes de phrases dont on nous payait depuis près de deux ans, et qui, dans cette occasion même, étaient portées et répétées par un messager qui avait dans sa poche une instruction d'espionnage le plus monstrueusement organisé que l'on eût encore vu. Il aurait couvert l'administration française de ridicule, si elle n'était pas parvenue à le démasquer. Il datait déjà de six ans et n'avait pas cessé sous l'administration de M. Fouché. A quels sentiments devait-on ajouter foi? Était-ce à ceux exprimés dans la lettre dont l'aide de camp était porteur, ou à ceux qui avaient dicté l'instruction qu'il avai reçue, et qu'il a si bien suivie?

« Il y a des personnes qui trouvent naturel que les puissances fassent servir leurs relations à des observations prises d'un peu haut. Pour celles qu'elles obtiennent par le moyen des envoyés diplomatiques, à la bonne heure! ces messieurs sont des personnages officiels qui peuvent tout se permettre, parce qu'ils ont toujours un moyen de faire disparaître leur caractère, lorsque les circonstances l'exigent. Mais l'aide de camp d'un souverain, envoyé directement par ce souverain près d'un autre monarque, porteur d'une lettre autographe de son maître, est un personnage hors de l'étiquette, et qui doit d'autant moins se permettre de démarches équivoques, qu'on a pour lui toutes les déférences résultant de ce que l'on accorde d'estime particulière à la confiance dont il paraît jouir.

« On manquerait à son maître de ne pas en agir ainsi envers celui qui est plutôt son envoyé personnel que le chargé des affaires publiques. Il est donc déloyal d'abuser des égards qu'obtient le caractère que l'on a affiché, et que l'on compromet par le personnage que l'on joue.

« Les souverains peuvent proposer de pareilles missions à qui bon leur semble, mais ils n'ont jamais défendu de les refuser, et il faut se sentir la grâce d'état pour les accepter.

« L'empereur ne témoigna pas qu'il fût contrarié par le retour de cet aide de camp; il le reçut avec bonté, il lui parla même de la série de demandes qu'il avait remise au maître de mathématiques ; il lui dit que ce rôle-là avait quelque chose de honteux qui n'était pas fait pour lui, et l'engagea à y renoncer, sans quoi il ne pourrait pas le voir davantage.

« L'aide de camp, feignant d'être touché de cet excès de bonté, promit tout, s'excusa sur la curiosité naturelle à laquelle il s'était laissé aller dans ses premiers voyages; l'empereur le crut et continua à l'accueillir dans son intérieur comme il l'avait fait précédemment.

« L'aide de camp, qui avait pour lui l'expérience des premiers voyages, profita habilement des accès qu'il avait dans le monde pour s'y plaindre de la couleur que l'on voulait donner à ses fréquentes missions à Paris. Il prétendit qu'il n'y avait que les méchants qui pussent chercher à lui nuire; il ajouta même quelques réflexions qui ne lui étaient pas défavorables. Cela lui réussit, et il fit si bien, qu'il fut prôné, loué et défendu par le ministre qui aurait dû le tenir toujours au bout de son parquet, et qui, au lieu d'avoir les yeux sur la conduite de cet aide de camp, l'enveloppa d'une proctection et d'une sécurité qui portèrent bientôt sa hardiesse jusqu'au comble.

« Le hasard voulut que, le jour même de l'arrivée de ce jeune officier à Paris, il parût dans les journaux un article un peu sanglant qui portait directement sur lui, au sujet des missions qu'on lui voyait remplir.

« L'article n'avait été inséré qu'après avoir passé à la censure diplomatique; néanmoins on se plaignit à l'empereur de l'inconvenance de la publication, du mauvais effet qu'elle avait produit. Il eut la faiblesse de le croire, sévit contre les journalistes et ne m'épargna pas davantage. « Comment! me dit-il, vous tolérez, vous faites faire des publications de cette espèce! vous qui, lorsque vous étiez chez eux, m'avez dix fois écrit pour vous plaindre d'écrits qui n'avaient pas, à beaucoup près, l'amertume de celui que vous avez lancé. Vous savez combien ils sont faciles à blesser; vous devez donc les ménager, vous le devez surtout, vous qui me parlez de paix toute la journée; ou bien auriez-vous changé? voudriez-vous me faire faire la guerre? mais vous savez que je ne la veux pas, que je n'ai rien de prêt pour la faire. Aidez-moi donc à l'éviter; toute autre manière de faire ne me servirait pas. » Je voyais d'où me venait ce flot de colère, j'osai en dire ma façon de penser à l'empereur; mon observation ne me servit qu'à m'attirer une réprimande encore plus vive : il semblait que c'était une inimitié personnelle, que je n'avais pas, qui la dictait. Je n'insistai pas. Avant cependant de lâcher prise, je crus de mon devoir d'appeler l'attention de l'empereur sur la conduite de M. Czernitchef, mais on lui avait déjà certifié que c'était l'homme le plus réservé, le plus sage; qu'il était embarrassé dans le monde du rôle qu'on avait voulu lui donner, que cela était cause qu'on ne le voyait plus guère. Je reçus l'ordre de le laisser aller, venir, voir, écouter; il n'y manquait que celui de le faire informer moi-même. Je me le tins pour dit, ne fermai cependant qu'un œil, parce que j'étais assuré de mon fait et de l'erreur dans laquelle on voulait envelopper l'empereur, qui ne tarderait pas à voir la méprise : c'est effectivement ce qui arriva quelques mois après. »

(*Mémoires du duc de Rovigo*, ministre de la police sous Napoléon Ier.)

Traité secret entre S. M. l'empereur des Français et S M. catholique le roi d'Espagne.

Napoléon, par la grâce de Dieu, etc., etc., etc., ayant lu et examiné le traité conclu et signé à Fontainebleau, le 27 octobre, par le général de division Michel Duroc; grand maréchal de notre palais, etc., etc., en vertu des pleins pouvoirs que nous lui avons donnés à cet effet, avec don Eugène Izquierdo de Rîbera y Lezaun, conseiller d'État honoraire de S. M. le roi d'Espagne, muni également de pleins pouvoirs de son souverain, lequel traité est conçu ainsi qu'il suit :

S. M. l'empereur des Français, roi d'Italie, etc., etc , et S. M. catholique le roi d'Espagne, désirant, de leur plein mouvement, régler les intérêts des deux États, et déterminer la condition future du Portugal, d'une manière conforme à la politique des deux nations, ont nommé, pour leurs ministres plénipotentiaires, savoir : S. M. l'empereur des Français, le général de division Michel Duroc, grand maréchal du palais, etc. ; et S M. catholique le roi d'Espagne, don Eugène zquierdo de Ribera y Lezaun, son conseiller d'État honoraire, etc.; lesquels, après avoir échangé leurs pleins pouvoirs, sont convenus de ce qui suit :

Article premier. Les provinces entre Minho et Duero, avec la ville d'Oporto, seront données, en toute propriété et souveraineté à S. M. le roi d'Étrurie, sous le titre de roi de la Lusitanie septentrionale.

Art. II. Le royaume d'Alemtéjo et le royaume des Algarves seront donnés en toute propriété et souveraineté au prince de la Paix, pour en jouir sous le titre de prince des Algarves.

Art. III. Les provinces de Beira, Tras-los-Montes, et l'Estramadure portugaise, resteront en dépôt jusqu'à la paix générale, où il en sera disposé conformément aux circonstances, et de la manière qui sera alors déterminée par les hautes parties contractantes.

Art. IV. Le royaume de la Lusitanie septentrionale sera possédé par les descendants héréditaires de S. M. le roi d'Étrurie, conformément aux lois de succession adoptées par la famille régnante de S. M. le roi d'Espagne.

Art. V. La principauté des Algarves sera héréditaire dans la descendance du prince de la Paix, conformément aux lois de succession adoptées par la famille régnante de S. M. le roi d'Espagne.

Art. VI. A défaut de descendant ou héritier légitime du roi de la Lusitanie septentrionale, ou du prince des Algarves, ces pays seront donnés par forme d'investiture à S. M. le roi d'Espagne, à la condition qu'ils ne seront jamais réunis sur une tête, ni réunis à la couronne d'Espagne.

Art. VII. Le royaume de Lusitanie septentrionale et la principauté des Algarves reconnaissent aussi comme protecteur S. M. catholique le roi d'Espagne, et les souverains de ces pays ne pourront, dans aucun cas, faire la guerre ou la paix sans son consentement.

Art. VIII. Dans le cas où les provinces de Beira, Tras-los-Montes et l'Estramadure portugaise, tenues sous le séquestre, seraient à la paix générale rendues à la maison de Bragance en échange pour Gilbratar, la Trinité et d'autres colonies que les Anglais ont conquises sur les Espagnols et leurs alliés, le nouveau souverain de ces provinces serait tenu, envers S. M. le roi d'Espagne, aux mêmes obligations qui liaient vis-à-vis d'elle le roi de la Lusitanie septentrionale et le prince des Algarves.

Art. IX. S. M. le roi d'Étrurie cède en toute propriété et souveraineté le royaume d'Étrurie à S. M. l'empereur des Français, roi d'Italie.

Art. X. Lorsque l'occupation définitive des provinces de Portugal aura été effectuée, les princes respectifs qui en seront mis en possession, nommeront conjointement des commissaires pour fixer les limites convenables.

Art. XI. S. M. l'empereur des Français, roi d'Italie, garantit à S. M. catholique le roi d'Espagne la possession de ses États sur le continent de l'Europe au midi des Pyrénées.

Art. XII. S. M. l'empereur des Français, roi d'Italie, consent à reconnaître S. M. catholique le roi d'Espagne comme empereur des deux Amériques, à l'époque qui aura été déterminée par S. M. catholique pour prendre ce titre, laquelle aura lieu à la paix générale ou au plus tard dans trois ans.

Art. XIII. Il est entendu entre les deux hautes parties contractantes qu'elles se partageront également les iles, colonies et autres possessions maritimes du Portugal.

Art. XIV. Le présent traité sera tenu secret. Il sera ratifié, et les ratifications seront échangées à Madrid vingt jours au plus tard après la date de la signature.

Fait à Fontainebleau,

Duroc, E. Izquierdo.

Plus bas est écrit :

Nous avons approuvé et approuvons par ces présentes le traité qui précède, et tous et chacun des articles qui y sont contenus. Nous déclarons qu'il est accepté, ratifié et confirmé, et promettons qu'il sera inviolablement observé.

En foi de quoi nous avons signé de notre propre main les présentes, après y avoir fait apposer notre sceau impérial.

A Fontainebleau, le 29 octobre 1807.

NAPOLÉON.

Le ministre des relations extérieures,

Champagny

Le ministre secrétaire d'État,

H. B. Maret.

Convention secrète conclue à Fontainebleau entre S. M. l'empereur des Français et S. M. catholique le roi d'Espagne, par laquelle les deux hautes parties contractantes règlent ce qui a rapport à l'occupation du Portugal.

Napoléon, par la grâce de Dieu, etc., etc., etc., ayant vu et examiné la convention conclue, arrêtée et signée à Fontainebleau, le 27 octobre 1807, par le général de division Michel Duroc, etc., etc., d'une part, et, de l'autre, par don Eugène Izquierdo, etc., laquelle convention est de la teneur suivante :

S. M. l'empereur des Français, roi d'Italie, etc., etc., etc., et S. M. catholique le roi d'Espagne, désirant régler les bases d'un arrangement relatif à l'occupation et à la conquête du Portugal, en conséquence des stipulations du traité signé cejourd'hui, ont nommé, etc., etc., lesquels, après avoir échangé leurs pleins pouvoirs, sont convenus des articles suivants :

Article premier. Un corps de 25,000 hommes d'infanterie et 3,000 de cavalerie des troupes de S. M. I. entrera en Espagne pour se rendre directement à Lisbonne ; il sera joint par un corps de 8,000 hommes d'infanterie espagnole et 3,000 de cavalerie, avec 30 pièces d'artillerie.

Art. II. En même temps une division de 10,000 hommes de troupes espagnoles prendra possession de la province d'entre Minho et Douro et de la ville d'Oporto, et une autre division de 6,000 hommes de troupes espagnoles prendra possession de l'Alemtéjo et du royaume des Algarves.

Art. III. Les troupes françaises seront nourries et entretenues par l'Espagne, et leur solde sera fournie par la France pendant le temps de leur marche à travers l'Espagne.

Art. IV. Dès l'instant où les troupes combinées auront effectué leur entrée en Portugal, le gouvernement et l'administration des provinces de Beira, Tras-los-Montes et de l'Estramadure portugaise (qui doivent rester en état de séquestre) seront mis à la disposition du général commandant les troupes françaises, et les contributions qui en proviendront seront levées au profit de la France. Les provinces qui doivent former le royaume de la Lusitanie septentrionale et la principauté des Algarves seront administrées et gouvernées par les divisions espagnoles qui en prendront possession, et les contributions y seront levées au profit de l'Espagne.

Art. V. Le corps central sera sous les ordres du commandant des troupes françaises, auquel pareillement les troupes espagnoles attachées à cette armée seront tenues d'obéir. Néanmoins, dans le cas où le roi d'Espagne ou bien le prince de la Paix jugeraient convenable de joindre ce corps, les troupes françaises, ainsi que le général qui les commandera, seront soumises à leurs ordres.

Art. VI. Un autre corps de 40,000 hommes de troupes françaises sera réuni à Bayonne le 20 novembre prochain au plus tard, pour être prêt à entrer en Espagne, à l'effet de se rendre en Portugal, dans le cas où les Anglais y enverraient des renforts ou le menaceraient d'une attaque. Néanmoins, ce nouveau corps n'entrera en Espagne que lorsque les deux hautes parties contractantes auront été mutuellement d'accord sur ce point.

ART. VII. La présente convention sera ratifiée, et les ratifications seront échangées en même temps que celles du traité de ce jour.

Fait à Fontainebleau, le 27 octobre 1807.

DUROC, IZQUIERDO.

Nous avons approuvé et approuvons par ces présentes, etc., etc., etc., comme dessus.

NAPOLÉON,
CHAMPAGNY, H.-B. MARET.

Lettre de Ferdinand, prince des Asturies, à l'empereur Napoléon.

« Sire, la crainte d'incommoder Votre Majesté Impériale et Royale au milieu de ses exploits et des affaires majeures qui l'entourent sans cesse, m'a empêché jusqu'ici de satisfaire directement le plus vif de mes désirs, celui d'exprimer au moins par écrit les sentiments de respect, d'estime et d'attachement que j'ai voués à un héros qui efface tous ceux qui l'ont précédé, et qui a été envoyé par la Providence pour sauver l'Europe du bouleversement total qui la menaçait, pour affermir ses trônes ébranlés, et pour rendre aux nations la paix et le bonheur.

« Les vertus de Votre Majesté Impériale, sa modération, sa bonté même envers ses plus injustes et implacables ennemis, tout me faisait espérer que l'expression de ces sentiments en serait accueillie comme l'effusion d'un cœur rempli d'admiration et de l'amitié la plus sincère.

« L'état ou je me trouve depuis longtemps, et qui ne peut échapper à la vue perçante de Votre Majesté Impériale, a été jusqu'à présent un second obstacle qui a arrêté ma plume prête à lui adresser mes vœux ; mais plein de l'espérance de trouver dans la magnanime générosité de Votre Majesté Impériale la protection la plus puissante, je me suis déterminé, non-seulement à lui témoigner les sentiments de mon cœur envers son auguste personne, mais à l'épancher dans son sein comme dans celui du père le plus tendre.

« Je suis bien malheureux d'être obligé, par les circonstances, à cacher comme un crime une action si juste et si louable ; mais telles sont les conséquences funestes de l'extrême bonté des meilleurs rois.

« Rempli de respect et d'amour filial pour celui à qui je dois le jour, et qui est doué du cœur le plus droit et le plus généreux, je n'oserais jamais dire qu'à Votre Majesté Impériale, ce qu'elle connaît mieux que moi, que ces mêmes qualités si estimables ne servent que trop souvent d'instrument aux personnes artificieuses et méchantes pour obscurcir la vérité aux souverains, quoique si analogue à des caractères comme celui de mon respectable père.

« Si ces mêmes hommes qui, par malheur, existent ici, lui laissaient connaître à fond celui de Votre Majesté Impériale, comme je le connais, avec quelle ardeur ne souhaiterait-il pas de serrer les nœuds qui doivent unir nos deux maisons! et quel moyen plus propre pour cet objet que celui de demander à Votre Majesté Impériale l'honneur de m'allier à une princesse de son auguste famille? C'est le vœu unanime de tous les sujets de mon père, ce sera aussi le sien, je n'en doute pas, malgré les efforts d'un petit nombre de malveillants, aussitôt qu'il aura connu les intentions de Votre Majesté Impériale : c'est tout ce que mon cœur désire; mais ce n'est pas le compte de ces égoïstes perfides qui l'assiégent, et ils peuvent dans un premier moment le surprendre. Tel est le motif de mes craintes.

« Il n'y a que le respect de Votre Majesté Impériale qui puisse déjouer leurs complots, ouvrir les yeux à mes bons, à mes bien aimés parents, les rendre heureux, et faire en même temps le bonheur de ma nation et le mien.

« Le monde entier admirera de plus en plus la bonté de Votre Majesté Impériale, et elle aura toujours en moi un fils le plus reconnaissant et le plus dévoué.

« J'implore donc, avec la plus grande confiance, la protection paternelle de Votre Majesté, afin que non-seulement elle daigne m'accorder l'honneur de m'allier à sa famille, mais qu'elle aplanisse toutes les difficultés et fasse disparaître tous les obstacles qui peuvent s'opposer à cet objet de mes vœux.

« Cet effort de bonté de la part de Sa Majesté Impériale m'est d'autant plus nécessaire, que je ne puis pas de mon côté en faire le moindre, puisqu'on le ferait passer peut-être pour une insulte faite à l'autorité paternelle, et que je suis réduit à un seul moyen, à celui de me refuser, comme je le ferai avec une invincible constance, à m'allier à toute personne que ce soit, sans le consentement et l'approbation positive de Votre Majesté Impériale, de qui j'attends uniquement le choix d'une épouse.

« C'est un bonheur que j'espère de la bonté de Votre Majesté Impériale, en priant Dieu de conserver sa précieuse vie pendant de longues années.

« Écrit et signé de ma propre main et scellé de mon sceau, à l'Escurial, le 11 octobre 1807.

« De Votre Majesté Impériale et Royale le très-affectionné serviteur et frère,

« FERDINAND. »

Lettre de l'empereur des Français à Ferdinand.

« Mon frère, j'ai reçu la lettre de Votre Altesse Royale ; elle doit avoir acquis la preuve, dans les papiers qu'elle a eus du roi son père, de l'intérêt que je lui ai toujours porté ; elle me permettra, dans la circonstance actuelle, de lui parler avec franchise et loyauté. En arrivant à Madrid, j'espérais porter mon illustre ami à quelques réformes nécessaires dans ses États, et à donner quelque satisfaction à l'opinion publique. Le renvoi du prince de la Paix me paraissait nécessaire pour son bonheur et celui de ses peuples. Les affaires du Nord ont retardé mon voyage. Les événements d'Aranjuez ont eu lieu. Je ne suis point juge de ce qui s'est passé et de la conduite du prince de la Paix ; mais ce que je sais bien, c'est qu'il est dangereux pour les rois d'accoutumer les peuples à répandre du sang et à se faire justice eux mêmes. Je prie Dieu que Votre Altesse Royale n'en fasse pas elle-même l'expérience un jour. Il n'est pas de l'intérêt de l'Espagne de faire du mal à un prince qui a épousé une princesse du sang royal, et qui a si longtemps régi le royaume ; il n'a plus d'amis : Votre Altesse Royale n'en aura plus, si jamais elle est malheureuse. Les peuples se vengent volontiers des hommages qu'ils nous rendent. Comment, d'ailleurs, pourrait-on faire le procès au prince de la Paix sans le faire à la reine et au roi votre père ? Ce procès alimentera les haines et les passions factieuses ; le résultat en sera funeste pour votre couronne : Votre Altesse Royale déchire par là ses droits ; qu'elle ferme l'oreille à des conseils faibles et perfides, elle n'a pas le droit de juger le prince de la Paix ; ses crimes, si on lui en reproche, se perdent dans les droits du trône J'ai souvent manifesté le désir que le prince de la Paix fût éloigné des affaires. L'amitié du roi Charles m'a porté souvent à me taire et à détourner les yeux des faiblesses de son attachement. Misérables hommes que nous sommes! faiblesse et erreur, c'est notre devise. Mais tout cela peut se concilier : que le prince de la Paix soit exilé d'Espagne, et je lui offre un refuge en France. Quant à l'abdication de Charles IV, elle a eu lieu dans un moment où mes armées couvraient les Espagnes, et aux yeux de l'Europe et de la postérité, je paraîtrais n'avoir envoyé tant de troupes que pour précipiter du trône mon allié et mon ami. Comme souverain voisin, il m'est permis de vouloir connaître avant de reconnaître cette abdication. Je le dis à Votre Altesse Royale, aux Espagnols et au monde entier : si l'abdication du roi Charles est de pur mouvement, s'il n'y a pas été forcé par l'insurrection et l'émeute d'Aranjuez, je ne fais aucune difficulté de l'admettre, et je reconnais Votre Altesse Royale pour roi d'Espagne. Je désire donc causer avec elle sur cet objet. La circonspection que je porte depuis un mois dans ces affaires doit lui être garant de l'appui qu'elle trouvera en moi, si à son tour des factions, de quelque nature qu'elles soient, venaient à l'inquiéter sur son trône.

« Quand le roi Charles me fit part de l'événement du mois d'octobre dernier, j'en fus douloureusement affecté, et je pense avoir contribué, par des insinuations que j'ai faites, à la bonne issue de l'affaire de l'Escurial. Votre Altesse Royale avait bien des torts ; je n'en veux pour preuve que la lettre qu'elle m'a écrite et que j'ai voulu constamment oublier. Roi à son tour, elle saura combien les droits du trône sont sacrés. Toute démarche près d'un souverain étranger de la part d'un prince héréditaire est criminelle. Le mariage d'une princesse française avec Votre Altesse Royale est d'accord avec les intérêts de mes peuples, et il m'unirait par de nouveaux liens à une maison qui, depuis mon avénement au trône, ne m'a donné que des motifs de satisfaction. Votre Altesse Royale doit se défier des écarts et des émotions populaires.

« On pourra commettre quelques meurtres sur mes soldats isolés, mais la ruine de l'Espagne en serait le résultat. J'ai déjà vu avec peine qu'à Madrid on ait répandu des lettres du capitaine général de la Catalogne, et fait tout ce qui pouvait donner du mouvement aux têtes. Votre Altesse Royale connaît ma pensée tout entière ; elle voit que je flotte entre diverses idées qui ont besoin d'être fixées. Elle peut être certaine que, dans tous les cas, je me comporterai avec elle comme envers le roi son père. Qu'elle croie à mon désir de tout concilier, et de trouver des occasions de lui donner des preuves de mon affection et de ma parfaite estime.

« Sur ce, je prie Dieu, mon frère, qu'il vous ait en sa sainte et digne garde.

« Bayonne, le 16 avril 1808.

« Napoléon. »

Mœurs espagnoles en 1808. — *Les moines, les paysans, la noblesse.*

« On se ferait en Allemagne, en Italie, en France, une bien fausse idée des moines espagnols, si on les comparait aux moines qui ont existé dans ces contrées. On trouvait parmi les bénédictins, les bernardins, etc., de France, d'Italie, une foule d'hommes remarquables dans les sciences et dans les lettres; ils se distinguaient et par leur éducation et par la classe honorable et utile d'où ils étaient sortis ; les moines espagnols, au contraire, sont tirés de la lie du peuple; ils sont ignares et crapuleux ; on ne saurait leur trouver de ressemblance qu'avec des artisans employés dans les boucheries ; ils en ont l'ignorance, le ton et la tournure. Ce n'est que sur le bas peuple qu'ils exercent leur influence ; une maison bourgeoise se serait crue déshonorée en admettant un moine à sa table.

« Quant aux malheureux paysans espagnols, on ne peut les comparer qu'aux fellahs d'Égypte ; ils n'ont aucune propriété ; tout appartient soit anx moines, soit à quelque maison puissante. La faculté de tenir une auberge est un droit féodal; et dans un pays aussi favorisé de la nature, on ne trouve ni postes ni hôtelleries, Les impositions mêmes ont été aliénées et appartiennent aux seigneurs.

« Les grands ont tellement dégénéré, qu'ils sont sans énergie, sans mérite et même sans influence. »

(*Napoléon*, 12e bulletin. 1808.)

Sur la guerre d'Espagne.

« Cette malheureuse guerre m'a perdu. Toutes les circonstances de mes désastres viennent se rattacher à ce nœud fatal. Elle a compliqué mes embarras, divisé mes forces, ouvert une aile aux soldats anglais, détruit ma moralité en Europe. Mais pourtant pouvait-on laisser la Péninsule aux machinations des Anglais, aux intrigues, à l'espoir, aux prétextes des Bourbons?

« Les événements ont prouvé que j'avais fait une grande faute dans le choix de mes moyens bien plus que dans les principes. Il est hors de doute que, dans la crise où se trouvait la France, dans la lutte des idées nouvelles, dans la grande cause du siècle contre le reste de l'Europe, nous ne pouvions laisser l'Espagne en arrière, à la disposition de nos ennemis : il fallait l'entraîner, de gré ou de force, dans notre système. Le destin de la France le demandait ainsi, et le code du salut des nations n'est pas toujours celui des particuliers. D'ailleurs, à la nécessité de la politique se joignait ici, pour moi, la force du droit. L'Espagne, quand elle m'avait vu en péril ; l'Espagne, quand elle me sut aux prises à Iéna, m'avait à peu près déclaré la guerre. L'injure ne devait pas passer impunie ; je pouvais la lui déclarer à mon tour. C'est cette fatalité même qui m'égara. La nation méprisait son gouvernement ; elle appelait à grands cris une régénération. De la hauteur à laquelle le sort m'avait élevé, je me crus appelé, je crus digne de moi d'accomplir en paix un si grand événement. Je voulus épargner le sang ; que pas une goutte ne souillât l'émancipation castillane. Je délivrai donc les Espagnols de leurs hideuses institutions ; je leur donnai une constitution libérale, je crus nécessaire, trop légèrement peut-être, de changer leur dynastie. Je plaçai un de mes frères à leur tête ; mais il fut le seul étranger au milieu d'eux. Je respectai l'intégrité de leur territoire, leur indépendance, leurs mœurs. Le nouveau monarque gagna la capitale, n'ayant d'autres ministres, d'autres conseillers, d'autres courtisans que ceux de la dernière cour. Mes troupes allaient se retirer : j'accomplissais le plus grand bienfait qui fût jamais répandu sur un peuple, me disais-je, et je le dis encore. Les Espagnols eux-mêmes, m'a-t-on assuré, le pensaient au fond, et ne se sont plaints que des formes. J'attendais leurs bénédictions ; il en fut autrement : ils dédaignèrent l'intérêt pour ne s'occuper que de l'injure ; ils s'indignèrent à l'idée de l'offense, se révoltèrent à la vue de la force, tous coururent aux armes. Les Espagnols en masse se conduisirent comme un homme d'honneur. Je n'ai rien à dire à cela, sinon qu'ils ont été cruellement punis ; qu'ils en sont peut-être à regretter... Ils méritaient mieux !... »

(*Mémorial de Sainte-Hélène.*)

L'empereur, revenant sur la guerre d'Espagne, disait : « Que les résultats lui donnaient inévitablement tort ; mais qu'indépendamment de ce tort du destin, il se reprochait aussi des fautes graves dans l'exécution. Une des plus grandes était d'avoir mis de l'importance à détrôner la dynastie des Bourbons et à maintenir comme base de ce système, comme souverain nouveau, précisément celui qui, par ses qualités et son caractère, devait nécessairement le faire manquer.

« Le plan le plus digne de moi, disait-il, le plus sûr pour mes projets, eût été une espèce de médiation à la manière de celle de la Suisse. J'aurais dû donner une constitution libérale à la nation espagnole, et charger Ferdinand de la mettre en pratique ; s'il l'exécutait de bonne foi, l'Espagne prospérait et se mettait en harmonie avec nos mœurs nouvelles, le grand but était obtenu, la France acquérait une alliée intime, une addition de puissance redoutable. Si Ferdinand, au contraire, manquait à ses nouveaux engagements, les Espagnols eux-mêmes n'eussent pas manqué de le renvoyer, et seraient venus me solliciter de leur donner un maître.

« Toutefois on m'assaillit alors de reproches que je ne méritais pas : l'histoire me lavera. On m'accusa dans cette affaire de perfidie, d'embûches et de mauvaise foi, et il n'y avait rien de tout cela. Jamais, quoi qu'on ait dit, je ne manquai de foi ni ne violai ma parole, pas plus contre l'Espagne que contre aucune autre puissance.

« On sera certain un jour que dans les grandes affaires d'Espagne je fus complétement étranger à toutes les intrigues intérieures de sa cour; que je manquai de parole ni à Charles IV ni à Ferdinand VII ; que je ne rompis aucun engagement vis-à-vis du père ni du fils; que je n'employai point de mensonge pour les attirer tous deux à Bayonne; mais qu'ils y accoururent à l'envi l'un de l'autre. Quand je les vis à mes pieds, je pus juger moi-même de toute leur incapacité, je pris en pitié le sort d'un grand peuple, je saisis aux cheveux l'occasion unique que me présentait la fortune pour régénérer l'Espagne, l'enlever à l'Angleterre et l'unir intimement à notre système. Dans ma pensée, c'était poser une des bases fondamentales du repos et de la sécurité de l'Europe. Mais loin d'y employer d'ignobles, de faibles détours, comme on l'a répandu, si j'ai péché, c'est au contraire par une audacieuse franchise, par un excès d'énergie. Bayonne ne fut pas un guet-apens, mais un immense, un éclatant coup d'État. Quelque peu d'hypocrisie m'eût sauvé; ou bien encore, si j'avais voulu seulement abandonner le prince de la Paix à la fureur du peuple; mais l'idée m'en parut horrible; il m'eût semblé recueillir le prix du sang. Et puis il est vrai de dire encore que Murat m'a beaucoup gâté tout cela...

« Quoi qu'il en soit, je dédaignai les voies tortueuses et communes; je me trouvais si puissant!... J'osai frapper de trop haut. Je voulus agir comme la Providence, qui remédie aux maux des mortels par des moyens à son gré, parfois violents, et sans s'inquiéter d'aucun jugement.

« Mais, je le répète, il n'y eut ni manque de foi, ni perfidie, ni mensonge; bien plus, il n'y avait nulle occasion pour cela. »

FIN DES PIÈCES JUSTIFICATIVES DU TOME DEUXIÈME.

TABLE CHRONOLOGIQUE

DU DEUXIÈME VOLUME.

				Pages.
1798.	Mai	20	Expédition d'Egypte.—La flotte française part de Toulon..........	3
—	Juin	12	Attaque et prise de l'île de Malte..........	5
—	Juillet	2	Arrivée de la flotte française sur les côtes d'Egypte..........	6
—	—	3	Attaque et prise de la ville d'Alexandrie..........	7
—	—	8	Départ de l'armée pour le Caire..........	7
—	—	11	Affaire de Damanhour..........	11
—	—	15	Combat de Chebreis..........	12
—	—	23	Bataille des Pyramides..........	13
—	Août	1er	Entrée des Français au Caire..........	13
—	—	1er	Bataille navale d'Aboukir..........	14
—	—	18	Cérémonie de la rupture de la digue du Nil..........	17
—	—	20	Célébration de la fête de Mahomet au Caire..........	18
—	—	20	Opérations militaires dans la Basse-Egypte..........	19
—	Sept.	1er	Arrivée de Desaix dans la Haute-Egypte..........	20
—	Oct.	8	Bataille de Sediman..........	20
—	—	11	Expédition dans la province de Rosette..........	21
—	—	22	Insurrection au Caire.— Mort du général Dupuy..........	24
—	—	23	Soumission des insurgés du Caire..........	24
—	Nov.	27	Arrivée de Bonaparte à Suez..........	26
—	—	28	Passage de la mer Rouge..........	29
—	—	29	Déclaration de guerre du roi de Naples à la France, etc..........	79
—	Déc.	9	Envahissement du Piémont par les Français..........	70
1799.	Janv.	4	Arrivée de Bonaparte à Belbeis..........	23
—	—	21	Insurrection des lazzaroni à Naples..........	79
—	Fév.	5	Le général Kléber prend le commandement de la province de Damiette.	32
—	—	11	Expédition en Syrie..........	31
—	—	22	Prise du fort d'El-Arisch..........	31
—	—	23	Bataille de Samhoud..........	42
—	—	25	Arrivée de l'armée devant Gazah..........	39
—	Mars.	7	Prise de Jaffa..........	33
—	—	14	L'armée marche sur Saint-Jean-d'Acre..........	32
—	—	16	Arrivée de l'armée devant Saint-Jean-d'Acre..........	34
—	—	19	Commencement du siége de Saint-Jean-d'Acre..........	35
—	—	25	Ouverture de la campagne en Allemagne. — Bataille de Stockach...	74
—	—	23	Assassinat des plénipotentiaires français à Rastadt..........	88
—	Avril	8	Combat de Loubi..........	37
—	—	16	Bataille du mont Thabor..........	38
—	—	17	Prise de la forteresse de Tabarie..........	39
—	—	21	Masséna est nommé général en chef des deux armées d'Helvétie et du Danube..........	76
—	—	24	Premier assaut donné à Saint-Jean-d'Acre..........	89
—	—	28	Moreau remplace Schérer dans le commandement de l'armée d'Italie.	76
—	—	28	Prise de Milan par Souvaroff..........	78
—	Mai	7	Arrivée devant Saint-Jean-d'Acre d'une expédition ottomane..........	40
—	—	17	Levée du siége de Saint-Jean-d'Acre..........	41
—	—	30	Retour à Gazah de l'expédition de Syrie..........	41
—	Juin	7	Arrivée de Bonaparte au Caire, de retour de l'expédition de Syrie..	42
—	—	7	Suite des événements militaires en Egypte pendant l'expédition de Syrie — Mourad-Bey.— L'ange El-Mohdhy..........	43
—	—	8	Combat de Zurich..........	80
—	—	20	Expédition du général de Dammartin sur le Nil..........	60
—	Juillet	11	Arrivée d'une flotte ottomane devant Alexandrie..........	61
—	—	19	Bataille de la Trébia..........	78
—	—	25	Bataille d'Aboukir..........	63
—	—	27	Retour de Bonaparte à Alexandrie..........	65
—	Août	8	Défaite de Mourad-Bey..........	125
—	—	14	Expédition anglaise en Hollande.— Victoire du général Brune.....	85
—	—	16	Bataille de Novi. — Mort du général Joubert..........	82

—	—	23	Bonaparte s'embarque pour revenir en France	67
—	—	27	Kléber prend le commandement de l'armée d'Egypte	125
—	Sept.	23	Attaque générale de Masséna contre l'armée des alliés	83
—	—	24	Reprise de Zurich par Masséna	84
—	Oct.	29	Arrivée des Anglais aux embouchures du Nil, avec cinquante-trois bâtiments de guerre	127
—	Nov.	1er	Victoire du général Verdier sur les Turcs	127
—	—	9	Révolution du 18 brumaire.—Bonaparte est nommé premier consul.	91
—	Déc.	24	L'armée turque investit le fort d'El-Arisch	128
—	—	30	Prise par les Turcs du fort d'El-Arisch	129
1800.	Janv.	1er	Situation des armées françaises en Suisse et en Italie	94
—	—	24	Convention d'El-Arisch	130
—	Fév.	10	Masséna prend le commandement de l'armée d'Italie	95
—	Mars	20	Bataille d'Héliopolis	133
—	—	21	Seconde insurrection du Caire	136
—	Avril	21	Masséna s'enferme dans Gênes.— Belle défense	108
—	—	25	L'armée française passe le Rhin	97
—	—	27	Les Français rentrent dans le Caire	141
—	Mai	3	Combats d'Engen, de Mœskirch et de Stockach	98
—	—	6	Arrivée du premier consul à Dijon	114
—	—	9	Combats de Buchau et de Memmingen	100
—	—	16	Passage du mont Saint-Bernard par l'armée française	115
—	—	24	Prise d'Ivrée par le général Lannes	117
—	—	25	Prise de la ville de Bard	116
—	—	28	Occupation d'Ausbourg par le général Lecourbe	156
—	—	31	Bonaparte marche sur le Tessin	118
—	Juin	2	Occupation de Milan par le général Murat	118
—	—	3	Capitulation de Gênes	113
—	—	4	Combats autour de la ville d'Ulm	101
—	—	14	Bataille de Marengo	120
—	—	14	Assassinat du général Kléber	143
—	—	19	Combat de Schwoningen	102
—	—	24	Entrée de Suchet dans Gênes	124
—	Juillet	15	Armistice de Parsdorf	157
—	Nov.	12	Reprise des hostilités	158
—	Déc.	3	Bataille de Hohenlindin	158
—	—	25	Armistice de Steyer	160
—	—	26	Bataille de Pozzolo	160
1801.	Fév.	9	Traité de paix de Lunéville	161
—	Mars	8	Une armée anglaise débarque à Aboukir	146
—	—	16	Siége du fort d'Aboukir	147
—	—	26	Les Français évacuent le Caire et se retirent dans la citadelle de cette ville	150
—	Mai	10	Capitulation de Ramanieh	154
—	Août	8	Capitulation du Caire	155
—	—	30	Le général Menou, assiégé dans Alexandrie, capitule.—Evacuation de l'Egypte	155
1802.	Mars	22	Signature du traité de paix d'Amiens	162
—	Mai	19 *et suivants*.	Concordat avec le pape.— Consulat à vie.— Institution de l'ordre de la Légion d'honneur	163
1003.	Mai	7	Déclaration de guerre de l'Angleterre à la France	163
—	Juin	1er	Occupation de la ville de Dieppolitz (Hanovre). — Capitulation de de l'armée hanovrienne	163
1804.	Mai	18	Napoléon est élu empereur	165
—	Déc.	2	Distribution des aigles au Champ-de-Mars de Paris	166
1805.	Sept.	1er	Troisième coalition contre la France	166
—	—	7	Le général Mack pass l'Inn	166
—	Oct.	1er	Napoléon se met à la tête de la grande armée	166
—	—	17	Mack capitule dans Ulm	166
—	—	18	Combats de San-Michele, de Caldiero	167
—	Nov.	14	Entrée des Français à Vienne	167
—	Déc.	2	Bataille d'Austerlitz	171
—	—	26	Paix de Presbourg	176
1806.	Janv.	9	Masséna marche sur Naples	177
—	—	23	Le roi de Naples se retire en Sicile	177
—	Mars	9	Combat du camp de Tenèse	178
—	Avril	13	Joseph Napoléon est fait roi de Naples	178
—	Sept.	1er	Quatrième coalition contre la France	182

Année	Mois	Jour	Événement	Page
—	—	6	Passage de la Saale.—Mort du prince Louis de Prusse	184
—	Oct.	14	Bataille d'Iéna	184
—	—	25	Prise de la forteresse de Spandau	185
—	—	26	Napoléon établit son quartier général à Charlottembourg	185
—	—	27	Entrée des Français dans Berlin	185
—	—	29	Prise de Stettin	186
—	Nov.	1er	Prise de Castrin et de Lubeck	186
—	—	16	Un armistice est signé à Charlottembourg	187
—	Déc.	19	Déclaration de guerre de la Turquie à la Russie	188
1807.	Fév.	7	Bataille d'Eylau	189
—	Mars	7	Combat d'Ostrolenka	191
—	Mai	24	Siége de Dantzig	192
—	Juin	4	Affaire de la Passarge	194
—	—	13	Bataille de Friedland	195
—	—	16	Napoléon passe la Prégel	196
—	—	19	Napoléon entre à Tilsitt	196
—	—	25	Entrevue de Tilsitt	197
—	Juillet	9	Paix de Tilsitt	198
—	—	13	Le roi de Suède, Gustave IV, met bas les armes	199
—	—	27	Retour de Napoléon à Paris	198
—	Oct.	18	Le général Junot passe la Bidassoa à la tête d'un corps d'armée	204
—	—	27	Traité de Fontainebleau qui efface le Portugal de la liste des puissances	203
—	Nov.	19	Entrée des Français sur le territoire portugais	205
—	—	22	Entrée de l'armée française dans Abrantès	205
—	—	27	Le prince royal de Portugal et sa famille s'embarquent pour le Brésil	206
—	—	30	Entrée des Français à Lisbonne	207
1808.	Janv.	9	Le maréchal Moncey entre en Espagne à la tête de 30,000 hommes	209
—	Mars	18	Emeute à Madrid	210
—	—	23	Entrée à Madrid du grand duc de Berg, Murat	210
—	Avril	20	Arrivée à Bayonne de Ferdinand VII	210
—	Mai	2	Insurrection à Madrid	211
—	—	5	Abdication de Charles IV et de Ferdinand VII	211
—	—	27	Insurrection générale en Espagne	212
—	Juin	16	Joseph Napoléon est proclamé roi des Espagnes et des Indes	212
—		28	Attaque de Valence par le maréchal Moncey	213
—	Juillet	14	Bataille de Medina-del-Rio-Seco	214
—	—	20	Entrée de Joseph Napoléon à Madrid	215
—	—	20	Capitulation de Baylen	217
—	—	31	Evacuation de Madrid par Joseph Napoléon et les Français	221
—	Août	1er	Débarquement des Anglais en Portugal	224
—	—	2	Attaque de Saragosse par le général Lefèbvre-Desnouettes	221
—	—	9	Arrivée du roi Joseph Napoléon à Burgos	221
—	—	12	Réunion de l'armée portugaise à l'armée anglaise	224
—	—	14	Levée du premier siége de Saragosse	223
—	—	17	Le général Laborde bat les Français à Roleca	224
—	—	21	Bataille de Viniero	225
—	—	30	Bataille d'Evora	225
—	Sept.	1er	Convention de Cintra	226
—	Nov.	5	Arrivée de Napoléon au quartier général de Vittoria	227
—	—	12	Bataille d'Espisosa	228
—	—	23	Combat de Tudela	228
—	Déc.	2	Arrivée de Napoléon à Madrid	228
1809.	Janv.	14	Combat de la Corogne	230
—	—	17	Embarquement de l'armée anglaise	230
—	—	17	Napoléon apprend à Valladolid le commencement des hostilités par l'Autriche	244
—	—	22	Rentrée de Joseph Napoléon à Madrid	230
—	Fév.	24	Prise de Saragosse	232
—	Mars	4	L'armée française, sous les ordres du maréchal Soult, arrive à Orense	233
—	—	5	Combat de Monteroy	233
—	—	7	Entrée du maréchal Soult à Villareco	233
—	—	10	Combat de Tamega	233
—	—	12	Prise de Charès	234
—	—	17	Bataille de Carvalho	234
—	—	20	Combat de Guimaraens	235
—	—	28	Bataille de Meddellin	239
—	—	29	Bataille d'Oporto	236
—	Avril	12	Napoléon quitte Paris pour rejoindre l'armée en Bavière	244

—	—	16	Combat d'Amarante	238
—	—	16	Bataille de Sacile	256
—	—	19	Bataille de Thann	245
—	—	20	Bataille d'Abensberg	245
—	—	21	Prise de Landshut	245
—	—	22	Bataille d'Eckmulh	246
—	—	23	Combat et prise de Ratisbonne	246
—	Mai	3	Combat d'Ebersberg	247
—	—	8	Bataille de la Piave	258
—	—	11	Occupation de Karako	259
—	—	12	Capitulation de Vienne	248
—	—	12	Occupation de Papa	259
—	—	14	Bataille de Raab	259
—	—	18	Prise de la forteresse de Sandomir	254
—	—	21-22	Bataille d'Essling	249
—	—	22	Combat de Lugo	241
—	—	25	Prise de la forteresse de Zamosc	254
—	—	30	Marche de l'armée anglaise sur Oporto.– Retraite du maréchal Soult sur la Galice	241
—	Juin	5	Combat de Klagenfurt	260
—	—	12	Arrivée d'une flotte anglaise devant Naples	271
—	—	25	Combat de Gratz	261
—	—	25	La flottille napolitaine bat les Anglais	271
—	Juillet	6	Bataille de Wagram	262
—	—	6	Réunion de l'armée du prince Eugène à la grande armée à Lobau.	262
—	—	11	Armistice avec l'Autriche	269
—	—	22	Les Anglais se retirent des côtes de Naples	272
—	—	28	Bataille de Talaveyra de la Reyna	284
—	—	29	Arrivée d'une flotte anglaise sur les côtes de Zélande	274
—	Août	3	Prise du fort de Batz par les Anglais	274
—	—	11	Bataille d'Almonacid	284
—	—	17	Attaque de la batterie de Terneuse	276
—	Sept.	4	Les Anglais se retirent dans l'île de Walcheren	278
—	Oct.	12	Tentative d'assassinat sur Napoléon à Schœnbrunn	279
—	—	14	Paix avec l'Autriche	279
—	—	27	Arrivée de Napoléon à Fontainebleau	281
1810.	Janv.	20	Bataille de la Sierra-Morena	285
—	—	31	Prise de Séville	285
—	Mars	11	Mariage de l'Impératrice Marie-Louise à Vienne	282
—	—	28	Arrivée de Marie-Louise à Compiègne	282
—	Avril	13	Siége de Léibo	286
—	Juin	15	Siége de Ciudad-Rodrigo	287
—	Juillet	25	Siége d'Alméida	289
—	Sept.	25	Combat de Mortagose	289
—	—	27	Combat de Busaco	290
1811.	Janv.	11	Prise de Tortose	291
—	—	27	Prise d'Olivenza	292
	Mars	5	Bataille de Guébora	294
—	—	6	Combat de Chiclana	295
—	—	10	Prise de Badajoz	294
—	—	12	Retraite de Masséna en Portugal	296
—	Avril	4	L'armée de Masséna rentre en Espagne	297
—	—	15	Reprise d'Olivenza par les Anglais	298
—	Mai	16	Combat d'Albufera	298
—	Juin	18	Prise de Tarragone	300
—	Nov.	21	L'empereur ordonne de presser le siége de Valence	302
1812.	Janv.	9	Prise de Valence	303
—	—	18	Prise de Rodrigo par les Anglais	304
—	Juillet	22	Bataille des Arapylès	315

FIN DE LA TABLE CHRONOLIGIQUE.

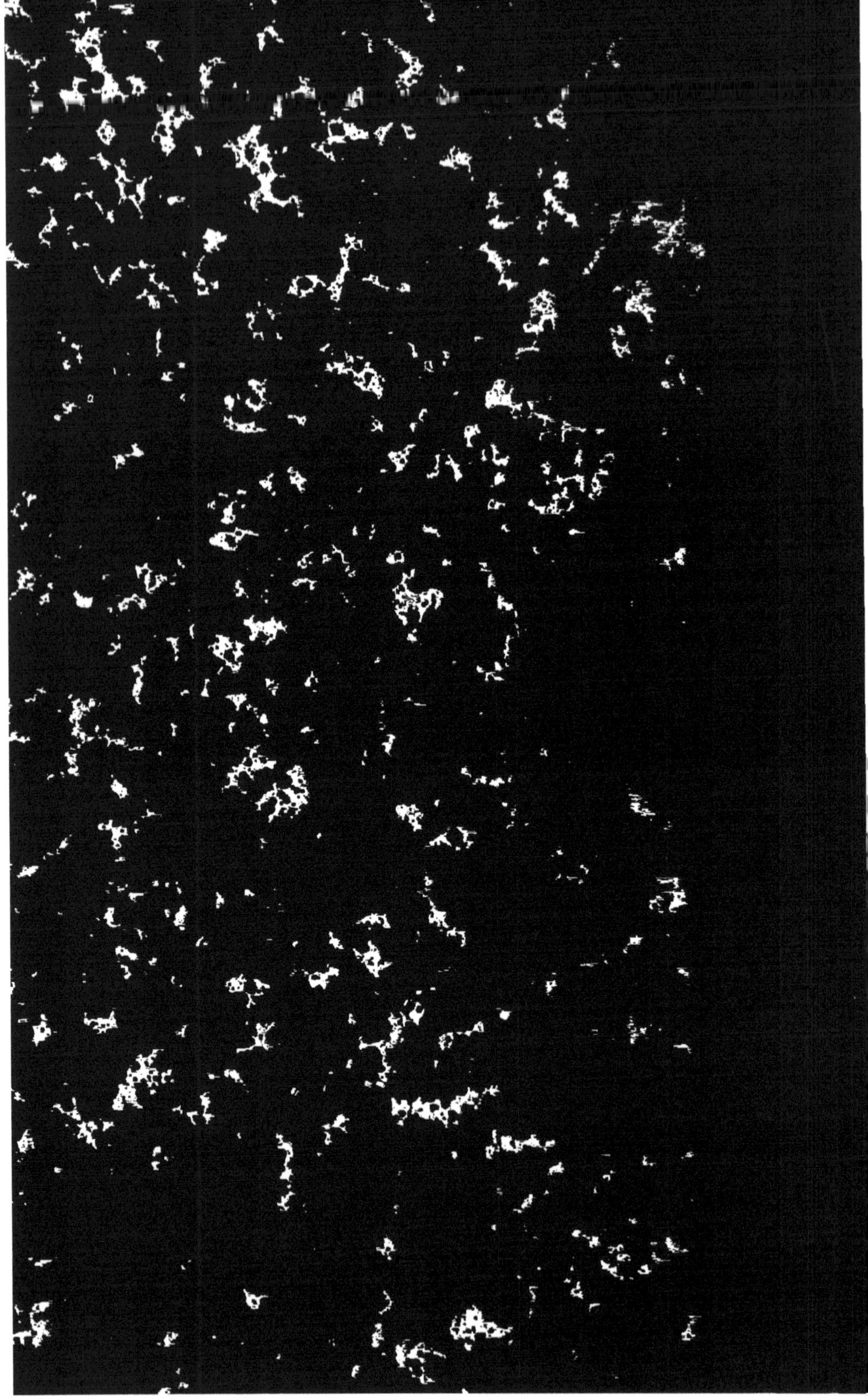

www.ingramcontent.com/pod-product-compliance
Ingram Content Group UK Ltd.
Pitfield, Milton Keynes, MK11 3LW, UK
UKHW020321200726
13857UKWH00001B/240

9 782012 879836